SOCIEDADE EM CONTA DE PARTICIPAÇÃO

SOCIEDADE EM CONTA DE PARTICIPAÇÃO

2023 • 2ª Edição Revista, Atualizada e Ampliada

Luis Felipe Spinelli
João Pedro Scalzilli
Rodrigo Tellechea

ALMEDINA

SOCIEDADE EM CONTA DE PARTICIPAÇÃO
2ª EDIÇÃO REVISTA, ATUALIZADA E AMPLIADA

AUTORES: Luis Felipe Spinelli, João Pedro Scalzilli e Rodrigo Tellechea

DIRETOR ALMEDINA BRASIL: Rodrigo Mentz
EDITORA JURÍDICA: Manuella Santos de Castro
EDITOR DE DESENVOLVIMENTO: Aurélio Cesar Nogueira
ASSISTENTES EDITORIAIS: Larissa Nogueira e Letícia Gabriella Batista
ESTAGIÁRIA DE PRODUÇÃO: Laura Roberti

DIAGRAMAÇÃO: Almedina
DESIGN DE CAPA: FBA

ISBN: 9786556278742
Junho, 2023

Dados Internacionais de Catalogação na Publicação (CIP)
(Câmara Brasileira do Livro, SP, Brasil)

Spinelli, Luis Felipe
Sociedade em conta de participação / Luis Felipe Spinelli, João Pedro Scalzilli, Rodrigo Tellechea. -- 2. ed. -- São Paulo : Almedina, 2023.
Bibliografia.
ISBN 978-65-5627-874-2
1. Direito civil 2. Direito empresarial 3. Direito societário - Brasil I. Scalzilli, João Pedro. II. Tellechea, Rodrigo. III. Título.

23-151255 CDU-34:338(81)

Índices para catálogo sistemático:

1. Brasil : Direito societário 34:338(81)

Aline Graziele Benitez - Bibliotecária - CRB-1/3129

Este livro segue as regras do novo Acordo Ortográfico da Língua Portuguesa (1990).

EDITORA: Almedina Brasil
Rua José Maria Lisboa, 860, Conj.131 e 132, Jardim Paulista | 01423-001 São Paulo | Brasil
www.almedina.com.br

No man is an island entire of itself; every man
is a piece of the continent, a part of the main;
if a clod be washed away by the sea, Europe
is the less, as well as if a promontory were, as
well as any manner of thy friends or of thine
own were; any man's death diminishes me,
because I am involved in mankind.
And therefore never send to know for whom
the bell tolls; it tolls for thee.

John Donne,
Devotions upon Emergent Occasions, Meditation XVII
(1624)

SOBRE OS AUTORES

Luis Felipe Spinelli

Professor de Direito Empresarial da Faculdade de Direito da UFRGS. Pesquisador bolsista (*Postdoc-Stipendium I*) no *Max-Planck-Institut für ausländisches und internationales Privatrecht*. Doutor em Direito Comercial pela USP. Mestre em Direito Privado e Especialista em Direito Empresarial pela UFRGS. Membro associado ao Instituto Brasileiro de Estudos de Recuperação de Empresas (IBR), ao *International Association of Restructuring Insolvency & Bankruptcy Professionals* (INSOL), ao *Turnaround Management Association* (TMA), ao Instituto de Direito Privado (IDP) e ao Instituto de Estudos Culturalistas (IEC). Autor dos livros "Administração da sociedades anônimas: lealdade e conflito de interesses" (Almedina, 2020), "Exclusão de sócio por falta grave na sociedade limitada" (Quartier Latin, 2015) e "Conflito de interesses na administração da sociedade anônima" (Malheiros, 2012), e coautor dos livros "Recuperação de Empresas e Falência" (Almedina, 2023, 4 ed.), "Pandemia, Crise Econômica e Lei de Insolvência" (Buqui, 2020, com reimpressão pela Almedina, 2023), "Introdução ao Direito Empresarial" (Buqui, 2020), "Intervenção na administração de sociedades" (Almedina, 2019), "História do direito falimentar: da execução pessoal à preservação da empresa" (Almedina, 2018), "Sociedade em conta de participação" (Quartier Latin, 2014) e "Recuperação extrajudicial de empresas" (Quartier Latin, 2013). É autor e coautor de artigos jurídicos publicados em livros e revistas especializadas. Advogado.

João Pedro Scalzilli

Professor da Faculdade de Direito da PUCRS. Doutor em Direito Comercial pela USP. Mestre em Direito Privado e Especialista em Direito Empresarial pela UFRGS. Membro associado ao Instituto Brasileiro de Estudos de Recuperação de Empresas (IBR), ao *International Association of Restructuring, Insolvency & Bankruptcy Professionals* (INSOL), ao *Turnaround Management Association* (TMA) e ao Instituto de Direito de Recuperação de Empresas (IDRE). Autor dos livros "Confusão Patrimonial no Direito Societário" (Almedina, 2020, 2 ed.) e "Mercado de Capitais, Ofertas Hostis e Técnicas e Defesa" (Quartier Latin, 2015), e coautor dos livros "Recuperação de Empresas e Falência" (Almedina, 2023, 4 ed.), "Pandemia, Crise Econômica e Lei de Insolvência" (Buqui, 2020, com reimpressão pela Almedina, 2023), "Introdução ao Direito Empresarial" (Buqui, 2020), "Intervenção na administração de sociedades" (Almedina, 2019), "História do direito falimentar: da execução pessoal à preservação da empresa" (Almedina, 2018), "Sociedade em conta de participação" (Quartier Latin, 2014) e "Recuperação extrajudicial de empresas" (Quartier Latin, 2013). É autor e coautor de artigos jurídicos publicados em livros e revistas especializadas. Advogado.

Rodrigo Tellechea
Doutor em Direito Comercial pela USP. Especialista em Liderança e Negócios pela *McDonough School of Business, Georgetown University.* Especialista em Direito Empresarial pela UFRGS. Membro associado ao Instituto Brasileiro de Estudos de Recuperação de Empresas (IBR), ao *International Association of Restructuring, Insolvency & Bankruptcy Professionals* (INSOL), ao *Turnaround Management Association* (TMA). Presidente do Instituto de Estudos Empresariais (IEE) – Gestão 2016/2017. Foi Diretor de Formação do Instituto de Estudos Empresariais (IEE) – Gestão 2014/2015 – e Vice-Presidente – Gestão 2015/2016. Autor dos livros "Arbitragem nas Sociedades Anônimas: Direitos Individuais e Princípio Majoritário" (Quartier Latin, 2016) e "Autonomia Privada no Direito Societário" (Quartier Latin, 2016), e coautor dos livros "Recuperação de Empresas e Falência" (Almedina, 2023, 4 ed.), "Pandemia, Crise Econômica e Lei de Insolvência" (Buqui, 2020, com reimpressão pela Almedina, 2023), "Introdução ao Direito Empresarial" (Buqui, 2020), "Intervenção na administração de sociedades" (Almedina, 2019), "História do direito falimentar: da execução pessoal à preservação da empresa" (Almedina, 2018) e "Recuperação extrajudicial de empresas" (Quartier Latin, 2013). É autor e coautor de artigos jurídicos publicados em livros e revistas especializadas. Advogado.

AGRADECIMENTOS À 2ª EDIÇÃO

O presente trabalho é fruto de longa pesquisa. E o caminho percorrido contou com o auxílio de mestres e amigos. Nesse sentido, ao mesmo tempo em que ratificamos todo o auxílio originalmente prestado por aqueles que contribuíram para a publicação de sua 1ª Edição, temos o dever e agradecer o imensurável auxílio com que contamos para a elaboração desta 2ª Edição.

Assim, expressamos nossa imensa gratidão a Giovana Etcheverry, Helena Chagas, Henrique Wagner e Lorenzo Galan Miranda, estudantes e pesquisadores exemplares, cujo impulso e o apoio para a finalização da obra foram fundamentais. Nosso muito obrigado também ao auxílio de Marcel Engholm Cardoso na avaliação do enquadramento do *third-party funding* como conta de participação. Igualmente, somos gratos à preciosa contribuição de Giácomo Paro e de Pedro Augustin Adamy ao esclarecerem diversos aspectos tributários da conta de participação. Da mesma forma, nosso reconhecimento a Daniela Fabro, Felipe Figueiró Lo Iacono, João Henrique Possa e Marcelo Soruco pela atenta revisão do texto.

Finalmente, expressamos nosso agradecimento ao *Max-Planck-Institut für ausländisches und internatinales Privatrecht*, que permitiu, durante a estada de Luis Felipe Spinelli, o aprofundamento dos estudos que não seria possível no Brasil.

Porto Alegre/RS e São Paulo/SP, dezembro de 2022.

AGRADECIMENTOS À 1ª EDIÇÃO

O presente trabalho é fruto de longa pesquisa. E o caminho percorrido contou com o auxílio de grandes mestres e amigos.

Por isso, agradecemos, inicialmente, ao professor Erasmo Valladão Azevedo e Novaes França (USP) pelo exemplo de dedicação à família, aos amigos, à docência, à advocacia, às artes e, sobretudo, pelo carinho de um pai com seus orientandos.

Aos professores José Alexandre Tavares Guerreiro (USP) e Francisco Satiro de Souza Junior (USP), pelos ensinamentos em sala de aula e pelo convívio durante o doutorado.

Ao amigo Rodrigo Tellechea, irmão com quem dividimos a aventura do doutorado e com quem decidimos partilhar a vida acadêmica.

Finalmente, a todos os nossos amigos que de uma forma ou de outra contribuíram para o presente livro, em especial a Alberto Schwingel, Bruno Bastos Becker, Daniel Ustárroz, Enory Luiz Spinelli, Fernanda Mynarski Martins-Costa, José Rodrigo Vieira Dorneles, Júlio César Costa Ferro, Leticia Diehl Tomkowski, Lucas Griebeler, Melissa Coitinho Pivotto e Pedro Adamy.

Porto Alegre/RS e São Paulo/SP, julho de 2014.

NOTA DOS AUTORES À 2ª EDIÇÃO

Originalmente, o presente texto nasceu a partir da elaboração de um ensaio com anotações preliminares sobre a sociedade em conta de participação, ainda produto de nossa curiosidade acadêmica e experiência prática no trato desse peculiar tipo societário*. Com isso, veio a lume a sua 1ª Edição, publicada pela Editora Quartier Latin no ano de 2014** — bem como diversos outros ensaios***. Diante do esgotamento da edição

* Scalzilli, João Pedro; Spinelli, Luis Felipe. Reflexões sobre a sociedade em conta de participação no direito brasileiro. *Revista Jurídica Empresarial*, v. 12, p. 11-105, jan./fev. 2010.

** Scalzilli, João Pedro; Spinelli, Luis Felipe. *Sociedade em Conta de Participação*. São Paulo: Quartier Latin, 2014.

*** Scalzilli, João Pedro; Spinelli, Luis Felipe; Corradini, Luiz Eduardo Malta; Tellechea, Rodrigo. Contrato de investimento coletivo como modalidade de sociedade em conta de participação. *Revista Síntese Direito Empresarial*, v. 39, p. 87-135, 2014; Scalzilli, João Pedro; Spinelli, Luis Felipe. Notas sobre a sociedade em conta de participação no Projeto de Lei 1.572/2011 ("Novo Código Comercial"). *Revista Eletrônica Ad Judicia*, v. II, p. 1-16, 2014; Spinelli, Luis Felipe; Scalzilli, João Pedro; Corradini, Luiz Eduardo Malta; Tellechea, Rodrigo. Contrato de investimento coletivo como modalidade de sociedade em conta de participação. *Revista de Direito Bancário e do Mercado de Capitais*, v. 61, p. 243-296, 2013; Scalzilli, João Pedro; Spinelli, Luis Felipe. Notas sobre a sociedade em conta de participação no Projeto de 'novo Código Comercial'. *Revista de Direito Mercantil Industrial, Econômico e Financeiro*, v. 164/165, p. 112-123, 2013; Spinelli, Luis Felipe; Scalzilli, João Pedro. Sociedade em conta de participação. In: André Lemos Jorge; Manoel de Queiroz Pereira Calças; Newton de Lucca; Ricardo Villas Bôas Cueva; Renata Mota Macial (org.). *Coletânea da Atividade Negocial*. São Paulo: Uninove, 2020. p. 127-133; Scalzilli, João Pedro; Spinelli, Luis Felipe; Tellechea, Rodrigo. Sociedade em conta de participação: aplicações práticas e diferentes formatações. In: Botrel, Sérgio; Barbosa, Henrique (org.). *Finanças Corporativas*: Aspectos Jurídicos e Estratégicos. São Paulo: Atas, 2016. p. 617-637; Scalzilli, João Pedro; Spinelli, Luis Felipe; Tellechea, Rodrigo. Sociedade em conta de partici-

original, é agora, sob o patrocínio da Editora Almedina, trazida ao público a sua 2ª Edição.

Este livro é fruto de mais de 15 anos de pesquisa, congregando um período de constante reflexão e enriquecido pela nossa prática na advocacia. Trata-se de trabalho que se iniciou ainda durante o mestrado de João Pedro Scalzilli e Luis Felipe Spinelli na Faculdade de Direito da UFRGS, estendeu-se durante o doutorado dos três coautores na Faculdade de Direito da USP, com aprofundamento por meio de pesquisa realizada por Spinelli junto ao *Max-Planck-Institut für ausländisches und internatinales Privatrecht*. A 2ª Edição da obra conta com a coautoria de Rodrigo Tellechea, amigo e parceiro acadêmico de longa data, inclusive em pesquisas e publicações de artigos e capítulos de livros sobre a temática da SCP.

A escrita foi realizada por uma vontade incontida de escrever e pelo íntimo desejo de conhecer (*libido sciendi*). Soma-se a isso a tentativa de esquadrinhar certas fronteiras dogmáticas no estudo das sociedades. Isso não significa que almejamos a perfeição ou mesmo produzir material acabado e inconteste; muito pelo contrário: o instigante está na própria imperfeição — que, afinal de contas, é inerente a qualquer trabalho do homem e a ele próprio.

A sociedade em conta de participação é um animal exótico. Envolve pelo mistério irresistível inerente a si. Encanta pela verticalidade histórica. Assombra pela horizontalidade de sua aplicação. Está em todo lugar, e, ao mesmo tempo, quase ninguém a vê. Trata-se de um ser único do universo societário.

Nessa empreitada, nossa ambição foi tentar ir o mais fundo possível nas entranhas da sociedade em conta de participação, deixando-nos impregnar por ela com o objetivo de devolvê-la à vida — na forma de livro — ainda mais instigante e desafiadora.

Algumas pessoas escrevem para se encontrar. Outras para se perder em si. Cada escritor tem as suas motivações — e suas circunstâncias, talvez acrescentasse Ortega y Gasset****. Para nós, a escrita é tão vital que

pação: raízes, desenvolvimento e desafios. In: Lupion, Ricardo; Estevez, André Fernandes (Org.). *Fronteiras do Direito Empresarial*. Porto Alegre: Livraria do Advogado, 2015. p. 81-97; Scalzilli, João Pedro; Spinelli, Luis Felipe. Do regime de responsabilidade dos sócios na sociedade em conta de participação. In: França, Erasmo Valladão Azevedo e Novaes (org.). *Direito Societário Contemporâneo II*. São Paulo: Malheiros, 2015. p. 476-515.

**** Ortega y Gasset, José. *Meditaciones del Quijote*. Alianza Editorial: Madrid, 1981.

ela chega a ser, em algum sentido, o retrato de nossa vida. Já foi dito por Clarice Lispector que, "para escrever, o aprendizado é a própria vida se vivendo em nós e ao redor de nós"*****. É isso mesmo. Um livro é um processo; mais caminho do que destino. Assim, a presente 2ª Edição, que ora vem a lume ampliada e revisada, faz parte de uma trajetória, uma caminhada que se iniciou há mais de uma década, durante a qual o livro vem se escrevendo a partir das nossas experiências e pesquisas. Ao leitor, fica o convite de nos acompanhar nessa jornada.

***** LISPECTOR, Clarice. As três experiências. *Jornal do Brasil*, 11 maio 1968.

NOTA DOS AUTORES À 1ª EDIÇÃO

Este ensaio é fruto de mais de seis anos de pesquisa, período durante o qual nos revezamos entre a redação do texto e a pesquisa da doutrina, nacional e estrangeira, e da jurisprudência de nossos tribunais sobre os mais diversos aspectos da sociedade em conta de participação.

Tudo começou com a elaboração de um ensaio com anotações preliminares sobre a conta de participação (Scalzilli, João Pedro; Spinelli, Luis Felipe. Reflexões sobre a sociedade em conta de participação no direito brasileiro. *Revista Jurídica Empresarial*, v. 12, p. 11-105, jan.-fev. 2010), o qual, com o aprofundamento da pesquisa, deu origem a outros artigos e ao presente livro.

Desincumbidos do penúltimo requisito formal para a obtenção do grau de Mestre em Direito, pela Faculdade de Direito da Universidade Federal do Rio Grande do Sul (UFRGS), o trabalho começou logo após o depósito de nossas dissertações, ainda em março de 2009, as quais foram defendidas no mesmo dia de meados daquele ano perante banca examinadora que contou, entre outros juristas, com a honrosa presença do Prof. Dr. Erasmo Valladão Azevedo e Novaes França, e que se estendeu após o término do doutorado na Faculdade de Direito da Universidade de São Paulo (USP), programa no qual ingressamos em 2011 sob a orientação do ilustre comercialista e que concluímos em abril de 2014.

É, portanto, um trabalho que marca a transição entre o mestrado e o doutorado, um estudo que, livre das naturais amarras formais de uma dissertação ou tese, busca examinar um tema de grande interesse prático e acadêmico.

Por fim, cumpre registrar que, apesar de sua elaboração ter perdurado longo tempo, o presente livro, como qualquer estudo, não se encontra inteiro e acabado. Existem, com certeza, imperfeições, mesmo porque, se é bem verdade que um livro está mais para "uma corda que se corta do que para um nó que se desata", como disse Jéronimo da S. de Araújo, este trabalho é um exemplo perfeito da metáfora. Por isso, não se espera nada além de que se aceite o presente trabalho como "um campo aberto e espaçoso". Aliás, como já dito alhures, deve-se perdoar o escritor, "pois ele dá o que tem". Afinal de contas, parafraseando mais uma vez o autor português: "Fiz o que pude. Envio-vos dez maçãs de oiro colhidas em árvore selvagem; amanhã, mandarei outras"*.

* ARAÚJO, Jéronimo da S. de. *O perfeito advogado* (*Perfectus advocatus*). Sem editora. Trad. de Miguel Pinto de Meneses sobre um dos raros exemplares da edição única de 1743 da obra "*Perfectus advocatus*", existente na Faculdade de Direito de Coimbra, p. 21-23.

PREFÁCIO À 1ª EDIÇÃO

O estudo de João Pedro Scalzilli e Luis Felipe Spinelli marca um momento importante na evolução contemporânea do Direito Comercial, por vários motivos. Primeiro, por tratar, com profundidade, de um tema antigo, mas renovado em razão do Código Civil de 2002. Segundo, por representar mais um estudo, de fôlego e responsabilidade, sobre questões societárias de base, oriundo, exatamente, desse retorno à temática clássica das sociedades em conta de participação. Se há algum benefício inegável do Código para o direito das sociedades, a motivação de investigações novas em torno dessas amplas províncias, que pareciam abandonadas antes de 2002, será certamente esse.

Na verdade, as sociedades em conta de participação oferecem problemas jurídicos de monta, que não escaparam ao nosso Carvalho de Mendonça já na primeira edição de Seu Tratado, em meados da segunda década do século passado. E o que há de sumamente relevante na análise desses problemas vem a ser, no fundo, a configuração do fenômeno societário propriamente dito, que a sociedade revela para além da figura puramente contratual, que está na sua base. Os autores não se furtaram a essa discussão, que se mostra fértil e provocadora não apenas para o estudo do próprio tipo societário, como para muitos outros fenômenos análogos, como, por exemplo, a diferenciação entre o corpo social, de um lado, e as relações com terceiros, de outro, em que a sociedade (e não os sócios) vem a ser reconhecida.

Sob esse ângulo, toda a fenomenologia contemporânea da personificação da empresa, em variados matizes e sob diversas formas, mostra-se filiada à inspiração do direito alemão, mais que do italiano. A sociedade em questão (*stille Gesellschaft*), nos moldes do § 230 do Código Comercial Alemão (HGB), posto que não personalizada, vigora, entretanto, como sociedade, uma vez que, perante terceiros, as relações ditas externas incumbem ao sócio ostensivo, mas as relações internas é que mais fortemente se impregnam da feição societária em sentido estrito.

Nesse passo, o Código Civil segue o HGB, à semelhança do que acontecia com o Código Comercial de 1850. Não experimentamos, em nosso direito, a espécie de hesitação do direito francês, que, até 1966, continuava a praticar as associações comerciais em participação, até que, saindo do impasse, tais entidades passaram à condição de verdadeiras sociedades em participação.

Essas peculiaridades não ficaram despercebidas de Carvalho de Mendonça, que discutia, porque bem conhecia, as incertezas do direito europeu de sua época. Se notarmos bem, essas discussões extravasam os limites da dogmática da própria sociedade em conta de participação e incluem-se numa pauta (atualizada) de reflexões sobre o fenômeno societário *lato sensu*, que inclui o objeto social, a diferente qualificação de duas espécies de sócios e, acima de tudo, o debate entre o formalismo e o informalismo no campo do direito das sociedades. Algo, como se vê, eminentemente contemporâneo.

Scalzilli e Spinelli, por igual, lançaram-se a esse inquérito com o mesmo vigor e o mesmo rigor. Impressiona-me, no estudo, o largo espectro de suas indagações, em relação às quais, embora cedendo à tentação de explorar o passado, vão eles adiante, projetando problemas de hoje sobre um cenário que, a rigor, planta raízes remotas no século XIX. O que poderia figurar como subtítulo da obra seria, a meu ver, o indicativo que o leitor poderá encontrar subjacente: uma reflexão sobre o direito das sociedades em seus principais problemas (de sempre, mas agora renovados).

Nesse propósito, lançaram-se a uma estafante empresa — recensear criticamente abundante experiência jurídica, doutrinária e jurisprudencial, de forma extensa e profunda. Não exagero ao dizer que produziram os autores autêntico banco de dados sobre a sociedade em conta de participação, enriquecido com sua visão pessoal. Das raízes históricas aos problemas concretos, Scalzilli e Spinelli fazem mais que um repertório inanimado: registram a evolução, consignam as dúvidas, propõem soluções e fundamentam fartamente, em copiosas (e preciosas) notas de rodapé, suas posições e proposições.

Dificilmente se encontram tratados que se leem como se lê esse livro singular, vazado num idioma de clareza, mas perpassado por erudição evidente. Não se trata, no entanto, daquela erudição inflada e inútil que tantas vezes ostentam vultosos trabalhos contemporâneos, nos quais o recurso automático e acrítico ao computador substitui a pesquisa diligente e ordenada. Mas, acima da linguagem, o que parece claro, no pensamento dos autores, o leitor encontra facilmente — a virtuosidade aos particularismos diversos da sociedade em conta de participação.

O manuseio do extenso material, para além das superficialidades, mostra a familiaridade intelectual com os temas e subtemas tratados — um evidente domínio da matéria, ampla e espalhada. E isso é o que mais uma vez transforma a obra de proporções, de um simples repositório, em um *corpus* doutrinário de primeira qualidade — com os acréscimos vivos da jurisprudência. Evitando o lugar comum, mas talvez recaindo nele: o livro vale para todos, do estudante ao advogado, do juiz ao promotor, do prático ao filósofo, de todos, enfim. Ocupará seu lugar na prateleira em que existem outros ensaístas da matéria, mas com o vigor do seu tempo e a luz de sua inovação.

Tive ocasião de trabalhar com os autores na pós-graduação da Faculdade de Direito da USP, em que ambos deixaram impressão sólida de competência e dedicação, como mestres aprovados. Se vale um testemunho pessoal, foram eles personagens distintos de um grupo valioso de gaúchos em São Paulo, que compuseram um quadro de talentos que todos lembram com simpatia — e que continuará entre nós, com obras desse vulto e quilate.

São Paulo, 28 de outubro de 2014

José Alexandre Tavares Guerreiro
Professor da Faculdade de Direito da USP.
Advogado.

SUMÁRIO

INTRODUÇÃO

Poucas figuras jurídicas são tão importantes para o tráfico negocial e, ao mesmo tempo, tão incompreendidas quanto à sociedade em conta de participação — SCP. Não resta dúvida de que a SCP é um dos tipos societários mais pujantes, podendo-se supor que seja o tipo mais utilizado depois das sociedades limitadas, inclusive muito mais do que as sociedades anônimas e do que as cooperativas.

Essa afirmação, porém, não pode ser fundada em números precisos, já que a constituição deste tipo societário é livre de maiores formalidades, inexistindo previsão legal de um registro como requisito para a sua regular constituição (muito embora existam obrigações de natureza fiscal a serem observadas) e, consequentemente, dados oficiais sobre o número de sociedades em conta de participação existentes[1].

Virtuosa, como já se disse alhures[2], suas características mais peculiares são justamente aquelas que a afastam dos olhares do público em

[1] "E se não é muito frequente ouvirmos falar de contratos de conta em participação, isso não se deve à sua diminuta importância, mas sim ao seu 'carácter oculto', já que perante terceiros, não estamos perante uma sociedade ou uma associação, mas sim perante um sujeito individual que contrata em seu próprio nome. Mas quantas vezes acontece que por detrás desse sujeito se encontra outro ou outros elementos, que assim originam, 'in vero', inelidíveis contratos de conta em participação." (PINHAL, Alfredo Jorge. *Da conta em participação*. Lisboa: Petrony, 1981, p. 19-20).

[2] ALMEIDA, Carlos Guimarães de. A virtuosidade da sociedade em conta de participação. *Revista de Direito Mercantil, Industrial, Econômico e Financeiro*, São Paulo, a. 11, n. 8, p. 45-63, 1972.

geral. Com efeito, a falta de registro ocasiona não só a inexistência dos dados decorrentes do registro cartorário (mesmo que se possa, atualmente, realizar uma pesquisa quantitativa com base em dados de registro junto ao Cadastro Nacional de Pessoas Jurídicas — CNPJ/ME), mas também acarreta a ausência de personalidade jurídica. Por conseguinte, faltam-lhe nome, patrimônio separado e domicílio, entre outros atributos essenciais para que pudesse atuar no mundo jurídico, contratando em seu próprio interesse com desenvoltura e independência. Em razão disso, depende do sócio ostensivo para adquirir direitos e contrair obrigações, característica que isola ainda mais esse tipo societário do mundo exterior, permanecendo as relações entre os seus integrantes em *circuito fechado*[3].

Se as suas características impedem que se conheça a exata dimensão e importância econômica exercida pela SCP[4], por outro lado, pistas de sua virtuosidade podem ser colhidas junto aos profissionais que atuam em áreas da economia verdadeiramente tomadas por esse tipo societário, tais como a construção civil e os negócios hoteleiros. E, não bastasse isso como prova da pujança da sociedade em conta de participação, outro testemunho confiável pode ser colhido nos tribunais, onde o abundante número de precedentes envolvendo tal tipo societário demonstra o quão em voga está a SCP[5].

Gustavo Galizzi oferece depoimento no mesmo sentido: "Pelo fato de encerrar, em regra, um vínculo contratual interno que não se exterioriza, restam, basicamente, como registros públicos de existência da conta de participação as decisões dos Tribunais, os quais, no Direito brasileiro, têm sido invocados constantemente para solucionar litígios envolvendo os mais variados aspectos de sua estrutura jurídica e funcionamento, como pude notar por meio de minhas pesquisas. Vale destacar, desde

[3] GALIZZI, Gustavo Oliva. *Sociedade em conta de participação.* Belo Horizonte: Mandamentos, 2008, p. 18.

[4] KÜBLER, Friedrich. *Derecho de sociedades.* Trad. Michèle Klein. 5 ed. rev. y ampl. Madrid: Fundación Cultural del Notariado, 2001, p. 192.

[5] RASNER, Henning. *Die atypische stille Gesellschaft*: ein Institut des Gesellschaftsrechts. Bielefeld: Ernst und Werner Gieseking, 1961, p. 15-16; RIPERT, Georges. *Traité élémentaire de Droit Commercial.* Paris: R. Pichon et de R. Durand-Auzias, 1972, p. 512; RIPERT, G.; ROBLOT, R.; GERMAIN, Michel; MAGNIER, Véronique. *Traité de droit des affaires,* t. 2. 20 éd. Paris: L.G.D.J., 2011, p. 192.

logo, a intensa aplicação da sociedade em conta de participação nos ramos da incorporação imobiliária, administração hoteleira e em operações de reflorestamento (...)"[6]. Assim, o conhecimento das sociedades em conta de participação só pode advir da prática forense ou judiciária[7]. Aqui, não restam dúvidas de que a pesquisa acadêmica depende, e muito, da *praxis*.

A indiscutível relevância de tal tipo societário se deve exatamente às suas características peculiares, que conferem à SCP *versatilidade*, *dinamicidade*, *flexibilidade* e *discrição* como instrumento de captação de recursos, além de ser instituto que pode assumir tons de *informalidade* e possuir *baixo custo operacional*. E a referida *falta de exteriorização*, uma reminiscência histórica de sua origem medieval, juntamente com a *flexibilidade* de constituição e a sua *versatilidade* para ser utilizada em uma série de situações, são os seus grandes atributos, que fazem com que recorram a ela empreendedores e investidores para a viabilização dos mais variados negócios.

A conta de participação é instrumento que permite a obtenção de recursos financeiros[8] — e, por isso, há quem diga ser uma *relação qualificada de crédito*[9], viabilizando ao sócio ostensivo o financiamento da sua atividade sem a oneração decorrente de uma obrigação fixa (juros decorrentes do contrato de mútuo), dando ao investidor, em contrapartida, uma participação nos lucros, com o risco de perdas, do empreendimento comum[10]. Possibilita ao ostensivo manter, em regra, o investidor longe da gestão do negócio, ao mesmo tempo em que o participante não assume as responsabilidades tradicionais da posição de sócio, muito mais acentuadas nos demais tipos societários[11]. Ainda, não sujeita as partes a qualquer tipo de publicidade[12]. E, com certeza, se a SCP não

[6] Galizzi. *Sociedade em conta de participação...*, p. 18.

[7] Rasner. *Die atypische stille Gesellschaft...*, p. 15-16; Ventura, Raul. *Associação em participação*: anteprojeto e notas justificativas. BMJ 189, 1969, p. 43.

[8] Garrigues, Joaquín. *Tratado de Derecho Mercantil*, t. III, v. 1. Madrid: Revista de Derecho Mercantil, 1964, p. 186-187. Ver, também, entre outros, Kübler. *Derecho de sociedades...*, p. 192. Referindo ser um contrato com causa de financiamento, ver: Mignone, Gianni. *L'associazione in partecipazione*. Milano: Giuffrè, 2008, p. 34 ss.

[9] Schmidt, Karsten. *Gesellschaftsrecht*, B. II. 4 Aufl. Köln: Carl Haymanns, 2002, p. 1838.

[10] Ghidini, Mario. *L'associazione in partecipazione*. Milano: Giuffrè, 1959, p. 39.

[11] Ghidini. *L'associazione in partecipazione...*, p. 39.

[12] Kübler. *Derecho de sociedades...*, p. 192.

estivesse disponível, os empreendedores dependeriam de outros contratos ou tipos societários bem menos apropriados para a consecução de seus objetivos negociais.

Em contrapartida, é justamente por causa da sua discrição, traço mais marcante do tipo, que muitas vezes se lhe atribuem as alcunhas de sociedade *secreta*, *oculta*, entre outras ainda menos elogiosas, que fazem recair sobre tal tipo societário olhares de desconfiança. Seus detratores dizem que é um instrumento muito propício para encobrir negócios escusos ou empreendedores que, por um motivo ou por outro, não podem aparecer aos olhos do público. Afinal de contas, questionam alguns, por qual motivo alguém precisaria permanecer oculto?

Trata-se de vã ilusão, fruto de conclusões simplistas e precipitadas. Acusam-na como se outros institutos também não se prestassem para isso... Com efeito, se, no passado, a conta de participação serviu para manter escondido um sócio que não podia aparecer — como a nobreza e o clero que não podiam se dedicar ao comércio, ofício vexatório para a época —, atualmente o ordenamento jurídico mantém esse tipo societário por outros motivos, desempenhando importante papel no ambiente econômico e servindo como instrumento apto a permitir a exploração de uma infinidade de empreendimentos.

É necessário, portanto, despir-se de todo preconceito ao se analisar tal tipo societário, tendo em mente que a utilização disfuncional de qualquer instituto jurídico passa não pela sua estrutura, mas, sim, pelo ser humano que o utiliza inadequadamente.

Pretende-se, portanto, jogar um pouco mais de luz sobre a sociedade em conta de participação, uma vez que se trata de tipo societário relevantíssimo, mas ainda tão pouco conhecido — e, por isso mesmo, em certa medida, incompreendido.

CAPÍTULO 1
NOÇÕES BÁSICAS

Para muitos, a SCP é uma figura jurídica enigmática, sobremaneira estranha, vista, na maioria das vezes, com desconfiança e preconceito. Isso decorre de um generalizado desconhecimento acerca do tipo societário, da sua origem, características e funções, pouco estudadas pela esmagadora maioria dos profissionais do direito. Tal incompreensão faz com que a conta de participação pareça estranha para aqueles que com ela não tem maior intimidade.

No início do século XX, o privatista português Luís da Cunha Gonçalves narra um caso da sua prática forense que bem ilustra a situação: uma casa comercial contratou com uma empresa hoteleira o fornecimento de uma série de produtos que esta necessitava para a exploração do seu negócio, sob a cláusula de associação nos lucros e nas perdas verificados, tendo, ainda, a fornecedora o direito de fiscalizar a escrituração contábil do hotel. Como, no entanto, na escrituração da casa fornecedora esta associação tinha uma designação própria só para o efeito de nos livros contábeis haver um título para as respectivas contas[13] — "firma" que nenhuma das empresas associadas utilizava nas suas relações com terceiros —, ocorreu que, sobrevindo litígio submetido ao Judiciário, foi extremamente difícil convencer os tribunais que a figura em questão era uma *conta de participação* em todos os seus contornos perfeitamente

[13] O que é plenamente lícito.

definida, pois "parecia terem eles jamais travado conhecimento com esta singular figura jurídica, e só viam nela a tal *sociedade de facto*, para a julgarem *inexistente*, parte ilegítima, etc."[14].

De episódios como esse decorre uma constatação interessante: muitas vezes, o próprio empresário e seu contador conhecem em maiores detalhes e com maior intimidade o funcionamento de uma SCP do que o próprio consultor jurídico. Parte desse problema é consequência do descaso e do descuido com que esse tipo societário é estudado nos bancos do bacharelado e das pouquíssimas obras que dedicam páginas mais aprofundadas — e esclarecidas — ao estudo da conta de participação (embora o número de publicações tenha crescido no País nos últimos anos — o que, evidentemente, não necessariamente significa que isso se traduza em qualidade e análise aprofundada).

Por isso, é tão importante o estudo da conta de participação, inclusive das noções mais básicas e preliminares, objeto deste primeiro Capítulo, cujo objetivo é fornecer um apanhado geral da sociedade em conta de participação, iniciando por seu conceito e características, examinando as suas origens e o seu regime jurídico para, finalmente, analisar a polêmica que envolve a sua natureza jurídica.

1. Conceito

Em linhas gerais, a sociedade em conta de participação é uma *sociedade* na qual uma ou mais pessoas fornecem recursos a um empreendedor, que os empregará em determinados negócios, com o objetivo de, ao final do prazo estipulado ou ao término do empreendimento, repartir os resultados auferidos. E assim está regulada no Código Civil do art. 991 ao art. 996.

Nesses termos, a sociedade em conta de participação possui duas categorias de sócio: (*i*) a do sócio ostensivo (gerente ou gestor, para quem preferir), que, além de realizar alguma contribuição (dinheiro, bens, direitos, *know-how* e/ou serviço) no negócio, é responsável por realizar a operação específica ou exercer a atividade econômica prevista no objeto social da SCP em nome próprio; e (*ii*) a do sócio participante (também chamado investidor ou oculto), que igualmente realiza alguma contri-

[14] CUNHA GONÇALVES, Luís da. *Da conta em participação*. 2 ed. Coimbra: Coimbra Editora, 1923, p. 7-8.

buição (dinheiro, bens, direitos, *know-how* e/ou serviço) ao ostensivo na expectativa de participar dos lucros no caso de sucesso do empreendimento (art. 991)[15].

É uma sociedade não personificada e que só produz efeitos entre os sócios (*interna corporis*), não aparecendo (*rectius*, não produzindo efeitos) perante terceiros. Na exploração da atividade econômica, apenas o sócio ostensivo se obriga perante terceiros (art. 991, parágrafo único), contratando em nome próprio e assumindo todos os riscos aparentes do empreendimento. Dito de outro modo, ao contratar com empregados, fornecedores, bancos, consumidores, etc., quem figura na relação jurídica obrigacional é tão-somente o sócio ostensivo, único responsável pelo cumprimento das obrigações perante estes. Esta é a razão pela qual o sócio participante goza (como regra) de *limitação da sua responsabilidade*, correndo o risco de, em caso de insucesso, perder apenas aquilo que investiu no empreendimento.

Para viabilizar o desenvolvimento da atividade, as partes ajustam entre si quais serão as contribuições de cada sócio e a forma de distribuição dos resultados. Tal ajuste, entretanto, não é de interesse de terceiros, que sequer precisam ficar sabendo da sua existência — como, de fato, costuma acontecer.

Essa lógica de funcionamento da SCP foi bem capturada pelo movimento de codificação brasileiro. O Código Comercial de 1850 trazia, no seu art. 325, uma definição do que seria a conta de participação, a qual se pode aproveitar para fins de conceituação:

> Art. 325 — Quando duas ou mais pessoas, sendo ao menos uma comerciante, se reúnem, sem firma social, para lucro comum, em uma ou mais operações de comércio determinadas, trabalhando um, alguns ou todos, em seu nome individual para o fim social, a associação toma o nome de sociedade em conta de participação, acidental, momentânea ou anônima; esta sociedade não está sujeita às formalidades prescritas

[15] O Código Comercial de 1850 apenas utilizava a expressão *sócio occulto* no art. 305 ao regular a sociedade de fato ou irregular; ao disciplinar a conta de participação, o Código Comercial de 1850 indicava a existência do *socio ostensivo* (ou *socio gerente*) e de *outros socios*, ao que se costumou chamar de sócios ocultos (ou participantes, tácitos, secretos) (cf. *v.g.*, SALGADO, Paulo Cavalcanti. *Das sociedades em participação no direito commercial brazileiro*. Recife: Imprensa Industrial, 1913, p. 41).

> para a formação das outras sociedades, e pode provar-se por todo o gênero de provas admitidas nos contratos comerciais (artigo nº 122).

O Código Civil em vigor, mais especificamente o seu art. 991, *caput* e parágrafo único, aponta para um conceito geral do instituto:

> Art. 991. Na sociedade em conta de participação, a atividade constitutiva do objeto social é exercida unicamente pelo sócio ostensivo, em seu nome individual e sob sua própria e exclusiva responsabilidade, participando os demais dos resultados correspondentes.
>
> Parágrafo único. Obriga-se perante terceiro tão-somente o sócio ostensivo; e, exclusivamente perante este, o sócio participante, nos termos do contrato social.

Compreendido, genericamente, o conceito de SCP, passemos à análise de suas características, exercício que elucidará ainda mais a essência e o funcionamento do tipo societário em questão.

2. Características

A sociedade em conta de participação apresenta alguns traços marcantes, cujo exame é relevante para a compreensão do tipo. São eles:

(i) informalidade;
(ii) dinamicidade;
(iii) flexibilidade;
(iv) baixo custo operacional;
(v) discrição;
(vi) limitação do risco.

As pessoas, quando decidem explorar determinada atividade econômica, podem fazê-lo individual ou coletivamente. Quando o fazem coletivamente, constituem uma sociedade, sendo vários os motivos que levam os indivíduos a se reunirem para essa finalidade, sendo que entre eles estão os de ordem: (i) financeira (reunião de recursos), (ii) técnica (união de esforços e conhecimentos) e (iii) psicológica (sentimento de segurança em grupo).

Ao optarem por constituir uma sociedade, é como se o ordenamento jurídico oferecesse aos empreendedores um cardápio societário com várias opções[16], cada uma das quais com as suas características e funcionalidades próprias, que acabam por orientar a escolha. A definição do tipo societário depende do objetivo pretendido pelas partes, da estrutura de organização da sociedade, da responsabilidade dos sócios e da adequação do modelo social ao arquétipo legal[17], entre outros fatores. Entre todos os veículos societários à disposição — são nove ao todo —, um certamente melhor se encaixa com as pretensões dos empreendedores.

Quando se deseja empreender determinada atividade econômica com um grau de comprometimento e de estabilidade relativamente altos, as opções mais naturais são as sociedades limitadas, sobretudo para os negócios de pequeno e de médio porte, e as anônimas, para os negócios de grande porte. Por outro lado, como observa Galizzi, se "desejam poupar despesas com a organização de uma das formas de sociedade dotada de personalidade jurídica, seja porque a urgência da operação não permite o cumprimento de múltiplas e demoradas formalidades, seja pelo simples intento de não criar entre eles um elevado grau de comprometimento, a tipologia jurídica brasileira mais conveniente à realização (...) de suas vontades é, seguramente, a sociedade em conta de participação"[18].

De fato, de constituição e de dissolução bastante simplificada, a SCP permite uma rápida mobilização de recursos para a alocação nos mais variados empreendimentos, sendo o tipo societário que mais se aproxima de um contrato de investimento ou parceria. É, na lição de Ripert, a forma mais simples de sociedade que se pode conceber — em que pese tal simplificidade possa também ser sua fraqueza[19].

Nesse sentido, vale lembrar que a sua constituição independe de maiores formalidades, além de a sua dissolução se realizar pelas normas da prestação de contas (art. 996). Em tese, pelas regras do Código Civil, pode-se, inclusive, constituí-la por ajuste verbal, inexistindo, ainda, necessidade de registro em cartório próprio (art. 992). Entretanto, norma fiscal recente (a IN RFB 1.470/2014, já revogada, encontrando-se atual-

[16] Cf. Cerisola, Andrés. *Curso de Derecho de la Empresa*. Montevideo: Editorial Amalio M. Fernández, 2008, p. 8 ss.

[17] Sztajn, Rachel. *Contrato de sociedade e formas societárias*. São Paulo: Saraiva, 1989, p. 176.

[18] Galizzi. *Sociedade em conta de participação...*, p. 48.

[19] Ripert. *Traité élémentaire de Droit Commercial...*, p. 513; Ripert-Roblot-Germain-Magnier. *Traité de droit des affaires*, t. 2..., p. 192.

mente em vigor a IN RFB 2.119/2022) tornou obrigatória, para fins de controle, a inscrição da conta de participação no Cadastro Nacional de Pessoas Jurídicas — CNPJ, exigindo, para tanto, a apresentação de documento comprobatório da existência da SCP. Tal situação reduz, na prática, a liberdade da forma de constituição da SCP, fazendo menos presente a característica da informalidade. Mesmo assim, a ausência de registro em cartório próprio ainda a torna mais informal que a maioria dos demais tipos societários.

É, portanto, tipo societário informal, visto que a sua constituição e a sua dissolução são bastante simplificadas; dinâmico, pois possibilita uma rápida mobilização de recursos, e flexível, uma vez que é instrumento capaz de proporcionar a exploração de toda a sorte de negócios, grandes ou pequenos, complexos ou simples, duradouros ou efêmeros, sendo inclusive bastante comum a constituição de uma SCP para a exploração de uma única operação específica. Além disso, quanto à flexibilidade, a SCP possui grande plasticidade na sua estrutura interna, ou seja, os sócios possuem liberdade para, respeitadas as poucas normas cogentes estabelecidas pelo legislador, estruturar o negócio da forma que melhor lhes aprouver[20] — devendo-se analisar a autonomia privada das partes de modo amplo[21].

A conta de participação não requer maiores formalidades para a sua constituição e para a sua dissolução, podendo os sócios dela se retirar ou extinguir a sociedade sem as formalidades de publicidade e liquidação normalmente exigidas para as sociedades em geral. E como não há a criação de um novo ente, os custos de manutenção da SCP também são consideravelmente mais baixos do que os de uma sociedade personificada, fazendo desta um tipo de baixo custo operacional[22].

Sendo do interesse do ostensivo não revelar que trabalha com capital alheio, ou a vontade do participante de não querer que se saiba da

[20] Escarra, Jean. *Traité théorique et pratique de Droit Commercial* – Les Societés Commerciales, t. 1. Paris: Recueil Sirey, 1950, p. 539; Rasner. *Die atypische stille Gesellschaft...*, p. 43 ss.

[21] Morais, Antão de. Sociedade em conta de participação – 'Investment trusts' – Sociedades de crédito, financiamento ou investimentos. *Revista Forense*, v. 165, p. 70-73, maio/jun. 1956, p. 73.

[22] Grandi, Salvatore. *L'associazione in partecipazione*. Milano: Casa Editrice Dottor Francesco Vallardi, 1939, p. 5; Cendon, Paolo. *Commentario al Codice Civile*, artt. 2511-2554. Milano: Giuffrè, 2010, p. 425-426.

sua participação numa empresa especulativa[23] ou que mantém relações negociais com certa pessoa[24], a característica que ganha destaque é a discrição, porquanto a constituição da SCP não interessa a ninguém além das pessoas dos sócios (e ao Fisco), podendo passar despercebida por todos, sem que com isso haja prejuízo de qualquer ordem para terceiros, inclusive àqueles que contratam com o sócio ostensivo — ainda que exista a necessidade de inscrição no CNPJ.

Na realidade, é forçoso esclarecer, desde logo, que a conta de participação não é sociedade secreta, mas, sim, discreta. Isso ocorre porque a atividade é exercida apenas em nome do sócio ostensivo, sem que o sócio participante seja levado em consideração por quem contrata com aquele. Vale dizer, o patrimônio do participante não responde pelas obrigações assumidas, sendo perfeitamente aceitável que este não seja conhecido do público em geral — e, por isso, ainda hoje, é o sócio participante designado, na prática, como sócio oculto. De qualquer forma, mesmo que terceiros tenham conhecimento da sociedade havida entre o ostensivo e o participante, não fica desnaturada a conta de participação, como mais adiante será examinado.

A discrição é característica consagrada pelo art. 991 do Código Civil, que, de início, esclarece que a conta de participação é uma sociedade cuja atividade é exercida pelo sócio ostensivo, em nome próprio e sob a sua exclusiva responsabilidade, participando o sócio oculto apenas dos resultados da operação. O parágrafo único também esclarece que o sócio participante se compromete apenas com o ostensivo e faz isso nos termos do contrato social existente entre eles.

Finalmente, não podemos deixar de lembrar que o participante da conta de participação possui responsabilidade limitada, não podendo os credores acionar o sócio oculto por atos praticados pelo ostensivo (mesmo que efetuados na exploração da atividade objeto da SCP). "Há como que uma irresponsabilidade do partícipe oculto sobre os actos do partícipe descoberto, já que os credores não podem vir pedir àquele responsabilidade alguma perante factos atribuídos a este."[25]

[23] Garrigues. *Tratado de Derecho Mercantil...*, p. 186; Ghidini. *L'associazione in partecipazione...*, p. 58.

[24] Garrigues. *Tratado de Derecho Mercantil...*, p. 186.

[25] Pinhal. *Da conta em participação...*, p. 17.

3. Origem

É grande a probabilidade de que a conta de participação sempre tenha existido ao lado dos demais tipos societários, ou ao menos fórmulas jurídicas que a ela se assemelhavam[26]. José Gabriel Assis de Almeida alude a certas discussões sobre a verdadeira origem da conta de participação, dando notícia de que há quem sustente já ter ela existido na Grécia Antiga, no direito romano ou, quiçá, até na Mesopotâmia[27]. Carvalho de Mendonça relata a confusão acerca da origem histórica da conta de participação, fazendo referência à possibilidade que mesmo em Roma já teria existido[28]. No entanto, ambos os autores reconhecem que foi com o *contrato de comenda*, praticado nas cidades italianas do Medievo, que este tipo societário se desenvolveu como mecanismo jurídico autônomo para exploração de negócios e alocação de risco[29-30-31].

[26] Solá De Cañizares, Felipe. *El contrato de participación en el derecho español y en el derecho comparado.* Madrid: Editorial Revista de Derecho Privado, 1954, p. 4.

[27] Ver: Grandi. *L'associazione in partecipazione...*, p. 7-9; Mignone. *L'associazione in partecipazione...*, p. 6-7; Cunha Gonçalves. *Da conta em participação...*, p. 14-15. Sobre a *commenda* praticada por povos primitivos do norte da Ásia e da África setentrional, bem como na Babilônia e em Roma, ver: Rehme, Paul. *História universal del Derecho Mercantil.* Trad. de E. Gómez Orbaneja. Madrid: Editorial Revista de Derecho Privado, 1941, p. 22, 45, 58-61. Com referência a que tal tenha sido uma das principais influências de países árabes no Direito europeu, ver: Kerr, Charles. The Origin and Development of the Law Merchant. *Virginia Law Review*, v. 15, n. 4, p. 350-367, feb. 1929, p. 365. Finalmente, referindo que, mesmo após a queda do Império Romano, o negócio participativo seguiu sendo usado por árabes e bizantinos, o que influenciou sua utilização, posteriormente, pelos comerciantes italianos, ver: Mignone. *L'associazione in partecipazione...*, p. 8-9.

[28] Inclusive para a exploração da atividade de cobrança de tributos. Sobre a existência de acertos associativos que funcionavam à semelhança das sociedades em conta de participação em Roma, inclusive com relatos de Cícero sobre a existência de sócios ocultos entre os senadores romanos já no período das guerras púnicas, cf. Cunha Gonçalves. *Da conta em participação...*, p. 13. Pela origem romana da conta de participação, ver Antunes, José Engrácia. *Direito dos contratos comerciais.* Coimbra: Almedina, 2011 (reimpressão da edição de 2009), p. 406. Sobre o tema, ver: Pinhal. *Da conta em participação...*, p. 10-13. Nesse sentido, deve-se salientar que há quem sustente que seria a conta de participação a forma que mais se assemelharia à sociedade do Direito Romano, uma vez que produziria efeitos entre os seus membros mas não faria nascer uma pessoa moral (cf. Ripert-Roblot-Germain-Magnier. *Traité de droit des affaires*, t. 2..., p. 193).

[29] Cf. Almeida, José Gabriel Assis de. *A sociedade em conta de participação.* Rio de Janeiro: Forense, 1989, p. 4-5; Carvalho de Mendonça, J. X. *Tratado de Direito Commercial brasileiro*, v. 4, livro 2, 2. ed. posta em dia por Achilles Bevilaqua e Roberto Carvalho de Mendonça. Rio de Janeiro: Freitas Bastos, 1934, p. 224. Sobre o assunto, ver, ainda: Ferreira, Waldemar.

Com efeito, é praticamente unânime na doutrina que está no antigo *contrato de comenda* — cujo antepassado historicamente mais remoto parece ter sido o *nauticum foenus*, de origem grega e incorporado pelo direito romano, espécie de contrato de empréstimo a risco[32] — a origem de quatro tipos societários: (1) *sociedade de capital e indústria*, extinta de nosso ordenamento jurídico pelo novo Código Civil[33]; (2) *sociedades em comandita simples*, em franco desuso; (3) *sociedade em comandita por ações*, também posta fora de qualquer cogitação pelos empreendedores; e (4) *sociedade em conta de participação*[34].

Não que ajustes análogos anteriormente praticados não pudessem ser encarados como verdadeiras sociedades em conta de participação. Na verdade, pelos relatos dos mais diversos autores, pactos associativos estruturados à semelhança da conta de participação parecem sempre ter existido, quer em Roma ou até mesmo antes. No entanto, foi na Idade Média que esse tipo de associação provavelmente se tornou mais frequente (sobretudo em decorrência de fatores como o incremento da atividade comercial nas cidades italianas e a influência do direito canônico), fazendo com que as comendas, versão medieval das associações entre capitalistas e comerciantes, passassem para a história como a raiz definitiva do tipo societário em estudo[35].

Tratado das sociedades mercantis, v. 1. Rio de Janeiro: Freitas Bastos, 1952, especialmente p. 128 ss; e ANAYA, Jaime L. *Sociedades accidentales o en participación*. Buenos Aires: Editorial Cangallo, 1970, p. 43-45.

[30] Caroselli afirma, com temperança, que a resposta para esse tipo de indagação depende, em grande medida, do conceito que se tenha sobre o que é, de fato, uma conta de participação. Cf. CAROSELLI, Oscar. *L'associazione in partecipazione*. Padova: CEDAM, 1930, p. 28.

[31] Buscando as origens do modelo participativo, ver: MIGNONE, Gianni. *Um contrato per i mercanti del Mediterraneo*: l'evoluzione del rapporto partecipativo. Napoli: Jovene, 2005.

[32] FERREIRA. *Tratado de sociedades mercantis...*, p. 92.

[33] A sociedade de capital e indústria foi extinta como tipo próprio. Todavia, como salienta Alfredo de Assis Gonçalves Neto, é possível que a sociedade simples seja constituída nos mesmos moldes, bem como a sociedade em nome coletivo (e, eventualmente, a própria sociedade em comandita simples). Cf. GONÇALVES NETO, Alfredo de Assis. *Direito de Empresa*: comentários aos artigos 966 a 1.195 do Código Civil. 9. ed. rev., atual. e ampl. São Paulo: Revista dos Tribunais, 2019, p. 209, 351-352 e 360.

[34] GOLDSCHMIDT, Levin. *Storia universale del Diritto Commerciale*. Torino: Unione Tipografico -Editrice Torinese, 1913, p. 201 ss.

[35] Em sentido semelhante, ver CUNHA GONÇALVES. *Da conta em participação...*, p. 14.

3.1. Comenda

O contrato de comenda, praticado especialmente nas cidades italianas durante a Idade Média — segundo Oscar Caroselli, a fonte histórica mais antiga sobre a *commenda* dataria de 976 d.C.[36] —, desempenhou relevante papel durante o Renascimento do Comércio, momento de grande efervescência da atividade negocial ocorrido naquele período[37]. Nesse cenário, esta figura contratual floresceu extraordinariamente[38]; sem ela não teria sido possível o intenso comércio de mercadorias e a circulação de capital que se deu entre os diversos países europeus naquela época[39].

Em termos operacionais, a *commenda* consistia na entrega de dinheiro ou de mercadorias por um dos contratantes (*commendator*) ao outro (*tractator /commendatarius*), que podia ser o proprietário de um navio, seu capitão ou alguém encarregado da expedição marítima, a quem incumbia negociar os bens que lhe eram confiados, seja vendendo as mercadorias que lhe foram entregues pelo comendador, seja adquirindo e negociando mercadorias com o dinheiro que lhe fora entregue por este último. Essa operação ocorria especialmente no comércio marítimo entre a costa oeste italiana e a costa espanhola — e como o comércio era, basicamente, feito pelo mar, a comenda era um contrato voltado ao comércio marítimo[40].

Vale lembrar que, por várias razões, o comércio por vias aquáticas era o preferido em detrimento do complicado comércio terrestre. Em primeiro lugar, a falta de estradas em qualidade e quantidade: se, algumas vezes, era possível utilizar o que restou das vias romanas, na maior parte dos casos, a estrada medieval, através dos campos e das colinas, é apenas "o lugar por onde se passa", como bem salientou Jacques Le Goff[41].

[36] Caroselli. *L'associazione in partecipazione...*, p. 48.

[37] Sobre a Revolução Comercial, ver Lopez, Robert. *A revolução comercial da Idade Média: 950-1350*. Lisboa: Presença, 1976.

[38] Garrigues. *Tratado de Derecho Mercantil...*, p. 183.

[39] Garrigues. *Tratado de Derecho Mercantil...*, p. 183.

[40] *Commendator*: o *investidor*, aquele que confia dinheiro ou mercadorias; *tractator* ou *commendatarius*: o *tratante*, aquele a quem incumbe tratar dos negócios. Cf. Rehme. *História universal del Derecho Mercantil...*, p. 81.

[41] Le Goff, Jacques. *Mercadores e banqueiros da Idade Média*. São Paulo: Martins Fontes, 1991, p. 9-11.

Isso sem falar das montanhas a serem transpostas, como os Pirineus e os Alpes, inconvenientemente localizadas no caminho do mercador entre o norte da Europa e a Itália[42].

Somado a isso, tinha-se a insuficiência do transporte terrestre, praticado usualmente por meio de pesadas carroças de quatro rodas, puxadas por mulas e cavalos, cuja reduzida capacidade de carga encarecia demasiadamente o movimento de mercadorias[43].

Finalmente, a insegurança decorrente do ataque de bandidos, o risco de confisco ou simplesmente o roubo praticado pelos senhores ou cidades pelas quais se passava no caminho, além das taxas, dos direitos de passagem e pedágios de todo o gênero cobrados pelo simples trânsito ou pela transposição de uma ponte, um verdadeiro suplício em tempos de extrema divisão territorial e política como era na Idade Média[44].

Considerados todos esses fatores, o custo do transporte terrestre podia chegar de 20% a até mais de 150% do valor original da mercadoria, muito maior dos que os 2% do transporte marítimo para o caso da lã ou 15% para a seda. Por tudo isso, as vias aquáticas eram as preferidas[45].

E a comenda foi importante instrumento de financiamento das expedições marítimas da época. A necessidade de capital era premente. Le Goff explica que, em meados do Século XV, o ciclo completo de uma expedição comercial veneziana durava dois anos. "Esse ciclo constitui-se de transporte de especiarias de Alexandria a Veneza, reexpedição dessas especiarias para Londres, retorno de Londres com um frete de estanho, reexpedição desse estanho para Alexandria e recarregamento de especiarias para Veneza. O mercador precisa ter paciência e capital"[46].

Na comenda, o investidor (*commendator*) podia ser um produtor ou um intermediário (comerciante), que negociava mercadorias no interior, ou, ainda, um exportador (que confiava mercadorias), ou um importador (que confiava dinheiro), ou ambos. Em se tratando de uma exportação, a receita advinda da venda das mercadorias no exterior podia ser usada para comprar mais mercadorias para a reimportação[47].

[42] Le Goff. *Mercadores e banqueiros da Idade Média...*, p. 9-11.

[43] Le Goff. *Mercadores e banqueiros da Idade Média...*, p. 9-11.

[44] Le Goff. *Mercadores e banqueiros da Idade Média...*, p. 9-11.

[45] Le Goff. *Mercadores e banqueiros da Idade Média...*, p. 9-11.

[46] Le Goff. *Mercadores e banqueiros da Idade Média...*, p. 13.

[47] Lattes, Alessandro. *Il diritto commerciale nella legislazione statutaria delle città italianne.* Milano: Ulrico Hoepli, 1884, p. 155; Weber, Max. *The history of commercial partnerships in*

Para Max Weber, no tipo clássico da *commenda*, existia, de um lado, a parte que realizava o fornecimento de trabalho para a compra de mercadorias e o seu transporte marítimo para, finalmente, efetuar a venda dos produtos no mercado estrangeiro; e, de outro lado, a parte que contribuía com o capital para a compra das mercadorias e para prover o meio de transporte. Havia, portanto, uma parte *investidora* e outra *gestora* do negócio[48] — não sendo de todo raro existirem, de modo contemporâneo ou sucessivo, diversas relações entre as mesmas pessoas, passando, com o tempo, a ser mais comum que o *tractator* levantasse recursos junto a mais de um investidor[49].

Na realidade, dois tipos de comenda podiam ser identificados. No primeiro (*commenda unilateral*), apenas o investidor aportava capital, cabendo ao capitão (oú o responsável pela expedição mercantil) apenas a gestão do negócio (viagem marítima comercial). Esta era a forma mais antiga da comenda. No segundo (*collegantia, commenda bilateral*), ambos os participantes investiam recursos na aventura comercial, ficando, igualmente, o trato da operação por conta do capitão do navio ou do responsável pela expedição mercantil[50-51-52].

Os lucros resultantes do empreendimento (no início, uma única viagem marítima comercial) eram, então, distribuídos conforme se tratasse de um ou de outro tipo de comenda[53]. No primeiro tipo, naquele em que apenas o investidor aportava capital, cabia somente a este os louros do empreendimento, restando ao *tractator* apenas uma comissão (ou até

the Middle Ages. Trad. de Lutz Kaelber. Lanham, Boulder, New York; Oxford: Rowman & Littlefield Publishers, Inc., 2003, p. 63.

48 WEBER. *The history of commercial partnerships...*, p. 63.

49 GOLDSCHMIDT. *Storia universale del Diritto Commerciale...*, p. 209-210.

50 LATTES. *Il diritto commerciale nella legislazione statutaria...*, p. 156-158; REHME. *História universal del Derecho Mercantil...*, p. 82-83; ANAYA. *Sociedades accidentales o en participación...*, p. 45-46.

51 Ainda, faz-se referência a ambas as espécies de *commenda* no direito islâmico e na Alemanha (cf. REHME. *História universal del Derecho Mercantil...*, p. 75, 131).

52 Paul Rehme explica que ambas as figuras aparecem sob os nomes de *commenda* ou *societas*. No entanto, a expressão *commenda* deveria reservar-se para o primeiro tipo e o termo *societas* para o segundo. Independentemente disso, algo se afigura como certo: é possível identificar a raiz de "sociedade" em ambas as relações (cf. REHME. *História universal del Derecho Mercantil...*, p. 83).

53 WEBER. *The history of commercial partnerships...*, p. 69.

uma remuneração fixa, como refere Max Weber)[54]; já no segundo tipo, o lucro era repartido entre ambos os participantes (sendo que também podia caber ao *tractator* a remuneração pelos serviços)[55].

Como quer que seja, Soprano salienta que o investidor (*commendator*) apenas corria o risco da perda dos bens empregados na aventura comercial (dinheiro ou mercadorias); seu risco estava limitado ao aporte de capital empregado no negócio[56], servindo a *commenda*, como parece a Goldschmidt, como um negócio essencialmente de especulação, talvez o mais importante do comércio medieval[57]. Por outro lado, o negociante (*tractator*) suportava toda sorte de riscos advindos do eventual insucesso do empreendimento, seja pela má administração, seja pelos temidos "riscos do mar" (chamada "fortuna do mar") — isto é, naufrágio e pirataria[58].

Pelos débitos da aventura, respondia, portanto, apenas o *tractator* (capitão), cuja responsabilidade alcançava o seu patrimônio de forma ilimitada, enquanto a responsabilidade do investidor (*commendator*) era limitada ao valor aportado no empreendimento. Essa diferenciação entre a responsabilidade do investidor e do negociante é, diga-se de passagem, um dos primeiros sinais da limitação da responsabilidade no contexto dos pactos associativos[59].

3.2. Transformação da comenda em sociedade

Alguns fatores, entretanto, contribuíram para que o contrato de comenda se transmutasse com o decorrer do tempo, passando de mero contrato

[54] WEBER. *The history of commercial partnerships*..., p. 66.

[55] LATTES. *Il diritto commerciale nella legislazione statutaria*..., p. 159. Ver, também: GOLDSCHMIDT. *Storia universale del Diritto Commerciale*..., p. 207-208.

[56] SOPRANO, Enrico. *Tratatto teorico-pratico delle società commerciali*, v. I. Torino: UTET, 1934, p. 260.

[57] GOLDSCHMIDT. *Storia universale del Diritto Commerciale*..., p. 201, 245.

[58] CAROSELLI. *L'associazione in partecipazione*..., p. 43. A propósito, para um interessante relato acerca do desenvolvimento do comércio e da pirataria, ver FERREIRA, Waldemar. *Tratado de Direito Comercial*, v. 1. São Paulo: Saraiva, 1960, p. 23 ss. Sobre a pirataria e sobre o direito de naufrágio, ver: LE GOFF. *Mercadores e banqueiros da Idade Média*..., p. 12.

[59] Walfrido Jorge Warde Júnior sustenta — com razão, parece-nos — que a *societas* romana apresentou a primeira forma de limitação de responsabilidade ligada a estruturas societárias. WARDE JÚNIOR, Walfrido Jorge. *Responsabilidade dos sócios*: a crise da limitação e a teoria da desconsideração da personalidade jurídica. Belo Horizonte: Del Rey, 2007, p. 27 ss, especialmente à p. 33.

para a forma de sociedade: entre eles, destacam-se a (*i*) estabilização da relação entre as partes contratantes da comenda, (*ii*) a aversão social ao comércio e (*iii*) a condenação canônica da usura.

3.2.1. *Estabilização da relação*

Gradualmente, de um contrato essencialmente marítimo que se extinguia com o regresso da aventura comercial e a partilha dos resultados, a *commenda* passou a ser empregada no comércio terrestre, inclusive nas feiras, e, também, na indústria local, não mais sendo explorada vez por vez, mas de forma reiterada[60].

Na medida em que a *commenda* passa a abranger várias operações e a reunir mais e mais pessoas, o vínculo entre elas se estabiliza e ganha contornos societários mais fortes — mantendo-se, evidentemente, a limitação dos riscos do sócio oculto como fator essencial para o desenvolvimento deste tipo societário[61].

3.2.2. *Aversão ao comércio*

Muitos eram os que ambicionavam obter lucros a partir da exploração da atividade comercial, mas, ao mesmo tempo, ou não tinham vocação para o exercício do comércio, ou, sobretudo, tinham aversão à sua prática, pois, no Medievo, essa não era socialmente uma atividade bem-vista.

Jacques Le Goff bem resume a situação do comerciante quando afirma que o mercador medieval "foi importunado em sua atividade profissional e rebaixado em seu meio social devido à atitude da igreja a seu respeito". Segundo a doutrina canônica, o mercador jamais consegue agradar a Deus porque, segundo uma famosa frase do papa São Leão Magno, "é difícil não pecar quando se exerce a profissão de comprar e vender". Por isso, as famosas listas das profissões interditas quase sempre incluem o comércio[62].

[60] GOLDSCHMIDT. *Storia universale del Diritto Commerciale*..., p. 210. Ver, também, LAMY FILHO, Alfredo; PEDREIRA, José Luiz Bulhões. *A lei das S.A.*: pressupostos, elaboração, aplicação. Rio de Janeiro: Renovar, 1992, p. 34.

[61] KERR. The Origin and Development of the Law Merchant..., p. 366.

[62] Por tudo, ver LE GOFF. *Mercadores e banqueiros da Idade Média*..., p. 71. Ver, ainda, SAPORI, Armando. *Marchand italien au Moyen Age*. Paris: A. Colin, 1952. Claro que a postura da Igreja frente ao comércio não permanece a mesma durante toda a Idade Média; esta relação, com

Mas qual a razão de tamanho preconceito? A resposta está em São Tomás de Aquino, que declara que o pecado está no próprio objetivo do comércio: o desejo de ganho, a sede de dinheiro. O comércio, segundo a visão do canonista, satisfaz por si mesmo a ganância pelo lucro, que "longe de conhecer qualquer limite, se estende ao infinito". Assim, os mercadores pecariam pela própria essência da sua profissão porque, na busca incessante pelo lucro e pela riqueza, incorreriam inevitavelmente no pecado da avareza, isto é, no apego imoderado e excessivo pelos bens materiais e pelo dinheiro[63]. Gozavam os mercadores, portanto, de tão pouca consideração no seio da sociedade que não raras vezes eram tratados como charlatões e tramposos, pois parecia aos olhos de terceiros que sempre estavam querendo levar vantagem[64].

No entanto, com o advento da Revolução Comercial que se inicia na Idade Média, passaram os nobres (e até os clérigos, os magistrados e os oficiais militares) a se interessar a cada vez mais pela possibilidade de lucrar com o comércio, mesmo que não pudessem explorá-lo abertamente — pois este não era condizente com a sua posição na sociedade. Havia uma convenção social, uma mentalidade da época, no sentido de que ao trabalho deveriam se dedicar só os homens simples do povo e nem sequer o comércio seria uma ocupação digna[65].

Os nobres dedicavam-se à exploração de propriedades rurais, à guerra, à política ou ao ócio, mas não ao comércio, atividade tida como de "segunda linha". Essa mentalidade vinha desde Roma ou até mesmo de antes. Ao tempo das Guerras Púnicas, por exemplo, era vedada aos senadores a prática de operações mercantis. Por isso, as profissões lucrativas foram abandonadas aos escravos[66].

Dedicava-se ao comércio destacadamente o povo hebreu. Vale dizer, aos judeus, historicamente discriminados, era vedado o acesso à pro-

o tempo, evolui e ganha em complexidade na medida em que a Igreja precisa da ajuda do comerciante e de seu dinheiro, a ponto de a Ordem dos Templários, uma ordem religiosa, ter se tornado um dos maiores bancos da cristandade, e o papa Inocêncio IV ter pertencido a uma influente família de mercadores genoveses, os Fieschi. Cf. LE GOFF. *Mercadores e banqueiros da Idade Média...*, p. 95-101.

63 LE GOFF. *Mercadores e banqueiros da Idade Média...*, p. 72.

64 REHME. *História universal de Derecho Mercantil...*, p. 18.

65 GRANDI. *L'associazione in partecipazione...*, p. 10; CUNHA GONÇALVES. *Da conta em participação...*, p. 13.

66 SALGADO. *Das sociedades em participação...*, p. 6, 9.

priedade de terras e o exercício de uma série de ofícios, de modo que a eles restou o comércio. É de se notar que tem origem histórica, portanto, a habilidade deste povo na arte de negociar; não por acaso os judeus são conhecidos como grandes banqueiros, pois a atividade bancária em sua origem e essência nada mais é do que o comércio de moedas[67].

Descreve Paulo Salgado que, diante deste cenário, utilizando-se dessa estupenda ferramenta de mobilização do capital, o comerciante busca com os nobres, com os militares, com os magistrados e os clérigos, os recursos que esses queriam tirar da ociosidade. Dá-lhes orientação produtiva. Com isso, incrementa seu patrimônio, as bases da sua empresa. Seu crédito se alarga. O giro de seus negócios dispara. E os lucros, consequentemente, se avolumam e se dividem com os prestadores de capitais sem que esses assumam qualquer obrigação perante terceiros, qualquer risco que ultrapasse a simples perda do capital investido[68].

Foi daí, do preconceito que se tinha para com quem explorava o comércio, que surgiu a necessidade de um dos sócios do empreendimento permanecer oculto. Esse foi outro fator essencial para o desenvolvimento da sociedade em conta de participação, que também possui na comenda seu antepassado mais remoto[69].

3.2.3. *Condenação da usura*

Outro fator importante para o desenvolvimento de tal espécie societária está nas limitações impostas pela Igreja à usura[70], consubstanciadas na teoria canônica da *esterilidade do capital*[71-72].

[67] A propósito, sobre o assunto, ver *O mercador de Veneza* (*The Merchant of Venice*), clássica peça de William Shakespeare, escrita entre 1596 e 1598 e pela primeira vez encenada em 1605, que demonstra a condição dos judeus naquela época. Nesse sentido, interessante é a análise feita por FERGUSON, Niall. *The ascent of money*: a financial history of the world. 2nd ed. USA: Penguin Books, 2018, p. 30 ss.

[68] SALGADO. *Das sociedades em participação...*, p. 38.

[69] GRANDI. *L'associazione in partecipazione...*, p. 9-10; CARVALHO DE MENDONÇA. *Tratado de Direito Commercial brasileiro*, v. 4..., p. 224; ALMEIDA. *A sociedade em conta de participação...*, p. 8; FARIA, Anacleto de Oliveira. *Enciclopédia Saraiva do Direito*. Coordenação de Rubens Limonge França. São Paulo: Saraiva, 1977, p. 153 ss; REQUIÃO, Rubens. *A preservação da sociedade comercial pela exclusão do sócio*. Tese apresentada para o concurso à Cátedra de Direito Comercial da Faculdade de Direito da Universidade do Paraná. Curitiba, 1959, p. 31.

[70] GRANDI. *L'associazione in partecipazione...*, p. 09-10; KERR. The Origin and Development of the Law Merchant..., p. 366.

A prática da usura era condenada por duas razões principais. Em primeiro lugar, em função do conceito de que cobrar pelo empréstimo era uma prática contrária ao *princípio da caridade cristã*. Em segundo lugar, porque os juros nada mais são do que os frutos do dinheiro no tempo e, como o tempo só a Deus pertence, o lucro gerado sem nenhum trabalho seria imoral[73].

Dizia-se que a comenda era um contrato de mútuo disfarçado e que materializava a prática usurária, pois o capital investido na aventura comercial não passava de um empréstimo dado ao negociante, que deveria ser restituído ao capitalista com juros altíssimos no regresso da viagem.

A *teoria da usura* proveniente do direito canônico e que feria de morte a frutificação do capital passou a ser, de fato, um importante obstáculo à exploração da comenda. Conta Paulo Salgado que os teólogos, na incansável perseguição à prática da usura, investigavam a índole e a estrutura de cada contrato no intuito de reprimir a usura que ali pudesse se refugiar. Nesse desiderato, examinavam contratos de compra e venda, certas combinações do contrato de sociedade, o câmbio, o desconto, o penhor, entre tantos outros. E a comenda, apta a abrigar a usura, não escapava deste escrutínio[74].

As punições eram terríveis — ao menos aos olhos do homem da época, membro de uma sociedade impregnada pela fé cristã. Quem emprestava dinheiro a juros era coberto pela infâmia, não podia frequentar os locais santos, sendo-lhe negado, inclusive, a sepultura eclesiástica[75]. Além da excomunhão, castigos temporais eram impostos, tais como

[71] Salgado. *Das sociedades em participação*..., p. 15.

[72] Nesse sentido, observe-se que o Concílio de Reims, de 1049, reprovava a usura, sendo que o II Concílio de Latrão, de 1139, declarava os usurários como infames, tendo, em 1179, o III Concílio de Latrão determinado a excomunhão dos agiotas — algo que o II Concílio de Lyon, de 1274, e o Concílio de Viena, de 1331, seguiram, tendo este último considerado pecado, inclusive, argumentar sobre o empréstimo de dinheiro a juros —; sobre o tema, entre outros, ver: Daniel-Rops, Henri. *A Igreja das Catedrais e das Cruzadas*. Trad. E. Gama. São Paulo: Quadrante, 2014. Na literatura, por exemplo, a *Divina Comédia* (*Divina Commedia*), poema de Dante Alighieri escrito no início do Século XIV, retrata os usurários no Inferno, sofrendo com uma chuva de fogo. Analisando a questão, ver: Ferguson. *The ascent of Money*..., p. 33-34.

[73] Le Goff. *Mercadores e banqueiros da Idade Média*..., p. 74-75.

[74] Salgado. *Das sociedades em participação*..., p. 20.

[75] Salgado. *Das sociedades em participação*..., p. 20.

a obrigação de restituir lucros ilícitos e a invalidade de testamentos de mercadores enquanto não fosse feita a devida reparação dos seus pecados em matéria econômica[76].

Nos dias de hoje fica difícil conceber a extensão da influência da Igreja sobre as pessoas do Medievo. Basta, no entanto, examinar alguns hábitos e costumes dos mercadores para vislumbrar a real situação e perceber a importância da religião como pilar da sociedade da época: Jacques Le Goff nos conta que todos os livros comerciais iniciavam com essas linhas: *"Em nome de Nosso Senhor Jesus Cristo e da Santa Virgem Maria Sua Mãe... que por sua santíssima graça e misericórdia nos sejam concedidos lucros e saúde, tanto no mar como em terra, e que nossas riquezas e nossos filhos se multipliquem com a salvação da alma e do corpo"*.

Além disso, os estatutos das corporações de ofícios revelam as mesmas preocupações religiosas, ordenando a observância da fé católica e a colaboração na luta contra os heréticos; enumerando os dias de festas religiosas a serem observadas; fixando a representação da corporação nas cerimônias religiosas solenes; descrevendo as despesas religiosas da corporação, como a manutenção de certo número de lâmpadas em igrejas, aquelas referentes às esmolas especiais dadas aos pobres e as decorrentes da distribuição de pães a estes[77].

A própria caridade do mercador era um reflexo desse espírito, salienta o historiador francês. Ao lado do grande cofre-forte onde guardava o seu dinheiro, um cofre menor continha dinheiro miúdo do comerciante destinado à esmola dos pobres distribuída nos dias de festas. Ainda: as sociedades comerciais destinavam numerário aos sócios para ser distribuído nessas ocasiões, tudo devidamente escriturado nos livros mercantis. Na Itália, aliás, Deus sempre recebia uma participação (parte dos lucros) quando da constituição de uma sociedade, sendo tal quantia destinada à esmola dos pobres — e esse crédito, em caso de falência, era pago prioritariamente. Finalmente, na assinatura de um contrato, era costume colocar Deus como testemunha, a ele cabendo uma oferenda por conta disso, a qual era também distribuída aos pobres[78].

[76] Le Goff. *Mercadores e banqueiros da Idade Média...*, p. 78.

[77] Le Goff. *Mercadores e banqueiros da Idade Média...*, p. 88-91.

[78] Le Goff. *Mercadores e banqueiros da Idade Média...*, p. 88-91.

Com medo de queimarem no fogo do inferno, mas, também, sem querer abandonar uma operação potencialmente tão lucrativa como era o contrato de comenda, a transformação deste em sociedade foi uma solução natural para enfrentar o problema[79]. Como instrumento fecundo do comércio medieval, ferramenta crucial do desenvolvimento das empresas e da criação de riquezas, a comenda não podia desaparecer: a solução para o impasse foi buscar proteção no conceito amplíssimo de sociedade, de onde buscou a sua configuração, apoiada nas tradições do direito romano que admitia a sociedade de capital e indústria[80].

Assim, para salvar a comenda, houve a necessidade de caracterizá-la como sociedade, ainda que se mantivessem inalteradas suas funções econômicas. Desse modo, além de não se falar mais em contrato de empréstimo, tem-se que, na conta de participação, o sócio investidor permaneceria oculto, podendo auferir os benefícios do comércio sem precisar aparecer perante terceiros (ficando, portanto, a salvo da condenação por prática usurária).

Com essa nova feição, a comenda recebeu a aprovação dos canonistas, especialmente do papa Inocêncio III e de São Tomás de Aquino[81]. Ou pelo menos, como observa Jacques Le Goff, "quando a letra era respeitada, a Igreja aceitava mais facilmente que o espírito fosse traído"[82]. E tamanha foi a importância da proibição das práticas usurárias pela legislação canônica como vetor para a transformação do contrato de comenda em sociedade, que, para alguns, essa é a principal causa para o desenvolvimento do tipo societário em questão[83].

3.3. Publicização da relação e ramificação do tipo

Uma vez transmutada a comenda em sociedade, posteriormente deu-se a necessidade de publicizar a relação havida entre sócios investidores

[79] GALGANO, Francesco. *Lex Mercatoria*. Bologna: Il Mulino, 2001, p. 44. Nesse sentido, também: LE GOFF. *Mercadores e banqueiros da Idade Média...*, p. 80; CARVALHO DE MENDONÇA. *Tratado de Direito Commercial brasileiro*, v. 4..., p. 224; REQUIÃO. *A preservação da sociedade comercial pela exclusão do sócio....*, p. 31-33.

[80] SALGADO. *Das sociedades em participação...*, p. 21.

[81] SALGADO. *Das sociedades em participação...*, p. 15.

[82] LE GOFF. *Mercadores e banqueiros da Idade Média...*, p. 79-80.

[83] ALMEIDA. *A sociedade em conta de participação...*, p. 8.

e sócios gestores para evitar a prática de condutas oportunistas por parte daqueles.

Quem explica o ocorrido é Hernani Estrella: "naquela sociedade oculta, muitas vezes, acontecia que quando a empresa ia bem o sócio oculto, na hora de partirem os lucros, se apresentava afirmando sua qualidade de sócio, mas, quando a empresa ia mal, quando o empreendimento não tinha êxito e o comerciante era considerado falido, aquela pessoa que na realidade era sócio, se apresentava como um prestador, e não como sócio, e exigia o dinheiro emprestado. De modo que ela se transformava, fraudulentamente, de sócio em credor, a fim de ir buscar ao menos parcela do que havia concorrido para a sociedade. Foi por isso que se passou a exigir, a fim de evitar êsse expediente, que toda essa espécie de sociedade constasse de livro da corporação, o álbum mercatorum"[84].

Por isso, algumas comendas passaram a ser registradas, tornando-se públicas[85]. O costume do registro — e a sua consequente publicidade

[84] Estrella, Hernani. *Notas de sala de aula editadas pela turma de 1958* (Sebenta das aulas do Professor Hernani Estrella - Direito Comercial I). Universidade Federal do Rio Grande do Sul - UFRGS. Cedidas aos autores pelo Professor Peter Walter Ashton, p. 86. Neste sentido também leciona Rubens Requião: "Sociedades particulares a princípio, tais foram os abusos que as comanditas ensejavam, sobretudo na liquidação dos patrimônios dos comerciantes insolventes, em que o *commendator*, de sócio que era, se apresentava, conluiado com o *tractator*, como credor, prestador do crédito, que no século XV as corporações de mercadores italianos passaram a exigir contratos dêsse tipo de sociedade, transformando-as de sociedades ocultas, que eram, em sociedades reveladas ao público, assumindo a feição moderna. Êste processo é relatado pelo professor Ferrara, que, após apresentar a *commenda* como uma 'associação em participação', esclarece o processo de sua publicidade: 'Assim, por motivos de oportunidade, pelo século XV, foi prescrita a publicação do contrato de sociedade, isto é, foram indicados nos livros da sociedade os nomes dos comanditários e a medida de sua contribuição, com a duração do contrato, e estas indicações foram inscritas em um registro de comércio à disposição do público. Destarte, a companhia secreta - a antiga *participatio* - transforma-se em 'companhia pública', ou seja, na atual comandita' ('Teoria de las Personas Jurídicas', pg. 492')." "O elemento social surgiu em tôda sua energia, informa Navarrini, 'quando, para impedir que a qualidade de sócio fôsse, nos momentos de crise, prudentemente substituída pela mais cômoda de credor, impôs-se (como aconteceu pela primeira vez em Florença com a lei de 30 de novembro de 1408) a formalidade do registro das comanditas, do qual constava, justamente, as cotas confiadas à especulação social' ('Delle Società e delle Associazioni comerciali', nº 217, pg. 318)." (Requião. *A preservação da sociedade comercial pela exclusão do sócio...*, p. 35-36, grifo do autor).

[85] Soprano. *Tratatto teorico-pratico delle società commerciali*, v. I..., p. 260-261; Ferreira, Waldemar. *Tratado de Direito Comercial*, v. 3. São Paulo: Saraiva, 1961, p. 528.

— passou a ser exigido para evitar fraudes. Por exemplo, a lei florentina de 1408 regulou detalhadamente as comanditas (sociedades em comandita), sociedades formalmente constituídas e cujos sócios deveriam ter os seus nomes depositados nos registros corporativos[86].

A publicidade, contudo, não interessava a todos. Muitos não se sentiam à vontade para exercer atividade comercial (lembre-se que tal ofício era tido como vexatório e pecaminoso). Ademais, à medida que um dos sócios permanecesse desconhecido, estava fora das vistas da Igreja, sendo difícil sua condenação por eventual prática usurária. Logo, "persistiram os contratos de comenda sem que os nomes dos sócios fossem depositados nos registros; essas sociedades eram conhecidas apenas entre sócios, não aparecendo perante terceiros e não tendo, assim, personalidade jurídica"[87].

É justamente nesse contexto que as comendas não registradas continuaram a ser utilizadas, conservando a sua forma primitiva, ao lado das comendas inscritas. Eram praticadas paralelamente a estas, vigorando a relação somente entre os sócios e mantendo-se desconhecidas de terceiros[88].

Portanto, ao lado da comenda registrada ("comenda pública"), outras comendas mantiveram-se ocultas. Estas deram origem à sociedade em conta de participação, uma sociedade marcada pelo sigilo acerca da existência do vínculo entre *commendador* e *tractator* — ligação esta que era, portanto, secreta. Isto é, permanecia longe do conhecimento do público em geral, fazendo com que o sócio investidor permanecesse na penumbra, enquanto o *tractator* operava em proveito de ambos.

Surgiam, assim, dois tipos societários decorrentes da comenda: aquele que era levado a registro e que se tornou o embrião da sociedade em comandita (hoje comandita simples e comandita por ações) e o que permanecia na penumbra, dando origem à conta de participação[89]. Desse

[86] SOPRANO. *Tratatto teorico-pratico delle società commerciali*, v. I..., p. 260-261; SALGADO. *Das sociedades em participação...*, p. 19; MARTINS, Fran. *Curso de Direito Comercial*. 5. ed. Rio de Janeiro: Forense, 1976, p. 289; LAMY FILHO-PEDREIRA. *A lei das S.A...*, p. 35.

[87] MARTINS. *Curso de Direito Comercial...*, p. 289.

[88] FERREIRA. *Tratado de Direito Comercial*, v. 3..., p. 528.

[89] ESTRELLA. *Notas de sala de aula...*, p. 86. Nesse sentido, ver, também, FERREIRA. *Tratado de Direito Comercial*, v. 3..., p. 528; ANAYA. *Sociedades accidentales o en participación...*, p. 47. Por isso diz-se que a evolução histórica da comandita está parcialmente vinculada à da conta de

modo, observa Eunápio Borges que, historicamente, a SCP nada mais é do que a *commenda* a meio caminho de sua evolução. É, de certo modo, uma *commenda* que permaneceu oculta, ao passo que a comandita nada mais é do que a publicização da participação[90-91].

Waldemar Ferreira descreve as três fases da comandita. No primeiro período (até século XIV), tem-se a forma pré-social: isto é, a *commenda* consistia em simples empréstimo ou depósito, sem vínculo associativo. Na segunda fase (do século XV ao XVII), tem-se a forma societária, mas de vida exclusivamente interna, de relações entre os sócios tão somente. No último período (a partir do século XVII), ela se tornou sociedade, o que ainda é, tanto nas relações entre os sócios, quanto nas com terceiros[92].

Assim, percebe-se na *commenda* o embrião da SCP, sendo que a sua transformação em sociedade parece ter sido um caminho naturalmente traçado.

3.4. Divergência doutrinária

É preciso registrar a existência de opiniões divergentes quanto ao exato desenvolvimento da conta de participação. Caroselli, por exemplo, crê que a comenda não teria se desenvolvido de forma independente, passando de um contrato a um tipo societário. Sustenta que a *compagnia*, sociedade em nome coletivo medieval, teria absorvido a comenda e, a partir daí, surgido uma nova sociedade que admitia a existência de um sócio capitalista, com responsabilidade limitada, cuja existência podia ser ignorada pelos terceiros[93].

Essa divergência em nada embaraça o esforço histórico que até aqui foi empreendido, cujo objetivo é demonstrar — pelo menos na opinião

participação, cf. Gierke, Julius von. *Derecho Comercial y de la Navegación*, v. I. Trad. Juan M. Semon. 7 ed. Buenos Aires: Argentina S.A., 1957, p. 339.

90 Borges, João Eunápio. *Curso de Direito Comercial terrestre*. 5. ed. Rio de Janeiro: Forense, 1971, p. 323-324.

91 Para se ter uma ideia dessa evolução, na Alemanha, até o *Allgemeines Deutsches Handelsgesetzbuch* (ADHGB) de 1861 não existia uma clara distinção entre a conta de participação e a comandita, dizendo-se, inclusive, que seriam variações de uma mesma sociedade, cujo registro seria facultativo. Cf. Rasner. *Die atypische stille Gesellschaft*..., p. 18-19. Ver, também: Gierke. *Derecho Comercial y de la Navegación*, v. I..., 341.

92 Ferreira. *Tratado das sociedades mercantis*, v. 1..., p. 123-124.

93 Caroselli. *L'associazione in partecipazione*..., p. 44-62.

da maior parte da doutrina — o caminho mais provável percorrido pela conta de participação. Mauro Brandão Lopes salienta que "a diversidade das teorias propostas, as contradições quanto aos próprios fatos" e a sua impossibilidade de investigar diretamente as fontes primárias "tornam de duvidoso proveito a discussão analítica das fontes secundárias". Por isso, não se arriscou a confrontar as teorias propostas, mas sim proceder a uma construção jurídica da conta de participação no direito brasileiro, daí extraindo as suas possíveis consequências[94].

Trata-se de posição ponderada. Isso porque a profundidade dos trabalhos de juristas-historiadores, como um Levin Goldschmidt, um Max Weber ou um Alessandro Lattes, deve-se ao fato de que eles analisavam as raízes históricas do direito comercial na sua própria fonte, isto é, nos antigos documentos e costumes comerciais oriundos e praticados nas cidades medievais, sobretudo das cidades italianas, não se limitando a reproduzir o que os outros historiadores haviam escrito. Como refere Collingwood, revelando o ofício do verdadeiro historiador, a História atua por meio da interpretação das provas, dos documentos, não da simples reprodução daquilo que foi dito por outros[95].

Feita essa ressalva, é possível tecer alguns comentários sobre o desenvolvimento da SCP no curso de uma mais conhecida parte da História.

3.5. Disseminação

Devido aos seus atributos, a conta de participação, partindo da sua origem na Itália[96], disseminou-se na vida comercial europeia — primeiramente como direito costumeiro e, depois, como direito positivado, passando, posteriormente, a fazer parte das codificações, chegando logo aos países do novo mundo.

Assim, da Itália passou a ser utilizada na Alemanha e na França. Documentos dos Séculos XV a XVIII testemunham a sua larga utilização em terras germânicas, e o direito consuetudinário francês também

[94] Lopes, Mauro Brandão. *A sociedade em conta de participação.* São Paulo: Saraiva, 1990, p. 8.

[95] Collingwood, R. G. *A idéia de História.* Trad. de Alberto Freire. Lisboa: Editorial Presença, 1972, p. 17.

[96] A partir do Século XV, a conta de participação aparece nos estatutos das cidades italianas, ainda que com base em textos que variavam de acordo com as localidades, com terminologia confusa e em forma nem sempre clara. Cf. Solá de Cañizares. *El contrato de participación...*, p. 9.

conheceu intimamente a conta de participação[97]. Apesar de bastante conhecida e utilizada na prática mercantil, a Ordenança francesa de 1673 não a regulou, preferindo se ocupar da publicidade dos atos societários[98]; seus comentaristas, entre eles Savary, Pothier e Jousse, conheciam muito bem a conta de participação, então chamada de sociedade anônima diante do seu caráter secreto (bem como de sociedade momentânea, uma vez que, para muitos, deveria ter objeto único ou duração limitada no tempo)[99], mas o legislador ignorou-a: fê-lo, supostamente, para não ter que a proibir, ou melhor, para não ter que a publicizar, eliminando as inegáveis vantagens decorrentes da sua natureza oculta[100]. O Código prussiano de 1794 (*Allgemeines Landrecht für die Preußischen Staaten*), por sua vez, disciplinou a sociedade em partici-

[97] Cf. SALGADO. *Das sociedades em participação...*, p. 29. Paul Pic salienta que a conta de participação era, desde a idade média, utilizada em vilas marítimas italianas e francesas (PIC, Paul. *Des Sociétés Commerciales*, t. III. 2e éd. Paris: Arthur Rousseau, 1926, p. 602).

[98] HAMEL, Joseph; LAGARDE, Gaston. *Traité de Droit Commercial*, t. 1. Paris: Dalloz, 1954, p. 621; RIPERT. *Traité élémentaire de Droit Commercial...*, p. 512; RIPERT-ROBLOT-GERMAIN-MAGNIER. *Traité de droit des affaires*, t. 2..., p. 191-192. Em que pese a omissão de tal Ordenança, Alfredo Jorge Pinhal afirma que este é o marco da autonomia da conta de participação, regrada como terceira sociedade e qualificada como sociedade anônima (cf. PINHAL. *Da conta em participação...*, p. 14-15). A propósito do período legislativo do Direito Comercial examinado a partir das Ordenanças francesas, ver MACHADO, Brasilio. *Direito Commercial*: preleções feitas pelo Lente Catedrático da Faculdade de Direito de São Paulo – Taquigrafadas por Augusto Moreira Soares. São Paulo: Estabelecimento Graphico "Mignon", 1909, p. 237 ss.

[99] ADOLPH, Lucien. *De l'association em participation*. Paris: Pierre Roger et Cie Editeurs, 1913, p. 4; PIC. *Des Sociétés Commerciales*, t. III..., p. 602 ss. Ver, também: RIPERT-ROBLOT-GERMAIN-MAGNIER. *Traité de droit des affaires*, t. 2..., p. 192.

[100] SALGADO. *Das sociedades em participação...*, p. 30-34, 38-39. Jaime Anaya assim esclarece a questão: "En Francia, en el siglo XVII, el lugar preponderante correspondía a las sociedades en comandita que, sin firma social, fueron legisladas en la Ordenanza de 1673. No reguló, en cambio, dicha ordenanza a las cuentas en participación debido, en opinión de Ripert, a que se ocupó casi exclusivamente de la forma y de la publicidad de los actos de las sociedades. La omisión de la Ordenanza de 1673, sostiene por su parte Troplong, no fue un olvido, sino que el legislador la consideró ajena al interés público, que quería proteger en las verdaderas sociedades. Pero como la Ordenanza tampoco las prohibió, continuaron existiendo en la práctica, especialmente en las operaciones marítimas, aunque la ausência de reglamentación legal provocó dificultades para distringuirlas de las sociedades en comandita. La doctrina francesa la denominaba *société anonyme* y distinguía como una especie de la misma a la *société momentanée*." (ANAYA. *Sociedades accidentales o en participación...*, p. 48-49). No mesmo sentido: MIGNONE. *L'associazione in partecipazione...*, p. 10-11.

pação, ainda que existesse certo embaralhamento entre a conta de participação e a comandita[101].

Tradicionalmente, diz-se que o Código Comercial francês de 1807 teria sido o primeiro a positivar tal espécie societária, fazendo referência às *associações comerciais em participação* do art. 47 ao art. 50 (o que traduziria uma incerteza do legislador, que não a teria designado como uma sociedade)[102], caracterizando-se pela sua momentaneidade, por não ter nome, de ninguém ser conhecida e de não interessar ao público.

As disposições do *Code de Commerce* foram modificadas pela lei de 24 de junho de 1921, passando-se a regrar, expressamente, a matéria (também do art. 47 ao art. 50) — sendo tal regramento pouco inovador, basicamente confirmando e esclarecendo a jurisprudência anterior e reconhecendo as contribuições doutrinárias: consagrou o seu caráter interno, previu que podia ser constituída para diversas operações, dispunha sobre a ausência de personalidade jurídica e proibia a emissão de títulos. Um decreto de 09 de agosto 1953 alterou simplesmente a numeração dos dispositivos, retrocedendo à posição do 42 ao 45. O conteúdo das disposições do Código Comerical foi reproduzido na Lei de Sociedades Comerciais de 24 de julho de 1966 (art. 419 ao art. 422), tendo passado a utilizar a expressão *société en participation*. Finalmente, a lei de 4 de janeiro de 1978 revogou o texto anterior, passando o instituto a ser regido pelo Código Civil (art. 1871 ao art. 1872-2), deixando de fazer referência ao caráter oculto do instituto; e é tal texto que permanece regulando a matéria até hoje — não tendo sido alterado com a ressiste-

[101] Gierke. *Derecho Comercial y de la Navegación*, v. I..., p. 341 ("En la época posterior, desde el siglo XVII, ocupó en Francia el primer lugar la forma de la sociedad en comandita y es reglada allí primeramente por la *Ordonnance sur le commerce* del año 1673 (pero sin firma social), luego en el *Code de Commerce* como *Société en commandite*. A la inversa, en Alemania predomina completamente la segunda forma, 'la sociedade oculta' (*heimliche Gesellschaft*). Sobre ella sola se encuentran normas legales en el *Preussisches Landrecht* del año 1794 y, siguiendo el ejemplo austríaco, se la denomina *stille Gesellschaft* (sociedad en participación). Bajo la influencia francesa, fué llamada también equivocadamente 'sociedad en comandita alemana'."). Ver, também: Verón, Alberto Víctor. *Sociedades comerciales:* Ley 19.550 y modificatorias comentada, anotada y concordada, t. 4. 2 reimpr. Buenos Aires: Astrea, 1999, p. 799; Anaya. *Sociedades accidentales o en participación*..., p. 50; Mignone. *L'associazione in partecipazione*..., p. 11, 656-657.

[102] Ripert-Roblot-Germain-Magnier. *Traité de droit des affaires*, t. 2..., p. 191.

matização sofrida pela disciplina comercialista no ano de 2000 com o novo *Code de Commerce*[103].

Do Código Comercial francês, bem como por conta da tradição mercantil ibérica (além da influência do Código prussiano), passou a conta de participação para o Código Comercial espanhol de 1829 (regulando a *sociedad accidental o de cuenta en participación* do art. 354 ao art. 358 — substituído pelo Código de Comércio de 1885, ainda vigente, regulando a matéria, do art. 239 ao art. 243, não mais como uma sociedade) e para o de Portugal de 1833 (onde foi positivada, como sociedade, a *associação em conta de participação* do art. 571 ao art. 576 — posteriormente sendo regulada como contrato de *conta em participação* pelo Código Comercial de 1888, do art. 224º ao art. 229º, sendo, finalmente, substituído pelo Decreto-Lei 231/81, que sofreu forte influência italiana e que regula, até hoje, a *associação em participação* do art. 21º a 32º).

Na Itália, a matéria foi regulada no *Codice Commerciale* albertino de 1842, sendo os arts. 58-61 praticamente uma tradução do Código Comercial francês (enquanto o *Codice di Commercio* de 1865 introduziu importantes novidades, regulando o instituto do art. 177 ao art. 182, cujo regramento foi basicamente transposto aos arts. 233-238 do *Codice di Commercio* de 1882, até ser revogado pelo *Codice Civile* de 1942, que passa a regular o instituto como um contrato do art. 2549 ao art. 2554).

Na Argentina, a conta de participação foi positivada no Código de Comércio de 1859/1862 (e reformado em 1889 e, recentemente, em 2014).

Na Alemanha apareceu no plano legislativo no *Allgemeines Deutsches Handelsgesetzbuch* (ADHGB) de 1861, que previu duas espécies, a *stille Gesellschaft* e a participação em operações isoladas ou momentâneas, sendo que estas últimas foram suprimidas pelo *Handelsgesetzbuch* de 1897 (que permanece até hoje em vigor), que passou a regular a matéria nos §§335 e seguintes, até 1985, ano em que a reforma de 19 de dezembro reorganizou a matéria, que passou a ser regrada nos §§230 e seguintes[104].

[103] Pic. *Des Sociétés Commerciales*, t. III..., p. 602; Ripert-Roblot-Germain-Magnier. *Traité de droit des affaires*, t. 2..., p. 191. Ver, também: Ferreira. *Tratado de Direito Comercial*, v. 3..., p. 529-530; Anaya. *Sociedades accidentales o en participación...*, p. 50-52; Verón. *Sociedades comerciales...*, p. 798-799; Menezes Cordeiro, António. *Direito Comercial.* 4 ed. Coimbra: Almedina, 2019, p. 735-736; Mignone. *L'associazione in partecipazione...*, p. 11-12, 591 ss.

[104] Ver: Garrigues. *Tratado de Derecho Mercantil...*, p. 184-185; Anaya. *Sociedades accidentales o en participación...*, p. 52 ss; Verón. *Sociedades comerciales...*, p. 797-799; Coutinho de Abreu,

No Brasil, sob a forte influência da legislação portuguesa e espanhola, foi regulada pelo Código Comercial de 1850 do art. 325 ao art. 328 sob o nome de *sociedade em conta de participação, acidental, momentânea* ou *anônima*[105]. Atualmente, o Código Civil de 2002 regula a sociedade em conta de participação do art. 991 ao art. 996.

Hoje em dia, o caráter secreto não é mais o principal atributo da conta de participação — mesmo porque não deveria mais existir preconceito para com a atividade comercial. Todavia, a sua discrição é, sim, elemento relevante. Por esse e por outros motivos, a conta de participação continua virtuosa, especialmente diante da facilidade para a sua constituição e para a sua dissolução, aliada ao baixo custo, à sua informalidade, dinamicidade e flexibilidade. Isso agrada os empreendedores que necessitam receber aportes de capital de forma rápida e o mais desburocratizada possível, o que ainda faz desse tipo societário um instrumento bastante útil para o tráfico negocial: em que pese antigo, está longe de ser um instituto superado[106]. Não por outra razão o Código Civil de 2002 manteve a SCP entre os seus veículos societários[107].

Jorge Manuel. *Curso de Direito Comercial*, v. II. Coimbra: Almedina, 2005, p. 38; MENEZES CORDEIRO. *Direito Comercial...*, p. 737-742; MIGNONE. *L'associazione in partecipazione...*, p. 12-13, 622 ss, 656 ss; MONTEIRO, João Pereira. Da sociedade em conta de participação. *O Direito: revista mensal de legislação, doutrina e jurisprudência*, n. 30, p. 481-523, jan./abr. 1883, p. 512 ss; SALGADO. *Das sociedades em participação...*, p. 36; FERREIRA. *Tratado de Direito Comercial*, v. 3..., p. 531. ALMEIDA. *A sociedade em conta de participação...*, p. 9-15; GALIZZI. *Sociedade em conta de participação...*, p. 23.

105 A título de curiosidade, alguns ainda relacionam as bandeiras paulistas como tipo de sociedade em conta de participação. Nesse sentido, ver: NIEMEYER, Luiz Carlos de. As causas sociológicas e econômicas das bandeiras: a bandeira como empresa mercantil. *Revista de Direito Mercantil, Industrial, Econômico e Financeiro*, São Paulo, n. 5, p. 505-526, 1955; ver, igualmente, GALIZZI. *Sociedade em conta de participação...*, p. 23-25. Sobre o assunto, também recomendamos a análise sobre o mercado interno no período colonial brasileiro feita por CALDEIRA, Jorge. *História do Brasil com empreendedores*. São Paulo: Mameluco, 2009 (especialmente da p. 254 à p. 264, quando estuda a bandeira, a armação e a quarta).

106 MIGNONE. *L'associazione in partecipazione...*, p. 4.

107 Para finalizar esse breve relato sobre as origens da conta de participação, recomenda-se, para aqueles que desejam se aprofundar no estudo histórico deste tipo societário, as seguintes obras: a clássica tese de doutorado de Max Weber, *The history of commercial partnerships in the Middle Ages*, defendida na Universidade de Berlim em 1889, vertida para o inglês e com edição americana recente pela Rowman & Littlefield Publishers, e o clássico *Storia universale del Diritto Commerciale* (originalmente *Universalgeschichte des Handelsrechts*), de Levin Goldschmidt. Fato interessante de se referir é que Goldschmidt, um dos principais historiadores

4. Regime jurídico

No Brasil, antigamente, a sociedade em conta de participação — também designada *acidental, momentânea* ou *anônima* — era regulada do art. 325 ao 328 do Código Comercial de 1850, no capítulo das sociedades comerciais (Capítulo III). Tais regras sempre foram tidas por extremamente sucintas e lacunosas, o que trazia insegurança jurídica e gerava diversas dúvidas a respeito do instituto[108].

Com a entrada em vigor do Código Civil de 2002, o Código Comercial foi revogado — exceto a parte dedicada ao comércio marítimo —, passando tal tipo societário a ser regulado de um modo um pouco mais claro, preciso e completo na Parte Especial, Livro II (*Do Direito da Empresa*), Título II (*Da Sociedade*), Subtítulo I (*Da Sociedade Não Personificada*), Capítulo II (*Da Sociedade em Conta de Participação*).

Assim, atualmente, a conta de participação está regulada no Código Civil, mais especificamente do art. 991 ao art. 996. Seu sucinto regramento — são apenas seis dispositivos legais — permite grande *flexibilidade* em sua estrutura em razão do extenso espaço deixado à autonomia privada das partes. Por isso, podem os sócios moldar a sociedade de acordo com seus interesses, desde que respeitadas as normas cogentes, fazendo deste tipo societário um dos preferidos dos empreendedores justamente por essa característica de *maleabilidade*[109].

do Direito Comercial, orientou Max Weber em sua tese de doutoramento (em cuja defesa esteve, fazendo parte da banca examinadora, o grande historiador Theodor Mommsen, prêmio Nobel de Literatura em 1902 com sua *Römische Geschichte* — História de Roma, em 5 volumes –, que havia sido também Professor de Weber na Universidade de Berlim). Vale destacar, ainda, a obra de Alessandro Lattes, *Il diritto commerciale nella legislazione statutaria delle città italianne* (Milano: Ulrico Hoepli, 1884), um clássico da história do Direito Comercial. Ainda, dignos de nota e recomendação são o *Tratado das Sociedades Mercantis*, de Waldemar Ferreira, que traz belíssimo relato sobre o desenvolvimento histórico das sociedades, além da tese de Paulo Cavalcanti Salgado intitulada *Das sociedades em participação no direito commercial brazileiro* (onde cita clássicos da envergadura de Savary, Pothier, Poulle, Saleilles, Troplong, Thaller, Lastig, entre outros) publicada em 1913. Por fim, especificamente sobre a evolução histórica da conta de participação, recomenda-se *L'associazione in partecipazione*, de Oscar Caroselli (Padova: CEDAM, 1930, p. 25-114).

108 Lopes. *A sociedade em conta de participação...*, p. 118-121; Galizzi. *Sociedade em conta de participação...*, p. 26.

109 Tendo em vista que é uma sociedade meramente interna, a SCP está sujeita a um grau maior à liberdade contratual do que as outras espécies societárias, o que viabiliza a criação de diferentes estruturas e formatações, muitas vezes distante do modelo típico ideal previsto

Apesar da timidez do Código Civil quando do trato de tal tipo societário, o art. 996, ao estabelecer a regência subsidiária (supletiva) pelo regramento da sociedade simples, no que for com esta compatível — com o que segue a orientação do Código Civil em relação aos outros tipos societários —, garantiu, ainda que por via reflexa, certa segurança jurídica quanto aos direitos (e deveres) dos sócios nas relações internas[110].

Quanto ao procedimento de liquidação da SCP, deve-se observar as regras da prestação de contas, na forma do Código de Processo Civil (art. 550 ao art. 553), como estabelecido pelo art. 966 do Código Civil.

As normas de direito das obrigações, especialmente aquelas relativas à teoria geral dos contratos, também se aplicam à SCP, já que esta é baseada em um contrato (plurilateral). Claro, isso desde que não existam normas específicas dentro do regramento da SCP ou da sociedade simples e sejam compatíveis com a estrutura do direito societário e com as características da conta de participação — não se podendo aplicar o

pelo legislador. Cf. SCHMIDT. *Gesellschaftsrecht*, B. II..., p. 1.845-1.850; KÜBLER. *Derecho de sociedades*..., p. 195; MEDIAVILLA, José Luis Colino. Extinción de cuentas en participación con cláusulas atípicas. In: ARTIGAS, Fernando Rodríguez (dir.). *Derecho de Sociedades I*: comentarios a la jurisprudencia, v. II. Pamplona: Thomson Reuters, 2010. p. 3.143-3.178, p. 3.166 ss.

110 No Direito francês, existe uma interessante norma de regência supletiva segundo a qual, em caso de lacuna, na hipótese de os sócios não regrarem os seus direitos e obrigações recíprocos, a relação entre os sócios é regida, desde que compatíveis, pelas disposições aplicáveis às sociedades civis, se a conta de participação tem natureza civil, ou, se tem natureza comercial, pelas regras aplicáveis às sociedades em nome coletivo (*Code Civil*, art. 1871-1). Já no Uruguai, o art. 488 da *Ley de Sociedades Comerciales* assim dispõe: "Disposiciones supletorias). Estas sociedades funcionarán, se disolverán y se liquidarán a falta de disposiciones especiales, de conformidad a las normas de las sociedades colectivas en cuanto no contraríen lo dispuesto en esta Sección."; na Argentina, o art. 366 da *Ley 19.550* caminhava no mesmo sentido, mas tal diploma (*Ley de Sociedades Comerciales*) foi reformado em 2014 pela *Ley 26.994*, o novo *Código Civil y Comercial de la Nación* argentino, não existindo mais previsão semelhante, pelo contrário: o art. 1442 determina que a tais contratos não se aplicam as normas sobre sociedades. Em Portugal, por sua vez, o art. 21º Decreto-Lei 231(1981) assim dispõe: "3 — As matérias não reguladas nos artigos seguintes serão disciplinadas pelas convenções das partes e pelas disposições reguladoras de outros contratos, conforme a analogia das situações". Na Alemanha, diante da sua natureza de sociedade de pessoas, refere-se que seria uma sociedade civil e que se aplicariam as disposições do Código Civil (BGB) que regram as *Gesellschaft bürgerlichen Rechts* naquilo em que compatível com a sua estrutura e quando o contrato social seja omisso (SCHMIDT. *Gesellschaftsrecht*, B. II..., p. 1837; KLUNZIGER, Eugen. *Grundzüge des Gesellschaftsrechts*. 15 Aufl. München: Franz Vahlen, 2009, p. 20-21, 141).

Código de Defesa do Consumidor por não se estar diante uma relação de consumo, por exemplo[111].

Por fim, as regras contábeis e fiscais relativas à conta de participação esclarecem um pouco mais suas características, que nem sempre são tratadas em detalhe pelo seu tímido estatuto. Desta maneira, faz-se referência ao Decreto 9.580/2018, ao Decreto-Lei 2.303/1986 e a diversas Instruções Normativas da Receita Federal (*v.g.*, 179/87, 1.387/2013, 1.700/2017, 1.911/2019, 1.958/2020, 2.003/2021, 2.004/2021, 2.005/2021 e 2.119/2022).

5. Natureza jurídica

Um dos primeiros passos para desvendar a SCP consiste em examinar qual a sua *natureza jurídica*: isto é, saber *o que ela é em essência*, pois dessa constatação decorre uma série de consequências. Trata-se de questão extremamente controversa — sendo, para alguns, o tema fundamental quando do estudo desse tipo societário[112].

Sabe-se que a conta de participação consiste num magnífico mecanismo jurídico de alocação de recursos em atividade produtiva. Caracteriza-se como instrumento por meio do qual uma ou mais pessoas (*i.e.*,

[111] Nesse sentido, *v.g.*: TJRJ, 23ª Câmara Cível, Apelação 0168360-26.2019.8.19.0001, Rel. Des. Celso Silva Filho, j. 31/08/2022. Em sentido diverso, aplicando o Código de Defesa do Consumidor para tutelar o sócio participante, o que é motivo de críticas, ver: STJ, 3ª Turma, REsp 1785802/SP, Rel. Min. Ricardo Villas Bôas Cueva, j. 19/02/2019 ("3. O adquirente de unidade imobiliária, mesmo não sendo o destinatário final do bem e apenas possuindo o intuito de investir ou auferir lucro, poderá encontrar abrigo da legislação consumerista com base na teoria finalista mitigada se tiver agido de boa-fé e não detiver conhecimentos de mercado imobiliário nem expertise em incorporação, construção e venda de imóveis, sendo evidente a sua vulnerabilidade. Em outras palavras, o CDC poderá ser utilizado para amparar concretamente o investidor ocasional (figura do consumidor investidor), não abrangendo em seu âmbito de proteção aquele que desenvolve a atividade de investimento de maneira reiterada e profissional."). Por sua vez, em outra oportunidade, o STJ entendeu incidir o CDC caso (a) o sócio participante seja um investidor ocasional vulnerável e (b) a SCP seja constituída ou utilizada como finalidade fraudulenta, notadamente para afastar a incidência do CDC, uma vez que se trataria, no caso, de pirâmide financeira, o que, em nosso sentir, afastaria a incidência do regime da conta de participação (STJ, 3ª Turma, REsp 1943845/DF, Rel. Min. Nancy Andrighi, j. 22/03/2022); nesse mesmo sentido, *v.g.*, TJDFT, 7ª Turma Cível, Apelação Cível, Rel. Des. Leila Arlanch, j. 28/09/2022; TJSP, 31ª Câmara de Direito Privado, AI 2141141-07.2022.8.26.0000, Rel. Des. Rosangela Telles, j. 09/08/2022.

[112] Almeida. *A sociedade em conta de participação...*, p. 16.

sócios participantes) entregam dinheiro, bens ou prestam serviços a um empreendedor (*i.e.*, sócio ostensivo), que os empregará, em nome próprio, em determinados negócios, para que, no prazo estipulado ou ao término do empreendimento, repartam os resultados. Trata-se de uma sociedade sem personalidade jurídica, que só possui eficácia interna entre os sócios, não aparecendo perante terceiros. E, justamente por conta dessa última característica, é grande a polêmica sobre a natureza jurídica societária da SCP, sendo muitos os seus detratores.

Com efeito, muito se discute se a SCP é efetivamente um negócio jurídico de natureza *societária* ou se possui natureza *contratual*, algo próximo a um contrato de parceria ou investimento. Tullio Ascarelli, por exemplo, vê na SCP simples contrato bilateral[113]; João Eunápio Borges considera a conta de participação uma verdadeira *esdruxularia, arremedo de sociedade*[114]; por sua vez, Alfredo de Assis Gonçalves Neto enxerga na SCP simplesmente um *contrato de participação*[115]. O peso da pena desses três juristas já demonstra o quão intrincado pode ser o problema.

Ascarelli entende que a conta de participação é um *mero contrato bilateral* — e, em caso de mais de um participante, cada participante firmaria um contrato bilateral com o ostensivo — em razão da inexistência de organização (interna e externa), o que ocorreria em uma sociedade. Ademais, o ostensivo, poder-se-ia dizer, seria *dominus* do negócio, e, em uma sociedade, nenhum dos sócios pode se dizer dono do empreendimento tendo em vista a organização criada (se a organização entra em relações com terceiros, tais relações se refeririam a todos os sócios, coletivamente). Em razão disso, não se poderia falar de um contrato plurilateral[116].

Eunápio Borges é bastante enfático em seu posicionamento: "Não tendo ela personalidade jurídica, não podendo adotar um nome comercial próprio — firma ou denominação —, não tendo um patrimônio próprio, o qual se confunde com o do sócio ostensivo, afirme-se sem hesitação que de sociedade tem ela apenas o nome, mas não é uma verdadeira sociedade. Hoje, porém, repita-se, fixado não apenas em doutrina

[113] ASCARELLI, Tullio. O contrato plurilateral. In: ____. *Problemas das Sociedades Anônimas e Direito Comparado*. São Paulo: Saraiva, 1969. p. 255-312, p. 299-300.

[114] BORGES. *Curso de Direito Comercial terrestre...*, p. 323-324.

[115] GONÇALVES NETO. *Direito de Empresa...*, p. 187-189.

[116] ASCARELLI. O contrato plurilateral..., p. 299-300.

mas em nossa lei o conceito de personalidade jurídica das sociedades mercantis, força é excluir a *sociedade* em conta de participação do número das sociedades propriamente ditas. Embrião de sociedade, sociedade frustrada ou lavrada, tentativa ou arremêdo de sociedade, será ela o que se quiser, menos uma verdadeira sociedade"[117].

Alfredo de Assis Gonçalves Neto, em abordagem semelhante, explica porque não considera da SCP uma verdadeira sociedade: "(...). E aqui não se está a vincular o instituto da sociedade com a pessoa jurídica, mas simplesmente levando em conta que só se pode ter por sociedade um ente, uma estrutura, a que o direito atribui a possibilidade, em maior ou menor grau, de se tornar sujeito de direito em certas relações jurídicas. A sociedade em conta de participação não se apresenta como um ente capaz de direitos e obrigações, nem mesmo como um centro de imputação de interesses, já que tudo se passa como se fosse — e na verdade é — o sócio ostensivo o único a agir na busca dos propósitos sociais. Ela é um simples *contrato de participação* no qual o sócio ostensivo obriga-se a agir como ajustado com os seus sócios ocultos na aplicação dos recursos (numerário ou bens, dentre eles direitos) que reuniram para tal fim. (...) a vingar a tese oposta, dispensando o surgimento de um ente para a caracterização de uma sociedade, todo contrato de participação será sociedade (parcerias, consórcios de empresas, contratos de representação comercial ou agência etc.) — o que orça pelo absurdo"[118]. Nesse sentido, a conta de participação seria um contrato de financiamento da atividade do ostensivo.

Não são opiniões desprovidas de relevância. Longe disso. Trata-se, respectivamente, de um dos maiores comercialistas de todos os tempos (Ascarelli), do grande comercialista mineiro (Eunápio Borges), além do sucessor de Rubens Requião na Universidade Federal do Paraná e um dos maiores comercialistas contemporâneos (Gonçalves Neto). Em reforço aos juristas citados, outros autores se perfilham a essa posição contrária à natureza societária da SCP[119].

[117] BORGES. *Curso de Direito Comercial terrestre...*, p. 323-324.

[118] GONÇALVES NETO. *Direito de Empresa...*, p. 188.

[119] Entre eles: GUSMÃO, João Manoel Carlos de. As operações em conta de participação assumem o caracter de verdadeira sociedade? Quaes os elementos caracteristicos das operações em conta de participação? *O Direito: revista mensal de legislação, doutrina e jurisprudência*, n. 29, p. 333-340, set./dez. 1882. p. 339-340; SANTOS, Theóphilo de Azeredo. *Manual de*

Direito Comercial. 2 ed. Rio de Janeiro: Forense, 1965, p. 295-296; Doria, Dylson. *Curso de Direito Comercial*, v. 1. 13 ed. rev. e atual. São Paulo: Saraiva, 1998, p. 194; Borba, José Edwaldo Tavares. *Direito Societário.* 14. ed. Rio de Janeiro: Renovar, 2015, p. 109-111; Campinho, Sérgio. *O direito de empresa à luz do novo Código Civil.* 12 ed. rev. e atual. Rio de Janeiro: Renovar, 2011, p. 86; Coelho, Fábio Ulhoa. *Curso de Direito Comercial*, v. 2. 14 ed. São Paulo: Saraiva, 2010, p. 491; Bertoldi, Marcelo M.; Ribeiro, Marcia Carla Pereira. *Curso avançado de Direito Comercial.* 5 ed. rev. e atual. São Paulo: Revista dos Tribunais, 2009, p. 184; Leite Junior, Carlos Antonio Goulart. *Affectio societatis*: na sociedade civil e na sociedade simples. São Paulo: Forense, 2006, p. 71; Portugal, Bernardo Lopes. A sociedade em conta de participação no novo código civil e seus aspectos tributários. In: Rodrigues, Frederico Viana (coord.). *Direito de empresa no novo código civil.* Rio de Janeiro: Forense, 2004. p. 157-164, p. 159; Tomazette, Marlon. *Curso de Direito Empresarial*, v. 1. São Paulo: Atlas, 2008, p. 282; Eizirik, Nelson. Notas sobre a sociedade em conta de participação. In: ___. *Estudos e pareceres.* São Paulo: Quartier Latin, 2015. p. 735-758, p. 747-753. Há, também, precedentes judiciais em que se entende que a SCP não seria uma sociedade; nesse sentido: "(...). Certo é que a sociedade em conta de participação constituída pelas partes é desprovida de personalidade jurídica, mesmo com a sua inscrição em qualquer registro, cujo contrato social produz efeito somente entre os sócios, não cabendo aplicar o disposto no número 2, da letra 'd', do inciso I, do artigo 2º, da Resolução nº 19, de 2001, do Órgão Especial deste Tribunal de Justiça. A relação jurídica entre as partes não se configura como sociedade comercial, cabendo definir como competente para processar e julgar o processo principal o Juízo da 4ª Vara Cível da Comarca da Regional de Leopoldina. Dá-se provimento ao recurso." (TJRJ, 1ª Câmara Cível, Agravo de Instrumento 0062829-32.2011.8.19.0000, Rel. Des. Maria Augusta Vaz, j. 13/03/2012). Ver, também: TJRJ, 20ª Câmara Cível, Agravo de Instrumento 0069134-51.2019.8.19.0000, Rel. Des. Ricardo Alberto Pereira, j. 19/02/2020; TJSP, 2ª Câmara Reservada de Direito Empresarial, Apelação Cível 0179611-55.2010.8.26.0100, Rel. Des. Ricardo Negrão, j. 11/09/2012. Afirmando-se, ao tratar de *pool* hoteleiro, que a "(...) a conta em participação é melhor qualificada como um contrato de investimento conjunto do que um tipo societário (...)", ver: STJ, 3ª Turma, REsp 1.785.802, Rel. Min. Ricardo Villas Bôas Cueva, j. 19/02/2019. Nesse mesmo sentido: TJRJ, 20ª Câmara Cível, Apelação 041753-57.2018.8.19.0209, Rel. Des. Ricardo Alberto Pereira, j. 21/09/2022; TJDFT, 6ª Turma Cível, Apelação 0726506-70.2018.8.07.0001, Rel. Des. Alfeu Machado, j. 22/01/2020 ("CIVIL. PROCESSO CIVIL. APELAÇÃO. AÇÃO DE COBRANÇA. POOL HOTELEIRO. SOCIEDADE EM CONTA DE PARTICIPAÇÃO. LEI Nº 11.771/08. NATUREZA JURÍDICA. (...) 2. Apesar de em um primeiro momento se vislumbrar a existência pura de um tipo societário (sociedade em conta de participação), existe divergência acerca da natureza jurídica da conta em participação, que pode ser considerada tanto como sociedade, quanto como contrato de investimento, dependendo da operação a que se destina. 2.1. Segundo o STJ, no julgamento do Resp 1.785.802/SP, em relação aos contratos de pool hoteleiro a "conta em participação é melhor qualificada como um contrato de investimento conjunto", o que poderia atrair a incidência do CDC. Tal entendimento é possível considerando que o pool hoteleiro funcionaria como uma espécie de fundo de investimento, pois os imóveis nele incluídos operariam como uma carteira de ativos, recursos injetados pelos participantes

Grande parte dos argumentos de quem defende que a SCP não é sociedade gira em torno da falta de personalidade jurídica, o que faz com que não tenha um patrimônio autônomo, além de não ser a conta de participação um sujeito de direito. Em razão disso, não titulariza direitos e deveres no mundo jurídico senão pelo sócio ostensivo. Ainda, inexistiria atividade comum, sendo a atividade prevista no objeto social explorada somente pelo ostensivo, o que evidenciaria se tratar a conta de participação de mero contrato de financiamento. Finalmente, as regras especiais atinentes à falência e à liquidação fogem à regra geral existente para as demais sociedades, o que provaria a sua natureza contratual.

Nada obstante a relevância de tais posicionamentos, a doutrina majoritária entende que a conta de participação *é, sim, uma sociedade*. Entre os autores mais tradicionais que assim sustentam, destacam-se Inglez de Souza, Spencer Vampré, Octávio Mendes, Carvalho de Mendonça, Waldemar Ferreira, Bento de Faria, Carlos Guimarães de Almeida, Hernani Estrella, Pontes de Miranda, Oscar Barreto Filho, Rubens Requião e Waldirio Bulgarelli. Entre os contemporâneos: Arnoldo Wald, José Alexandre Tavares Guerreiro, Rachel Sztajn e Erasmo Valladão, entre outros[120-121].

objetivando um retorno financeiro decorrente do investimento, e que seria gerida por uma administradora, que ficaria responsável perante terceiros. (...)"). Também entendendo que a SCP é um contrato de investimento, ver: CVM, Processo Administrativo Sancionador RJ 2014/5099, Rel. Dir. Gustavo Tavares Borba, j. 12/04/2016; CVM, Processo Administrativo Sancionador RJ 2017/3090, Rel. Dir. Carlos Alberto Rebello Sobrinho, j. 07/05/2019.

[120] INGLEZ DE SOUZA, Herculano. *Direito Commercial*: Preleções na Faculdade Livre de Sciencias Juridicas e Sociais do Rio de Janeiro compiladas por Alberto Biolchi. São Paulo: Estudos Profissionaes Salesianos, 1906, p. 113; VAMPRÉ, Spencer. *Tratado Elementar de Direito Comercial*, v. II. São Paulo: F. Briguiet & Cia., 1922, p. 518; FARIA, Sebastião Soares de. *Da exclusão de sócios nas sociedades de responsabilidade ilimitada*. São Paulo: Saraiva, 1926, p. 13; MENDES, Octávio. *Direito Comercial Terrestre*. São Paulo: Saraiva, 1930, p. 236; CARVALHO DE MENDONÇA. *Tratado de Direito Commercial brasileiro*, v. 4..., p. 227-228; FERREIRA. *Tratado de Direito Comercial*, v. 3..., p. 531 ss.; BENTO DE FARIA, Antonio. *Codigo Commercial Brasileiro annotado*, v. 1. 4 ed. Rio de Janeiro: Jacintho Ribeiro dos Santos, 1929, p. 438 ss; ALMEIDA. A virtuosidade da sociedade em conta de participação..., p. 50; ESTRELLA, Hernani. *Curso de Direito Comercial*. Rio de Janeiro: José Konfino Editor, 1973, p. 344-345; PONTES DE MIRANDA, Francisco Cavalcanti. *Tratado de Direito Privado*, t. 49. 3. ed. Rio de Janeiro: Revista dos Tribunais, 1984, p. 320; BARRETO FILHO, Oscar. *Regime jurídico das sociedades de investimentos*. São Paulo: Max Limonad, 1956, p. 179-180; REQUIÃO, Rubens. *Curso de Direito Comercial*,

v. 1. 27. ed. rev. e atual. por Rubens Edmundo Requião. São Paulo: Saraiva, 2008, p. 440; Bulgarelli, Waldirio. *Sociedades comerciais*: Sociedades Civis e Cooperativas; Empresas e Estabelecimento Comercial. 10 ed. São Paulo: Atlas, 2001, p. 49; Wald, Arnoldo. *Comentários ao novo Código Civil*. v. 14: livro 2, do Direito de Empresa; Sálvio de Figueiredo Teixeira (coord.). Rio de Janeiro: Forense, 2005, p. 99-100; Guerreiro, José Alexandre Tavares. Comentário de jurisprudência. *Revista de Direito Mercantil, Industrial, Econômico e Financeiro*, São Paulo, ano 23, n. 54, p. 126-130, abr./jun. 1984, p. 128-129; Sztajn. *Contrato de sociedade e formas societárias...*, p. 70; França, Erasmo Valladão Azevedo e Novaes. *A sociedade em comum*. São Paulo: Malheiros, 2013, p. 68; Almeida. *A sociedade em conta de participação...*, p. 31; Zortêa, Alberto João. Sociedade comercial em conta de participação. *Revista Forense*, Rio de Janeiro, v. 272, p. 380-387, out./dez. 1980, p. 386-387; Lopes. *A sociedade em conta de participação...*, p. 34 ss; Moraes, Walter. *Sociedade civil estrita*. São Paulo: Revista dos Tribunais, 1987, p. 194; Costa, José Maria da. *A sociedade em conta de participação no direito de empresa do Código Civil de 2002*. 310 f. Dissertação (Mestrado em Direito) – Faculdade de Direito da Pontifícia Universidade Católica de São Paulo, São Paulo, 2006, p. 157-158; Galizzi. *Sociedade em conta de participação...*, p. 28; Finkelstein, Maria Eugênia Reis. Sociedade em conta de participação. In: ____; Proença, José Marcelo Martins (coords.). *Tipos societários*. São Paulo: Saraiva, 2009. p. 123-144, p. 133; Donoso, Denis; Ramos, Glauco Gumerato. Sociedade em conta de participação em juízo: análise da sociedade em conta de participação à luz dos pressupostos processuais. In: Bruschi, Gilberto Gomes; Couto, Mônica Bonetti; Silva, Ruth Maria Junqueira de A. Pereira e; Pereira, Thomaz Henrique Junqueira de A. (org.). *Direito processual empresarial*: estudos em homenagem a Manoel de Queiroz Pereira Calças. Rio de Janeiro: Elsevier, 2012. p. 185-197, p. 189; Lopes, Christian Sahb Batista. Sociedade em comum e sociedade em conta de participação como técnicas de implementação de parcerias empresariais. In: Botrel, Sérgio (coord.). *Direito societário*: análise crítica. São Paulo: Saraiva, 2012. p. 308-332, p. 319-321; Yoshikawa, Eduardo Henrique de Oliveira. Reflexos processuais da sociedade em conta de participação. *Revista Dialética de Direito Processual*, n. 116, p. 30-43, nov. 2012, p. 31-33; Affonso, Ana Carolina Barbuio. *A sociedade em conta de participação no Direito brasileiro*. 210 f. Dissertação (Mestrado em Direito). Faculdade de Direito da Universidade de São Paulo, São Paulo, 2014, p. 38 ss; Ramires, Rogério. *A sociedade em conta de participação no Direito brasileiro*. 3 ed. São Paulo: Almedina, 2014, p. 55 ss, 70 ss; Tavares, Adriano Erdei Braga; Zocal, Raul Longo. Dissolução, liquidação e prestação de contas na sociedade em conta de participação. In: Yarshell, Flávio Luiz; Pereira, Guilherme Setoguti J. (coord.). *Processo Societário*, v. IV. São Paulo: Quartier Latin, 2021. p. 29-52, p. 34-35; Castro, Rodrigo R. Monteiro de. Sociedade em conta de participação. Conceito, características, regime jurídico. evolução histórica. Natureza jurídica. Legalidade e utilidade. Distinção de consórcio. In: Pitta, André Grunspung; Pereira, Guilherme Setoguri J. (coord.). *Direito Societário e outros temas de Direito Empresarial aplicado*. São Paulo: Quartier Latin, 2021. p. 789-833, p. 802-805; fernandes, Fabiana Carsoni. *A Sociedade em Conta de Participação no Direito Tributário*. São Paulo: Instituto Brasileiro de Direito Tributário, 2021, p. 41 ss.

[121] Ainda, há quem, como João Pereira Monteiro, entenda que se trata de uma sociedade *sui generis*. O referido autor assim tenta explicar seu posicionamento: "A associação em conta

Carvalho de Mendonça, o maior comercialista brasileiro da primeira metade do Século XX, em atenção aos críticos que negam o caráter societário à conta de participação porque ela não possui um fundo próprio, autônomo, responde que "sendo a sociedade o emprêgo de fôrças, de capitais para um fim comum, a sociedade em conta de participação satisfaz essa exigência, pouco importando a situação jurídica dos capitais"[122].

Waldemar Ferreira conclui no mesmo sentido, salientando um ponto que parece fundamental: "Ela é sociedade apenas nas relações entre os sócios. Inexiste nas relações dela com terceiros. Sociedade oculta, quase se poderia dizer secreta, confunde-se com a pessoa, natural ou jurídica, sob cuja firma se apresenta. Não tem, absolutamente, personalidade jurídica. É anônima, no sentido restrito da palavra, por carecer de firma própria. No mais das vêzes, é momentânea ou acidental, a fim de celebrar tal ou qual negócio. Mas pode ser duradoura, por tanto tempo quanto reclame o alcance de seu objetivo"[123].

Mauro Brandão Lopes, um dos que mais profundamente estudou a conta de participação, lembra (muito bem) que *à figura jurídica da sociedade não é essencial a personalidade*[124]. Em outras palavras: para que exista sociedade, não é necessária a verificação de personalidade jurídica. Lembra o insigne professor da Universidade de São Paulo, cuja pena, a

de participação não é em sua substancia uma verdadeira sociedade mercantil, pois que falta-lhe a unidade ideal resultante do patrimonio commum, e a personalidade apparente na esphera da vida juridica. Mas attendendo a que nestas associações, os capitaes, embora individuaes dos sócios, entram em concurso para o beneficio commum, e ha na realidade communhão dos lucros e perdas entre os associados, podemos considerar estas associações como especie *sui generis* das sociedades commerciaes. E tal é o sentimento geral dos escriptores." (Monteiro. Da sociedade em conta de participação..., p. 522-523). Fábio Martins de Andrade também fala que a conta de participação é um tipo de sociedade regular *sui generis*, pois sem personalidade jurídica, cf. Andrade, Fábio Martins de. Da sociedade em conta de participação. *Revista de Direito Privado*, v. 9, n. 33, p. 39-56, jan./mar. 2008, p. 41; no mesmo sentido: Aceti Júnior, Luiz Carlos; Reis, Maria Flávia Curtolo. Sociedade em conta de participação. *Revista dos Tribunais*, v. 794, p. 727-745, dez. 2001; Tessari, Cláudio. Análise de caso real de autuação fiscal – sociedade em conta de participação (SCP) constituída com a finalidade de reduzir a carga tributária. *Revista Dialética de Direito Tributário*, n. 210, p. 19-31, mar. 2013, p. 20.

122 Carvalho de Mendonça. *Tratado de Direito Commercial brasileiro*, v. 4..., p. 227-228.

123 Ferreira. *Tratado de Direito Comercial*, v. 3..., p. 531-532.

124 Lopes. *A sociedade em conta de participação*..., p. 26.

pedido de Sylvio Marcondes (responsável pela redação Livro do Direito de Empresa do Código Civil de 2002), delineou a conta de participação nos contornos atuais: "a personalidade jurídica é desenvolvimento recente; anteriormente a tal desenvolvimento, as sociedades regulares existiram explicitamente regulamentadas, e, portanto, com pleno reconhecimento na ordem jurídica, exatamente como subsistem ainda em muitas legislações"[125].

De fato, nunca foi elemento essencial do conceito de sociedade a personalidade jurídica. Nesse sentido, basta lembrar que a personalidade jurídica é criação recente (data do Século XI), enquanto as figuras associativas sempre estiveram presentes desde os tempos mais remotos. Como lembra Henry Capitant, a associação sempre foi uma necessidade inerente ao homem, pois ela corrige o enfraquecimento de suas forças e a brevidade de sua vida[126] — fazendo-se as sociedades presentes desde priscas eras, muito antes de qualquer teorização acerca da personalidade jurídica ou qualquer coisa que o valha. E, nesse sentido, não se pode confundir a necessidade de aporte dos sócios, que há em qualquer sociedade, com a questão da propriedade de tal patrimônio[127].

O próprio instituto da limitação da responsabilidade dos sócios não está atrelado, inexoravelmente, ao conceito de personalidade jurídica[128]. A sociedade anônima, tipo que estendeu a limitação da responsabilidade para todos os sócios, surgiu no Século XVII, muito antes da teorização acerca da personalidade jurídica[129]. Assim, é, no mínimo, equivocado o argumento daqueles que negam a condição de sociedade à conta de participação simplesmente porque ela não tem personalidade jurídica.

Na *Common Law*, as *partnerships* são sociedades, a despeito de não possuírem personalidade jurídica, assim como, por exemplo, nos direitos italiano e alemão ocorre com as sociedades de pessoas[130]. O Código

[125] Lopes. *A sociedade em conta de participação...*, p. 26; no mesmo sentido, ver Almeida. *A sociedade em conta de participação...*, p. 25; e Wald. *Comentários ao novo Código Civil...*, p. 99-100.

[126] Capitant, Henry. *Droit Civil*: Notions Générales. Paris: A. Pedone, 1927, p. 183.

[127] Pic. *Des Sociétés Commerciales*, t. III..., p. 604.

[128] Oliveira, José Lamartine Corrêa de. *A Dupla Crise da Personalidade Jurídica*. São Paulo: Saraiva, 1979, p. 261.

[129] Sobre o assunto, ver a excelente tese de Warde Júnior. *Responsabilidade dos sócios...*

[130] Entre outros, ver: Eisenberg, Melvin. *Corporations and other business organizations*. New York: Foundation Press, 2000, p. 32; Sabato, Franco di. *Diritto delle società*. 2. ed. Milano:

Comercial de 1850 regulou as sociedades mercantis sem fazer qualquer referência à personalidade destas, bem como o Código Beviláqua (1916) e o Código Reale (2002) não vincularam o conceito de sociedade ao de pessoa jurídica. O próprio Código Civil de 2002, de modo expresso, faz referência às *sociedades não personificadas* — abarcando tanto a sociedade em conta de participação quanto a sociedade em comum[131].

Assim, em resumo, a personalidade jurídica não é elemento essencial do conceito de sociedade, nem nunca o foi; é, pois, elemento acidental, encontrável na grande maioria dos tipos societários, porém não em todos. E, no mesmo caminho, não há qualquer exigência que uma sociedade seja, necessariamente, um sujeito de direito (como, na Argentina, a *Ley 19.550*, no art. 361, dispunha expressamente).

Além de tudo isso, não se consegue vislumbrar na conta de participação um simples contrato bilateral, um mero financiamento. Há, na verdade, uma associação entre as duas categorias de sócios (ostensivo e participante) em busca de um fim comum (partilhando, por óbvio, um risco comum), possuindo os aportes (ainda que somente o participante realize investimento pecuniário, uma vez que a colaboração pode se dar de diversas formas) função instrumental[132] — não sendo necessário que a atividade comum seja exercida nem administrada por todos os sócios, mas sim que ela ocorra em benefício de todos os sócios[133].

Por todos os argumentos acima relatados, entende-se que a conta de participação possui todos os elementos básicos que identificam qualquer sociedade constituída contratualmente, como dispõe o art. 981 do Código Civil:

> Art. 981. Celebram contrato de sociedade as pessoas que reciprocamente se obrigam a contribuir, com bens ou serviços, para o exercício de atividade econômica e a partilha, entre si, dos resultados.

Giuffrè, 2005, p. 45 ss; Windbichler, Christine. *Gesellschaftsrecht.* 22 Aufl. München: Beck, 2009, p. 19 ss; Hüffer, Uwe; Koch, Jens. *Gesellchaftsrecht.* 8 Aufl. München: Beck, 2011, p. 8 ss.

131 Cuja referência obrigatória é: França. *A sociedade em comum...* Sobre o tipo, ver, também: Féres, Marcelo Andrade. *Sociedade em comum*: disciplina jurídica e institutos afins. São Paulo: Saraiva, 2011.

132 Rasner. *Die atypische stille Gesellschaft...*, p. 39-40; Ravà, Tito. *Associazione in partecipazione e società irregolare.* Milano: Giuffrè, 1938, p. 36 ss.

133 Comparato, Fábio Konder. O direito ao lucro nos contratos sociais. In: ____. *Direito Empresarial*: estudos e pareceres. São Paulo: Saraiva, 1990. p. 150-157, p. 150.

Veja-se: por meio de um *contrato*, as partes *combinam recursos e esforços* (os sócios contribuem com bens e/ou serviços, sendo que os aportes não precisam ser quantitativamente iguais, mas o são qualitativamente), originando uma organização destinada ao exercício de uma *atividade econômica*, cujos resultados, positivos ou negativos, serão *partilhados* por eles (*gemeinsamer Zweck*, ou seja, fim comum)[134].

[134] O Direito Societário é o Direito das associações em sentido amplo, abrangendo tanto as associações em sentido estrito, que possuem fim ideal (Código Civil, art. 53), quanto as sociedades, que possuem finalidade lucrativa (Código Civil, art. 981) (cf. França, Erasmo Valladão Azevedo e Novaes; Adamek, Marcelo Vieira von. "Affectio Societatis": um Conceito Jurídico Superado no Moderno Direito Societário pelo Conceito de "Fim Social". In: França, Erasmo Valladão Azevedo e Novaes. *Temas de Direito Societário, Falimentar e Teoria da Empresa*. São Paulo: Malheiros, 2009, p. 27-68, p. 43; Kübler. *Derecho de sociedades...*, p. 29 ss; Schmidt, Karsten. *Gesellschaftsrecht*, B. I. 4 Aufl. Köln: Carl Heymanns, 2002, p. 45 ss; Windbichler. *Gesellschaftsrecht...*, p. 7-8; Menezes Cordeiro, António. *Direito das Sociedades*, v. I. 4 ed. Coimbra: Almedina, 2020, p. 42; Richard, Efraín Hugo. Sociedad de hecho o accidental, en torno al concepto de sociedad en relación a tres fallos. In: Etcheverry, Raúl A.; Richard, Efraín Hugo (dir.). *Summa Societaria*, t. III. Buenos Aires: Abeledo Perrot, 2012. p. 4.037-4.058, p. 4.040, em nota de rodapé). Trata-se do ramo do Direito Privado das organizações finalísticas privadas (*das Recht der privaten Zweckverbände*), cf. Wiedemann, Herbert. *Gesellschaftsrecht*, B. I. München: Beck, 1980, p. 1; Grunewald, Barbara. *Gesellschaftsrecht*. 7 Aufl. Köln: Mohr Siebeck, 2009, p. 1. Por sua vez, Christine Windbichler leciona que o Direito Societário é o Direito das organizações privadas de pessoas para a busca de um determinado fim fundada por um negócio jurídico e, mais adiante, leciona que o Direito Societário é o Direito de cooperação privada (cf. Windbichler. *Gesellschaftsrecht...*, p. 1). Diante disso, Karsten Schmidt ensina que há quem caracterize o Direito Societário como sendo o Direito de cooperação privada (*privatrechtliches Kooperationsrecht*), enquanto outros como sendo o ramo do Direito das organizações finalísticas de pessoas (ou das associações finalísticas de pessoas) (*privatrechtlichen Zweckverband*); a rigor, para ele, ambas as definições estão corretas, cada uma dando ênfase a alguma das suas características (cf. Schmidt. *Gesellschaftsrecht*, B. I..., p. 3-4; igualmente, ver: Menezes Cordeiro. *Direito das Sociedades*, v. I..., p. 40-41: "A sociedade vem bulir com as ideias de cooperação e de organização privadas. Na literatura moderna, alguns autores acentuam a primeira vertente, falando, por exemplo, numa 'associação de Direito privado para a prossecução de um escopo comum, enquanto outros na segunda: organizações de Direito privado. Na primeira vertente, a sociedade corresponde a uma atuação concertada de várias pessoas, com fitos económicos: é a ideia do artigo 980º, do Código Civil [português]. Na segunda, ela equivale a uma organização de complexidade variável e que pode ser usada para os mais diversos escopos – incluindo atuações não-económicas. Tal organização foi, todavia, pensada pelo Direito para dar corpo à atuação concertada, própria da primeira vertente. Cooperação e organização acabam por ser as faces de uma mesma moeda." O Direito Societário é "a área da Ciência do Direito que estuda, explica e aplica as normas" das organizações finalísticas privadas (Menezes Cordeiro. *Direito das Sociedades*, v. I..., p. 39). Assim, o Direito Socie-

De acordo com o art. 981 do Código Civil, a sociedade (excetuadas as sociedades unipessoais e aquelas constituídas por lei — que, de qualquer forma, não interessam ao presente trabalho) é formada por um contrato plurilateral por meio do qual duas ou mais pessoas (físicas ou jurídicas) livremente se obrigam, de modo recíproco, a contribuir (com bens ou serviços) para o exercício de uma atividade econômica e a partilha, entre si, dos resultados[135]. Assim, o contrato de sociedade é um contrato de comunhão de escopo[136], juntando-se os sócios à satis-

tário compreende os princípios e regras dessas organizações finalísticas privadas, que são (i) organizações negociais livres de pessoas nas quais (ii) os membros acordam com um fim comum e, (iii) para tanto, obrigam-se a contribuir (cf. Hüffer-Koch. *Gesellchaftsrecht*..., p. 2. Em sentido semelhante, salientando que as organizações finalísticas privadas são organizações negociais de pessoas para a busca de um fim comum, ver: Wiedemann. *Gesellschaftsrecht*, B. I..., p. 3-4; Grunewald. *Gesellschaftsrecht*..., p. 1; Windbichler. *Gesellschaftsrecht*..., p. 1; Klunziger. *Grundzüge des Gesellschaftsrechts*..., p. 2).

135 Ascarelli. O contrato plurilateral... Considerando as sociedades unipessoais e as constituídas por lei, o fenômeno societário não pode ser restrito ao contrato plurilateral — e isso faz com que ganhe acento tônico a noção de sociedade como organização (ainda que essa organização seja exclusivamente interna) (ver: Ferro-Luzzi, Paolo. *I contratti associativi*. Milano: Giuffrè, 1976). A teoria do contrato-organização entende que mesmo o fenômeno da sociedade unipessoal é explicado com base em um contrato associativo ou de sociedade (cf. Salomão Filho, Calixto. *A sociedade unipessoal*. São Paulo: Malheiros, 1995, p. 57 ss, 106 ss). Contudo, entendemos que o fenômeno societário não pode ser reduzido ao contrato plurilateral, ou seja, à forma como é constituída a sociedade, devendo-se analisar o seu resultado. Isso é importante porque o art. 981 do Código Civil não traz o conceito de sociedade, mas sim define o que seja um contrato de sociedade. Dessa forma, a teoria do contrato-organização (ou da sociedade-organização, como preferimos) passa a explicar da melhor forma o fenômeno societário (inclusive a sociedade unipessoal — ou mesmo a eventual sociedade sem sócio — bem, como a sociedade criada por lei), uma vez que, ainda que as sociedades sejam criadas por um negócio jurídico plurilateral em sua imensa maioria, sociedades também podem ser constituídas por negócio jurídico unilateral e por lei; o ato constitutivo cria a organização societária. Nesse sentido, é relevante ter em mente que o art. 981 do Código Civil não traz o conceito de sociedade, mas sim define o que seja um contrato de sociedade. Sobre o tema, ver: Di Sabato, Franco. *Diritto delle società*. 2 ed. Milano: Giuffrè, 2005, p. 5 ss; Coutinho de Abreu. *Curso de Direito Comercial*, v. II..., p. 20-22; Spinelli, Luis Felipe. A teoria da firma e a sociedade como organização: fundamentos econômico-jurídicos para um novo conceito. *Revista de Direito Mercantil Industrial, Econômico e Financeiro*, v. 146, p. 165-188, 2007.

136 Tullio Ascarelli já dizia que o contrato de sociedade é um contrato de comunhão de escopo (Ascarelli. O contrato plurilateral..., p. 271). Calixto Salomão Filho assim pondera: "O caráter associativo de todo contrato de sociedade, tão bem destacado pela doutrina, revela-se exatamente através da comunhão de interesses entre os sócios. É esse

fação do interesse social, que é o interesse dos sócios enquanto sócios[137]. É este *fim comum*, que abarca tanto o *escopo-meio* (objeto social, isto é, a atividade a qual se destina a sociedade) quanto o *escopo-fim* (o objetivo, que, nas sociedades, é a obtenção de lucros e a consequente partilha dos resultados), que faz com que os sócios se reúnam e pautem a própria vida do ente coletivo, sendo, por conta disso, a verdadeira *estrela polar* do direito societário[138-139-140].

objetivo comum que os leva e deve levar à cooperação." (SALOMÃO FILHO, Calixto. Direito societário e novo mercado. In: ____. *O novo direito societário.* 3 ed. rev. e ampl. São Paulo: Malheiros, 2006. p. 51-59, p. 54). Ver, também, entre outros: ADAMEK, Marcelo Vieira von. *Abuso de minoria em direito societário (abuso das posições subjetivas minoritárias).* 436 f. Tese (Doutorado em Direito). São Paulo, Faculdade de Direito da Universidade de São Paulo, 2010, p. 24-25; COMPARATO, Fábio Konder. Exclusão de sócio, independentemente de específica previsão legal ou contratual. In: ____. *Ensaios e pareceres de direito empresarial.* Rio de Janeiro: Forense, 1978. p. 131-149, p. 136-138; SABATO. *Diritto delle società...*, p. 57-59; FRANÇA, Erasmo Valladão Azevedo e Novaes. *Conflito de interesses nas assembléias de S.A..* São Paulo: Malheiros, 1993, p. 58; LUCENA, José Waldecy. *Das sociedades limitadas.* 6 ed. Rio de Janeiro: Renovar, 2005, p. 66 ss, 708, 927.

137 Não pretendemos esmiuçar a conhecida controvérsia existente entre teorias institucionalistas e contratualistas sobre o interesse social, o que foi bem realizado, inclusive no Brasil, por diversos autores. De qualquer forma, anunciamos que aderimos à teoria contratualista (o que já foi manifestado em SPINELLI, Luis Felipe. *Conflito de interesses na administração da sociedade anônima.* São Paulo: Malheiros, 2012, p. 64-66; Scalzilli, João Pedro. *Contribuições premilinares para a uma análise da conduta de administradores e de controladores de S.A. em contesto de oferta hostil.* Dissertação (Mestrado em Direito) — Universidade Federal do Rio Grande do Sul, Porto Alegre, 2009, p. 53 ss). Sobre o tema, ver: CUNHA, Rodrigo Ferraz Pimenta da. *Estrutura de interesses nas Sociedades Anônimas*: hierarquia e conflitos. São Paulo: Quartier Latin, 2007, p. 110 ss; FRANÇA. *Conflito de interesses nas assembléias de S.A...*, p. 21-53; HANSMANN, Henry; KRAAKMANN, Reinier. The end of history for corporate law. *Georgetown Law Journal*, Washington, n. 89, p. 439-468, jan. 2001; JAEGER, Pier Giusto. *L'interesse sociale.* Milano: Giuffrè, 1972, que revisitou o tema em L'interesse sociale rivisitato (quarant'anni dopo). *Giurisprudenza Commerciale*, a. 27, p. 795-812, 2000; MUNHOZ, Eduardo Secchi. *Empresa contemporânea e direito societário.* São Paulo: Juarez de Oliveira, 2002, p. 36-50; RIBEIRO, Renato Ventura. *Direito de voto nas sociedades anônimas.* São Paulo: Quartier Latin, 2009, p. 107-122; SALOMÃO FILHO, Calixto. Interesse social: a nova concepção. In: ___. *O novo Direito Societário.* 3. ed. rev. e ampl. São Paulo: Malheiros, 2006. p. 25-50; SALOMÃO FILHO. *A sociedade unipessoal...*, p. 44 ss.

138 Herbert Wiedemann afirma que o fim comum é a *estrela polar* do direito societário, cf. WIEDEMANN. *Gesellschaftsrecht*, B. I..., p. 17; a passagem consta da tradução realizada por Erasmo Valladão A. e N. França (WIEDEMANN, Herbert. Excerto do Direito Societário I – Fundamentos. Trad. de Erasmo Valladão Azevedo e Novaes França. *Revista de Direito Mercantil, Industrial, Econômico e Financeiro*, a. 45, v. 143, p. 66-75, jul./set. 2006, p. 67). A mesma

Em resumo, estão presentes, na SCP, todos os elementos que caracterizam uma organização societária contratual, a saber:

(*a*) *pluralidade de partes, que livremente celebram um contrato*;

(*b*) *contribuição dos sócios em bens ou serviços*;

referência também é feita em: WIEDEMANN, Herbert. *Gesellschaftsrecht*, B. II. München: Beck, 2004, p. 122. E se diz que o fim comum é a estrela polar do direito societário, pois possui: (*i*) eficácia constitutiva (*konstituierende Wirkung*), já que o fim comum é elemento constitutivo das organizações societárias, inexistindo sociedade (ou associação) sem fim comum próprio, o que acarreta a determinação da forma jurídica e da natureza da organização societária (se se trata de associação ou sociedade, qual tipo societário, bem como qual atividade a ser desempenhada e, então, se a sociedade é simples ou empresária, restando, assim, definidas as normas aplicáveis), além de ser a própria causa do contrato de sociedade (finalidade econômico-social, que é o exercício de uma atividade econômica para obter um lucro e reparti-lo entre os sócios, no caso das sociedades); e (*ii*) eficácia funcional (*funktionelle Wirkung*), pois a relação entre os sócios e entre os membros e a sociedade é pautada pelo fim comum, estabelecendo este fim comum as diretrizes da política social, além de determinar os direitos e deveres dos sócios (em especial a sua intensidade) (delimitando, assim, as esferas individual e coletiva) — bem como dos administradores — e dirigir os estágios da vida social (constituição, desenvolvimento e dissolução). Sobre o tema, ver: ADAMEK. *Abuso de minoria em direito societário*..., p. 79-85; FRANÇA-ADAMEK. "Affectio Societatis"..., p. 42-47; SCHMIDT. *Gesellschaftsrecht*, B. I..., p. 61 ss; WIEDEMANN. *Gesellschaftsrecht*, B. I..., p. 8-11; WIEDEMANN. *Gesellschaftsrecht*, B. II..., p. 121-126. Ver, também: COMPARATO. Exclusão de sócio, independentemente de específica previsão legal ou contratual..., p. 137-138. Em certo sentido, também remetemos a: ASCARELLI. O contrato plurilateral..., p. 271-272.

[139] Salienta-se que toda e qualquer sociedade (ou, melhor dizendo, todas as associações de pessoas) possui um fim social, que pauta a sua atuação juntamente com os direitos e deveres dos sócios (uma vez que todos os sócios devem contribuir para que fim comum seja atingido — sendo tal obrigação a obrigação essencial do contrato de sociedade). E, para se ter sociedade, todos os sócios devem ter o objetivo comum, o que não significa que todos os membros tenham os mesmos objetivos individuais ou a mesma motivação, como bem salienta, entre outros, WINDBICHLER. *Gesellschaftsrecht*..., cit., p. 50. Ver, também: ADAMEK. *Abuso de minoria em direito societário*..., p. 81.

[140] Registre-se que não se adota a *affectio societatis* como elemento necessário à existência da sociedade — em que pese exista quem sustente que se trata de um elemento existencial da conta de participação (*v.g.*, MOREAU, André. *Associations en participation et sociétés de fait*. Paris: Journal des Notaires et des Avocats, 1958, p. 71-73; GALIZZI. *Sociedade em conta de participação*..., p. 65-68). Isso porque, como lecionam Erasmo Valladão e Marcelo Adamek, a ideia de *affectio societatis* é vazia (ou, no mínimo, controvertida) de significado e que em nada se coaduna com o direito societário contemporâneo, devendo ser substituído pela noção de fim social (que possui tanto eficácia constitutiva quanto eficácia funcional), verdadeira causa do contrato de sociedade, e que a teoria do contrato plurilateral há muito já esclareceu. Ver: FRANÇA-ADAMEK. "Affectio societatis"...

(c) *exercício de atividade econômica para a obtenção de lucro e a patilha dos resultados.*

Diante da presença de tais elementos, entende-se que se trata de *verdadeira sociedade*[141], a qual já foi descrita como *contrato plurilateral de organização*[142].

Veja-se que o Superior Tribunal de Justiça já enfrentou o tema, manifestando-se no sentido de que se trata de uma sociedade:

> Direito Empresarial e Civil. Recurso Especial. Ação de dissolução de sociedade. Sociedade em conta de participação. Natureza societária. Possibilidade jurídica. Rompimento do vínculo societário. *1. Discute-se a possibilidade jurídica de dissolução de sociedade em conta de participação, ao fundamento de que ante a ausência de personalidade jurídica, não se configuraria o vínculo societário. 2. Apesar de despersonificadas, as sociedades em conta departicipação decorrem da união de esforços, com compartilhamento de responsabilidades, comunhão de finalidade econômica e existência de um patrimônio especial garantidor das obrigações assumidas no exercício da empresa. 3. Não há diferença ontológica entre as sociedades em conta de participação e os demais tipos societários personificados, distinguindo-se quanto aos efeitos jurídicos unicamente em razão da dispensa de formalidades legais para sua constituição.* 4. A dissolução de sociedade, prevista no art. 1.034 do CC/02, aplica-se subsidiariamente às sociedades em conta de participação, enquanto ato inicial que rompe o vínculo jurídico entre os sócios. 5. Recurso especial provido. (STJ, 3ª Turma, REsp 1.230.981/RJ, Rel. Min. Marco Aurélio Belizze, j. 16/12/2014)[143].

[141] Cf. MOREAU. *Associations en participation et sociétés de fait*..., p. 9. Ver, também: PIC. *Des Sociétés Commerciales*, t. III..., p. 604-605.

[142] MERLINSKI, Ricardo. *Manual de sociedades comerciales.* 2 ed. actual. Montevideo: Carlos Alvares Editor, 2008, p. 292. Também sustentando que a conta de participação é formada por um contrato plurilateral, ver: FERNANDES. *A Sociedade em Conta de Participação no Direito Tributário*..., p. 64 ss; RAMIRES. *A sociedade em conta de participação no Direito brasileiro*..., p. 59-60, 75-76. Por sua vez, em que pese sustente ser uma sociedade, há quem diga que se trata de um contrato bilateral (CASTRO. Sociedade em conta de participação..., p. 804).

[143] No mesmo sentido: TJDFT, 3ª Turma, Cível, Apelação 0018162-15.2016.8.07.0001, Rel. Des. Gilberto de Oliveira, j. 05/08/2020; TJSP, 1ª Câmara Reservada de Direito Empresarial, Apelação 1050777-70.2017.8.26.0100, Rel. Des. Cesar Ciampolini, j. 06/11/2019; TJRS, 5ª Câmara Cível, Apelação 70083129593, Rel. Des. Jorge André Pereira Gailhard, j. 27/11/2019; TJRS, 6ª Câmara Cível, Apelação 70077302537, Rel. Des. Niwton Carpes da Silva, j.

De mais a mais, o fato de o legislador ter optado pelas normas da sociedade simples como estatuto de regência supletiva da conta de participação (CC, art. 996, *caput*), ao invés das normas referentes aos contratos em geral, reforça a tese sustentada[144-145]. Efetivamente, o Código Civil dispensou tratamento societário a ela, assim como também o fez o Código Comercial de 1850.

Mas não apenas isso: nosso ordenamento jurídico não exige que uma sociedade tenha relevo externo para ser reconhecida como tal, podendo estar restrita a um vínculo obrigacional meramente interno. Pelo contrário, assim reconhece a conta de participação. Ou seja, no Brasil, o conceito de sociedade é amplo e abarca a SCP.

Ora, ainda que se quisesse discutir a natureza jurídica da conta de participação no ordenamento brasileiro, tal discussão restaria inócua tendo em vista os termos expressos da legislação — que a reconhece como sociedade, deixando bastante claro qual o regime a ela aplicável, inclusive em caso de lacuna no regime jurídico que lhe é próprio.

Nesse sentido, interessante a observação de Solá de Cañizares, para quem é, de qualquer forma, mais lógico qualificar a conta de participação *como sociedade*, porque na realidade econômica ela assim é tratada. As partes, "com sua intuição de profanos", sentem-se sócios e assim se denominam, além de qualificarem de sócios seus pares[146].

Uma vez consignada a posição aqui defendida, que considera a SCP uma *autêntica sociedade*[147], *sempre uma sociedade no sentido jurídico*[148], é im-

24/05/2018; TJES, 2ª Câmara Cível, Agravo de Instrumento 0034296-50.2018.8.08.0024, Rel. Des. Carlos Simões Fonseca, j. 07/05/2019; TJDFT, 1ª Câmara Cível, Conflito de Competência 07151675420178070000, Rel. Des. Leila Arlanch, j. 19/03/2018.

144 Galizzi. *Sociedade em conta de participação...*, p. 29.

145 A propósito, no direito português, no qual, de acordo com a legislação, a conta de participação *não tem natureza societária*, mas, sim, de simples contrato comutativo, a lei que a regula (Decreto Lei 231/81) manda aplicar, subsidiariamente, para o caso de lacuna, as disposições dos contratos com que haja analogia de situações ao invés das normas societárias (art. 21-3); o mesmo ocorre, recentemente, na Argentina: o art. 1442 do *Código Civil y Comercial de la Nación* determina que ao *negocio en participación* não se aplicam as normas sobre sociedades. Sobre o tema, ver: Pinto Furtado, Jorge Henrique. *Curso de Direito das Sociedades*. 5 ed. Coimbra: Almedina, 2004, p. 90.

146 Solá de Cañizares. *El contrato de participación...*, p. 22 e 117.

147 Windbichler. *Gesellschaftsrecht...*, p. 54. No mesmo sentido, entre muitos outros, ver: Verón. *Sociedades comerciales...*, p. 805.

148 Schmidt. *Gesellschaftsrecht*, B. II..., p. 1837.

portante registrar que a discussão em torno da natureza jurídica da conta de participação não é uma discussão de todo estéril, espécie de fetichismo acadêmico desprovido de consequências práticas, uma vez que produz, entre os sócios, os efeitos ordinários de uma sociedade[149]. Como demonstra Ascarelli, o contrato plurilateral[150], apesar de ser um contrato e a ele se aplicar boa parte das normas do direito contratual, possui uma série de peculiaridades em relação a outros negócios bilaterais, especificamente o contrato bilateral, que exige algumas adaptações. Nesse sentido, por exemplo, o enquadramento da conta de participação como sociedade faz com que se admita:

(a) a possibilidade de participação de duas ou mais partes (é, segundo Ascarelli, um contrato do tipo *aberto*);
(b) que os direitos e obrigações dos sócios sejam idênticos na *qualidade*, mas não necessariamente na *natureza* e na *quantidade*;
(c) que as deliberações — guardadas regras específicas — sejam *tomadas pela maioria*;
(d) que se trata de contrato de *execução continuada* — e de regra a prazo indeterminado, apesar de, na prática, a conta de participação operar, muito mais que outros tipos societários, com prazo determinado (certo ou incerto);
(e) que os vícios das prestações e de adesão não invalidem todo o contrato, mas somente a manifestação daquele sócio, ressalvada a hipótese de a participação de tal sócio ser essencial;
(f) a inaplicabilidade da *exceptio non adimpleti contractus* (exceção do contrato não cumprido), porque a relação entre as obrigações dos sócios é apenas indireta e mediata: inexiste relação sinalagmática entre as várias partes do contrato plurilateral[151];

[149] PIC. *Des Sociétés Commerciales*, t. III..., p. 633.

[150] Adota-se a teoria do contrato plurilateral. Isso porque a conta de participação é sempre constituída por um contrato, do tipo plurilateral. Assim, como não poderia deixar de ser, faz-se referência ao brilhante artigo de Tullio Ascarelli (ASCARELLI. O contrato plurilateral..., p. 255-312).

[151] Todavia, aplicando a *exceptio non adimpleti contractus* à conta de participação, remete-se ao seguinte precedente judicial: "Indenização por danos materiais e morais. Contrato de sociedade em conta de participação para a construção de um hotel. Fracasso do empreendimento. Exceção do contrato não cumprido como matéria de defesa. Sentença de improcedência. Recurso do autor. Indenizações devidas diante do pagamento integral de sua parte na avença. Provas colacionadas que demonstram o pagamento apenas parcial de suas obrigações.

(g) que se apliquem as regras de dissolução total e parcial de sociedades, apesar de ser preciso realizar algumas adaptações tendo em vista as peculiaridades da SCP.

Exceptio non adimpleti contractus. Dano moral não caracterizado. Recurso conhecido e desprovido. Do princípio pacta sunt servanda deriva a obrigação de que ambos os contratantes, e não apenas um, cumpram os deveres assumidos no momento da celebração do negócio. Se presente a hipótese dos artigos 1.092 do Código Civil de 1916 e 476 do Código Civil de 2002, pode o pactuante réu opor-se, com êxito, à pretensão de resolução formulada pela parte contrária, com base em alegada inadimplência, a exceptio non adimpleti contractus. Recurso do réu. Majoração dos honorários advocatícios. Verba fixada equitativamente, com base no artigo 20, §§ 3º e 4º, do código de processo civil. Quantum condizente com os parâmetros legais. Recurso conhecido e desprovido." (TJSC, 6ª Câmara de Direito Civil, AC 2008.050769-4, Rel. Des. Jaime Luiz Vicari, j. 01/02/2012). No mesmo sentido: "Apelação cível. Direito societário. Ação de prestação de contas. Sociedade em conta de participação. Ausência de integralização do capital pelo sócio participante. Ausência de direito à prestação de contas. Apelo provido. 1. O art. 997, inciso IV, do CC/2002 dispõe que a quota de cada sócio no capital social e o modo de sua realização constitui cláusula essencial do contrato social, de onde se infere que a integralização do capital apresenta-se como a principal obrigação dos sócios e requisito especial de validade do próprio ajuste. 2. Tratando-se de sociedade em conta de participação, a única obrigação do sócio participante (oculto) é justamente investir no negócio e integralizar sua cota parte ao capital social. Se o sócio participante não integralizou o capital social não possui o direito de exigir contas do sócio ostensivo, por configurar típica hipótese de exceção do contrato não cumprido. 3. Recurso de apelação provido." (TJBA, 1ª Câmara Cível, Apelação 0550781-29.2015.8.05.0001, Rel. Desa. Pilar Celia Tobio de Claro, p. 05/12/2017). Igualmente: TJRJ, 20ª Câmara Cível, Apelação 0028697-11.2009.8.19.0002, Des. Marília de Castro Neves Vieira, j. 21/02/2014. Ainda, ver: TJRJ, 5ª Câmara Cível, Apelação 0340376-83.2019.8.19.0001, Rel. Des. Denise Nicoll Simões, j. 27/09/2022 ("Apelação cível. Exibição de documentos. Sociedade em conta de participação. Cuida-se de ação de exibição de documentos na qual o Autor pugna pela apresentação de documentos do ano de 2018 referentes a atividade desenvolvida pela sociedade firmada entre as partes. Prolatada sentença de procedência, insurge-se a Demandada da decisão. Preliminares de falta de interesse de agir, litispendência, litisconsórcio passivo rejeitadas. No mérito, sustenta a Ré que as partes acordaram que cada um dos sócios seria responsável por metade do aporte do capital necessário para o desenvolvimento da sociedade e, em contrapartida, que os lucros advindos seriam igualmente repartidos. Alegação de inadimplemento recorrente do Autor, tendo sido deferidas medidas liminares em outras ações nesse sentido. No caso dos autos, constata-se a presença de correlação entre o inadimplemento do Autor e o direito da Ré em recusar o fornecimento de informações e documentos da empresa. Incidência do art. 476 do CC, que dispõe que nos contratos bilaterais, nenhum dos contratantes, antes de cumprida a sua obrigação, pode exigir o implemento do outro. Fundamento do instituto que reside na equidade, buscando-se uma execução simultânea de obrigações. Dessa forma, diante da notícia de que o Autor permanece inadimplente por longo período, descabida a pretensão de exibição de documentos de forma antecedente. Reforma da decisão que se impõe. Recurso provido").

Por fim, o enquadramento da conta de participação como sociedade faz com que seja aplicado a ela todo o ordenamento das sociedades. Assim, entre outras questões e para além das previsões legais e regulamentares, bem como da liberdade dada às partes e dos usos e costumes, aplicam-se os princípios gerais do direito societário[152-153], mormente (i) a lealdade[154], (ii) a preservação da empresa[155], (iii) a proporcionalidade[156] e (iv) a igualdade de tratamento[157-158].

152 Empregamos o termo *princípio*, aqui, não necessariamente do modo mais técnico, mas sim de acordo com seu uso corrente. Sobre o tema, ver: ADAMY, Pedro Augustin. *Renúncia a Direito Fundamental.* São Paulo: Malheiros, 2011, p. 176-188; ÁVILA, Humberto. A distinção entre princípios e regras e a redefinição do dever de proporcionalidade. *Revista de Direito Administrativo*, v. 215, p. 151-179, jan./mar. 1999; ÁVILA, Humberto. *Teoria dos Princípios*: da definição à aplicação dos princípios jurídicos. 14 ed. São Paulo: Malheiros, 2013, p. 171 ss; SILVA, Luís Virgílio Afonso da. O proporcional e o razoável. *Revista dos Tribunais*, a. 91, v. 798, p. 23-50, abr. 2002; SILVA, Luís Virgílio Afonso da. *Direitos Fundamentais*: conteúdo essencial, restrições e eficácia. 2 ed. São Paulo: Malheiros, 2011 (especialmente Capítulos 2 e 4).

153 Sobre os princípios gerais das sociedades (que, segundo o autor, seriam a autonomia privada e a propriedade, a boa-fé e a tutela da confiança, a igualdade e a justiça distributiva, a concorrência e a tutela das minorias, a autonomia funcional e patrimonial e a limitação da responsabilidade, a publicidade e a transparência e, finalmente, a prevenção de conflito de interesses), ver: MENEZES CORDEIRO. *Direito das Sociedades*, v. I..., p. 234 ss. Marcelo Adamek, com base na doutrina alemã, refere como princípios estruturantes do regime jurídico societário (i) o princípio da vedação ao abuso de direito, (ii) os deveres societários de lealdade (ou fiduciários), (iii) o princípio da igualdade de tratamento e (iv) o princípio da proporcionalidade (ADAMEK. *Abuso de minoria em direito societário*..., p. 86-87).

154 A lealdade é elemento central do próprio Direito Societário (cf. FERRER, Vicenç Ribas. *El deber de lealtad del administrador de sociedades.* Madrid: La Lay, 2010, p. 74), sendo inexcluível (cf. SMITH, Lionel D. Can we be obliged to be selfless? In: GOLD, Andre S.; MILLER, Paul B. (coord.). *Philosophical Foundations of Fiduciary Law.* Oxford: Oxford University Press. p. 141-158, p. 156-157). De qualquer sorte, a lealdade pode ser modulada pelas partes e deve ser analisada de acordo com o caso concreto, mas não é possível relativizá-la: ou se é leal ou não se é leal, não havendo como ser mais ou menos leal (BAHAR, Rashid; THÉVENOZ, Luc. Conflicts of Interest: Disclosure, Incentives, and the Market. In: THÉVENOZ, Luc; BAHAR, Rashid (eds.). *Conflicts of Interest*: Corporate Governance & Financial Markets. Alphen aan den Rijn: Kluwer, 2007. p. 1-29, p. 8). A *lealdade* é a tradução do princípio da boa-fé objetiva no Direito Societário, incidindo sobre todos os membros da organização finalística (sócios ou associados e administradores, bem como demais órgãos sociais) (cf. MENEZES CORDEIRO. *Direito das Sociedades*, v. I..., p. 414-416; sobre o tema, ver: SPINELLI, Luis Felipe. *Exclusão de sócio por falta grave na sociedade limitada.* São Paulo: Quartier Latin, 2015..., p. 137 ss; SPINELLI, Luis Felipe. *Administração das sociedades anônimas*: lealdade e conflito de interesses. São Paulo: Almedina, 2020, p. 21 ss; SPINELLI. *Conflito de interesses na administração da sociedade anônima*..., p. 85 ss; ADAMEK. *Abuso de minoria em direito societário*..., p. 92 ss, 135

ss). E, nesse sentido, diante dos arts. 187 e 422 do Código Civil, uma série de limitações e deveres são impostos aos seus membros — isso sem contar que, de acordo com o art. 113 do CC, também desempenha a boa-fé objetiva uma função hermenêutica na interpretação dos contratos e estatutos sociais. Portanto, a boa-fé objetiva impõe a lealdade na esfera societária (Betti, Emilio. *Teoria generale delle obbligazioni*, v. I. Milano: Giuffrè, 1953, p. 93 — sendo que, de qualquer sorte, ainda que se questione a natureza da lealdade, tem-se que, independentemente da teoria adotada, a sua existência é indisputável (cf. Jula, Rocco. *Der GmbH-Gesellschafter.* 3 Aufl. Berlin: Springer, 2009, p. 192; Adamek. *Abuso de minoria em direito societário*..., p. 92-93). Mesmo que a lealdade no Direito Societário brasileiro não encontre previsão legal expressa, é possível extraí-la e encontrar uma série de disposições legais (arts. 113, 187, 422, 1.010, §3º, 1.017, 1.074, §2º, e 1.078, §2º, do Código Civil; arts. 115, *caput* e §1º, 116, parágrafo único, 117, *caput* e §1º, 134, §1º, 154, §2º, 155 e 156 da LSA) (Adamek. *Abuso de minoria em direito societário*..., p. 136). A lealdade faz parte da ordem legal (mesmo que não positivada) do Direito Societário (cf. Schmidt. *Gesellschaftsrecht*, B. I..., p. 588; Wiedemann. *Gesellschaftsrecht*, B. II..., p. 192; Baumbach, Adolf; Hueck, Alfred. *GmbHG.* 20 Aufl. München: C. H. Beck, 2013, p. 310; Adamek. *Abuso de minoria em direito societário*..., p. 91-92, 135-136), sendo integrante obrigatória de qualquer ética coletiva (Wiedemann. *Gesellschaftsrecht*, B. II..., p. 194; Adamek. *Abuso de minoria em direito societário*..., p. 92, 136), incidindo especialmente enquanto perdurar o vínculo social, mas também nos períodos pré e pós-contratual (Adamek. *Abuso de minoria em direito societário*..., p. 58, 102, 138, 228; Schmidt. *Gesellschaftsrecht*, B. I..., p. 588-589; Kübler. *Derecho de sociedades*..., p. 396; Raiser, Thomas; VEIL, Rüdiger. *Recht der Kapitalgesellschaften.* 5 Aufl. München: Franz Vahlen, 2010, p. 77).

[155] Como é reconhecido no âmbito do Direito da Insolvência o princípio da preservação da empresa (Lei 11.101/2005, art. 47) – sem contar a noção de conservação dos negócios jurídicos –, o Direito Societário também busca *preservar a empresa* (cf. Holz, Eva; Poziomek, Rosa. *Curso de Derecho Comercial.* 3 ed. Montevideo: Editorial Amalio M. Fernandez, 2016, p. 53). Nesse sentido, entre outras situações, faz-se referência à possibilidade de sanar os vícios que ensejariam a dissolução da sociedade (Lei 6.404/76, art. 285, parágrafo único).

[156] O *princípio da proporcionalidade*, de acordo com o uso corrente, objetiva inibir e neutralizar o abuso do poder (*v.g.*, STF, 1ª Turma, RMS 24901/DF, Rel. Min. Carlos Britto, j. 26/10/2004). Nesse sentido, por exemplo, a exclusão de sócio por descumprimento de seus deveres é considerada remédio extremo, *ultima ratio*, somente podendo incidir em caso de falta "grave" que traga ou que possa trazer algum dano à sociedade (Código Civil, arts. 1.030 e 1.085) (cf. Adamek, Marcelo Vieira von. Anotações sobre a exclusão de sócios por falta grave no regime do Código Civil. In: ____ (coord.). *Temas de Direito Societário e Empresarial Contemporâneos* – Liber Amicorum *Prof. Dr. Erasmo Valladão Azevedo e Novaes França.* São Paulo: Malheiros, 2011. p. 185-215, p. 188-189, 191-193; Adamek. *Abuso de minoria em direito societário*..., p. 308 ss; França-Adamek. "Affectio societatis"..., p. 49. Ver: Spinelli. *Exclusão de sócio por falta grave na sociedade limitada*..., p. 223-228).

[157] A igualdade de tratamento é princípio fundamental, basilar, do Direito Societário (Cunha, Paulo Olavo. *Direito das sociedades comerciais.* 2 ed. Coimbra: Almedina, 2006, p. 66-67). Sobre o tema, ver: Jung, Peter (Herausgeber). *Der Gleichbehandlungsgrundsatz*

im Gesellschaftsrecht. Tübingen: Mohr Siebeck, 2021; VERSE, Dirk A. *Der Gleichbehandlungsgrundsatz im Recht der Kapitalgesellschaften*. Tübingen: Mohr Siebeck, 2006; PERIS, Juan Ignacio Ruiz. *Igualdad de trato en el derecho de sociedades*. Valencia: Tirant lo Blanch, 2007; D'ATTORRE, Giacomo. *Il principio di eguaglianza tra soci nelle società per azioni*. Milano: Giuffrè, 2007; SILVA, Jorge Cesa Ferreira da; SPINELLI, Luis Felipe. Notas sobre a igualdade no Direito Privado: o exemplo do Direito Societário. In: BENETTI, Giovana; CORRÊA, André Rodrigues; FERNANDES, Márcia Santana; NITSCHKE, Guilherme Cordeiro Monteiro; PARGENDLER, Mariana; VARELA, Laura Beck (org.). *Direito, Cultura, Método*: leituras da obra de Judith Martins-Costa. Rio de Janeiro: GZ, 2019. p. 877-896; SPINELLI. *Exclusão de sócio por falta grave na sociedade limitada*..., p. 228-235; ADAMEK. *Abuso de minoria em direito societário*..., p. 87-91. O *princípio da igualdade de tratamento (Gleichbehandlungsgrundsatz)* é "princípio geral das associações privadas de pessoas" (BAUMBACH-HUECK. *GmbHG*..., p. 316), sendo um dos princípios mais relevantes em diferentes ordenamentos jurídicos (cf. JUNG. *Der Gleichbehandlungsgrundsatz im Gesellschaftsrecht*..., p. V). Tal princípio incide independentemente de qualquer previsão legal – existindo, no Brasil, referência à igualdade de tratamento para os acionistas titulares de ações da mesma classe (arts. 44, §4º, e 109, §1º, da Lei 6.404/76), enquanto se infere o princípio, no Código Civil, por meio da interpretação sistemática de várias regras (arts. 1.004, 1.007, 1.008, 1.010, § 2º, 1.013, 1.023, 1.055, § 1º, 1.072, *caput*, 1.081, § 1º, 1.094, VI e VII), sem contar a existência de previsão na Lei de Cooperativas (art. 37) (ver: ADAMEK. *Abuso de minoria em direito societário*..., p. 89). Sustenta-se que o princípio da igualdade de tratamento no âmbito societário possua origem no princípio constitucional da isonomia (Constituição Federal, art. 5º, *caput*), embora com ele não se confunda; é importante salientar que a transposição direta da ideia de isonomia para as relações jurídico-privadas não é possível e exige adaptações, uma vez que na esfera privada vige o princípio da autonomia privada, o qual permite que os particulares criem posições que não sejam igualitárias, desde que respeitados certos limites, é claro (ver: WIEDEMANN. *Gesellschaftsrecht*, B. I..., p. 428; sobre o fundamento da igualdade de tratamento no Direito Societário, ver: VERSE. *Der Gleichbehandlungsgrundsatz im Recht der Kapitalgesellschaften*..., p. 67 ss; PERIS. *Igualdad de trato en el derecho de sociedades*..., p. 25 ss, 107 ss; D'ATTORRE. *Il principio di eguaglianza tra soci nelle società per azioni*..., p. 15 ss; ADAMEK. Anotações sobre a exclusão de sócios por falta grave no regime do Código Civil..., p. 191, nota de rodapé; ADAMEK. *Abuso de minoria em direito societário*..., p. 89-90). No âmbito das organizações finalísticas de pessoas, salvo consentimento, não teria lógica e não seria lícito, tendo em vista a comunhão de escopo, que alguém ingressasse em um ente coletivo e fosse tratado de modo discriminatório, diferente dos demais; assim, todos os membros devem ser tratados de modo igual quando existentes as mesmas condições (circunstâncias fáticas relevantes): proibida está a diferenciação injustificada (o tratamento arbitrário) entre os membros, inclusive (mas não só) por parte das deliberações sociais (CODINA, Joaquim Castañer; COSTA, Vivianna Colomà; PARRAMON, Cristina Roset. *Todo Sociedades de Responsabilidad Limitada*. Valencia: Kluwer, 2012, p. 204). Mas é evidente que existem situações (previstas na lei, no estatuto/contrato ou decorrente das circunstâncias) objetivas (que criam uma medida proporcional de igualdade — *proportionaler Gleichheitsmaßstab* —, como a divisão dos lucros e o poder de voto, que são proporcionais à participação no capital social, ou

5.1. Direito estrangeiro

Em outros países também se discute a natureza jurídica da conta de participação, existindo divergência nas esferas doutrinária e legal[159].

No plano legislativo, atualmente, Itália, Espanha e Portugal dão tratamento *não societário* à conta de participação. O Código Civil italiano

mesmo a necessidade de deter participação mínima no capital social para o exercício de determinados direitos, como o previsto no art. 1.066, §2º, do Código Civil) ou subjetivas (bom exemplo é o do sócio controlador, sobre o qual incidem deveres mais fortes, como resta positivado nos arts. 116 e 117 da LSA) que permitem ou exigem o tratamento diferenciado entre os sujeitos (cf. ADAMEK. Anotações sobre a exclusão de sócios por falta grave no regime do Código Civil..., p. 191, nota de rodapé; ADAMEK. *Abuso de minoria em direito societário*..., p. 87 ss; BAUMBACH-HUECK. *GmbHG*..., p. 316-317; RAISER-VEIL. *Recht der Kapitalgesellschaften*..., p. 80-81, 397; SCHMIDT. *Gesellschaftsrecht*, B. I..., p. 462-464, 798-799; WIEDEMANN. *Gesellschaftsrecht*, B. I..., p. 427; PERIS. *Igualdad de trato en el derecho de sociedades*..., p. 107 ss; CUNHA. *Direito das sociedades comerciais*..., p. 66). O tratamento igualitário é, evidentemente, uma condição para o próprio funcionamento do ente coletivo (cf. FASTRICH, Lorenz. Raciocínio jurídico funcional a exemplo do direito societário. Trad. de Nilson Lautenschleger Jr. *Revista de Direito Mercantil, Industrial, Econômico e Financeiro*, v. 44, n. 140, p. 52-85, out./dez. 2005, p. 77). E mais: não pode tal princípio ser renunciado de modo geral pelos membros, somente assim podendo fazer no caso específico (*in concreto*); nesse sentido, o desvio com a concordância do membro é permitido, tendo em vista a necessidade de respeito à liberdade contratual (autonomia privada), podendo-se, então, criar (originalmente ou por alteração contratual, desde que com a concordância dos membros afetados) direitos e obrigações diferentes (e desde que respeitadas as normas de ordem pública do tipo societário e que isso não conduza à arbitrariedade) (cf. BAUMBACH-HUECK. *GmbHG*..., p. 317; FASTRICH. Raciocínio jurídico funcional a exemplo do direito societário..., p. 57; SCHMIDT. *Gesellschaftsrecht*, B. I..., p. 462-464; SCHMIDT. *Gesellschaftsrecht*, B. II..., p. 1.038; PERIS. *Igualdad de trato en el derecho de sociedades*..., p. 121).

[158] Os princípios da *proporcionalidade* e da *igualdade de tratamento* são tidos como estruturantes do Direito Societário, limitando o exercício de direitos (subjetivos e potestativos) e permitindo coibir os seus desvios, funcionando, assim, como mecanismos de proteção dos sócios (tanto da minoria quanto da maioria) (cf. ADAMEK. Anotações sobre a exclusão de sócios por falta grave no regime do Código Civil..., p. 191; FRANÇA-ADAMEK. "Affectio societatis"..., p. 49; ADAMEK. *Abuso de minoria em direito societário*..., p. 86-87). Ainda: "El estatuto de los socios de las asociaciones y sociedades esta regido por los principios de igualdad y proporcionalidad, alteradas en ocasiones por reglas de tutela de las minorías o que establecen privilegios." (PERIS. *Igualdad de trato en el derecho de sociedades*..., p. 144).

[159] "Las discordancias de las legislaciones, que advierten sobre las dificuldades que se plantean en la consideración de la naturaliza jurídica del instituto, tienen su correlato en las discrepancias de la doctrina, que llegan a manifestarse inclusive cuando el derecho positivo se pronuncia inequívocamente en la calificación jurídica." (ANAYA. *Sociedades accidentales o en participación*..., p. 88).

(*Codice Civile, Libro Quinto, Titolo VII*, arts. 2549-2554) regulou as *associazione in partecipazione* fora do Título V, que cuida das sociedades. Na Espanha, o Código Comercial, no Livro II, ao regular os contratos especiais de comércio, disciplinou as *cuentas en participación* igualmente fora do Título I, dedicado às sociedades mercantis: a matéria está regrada no Título II (*Código de Comercio, Libro II, Título II*, arts. 239-243). Por fim, em Portugal, a associação em participação é tratada como contrato não societário, chamado *contrato de associação em participação* pelo Decreto-Lei 231 de 1981 (arts. 21-31), que cuidou da matéria.

A doutrina desses países, seguindo a legislação, crê, majoritariamente, que a conta de participação tenha *natureza contratual*. Chegaram a essa conclusão, exemplificativamente, na Itália: Caroselli, Grandi, Ghidini, Vivante, Mossa, Ferri, Realmonte e Galgano[160]; na Espanha:

160 Caroselli. *L'associazione in partecipazione...*, p. 130; Grandi. *L'associazione in partecipazione...*, p. 43; Ghidini. *L'associazione in partecipazione...*, p. 51; Vivante, Cesare. *Trattato di Diritto Commerciale*, v. II – Le Societá Commerciale. 5 ed. Milano: Casa Editrice Dottor Francesco Vallardi, 1935, p. 531; Mossa, Lorenzo. *Diritto Commerciale*, p. 1. Milano: Societá Editrice Libraria, 1937, p. 246-247; Ferri, Giuseppe. *Manuale di Diritto Commerciale*. Torino: UTET, 1955, p. 279; Realmonte, Francesco. Associazione in partecipazione e obbligo di collazione. *Rivista delle Società*, v. 6, a. VI, p. 514-521, 1961, p. 514-516; Galgano, Francesco. *Diritto Civile e Diritto Commerciale*, v. 3: L'Impresa e Le Societá, t. 1. 4 ed. Padova: CEDAM, 2004, p. 307. Não se nega que exista quem defenda a natureza societária (como a antiga obra — publicada antes da promulgação do *Codice Civile* — de Ravà. *Associazione in partecipazione e società irregolare...*). Todavia, na Itália, doutrina e jurisprudência, majoritariamente, posicionam-se no sentido de que a conta de participação é um contrato; não se estaria diante de uma sociedade tendo em vista que não existe um patrimônio autônomo comum resultante dos aportes das partes (e nem existe copropriedade, ainda que indireta), além de inexistir uma gestão comum da atividade ou mesmo uma atividade comum, uma vez que a atividade é explorada somente pelo ostensivo (que também assume a responsabilidade exclusiva perante terceiros), enquanto o participante apenas fiscaliza a gestão do ostensivo (não tendo qualquer influência na gestão do negócio). Assim, em que pese exista quem sustente que se trataria de um contrato associativo (como Ferri e Realmonte), majoritariamente entende-se que a *associazione in partecipazione* seria contrato sinalagmático (oneroso, bilateral, aleatório, de duração, consensual e, de regra, *intuitu personae*), uma vez que o ostensivo atribuiria uma quota dos lucros do empreendimento ao participante, que, em contrapartida, realizaria o aporte no empreendimento administrado por aquele. Sobre o debate referente à natureza jurídica da *associazione in partecipazione*, salientando que se trata de um contrato sinalagmático, ver: Cendon. *Commentario al Codice Civile...*, p. 419 ss; e Mignone. *L'associazione in partecipazione...*, p. 48 ss, 121 ss. Ainda, de tempos em tempos, o tema da natureza jurídica (societária ou contratual) da conta de participação reaparece nas discussões doutrinárias e decisões judiciais. Sobre o tema, examinando recentes decisões

Garrigues, Uría, Calero e Guilarte[161]; e, em Portugal: Raul Ventura, Pinto Furtado, Coutinho de Abreu e Menezes Cordeiro[162] — muito embora existam precedentes judiciais que se referem às partes contratantes como sócios oculto e ostensivo, como esta ementa bem ilustra:

da corte de cassação italiana sobre a sociedade de conta de participação, ver: Patti, Domenico Bonnacorsi. Note minime sull'associazione in partecipazione e sulle cointeressenze. *Rivista di Diritto Commerciale e del Diritto Generale delle Obbligazioni*, v. CXV, Parte II. Milano: Dottor Francesco Vallardi, p. 287-305, 2017.

161 Uría, Rodrigo. *Derecho Mercantil*. 28 ed. Madrid, Barcelona: Macial Pons, 2002, p. 182; Calero, Fernando Sánchez; Guilarte, Juan Sánchez Calero. *Instituciones de derecho mercantil*. 36 ed. Aranzadi, Thomson Reuters, 2013, p. 374. Garrigues defende a natureza não societária da conta de participação, afirmando, de qualquer sorte, que seria uma forma de trânsito entre a companhia mercantil e uma relação meramente contratual, podendo equivaler a uma sociedade em comandita tácita (Garrigues. *Tratado de Derecho Mercantil...*, p. 190-191, 216). A dificuldade em caracterizar a conta de participação como sociedade residiria no fato que não haveria a formação de um patrimônio comum nem a criação de uma pessoa jurídica, além da ausência de uma colaboração pessoal dos sócios. Refere-se, contudo, que a tendência é que seja a conta de participação considerada, na Espanha, uma sociedade, pois a personalidade jurídica não é essencial ao conceito de sociedade e o patrimônio comum não é pressuposto de uma sociedade: a sociedade em sentido amplo, tendo uma origem negocial, apresentaria um fim comum promovido por meio da atividade dos sócios (cf. Mignone. *L'associazione in partecipazione...*, p. 626 ss). Nesse sentido, Broseta Pont sustentava que teria a conta de participação natureza contratual (cf. Broseta Pont, Manuel. *Manual de Derecho Mercantil*. Madrid: Editorial Tecnos, 1971, p. 303, 305-306); contudo, em edições mais recentes de sua obra, a cargo de Fernando Martínez Sanz, defende-se a natureza societária do instituto (cf. Broseta Pont, Manuel; Sanz, Fernando Martínez. *Manual de Derecho Mercantil*, v. I. 24 ed. Madrid: Editorial Tecnos, 2017, p. 336-338). Ainda, há referência a relevante parte da doutrina que entende a conta de participação ter natureza societária (cf. Balmaseda, Arantza Martínez. La atipicidad y las cuentas en participación. *Revista de Derecho de Sociedades*, n. 44, p. 261-278, eje./jun. 2015, p. 263-264; Mediavilla. Extinción de cuentas en participación con cláusulas atípicas..., p. 3.148; Gándara, Luis Fernández de la. Escritura de constitución de una sociedad en cuenta de participación: modelo *standard* y fórmulas atípicas. *Revista de Derecho de Sociedades*, n. 10, p. 243-256, 1998, p. 244-245; Solá de Cañizares. *El contrato de participación...*, p. 3-4, 11-18, 109-118 — para quem seria uma sociedade com características especiais).

162 Ventura. *Associação em participação* (BMJ 189)..., p. 76 ss; Pinto Furtado. *Curso de Direito das Sociedades...*, p. 87, 89; Coutinho de Abreu. *Curso de Direito Comercial*, v. II..., p. 39; Menezes Cordeiro. *Direito das Sociedades*, v. I..., p. 355-356; Menezes Cordeiro. *Direito Comercial...*, p. 745-746. Alfredo Jorge Pinhal analisa as discussões sobre a natureza da conta de participação, afirmando, como outros (Raul Ventura e Menezes Cordeiro, *v.g.*), que possui natureza de contrato associativo (mas que não seria uma sociedade comercial) (Pinhal. *Da conta em participação...*, p. 20 ss).

I – A conta em participação prevista no art. 224º do Cód. Com. e o contrato de associação em participação previsto nos arts. 21º e segs. do DL nº 231/81, de 28-7, constituem o mesmo instituto jurídico, aperfeiçoado por este último diploma. II – Da estrutura do contrato de associação em participação faz parte o associante (sócio ostensivo), que realiza os actos de comércio que são objecto do negócio e o associado ou associados (sócios ocultos), que financiam, entram com bens móveis ou imóveis, planejam ou 'apadrinham' tais actos, co-participando nos ganhos e perdas ou só nos ganhos. III – A resolução do contrato de associação em participação deve ser comunicada a todos os outorgantes, assim como a competente acção resolutiva deve ser proposta contra todos eles por força no nº 2 do art. 28º do Cód. Proc. Civil" – Ac. RE, de 5/2/1998, Col. Jur. 1998, 1º-267)[163].

Na Argentina, a *Ley 19.550*, de 1984, deixava claro o caráter societário da *sociedad en participación*, que também era chamada de *sociedad accidental (Ley de Sociedades Comerciales*, arts. 361-366) — e assim caminhavam os ensinamentos de Malagarriga, Halperin, Verón, Anzorena e Fontanarrosa[164]. Todavia, em 2014, o novo *Código Civil y Comercial de la Nación*

[163] E Pinto Furtado explica que sob a vigência do Código Veiga Beirão (Código Comercial de 1888, arts. 224-229) as opiniões se dividiam quanto ao definir a natureza jurídica da associação em participação. Pela natureza societária, alinhavam-se Cunha Gonçalves (*Comentário ao Código Comercial / A Conta em Participação*), Costa e Nora (*Do contrato em Participação*), Barbosa de Magalhães (*Conta em Participação*) e Rocha Souto (*Dos factos extintivos ou dissolutivos do contrato mercantil de conta em participação*). Pela natureza meramente contratual: Veiga Beirão (*Direito Comercial — Esboço dum curso*), J. M. Barbosa de Magalhães (*Código de Processo Comercial Anotado*), José Tavares (*Sociedades e Empresas Comerciais*) e Galvão Telles (*Conta em Participação / Se a conta em participação se extingue por morte do participante*). Foi essa última tese que prevaleceu no Direito português vigente, "ao estabelecer-se que o exercício comum da actividade económica, é um *elemento essencial da sociedade* — o que manifestamente falta na associação em participação — e ao relegar-se a disciplina desta para legislação própria (Decreto-Lei nº 231/81, de 28 de julho), fora do contexto da disciplina das *sociedades*" (Pinto Furtado. *Curso de Direito das Sociedades...*, p. 87-88).

[164] Malagarriga, Carlos C. *Tratado elemental de Derecho Comercial*, v. I. Buenos Aires: Tipografica Editora Argentina, 1951, p. 322; Halperin, Isaac. *Curso de Derecho Comercial*, v. 1. 3 ed. Buenos Aires: Depalma, 1978, p. 309-310; Verón. *Sociedades comerciales...*, p. 799-806; Anzorena, Arturo Acuña. Sociedad accidental o en participación y obligaciones de los socios respecto a los aportes. In: Etcheverry, Raúl A.; Richard, Efraín Hugo (dir.). *Summa Societaria*, t. III. Buenos Aires: Abeledo Perrot, 2012. p. 4.015-4.022, p. 4.018-4.019; Fontanarrosa, Rodolfo O. La sociedad accidental o en participación. In: Etcheverry, Raúl A.;

argentino (*Ley 26.994*) revogou as referidas disposições da *Ley 19.550*. Com isso, a até então *sociedad en participación* ganhou novo espaço em capítulo atinente aos *contratos associativos* — categoria diversa dos contratos bilaterais (uma vez que é admitida a pluralidade de contratantes, os quais se obrigam a realizar prestações e a colaborar para a obtenção de uma finalidade comum) e das sociedades (pois, nas sociedades, deveria existir a formação de patrimônio separado, enquanto, nos contratos associativos, não há a formação de sujeitos de direito ou de pessoa jurídica) —, sob a alcunha de *negocio en participación* (arts. 1448-1452), sendo vedada a aplicação das normas societárias e informando que não se trata de sociedade (art. 1442)[165-166].

RICHARD, Efraín Hugo (dir.). *Summa Societaria*, t. III. Buenos Aires: Abeledo Perrot, 2012. p. 4.023-4.035, p. 4.028. Roitman, Aguirre e Chiavassa salientavam, por sua vez, o tratamento societário decorreria da opção legislativa e não da natureza do negócio, que, para eles, não seria sociedade "no seu sentido técnico-jurídico" (dando, à época, notícia da existência de projeto de Código Civil Unificado de 1998, que passaria a tratar a conta de participação como simples contrato associativo) (cf ROITMAN, Horacio; AGUIRRE, Hugo; CHIAVASSA, Eduardo. *Manual de Sociedades Comerciales*. Buenos Aires: La Ley, 2009, p. 1.023); Jaime Anaya caminhava na mesma direção ao defender o caráter de contrato associativo bilateral, mas não societário, da conta de participação (com o que discordava Carlos Juan Zavala Rodriguez no prefácio à obra), uma vez que os negócios em que há um fim comum não se restringem aos contratos de sociedade, além de não existir personalidade jurídica nem fundo social, bem como não haver *affectio societatis* (ANAYA. *Sociedades accidentales o en participación*...).

[165] E assim estão expostas as razões nos *Fundamentos del Anteproyecto de Código Civil y Comercial*: "*En los usos y prácticas es muy habitual que se celebren vínculos de colaboración asociativa que no constituyen sociedad. Su tutela jurídica es más evidente aun cuando se piensa en fortalecer la colaboración para alcanzar economías de escala entre pequeñas y medianas empresas, o para hacer compras o ventas en común, o desarrollos de investigación, o abordar grandes obras sin necesidad de asociarse. Sin embargo, hay una persistencia del modelo societario que hace que, con demasiada frecuencia, se los confunda y se los termine calificando como sociedad, con los perjuicios que ello genera. La conjunción entre la presunción de existencia de sociedad, personalidad jurídica y tipicidad legal, en el contexto económico actual, se muestra insuficiente y agrietado. Las actividades en común, informales, transitorias, quedan encorsetadas en la hermeticidad conceptual de este modelo de 'sociedadpersona jurídica-típica'. La colaboración asociativa, como la societaria, presenta comunidad de fines, de modo que las partes actúan en un plano de coordinación y compartiendo el interés, lo que la diferencia claramente de la colaboración basada en la gestión. A diferencia de la sociedad, se trata de una integración parcial y no total, no existiendo disolución de la individualidad, ni creación de una persona jurídica. El contrato asociativo es un vínculo de colaboración, plurilateral o de participación, con comunidad de fines, que no es sociedad (...) En este proyecto se ha adoptado esta tesis, ampliamente compartida en la doctrina argentina, regulando los vínculos asociativos, estableciendo precisiones a fin de distinguirlos del modelo societario. Por un lado,*

As leis em vigor na Alemanha, França e Uruguai, por sua vez, tratam a conta de participação como verdadeira sociedade. Na Alemanha, o Código Comercial a denomina *stille Gesellschaft*, ou seja, *sociedade tácita* (*Handelsgesetzbuch*, §§230-237). Na França, o Código Civil regulou as *sociétés en participación* como legítima sociedade (*Code Civil*, arts. 1871-1872-2). Finalmente, no Uruguai, a *Ley 16.060*, de 1989, também deixa expresso o caráter societário das *sociedades accidentales o en participación* (arts. 483-488 da *Ley de Sociedades Comerciales*).

A doutrina desses países, também seguindo a legislação, costuma apontar a natureza societária da conta de participação. Nesse sentido, por exemplo, na Alemanha: Schmidt, Windbichler, Grunewald, Baumbach, Hopt, Heidel e Schall[167]; na França: Pic, Escarra, Moreau, Hamel,

se proponen normas generales para todos los contratos asociativos y se incluye dentro del Código Civil el tratamiento del negocio en participación, las agrupaciones de colaboración y las uniones transitorias. Por el otro, no existe regulación de la sociedade en el Código Civil. Esta sistemática es más acorde con la unificación de las matérias civiles y comerciales pues extiende también esta unificación a la Ley de Sociedades. A la inversa, se trasvasan al Código Civil los llamados 'contratos de colaboración' en la Ley de Sociedades (arts. 367 a 383 introducidos por la reforma de 1982). A su vez, se tiende a la unificación porque se evita referirse a 'sociedades comerciales' o 'empresarios' cuando se enumeran los posibles constituyentes. También se incluyen los negocios en participación, que es cómo la doctrina tipifica, en general, a las hoy llamadas 'sociedades en participación'." (MINISTERIO DE JUSTICIA Y DERECHOS HUMANOS DE LA NACIÓN. *Proyecto de Código civil y comercial de la Nación*. Buenos Aires: Infojus, 2012, p. 659-660).

[166] Ver: TÉVEZ, Alejandra. Capítulo 16. Contratos asociativos. In: HERRERA, Marisa, CARAMELO, Gustavo; PICASSO, Sebastián (dir.). *Código Civil y Comercial de la Nación comentado*, t. IV. 2 ed. Buenos Aires: Infojus, 2016. p. 157-184, p. 157-159. Para uma visão ampla, ver: RICHARD, Efraín Hugo. El Código Civil y Comercial y contratos asociativos (negocio em participacipon y agrupamiento de colaboración, arts. 1442 a 1462). In: STIGLITZ, Rubén S. (dir). *Nuevo Código Civil y Comercial de la Nación*: contratos en particular (suplemento especial). Buenos Aires: La Ley, 2015. p. 307-328.

[167] SCHMIDT. *Gesellschaftsrecht*, B. II..., p. 1.837-1.838; WINDBICHLER. *Gesellschaftsrecht*..., p. 180 ss; GRUNEWALD. *Gesellschaftsrecht*..., p. 159 ss; BAUMBACH, Adolf; HOPT, Klaus J. *Handelsgesetzbuch*. 35 Aufl. München: Beck, 2012, p. 862; HEIDEL, Thomas; SCHALL, Alexander. *Handelsgesetzbuch*. 2 Aufl. Baden-Baden: Nomos, 2015, p. 1470. No mesmo sentido, trabalhando de modo detalhado a questão da natureza jurídica da SCP e defendendo que o ponto marcante é o fim comum, ver: RASNER. *Die atypische stille Gesellschaft*..., p. 29-43. Ainda, Eugen Klunziger, que sustenta que a conta de participação necessariamente tem sempre apenas dois sócios (sendo que o ostensivo pode firmar diferentes contratos de SCP com diferentes participantes, sendo que cada um desses contratos subsistitiria paralelamente e tais investidores poderiam formar, entre si, uma *BGB-Gesellschaft*), também defende que se trata de uma sociedade (cf. KLUNZIGER. *Grundzüge des Gesellschaftsrechts*..., p. 139-140).

Lagarde, Ripert, Hémard, Terré, Mabilat, Didier, Merle, Le Cannu e Dondero[168]; no Uruguai, Rippe e Merlinski[169].

Deve-se ter em mente que as opiniões da maioria dos autores referidos precisam ser ponderadas, pois, de certo modo, estão influenciadas pelas respectivas legislações nacionais, que previamente já perfilharam a conta de participação ao lado das sociedades ou dos contratos tradicionais[170].

Ainda, vale referir que nos direitos norte-americano e inglês não existe regulamentação sobre a conta de participação no formato jurídico que a conhecemos, embora haja possibilidade de um *sleeping partner* (*dormant partner* ou, ainda, *silent partner*), investidor que não administra o empreendimento e que não é conhecido de terceiros, participando, de qualquer sorte, dos resultados da sociedade[171-172].

Por todos, ver: Blaurock, Uwe. *Handbuch Stille Gesellschaft.* 7 Aufl. Köln: Dr. Otto Schmidt, 2010.

168 Pic. *Des Sociétés Commerciales*, t. III..., p. 604-605; Escarra. *Traité théorique et pratique de Droit Commercial...*, p. 539; Hamel-Lagarde. *Traité de Droit Commercial...*, p. 620; Moreau. *Associations en participation et sociétés de fait...*, p. 9-10; Ripert. *Traité Élémentaire de Droit Commercial...*, p. 512-513; Hémard, Jean; Terré, François; Mabilat, Pierre. *Sociétés Commerciales*, t. 1. Paris: Dalloz, 1972, p. 371, 376, 380; Didier, Paul. *Droit Commercial.* Paris: Presses Universitaires de France, 1997, p. 535; Merle, Philippe. *Droit commercial*: société commercialies. 15 ed. Paris: Dalloz, 2011, p. 761; e Le Cannu, Paul; Dondero, Bruno. *Droit de sociétés.* 4 ed. Paris: LGDJ, 2012, p. 904. Ver, também: Ripert-Roblot-Germain-Magnier. *Traité de droit des affaires*, t. 2..., p. 191, 193; Cozian, Maurice; Viandier, Alain; Deboissy, Florence. *Droit des sociétés.* 24e éd. Paris: LexisNexis, 2011, p. 653.

169 Rippe, Siegbert. *Sociedades comerciales.* 10 ed. actual. Montevideo: Fundación de Cultura Universitaria, 2005, p. 184; Merlinski. *Manual de sociedades comerciales...*, p. 292. Por sua vez, sustentando a natureza contratual, ver: Holz-Poziomek. *Curso de Derecho Comercial...*, p. 232.

170 Solá de Cañizares. *El contrato de participación...*, p. 11.

171 Solá de Cañizares. *El contrato de participación...*, p. 22, 104-105. De acordo com a doutrina norte-americana, a definição dada pelo *Uniform Partnership Act* (§35(2)) de *dormant partner*, seguindo uma série de precedentes, seria daquele sócio que somente investe na sociedade, não sendo conhecido por terceiros nem suficientemente ativo ou conhecido nos negócios da *partnership* (não está envolvido com a administração) de modo que a sua presença na firma seja base para a formação da reputação de crédito da sociedade, sendo questionável se o *partner* é *dormant* se seu nome consta de algum registro público; da mesma forma, o mero fato de a *partnership* operar sob nome artificial (denominação social) não é suficiente para que todos os *partners* sejam *dormant* (Bromberg, Alan R.; Ribstein, Larry E. *Bromberg and Ribstein on Partnership*, v. II. New York: Aspen Law & Business, 2002, p. 7:259-7:260). Na Inglaterra, o *dormant partner* é tido como aquele sócio que não é conhecido nem aparece como sócio, apesar de, como regra (existindo algumas peculiaridades), responder como sócio (Lindley, W. B.; Banks, R. C. I'Anson. *Lindley & Banks on Partnership.*

Finalmente, é no mínimo curioso observar que a conta de participação é um negócio jurídico tão peculiar que mesmo aqueles que negam a natureza societária dizem que se trata de um ajuste *análogo à sociedade*, uma *quase sociedade*, um *instituto acessório do instituto de sociedade*, um *contrato com fundo social*, um *contrato associativo, uma sociedade no sentido mais*

London: Sweet & Maxwell, 2002, p. 86) – existindo, de qualquer sorte, referência a que qualquer sociedade poderia ter um *sleeping partner*, o qual resta desconhecido, o que seria uma forma de viabilizar a limitação da responsabilidade nas *partnerships* quando a lei assim não autoriza (Ripert-Roblot-Germain-Magnier. *Traité de droit des affaires*, t. 2..., p. 192). De fato, não existe no Direito anglo-americano uma sociedade em conta de participação como uma pura sociedade interna, sendo que o sócio que não aparece perante terceiros responderá solidariamente pelas obrigações sociais como os outros sócios, sendo que somente na forma das sociedades em comandita (*limited partnerships*) há a possibilidade de existir uma limitação da responsabilidade (cf. Blaurock. *Handbuch Stille Gesellschaft*..., p. 52). Por sua vez, Engrácia Antunes refere os *sleeping partners* como sócios de uma espécie de conta de participação de natureza societária do Direito anglo-americano (cf. Antunes. *Direito dos contratos comerciais*..., p. 407). Já Alberto Verón leciona que se trata de instituto sem aplicação prática: "Tampoco lo está en Inglaterra ni en Estados Unidos, y si bien puede existir una *sleeping partner* o *dormant partner*, donde el participante permanece oculto, 'es una fórmula que no tiene aplicación práctica debido a que existe siempre el peligro de que los tribunales puedan considerar al socio oculto un socio ordinario por aplicación de la teoría del *estoppel*. Además la *limited partnership* hizo innecesaria esta fórmula y se prefiere, en la práctica, recurrir generalmente a la *private company*'." (Verón. *Sociedades comerciales*..., p. 799; no mesmo sentido: Anaya. *Sociedades accidentales o en participación*..., p. 57).

172 A propósito, Solá de Cañizares faz um dos mais abrangentes exames de Direito Comparado sobre as contas de participação de que temos notícia, investigando, além do ordenamento jurídico espanhol (objeto do próprio livro), os direitos francês, alemão, italiano, belga, argentino, brasileiro, mexicano, chileno, uruguaio, colombiano, venezuelano, equatoriano e guatemalteco, fazendo, ainda, referência, ao Direito português, peruano, cubano, haitiano, dominicano, suíço, norte-americano e inglês, bem como ao Dreito quebequense (cf. Solá de Cañizares. *El contrato de participación*..., p. 20-106). Uwe Blaurock também realiza extensa exposição de Direito Comparado, analisando a conta de participação, além da própria Alemanha (objeto principal de estudo), na França, Itália, Liechtenstein, Áustria, Suíça, Bélgica, Luxemburgo, Holanda, Suécia, Grécia, países anglo-americanos e Japão (Blaurock. *Handbuch Stille Gesellschaft*..., p. 34-54). Já Gianni Mignoni, além de analisar o sistema italiano, estuda a conta de participação na França, na Espanha e na Alemanha, além de breves referências aos ordenamentos belga, português, libanês e suíço (cf. Mignone. *L'associazione in partecipazione*..., p. 591-679). Para uma pequena resenha dos modelos regulatórios da conta de participação, ver, entre outros: Antunes. *Direito dos contratos comerciais*..., p. 407-408; Anaya. *Sociedades accidentales o en participación*..., p. 50 ss, 87 ss; e Verón. *Sociedades comerciales*..., p. 797-799.

lato[173]. Por outro lado, mesmo nos países tradicionalmente filiados à tese da natureza societária da conta de participação, comumente se diz tratar-se de uma sociedade *sui generis*, que muito se assemelha a um contrato de investimento ou a uma parceria[174].

Nessa linha, Raul Ventura, estudando a doutrina italiana, destaca que dentro do grupo de autores que classificaram a conta de participação como sociedade, há "importantes gradações, desde uma retinta coloração de sociedade, até uma esbatida cor de contrato associativo ou de contrato que tem analogia com o contrato de sociedade". Do lado dos autores que apontaram a conta de participação como um contrato comutativo, também não faltaram gradações, até que alguém concluiu tratar-se de um contrato *sui generis*, autônomo, portanto, que necessita de regulação própria[175]. Percebeu o autor lusitano que ao "encarniçamento de qualificação" geralmente segue-se um "abrandamento de efeitos"[176]. Isso porque o exame comparativo das legislações, segundo sustenta Solá de Cañizares, mostra que a distinção é mais terminológica do que de fundo[177].

173 Exemplificativamente: VIVANTE. *Trattato di Diritto Commerciale...*, p. 531; MOSSA. *Diritto Commerciale...*, p. 247; URÍA. *Derecho Mercantil...*, p. 182; CALERO-GUILARTE. *Instituciones de derecho mercantil...*, p. 373-374.

174 Em sentido muito semelhante: SOLÁ DE CAÑIZARES. *El contrato de participación...*, p. 156.

175 VENTURA. *Associação em participação* (BMJ 189)..., p. 63.

176 VENTURA. *Associação em participação* (BMJ 189)..., p. 87.

177 SOLÁ DE CAÑIZARES. *El contrato de participación...*, p. 157.

CAPÍTULO 2
ESTRUTURA E RESPONSABILIDADE

No presente Capítulo serão examinados os aspectos estruturais da conta de participação, notadamente a estrutura interna da sociedade, a forma como o sócio ostensivo atua externamente (exercendo a atividade prevista no objeto) e a responsabilidade dos sócios perante terceiros e entre si, bem como os direitos e deveres decorrentes da condição de sócio.

1. Facetas

Na conta de participação, há duas categorias de sócio: (*i*) a do sócio *ostensivo* (gerente/gestor) e (*ii*) a do sócio *participante* (oculto). Entre os sócios é firmado o contrato da sociedade em conta de participação, e a cada um de tais sócios é reservado um papel especial no desenvolvimento dos negócios da sociedade.

Ao sócio ostensivo cabe exercer a atividade prevista no objeto social em seu nome próprio e por sua conta e risco[178], não agindo como mandatário do participante[179]. O ostensivo é o protagonista da operação[180], o senhor do negócio[181], e como tal o dirige. Ao sócio participante resta, em

[178] Ripert. *Traité élémentaire de Droit Commercial*..., p. 516.

[179] Pic. *Des Sociétés Commerciales*, t. III..., p. 635.

[180] Garrigues. *Tratado de Derecho Mercantil*..., p. 189.

[181] Vivante. *Trattato di Diritto Commerciale*..., p. 538; Grandi. *L'associazione in partecipazione*..., p. 104.

princípio, tão-somente fornecer parte dos meios necessários para possibilitar a exploração do negócio — leia-se *investir na atividade* —, tendo o direito à prestação de contas pelo ostensivo[182], não se responsabilizando pessoalmente perante terceiros pelo eventual insucesso na operação[183]. Daí a menção de Francesco Galgano no sentido de ser o participante um *financiador externo da empresa*, um *investidor de capital* que expõe o próprio aporte aos riscos do negócio explorado por terceiro[184-185].

Tal situação põe em evidência duas facetas da conta de participação, a *externa* e a *interna*, o que faz com que a SCP possua uma estrutura legal um tanto quanto diferente das outras espécies societárias.

1.1. Faceta externa

Como disposto no art. 991 do Código Civil, toda a atividade prevista no objeto social da SCP, da qual participa o sócio oculto, é explorada pelo sócio ostensivo em seu nome próprio e sob sua própria e exclusiva responsabilidade, sendo ele que se obriga perante terceiros.

Externamente, o ostensivo atua como se não houvesse conta de participação[186]: é o único dono do negócio[187] — sendo apenas o ostensivo que se obriga e que adquire direitos perante terceiros.

A rigor, o sócio ostensivo nem sequer revela a existência da sociedade entre ele e o sócio participante (*i.e.*, a SCP é ineficaz perante terceiros). Não porque isto seja proibido (salvo disposição contratual que preveja a confidencialidade)[188], mas simplesmente porque a existência da associação entre eles simplesmente não interessa a terceiros, que contratam

[182] Pic. *Des Sociétés Commerciales*, t. III..., p. 635.

[183] Escarra. *Traité théorique et pratique de Droit Commercial...*, p. 557.

[184] Galgano. *Diritto Civile e Diritto Commerciale...*, p. 307-308. No mesmo sentido: Hüffer-Koch. *Gesellchaftsrecht...*, p. 253.

[185] Essa é a estrutura básica encontrada não só no Código Civil brasileiro, mas também em outros países. Nesse sentido, por exemplo, a *Ley 16.060* uruguaia (art. 483 e seguintes) e o *Código Civil y Comercial de la Nación* argentino (art. 1448 e seguintes) regulam a conta de participação dessa forma, bem como assim caminham o *Codice Civile* italiano (art. 2549 e seguintes), o *Handelsgesetzbuch* alemão (§230 e seguintes), o *Código de Comercio* espanhol (art. 239 e seguintes), o *Code Civil* francês (art. 1871 e seguintes) e o Decreto-Lei 231(1981) português (art. 21º e seguintes).

[186] Cunha Gonçalves. *Da conta em participação...*, p. 24.

[187] Gierke. *Derecho Comercial y de la Navegación*, v. I..., p. 363.

[188] Cf. Requião. *Curso de Direito Comercial*, v. 1..., p. 440.

tão-somente com o ostensivo (que, inclusive, nem se apresenta como tal) e que levam única e exclusivamente o patrimônio deste em consideração para fins de garantia do cumprimento das obrigações pactuadas.

Terceiros, vale destacar novamente, não tratam com a sociedade, nem com os sócios[189], mas com uma pessoa qualquer, que, no mais das vezes, nem sequer desconfiam seja sócia ostensiva de uma conta de participação[190]. Nesse sentido, é importante salientar a ausência de dever por parte do ostensivo de informar a respeito da existência de uma conta de participação[191]. Os terceiros estão em situação de quem ignora que há sociedade[192], e não existe problema algum nisso.

E, mesmo que soubessem acerca da existência da sociedade, os terceiros e os sócios participantes atuam em *planos distintos*, não possuindo aqueles direito de ação contra estes. A sociedade em conta de participação simplesmente *não produz efeitos* perante terceiros, como dispõe o art. 993, *caput*, primeira parte, do Código Civil (e como regulava o Código Comercial de 1850 em seu art. 326).

Dir-se-á, portanto, que a *faceta externa* da conta de participação é o próprio sócio ostensivo (seja este uma pessoa física ou jurídica, exerça ou não uma atividade empresária), o único que, para todos os efeitos, mantém relações com o mundo exterior[193]. É ele quem contrata em nome próprio, adquirindo direitos e contraindo obrigações em favor do empreendimento comum. Assim agindo, vincula o patrimônio especial da SCP como sendo somente seu[194]. Daí dizer-se que o ostensivo é *peça-chave desse esquema*[195].

Por tudo isso, o ostensivo é o único responsável perante terceiros pelas obrigações assumidas, já que o participante (oculto) por nada responde com o seu patrimônio, ressalvado eventual ajuste de repartição

[189] Borges. *Curso de Direito Comercial terrestre...*, p. 332.

[190] "O socio gerente responsabiliza-se não como *socio* ou *orgão* da sociedade, porém, como *commerciante*, obrando por sua conta e risco." (Carvalho de Mendonça. *Tratado de Direito Commercial brasileiro*, v. 4..., p. 236).

[191] Pontes de Miranda. *Tratado de Direito Privado*, t. 49..., p. 320.

[192] Pontes de Miranda. *Tratado de Direito Privado*, t. 49..., p. 344; Almeida. *A sociedade em conta de participação...*, p. 66.

[193] Garrigues. *Tratado de Derecho Mercantil...*, p. 183.

[194] Heidel-Schall. *Handelsgesetzbuch...*, p. 1.481. Ver, também: Broseta Pont-Sanz. *Manual de Derecho Mercantil*, v. I..., p. 338.

[195] Broseta Pont-Sanz. *Manual de Derecho Mercantil*, v. I..., p. 339.

de prejuízos celebrado entre este último e o ostensivo, pacto que, porém, possui apenas *eficácia interna* — isto é, no que concerne à relação ostensivo-participante[196].

A SCP é, em toda a sua duração, inoponível perante terceiros[197]. A existência da SCP é *assunto de economia interna*. A relação existente entre ostensivo e participante *é toda íntima*[198].

Friedrich Kübler resume a questão: isso significa que a SCP se limita às relações internas entre ostensivo e participante. Não existem relações externas da SCP. Por isso, a sociedade surgida desta relação não é representada nem pelo participante tampouco pelo gestor. Frente a terceiros, este não atua para a sociedade, mas para a sua atividade. E aquele não se manifesta para o exterior como sócio. Em razão disso, unicamente o titular da atividade (ostensivo/gestor) responde pelas dívidas perante terceiros[199]. Dessa forma, terceiros não possuem qualquer direito nem assumem qualquer obrigação em relação ao sócio participante, mas somente em relação ao sócio ostensivo — e, nessa toada, não podem sequer considerar mover eventual ação judicial contra o sócio participante —, uma vez que, frente a terceiros, é o ostensivo que adquire direitos e assume obrigações[200].

[196] É justamente nesse sentido que dispõe o art. 991 do Código Civil, assim como dispunha o art. 326 do Código Comercial de 1850.

[197] "EMBARGOS DE TERCEIRO - (...) Inoponibilidade a terceiros dos termos do instrumento de distrato firmando no âmbito da sociedade em conta de participação, o qual só tem eficácia entre os respectivos sócios - Interpretação do art. 993 do Código Civil - Sentença mantida - Recurso não provido." (TJSP, 1ª Câmara de Direito Privado, Apelação 1114666-03.2014.8.26.0100, Rel. Des. Rui Cascaldi, j. 04/05/2017).

[198] Inglez de Souza. *Direito Commercial...*, p. 72.

[199] Kübler. *Derecho de sociedades...*, p. 193-194. Ver, também: Gierke. *Derecho Comercial y de la Navegación*, v. I..., p. 363.

[200] Nesse sentido, ver: Gierke. *Derecho Comercial y de la Navegación*, v. I..., p. 363; Verón. *Sociedades comerciales...*, p. 836. E assim dispõe o art. 242 do *Código de Comercio* espanhol: "Los que contraten con el comerciante que lleve el nombre de la negociación sólo tendrá acción contra él, y no contra los demás interesados, quienes tampoco la tendrá contra el terceiro que contrató con el gestor, a no ser que éste les haga cesió formal de sus derechos." O art. 1449 do *Código Civil y Comercial de la Nación* argentino (como também determinava o art. 362 da *Ley 19.550*) é igualmente expresso: "Gestor. Actuación y responsabilidad. Los terceros adquieren derechos y asumen obligaciones sólo respecto del gestor. La responsabilidad de éste es ilimitada. Si actúa más de un gestor son solidariamente responsables.". Na mesma direção caminham a *Ley de Sociedades Comerciales* uruguaia (art. 484), o *Codice Civile* italiano (art. 2551), o *Code Civil* francês (art. 1872-1) e o *Handelsgesetzbuch* alemão (§230(2)).

No mesmo sentido, o sócio participante não pode (assim como também não pode o sócio ostensivo) *opor a sociedade em conta de participação*, alegando que determinado bem estaria especialmente destinado para cumprir um fim específico e que os credores particulares do ostensivo deveriam excutir primeiro outros bens livres e desembaraçados; da mesma forma, não pode o participante alegar perante terceiros que o sócio ostensivo utilizou os bens aportados para o exercício do objeto social em finalidade diferente da prevista no contrato. Ainda, o participante não pode opor a terceiros eventual violação, pelo ostensivo, de restrições contratuais, como a necessidade de deliberação prévia para a realização de certas operações. Para o terceiro que contratou com o sócio ostensivo, o contrato existente entre eles é válido e eficaz, razão pela qual o ostensivo responde por eventuais débitos com todo o seu patrimônio[201-202-203].

201 VENTURA. *Associação em participação* (BMJ 190)..., p. 40. Nada obstante, o sócio ostensivo deve responder pelas perdas e pelos danos causados ao sócio participante na malversação do patrimônio especial, como veremos mais adiante.

202 Nesse sentido: "Apelação cível. Embargos de terceiro. Cerceamento de defesa. Prova pericial. Rejeição. Cumprimento de sentença. Constrição de valores. Sócio ostensivo. Sociedade em conta de participação. Divisão do resultado. Apuração do lucro obtido. De acordo com os artigos 355, inciso I, 464, parágrafo único, inciso II, e 472, do Código de Processo Civil, o indeferimento de prova pericial não traduz cerceamento de defesa quando os demais elementos de convicção dos autos são suficientes para a demonstração dos fatos controvertidos. Nos termos do artigo 991, do Código Civil, na sociedade em conta de participação compete ao sócio ostensivo exercer o objeto social em nome próprio e exclusiva responsabilidade, cabendo aos sócios participantes a divisão dos resultados correspondentes. O sócio ostensivo é responsável pela contratação com terceiros, de modo que sobre ele recai a responsabilidade ilimitada pelas obrigações assumidas. Nesse contexto, as receitas auferidas com a atividade empresarial não são dos sócios participantes, pois, primeiramente, deve-se responder pelas despesas do período para que se possa apurar o lucro obtido e, então, realizar a sua divisão. Dessa forma, até a apuração do efetivo resultado e a distribuição dos lucros, os valores disponíveis nas contas correntes do sócio ostensivo e suas filiais lhe pertencem, não havendo empecilho para o bloqueio judicial realizado para a satisfação das dívidas da executada." (TJDFT, 6ª Turma Cível, Apelação 0727001-80.2019.8.07.0001, Rel. Des. Esdras Neves, j. 09/09/2020).

203 Discussão pode existir sobre a possibilidade de intervenção de terceiro (de que o sócio participante intervenha em processo do qual é parte o sócio ostensivo, e vice-versa), nos termos como regrado no Código de Processo Civil (assistência, chamamento ao processo, denunciação à lide, *amicus curiae* ou desconsideração da personalidade jurídica). Aqui, a intervenção de terceiro até pode ocorrer, mas não em decorrência pura e simplesmente da SCP, mas sim em decorrência, por exemplo, do aporte realizado pelo participante; assim, em

Igualmente, não pode o participante buscar valer-se, perante terceiros, de direitos decorrentes da exploração da atividade pelo ostensivo, como, por exemplo, uma renovatória em contrato de locação[204].

Eventuais descumprimentos do contrato social da conta de participação devem ser resolvidos internamente entre ostensivo e participante. Além disso, os resultados das operações realizadas em desacordo com o previsto no contrato social não devem ser computados para a SCP[205].

E, por fim, não há ação do sócio participante contra os devedores do sócio ostensivo — mesmo que para cobrar créditos decorrentes do exercício da atividade da conta de participação[206]. Nesse sentido, a legitimidade para cobrar tais devedores é só do sócio ostensivo. Caso assim não proceda, cabe ao sócio participante a respectiva ação de responsabilidade contra ele[207].

caso de evicção (art. 125, I, do Código de Processo Civil), pode o ostensivo demandado por terceiro em ação reivindicatória denunciar o sócio participante à lide. Sobre o tema (apesar de restringir as possibilidades em que vislumbra a intervenção de terceiros tendo em vista que entende que o aporte do sócio participante sempre se dá a título de transferência de propriedade dos bens para o sócio ostensivo), ver: Yoshikawa. Reflexos processuais da sociedade em conta de participação..., p. 36-37.

[204] Mignone. *L'associazione in partecipazione*..., p. 332-334. Nesse sentido: TJPR, 11ª Câmara Cível, Apelação 0056069-48.2011.8.16.0001, Rel. Des. Fabio Haick Dalla Vecchia, j. 05/04/2018.

[205] Heidel-Schall. *Handelsgesetzbuch*..., p. 1.488.

[206] Pontes de Miranda. *Tratado de Direito Privado*, t. 49..., p. 345.

[207] O art. 1450 do *Código Civil y Comercial de la Nación* argentino (como referia, de modo semelhante, o art. 362 da *Ley 19.550*) é expresso: "Partícipe. Partícipe es la parte del negocio que no actúa frente a los terceros. No tiene acción contra éstos ni éstos contra aquél, en tanto no se exteriorice la apariencia de una actuación común.". Sobre o tema: Verón. *Sociedades comerciales*..., p. 837-838; Tévez. Capítulo 16. Contratos asociativos..., p. 163. No mesmo sentido caminha o art. 485 da *Ley de Sociedades Comerciales* uruguaia: "(Socios no gestores). El socio que no actúe con los terceros no tendrá acción contra éstos.". O art. 242 do *Código de Comercio* espanhol assim dispõe: "Los que contraten con el comerciante que lleve el nombre de la negociación, sólo tendrán acción contra él, y no contra los demás interesados, quienes tampoco la tendrán contra el tercero que contrató con el gestor, a no ser que éste les haga cesión formal de sus derechos."; salienta Joaquín Garrigues que o exercício da ação pelo participante contra terceiros só seria possível quando o ostensivo tiver feito a cessão formal de seus direitos a este: nesta hipótese, o direito do participante não derivaria propriamente da conta de participação, mas, sim, de um contrato de cessão de crédito, apontando o tratadista espanhol que a referida cessão é estipulada, quase sempre, com o objetivo de liquidar as relações nascidas da conta de participação (cf. Garrigues. *Tratado de Derecho Mercantil*..., p. 209).

1.2. Faceta interna

A sociedade, porém, revela-se quando examinada a sua *faceta interna*, que nada mais é do que a *relação ostensivo-participante*[208]. O sócio participante obriga-se única e exclusivamente perante o sócio ostensivo (art. 991 do Código Civil), tendo os sócios ampla autonomia para regular as relações entre si, respeitadas, é claro, as normas cogentes impostas pelo ordenamento jurídico brasileiro.

É neste circuito fechado — em princípio, apenas para o conhecimento dos sócios — que o ostensivo anota todas as operações relativas ao empreendimento comum (receitas e despesas) para, ao final do período ou ao término do evento/empreendimento estabelecido, apurar o lucro e distribuí-lo conforme as proporções acertadas[209], ou, verificando o prejuízo, e dependendo do acerto havido entre as partes, dividi-lo com o sócio participante.

O contrato social pode estabelecer que o sócio participante administre internamente os negócios sociais e, de certa forma, até mesmo externamente (desde que não reste desvirtuada a própria conta de participação, como pode se dar quando ocorre a transferência total dos poderes de gestão para o sócio participante)[210]. O participante não pode, todavia, tomar parte nas negociações externas de modo a se obrigar perante terceiros ou se valer da sua figura para aumentar o crédito do ostensivo — hipóteses em que responderá pessoalmente pelas obrigações assumidas, nos termos do art. 993, parágrafo único, do Código Civil.

Ainda que seja pouco usual, nada impede que o sócio participante coopere com o sócio ostensivo na gestão dos negócios sociais, desde que, externamente, o faça na qualidade de subordinado ou de mandatário do segundo (e não da SCP), deixando claras para os terceiros as condições sob as quais está agindo — sob a pena de, assim não o fazendo,

[208] KÜBLER. *Derecho de sociedades*..., p. 193.

[209] Em caso de omissão contratual, proporcionalmente à participação de cada um, nos termos do art. 1.007 do Código Civil: "Salvo estipulação em contrário, o sócio participa dos lucros e das perdas, na proporção das respectivas quotas, mas aquele, cuja contribuição consiste em serviços, somente participa dos lucros na proporção da média do valor das quotas."

[210] Entre outros, ver: CENDON. *Commentario al Codice Civile*..., p. 461 ss, 478 ss; VENTURA. *Associação em participação* (BMJ 190)..., p. 46; SCHMIDT. *Gesellschaftsrecht*, B. II..., p. 1.846-1.847; HÜFFER-KOCH. *Gesellchaftsrecht*..., p. 258.

responder pessoalmente pelas obrigações que assumir[211]. Como salienta Ripert, a sociedade conserva suas características ainda que um participante atue como mandatário do ostensivo[212-213].

Lembra Vivante que pode acontecer de o participante assumir a administração parcial ou total do negócio comum, o fazendo a título de aporte de trabalho para a conta de participação — contribuição em serviços[214]. Mas é importante advertir, como faz o comercialista italiano, que o envolvimento do sócio participante na gestão do negócio de interesse comum deve estar bem delineado no pacto havido entre eles. Salienta o tratadista que, neste caso, o contrato é decisivo[215], pois, no

[211] SALGADO. *Das sociedades em participação...*, p. 92-93; LOPES. *A sociedade em conta de participação...*, p. 105; WALD. *Comentários ao novo Código Civil...*, p. 105-106. Ver, também, entre outros: VENTURA. *Associação em participação* (BMJ 190)..., p. 48-49; GHIDINI. *L'associazione in partecipazione...*, p. 142; CENDON. *Commentario al Codice Civile...*, p. 478 ss; KLUNZIGER. *Grundzüge des Gesellschaftsrechts...*, p. 148; SCHMIDT. *Gesellschaftsrecht*, B. II..., p. 1.847; RASNER. *Die atypische stille Gesellschaft...*, p. 128; GALIZZI. *Sociedade em conta de participação...*, p. 118-119; COSTA. *A sociedade em conta de participação no direito de empresa do Código Civil de 2002...*, p. 151. Caminhando no mesmo sentido, fazendo referência à atuação do participante como mandatário ou prestador de serviço do sócio ostensivo, ver: CASTRO. Sociedade em conta de participação..., p. 820 ss.

[212] RIPERT. *Traité élémentaire de Droit Commercial...*, p. 514; RIPERT-ROBLOT-GERMAIN-MAGNIER. *Traité de droit des affaires*, t. 2..., p. 194. Em sentido semelhante: DE GREGORIO, Alfredo. De las sociedades y las associaciones comerciales, v. II. In: BOLAFFIO; ROCCO; VIVANTE. *Derecho Comercial*, t. 7. Trad. Rodolfo O. Fontanarrosa. Buenos Aires: Ediar, 1951, p. 423. Ver, também: CASTRO. Sociedade em conta de participação..., p. 820.

[213] Sustentando que a atuação do associado deve ser em hipóteses extremamente restritas (sendo vedado, então, uma procuração ampla, por exemplo), ver MIGNONE. *L'associazione in partecipazione...*, p. 345 ss. Ainda, na doutrina estrangeira, há quem sustente (*v.g.*, SOLÁ DE CAÑIZARES. *El contrato de participación...*, p. 141), com base numa aplicação analógica das regras das sociedades em comandita (embora essa seja uma posição quase isolada), a *impossibilidade* de o sócio participante atuar externamente como *administrador empregado* do ostensivo ou como seu *mandatário com poderes gerais* em face das disposições que vedam esse tipo de atuação ao sócio meramente investidor (comanditário); no Brasil, no caso das comanditas simples, o art. 1.047, *caput* e parágrafo único, seria o fundamento para tal proibição. Nós não aderimos a tais posicionamentos, uma vez que *in dubio pro libertate*; de qualquer sorte, o recomendável é que, como mandatário, o sócio participante tenha poderes especiais e para negócios determinados, como determina o art. 1.047, parágrafo único, ao tratar da sociedade em comandita simples. Caminhando no sentido por nós defendido, ver: GHIDINI. *L'associazione in partecipazione...*, p. 143-144.

[214] VIVANTE. *Trattato di Diritto Commerciale...*, p. 538.

[215] VIVANTE. *Trattato di Diritto Commerciale...*, p. 538.

silêncio deste, dada a natureza da conta de participação, entende-se que o sócio participante não tem o dever nem o direito de envolver-se na administração do empreendimento.

De qualquer forma, a prática é que o sócio ostensivo administre a sociedade, mesmo porque o fundo social se encontra em seu patrimônio (como veremos detalhadamente no Capítulo 7), sendo que o contrato da conta de participação pode estabelecer os limites em que isso se dá. Caso contrário, inexistindo qualquer limitação contratual, presume-se que o sócio ostensivo possui amplos poderes para gerir o fundo social[216-217].

Por tudo isso, o sócio ostensivo ocupa uma posição fiduciária, uma vez que recebe, fiduciariamente, os bens e/ou direitos transferidos pelo sócio participante, os quais, ao passarem para seu o patrimônio, são por ele administrados com ampla discricionariedade[218]. Ademais, é o ostensivo que apura os resultados da operação prevista no objeto social da conta de participação, possuindo amplos poderes sobre o seu patrimônio (patrimônio geral), do qual faz parte o patrimônio especial[219] (desde que observadas, é claro, as restrições estabelecidas no contrato

[216] "Os poderes do sócio ostensivo devem ser regulados no contrato social, que pode limitá-los. No silêncio deste, o sócio ostensivo pode praticar todos os atos pertinentes à gestão. De fato, se o contrato social for omisso relativamente a esse ponto, presume-se que os demais integrantes da sociedade quiseram outorgar plenos poderes ao administrador" (Galizzi. *Sociedade em conta de participação...*, p. 116). Ver, também, Almeida. *A sociedade em conta de participação...*, p. 137, 227.

[217] O que não pode ocorrer, tendo em vista a própria estrutura da conta de participação, é que seja ela administrada por alguém que não seja sócio da SCP. No mesmo sentido, ver Galizzi. *Sociedade em conta de participação...*, p. 118.

[218] Nesse sentido, fazemos referência ao seguinte julgado do Tribunal de Justiça de Santa Catarina que reconhece que o sócio ostensivo administra bens alheios: "Prestação de Contas. Obrigação de quem administra bens alheios. Sociedade em Conta de Participação. Obrigação do sócio ostensivo. Possibilidade jurídica do pedido. Carência de ação decretada em primeiro grau. Recurso provido. Na sociedade em conta de participação, os sócios ocultos têm o direito de exercer fiscalização e pedir prestação de contas ao sócio ostensivo." (TJSC, 2ª Câmara de Direito Comercial, APC 1988.026642-1, Rel. Des. Nestor Silveira, j. 29/08/1991).

[219] Isto é, o patrimônio especialmente destacado para o exercício da atividade prevista no objeto da SCP.

social — as quais, entretanto, somente produzem efeitos entre os sócios[220] — e pela legislação[221])[222].

O sócio ostensivo possui, portanto, ampla discricionariedade para realizar a gestão do empreendimento. O sócio participante não tem, regra geral, ingerência na formação da vontade social nem pode realizar atos de administração[223]. De qualquer sorte, vale ressaltar que o sócio ostensivo está vinculado à SCP; deve, então, empregar os recursos de acordo com o estabelecido no pacto social, bem como possui o dever de agir na busca do fim comum[224].

Existe, assim, uma relação fiduciária[225-226]. Tal reconhecimento faz

[220] Cf. ALMEIDA. *A sociedade em conta de participação...*, p. 137: "O poder do sócio ostensivo que mais se destaca, em relação aos sócios ocultos, é o de gerir autonomamente o negócio (...). Este primeiro poder, ou direito, dá ao gerente liberdade de agir, quer dizer, o sócio-gerente dirigirá os negócios sozinho, sem a interferência do sócio oculto. Mas fica claro que a sua atuação deverá ser dentro dos parâmetros fixados no contrato social. O sócio oculto não poderá interferir na atividade desenvolvida pelo sócio-gerente, a não ser para verificar se o sócio ostensivo está realizando as suas tarefas diligentemente e conforme o pactuado."

[221] Devendo-se respeitar, é claro, a que título foi o bem transferido, como, por exemplo, no caso de uma copropriedade: tendo o sócio participante uma fração ideal do bem que está de posse do sócio ostensivo (que possui, quem sabe, o direito de uso), não pode o sócio ostensivo alienar o respectivo bem. Sobre o tema, ver ALMEIDA. *A sociedade em conta de participação...*, p. 138. De qualquer forma, Garrigues entende que o bem afetado pelo ostensivo para o exercício da atividade descrita no objeto social da conta de participação não pode ser alienado por este enquanto não extinta a sociedade. GARRIGUES. *Tratado de Derecho Mercantil...*, p. 203.

[222] Sobre o tema: REQUIÃO. *Curso de Direito Comercial*, v. 1..., p. 440-441; igualmente, ver: ALMEIDA. *A sociedade em conta de participação...*, p. 95. Também considerando que os bens e os direitos são transferidos fiduciariamente, ver FINKELSTEIN. Sociedade em conta de participação..., p. 128-129. Ver, igualmente: GRUNEWALD. *Gesellschaftsrecht...*, p. 167.

[223] RASNER. *Die atypische stille Gesellschaft...*, p. 57-58.

[224] RASNER. *Die atypische stille Gesellschaft...*, p. 57-58.

[225] Efetivamente, duas são as características essenciais das *relações fiduciárias* (que podem ser constituídas com base em um negócio jurídico ou por lei): a posição de poder (controle/gerência, o que presume liberdade/discricionariedade) conferida a uma das partes sobre o interesse patrimonial de outrem (com a finalidade de garantia — *fiducia cum creditore* — ou com a finalidade de administração — *fiducia cum amico* — em benefício deste último ou de terceiro — *beneficiário*) e a confiança depositada sobre o fiduciário (ampla natureza ética da posição do fiduciário em relação ao fiduciante). A *relação fiduciária* é marcada pelo poder de um sujeito sobre os interesses patrimoniais de outrem (o que não necessariamente ocorre com a transferência da propriedade para o fiduciário, volta-se a sublinhar) e pelo depósito de confiança na conduta do *fiduciary* (esperança de que este agirá de maneira diligente e escorreita — ou seja, terá um padrão de conduta ético — e, ao final da relação, devolverá

o controle do interesse para o fiduciante ou para o beneficiário, sendo que esta confiança pode ser subjetiva ou objetivada pelo ordenamento jurídico); estas são, pois, as duas características básicas das relações fiduciárias e que sempre devem estar concomitantemente presentes. Sobre o tema, ver: Chodos, Rafael. *The law of fiduciary duties.* Los Angeles: Modernage Photo Service, Inc., 2000, p. 42 ss.; Frankel, Tamar. *Fiduciary Law.* New York: Oxfor University Press, 2011, p. 1 ss; Frakel, Tamar. *Legal Duties of Fiduciaris.* Anchorage: Fathom, 2012, p. 1 ss; Cooter, Robert D.; Freedman, Bradley J.. An economic model of the fiduciary's duty of loyalty. *Tel Aviv University Studies in Law*, v. 10, p. 297-314, 1990, p. 297; Demott, Deborah A.. Beyond metaphor: an analysis of fiduciary obligations. *Duke Law Journal*, p. 879-924, 1988, p. 880-881, 908-910; Carneiro da Frada, Manuel António de Castro Portugal. *Teoria da confiança e responsabilidade civil.* Coimbra: Almedina, 2004, p. 546-547; Garrigues, Joaquín. *Negocios fiduciarios en el Derecho Mercantil.* 2. ed. Madrid: Editorial Civitas, 1991, p. 17-18; Salomão Neto, Calixto. Diluição de controle. In: ____. *O novo Direito Societário.* 3. ed. rev. e ampl. São Paulo: Malheiros, 2006. p. 63-74, p. 69; Salomão Neto, Calixto. Deveres fiduciários do controlador. In: ____. *O novo Direito Societário.* 3. ed. rev. e ampl. São Paulo: Malheiros, 2006. p. 167-177, p. 168-169; Martins-Costa, Judith. Os negócios fiduciários: considerações sobre a possibilidade de acolhimento do "trust" no Direito brasileiro. *Revista dos Tribunais*, ano 79, v. 657, p. 37-50, jul. 1990, p. 44; GOMES, Orlando. *Alienação fiduciária em garantia.* 4. ed. rev. e ampl. São Paulo: Revista dos Tribunais, 1975, p. 18-21; Salomão Neto, Eduardo. *O trust e o Direito brasileiro.* São Paulo: LTr, 1996, p. 75-76; Fabian, Christoph. *Fidúcia — uma análise dos negócios fiduciários a partir de suas relações externas.* 391 f. Tese (Doutorado em Direito) — Universidade Federal do Rio Grande do Sul, Porto Alegre, 2005, p. 70-71. Nos negócios fiduciários (que são os mais estudados em nosso País), a partir dos estudos de Ferdinand Regelsberger, encontraríamos como suas características a desproporção entre meios e fins (tendo em vista a transferência da propriedade para o fiduciário) e a ampla natureza ética (Alves, José Carlos Moreira. *Da alienação fiduciária em garantia.* 3. ed. rev. atual. e aum. Rio de Janeiro: Forense, 1987, p. 25-26). Por tudo, ver: Spinelli. *Conflito de interesses na administração da sociedade anônima...*, p. 39 ss.

[226] Logo, e focando no ponto que nos interessa, sempre que um sujeito confiar a outro a administração da propriedade, o segundo se torna fiduciário; baseamos nossa assertiva na seguinte frase de Berle e Means: "(...) sempre que um homem ou grupo de homens confiar a outro homem ou grupo a administração da propriedade, o segundo grupo se torna fiduciário." (Berle, Adolf A..; Means, Gardiner C. *A moderna sociedade anônima e a propriedade privada.* Tradução de Dinah de Abreu Azevedo. 3 ed. São Paulo: Nova Cultura, 1988, p. 263): *o elemento característico destas relações está na posição de poder conferido por uma das partes à outra, a reclamar desta o exercício desse poder de acordo com os interesses próprios da primeira.* (Carneiro da Frada. *Teoria da confiança...*, p. 546-547): "Um entendimento mais alargado divisará o elemento característico destas relações na posição de poder conferido por uma das partes à outra, a reclamar desta o exercício desse poder de acordo com os interesses próprios da primeira; ou então, na exposição particularmente intensa desses interesses à interferência de outrem, sendo-lhe eles confiados para que este os promova ou acautele. É o que pode dizer-se acontecer (não apenas com o negócio fiduciário em sentido estrito como) com certos negócios que estão na base da atribuição de poderes representativos (*maxime* da procuração),

com que incidam sobre o sócio ostensivo deveres extremamente fortes, mais intensos que em qualquer outra relação contratual[227]. O objetivo é evitar a prática de abusos[228].

É possível, por conseguinte, equiparar os deveres do ostensivo aos deveres fiduciários e responsabilidades incidentes sobre os administradores de qualquer sociedade (e, tendo em vista suas funções, nada impede que ao sócio ostensivo seja atribuída uma remuneração, nos exatos padrões legalmente ditados para os administradores de qualquer sociedade)[229].

ou, em geral, com muitos daqueles através dos quais uma das partes se vincula a desenvolver uma actividade no interesse (também) da outra (mandato, contratos de administração do patrimônio, *joint ventures*)".

227 Chodos. *The law of fiduciary duties...*, p. 42; Carneiro da Frada. *Teoria da confiança...*, p. 550-552; Salomão Neto. *O trust...*, p. 43. Nesse sentido, remetemos às clássicas palavras do Judge Cardozo no caso *Meinhard v. Salmon*, que trata dos deveres impostos aos participantes de uma *joint venture*: "Joint adventurers, like copartners, owe to one another, while the enterprise continues, the duty of the finest loyalty. Many forms of conduct permissible in a workday world for those acting at arm's length, are forbidden to those bound by fiduciary ties. A trustee is held to something stricter than the morals of the market place. Not honesty alone, but the punctilio of an honor the most sensitive, is then the standard of behavior. As to this there has developed a tradition that is unbending and inveterate. Uncompromising rigidity has been the attitude of courts of equity when petitioned to undermine the rule of undivided loyalty by the 'disintegrating erosion' of particular exceptions... Only thus has the level of conduct for fiduciaries been kept at a level higher than that trodden by the crowd. It will not consciously be lowered by any judgment of this court." (as palavras do Judge Cardozo, proferidas no caso *Meinhard v. Salmon*, são corriqueiramente citadas pelas obras americanas e nos mais diversos julgados; neste trabalho, foi a referência extraída de Henn, Harry G.; Alexander, John R.. *Laws of corporations and other business enterprises.* 3. ed. St. Paul, Minn.: West Group, 1983, p. 626).

228 Martins-Costa. Os negócios fiduciários: considerações sobre a possibilidade de acolhimento do "trust" no Direito brasileiro..., p. 44-45; Ghezzi, Federico. I "doveri fiduciari" degli amministratori nei "Principles of Corporate Governance". *Rivista delle società*, Milano, n. 2-3, p. 465-549, 1996, p. 484.

229 Escarra. *Traité théorique et pratique de Droit Commercial...*, p. 556-557. No mesmo sentido: Verón. *Sociedades comerciales...*, p. 834-835; Cunha Gonçalves. *Da conta em participação...*, p. 103. Uwe Hüffer e Jens Koch lecionam que o sócio ostensivo responde perante o participante pela quebra de seus deveres enquanto administrador (Hüffer-Koch. *Gesellchaftsrecht...*, p. 256). A respeito disso, bem assevera Alfredo de Assis Gonçalves Neto: "O ostensivo age com ampla autonomia nas suas relações com terceiros, mas, perante os seus sócios ocultos, tem os deveres e as responsabilidades do administrador" (Gonçalves Neto. *Direito de Empresa...*, p. 195). Em sentido semelhante, ver Galizzi. *Sociedade em conta de participação...*,

Além dos deveres específicos, são deveres fiduciários dos administradores de qualquer sociedade, a saber:

(a) diligência (CC, art. 1.011; LSA, art. 153);
(b) lealdade (CC, art. 1.017; LSA, arts. 154, 155 e 156)[230]; e
(c) informar (Código Civil, arts. 993, parágrafo único, 996, caput, 1.020, 1.021 e 1.078; LSA, arts. 109, III, 124, §3º, 132, I, 133, I a V e §2º, 134, §1º e 135, §3º, e 157).

Se o sócio participante desempenhar funções administrativas, tendo em vista a estrutura contratual, também sobre ele incidem todos os deveres inerentes ao cargo de administrador.

O descumprimento de tais deveres acarreta a responsabilização civil do ostensivo, ou, se for o caso, do participante, bem como outras consequências aplicáveis, inclusive na esfera penal (como deixa expresso o art. 1.016 do CC e o art. 158 da LSA)[231].

p. 116 ss; ALMEIDA. *A sociedade em conta de participação...*, p. 138-140; AFFONSO. *A sociedade em conta de participação no Direito brasileiro...*, p. 122.

230 Sobre o dever de diligência e lealdade (dever de informar o participante) do sócio ostensivo, ainda que não sejam utilizadas tais palavras (todo o caso é trabalhado em torno da conduta culposa do sócio ostensivo), é interessante o caso no qual Galeno Lacerda exarou parecer, especialmente porque o sócio participante conhecia (estava estipulado no contrato) a forma como o empreendimento seria realizado pelo sócio ostensivo bem como envolvia a fiscalização por parte do Estado e o respeito às normas que regulavam a matéria (dever de obediência, uma vez que se tratava de SCP relacionada a empreendimentos florestais, quando se poderia investir valores devidos do Imposto de Renda nos termos do Decreto -lei 1.134/70, regulamentado pelo Decreto 68.565/71) – circunstâncias que tornam difícil o sócio participante ter base para responsabilizar o ostensivo (cf. LACERDA, Galeno. Sociedade em conta de participação. Parecer. In: ____. *Direito Comercial – Sociedades Mercantis – Casos Selecionados*, v. IX. Rio de Janeiro: Forense, 2004. p. 133-163).

231 Nesse sentido, *v.g.*: "Ação de nulidade contratual. Indenização. Sociedade em conta de participação. Ausência de personificação. Quadro social formado por sócios ostensivos, com poderes de gerência e responsabilidade perante terceiros, e ocultos, que apenas contribuem para o capital social. Contrato celebrado entre a autora e a ré Exclusive Studio que é claro ao dispor que seria esta última, como sócia ostensiva, a responsável pela administração e execução do objeto social consistente na comercialização de suplementos alimentares e artigos esportivos. Réus que constituíram terceira pessoa jurídica sem a participação da autora e cujo objeto social coincide com o da sociedade por conta de participação. Inadmissibilidade. Sócio ostensivo que deve atuar em consonância com o objeto social, sob pena de responsabilização. Inversão do ônus da sucumbência. Recurso provido." (TJSP, 1ª Câmara Reservada de Direito Empresarial, Apelação 4008545-86.2013.8.26.0114, Rel. Des. Maia da Cunha, j. 11/09/2014).

No que concerne à formação da vontade social, é importante referir que nada impede que as principais questões referentes ao negócio sejam deliberadas por meio de voto, embora normalmente se entenda que tal direito não seja essencial à qualidade de sócio na conta de participação[232]. Galizzi refere que "o sócio participante só terá a faculdade de, conjuntamente com o sócio ostensivo, influir nas deliberações de interesse geral da sociedade se o contrato social contemplar cláusula autorizando esse direito"[233].

O contrato social pode restringir os poderes de gestão do sócio ostensivo, inclusive estabelecendo que determinadas matérias devam ter a decisão tomada em conjunto com o sócio participante, dependam da aprovação prévia deste, ou mesmo fixando certas competências ao sócio oculto[234]. Para tanto, o sócio ostensivo deve disponibilizar os meios

[232] GALIZZI. *Sociedade em conta de participação...*, p. 155. Ver, também: SCHMIDT. *Gesellschaftsrecht*, B. II..., p. 1.847.

[233] GALIZZI. *Sociedade em conta de participação...*, p. 155.

[234] ALMEIDA. *A sociedade em conta de participação...*, p. 137: "Os poderes de sócio-gerente devem ser regulados no contrato social, que pode limitá-los ou ampliá-los. Se o contrato social for omisso relativamente a este ponto, presume-se que os sócios quiseram outorgar plenos poderes ao gerente." "As restrições eventualmente impostas ao sócio-gerente só são válidas (ou, melhor, eficazes, em nosso entender) entre as partes. E se o sócio ostensivo exceder os limites fixados, esses limites não serão oponíveis a terceiros. Exceto, é claro, se o terceiro conhecesse a existência e o conteúdo dos limites." "O sócio-gerente tem, salvo restrição contratual, todos os poderes inerentes à tarefa de administração, comuns aos gerentes dos demais tipos societários." Ver, também GALIZZI. *Sociedade em conta de participação...*, p. 116; BAUMBACH-HOPT. *Handelsgesetzbuch...*, p. 863; e SCHMIDT. *Gesellschaftsrecht*, B. II..., p. 1.847; RASNER. *Die atypische stille Gesellschaft...*, p. 75 ss. Sobre a possibilidade de previsão de assembleia geral (com todas as regras para tanto, desde a convocação até a instalação e deliberação) ou algum outro mecanismo, ver: MOREAU. *Associations en participation et sociétés de fait...*, p. 100-103; PONTES DE MIRANDA. *Tratado de Direito Privado*, t. 49..., p. 322; e FERNANDES. *A Sociedade em Conta de Participação no Direito Tributário...*, p. 119-120. Observe-se que o art. 26º do Decreto-Lei 231(1981) português assim dispõe: "1 — São deveres do associante, além de outros resultantes da lei ou do contrato: a) Proceder, na gerência, com a diligência de um gestor criterioso e ordenado; b) Conservar as bases essenciais da associação, tal como o associado pudesse esperar que elas se conservassem, atendendo às circunstâncias do contrato e ao funcionamento de empresas semelhantes; designadamente, não pode, sem consentimento do associado, fazer cessar ou suspender o funcionamento da empresa, substituir o objecto desta ou alterar a forma jurídica da sua exploração; c) Não concorrer com a empresa na qual foi contratada a associação, a não ser nos termos em que essa concorrência lhe for expressamente consentida: d) Prestar ao associado as informações justificadas pela natureza e pelo objecto do contrato." "2 — O contrato pode estipular que determinados actos de

para o exercício de tais direitos pelo sócio participante, como o fornecimento de informações e de todos os dados e o compartilhamento das decisões negociais competentes[235]. Tais restrições podem se justificar pelo fato de que todos correm o risco da exploração da atividade, então atribuir algum nível de controle ao sócio participante pode ser de todo conveniente.

De qualquer forma, mesmo que a decisão seja tomada de modo colegiado, na realização de determinado ato perante terceiros deve atuar única e exclusivamente o sócio ostensivo. Em outras palavras, a execução do que foi deliberado (ainda que em conjunto) cabe somente ao ostensivo[236].

Em resumo: quem administra, discricionariamente, a conta de participação é o sócio ostensivo, podendo o contrato social definir certas atribuições de administração interna ao sócio participante. Eventual previsão contratual de deliberação conjunta acerca de determinadas matérias pelos sócios ou o direito de veto ou oposição a determinadas decisões pelo sócio participante podem lhe outorgar influência no destino da conta de participação, desde que não reste esvaziado o papel do sócio ostensivo (e, portanto, desvirtuada a própria natureza da SCP).

A forma e a extensão da atuação do sócio participante dependem do previsto no contrato social, existindo ampla liberdade das partes para dispor da forma que melhor lhes aprouver[237] — da mesma forma como há autonomia para que os sócios regulem as mais diversas questões, como a forma de contribuição e de participação dos sócios no patrimônio da SCP —, podendo-se criar aquilo que usualmente se chama de conta de participação atípica[238-239].

gestão não devam ser praticados pelo associante sem prévia audiência ou consentimento do associado." "3 — O associante responderá para com o associado pelos danos que este venha a sofrer por actos de gestão praticados sem a observância das estipulações contratuais admitidas pelo número anterior, sem prejuízo de outras sanções previstas no contrato".

235 Ver: Rasner. *Die atypische stille Gesellschaft*..., p. 123-124.

236 Rasner. *Die atypische stille Gesellschaft*..., p. 75 ss.

237 Schmidt. *Gesellschaftsrecht*, B. II..., p. 1.847; Rasner. *Die atypische stille Gesellschaft*..., p. 43 ss. Andando em sentido semelhante, ver: Moreau. *Associations en participation et sociétés de fait*..., p. 85. Sobre a gestão por parte do participante, ver: Balmaseda, Arantza Martínez. El derecho de gestión del partícipe en las cuentas en participación (A propósito de la STS de 30 de septiembre de 2009). *Revista de Derecho Mercantil*, n. 275, p. 231-247, 2010).

238 Raul Ventura chama a SCP em que o sócio oculto participe da administração de "associações em participação atípicas quanto à administração" (Ventura. *Associação em partici-*

pação (BMJ 190)..., p. 46). Nesse sentido, Barbara Grunewald, afirmando que quando o participante possui influência decisiva no destino da conta de participação, é esta sociedade chamada de conta de participação atípica. GRUNEWALD. *Gesellschaftsrecht*..., p. 161, 163. Igualmente, remetemos a trabalho específico de Henning Rasner sobre o tema, no qual, após analisar a estrutura da sociedade em conta de participação típica, desenvolve a noção de que a sociedade atípica (inclusive com extensiva análise da evolução jurisprudencial) seria aquela em que o sócio oculto teria participação na gestão, uma vez que resta alterado o tipo básico dado pela legislação (sustentando, por sua vez, que a participação no patrimônio não tornaria a SCP atípica) (RASNER. *Die atypische stille Gesellschaft*...). Trabalhando a noção de que o sócio participante pode ter mais direitos e obrigações ou certa participação no patrimônio destinado à exploração da atividade prevista na SCP (inclusive participação nas reservas e outros valores do negócio), bem como a existência de sociedade com mais membros, entre outras hipóteses, como atuação na gestão e criação de uma organização interna, o que leva a que a SCP com alguma dessas características seja atípica, ver: HEIDEL-SCHALL. *Handelsgesetzbuch*..., p. 1.472-1.474. Ver, também: BAUMBACH-HOPT. *Handelsgesetzbuch*..., p. 862-863; HÜFFER-KOCH. *Gesellchaftsrecht*..., p. 258; KLUNZIGER. *Grundzüge des Gesellschaftsrechts*..., p. 143; SCHMIDT. *Gesellschaftsrecht*, B. II..., p. 1.845 ss.; KÜBLER. *Derecho de sociedades*..., p. 195; MIGNONE. *L'associazione in partecipazione*..., p. 671 ss. Finalmente, Arantza Balmaseda escreveu excelente ensaio em que bem demonstra a autonomia que as partes têm ao contratar a conta de participação, podendo criar um tipo real que pode se afastar do tipo ideal previsto em lei (e, eventualmente, desnaturá-lo) (cf. BALMASEDA. La atipicidad y las cuentas en participación...); ver, também: GÁNDARA. Escritura de constitución de una sociedad en cuenta de participación..., p. 246, 252-253. De qualquer sorte, há discussão, na Espanha, sobre a possibilidade de concessão de poderes de gestão ao participante e, mais recentemente, sobre a amplitude de tais poderes (cf. MIGNONE. *L'associazione in partecipazione*..., p. 635 ss). Por sua vez, Gianni Mignone sustenta, na Itália (país em que a associação em participação possui, no *Codice Civile*, natureza contratual), não ser possível uma associação em participação em que o associado contribui com a condução da atividade, sob pena de desnaturação do instituto, que passaria a ser uma sociedade, estendendo-se a falência ao associado em caso de quebra (*Legge Fallimentare*, art. 147) (cf. MIGNONE. *L'associazione in partecipazione*..., p. 217 ss, 332, 345 ss).

[239] No Brasil, sustentando inexistir um modelo único de SCP, sendo, então, possível que o sócio participante atue de diversas maneiras, inclusive controlando a conta de participação ou tendo controle compartilhado com o ostensivo, ver: CASTRO. Sociedade em conta de participação..., p. 817: "Pode, por exemplo, (i) manter-se na posição de mero investidor, sem exercer qualquer papel na atividade econômica, (ii) agir internamente, apoiando o sócio ostensivo no exercício dos negócio sociais, sem se relacionar com terceiros, (iii) tomar parte de relações com terceiros, assumindo feições 'ostensivas', mas também em nome próprio (e assumindo responsabilidade por isso), (iv) figurar como 'terceiro' e contratar [um contrato de prestação de serviços, *v.g.*] com o sócio ostensivo, ou, ainda, (v) atuar em nome do sócio ostensivo, como uma espécie de mandatário." "Nenhuma das hipóteses acima configura descumprimento legal, tampouco desnatura a sociedade em conta de participação como tal. São todas situações lícitas e contempláveis por uma SCP." Tal posicionamento, todavia, é um

De qualquer sorte, entendemos que as matérias que possam afetar a estrutura jurídica ou a estrutura econômica da sociedade — como a alteração contratual, o reforço no aporte de recursos, a mudança do objeto e a alienação do estabelecimento utilizado na exploração da atividade — devem, como em qualquer sociedade, ser deliberadas conjuntamente pelos sócios (ostentivo e participante), sobretudo tendo em vista as regras da sociedade simples que regulam supletivamente a conta de participação (CC, art. 996, caput)[240].

É importante referir, todavia, que, de acordo com o art. 993, caput, do Código Civil, a divisão de competências e a restrição de poderes previstas no contrato social somente possuem eficácia no âmbito interno (i.e., se o sócio ostensivo desrespeitar o disposto no contrato social, este não é oponível perante terceiros — salvo, é claro, atuação de má-fé do terceiro que conheça as restrições existentes no contrato da SCP).

Trata-se, a rigor, de uma sociedade *ad intra*, ou, como diz Carlos Gomes de Oliveira, uma sociedade intramuros[241], sem relações jurídicas com terceiros, para os quais é, na verdade, ineficaz (CC, arts. 991 e 993)[242]. Por isso, é equivocado dizer que a sociedade em conta de participação existe e vale somente entre os sócios[243]. Na realidade, ela existe

tanto quanto extensivo, uma vez que a atuação do participante como verdadeiro ostensivo pode, a rigor, descaracterizar a conta de participação.

240 Dessa forma, afirmando que operações extraordinárias que fogem ao objeto da conta de participação não poderiam ser realizadas pelo ostensivo, podendo ensejar a sua responsabilização, ver: Gierke. *Derecho Comercial y de la Navegación*, v. I..., p. 361.

241 Oliveira, Carlos Gomes de. *Sociedades irregulares.* São Paulo: Livraria Acadêmica Saraiva & Cia, 1924, p. 137-138.

242 Almeida. A virtuosidade da sociedade em conta de participação..., p. 48; Pontes de Miranda. *Tratado de Direito Privado*, t. 49..., p. 319-320, 340, 344; Carvalho de Mendonça. *Tratado de Direito Commercial brasileiro*, v. 4..., p. 231.

243 Nesse sentido, parecem-nos, salvo melhor juízo, equivocadas as posições de, entre outros, José Maria da Costa, Arnoldo Wald, José Gabriel Assis de Almeida e Waldemar Ferreira ao asseverarem que a sociedade é inexistente para terceiros (cf. Costa. *A sociedade em conta de participação no direito de empresa do Código Civil de 2002...*, p. 147, 169, 187, 202-203, 218-219, 236-238, 252-253; Wald. *Comentários ao novo Código Civil...*, p. 97; Almeida. *A sociedade em conta de participação...*, p. 51, 152, 202; Ferreira. *Tratado de Direito Comercial*, v. 3..., p. 534); no mesmo equívoco já incorreram, por exemplo, o Superior Tribunal de Justiça (STJ, 3ª Turma, REsp 474.704/PR, Rel. Min. Carlos Alberto Menezes Direito, j. 17/12/2002), o Tribunal Regional Federal da 3ª Região (TRF3, 4ª Turma, AI 5002210-79.2021.4.03.0000, Rel. Des. Marili Marques Ferreira, j. 21/09/2021) e o Tribunal Regional Eleitoral do Distrito

e vale perante todos (sócios e terceiros), porém produz efeitos única e exclusivamente entre os sócios; daí porque Malagarriga salienta ser o contrato social *res inter alios acta*[244]. Acertada, portanto, a redação do art. 993 do Código Civil.

A sociedade, em sua essência, existe como uma relação obrigacional entre os sócios, existindo direitos e obrigações entre si; é, portanto, como destaca Erasmo Valladão, uma sociedade interna, sociedade meramente interna[245-246], podendo os sócios, respeitadas as poucas normas inderrogáveis que incidem sobre a relação interna, contratualmente organizá-la nos mais diversos aspectos da forma que melhor lhes aprouver[247]. O funcionamento interno da conta de participação é largamente determinado pelo contrato social (sendo, em caso de omissão, regrado,

Federal (TREDF, Recurso Eleitoral 398-60, Rel. Des. Leila Arlanch, j. 25/07/2012). Fazendo coro à nossa crítica, ver: Galizzi. *Sociedade em conta de participação*..., p. 110.

244 Malagarriga. *Tratado elemental de Derecho Comercial*..., p. 326.

245 França. *A sociedade em comum*..., p. 62, 68. Friedrich Kübler, com precisão, leciona que se trata de uma "sociedade interna pura" (Kübler. *Derecho de sociedades*..., p. 191). Ver também: Gierke. *Derecho Comercial y de la Navegación*, v. I..., p. 356, 360; Baumbach-Hopt. *Handelsgesetzbuch*..., p. 862; Heidel-Schall. *Handelsgesetzbuch*..., p. 1.470; Hüffer-Koch. *Gesellchaftsrecht*..., p. 254; Klunziger. *Grundzüge des Gesellschaftsrechts*..., p. 139; Schmidt. *Gesellschaftsrecht*, B. II..., p. 1.837-1.838; Windbichler. *Gesellschaftsrecht*..., p. 26; Ravà. *Associazione in partecipazione e società irregolare*..., p. 102-103; Balmaseda. La atipicidad y las cuentas en participación..., p. 264-265; Broseta Pont-Sanz. *Manual de Derecho Mercantil*, v. I..., p. 337; Gándara. Escritura de constitución de una sociedad en cuenta de participación..., p. 245; Halperin. *Curso de Derecho Comercial*..., p. 309-310; Anzorena. Sociedad accidental o en participación y obligaciones de los socios respecto a los aportes..., p. 4.019; Merlinski. *Manual de sociedades comerciales*..., p. 293; Affonso. *A sociedade em conta de participação no Direito brasileiro*..., p. 41, 51; Requião. *Curso de Direito Comercial*, v. 1..., p. 440.

246 A distinção entre sociedade interna e externa é particularmente importante para as sociedades sem personalidade jurídica (uma vez que, aqui, há necessariamente uma unidade que aparece e age externamente e, assim, sempre é uma sociedade externa) - sendo que a distinção entre relações internas e relações externas é fundamental para o completo entendimento do direito societário: as relações internas dizem respeito às relações entre os sócios, enquanto as relações externas são as relações da sociedade com terceiros. Se a sociedade aparece a terceiros como tal, está-se diante de uma sociedade externa; por sua vez, se as partes simplesmente assumem relações internas, não emergindo a comunidade para o mundo externo, temos uma sociedade interna. Sobre o tema, entre outros, ver: Windbichler. *Gesellschaftsrecht*..., p. 26-27.

247 Windbichler. *Gesellschaftsrecht*..., p. 20; Grunewald. *Gesellschaftsrecht*..., p. 160; Rasner. *Die atypische stille Gesellschaft*..., p. 43 ss, 117.

além das poucas normas da SCP existentes no Código Civil, pelas normas da sociedade simples)[248].

Analisada a estrutura da sociedade em conta de participação, apresentamos, na sequência, um esquema que orienta e sistematiza o que foi até aqui exposto:

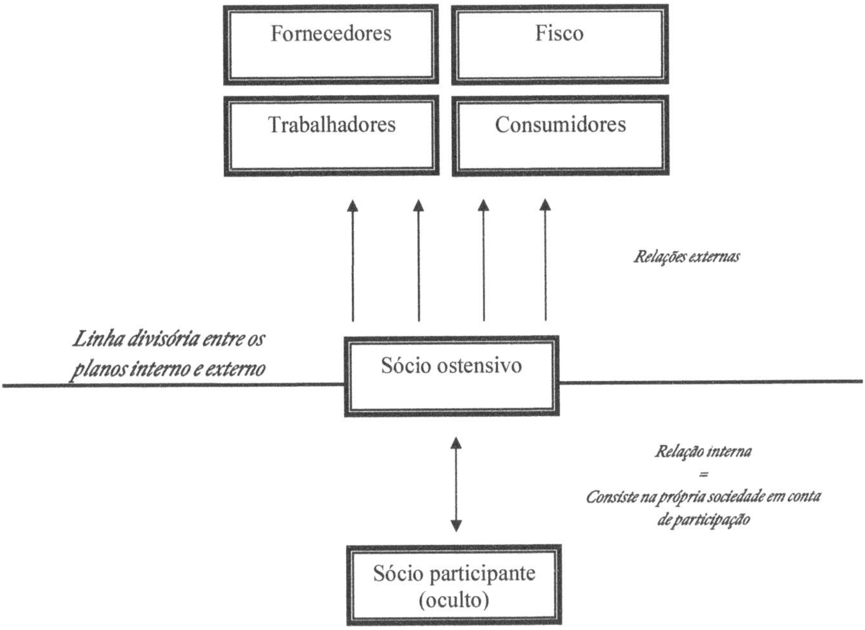

Assim, independentemente da sua organização/formatação, a conta de participação é sempre uma *sociedade interna*, relacionando-se perante terceiros — e obrigando-se perante estes — única e exclusivamente o sócio ostensivo (mesmo porque, é importante repisar, a conta de participação não exerce qualquer atividade econômica — quem o faz é o sócio ostensivo)[249].

E vale reiterar: por ser ineficaz perante terceiros, negócios realizados pelo sócio ostensivo serão válidos perante terceiros independentemente

[248] Cozian-Viandier-Deboissy. *Droit des sociétés*..., p. 658.

[249] Schmidt. *Gesellschaftsrecht*, B. II..., p. 1.839; Windbichler. *Gesellschaftsrecht*..., p. 187; Baumbach-Hopt. *Handelsgesetzbuch*..., p. 862. Nesse sentido, Henning Rasner diz que a SCP é necessariamente uma sociedade interna (Rasner. *Die atypische stille Gesellschaft*..., p. 128).

se foi respeitado eventual direito de oposição do sócio participante, por exemplo, salvo se o terceiro tivesse conhecimento de tal descumprimento, o que poderia ensejar a invalidade do ato e a responsabilização civil dos envolvidos[250].

No que diz respeito à responsabilidade dos sócios perante terceiros, é necessário analisar, separadamente, as figuras do sócio ostensivo e do sócio oculto (participante), o que faremos a partir de agora.

2. Responsabilidade

A sociedade em conta de participação é daqueles tipos societários cuja responsabilidade dos sócios é *mista* — assim como as sociedades em comandita —, isto é, possui uma categoria de sócio que *não usufrui de proteção patrimonial* (*sócios ilimitadamente responsáveis*) enquanto a outra, perante terceiros, nada responde pelos prejuízos advindos da exploração do empreendimento de interesse comum (*sócios limitadamente responsáveis*)[251].

Com efeito, o sócio ostensivo responde com todo o seu patrimônio pelas obrigações assumidas no exercício da atividade prevista no objeto da conta de participação, ao passo que o sócio participante arrisca perder tão-somente aquilo que aportou no empreendimento, gozando, pois, de proteção patrimonial, já que os credores do sócio ostensivo não alcançam seu patrimônio. Estas questões, no entanto, merecem ser detalhadas nos itens abaixo.

2.1. Responsabilidade do sócio ostensivo

Quanto ao sócio ostensivo, já dissemos que as atividades são realizadas em seu nome e sob a sua própria e exclusiva responsabilidade (CC, art. 991). Por isso, o sócio ostensivo responde com todos os seus bens, componham ou não o fundo social (como veremos no Capítulo 7, quando, então, será possível bem entender como se opera a responsabilidade do sócio ostensivo em sua completude).

Gustavo Galizzi bem sintetiza a questão: "Sua responsabilidade (do sócio ostensivo) é, por isso, direta, exclusiva e ilimitada, nos termos do

[250] RASNER. *Die atypische stille Gesellschaft...*, p. 128.

[251] Nesse sentido: MORAES. *Sociedade civil estrita...*, p. 318.

art. 991 do Código Civil de 2002. Direta porque não há relação de subsidiariedade patrimonial no seu trato com terceiros. Pertencendo, em regra, ao sócio ostensivo os fundos sociais, que forma um patrimônio especial dentro de seu geral, é este que responde, diretamente, pelas dívidas contraídas no exercício da atividade empresarial. Na conta de participação, a ação dos credores não se efetiva como na sociedade em comum, na qual a responsabilidade patrimonial dos sócios é subsidiária ao valor dos fundos sociais, que formam uma comunhão. Tampouco ocorre como nas sociedades personificadas, em que a responsabilidade dos sócios é também subsidiária ao patrimônio social, variando sua extensão de acordo com as regras próprias de cada tipo societário." "A responsabilidade do sócio ostensivo é também exclusiva e ilimitada, pois é ele o único que se obriga para com terceiros. Quem trata com o sócio ostensivo não possui qualquer ação contra os sócios participantes, uma vez que, como mencionado, o contrato de sociedade em conta de participação, embora exista juridicamente, caracteriza-se, externamente, por sua 'insuficiência eficacial', não irradiando efeito algum para a mídia em geral. O terceiro contratante, no rigor de direito, não será nunca credor nem devedor dos sócios participantes. Os consumidores, fornecedores, empregados, banqueiros, fisco estão, pois, somente diante do sócio ostensivo, que é, por via de consequência, o responsável único pelo cumprimento das obrigações contraídas com estes."[252]

E caso o sócio ostensivo seja uma sociedade, tem-se que todo o seu patrimônio responderá pelas obrigações assumidas enquanto no exercício da atividade prevista no contrato da SCP. Resta claro que, se o ostensivo for uma sociedade limitada (CC, art. 1.052) ou uma anônima (LSA, art. 1º), por regra, só os bens da sociedade responderão pelas dívidas; os bens dos sócios (quotistas ou acionistas) ficam salvaguardados por conta da limitação da responsabilidade oferecida pelos referidos tipos societários[253].

[252] GALIZZI. *Sociedade em conta de participação...*, p. 111-112. Aqui, bem elucidativa é a redação do art. 1449 do *Código Civil y Comercial de la Nación* argentino (como também dispunha o art. 362 da *Ley 19.550*), ao assim dispor: "Gestor. Actuación y responsabilidad. Los terceros adquieren derechos y asumen obligaciones sólo respecto del gestor. La responsabilidad de éste es ilimitada." Em termos sinônimos dispõe o art. 484 da *Ley de Sociedades Comerciales* uruguaia.

[253] Importante é a ressalva feita por Galizzi, ao explicar que, caso existam dois ou mais sócios ostensivos, inexiste, salvo estipulação contratual, responsabilidade solidária entre eles

2.2. Responsabilidade do sócio participante

No que toca à responsabilidade do sócio participante, a questão há de ser examinada em partes, primeiramente analisando-se o plano externo para, depois, chegarmos ao plano interno.

2.2.1. *No plano externo*

Quanto ao plano externo, a questão relativa à responsabilidade do sócio participante não oferece maiores problemas. É bastante claro que, em condições normais, o sócio participante *não responde* pelas obrigações assumidas pelo sócio ostensivo, ainda que contraídas em benefício do negócio comum objeto da sociedade em conta de participação, pois este não assume nenhuma obrigação perante terceiros — que, além disso, na maior parte dos casos, sequer sabem acerca do ajuste havido entre eles[254]. É isso o que dispõe o art. 991 do Código Civil.

Nesse sentido caminha a jurisprudência do Superior Tribunal de Justiça:

pelos débitos assumidos em decorrência do exercício do objeto social previsto na conta de participação; cada um responde pelas dívidas que contrair: "Havendo mais de um sócio ostensivo na conta de metade, explorando as mesmas operações sociais, não há se cogitar, a princípio, de responsabilidade solidária. Decorrendo a solidariedade unicamente da lei ou da convenção das partes (Código Civil, art. 265), e sendo o Código Civil omisso quanto a isso, não há outra conclusão a se chegar sobre o assunto. Nada obsta, por outro lado, a que o contrato social da conta de participação estipule a solidariedade, caso em que os credores poderão cobrar de um ou de alguns dos sócios ostensivos, parcial ou totalmente, a dívida comum. A lei civil, todavia, deveria prevê-la expressamente, como o fez na hipótese de o sócio participante tomar parte das relações estabelecidas entre o sócio ostensivo e terceiros (art. 993, parágrafo único (...))" (GALIZZI. *Sociedade em conta de participação...*, p. 114-115). Também nesse sentido: SOLÁ DE CAÑIZARES. *El contrato de participación...*, p. 148-149; e MOREAU. *Associations en participation et sociétés de fait...*, p. 98. Em sentido oposto está a legislação argentina, pois o art. 1449 do *Código Civil y Comercial de la Nación* (como dispunha o art. 362 da *Ley Ley 19.550)* considera solidários os sócios ostensivos, em havendo mais de um: "Gestor. Actuación y responsabilidad. (...) Si actúa más de un gestor son solidariamente responsables."; no mesmo sentido, o art. 484 da *Ley de Sociedades Comerciales* do Uruguai dispõe: "(Terceros. Derechos y obligaciones). (...) Si actuara más de um gestor, ellos serán solidariamente responsables".

254 SALGADO. *Das sociedades em participação...*, p. 106-108.

> Duplicata. Emissão por fornecedora de mobiliário contra o proprietário de unidade autônoma de edifício. Sociedade em conta de participação. Responsabilidade perante terceiros. Sócio ostensivo. "*Na sociedade em conta de participação o sócio ostensivo é quem se obriga para com terceiros pelos resultados das transações e das obrigações sociais, realizadas ou empreendidas em decorrência da sociedade, nunca o sócio participante ou oculto que nem é conhecido dos terceiros nem com estes nada trata.*" (REsp n. 168.028-SP). Recurso especial parcialmente conhecido e, nessa parte, provido. (STJ, 4ª Turma, REsp 192.603/SP, Rel. Min. Barros Monteiro, j. 15/04/2004).
>
> Comercial. Sociedade em conta de participação. Responsabilidade para com terceiros. Sócio ostensivo. "*Na sociedade em conta de participação o sócio ostensivo é quem se obriga para com terceiros pelos resultados das transações e das obrigações sociais, realizadas ou empreendidas em decorrência da sociedade, nunca o sócio participante ou oculto que nem é conhecido dos terceiros nem com estes nada trata*". Hipótese de exploração de flat em condomínio. (...). (STJ, 4ª Turma, REsp 168.028/SP, Rel. Min. César Asfor Rocha, j. 07/08/2001).

O Tribunal de Justiça de Minas Gerais já se manifestou no mesmo sentido, em acórdão que praticamente reproduz o entendimento do STJ:

> Embargos de terceiro — Sociedade em conta de participação — Responsabilidade perante terceiros (...). *Na sociedade em conta de participação obriga-se perante terceiro tão-somente o sócio ostensivo; e, exclusivamente perante este, o sócio participante, nos termos do contrato social, conforme os ditames do parágrafo único do art. 991 do Código Civil.* (...). (TJMG, 12ª Câmara Cível, Apelação Cível 1.0024.07.598019-3/001, Rel. Des. Nilo Lacerda, j. 13/02/2008).

O Tribunal de Justiça de São Paulo, em antigo acórdão, também já havia firmado posição no sentido da irresponsabilidade externa do sócio participante.

> Sociedade em participação — Cobrança por terceiro contra o sócio oculto — Sociedade sem razão social ou sinal pela qual se tornasse conhecida, sem capital e sem sede especial — Aplicação do princípio da responsabilidade apenas do sócio ostensivo e do disposto pelo art. 326

do Código do Comércio. *É da índole da Sociedade em Conta de Participação que o sócio ostensivo é o único que se obriga para com terceiros.* (TJSP, 3ª Câmara, APC 4.004, Rel. Des. J. Marcelino Gonzaga, j. 12/09/1939)[255].

Essa orientação é adotada por outros Tribunais[256] e, inclusive, na Justiça do Trabalho[257]. Na contramão desse entendimento — e, portanto, de forma equivocada — são encontrados precedentes responsabilizando

[255] Ver, também: "Ação de nulidade contratual. Indenização. Sociedade em conta de participação. Ausência de personificação. Quadro social formado por sócios ostensivos, com poderes de gerência e responsabilidade perante terceiros, e ocultos, que apenas contribuem para o capital social. Contrato celebrado entre a autora e a ré Exclusive Studio que é claro ao dispor que seria esta última, como sócia ostensiva, a responsável pela administração e execução do objeto social consistente na comercialização de suplementos alimentares e artigos esportivos. Réus que constituíram terceira pessoa jurídica sem a participação da autora e cujo objeto social coincide com o da sociedade por conta de participação. Inadmissibilidade. Sócio ostensivo que deve atuar em consonância com o objeto social, sob pena de responsabilização. Inversão do ônus da sucumbência. Recurso provido." (TJSP, 1ª Câmara Reservada de Direito Empresarial, Apelação 4008545-86.2013.8.26.0114, Rel. Des. Maia da Cunha, j. 11/09/2014). Igualmente: TJSP, 2ª Câmara de Direito Empresarial, Apelação 1001328-89.2017.8.26.0506, Rel. Des. Grava Brazil, j. 19/12/2019.

[256] Assim já decidiu o Tribunal de Justiça do Paraná: "Agravo de instrumento. Ação indenizatória. Vícios em imóvel adquirido junto a empreendimento imobiliário. Reconhecimento de ilegitimidade passiva da corré j.m.d.g loteamentos. Sociedade em conta de participação. Responsabilidade exclusiva do sócio ostensivo perante terceiros. Disposição legal. Decisão escorreita. Ilegitimidade da sócia não ostensiva mantida. Precedentes. Recurso conhecido e desprovido." (TJPR, 10ª Câmara Cível, AI 0000946-19.2021.8.16.0000, Rel. Des. Angela Khury, j. 24/05/2021); ver, também, exemplificativamente: TJPR, 17ª Câmara Cível, AI 0059276-43.2020.8.16.0000 , Rel. Des. Mario Luiz Ramidoff, j. 29/03/2021; TJPR, 10ª Câmara Cível, AI 0035086-16.2020.8.16.0000 , Rel. Des. Ruy Alves Henriques Filho, j. 01/03/2021; TJPR, 8ª Câmara Cível, AI 0055726-40.2020.8.16.0000 , Rel. Des. Ademir Ribeiro Richter, j. 08/02/2021; TJPR, 8ª Câmara Cível, AI 0028969-09.2020.8.16.0000, Rel. Des. Helio Henrique Lopes Fernandes Lima, j. 30/11/2020.

[257] Exemplificativamente: "Execução. Sociedade em conta de participação. Responsabilidade exclusiva dos sócios ostensivos. Não extensão aos demais participantes que não integram o quadro societário da empresa. Na sociedade em conta de participação, a própria lei restringe a atividade constitutiva e a responsabilidade pelos atos administrativos ao sócio ostensivo, razão pela qual, não há como responsabilizar os demais participantes, salvo se comprovada a efetiva colaboração destes na execução da atividade constitutiva da empresa, hipótese não constatada, no caso em análise. Inteligência do artigo 991, do CC. Agravo de petição a que se nega provimento." (TRT2, 8ª Turma, RO 0034000-22.2006.5.02.0006, Rel. Des. Rovirso A. Boldo, j. 28/10/2013).

o sócio participante por débitos trabalhistas do sócio ostensivo[258], bem como por obrigações junto a consumidores[259].

A condição do participante não se altera mesmo que os terceiros saibam da existência da conta de participação ou tenham conhecimento sobre a sua qualidade de sócio. Esses fatos por si só não desnaturam a sociedade, permanecendo o sócio oculto sem responsabilidade externa[260]. Argumentos no sentido de que eventual dívida *surgiu em proveito da sociedade* ou, ainda, que o sócio oculto tenha *participado dos lucros* oriundos da SCP também não atraem qualquer responsabilidade para o

[258] Ver: TST, 2ª Turma, AIRR-1850-50.2010.5.09.0653, Rel. Min. Valdir Florindo, j. 19/02/2014; TRT2, 2ª Turma, RO 1000052-84.2015.5.02.0385, Rel. Des. Rosa Maria Villa, j. 02/03/2016 ("Do grupo econômico — Da responsabilidade solidária. Comprovada a atuação concomitante dos sócios, tanto os ostensivos, como os investidores, bem como, evidenciada a unidade de comando empresarial, a interligação das empresas, a existência de capital direcionado de acordo com os interesses comuns, pertinente o reconhecimento do grupo econômico e o pronunciamento da responsabilidade solidária, a teor do disposto no parágrafo 2º do artigo 2º da CLT."). Ver, também: TRT4, 2ª Turma, AP 0017400-89.2003.5.04.0291, Rel. Des. Alexandre Corrêa da Cruz, j. 16/09/2010; TRT4, 7ª Turma, Ac. 0146000-31.2003.5.04.0291, Rel. Des. Vanda Krindges Marques, j. 05/12/2007. Dessa forma, também não concordamos com a orientação de Luiz Carlos Aceti Júnior e Maria Flávia Curtolo Reis de que, na área trabalhista, em sendo comprovado que os serviços do empregado do ostensivo aproveitaram também o sócio oculto, deveria ser reconhecida a responsabilidade solidária entre o sócio ostensivo e o sócio participante (CLT, arts. 2º e 3º) (Aceti Júnior-Reis. Sociedade em conta de participação..., p. 744).

[259] "Agravo de instrumento - Ação de reparação de danos c/c danos morais e pedido de exibição de documentos - Vícios construtivos — Decisão agravada que acolheu a preliminar de ilegitimidade passiva ad causam da incorporadora com base em instrumento particular de constituição de sociedade em conta de participação - Descabimento - Precedente jurisprudencial que concluiu pela solidariedade entre construtora e incorporadora, perante o consumidor, por integrarem a cadeia de prestação de serviço - Inteligência do art. 7º, parágrafo único, e art. 25, § 1º, ambos Código do Defesa do Consumidor — Legitimidade passiva reconhecida - Decisão reformada. Recurso provido." (TJPR, 9ª Câmara Cível, AI 0003710-75.2021.8.16.0000, Rel. Des. Gil Francisco de Paula Xavier Fernandes Guerra, j. 14/03/2022). Ver, também, *v.g.*: TJPR, 3ª Turma Recursal, Recurso Inominado 0016750-62.2020.8.16.0129, Rel. Juiz Juan Daniel Pereira Sobreiro, j. 27/09/2021; TJPR, 8ª Câmara Cível, AI 0012812-24.2021.8.16.0000, Rel. Des. Marco Antonio Antoniassi, j. 24/05/2021.

[260] "Estes terceiros não podem allegar a existencia da sociedade, ainda que saibam ou conheçam a sua formação." (Carvalho de Mendonça. *Tratado de Direito Commercial brasileiro*, v. 4..., p. 227). Igualmente, ver: Cunha Gonçalves. *Da conta em participação*..., p. 26; Almeida. *A sociedade em conta de participação*..., p. 150; Bento de Faria. *Codigo Commercial Brasileiro anotado*..., p. 441; Barreto Filho. *Regime jurídico das sociedades de investimentos*..., p. 186-187.

sócio participante, pois terceiros que contratam com o sócio ostensivo devem levar em consideração tão-somente o patrimônio deste.

A razão para tanto decorre da essência jurídica e da índole funcional da conta de participação: os ajustes entre sócio ostensivo e sócio participante, como a obrigação de realizar aportes e outras repactuações (como a previsão de redução das contribuições, por exemplo), dizem respeito somente à relação societária interna, não podendo os credores do ostensivo, então, pretenderem a responsabilização do participante[261]. Não há liame jurídico entre os participantes e terceiros a justificar qualquer ação destes contra aqueles[262].

Exatamente por isso, Fran Martins observa: "Os credores da sociedade não poderão acionar, em nenhuma hipótese, os sócios ocultos, pois juridicamente esses nenhum compromisso tomaram para com eles"[263-264].

Waldemar Ferreira esclarece: "Mercê de sua originalidade, que melhor se diria do seu particularismo, a sociedade em conta de participação, precisamente porque inexiste nas relações com terceiros, ainda quando constituída por escritura pública, é sociedade 'para uso interno'. Por isso mesmo, ela não se obriga com terceiros. Não contrata. Não opera. Ela se confunde com o sócio ostensivo, seja pessoa natural, seja pessoa jurídica. Êsse sócio é que age, mas como se fôsse em negócio seu, exclusivamente de sua firma, individual ou social. O sócio participante (ainda que sabidamente participante) é sócio oculto que, nas relações da sociedade com terceiros, absolutamente não é sócio; e, por isso mesmo, não responde pelas obrigações acaso contraídas pelo sócio ostensivo no interêsse da sociedade."[265]

[261] GIERKE. *Derecho Comercial y de la Navegación*, v. I..., p. 363.

[262] PIC. *Des Sociétés Commerciales*, t. III..., p. 643.

[263] MARTINS. *Curso de Direito Comercial*..., p. 290. No mesmo sentido, ver: ALMEIDA. *A sociedade em conta de participação*..., p. 147.

[264] Malagarriga aponta jurisprudência argentina segundo a qual a *Cámara Comercial de la Capital* estabeleceu que o sócio oculto não pode ser responsabilizado pelo Fisco por tributos gerados em decorrência do exercício da atividade prevista no objeto social de uma sociedade em conta de participação. Cf. MALAGARRIGA. *Tratado Elemental de Derecho Comercial*..., p. 326-327.

[265] FERREIRA. *Tratado de Direito Comercial*, v. 3..., p. 534. No mesmo sentido: CARVALHO DE MENDONÇA. *Tratado de Direito Commercial brasileiro*, v. 4..., p. 236.

Ainda: como já foi dito, a sociedade em conta de participação não produz efeitos perante terceiros (art. 993, *caput*, primeira parte, do Código Civil). Nesses termos, ainda que esteja previsto expressamente no contrato social que o sócio participante arcará com a parcela das obrigações assumidas pelo sócio ostensivo no exercício da atividade prevista na sociedade em conta de participação (ou que se queira seguir a regra geral do art. 1.007 quanto à repartição dos resultados), terceiros não podem, com base em tal dispositivo contratual (ou legal), buscar executar o sócio participante[266]. Vale frisar que as regras (contratuais ou legais) de divisão das perdas produzem efeitos somente perante os sócios, que manejam uma espécie de *acerto interno*, jamais perante terceiros (art. 993, *caput*, primeira parte, do Código Civil).

Salienta Alfredo de Gregorio: se supõe que o ostensivo atua em nome próprio, não por uma sociedade, pois essa é a situação normal; assim, os terceiros não têm nenhum motivo para contar com a responsabilidade do sócio participante[267].

Nessa toada, os terceiros não têm ação contra os sócios participantes, bem como apenas o sócio ostensivo tem ação contra os terceiros

[266] O que ocorre é que, tendo o sócio ostensivo um crédito para receber do sócio oculto (participante) — pouco importando a origem: aporte de recursos, previsão contratual de que o participante responderá por parcela dos prejuízos, etc —, podem os credores do ostensivo buscar a satisfação em tais créditos que este sócio tem para receber do outro; todavia, em hipótese alguma existe ação direta dos credores do ostensivo (que com ele contrataram) contra os sócios participantes (ocultos). Nesta hipótese, o sócio participante é tratado como qualquer outro credor do sócio ostensivo. Neste sentido, assevera Pontes de Miranda. *Tratado de Direito Privado*, t. 49..., p. 344; igualmente, ver Almeida. *A sociedade em conta de participação*..., p. 122; Kübler. *Derecho de sociedades*..., p. 194; Gierke. *Derecho Comercial y de la Navegación*, v. I..., p. 364; Hüffer-Koch. *Gesellchaftsrecht*..., p. 255; Baumbach-Hopt. *Handelsgesetzbuch*..., p. 868; Klunziger. *Grundzüge des Gesellschaftsrechts*..., p. 147; Heidel-Schall. *Handelsgesetzbuch*..., p. 1.482 (podendo o sócio participante opor as eventuais exceções decorrentes do contrato). Tal hipótese encontra previsão no art. 855 ao art. 860 do Código de Processo Civil ("Da Penhora de Créditos") (no Código de Processo Civil de 1973, encontrávamos a previsão do art. 671 ao art. 676, ao se tratar "Da Penhora de Créditos e de Outros Direitos Patrimoniais"). Sobre o tema, por todos, ver: Assis, Araken de. *Manual da execução*. 20 ed. São Paulo: Revista dos Tribunais, 2018, p. 996 ss; ver, também: Zaneti Jr, Hermes. *Comentários ao Código de Processo Civil*, v. XIV. São Paulo: Revista dos Tribunais, 2016, p. 226 ss.

[267] De Gregorio. De las sociedades y las associaciones comerciales..., p. 418.

com quem contrata em favor do negócio comum[268-269-270] — ainda que

[268] Broseta Pont-Sanz. *Manual de Derecho Mercantil*, v. I..., p. 340.

[269] Ver: "Processo civil. Apelação cível. Ação de cobrança. Sociedade em conta de participação. Socio participante. Ilegitimidade ativa. Preliminar suscitada de ofício. Sentença reformada. Processo extinto sem julgamento do mérito. Apelação prejudicada. Sem majoração de honorários. (...) 2. Esse tipo de sociedade não se exterioriza sob firma, denominação ou razão social própria que a distingua, caracterizando-se pela informalidade, nos termos do Art. 992 do CC. Infere-se assim que não possui registro por conta dos interesses dos próprios sócios, que costumam firmar apenas um contrato de uso interno. Nela, reconhece-se a existência de duas espécies de sócios: o ostensivo (sócio-gerente) e o participante (antigamente chamado de sócio oculto ou investidor). Os negócios são exercidos unicamente em nome do primeiro, que atua como empresário individual ou sociedade empresária, e, sobre o qual recai a responsabilidade pessoal e ilimitada pelas obrigações assumidas. O sócio oculto ou participante, por seu turno, não toma parte nas relações do sócio ostensivo com terceiros, respondendo, apenas, perante o sócio ostensivo, conforme previsão em contrato de conta de participação celebrado, mas participa dos resultados correspondentes, nos termos do art. 991 e 993 do CC. 3. A sociedade em conta de participação não possui legitimação ad causam ou ad processum para estar em juízo, ativa ou passivamente, vez que tal prerrogativa pertence única e exclusivamente ao sócio ostensivo. 4. Apelação e reexame necessário conhecidos. Preliminar de ilegitimidade ativa suscitada de ofício. Sentença reformada. Processo extinto sem julgamento de mérito. Prejudicado o recurso de apelação quanto ao mérito. Sem majoração de honorários advocatícios em grau recursal." (TJDFT, 1ª Turma Cível, Apelação 0704126-53.2018.8.07.0001, Rel. Des. Roberto Freitas, j. 26/06/2019).

[270] "Examinada a presença das condições da ação *in statu assertionis*, isto significa que aquele que pretender cobrar dívida, ou exigir qualquer outro direito, do sócio oculto dívida contraída pelo sócio ostensivo, qualificando-os como tais, será carecedor da ação quanto ao primeiro, por ser ele parte ilegítima para figurar no polo passivo da relação processual, a não ser que fundamente sua pretensão no parágrafo único do art. 993 [do Código Civil] (intervenção do sócio participante nos negócios do sócio ostensivo), hipótese em que a questão diz respeito ao mérito da causa, dependendo o acolhimento do pedido de prova deste fato constitutivo, a cargo do terceiro (art. 333, I, do CPC)." (Yoshikawa. Reflexos processuais da sociedade em conta de participação..., p. 40-41). Nesse sentido, por exemplo: "Agravo de instrumento. Prestação de contas. Sociedade em conta de participação. Artigo 991 do código civil. Dever de prestar contas. Sócio ostensivo. Ilegitimidade passiva do sócio participante. Reconhecida. 1. Agravo de instrumento contra decisão que, nos autos de ação de conhecimento (prestação de contas), deferiu tutela de evidência para determinar à parte requerida a juntada de extrato atualizado dos meses de janeiro e fevereiro de 2019 e assim mensal e sucessivamente até o dia 20 do mês subsequente, até a prestação definitiva das contas, dos extratos bancários e relatórios de despesas e receitas relativas à exploração do espaço de atividades e eventos objeto da lide, sob pena de multa diária. 2. Na Sociedade em Conta de Participação, a atividade social estabelecida é exercida unicamente pelo sócio ostensivo, em seu nome individual e sob sua própria e exclusiva responsabilidade, participando os demais sócios – chamados de participantes ou ocultos – dos resultados correspondentes, na forma do artigo 991 do Código Civil, o que lhes assegura o direito de fiscalização. 3. Apenas o sócio

o participante administre o negócio comum ou atue como procurador do sócio ostensivo. Evidente que se o referido sócio participante assumir determinada obrigação perante terceiros de modo desvinculado de seu *status socii*, como na hipótese de ser avalista ou fiador em determinada operação, *i.e.*, dar garantia a determinada operação realizada pelo sócio ostensivo, estará obrigado nos termos desse ato[271].

Por fim: o sócio ostensivo não pode querer utilizar a sociedade em conta de participação e a eventual responsabilidade do sócio participante como defesa em relação a terceiros[272] — como, alegar que determinado bem não pode ser objeto de constrição judicial, pois faz parte de patrimônio especial afetado a uma conta de participação.

2.2.1.1. *Degeneração*

Além de não ser possível prever que o sócio participante responda perante terceiros, uma vez que restaria desnaturada a conta de participação[273], a única hipótese pela qual o sócio participante assumirá responsabilidade perante terceiros é no caso de *tomar parte nas relações do sócio ostensivo com terceiros*. Neste caso — e somente nas operações em que tomar parte nas relações do sócio ostensivo com terceiros —, responde solidariamente com o sócio ostensivo (CC, art. 993, parágrafo único)[274-275].

ostensivo tem poderes de gestão na sociedade em conta de participação constituída, cabendo somente a ele, portanto, a responsabilidade pelos registros contábeis e o dever de prestar contas de sua gestão social. 4. No particular, diante da ausência de poderes de administração/gestão conferidos aos sócios participantes, a sócia ostensiva é a única legitimada a figurar no pólo passivo da demanda de prestação de contas – devendo ser excluído do feito o ora agravante." (TJDFT, 2ª Turma Cível, Agravo de Instrumento 0708094-60.2019.8.07.0000, Rel. Des. Sandoval Oliveira, j. 24/07/2019).

271 Sobre o tema, ver: Rasner. *Die atypische stille Gesellschaft...*, p. 128 ss.

272 Wald. *Comentários ao novo Código Civil...*, p. 101.

273 Fernandes. *A Sociedade em Conta de Participação no Direito Tributário...*, p. 103-104.

274 Assim já decidiu o Tribunal de Justiça de São Paulo: "Agravo. Falência de sociedade limitada, sócia ostensiva em contrato de sociedade em conta de participação. Decisão judicial que determina a arrecadação de todas as máquinas que integram o patrimônio social da sociedade falida. Pretensão do agravante, intitulando-se sócio participante (oculto) de liberar 50% das máquinas, sob o argumento de que são de sua propriedade. Sociedade em conta de participação que não tem patrimônio social autônomo, mas sim, patrimônio especial, ou seja, patrimônio de afetação. A falência da sociedade ostensiva acarreta a dissolução da sociedade em conta de participação e sua liquidação sob o rito da ação de prestação de contas.

Sócio oculto que gerencia a sociedade em conta de participação responde solidária e ilimitadamente pelas obrigações derivadas dos negócios em que interveio. Manutenção da decisão que ordenou a arrecadação dos bens e o depósito judicial do faturamento decorrente da atividade da sociedade em conta de participação. Agravo improvido." (TJSP, Câmara Reservada à Falência e Recuperação Judicial, Agravo de Instrumento 0287623-75.2010.8.26.0000, Rel. Des. Pereira Calças, j. 19/10/2010). Ver, também: "Apelação. Sociedade em conta de participação. Falência da sócia ostensiva. Incidente instaurado a requerimento da administradora judicial para apuração da existência de sociedade em conta de participação constituída com recursos da falida e administrada por terceiros e liquidação da respectiva conta. Recurso interposto pelo sócio oculto e por terceira empresa que passou a explorar, gratuitamente, a atividade da SCP. (...) Responsabilidade solidária do sócio oculto pelos débitos contraídos pela sócia ostensiva em razão da sociedade em conta de participação. Circunstância que decorre da assunção, por parte deste, da responsabilidade pelo gerenciamento do negócio perante terceiros. Inteligência do parágrafo único do art. 993 do CC. Questão, ademais, que já havia sido decidida por este E. Tribunal. Imputação de responsabilidade a terceira empresa, de titularidade do sócio oculto, pelo valor obtido com a locação de máquinas pertencentes ao patrimônio de afetação da falida, as quais lhe foram cedidas por meio de contrato de comodato não oneroso. Laudo pericial que apontou a inexistência de base para a celebração do aludido contrato. Valores que, por consequência, integram o ativo da sociedade e devem ser restituídos em prol da massa. Condenação mantida. Recurso improvido." (TJSP, 1ª Câmara Reservada de Direito Empresarial, Apelação 0613079-47.2007.8.26.0100, Rel. Des. Hamid Bdine, j. 06/06/2018). Caminhando no sentido de responsabilizar a sócia participante que veio a assinar como interveniente o contrato com terceiro, ver, entre outros: TJPR, 5ª Câmara Cível, AI 0034588-17.2020.8.16.0000 , Rel. Des. Rogério Ribas, j. 23/11/2020; TJPR, 5ª Câmara Cível, AI 0029323-34.2020.8.16.0000, Rel. Des. Rogério Ribas, j. 31/08/2020 ("Agravo de instrumento. Ação de reparação de danos materiais e morais. Alegação de vícios construtivos em imóvel adquirido das rés, sócias em sociedade em conta de participação. Decisão recorrida que julgou extinto o processo em relação à agravada jmdg, por considerá-la mera sócia participante e que a responsabilidade perante terceiros seria da construtora fontanive, sócia ostensiva, com fulcro no parágrafo único do art. 991 do código civil. Reforma da decisão que se impõe. Agravada jmdg que interveio no negócio jurídico celebrado com a agravante. Aplicação da regra prevista no parágrafo único do art. 993 do código civil, que prevê responsabilidade solidária entre a sócia participante e a ostensiva. Indícios de existência de cadeia de consumo que também atrai a aplicação do art. 18 do cdc (solidariedade). Cláusula limitadora de responsabilidade que possui apenas força interna corporis e não macula o direito indenizatório da consumidora agravante. Manutenção da agravada no polo passivo da demanda. Recurso provido.").

[275] O art. 1872-1 do *Code Civil* francês também estabelece que, como regra, o participante não responde perante terceiros (referindo-se à *société en participacipon occulte*); todavia, passa a ter responsabilidade o participante perante terceiros (solidariamente, se a sociedade é comercial; sem solidariedade, se a sociedade tem objeto civil) nos atos em que ele atua à vista de todos como sócio e gere obrigações nesta qualidade (apontando-se que a jurisprudência é bastante exigente para a demonstração dos elementos que levam à responsabiliza-

Aqui, deve-se fazer uma observação pontual: nada impede que o participante, como foi salientado anteriormente, envolva-se na *administração interna* da atividade (ou que se estabeleça, contratualmente, que determinados atos dependam de *deliberação* conjunta dos sócios, etc), o que muitas vezes acontece, pois a sua colaboração pode ser imprescindível ou, ao menos, desejável para o bem andamento dos negócios. Da mesma forma, o sócio participante é livre para *fiscalizar* a gestão do ostensivo.

ção do participante, não bastando a revelação do seu nome sem o seu consentimento), bem como se, por sua interferência, deixa a outra parte acreditar que pretendia se comprometer, como se fosse um garantidor aparente, ou quando há evidência de que seu engajamento trouxe vantagem a ele (referindo-se à *société en participacion ostensible*); sobre o tema, entre outros, ver: RIPERT-ROBLOT-GERMAIN-MAGNIER. *Traité de droit des affaires*, t. 2..., p. 198-200; COZIAN-VIANDIER-DEBOISSY. *Droit des sociétés...*, p. 659-660; MIGNONE. *L'associazione in partecipazione...*, p. 601 ss). Na Alemanha, afirma-se que o sócio participante responde perante terceiro somente em casos excepcionais, como na hipótese de alguma garantia ou de responsabilidade pela condução dos negócios, comportando-se como sócio do empreendimento comercial (cf. BAUMBACH-HOPT. *Handelsgesetzbuch...*, p. 863, 868; HEIDEL-SCHALL. *Handelsgesetzbuch...*, p. 1.482; HÜFFER-KOCH. *Gesellchaftsrecht...*, p. 255; GRUNEWALD. *Gesellschaftsrecht...*, p. 169). Observe-se que, na Argentina, o art. 1450 do *Código Civil y Comercial de la Nación* prevê a responsabilidade do participante perante terceiros em caso de aparência de atuação comum (ou seja, a relação não precisa ser sigilosa, oculta, sendo lícita a publicidade da relação, mas não pode é existir a aparência de atuação comum sob pena de responsabilização do participante): "Partícipe. Partícipe es la parte del negocio que no actúa frente a los terceros. No tiene acción contra éstos ni éstos contra aquél, en tanto no se exteriorice la apariencia de una actuación común"; na antiga *Ley 19.550* argentina, o art. 363 assim dispunha: "Cuando el socio gestor hace conocer los nombres de los socios con su consentimiento, éstos quedan obligados ilimitada y solidariamente hacia los terceros.". Sobre o tema: TÉVEZ. Capítulo 16. Contratos asociativos..., p. 163 ("El partícipe no puede administrar ni inmiscuirse en la administración, en principio, pues ella le está reservada al gestor." "Por tal razón carece, en principio, de legitimación para demandar o ser demandado. Esta regla general reconoce, empero, una limitación: la exteriorización de la apariencia de una actuación común. Así, si trasciende un obrar aparente que da cuenta de la existencia de la organización común, el tercero tendrá acción contra el partícipe y viceversa."); ver, também: VERÓN. *Sociedades comerciales...*, p. 838-839. Por sua vez, estabelece o art. 486 da *Ley de Sociedades Comerciales* uruguaia: "(Conocimiento de la existencia de los socios). Cuando el gestor haga conocer los nombres de los socios con su consentimiento, éstos quedarán obligados solidariamente hacia los terceros". Sobre o tema, o *Código de Comercio* espanhol, em seu art. 241, estabelece que, nas negociações entabuladas em decorrência da conta de participação, não se poderá adotar uma razão social comum a todos os sócios, nem usar de mais crédito que o do próprio ostensivo, que agirá em seu próprio nome e sob sua própria responsabilidade individual; aqui, sustenta-se a responsabilidade pessoal do participante (cf. *v.g.*, GARRIGUES. *Tratado de Derecho Mercantil...*, p. 194-195).

Igualmente, pode atuar o sócio participante como *subordinado* (empregado) ou como *mandatário* do ostensivo (pois, no contrato de mandato, age-se em nome de outrem), desde que fique expressa a sua posição. Mesmo nessas situações, não responderá o sócio participante pelas obrigações.

O que o referido dispositivo (CC, art. 993, parágrafo único) veda é a assunção de obrigações em nome próprio pelo sócio participante, função que é privativa do ostensivo. A observância dessa regra é fundamental para que somente este responda pelas obrigações assumidas no exercício das atividades da conta de participação. O sócio participante responsabiliza-se, em nome próprio, quando toma parte nas relações do ostensivo com terceiros[276].

Tal regra objetiva tutelar os terceiros, uma vez que um agir dessa forma daria a entender que o participante seria sócio de sociedade com responsabilidade ilimitada. E, justamente por isso, é importante destacar que a responsabilização do sócio participante não decorre da relação mantida com o sócio ostensivo, mas sim de sua degeneração. Na verdade, qualquer terceiro que incorresse em tal comportamento poderia ser responsabilizado[277].

É claro que a realidade é muito rica e problemas de diversas ordens e espécies podem surgir, especialmente quando os sócios *induzem em erro* terceiros[278].

Nesse sentido, basta refletir sobre as palavras de José Gabriel Assis de Almeida ao analisar a hipótese de o sócio ostensivo revelar, perante terceiros, que possui sócios, mas não fazer a distinção clara, perante tais terceiros, de que se trata de uma sociedade em conta de participação — ou seja, de que o sócio participante não responde pelos débitos sociais —, fazendo crer que todos os sócios garantem eventuais dívidas[279]. Da mesma forma, entre outras hipóteses, há de se pensar na situação em que o sócio participante dá a entender que está coobrigando-se com o sócio ostensivo, apesar de não se vincular formalmente[280],

276 GHIDINI. *L'associazione in partecipazione*..., p. 60.

277 Em sentido semelhante, ver: RASNER. *Die atypische stille Gesellschaft*..., p. 133.

278 DE GREGORIO. De las sociedades y las associaciones comerciales..., p. 419.

279 ALMEIDA. *A sociedade em conta de participação*..., p. 142-143, 147-149. Em sentido semelhante: GRANDI. *L'associazione in partecipazione*..., p. 68.

280 ALMEIDA. *A sociedade em conta de participação*..., p. 142-143, 147-149.

além da hipótese do participante que não deixa clara a sua posição de mandatário (o que resta agravado se o seu nome aparecer em eventual nome social)[281], bem como no caso em que o sócio ostensivo se vale do crédito ou do bom nome do participante para fechar negócios (assegurando ou dando a entender que o participante garante as operações, fazendo crer, por exemplo, que se trata de sociedade em comum)[282].

Diante de terceiros de boa-fé — e da impossibilidade de estes apurarem a verdade —, respondem os sócios participantes por eventuais débitos sociais? Deve-se tutelar a confiança nas relações de mercado e as expectativas de terceiros? Se, perante terceiros, a sociedade aparentou ser uma sociedade em comum (CC, arts. 986-990) — ou qualquer outra espécie societária —, apesar de comprovadamente ser uma sociedade em conta de participação, deve o sócio participante ser responsabilizado pelos débitos sociais? Ou deve ser respeitada a letra do art. 993, parágrafo único, do Código Civil? Deve a estrutura da conta de participação ser sempre respeitada, tendo em vista que o sócio participante, em tal situação, não teria contraído nenhuma obrigação em seu nome?

Sempre há de se realizar a análise do caso concreto. A possibilidade de responsabilização do sócio participante por obrigações do sócio ostensivo deve ocorrer única e exclusivamente nas hipóteses em que a *natureza* da conta de participação for *corrompida* pelos próprios sócios. Nessas situações, o resultado é a responsabilização dos sócios em regime de solidariedade — devendo-se, de qualquer forma, deixar claro que o fato de a SCP passar a ser de conhecimento de terceiros, uma vez que não é clandestina ou secreta, não torna, por si só, o participante responsável perante terceiros (mesmo porque, aqui, não há terceiros de boa-fé a tutelar)[283].

[281] RASNER. *Die atypische stille Gesellschaft...*, p. 134.

[282] DE GREGORIO. De las sociedades y las associaciones comerciales..., 1951, p. 419; ALMEIDA. *A sociedade em conta de participação...*, p. 65; GARRIGUES. *Tratado de Derecho Mercantil...*, p. 194; BROSETA PONT-SANZ. *Manual de Derecho Mercantil*, v. I..., p. 340 (referindo, de qualquer sorte, que a conta de participação deve se manter reservada, não sendo exteriorizada).

[283] SOLÁ DE CAÑIZARES. *El contrato de participación...*, p. 125-126; MEDIAVILLA. Extinción de cuentas en participación con cláusulas atípicas..., p. 3.158. Sobre o tema, Garrigues expressa que da responsabilidade ilimitada só se livraria o sócio participante que houvesse manifestado aos terceiros de maneira clara a sua real condição (cf. GARRIGUES. *Tratado de Derecho Mercantil...*, p. 195).

Ainda, Gustavo Galizzi também aponta para a possibilidade de anulação do negócio jurídico com base em *erro* (CC, arts. 138-144) ou *dolo* (CC, arts. 145-150), abrindo-se, ainda, a via da *responsabilidade civil*[284].

Finalmente, deve-se atentar para a situação em que, na prática, o participante atua como se fosse um sócio ostensivo. Tal prática pode, em nosso entender, levar à descaracterização da conta de participação[285].

2.2.2. *No plano interno*

Como já dito, qualquer responsabilidade do sócio participante existirá tão-somente perante o sócio ostensivo, jamais em relação a terceiros, desde que a sociedade em conta de participação não seja desnaturada pelos próprios sócios. Ou seja: ao falarmos de eventual responsabilidade do sócio participante estamos falando, em regra, em responsabilidade no plano interno da SCP.

Em segundo lugar, salientamos ser indiscutível que os sócios podem modular se o sócio participante, em caso de prejuízo nas operações objeto da sociedade em conta de participação, responde somente por meio da perda daquilo que investiu no empreendimento ou terá responsabilidade ilimitada perante o ostensivo, devendo repor as perdas efetivamente verificadas que ultrapassarem a força do seu aporte. Sustenta-se, portanto, que as partes podem dispor, no contrato social, sobre a responsabilidade do sócio participante da forma como melhor lhes aprouver, sendo que tal regulação contratual não produz efeitos perante terceiros, mas somente na relação interna entre ostensivo e participante. Neste sentido, remetemos às palavras de J. X. Carvalho de Mendonça: "Os socios participantes não se obrigam para com terceiros, que os não conhecem nem com eles tratam, porém sim para com o socio ou os socios ostensivos pelos resultados das transacções e das obrigações sociaes, realizadas ou emprehendidas nos termos precisos do contracto"[286].

Para além da autonomia privada outorgada às partes no regramento do tema no contrato social, surge controvérsia quando o instrumento havido entre elas não regula a extensão da responsabilidade do sócio participante.

[284] Galizzi. *Sociedade em conta de participação...*, p. 124-125.

[285] Em sentido contrário: Castro. Sociedade em conta de participação..., p. 817.

[286] Carvalho de Mendonça. *Tratado de Direito Commercial brasileiro*, v. 4..., p. 226.

Carlos Guimarães de Almeida, à época em que a conta de participação era regulada pelo Código Comercial de 1850, manifestou-se no seguinte sentido: "Quanto à participação dos sócios participantes nos prejuízos do negócio, é unânime o entendimento de que, na falta de estipulação em contrário, deve ela ser calculada na mesma proporção da que tiver nos respectivos lucros (...). No Direito brasileiro a contribuição do sócio participante nos prejuízos é afirmada por vários julgados, sob a consideração, que me parece irrefutável, de que, a não ser assim, faltaria à sociedade a *affectio societatis*, que é um dos seus indispensáveis característicos. E se a participação nos prejuízos não tiver sido determinada no contrato, será calculada na proporção do quinhão do sócio participante, *ex vi* do disposto no Art. 302, n. 4, do CCom indubitavelmente aplicável à hipótese. Todavia, é válida, pois não é leonina, a cláusula que limita a responsabilidade do sócio participante nos prejuízos até o montante do seu *apport*, o que aproxima a sociedade em conta de participação da sociedade em comandita por ações. Na verdade, ela é uma comandita oculta"[287].

Da explanação de Carlos Guimarães de Almeida extrai-se, *a contrario sensu*, que, segundo a posição do autor, se não houver cláusula limitativa da responsabilidade, o sócio participante responde ilimitadamente no plano interno, na proporção de sua participação na sociedade.

A posição funda-se na ideia de que é da natureza da organização societária a comunhão dos bônus e dos ônus que decorrem da exploração objeto social. Por isso, caso o contrato social não contenha estipulação expressa, os *lucros* e/ou as *perdas* seriam divididos de forma proporcional *à participação de cada um na sociedade*. Nesse sentido, costuma-se apontar o seguinte julgado do Tribunal de Justiça de São Paulo:

> Sociedade — Conta de participação — Quota-parte nos prejuízos, salvo cláusula expressa no contrato. (...). *Salvo se houver cláusula contratual expressa em contrário, é da própria natureza da participação a igualdade de posições no débito e no crédito entre os associados.* (TJSP, 3ª Câmara, APC 24.543, Rel. Des. Pedro Chaves, j. 11/04/1945).

[287] ALMEIDA. A virtuosidade da sociedade em conta de participação..., p. 58. Nessa mesma linha, entre outros, ver: ALMEIDA. *A sociedade em conta de participação...*, p. 129; e SALGADO. *Das sociedades em participação...*, p. 101.

Essa posição é defendida, no regime em vigor, por importantes comercialistas[288]. E, hoje, está basicamente fundada numa regra de integração. Isso porque o Código Civil, ao menos na parte em que trata especificamente da sociedade em conta de participação (CC, arts. 991-996), não resolve o problema acerca do limite da responsabilidade interna do participante.

Diante dessa lacuna, alguns argumentam, talvez não sem razão, que a regra de regência supletiva, prevista no art. 996, manda aplicar o estatuto da sociedade simples, arts. 997-1.038, para suprir os vazios do regramento da sociedade em conta de participação, resolvendo tranquilamente o problema, porque a regra da sociedade simples relativamente à responsabilidade dos sócios diz que serão divididos os prejuízos entre eles de acordo com a participação de cada um no empreendimento — esquema de *responsabilidade ilimitada fracionária* no plano interno (CC, art. 1.007).

O argumento é tentador, principalmente porque traz uma solução supostamente fundada em direito positivo. A favor desta tese, poder-se-ia sustentar que na França, onde se reconhece a natureza societária para a conta de participação, na omissão do contrato, considera-se que a responsabilidade do sócio participante é ilimitada no plano interno, respondendo todos os sócios, ostensivos ou participantes, proporcionalmente aos aportes feitos por cada um, ainda que as perdas superem o montante investido no empreendimento[289].

Mas será que se poderia sustentar a tese de que da natureza societária decorre, necessariamente, o reconhecimento da responsabilidade ilimitada do participante pelas perdas oriundas do exercício da atividade

[288] WALD. *Comentários ao novo Código Civil*..., p. 101; GONÇALVES NETO. *Direito de Empresa*..., p. 200. Ver, também: AFFONSO. *A sociedade em conta de participação no Direito brasileiro*..., p. 126. Assim dando a entender, ver: COSTA. *A sociedade em conta de participação no direito de empresa do Código Civil de 2002*..., p. 217-218, 238-240, 295 (sendo que sustenta a possibilidade de limitação da responsabilidade prevista no contrato social — em que pese, em algumas passagens, contradiga-se, afirmando que a responsabilidade do sócio participante seria limitada ao aporte realizado).

[289] Assim se entende a partir do art. 1844-1 do *Code Civil* (aplicável diante do previsto no art. 1871). Com a mesma interpretação: ESCARRA. *Traité théorique et pratique de Droit Commercial*..., p. 566-567; HÉMARD-TERRÉ-MABILAT. *Sociétés Commerciales*..., p. 391; MERLE. *Droit Commercial*... (1998), p. 661-662. De qualquer sorte, há quem refira a existência de posicionamento diverso. Assim: MIGNONE. *L'associazione in partecipazione*..., p. 607.

social? Os argumentos a favor de tal tese são interessantes. Mas antes que se adira a ela, convém examinar a situação nos outros países onde a conta de participação goza do *status* de sociedade.

Na Alemanha, onde a conta de participação também tem natureza societária, a interpretação é outra. Com base no §231 e no §232 do *Handelsgesetzbuch*, em regra, é o contrato que prevê (e assim se recomenda que se faça) a divisão dos resultados, podendo-se excluir o participante das perdas (o que deve ser feito expressamente — e acaba tornando difícil distinguir a conta de participação de um empréstimo, mormente do mútuo parciário), mas não dos lucros (apesar de ser possível estabelecer limites quanto a estes); caso o contrato seja omisso, incide a regra de que os resultados serão divididos proporcionalmente conforme as circunstâncias (existindo quem interprete que, caso não seja estabelecido no contrato a divisão dos resultados, eles seriam em partes iguais aos sócios, apesar de existir discussão a respeito e a tendência majoritária seja a de realização de divisão proporcional à participação dos sócios). Os lucros não retirados pelo sócio participante não aumentam a sua participação da sociedade (sendo que, então, serão contabilizados em separado), salvo acordo em contrário. Quanto às perdas, o sócio participante não assume obrigações além da sua contribuição (realizadas ou pendentes de realização), não estando obrigado a realizar contribuições suplementares (mesmo quando da dissolução da sociedade) nem a restituir lucros já pagos para suportar perdas posteriores da SCP (apesar de não poder participar dos lucros enquanto possuir passivo em aberto, ocorrendo a sua compensação). Assim, como regra, o sócio participante nunca está obrigado por mais que a sua contribuição (como se fosse um sócio comanditário) — podendo, todavia, o contrato regular a matéria em sentido diverso[290].

A situação posta desmonta eventual tese que se poderia levantar no sentido de que nos países em que se reconhece (ou em que se reconhecia) a natureza societária da conta de participação o sócio participante responde ilimitadamente no plano interno. Pelo menos não parece tão

[290] GRUNEWALD. *Gesellschaftsrecht*..., p. 168-169; WINDBICHLER. *Gesellschaftsrecht*..., p. 185-186; SCHMIDT. *Gesellschaftsrecht*, B. II..., p. 1.858-1.859; BAUMBACH-HOPT. *Handelsgesetzbuch*..., p. 869-871; HEIDEL-SCHALL. *Handelsgesetzbuch*..., p. 1.483-1.491, 1.505-1.506; Hüffer-Koch. *Gesellchaftsrecht*..., p. 255-256; KLUNZIGER. *Grundzüge des Gesellschaftsrechts*..., p. 149-150; KÜBLER. *Derecho de sociedades*..., p. 194.

óbvio que a responsabilidade pelas perdas além do aporte realizado decorra necessária e indissociavelmente do *status* societário da conta de participação.

E, a propósito da tese da *necessária participação nas perdas*, inclusive além do aporte realizado em caso de ausência de pacto contrário, cabe indagar: por que não se pode considerar que a participação nas perdas já ocorre com a perda do investimento feito, à semelhança do que se dá nas sociedades limitadas, anônimas e com os sócios comanditários no caso das sociedades em comandita? Não seria essa uma forma de harmonizar a ideia de que o conceito de sociedade está atrelado à participação nas perdas com a existência de sociedades que oferecem proteção patrimonial aos sócios?

A nosso ver, adiantamos: parece essa uma forma plenamente adequada de conciliar a estrutura de responsabilidade interna da conta de participação com o seu fundamento econômico e com a sua origem histórica. Cunha Gonçalves, embora sustente opinião diversa, lembra que os escritores italianos clássicos — Stracca, De Luca e Casarégis —, que escreviam por volta dos anos 1500, concordavam, sem a menor discrepância, que a responsabilidade do sócio oculto era limitada ao seu aporte, salvo cláusula em contrário[291].

Em defesa dessa posição, é possível alegar, ainda, que além do direito alemão, verifica-se uma adesão integral dos países que conferem natureza contratual à conta de participação à regra de limitação da responsabilidade aos aportes feitos (ao menos relativamente aos países por nós examinados).

Em Portugal, o art. 25º, nº 4, do Decreto-Lei 231(1981) é expresso nesse sentido. Igualmente, a doutrina salienta que se outra situação não resultar do contrato, incorrerá o participante também nas perdas, mas em regra só até o limite da sua contribuição[292].

Na Itália, a situação é a mesma: o art. 2553 do *Codice Civile* dispõe que, salvo pacto em contrário, o associado (participante) participa das perdas na mesma medida com que participa dos lucros, mas as perdas que recaem sobre o participante não podem superar o valor do

[291] CUNHA GONÇALVES. *Da conta em participação...*, p. 108-109.

[292] COUTINHO DE ABREU. *Curso de Direito Comercial*, v. II..., p. 37; MENEZES CORDEIRO. *Direito Comercial...*, p. 743.

seu aporte[293]. Tal circunstância, de acordo com a doutrina, se coaduna perfeitamente com a exclusão do participante da administração do empreendimento[294].

Na Espanha, na falta de um dispositivo expresso dentro do regime específico do contrato de *cuentas en participación*, se nada se dispõe em contrário no contrato, há de se presumir que o participante arrisca tão-somente o seu aporte[295]. E a estipulação de uma responsabilidade ilimitada relativamente ao participante, tanto na Espanha[296] quanto na Itália[297], chega a ser considerada inválida, porquanto desnaturaria o contrato.

[293] "Cass. civ., Sez, I, 23 gennaio 1996, n. 503 (*GC*, 1996, i, 2318) – Dalla coordinata lettura degli artt. 2553 e 2554 c.c. si ricava che l'unica regola inderogabile della disciplina dell'associazione (applicabile anche al contratto di cointeressenza) è quella dei divieto di partecipazione dell'associato alle perdite in misura superiore al suo apporto, mentre le parti hanno la facoltà di determinare la partecipazione alle perdite in misura diversa da quella della partecipazione agli utili ovvero di escludere del tutto la partecipazione alle perdite (c.d. cointeressenza impropria)." (Cendon. *Commentario al Codice Civile...*, p. 492).

[294] Mossa. *Diritto Commerciale...*, p. 251; De Gregorio. De las sociedades y las associaciones comerciales..., p. 415; Ferri. *Manuale di Diritto Commerciale...*, p. 280; Galgano. *Diritto Civile e Commerciale...*, p. 308. "Cass. civ. 16 ottobre 1964, n. 2598 (*DF*, 1964, ii, 527) – È convenzionalmente inderogabile il principio secondo cui le perdite che colpiscono l'associato non possono superarei l valore dell'aporto. L'indeterminatezza del rischio che l'associato si assumerebbe con la stipulazione di partecipare alle perdite in misura illimitata e comunque superiore all'apporto, è contraria ai presupposti ed alla struttura essenziale di tale contratto, nel quale l'associato è un creditore, normalmente fuori della gestione, cui viene attribuita dall'associante una partecipazione agli utili comportante l'assunzione di rischio, commisurata (e comunque non oltrepassante) al valore dell'apporto che la stessa legge definisce 'determinato'. L'inciso 'salvo patto contrario', contenuto nell'art. 2553 c.c., si riferisce esclusivamente alla prima parte della norma, concernente la normale eguaglianza della misura della partecipazione sia alle perdite che ai guadagni." (Cendon. *Commentario al Codice Civile...*, p. 492).

[295] Garrigues. *Tratado de Derecho Mercantil...*, p. 207; Broseta Pont-Sanz. *Manual de Derecho Mercantil*, v. I..., p. 339. Por sua vez, afirmando que, em caso de omissão do contrato, a participação nos ganhos e nas perdas é proporcional (e sustentando a natureza societária da conta de participação), ver: Gándara. Escritura de constitución de una sociedad en cuenta de participación..., p. 251.

[296] Garrigues. *Tratado de Derecho Mercantil...*, p. 208. De qualquer sorte, há discussão sobre o tema: Mignone. *L'associazione in partecipazione...*, p. 654-655.

[297] Galgano. *Diritto Civile e Commerciale...*, p. 308; Mignone. *L'associazione in partecipazione...*, p. 479-482 — em que pese exista quem defenda a possibilidade de previsão de que o associado responda para além de seu aporte (cf. Ghidini. *L'associazione in partecipazione...*, p. 130 ss).

Ainda, na Argentina, há previsão de responsabilidade limitada no art. 1452 do *Código Civil y Comercial de la Nación*, o que seria consequência natural do caráter oculto do participante[298] — sendo que, enquanto a conta de participação era tratada, no plano legislativo, como sociedade, também existia dispositivo que tratava especificamente a questão: o art. 365 da *Ley de Sociedades Comerciales* dispunha que as perdas que afetem o sócio não gestor (leia-se participante) *não podem superar o valor de seu aporte*, e a doutrina considerava que a responsabilidade do participante era limitada ao montante aportado tanto no plano interno quanto no plano externo[299].

Todavia, também não parece adequado sustentar a limitação da responsabilidade do participante no plano interno tão-só com base em regimes jurídicos que consideram a conta de participação um mero contrato, ainda mais porque a legislação brasileira adota o *status* societário para a conta de participação.

A nosso ver, um argumento mais robusto reside no fato de que em cinco dos seis dos países examinados a responsabilidade interna do participante está limitada ao aporte feito: Alemanha, Portugal, Itália, Espanha e Argentina, pouco importando a natureza societária ou contratual da conta de participação. Isto é, os sistemas, *como um conjunto*, independentemente do *status* conferido à conta de participação, costumam atribuir uma responsabilidade interna limitada ao participante (ou seja, a responsabilidade do participante é limitada à sua contribuição).

De mais a mais, cremos que determinada *eficácia jurídica* pode decorrer *da própria natureza das coisas*. É justamente o caso da irresponsabilidade do participante além do seu investimento — caso o contrário não tenha sido expressamente estipulado. É importante destacar: há certas posições jurídicas em que a limitação da responsabilidade ao valor aportado no empreendimento deriva da sua própria natureza. Esse parece ser o caso do sócio participante numa conta de participação.

Com efeito, se por um lado parece razoável sustentar a ilimitação da responsabilidade do participante com base na aplicação subsidiária das regras da sociedade simples — e não podermos negar, de fato até o é —,

298 Tévez. Capítulo 16. Contratos asociativos..., p. 164.

299 Roitman-Aguirre-Chiavassa. *Manual de Sociedades Comerciales...*, p. 1.033; Verón. *Sociedades comerciales...*, p. 841-843.

por outro, tal posição parece inadequada por uma simples razão: porque as regras de regência supletiva só determinam a aplicação subsidiária de um determinado dispositivo se esse for *compatível* com a natureza da sociedade que ele ajudará a regular (é isso, inclusive, o que dispõe o art. 996, *caput*, do Código Civil); e, a esse respeito, a proposição de uma responsabilidade ilimitada do participante, ainda que somente no plano interno da relação, não parece condizente com a estrutura da SCP, que pressupõe, via de regra, a exclusão do participante da administração do empreendimento.

Como regra geral, em todos os tipos em que uma classe de sócios está excluída da administração, além da limitação externa da responsabilidade do sócio investidor, no plano interno se entende pela sua irresponsabilidade para além do capital aportado. Já nas sociedades em que os sócios respondem ilimitadamente, a regra geral é que participam da gestão da sociedade, bem como que as deliberações sociais são tomadas pela unanimidade. E, a despeito da regra de regência supletiva definida pelo Código Civil, é inegável que a sociedade em conta de participação possui maior relação com uma sociedade em comandita ou até mesmo com a extinta sociedade de capital e indústria do que com uma sociedade simples.

As sociedades em comandita e a conta de participação têm não só origem histórica comum, mas, verdadeiramente, descansam sobre o mesmo fundamento econômico: conceder a um capitalista a possibilidade de participar, por meio de um investimento, dos frutos de um negócio desenvolvido por um terceiro[300] (e, do outro lado, permitir ao empreendedor financiar a sua atividade dando em troca uma participação nos resultados dela). Porque o participante é um investidor e porque usualmente não participa da administração, parece muito natural que o seu risco esteja circunscrito à perda do aporte realizado e não à totalidade das perdas, na proporção do seu aporte.

Solá de Cañizares sustenta a necessidade de se aplicarem os princípios da comandita para solucionar o problema da responsabilidade interna da SCP por conta da semelhança existente entre as relações internas do ostensivo com o participante e aquelas verificadas entre os

300 Garrigues. *Tratado de Derecho Mercantil...*, p. 183.

comanditados e os comanditários, tendo em vista a tradição histórica, a natureza e finalidade do aporte e, sobretudo, razões de ordem prática[301].

Como disse o autor espanhol, a história parece suportar essa tese. Nesse sentido, vale relembrar que, na origem, o *commendador* (investidor) corria o risco de perder tão-somente aquilo que investiu na viagem marítima, servindo a *commenda*, como já tivemos a oportunidade de salientar, como negócio essencialmente de especulação, possivelmente o mais importante do Medievo. Esse fator histórico parece subsistir ainda que se alegue que a *commenda*, em seus estágios iniciais, não fosse sociedade, mas simples contrato, porque as sociedades que dela se originaram mantiveram a característica da limitação da responsabilidade do investidor.

Por todo o exposto, sustentamos que a tese da responsabilidade limitada interna do sócio participante à perda do aporte realizado é aquela que mais se coaduna com a história, a função econômica e a própria natureza do tipo societário. A nosso ver, relativamente a esse ponto, a *especialidade da conta de participação repele a analogia ou a aplicação supletiva* do regime da sociedade simples.

Nesse sentido, no Brasil, Fran Martins, ainda no regime anterior, defendia que o participante respondia única e exclusivamente com a contribuição realizada à sociedade, não tendo o sócio ostensivo, portanto, direito de cobrar, proporcionalmente, as perdas que o exercício do objeto social da conta de participação lhe acarretou. Vale destacar a lição do Catedrático da Universidade Federal do Ceará: "Os sócios ocultos possuem a sua responsabilidade limitada apenas à importância posta à disposição dos gerentes para a realização da ou das transações comerciais. Não têm eles, assim, mesmo para com os sócios ostensivos, responsabilidade ilimitada"[302].

[301] Solá de Cañizares. *El contrato de participación...*, p. 137-138. Nesse sentido, chegou-se a referir, na Alemanha, que a posição do participante seria similar à dos sócios comanditários (Gierke. *Derecho Comercial y de la Navegación*, v. I..., p. 362).

[302] Martins. *Curso de Direito Comercial...*, p. 292. Essa também parece ser a posição de Eduardo Yoshikawa: "O investidor, destarte, é sócio de responsabilidade limitada, porque eventual fracasso da atividade negocial a ele poderá resultar, quando muito, na perda dos valores com os quais contribuiu para ingressar no negócio." (Yoshikawa. Reflexos processuais da sociedade em conta de participação..., p. 34).

Esta deve ser a regra, ressalvada previsão diversa no contrato social (que possui, logicamente, eficácia somente entre os sócios, *i.e.*, interna).

De qualquer forma, tal discussão, de importantes consequências práticas, serve para reforçar algo que foi frisado várias vezes ao longo deste texto: é relevantíssimo que o contrato social de tal sociedade seja feito por escrito e bem formulado, regulando, especialmente, as questões sensíveis, como a divisão dos resultados (lucros e perdas), muito propensas a gerar conflitos futuros.

3. Falta de personalidade jurídica

A conta de participação é uma *sociedade não personificada*, como o próprio art. 993, *caput*, do Código Civil prevê (e como a legislação de outros países também preveem expressamente)[303], o que equivale a dizer que uma das suas principais características consiste no fato de que da sua constituição *não nasce um novo ente* — sendo que nem sequer é um sujeito de direito[304].

Outra não poderia ser a conclusão, mesmo porque a sua constituição independe de qualquer formalidade, nos termos do art. 992 do Código Civil — sendo lógica, portanto, a *ausência de personalidade jurídica.*

Vale dizer, a sociedade em conta de participação *é irrelevante no plano externo*, produzindo efeitos tão-somente entre os sócios. Daí a razão de não existir a necessidade do surgimento de um novo ente, de uma pessoa jurídica, para titularizar as relações externas, pois este papel cabe ao sócio ostensivo[305].

Nesse sentido, por não ter a conta de participação os seus atos arquivados no Registro Público de Empresas Mercantis ou no Registro Civil de Pessoas Jurídicas, *não se trata de pessoa jurídica.* Lembre-se que, segundo os arts. 45, 985 e 1.150 do Código Civil, a personalidade jurídica nasce a partir do arquivamento do ato constitutivo no registro competente.

Ademais, como bem salienta Alfredo de Assis Gonçalves Neto, se algum órgão de inscrição de sociedade — seja a Junta Comercial, seja o Cartório Civil —, por qualquer motivo, realiza, inadvertidamente, o

303 Almeida. A virtuosidade da sociedade em conta de participação..., p. 47. Nesse sentido, a *Ley 16.060* uruguaia (art. 483) e o *Code Civil* francês (art. 1871) dispõem de modo expresso. Na Alemanha, por todos, ver: Schmidt. *Gesellschaftsrecht*, B. II..., p. 1.836 ss.

304 Como, na Argentina, a *Ley 19.550*, no art. 361, dispunha expressamente.

305 Verón. *Sociedades comerciales*..., p. 828.

registro de uma sociedade em conta de participação, nenhum efeito daí resultará (na linha do disposto no art. 993, *caput*, do Código Civil)[306].

A sociedade em conta de participação somente possui eficácia interna, inexistindo, inclusive, razões para que se lhe atribua a personalidade jurídica, uma vez que, perante terceiros, quem atua é o sócio ostensivo em seu próprio nome. Em tempo: os sócios da conta de participação valem-se da personalidade do sócio ostensivo para a exploração do seu objeto no mundo exterior.

Posto isto, vale salientar que da ausência de personalidade jurídica decorre uma série de consequências típicas deste tipo societário: ela não tem nome social, sede, patrimônio próprio, capacidade processual ou obrigacional, além de não ter nacionalidade.

3.1. Impossibilidade de titularizar relações jurídicas obrigacionais

Como se sabe, há mais sujeitos de direitos do que pessoas no mundo jurídico[307]. Isso porque existem entidades não personificadas com certo grau de subjetivação, como, o condomínio, a massa falida e o espólio, os quais possuem capacidade negocial (possibilidade de contratar) e capacidade processual (possibilidade de estar em juízo), porém não se pode dizer que possuam personalidade jurídica nem, portanto, patrimônio autônomo[308].

Assim, não é exatamente pela falta de personalidade jurídica que a SCP carece de capacidade negocial[309]. A conta de participação não

[306] Gonçalves Neto. *Direito de Empresa...*, p. 193-194. De outra banda, Marcelo Bertoldi e Márcia Carla Pereira Ribeiro sustentam que seria conveniente que se pudesse arquivar o instrumento de constituição da SCP no Registro Público de Empresas Mercantis para evitar a confusão com uma sociedade em comum (cf. Bertoldi-Ribeiro. *Curso avançado de Direito Comercial...*, p. 185; no mesmo sentido: Fernandes. *A Sociedade em Conta de Participação no Direito Tributário...*, p. 125-126), com o que não concordamos: se se deseja evitar tal confusão, basta que o instrumento da conta de participação seja escrito (podendo, inclusive, ser firmado por escritura pública).

[307] Mello, Marcos Bernardes de. *Teoria do fato jurídico*: plano da eficácia – 1 parte. 8 ed. São Paulo: Saraiva: 2013, p. 92.

[308] Tomasetti Jr., Alcides. A parte contratual. In: Adamek, Marcelo Vieira von (coord.). *Temas de Direito Societário e Empresarial Contemporâneo* – Liber Amicorum *Prof. Dr. Erasmo Valladão Azevedo e Novaes França*. São Paulo: Malheiros, 2011. p. 755-764. Ver, ainda, a crise do sistema denunciada por Oliveira. *A dupla crise...*, p. 103 ss, especialmente às p. 201 ss.

[309] Em sentido diverso, com o qual não concordamos, ver: Affonso. *A sociedade em conta de participação no Direito brasileiro...*, p. 53.

possui capacidade de titularizar obrigações simplesmente porque não precisa, eis que os sócios se valem da personalidade do ostensivo para atuar no mundo jurídico. Assim, a conta de participação propriamente dita não explora qualquer atividade negocial[310].

A SCP é ineficaz perante terceiros e não possui qualquer grau de subjetivação. No mundo exterior, todos os atos são praticados pelo *sócio ostensivo* em seu próprio nome. Em outras palavras, a conta de participação *depende do sócio ostensivo* para adquirir direitos e para contrair obrigações no mundo jurídico — sendo este último quem explora a atividade, contratando com fornecedores, trabalhadores e consumidores, por exemplo, ou quem é sujeito passivo em uma relação tributária oriunda de um fato gerador ocorrido no exercício da atividade prevista no objeto social da conta de participação[311-312-313-314].

310 Klunziger. *Grundzüge des Gesellschaftsrechts...*, p. 139.

311 Klunziger. *Grundzüge des Gesellschaftsrechts...*, p. 139.

312 Dessa forma, a SCP não pode, por exemplo, ser sócia de uma sociedade nem consorciada de um consórcio. Quem, a rigor, será sócio ou consorciado é o sócio ostensivo (cf. Silva, Fabiana Carsoni Alves Fernandes da. *Consórcios de Empresas*: aspectos jurídicos relevantes. São Paulo: Quartier Latin, 2015, p. 83, nota de rodapé; Vaz, Ernesto Luís Silva. *Consórcio de Empresas*: regime jurídico. Dissertação (Mestrado em Direito). Universidade de São Paulo, São Paulo, 2010, p. 81). Na relação da SCP com o Fisco, as obrigações tributárias são contraídas pelo sócio ostensivo nas atividades relacionadas ao empreendimento, havendo, apenas, uma equiparação da SCP à pessoa jurídica para fins da apuração e recolhimento de impostos.

313 Nesse sentido, curioso o seguinte julgado: "Representação eleitoral. Preliminar de intempestividade do recurso. Afastada. Doação para campanha eleitoral. Rol taxativo. Sociedade em conta de participação. Art. 993 do cc. Impossibilidade. Sócia ostensiva. Doação acima do limite legal. Aplicação de multa. Proibição de participar de licitações e contratar com o poder público. 1- A intimação levada a efeito pelo Diário de Justiça Eletrônico não alcança o Ministério Público Eleitoral, que deve ser intimado pessoalmente. Preliminar afastada. 2- A sociedade em conta de participação não detém personalidade jurídica, evidenciando-se como traço característico desse tipo societário a circunstância de tratar-se de uma sociedade apenas com vida interna, sendo inexistente para terceiros. 3- A legislação eleitoral elencou quais as pessoas que podem efetuar doações em campanhas, não cabendo a aplicação de interpretação elástica de forma a considerar legítima a doação feita por entidade societária desprovida de personalidade jurídica, por determinação legal e em razão da sua própria natureza. 4- A pessoa jurídica que ofertar recursos para campanhas eleitorais deve estar inscrita no Cadastro Nacional de Pessoas Jurídicas e apresentar faturamento anterior às eleições, consoante preconiza a norma de regência. 5- O faturamento bruto da pessoa jurídica como base do cálculo do montante máximo de doação advém da necessidade de aferir a saúde financeira da pessoa jurídica doadora, como forma de evitar a fraude e o abuso do poder econômico no financiamento de candidaturas eleitorais. 6 — Em face da necessida-

3.2. Impossibilidade de titularizar relações jurídicas processuais

Da mesma forma, a conta de participação não pode *demandar* nem ser *demandada* em juízo. Em primeiro lugar, não pode *demandar* terceiros, pois é o ostensivo o titular de direitos oriundos do exercício da atividade, e não a conta de participação, que corresponde apenas ao acerto interno havido entre os sócios e nada mais; se alguém tem de demandar algum terceiro, este alguém, como regra, é somente o sócio ostensivo. Em segundo lugar, a conta de participação não pode *ser demandada*, porque não é sujeito passivo de relação obrigacional, não havendo quem eventualmente possa ter ação contra ela.

Nesse sentido, o Superior Tribunal de Justiça já se manifestou de modo expresso:

> Sociedade em conta de participação. Embargos de declaração. Dissolução. Nomeação de liquidante. Citação da sociedade constituída. Indenização. 1. (...). 2. *Não há falar em citação da sociedade em conta de participação, que não tem personalidade jurídica, nem existência perante terceiros.* (...). (STJ, 3ª Turma, REsp 474.704/PR, Rel. Min. Carlos Alberto Menezes Direito, j. 17/12/2002).

Portanto, a conta de participação "[n]ão tem *legitimatio ad causam* nem *ad processum* para estar em Juízo, ativa ou passivamente (...)"[315]. E, como

de de transparência no processo eleitoral, a doação, para fins eleitorais, deve ser atribuída exclusivamente, à pessoa jurídica que consta no recibo eleitoral, devendo esta observar os limites impostos pela legislação de regência. 7- Pedido julgado procedente." (TREDF, Recurso Eleitoral 398-60, Rel. Des. Leila Arlanch, j. 25/07/2012). À época em que era permitida a doação para campanhas eleitorais por pessoas jurídicas, havia precedentes, com os quais concordamos, entendendo que seria possível acrescentar o faturamento da conta de participação ao faturamento do sócio ostensivo para que se analisasse o limite da doação (TRESP, Recurso 4297, Rel. Des. Claudia Lúcia Fonseca Fanucchi, j. 24/05/2016), em que pese existisse entendimento diverso (TRESP, Recurso 3304, Rel. Des. Silmar Fernandes, j. 23/11/2016).

[314] Não concordamos, portanto, com afirmação de Maria Finkelstein: "Assim, atualmente as sociedades em conta de participação podem fazer tudo o que não lhes estiver proibido. Podem ser empregadoras, rés, autoras, podem falir, ter patrimônio próprio e ser tributadas como se pessoas jurídicas fossem." (FINKELSTEIN. Sociedade em conta de participação..., p. 140).

[315] ALMEIDA. A virtuosidade da sociedade em conta de participação..., p. 49. Ver, também: YOSHIKAWA. Reflexos processuais da sociedade em conta de participação..., p. 35-36. Não acompanhamos, portanto, o posicionamento de Maria Finkelstein (FINKELSTEIN. Socie-

salientado, isso não tem nada a ver com a falta de personalidade jurídica, pois a massa falida, o condomínio e o espólio, entes que também não possuem personalidade jurídica, podem compor uma relação jurídica processual. Como foi dito, a SCP não pode estar em juízo simplesmente porque não titulariza nenhuma relação jurídica, não havendo quem tenha ação contra ela e também não tendo ação contra quem quer que seja[316].

Mas isso não quer dizer que os sócios não possam ir a juízo para dirimir eventuais controvérsias existentes entre eles em sua relação interna (como a responsabilização do ostensivo, pelo participante, pela má gestão do empreendimento). Muito pelo contrário, a jurisprudência indica que isso ocorre com alguma frequência:

> Comercial. Sociedade em conta de participação. Relações internas. *Os participantes da sociedade em conta de participação podem, individualmente e em nome próprio, propor ações em Juízo para dirimir controvérsias sobre as respectivas relações internas.* (...). (STJ, 3ª Turma, REsp 85.240/RJ, Rel. Min. Ari Pargendler, j. 19/11/1999).

Assim, como resta evidente, eventual demanda pode ocorrer entre os sócios — ou entre terceiros e sócios —, não sendo a SCP parte do litígio.

3.3. Ausência de patrimônio próprio

A pessoa jurídica consiste em técnica de separação patrimonial[317]. Nesse sentido, como a SCP não tem personalidade jurídica, não se pode falar em patrimônio da conta de participação, visto que esta não possui capa-

dade em conta de participação..., p. 128-129, 135, 139), para quem seria pacífico o fato de que a sociedade em conta de participação pode ocupar o polo passivo da relação processual (ou seja, pode ser ré) — baseado tal entendimento no art. 12, VII, do Código de Processo Civil de 1973 (atual art. 75, IX, do Código de Processo Civil de 2015). Da mesma forma, não podemos concordar com Denis Denoso e Glauco Gumerato Ramos quando, no ensaio por eles escrito, no âmbito do Código de Processo Civil de 1973, defendem a capacidade processual da SCP, com base no art. 12, VII, do antigo diploma processual (Donoso-Ramos. Sociedade em conta de participação em juízo...).

316 Ver: Costa. *A sociedade em conta de participação no direito de empresa do Código Civil de 2002...*, p. 183 ss.

317 Ripert, Georges. *Aspectos jurídicos do capitalismo moderno*. Rio de Janeiro: Freitas Bastos, 1947, p. 60; Champaud, Claude. *Le pouvoir de concentracion de société par action*. Paris: Sirey, 1962, p. 272; Comparato, Fábio Konder; Salomão Filho, Calixto. *O poder de controle na*

cidade para ser titular de direitos de propriedade. O que há é um *fundo social* (*patrimônio especial*, nos termos do art. 994 do Código Civil), o qual compõe o patrimônio geral do sócio ostensivo e é por ele administrado[318]. Deixa-se esta análise para mais adiante, quando do exame do fundo social (Capítulo 7).

3.4. Ausência de firma ou denominação

A conta de participação não possui nome social (firma social ou denominação social), já que sequer precisa disso, porquanto não atua no mundo jurídico em nome próprio — vale lembrar: é o sócio ostensivo que atua em seu próprio nome[319]. O art. 1.162 do Código Civil é expresso em relação a isso[320-321].

Tal fato, contudo, não impede que os sócios atribuam para a SCP um nome, ou, melhor dizendo, um *título*, para efeitos de organização e controle interno, porque é bastante comum a situação de uma mesma pessoa ser sócia de várias contas de participação, tanto como ostensiva

sociedade anônima. 4. ed. Rio de Janeiro: Forense, 2005, p. 450, 470; e Oliveira. *A dupla crise*..., p. 302.

318 Nesse sentido: "Penhora. Ato de constrição que recaiu sobre bens de sociedade em conta de participação da qual é sócia ostensiva a executada, ora agravante. Sociedade em conta de participação que não possui personalidade jurídica, possibilitando a penhora dos valores, em verdade, detidos pelo sócio ostensivo. Incabível a utilização do procedimento de desconsideração da personalidade jurídica, dada a ausência de personalidade jurídica (artigo 993 do CC). Acolhimento do argumento dos recorrentes que redundaria em empresa imune à execução. Decisão mantida. Recurso improvido." (TJSP, 10ª Câmara de Direito Privado, AI 2082401-90.2021.8.26.0000, Rel. Des. Wilson Lisboa Ribeiro, j. 22/06/2022).

319 Cf., *v.g.*, Merlinski. *Manual de sociedades comerciales*..., p. 293.

320 Como também o era o art. 325 do Código Comercial de 1850 e o art. 3º, §4º, do Decreto 916/1890 (decreto este que criou o registro de firmas ou razões comerciais).

321 "Consecuencia de la falta de personalidad jurídica de la sociedad accidental o en participación: *carece de denominación social*, como lo declara el art. 361 [da *Ley 19.550* argentina]; y no podía ser de otra manera, ya que el socio gestor actúa bajo su nombre personal y no bajo el nombre social, que indebidamente se adjudicaría la sociedad." (Verón. *Sociedades comerciales*..., p. 828). O atual art. 1448 do *Código Civil y Comercial de la Nación* argentino continua determinando que o *negocio en participación* não tem denominação; no mesmo sentido dispõe, expressamente, o art. 483 da *Ley de Sociedades Comerciales* uruguaia e o art. 241 do *Código de Comercio* espanhol. E assim também é, por exemplo, na Alemanha (*v.g.*, Heidel-Schall. *Handelsgesetzbuch*..., p. 1.470; Klunziger. *Grundzüge des Gesellschaftsrechts*..., p. 139) e na França, afirmando-se, de longa data, que este é o posicionamento unânime (cf. Pic. *Des Sociétés Commerciales*, t. III..., p. 613; Moreau. *Associations en participation et sociétés de fait*..., p. 17).

quanto como participante. Esta medida pode facilitar, inclusive, a realização da escrituração contábil da conta de participação (sobre os aspectos contábeis da conta de participação, ver Capítulo 11)[322-323].

3.5. Ausência de sede e domicílio

A conta de participação não tem *sede* (CC, art. 46, I) nem *domicílio* (CC, art. 75, IV), pois é o sócio ostensivo quem exerce a atividade em nome próprio, com todos os mecanismos/instrumentos que possui. Todavia, é possível que os sócios convencionem um local para servir de *centro de*

322 Nesse sentido, ver: CUNHA GONÇALVES. *Da conta em participação...*, p. 25; VENTURA. *Associação em participação* (BMJ 190)..., p. 42; GALIZZI. *Sociedade em conta de participação...*, p. 51-52; RAMIRES. *A sociedade em conta de participação no Direito brasileiro...*, p. 86; COSTA. *A sociedade em conta de participação no direito de empresa do Código Civil de 2002...*, p. 296. Tendo em vista que a expressão *nome social* possui um conceito jurídico preciso, Fran Martins, por exemplo, ao se referir à designação dada a determinadas contas de participação para efeito de controle interno e anotações nos livros contábeis, prefere utilizar a palavra *título*, precisão que se nos afigura corretíssima (cf. MARTINS. *Curso de Direito Comercial...*, p. 290-291).

323 "A ausência de nome empresarial na SCP não impede que os sócios adotem uma designação para a SCP — a qual será interna do ponto de vista de sua eficácia. Isso, aliás, já acontece para atender às exigências da RFB. É que, por força da equiparação da SCP à pessoa jurídica para fins de apuração de IRPJ, CSL, contribuição ao PIS e à COFINS, as operações e os resultados da SCP devem ser escriturados destacadamente, é dizer, separando-os dos registros atinentes às atividades do sócio ostensivo empreendidas fora da SCP, de tal forma a permitir que a apuração dos referidos tributos, quando referentes à conta de participação, seja feita independentemente da tributação so sócio ostensivo, ainda que em nome dele." "O destacamento das operações e dos resultados da SCP feito quando da elaboração da escrituração comercial não acarreta a atribuição de nome empresarial à SCP, dado que essa sociedade não exerce qualquer atividade, fazendo-o, apenas, o sócio ostensivo. O destacamento corresponde a mero título que identifica as transações afetas à SCP." "O uso, pelo sócio ostensivo, em sua escrituração, de título ou designação interna que individualize os negócios da SCP, determinada pela RFB, não acarreta, *de per si*, sua exteriorização, tampouco seu desvirtuamento, sendo até mesmo prudente que ele o faça com vistas a evitar que o vínculo entre os sócios ostensivo e participante seja confundido com uma sociedade em comum. Tal procedimento tem ainda mais razão nas SCPs com mais de um sócio ostensivo, devendo, nesse caso, ser adotada a mesma designação nas escriturações de todos eles para que haja congruência das várias contas contábeis, permitindo-se, por decorrência, a identificação da SCP e de seus integrantes. O uso de título ou designação interna também é esperado do sócio ostensivo que opere em mais de uma SCP, pois, com isso, permite-se a identificação dos lançamentos contábeis afetos a cada um dos empreendimentos." (FERNANDES. *A Sociedade em Conta de Participação no Direito Tributário...*, p. 116-117).

operações, no qual são realizadas as reuniões, as deliberações e onde são apresentadas as contas periodicamente[324-325].

Ainda, é possível e prudente que o contrato social estabeleça o foro (cláusula de eleição de foro — ou cláusula compromissória arbitral) para a solução de conflitos entre os sócios decorrentes da SCP[326].

3.6. Ausência de nacionalidade

A conta de participação não tem nacionalidade[327], não sendo possível aplicar-lhe as normas do Código Civil (art. 1.126 ao art. 1.141) ou da Lei de Introdução às Normas do Direito Brasileiro (art. 11): é nacional ou estrangeiro cada um dos seus sócios e não a SCP, uma vez que é ineficaz perante terceiros.

4. Mito da sociedade secreta

"Historicamente, a Conta de Participação surgiu como uma sociedade oculta. Oculta no sentido que terceiros desconheciam a sua existência. E, tradicionalmente, a consequência da revelação da Conta de Participação era a responsabilidade ilimitada do sócio oculto perante terceiros."[328] Nesse mesmo sentido, a sociedade em conta de partici-

[324] Cf., por todos, PIC. *Des Sociétés Commerciales*, t. III..., p. 614-615; MOREAU. *Associations en participation et sociétés de fait...*, p. 20. No mesmo sentido, no Brasil: AFFONSO. *A sociedade em conta de participação no Direito brasileiro...*, p. 56; COSTA. *A sociedade em conta de participação no direito de empresa do Código Civil de 2002...*, p. 206.

[325] "Para fins de inscrição da SCP no CNPJ, a RFB determina a indicação de sede ou endereço, o que faz sem contrariar as características essenciais do instituto. Isso porque (...) a sede ou endereço constante naquele cadastro é do sócio ostensivo, que se apresenta às autoridades fiscais e que é contribuinte do IRPJ, da CSL, da contribuição ao PIS e da COFINS incidentes sobre os resultados oriundos do respectivo empreendimento." (FERNANDES. *A Sociedade em Conta de Participação no Direito Tributário...*, p. 120).

[326] ADOLPH. *De l'association en participation...*, p. 24; MOREAU. *Associations en participation et sociétés de fait...*, p. 20; PIC. *Des Sociétés Commerciales*, t. III..., p. 615, 641; SOLÁ DE CAÑIZARES. *El contrato de participación...*, p. 128; SALGADO. *Das sociedades em participação...*, p. 105; CUNHA GONÇALVES. *Da conta em participação...*, p. 25; CARVALHO DE MENDONÇA. *Tratado de Direito Commercial brasileiro*, v. 4..., p. 232; BENTO DE FARIA. *Codigo Commercial Brasileiro anotado...*, p. 442; ALMEIDA. A virtuosidade da sociedade em conta de participação..., p. 48; GALIZZI. *Sociedade em conta de participação...*, p. 54; COSTA. *A sociedade em conta de participação no direito de empresa do Código Civil de 2002...*, p. 209.

[327] MOREAU. *Associations en participation et sociétés de fait...*, p. 19.

[328] ALMEIDA. *A sociedade em conta de participação...*, p. 64.

pação já foi designada de *sociedade anônima*. Assim o era na França ao tempo da Ordenança de 1673 e do Código de Comércio francês, posto não ser a sociedade revelada aos olhos do público[329]. Da mesma forma, no Brasil, o Código Comercial de 1850, em seu art. 325, designava a sociedade em conta de participação também de *anônima*[330]. Por conta disso, muitos disseram que essa, sim, seria a *verdadeira sociedade anônima*.

Todavia, a tendência atual é que seja permitida a revelação da conta de participação[331]. Desse modo, como bem destacou Gustavo Galizzi, o que existe é o "mito da sociedade secreta"[332].

Com efeito, a alcunha de *anônima* ou *sociedade secreta* definitivamente não se coaduna com a realidade da SCP no ordenamento jurídico. Em nosso entender, o mais correto seria chamá-la de *discreta*, porque terceiros não precisam saber obrigatoriamente de sua existência, porém o simples fato de saberem (de ser conhecida por terceiros) *não altera a sua essência*; ou seja, não a desnatura nem gera qualquer consequência, tampouco faz necessária sua convolação noutro instituto[333-334-335].

329 Ripert. *Traité élémentaire de Droit Commercial...*, p. 512; Ripert-Roblot-Germain-Magnier. *Traité de droit des affaires*, t. 2..., p. 191; Ferreira. *Tratado de Direito Comercial*, v. 3..., p. 528-530. Ademais, observe-se que o art. 1871 do *Code Civil* francês afirma que a *société en participacion* não é objeto de divulgação.

330 "Trata-se de uma sociedade que só existe entre os sócios e não aparece perante terceiros. Certamente não foi por outra razão que nosso Código Comercial oitocentista denominou-a, também, de anônima (...)." (Gonçalves Neto. *Direito de Empresa...*, p. 184). Igualmente: Doria. *Curso de Direito Comercial*, v. 1..., p. 194.

331 Almeida. *A sociedade em conta de participação...*, p. 64.

332 Galizzi. *Sociedade em conta de participação...*, p. 49-52.

333 Mossa. *Diritto Commerciale...*, p. 249; Ghidini. *L'associazione in partecipazione...*, p. 59; Adolph. *De l'association en participation...*, p. 29; Moreau. *Associations en participation et sociétés de fait...*, p. 17; Solá de Cañizares. *El contrato de participación...*, p. 125-127; Ventura. *Associação em participação* (BMJ 190)..., p. 41; Bento de Faria. *Codigo Commercial Brasileiro anotado...*, p. 441; Almeida. A virtuosidade da sociedade em conta de participação..., p. 48; Martins. *Curso de Direito Comercial...*, p. 288; Requião. *Curso de Direito Comercial*, v. 1..., p. 441; Doria. *Curso de Direito Comercial*, v. 1..., p. 196; Carvalho de Mendonça. *Tratado de Direito Commercial brasileiro*, v. 4..., p. 229 ("Finalmente, o sistema hoje geralmente aceito, é no sentido de reconhecer o caráter distintivo da sociedade em conta de participação no sentido de ser ela *oculta*. *Oculta* não quer dizer aqui uma sociedade irregular, uma sociedade organizada com manobras fraudulentas, para o fim de enganar ou iludir o público, nem um contrato que precise ser guardado em sigilo, sob pena de degenerar em uma sociedade em nome coletivo, mas significa simplesmente uma sociedade *non proscripta*, uma sociedade em que o sócio gerente não usa senão o próprio crédito, agindo no próprio nome."). Assim abordando,

Mas por que não? Ora, simplesmente porque as operações são entabuladas única e exclusivamente em nome do sócio ostensivo, respondendo apenas o patrimônio deste pelas obrigações assumidas, ainda que estas tenham sido contratadas em benefício de um negócio que, posteriormente, pode reverter em vantagem econômica para o sócio participante. Nesse sentido, o patrimônio e a pessoa do sócio participante são *irrelevantes* e *não devem ser levados em consideração* por aqueles que contratam com o ostensivo.

Fornecedores, empregados, bancos e trabalhadores não devem mirar o patrimônio do participante como fonte capaz de satisfazer eventual

ver, também: Costa. *A sociedade em conta de participação no direito de empresa do Código Civil de 2002...*, p. 147 ss.

[334] Na Argentina, assim também funciona, embora algumas consequências possam advir da revelação perante terceiros. Quando da vigência do art. 361 da *Ley de Sociedades Comerciales* argentina, cuja tutela foi replicada no art. 1448 do *Código Civil y Comerciale de la Nación* argentino, esclareceu Alberto Verón: "El hecho de que el art. 361 de la LSC imponga la actuación a nombre personal del socio gestor no significa que la sociedad accidental o en participación deba permanecer necessariamente oculta y desconocida para los terceros, pues en el caso de su exteriorización opera el art. 363, por el cual quedan obligados los socios no gestores, ilimitada y solidariamente hacia los terceros cuando el socio gestor hiciera conocer sus nombres con sus consentimientos. Se trata de un régimen de excepción al régimen general de las sociedades comerciales, pues la sociedad accidental o en participación es la única figura vinculada con el negocio societario que puede carecer de exteriorización en nuestro derecho positivo, haciéndola aparecer así la LSC como sociedad, si bien oculta, con caracteres especiales, que la tipifican como anómala, transitoria y sin denominación, al punto de llegar a reputarse – su carácter oculto – meramente natural y no esencial." (Verón. *Sociedades comerciales...*, p. 826-827).

[335] Na França, diante da ausência, na reforma de 1978, de que a conta de participação não deve ser revelada a terceiros, faz-se, atualmente, referência à possibilidade da sociedade em participação oculta ou ostensiva. A oculta, os terceiros não têm conhecimento da própria sociedade. A ostensiva, por sua vez, torna-se conhecida de terceiros; contudo, diante da proibição de inscrição do registro de empresas, a publicidade realiza-se de modo informal: inserção de um aviso em jornal ou simplesmente dando notícia aos terceiros quando da realização de um contrato (hipótese em que se sustenta que não apenas o sócio gestor, mas todos os sócios mencionados no ato seriam responsáveis). Ainda, poder-se-ia dar uma denominação à sociedade ostensiva a individuar um centro de atividade. De qualquer sorte, a sociedade ostensiva resta não tendo relevância externa (não possui subjetividade jurídica o os sócios não são responsáveis perante terceiros a não ser que tenham voluntariamente consentido com a utilização expressa de seus nomes). Sobre o tema, ver: Ripert-Roblot-Germain-Magnier. *Traité de droit des affaires*, t. 2..., p. 193-195; e Mignone. *L'associazione in partecipazione...*, p. 596.

crédito não honrado pelo ostensivo, ainda que, vale repetir, a sua origem esteja em operações que podem reverter em benefício daquele. Mesmo que o eventual terceiro tenha conhecimento da sociedade em conta de participação e saiba quem é o sócio participante, não pode pretender a sua responsabilização (e daí porque o próprio Código Civil não mais o designa como *sócio oculto* — nem exige que a conta de participação não seja revelada para terceiros —, sendo tal expressão utilizada em decorrência do costume social), sendo a referida sociedade *ineficaz* perante aquele, como prevê o art. 993, *caput*, do Código Civil.

Portanto, o participante é oculto não pelo fato de ser proibida a sua aparição para o mundo exterior, mas tão-somente porque a sua existência é *irrelevante* para os terceiros que negociam com o ostensivo — e, exatamente por isso, as partes tendem a não revelar a existência da SCP (sendo comum a existência de cláusulas de confidencialidade nos contratos sociais), em que pese o sigilo não possa ser oponível a certos terceiros, como as autoridades fiscais[336].

A bem da verdade, pouco importa que a conta de participação tenha, eventualmente, tornado-se conhecida de terceiros, bem como não interessa saber se o conhecimento adveio por meio do ostensivo, do participante, por mero acaso ou partiu de diligências tomadas por um terceiro[337]. Mesmo porque, como já visto, nada impede que o sócio ostensivo revele a existência da SCP (salvo estipulação contratual que preveja o sigilo), muito embora não possua qualquer dever de assim proceder. Ainda, nada impede que seja a conta de participação publicizada, inclusive mediante registro no Cartório de Títulos e Documentos.

Em um contexto legislativo no qual a conta de participação tem natureza contratual, não societária, mas cuja lição se pode aproveitar para o ponto que aqui tratamos, comenta Vivante que a conta de participação pode restar ignorada por terceiros, como, em geral, ocorre com os demais contratos. Porém, se o sigilo era habitual ao tempo em que o investidor tratava de se esconder atrás da figura do comerciante que conduzia os negócios comuns em decorrência do desprezo que se tinha pelo comércio,

336 Fernandes. *A Sociedade em Conta de Participação no Direito Tributário...*, p. 90.

337 Ventura. *Associação em participação* (BMJ 190)..., p. 41; Solá de Cañizares. *El contrato de participación...*, p. 127.

hoje em dia — falava na década de 1930! — se torna cada vez mais comum que se saiba sobre a existência das contas de participação[338].

Alfredo de Gregorio salienta, com muita propriedade, que a tese oposta, isto é, aquela segundo a qual a conta de participação não pode ser revelada externamente, seria a primeira vez, segundo tem notícia o autor italiano, que o ordenamento jurídico imporia a não revelação de uma relação jurídica lícita[339].

E a derradeira prova de que se trata de lenda ser a SCP uma sociedade secreta é o fato de que, no Brasil, tendo em vista as regras contábeis e fiscais, o Fisco tem pleno conhecimento da sua existência (existindo a necessidade, atualmente, de registro junto ao Cadastro Nacional de Pessoas Jurídicas), em que pese não seja divulgado ao público (à exceção do Fisco, que evidentemente tem acesso a tais dados) a identidade do sócio participante (ou seja, aos olhos do público em geral, o participante segue sem precisar aparecer)[340] — sendo que, caso se queira manter a confidencialidade de algumas disposições da conta de participação, nada impede que se faça um instrumento contratual resumido, a ser registrado perante o CNPJ/ME, e um instrumento contratual completo, que regule de modo mais detalhado a relação entre as partes (desde que isso, evidentemente, não represente a ocultação de qualquer informação que deva ser disponibilizada à Receita Federal). Portanto, para o Fisco,

[338] Vivante. *Trattato di Diritto Commerciale...*, p. 534. Andando na mesma direção, ver: Anaya. *Sociedades accidentales o en participación...*, p. 182 ss.

[339] De Gregorio. De las sociedades y las associaciones comerciales..., p. 419. Da mesma forma, Vivante salienta que seria no mínimo estranho que um contrato perfeitamente legítimo devesse ficar oculto, clandestino, para conservar a sua própria natureza; basta lembrar que a conta de participação pode ser estipulada por ato público para que possamos nos convencer de que não é ponto necessário e nem mesmo sempre possível que se conserve o segredo acerca de sua existência (Vivante. *Trattato di Diritto Commerciale...*, p. 534). E Raul Ventura se posiciona na mesma linha: para o comercialista português, a conta de participação é tão secreta quanto qualquer outro contrato celebrado entre duas pessoas relativamente às demais (Ventura. *Associação em participação* (BMJ 190)..., p. 41).

[340] Nos termos do Anexo V da Instrução Normativa RFB 2.119/2022, não é divulgado no QSA – Quadro de Sócios e Administradores, disponível na internet, o nome do sócio participante: são disponibilizados somente o administrador (na hipótese de o ostensivo ser uma pessoa jurídica) e o sócio ostensivo.

não há sociedade secreta[341]; para os outros, da mesma forma, poder-se-ia chamá-la de, no máximo, *discreta*.

Igualmente, é preciso lembrar que a transferência de alguns bens do sócio participante para o ostensivo a título de aporte chega a exigir a publicidade. É o caso do instrumento público e da inscrição no Registro de Imóveis para o caso dos bens imóveis acima do valor legal (CC, art. 108), e do registro próprio para o caso de automóveis, aeronaves, embarcações e dos bens da propriedade intelectual (marcas, invenções, modelos de utilidade, desenhos industriais), estes últimos perante o Instituto Nacional da Propriedade Industrial (INPI), por exemplo. E quanto a isso não há nenhum problema, pois nem o instrumento público (nem a sua publicização) chega a corromper a natureza da conta de participação[342].

Por fim, em razão da legislação concorrencial, pode até ser o caso de submeter e/ou informar a constituição ou a existência da conta de participação ao Conselho Administrativo de Defesa Econômica (CADE), nos termos do art. 88 ao art. 90 da Lei 12.529/2011.

Cunha Gonçalves salienta que o termo *oculta*, tão utilizado para designar essa sociedade, não quer dizer que deva ser a conta de participação secreta ou que deva haver segredo relativamente à sua constituição e operação. O essencial, explica o tratadista lusitano, é que eventual ingerência do participante nos negócios objeto da conta de participação não levem os terceiros a racionalmente supor a existência de outra sociedade[343]. A SCP, com efeito, não precisa ser secreta, contanto que não se busque agir perante terceiros como se fosse uma pessoa moral[344].

E, efetivamente, a eventual publicidade dada à conta de participação pode, inclusive, evitar equívocos quanto ao tipo de relação havido entre as partes e sobre o tipo de responsabilidade do investidor (sócio participante) perante terceiros[345]. Dessa maneira, o ponto nodal da questão

341 Nesse sentido, ver: FERNANDES. *A Sociedade em Conta de Participação no Direito Tributário...*, p. 295 ("A publicidade, no entando, é ao fisco, mais precisamente à RFB, e não a terceiros, ficando, assim, preservado o sigilo da sociedade (art. 198 do CTN), caso seus sócios desejem atuar em silêncio."). De mesma forma ocorre na França, por exemplo. Ver: MERLE. *Droit Commercial...* (1998), p. 657; também se exige assim, por exemplo, na Itália (MIGNONE. *L'associazione in partecipazione...*, p. 75-76).

342 CUNHA GONÇALVES. *Da conta em participação...*, p. 80-81.

343 CUNHA GONÇALVES. *Da conta em participação...*, p. 41-42.

344 PIC. *Des Sociétés Commerciales*, t. III..., p. 610-611.

345 VIVANTE. *Trattato di Diritto Commerciale...*, p. 534.

não diz respeito ao conhecimento, mas, sim, quanto a *não iludir* terceiros relativamente à natureza do negócio havido entre ostensivo e participante. Nesse sentido, pode ser importante ao próprio ostensivo indicar aos seus credores a existência de uma ou mais contas de participação das quais faz parte. O essencial é que a SCP seja conhecida como tal[346].

Assim, o problema que a publicização da conta em participação pode evitar gira em torno de situações defectíveis, isto é, quando a natureza da SCP é *corrompida* pela atuação dos próprios sócios, circunstância que pode muito bem acontecer quando o participante toma parte nas relações do ostensivo com terceiros (CC, art. 993, parágrafo único), responsabilizando-se em nome próprio, ou quando este ou aquele asseguram ou dão a entender que o participante garante as operações.

Exemplo fácil é o do ostensivo que emprega o prestígio ou o bom nome do participante para convencer interessados de que é seguro adquirir unidades residenciais em determinado empreendimento levado a cabo por construtora que conta com empresário famoso como sócio participante. Da mesma forma, quando o ostensivo negocia condições especiais com fornecedores, empregando o bom nome de sócio participante, pode ocorrer a desnaturação da SCP, sendo possível a responsabilização do investidor.

Como forma de evitar a responsabilização do sócio participante perante terceiros, faz sentido seguir a orientação de José Gabriel Assis de Almeida:

> O fundamental, portanto, é que ao ser revelada a Conta de Participação fique sempre bem claro que o sócio oculto não assume qualquer responsabilidade perante terceiros. Ressalvado este ponto, nada impede que a existência da Conta de Participação seja conhecida por terceiros[347].

Na mesma direção, pode-se consignar, no próprio contrato de sociedade, que o sócio participante não responde perante terceiros por quaisquer débitos. Essa cautela adicional, como comenta José Gabriel de Assis Almeida, pode servir como medida de resguardo do sócio participante, caso o contrato da SCP venha a ser revelado a terceiros, sem que isso desnature a sociedade.

346 VENTURA. *Associação em participação* (BMJ 190)..., p. 41.

347 ALMEIDA. *A sociedade em conta de participação*..., p. 65.

Por todo o exposto, é um verdadeiro *mito*, como afirma Gustavo Galizzi, dizer que a sociedade em conta de participação é secreta: "(...) criou-se na doutrina tradicional a falsa ideia de que a principal característica da sociedade em conta de participação seria sua eventual ocultação — o fato de ser uma sociedade supostamente secreta. Foi para coibir esse tipo de raciocínio que o Código Civil de 2002 alterou a designação do antigo sócio 'oculto', expressão utilizada no vetusto Código Comercial de 1850, para sócio participante, bem mais apropriada à estrutura orgânica do tipo"[348].

A clandestinidade, então, não é da essência da conta de participação[349]. A SCP é *discreta* — e não necessariamente *secreta* —, sendo esta uma das grandes vantagens e características clássicas da conta de participação. De qualquer forma, está correto Waldemar Ferreira ao dizer que podemos considerar a sociedade em conta de participação como anônima no sentido estrito da palavra, uma vez que não possui nome social, nos termos do art. 1.162 do Código Civil, como já foi visto[350].

5. Formatações

Assim como Mauro Brandão Lopes em sua clássica obra sobre a sociedade em conta de participação, optamos, para melhor expor as possíveis formatações de uma SCP, por definir dois modelos (*arquétipos*) iniciais, a partir dos quais é possível estruturar variações operacionais deste tipo societário:

(a) *Formatação básica*;
(b) *Formatação complexa*[351].

Passemos, então, a analisar as possíveis formatações que a conta de participação pode assumir.

[348] Galizzi. *Sociedade em conta de participação...*, p. 49.

[349] Cozian-Viandier-Deboissy. *Droit des sociétés...*, p. 652.

[350] Ferreira. *Tratado de Direito Comercial*, v. 3..., p. 532. Em sentido semelhante: Carvalho de Mendonça. *Tratado de Direito Commercial brasileiro*, v. 4..., p. 232.

[351] Lopes. *A sociedade em conta de participação...*, p. 54 ss. Jaime Anaya faz referência às contas de participação unilateriais ou recíprocas — além das participações concorrentes, em que todos os contratantes podem atuar como gestores da mesma operação (Anaya. *Sociedades accidentales o en participación...*, p. 80 ss).

5.1. Formatação básica

Na formatação básica, são *facilmente identificadas duas categorias de sócio*, cabendo a gestão do empreendimento ao ostensivo, enquanto o participante costuma ficar inerte à espera dos resultados que lhe cabem em troca do aporte feito.

Como observa Gustavo Galizzi, na modalidade clássica, "[o]s pólos contratuais são perfeitamente definidos; não há coincidência entre as figuras de sócio ostensivo e de sócio participante"[352].

Essa é a formatação mais simples de sociedade em conta de participação que se pode conceber.

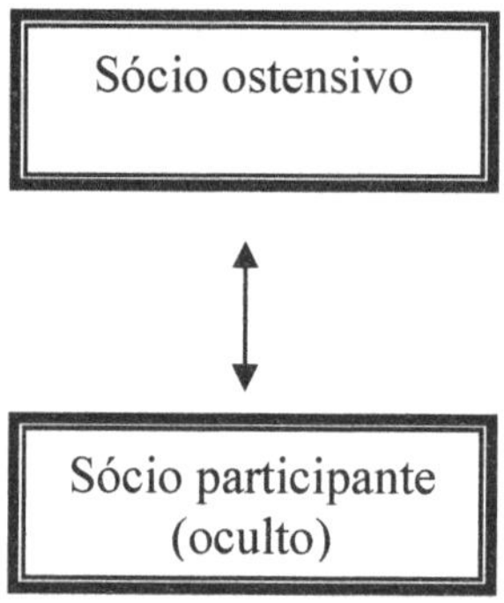

Em complemento ao modelo mais simples, pode ocorrer que um sócio ostensivo esteja nessa posição em relação a *diversos sócios participantes* no mesmo ou em diferentes empreendimentos, firmando a conta de participação com diversos participantes em um mesmo contrato — podendo, ainda, existirem instrumentos contratuais diferentes[353].

[352] GALIZZI. *Sociedade em conta de participação...*, p. 126.

[353] Ver: WINDBICHLER. *Gesellschaftsrecht...*, p. 180; BAUMBACH-HOPT. *Handelsgesetzbuch...*, p. 864; HEIDEL-SCHALL. *Handelsgesetzbuch...*, p. 1.475; HÜFFER-KOCH. *Gesellchaftsrecht...*, p. 254. Afirmando que a conta de participação necessariamente tem sempre dois sócios, nada impedindo que o ostensivo capte recursos com mais de um investidor, firmando, com cada participante, uma conta de participação (em que pese seja possível que tais participantes se organizem em uma *BGB-Gesellschaft*), ver: KLUNZIGER. *Grundzüge des Gesellschaftsrechts...*, p. 140. A rigor, tem-se que é possível que um único ostensivo tenha uma conta de participação com diversos participantes ou que firme diversas contas de participação com diversos participantes (cf. BORBA. *Direito Societário...*, p. 112).

Ainda, nada impede que os sócios ocultos se organizem para, em conjunto, proteger seus interesses, podendo, inclusive, para esse desiderato, entregar a um fiduciário comum a defesa de seus interesses frente ao sócio gestor[354]. No mesmo sentido, fica mais evidente, em tais esquemas associativos, que se estabeleça no contrato social que o exercício de direitos dependa do consentimento de certo número de sócios[355-356].

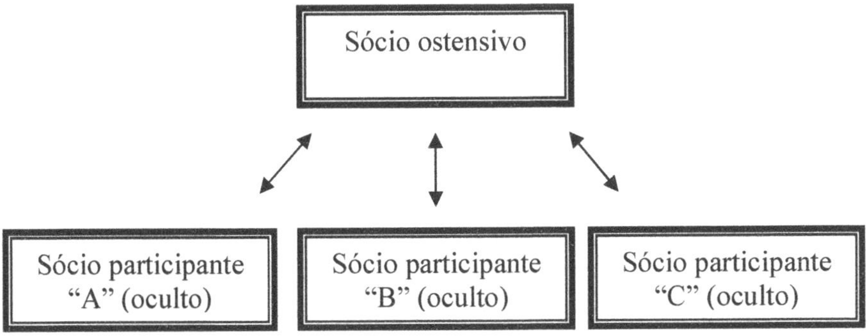

Uma variação possível desse modelo é a existência de uma sociedade em conta de participação com dois sócios ostensivos e somente um participante. Por meio de um único contrato de SCP, pode um investidor aportar recursos em dois sócios ostensivos (hipótese na qual o ideal é que o contrato social indique como cada um atuará, sob pena de todos os ostensivos poderem praticar todo e qualquer ato)[357].

354 Garrigues. *Tratado de Derecho Mercantil...*, p. 197; Ventura. *Associação em participação* (BMJ 189)..., p. 111. Ver, também: Baumbach-Hopt. *Handelsgesetzbuch...*, p. 864.

355 Ventura. *Associação em participação* (BMJ 189)..., p. 111.

356 Considernado o regime jurídico da SCP estabelecido pelo Código Civil, mesmo que existam vários participantes, não há solidariedade entre direitos e obrigações, salvo disposição em contrário no contrato. Nesse sentido, por exemplo, caminha o art. 22º, nº 1, do Decreto-Lei 231(1981) português, que assim dispõe: "1 — Sendo várias as pessoas que se ligam, numa só associação, ao mesmo associante, não se presume a solidariedade dos débitos e créditos daquelas para com este."

357 Caminhando no mesmo sentido, ver: Affonso. *A sociedade em conta de participação no Direito brasileiro...*, p. 127. Na Argentina também não há óbices para a existência de um número ilimitado de sócios ostensivos (cf. Roitman-Aguirre-Chiavassa. *Manual de Sociedades Comerciales...*, p. 1.028). Também referindo a possibilidade de mais de um sócio ostensivo, sendo aconselhável a divisão de funções, ver: Moreau. *Associations en participation et sociétés de fait...*, p. 86. Por sua vez, referindo que sempre que houver mais de um sócio ostensivo

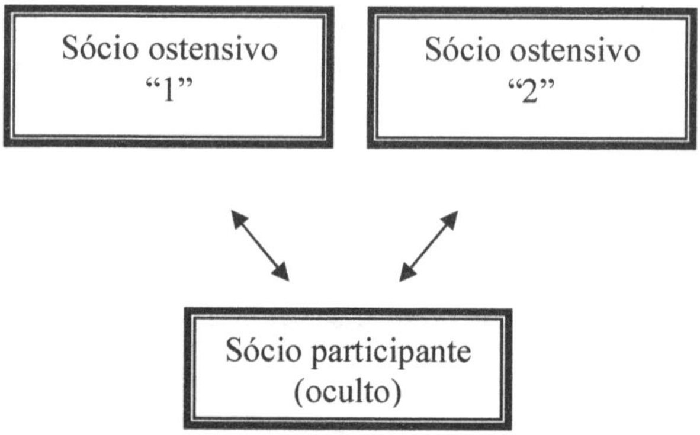

Ainda mais sofisticada seria uma SCP com *mais de um sócio ostensivo,* cada um responsável por um empreendimento, de modo que o resultado de todos eles sejam repartidos com os sócios participantes. Essa estrutura poderia ser utilizada para diversificar os investimentos e ainda reduzir os riscos, pois os resultados globais não dependeriam de um único gestor.

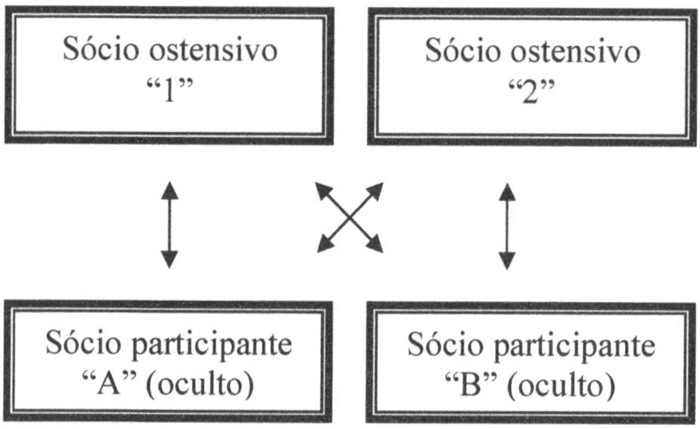

Como visto, a SCP pode assumir múltiplas formas. Como quer que seja, no âmbito da *formatação básica*, objeto do presente tópico, *é possível identificar com clareza os polos da relação jurídica* estabelecida entre as partes, podendo ser empregada de maneiras distintas, dependendo do objeto a ser explorado.

existirá mais de uma conta de participação, ver: SZTAJN, Rachel; FONSECA, Priscila Maria Pereira Correda da. *Código Civil comentado*, v. 11. São Paulo: Atlas, 2008, p. 186.

5.1.1. *Formatação básica para a participação em operações específicas*

A formação da conta de participação pode abranger uma ou a algumas operações específicas (assumindo a estrutura do que se convencionou chamar de sociedade de propósito específico, nos termos do art. 981, parágrafo único, do Código Civil), como a importação e a posterior venda de um lote de mercadorias ou a construção de um prédio, por exemplo. Nessa hipótese, a sociedade tem duração determinada até a ultimação dos referidos negócios, quando, então, deve ser dissolvida e liquidada.

5.1.2. *Formatação básica para a participação duradoura*

A participação duradoura pode se revelar de duas formas: uma participação que se dá (a) em *parte do negócio do ostensivo* ou (b) *relativamente a toda a atividade negocial do ostensivo*, espécie de participação global nos negócios deste.

(a) Participação duradoura em parte do negócio do ostensivo

Pode a conta de participação ser projetada para que o sócio oculto participe, de forma duradoura, em uma parte específica do negócio do sócio ostensivo. É o caso daquele investidor que contribui para a compra de um terreno onde será explorado um estacionamento de automóveis, por exemplo. Partindo da premissa de que a sócia ostensiva é uma sociedade administradora de vários estacionamentos e que o sócio oculto participará dos resultados de apenas um deles, fica bem claro o tipo de ajuste que queremos demonstrar.

Da mesma forma, um investidor que entrega recursos para que uma clínica médica ou odontológica adquira equipamento de raios-X (ou qualquer outro de medicina por imagem), de cuja exploração vai participar recebendo um percentual daquilo que é cobrado do paciente por esse serviço específico. Digamos que a clínica cobre R$ 200,00 por imagem, destinando-se R$ 50,00 ao investidor a título de participação. Neste último exemplo fica bem claro que o sócio investidor não participará dos resultados dos outros serviços prestados pela clínica (consultas, procedimentos cirúrgicos, etc) que não forem aqueles especificamente ajustados para a conta de participação (serviço de raios-X).

Esse tipo de ajuste também pode ser utilizado na indústria para a compra de equipamentos de grande porte. Nesses casos, usualmente se estipula que o sócio investidor receberá um montante de acordo com a produção da máquina que foi adquirida com os recursos por ele aportados. Com esse tipo de ajuste, não é difícil imaginar uma indústria cujo parque fabril é financiado por meio de várias sociedades em conta de participação, criando-se uma para cada máquina de grande porte utilizada.

(b) Participação duradoura em todo o negócio do ostensivo

Ainda, é possível que o sócio oculto participe dos resultados de *todo* o negócio do sócio ostensivo — trata-se, portanto, de uma participação nos resultados *globais* do ostensivo. Isso, geralmente, dá-se porque o participante contribuiu com o capital necessário para a formação integral do negócio do ostensivo. E quanto a isso não há problema algum[358].

5.2. Formatação complexa

Na estrutura complexa, as participações dos sócios ostentivo e participante são cruzadas (participações recíprocas), isto é, *os sócios são, a um só tempo, ostensivo e participante*, variando de posição jurídica conforme a operação em destaque (conforme o ângulo pelo qual se analisa a sociedade).

Nessas situações, é possível que todos os contratantes estejam autorizados a conduzir negociações com terceiros, mas cada um deles contrata pessoalmente e em nome próprio relativamente aos seus negócios, não responsabilizando os demais[359].

Como explica Galizzi, "todos os integrantes são gestores, ou melhor, sócios ostensivos em seus respectivos negócios, ocupando a posição de participantes nos alheios"[360]. Esclarece Vivante que isso pode acontecer permanecendo cada um dos sócios senhor do seu próprio estabelecimento, e, ainda assim, associando-se nos ganhos e nas perdas dos demais[361]. O fundamento econômico deste arranjo é combinar o potencial lucrativo de vários negócios[362], sendo possível, inclusive, limitar o risco inerente às perdas.

358 Vivante. *Trattato di Diritto Commerciale...*, p. 532-533; Garrigues. *Tratado de Derecho Mercantil...*, p. 206.

359 Solá de Cañizares. *El contrato de participación...*, p. 22, 127.

360 Galizzi. *Sociedade em conta de participação...*, p. 126.

361 Vivante. *Trattato di Diritto Commerciale...*, 539.

362 Grandi. *L'associazione in partecipazione...*, p. 215.

Tal pode ocorrer em decorrência da *troca de participações*, operação na qual cada um dos sócios participará como ostensivo em seu negócio e como participante na totalidade ou em parte do negócio do outro. É interessante mencionar que a *troca de participações* está expressamente prevista no direito português como meio de aporte para a exploração de uma conta de participação.

Assim dispõe o art. 24º-3 do Decreto-Lei 231/81: "*No contrato pode estipular-se que a contribuição prevista no nº 1 deste artigo seja substituída pela participação recíproca em associação entre as mesmas pessoas, simultaneamente contratada*". No Brasil, ainda que não exista dispositivo específico regulando a troca de participações como espécie de contribuição para uma conta de participação, não se vislumbra maiores empecilhos para a sua estipulação em decorrência do imperativo de que em matéria de direito privado o que não está proibido é permitido.

Quanto à formatação complexa da SCP, Eunápio Borges, em clássico exemplo, supõe que "A", dono de uma livraria, "B", de uma sapataria, e "C", de um armazém, contratam uma SCP, pela qual partilharão os resultados que cada um tiver em seu negócio. Em relação à livraria, "A" é ostensivo, enquanto "B" e "C" são sócios participantes; em relação à sapataria, "B" é ostensivo, enquanto "A" e "C" são participantes; por fim, em relação ao armazém, "C" é ostensivo, ao passo que "A" e "B" são participantes. Assim, cada um dos três é ostensivo em um dos negócios e participante nos outros dois. A sociedade engendrada entre "A", "B" e "C" é uma conta de participação da modalidade complexa, pois possui sócios que, em algumas operações, são ostensivos e, em outras, são participantes. Porém, apesar da complexidade interna, aos olhos de terceiros, nada muda. É como se os negócios primitivos continuassem os mesmos — e, em essência, continuam[363].

[363] Borges. *Curso de Direito Comercial terrestre...*, p. 327. Dando exemplo semelhante, ver: Gonçalves Neto. *Direito de Empresa...*, p. 186; ver, também: Moreau. *Associations en participation et sociétés de fait...*, p. 91. Interessante, também, é a situação referida por Paulo Cavalcanti Salgado, na qual um sócio, em determinada operação, comparece como sócio ostensivo e, ato contínuo, em sequência da mesma operação, aparece como sócio participante; nesse caso, por exemplo, um sujeito adquire produtos em seu próprio nome, enquanto sócio ostensivo, e, em seguida, transfere tais bens para o sócio participante, o qual, então, se torna responsável pela revenda das mercadorias em nome próprio, ou seja, como sócio ostensivo (cf. Salgado. *Das sociedades em participação...*, p. 67-68); nesse sentido, referindo tal exemplo,

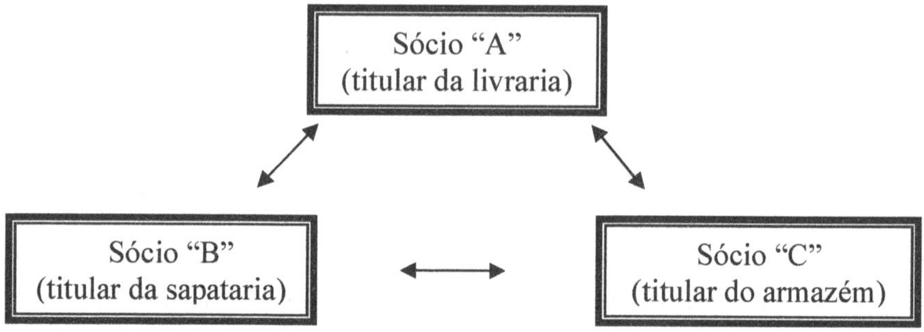

ver: MOREAU. *Associations en participation et sociétés de fait...*, p. 91-92; e AFFONSO. *A sociedade em conta de participação no Direito brasileiro...*, p. 105.

CAPÍTULO 3
FIGURAS PRÓXIMAS E DIFERENCIAÇÕES

Diferenciar a sociedade em conta de participação de outras figuras que a ela se assemelham consiste em um dos problemas fundamentais do estudo deste tipo societário. Isso porque essa árdua tarefa exige a identificação de sutis diferenças, muitas vezes pouco nítidas, entre ela e outras formas jurídicas, o que torna o trabalho de divisar os institutos uma empreitada extremamente difícil[364] — especialmente quando se está diante de outro negócio jurídico que prevê participação nos lucros, como pode acontecer, eventualmente, com o *contrato de mútuo* e com o *contrato de trabalho*[365]. E a casuística é rica quando se trata da necessidade de diferenciar a SCP das figuras próximas.

Não bastasse isso, enquanto em algumas situações as partes contratantes baralham os nomes, não adotando a expressão *conta de participação* para os negócios com essas características, em outras tantas indicam expressamente que se trata de uma SCP quando, na verdade, se está diante de negócio diverso[366].

[364] WINDBICHLER. *Gesellschaftsrecht...*, p. 181.

[365] HÉMARD-TERRÉ-MABILAT. *Sociétés Commerciales...*, p. 372-373.

[366] MOSSA. *Diritto Commerciale...*, p. 247-248; CENDON. *Commentario al Codice Civile...*, p. 433 ("In via del tutto generale, l'elemento più imediato per qualificare un contrato è ovviamente l'eventuale nome utilizzato dalle parti (il *nomen iuris*) per contraddistinguere il contrato stesso. Va da sé che questo primo elemento non presenta caratteri di certeza e di affidabilità per una compiuta analisi giuridica del rapporto sottostante. Infatti, come noto, le parti

E a relevância do esforço que faremos toma força quando identificamos que a conta de participação muitas vezes é utilizada maliciosamente para entabular algumas relações contratuais que se quer mascarar. Nesse sentido, por exemplo, a SCP é corriqueiramente empregada em substituição ao contrato de trabalho na tentativa de fugir das obrigações laborais e previdenciárias, sendo também utilizada para esconder consórcio para a aquisição de bens, ou mesmo para a prática de estelionato, entre outras práticas que desvirtuam este tipo societário.

Assim, muito além de fetichismo acadêmico, a busca pela exata identificação dos institutos vizinhos é tarefa de relevância prática: ela permite a correta classificação dentro das categorias jurídicas, possibilitando apontar qual é o regime jurídico aplicável ao instituto sob exame e como se regula a relação entre as partes e perante terceiros[367].

Mauro Brandão Lopes ensina que "a tarefa de caracterizar a conta de participação exige (...) o trabalho suplementar de distingui-la dos vários contratos com os quais alguns ainda a confundem"[368]. Por isso, sempre que se quiser diferenciar uma SCP de uma figura que com ela se parece, deve-se ter em mente os *elementos de uma sociedade*, os quais devem ser utilizados como ferramentas a auxiliar na solução do problema.

Com efeito, além dos elementos existenciais que devem estar presentes em qualquer sociedade — o acordo livre entre as partes para que, combinando esforços e/ou recursos, exerçam uma atividade econômica e busquem o lucro (*Zweckgemeinschaft*) —, há outros, os denominados *elementos específicos* (categoriais) da SCP (existência de duas categorias de sócio, etc.), que servem para identificar se, no caso examinado, há ou não a materialização de uma sociedade em conta de participação.

sovente concludono accordi senza preoccuparsi di sostanziarli in forma scritta, e men che meno si preoccupano di attribuire all'accordo eventualmente sancito per iscritto un *nomen iuris* coerente con l'effettivo contenuto del contrato. In aggiunta a queste considerazioni pratiche, si consideri altresì come la giurisprudenza sia unanime nel ritenere di dover prescindere da tale elemento ogni qualvolta l'effettivo comportamento dei contraenti non risulti conforme, nei fatti, alla fattispecie astrattamente richiamata dal nome attribuito dalle parti all'accordo sottoscritto").

[367] Como muito bem colocado pela doutrina alemã, a diferenciação da SCP em relação a outros institutos permite que se analisem, adequadamente, qual a finalidade do contrato, o seu conteúdo e o objetivo econômico das partes, ensejando, logicamente, a aplicação do regime jurídico correto (*v.g.*, HEIDEL-SCHALL. *Handelsgesetzbuch...*, p. 1.471; ver, também: BAUMBACH-HOPT. *Handelsgesetzbuch...*, p. 863).

[368] LOPES. *A sociedade em conta de participação...*, p. 38.

Deve-se, então, apreciar as circunstâncias fáticas com bastante cuidado, sempre buscando observar a real intenção das partes (CC, art. 112), bem como dando mais atenção à materialidade do que à forma adotada.

Feitas essas observações, passa-se à tarefa de analisar as diferenças entre a sociedade em conta de participação e alguns institutos afins[369-370].

1. SCP v. Mútuo

No contrato de mútuo (CC, arts. 586-592), o mutuante empresta coisa fungível ao mutuário, transferindo para este o domínio da coisa emprestada, por cuja conta correm todos os riscos dela desde a tradição, obrigando-se o mutuário a pagar coisa do mesmo gênero, qualidade e quantidade, normalmente mediante juros (fixos ou variáveis).

O contrato de mútuo e a sociedade em conta de participação podem ser extremamente próximos, sendo a distinção entre essas duas figuras complicada muitas vezes, dado que tanto no mútuo quanto na sociedade em conta de participação — nesta, por regra, mas não necessariamente —, os recursos passam ao empreendedor a título de propriedade[371].

Embora do ponto de vista da conclusão do contrato o mútuo seja um contrato real e a conta em participação seja consensual[372], essa característica pouco contribui no esclarecimento da diferença entre os dois institutos.

Quanto ao objeto do contrato, a eventual alegação de que o aporte do participante na SCP pode dar-se com bem infungível — máquinas, insumos, prestação de serviços, etc —, enquanto o contrato de mútuo somente pode ter por objeto bem fungível[373], apesar de válida, resolve

369 Também realizando distinção entre a SCP e uma série de outros institutos, ver: LOPES. *A sociedade em conta de participação...*, p. 38 ss; e RAMIRES. *A sociedade em conta de participação no Direito brasileiro...*, p. 131 ss.

370 A análise realizada restringe-se a institutos que tenham alguma representatividade em nossa realidade. Assim, por exemplo, deixamos de analisar a distinção entre o *trust* e a SCP (que, para Peter Ashton, seria a figura no Brasil que mais se assemelharia ao *trust*, cf. ASHTON, Peter Walter. *Companhias de investimentos.* Rio de Janeiro: Edições Financeiras, 1963, p. 104; caminhando na mesma direção, ver: BARRETO FILHO. *Regime jurídico das sociedades de investimentos...*, p. 177), o que muitas vezes se faz em outros países.

371 FONTANARROSA. La sociedad accidental o en participación..., p. 4.030.

372 MIGNONE. *L'associazione in partecipazione...*, p. 77.

373 Ver: FONTANARROSA. La sociedad accidental o en participación..., p. 4.030.

apenas parcialmente o problema, não solucionando os casos nos quais os aportes do participante na SCP forem realizados com recursos monetários (o que usualmente acontece)[374].

Como, então, divisar os institutos? E se o mutuante, em vista do sucesso do empreendimento do mutuário, alega ser um sócio participante, querendo, com isso, não só receber eventuais juros acordados, mas uma verdadeira participação nos resultados decorrentes do sucesso do empreendimento?[375] Não bastasse isso, o inverso também é crível, isto é, um sócio investidor que, em face da derrocada do negócio de interesse comum, se diz simples credor, passando a exigir a devolução do suposto empréstimo.

Fator a aproximar ainda mais o mútuo da SCP é a hipótese de o contrato de empréstimo conferir ao mutuante o direito de fiscalizar as contas do mutuário. Ainda mais complexa a diferenciação quando o contrato de mútuo assume a forma não escrita e o mutuante não é instituição financeira — sendo importante recordar que o mútuo não exige forma especial, podendo ser celebrado, inclusive, verbalmente.

Assim, para evitar situações iníquas, sobretudo diante das relevantes diferenças existentes entre um regime e outro, é essencial poder distingui-los[376].

A principal diferença existente entre a sociedade em conta de participação e o contrato de mútuo é que na primeira o participante efetivamente participa dos resultados do empreendimento, lucrando com o sucesso do negócio, porém obtendo nada ou perdendo recursos diante do seu fracasso. Por outro lado, no contrato de mútuo, independentemente do resultado do empreendimento, o mutuante tem o direito de receber a coisa emprestada, bem como, de regra, os juros que lhe são devidos (e eventual correção monetária)[377] — assumindo apenas o risco

[374] MIGNONE. *L'associazione in partecipazione...*, p. 77-78.

[375] WINDBICHLER. *Gesellschaftsrecht...*, p. 183. É possível imaginar a hipótese de um empréstimo obtido junto a um amigo ou parente que, diante do sucesso do empreendimento do tomador, passa a reivindicar participação nos resultados do negócio, alegando ser sócio participante deste e não simples credor.

[376] WINDBICHLER. *Gesellschaftsrecht...*, p. 183.

[377] ESCARRA. *Traité théorique et pratique de Droit Commercial...*, p. 539; MOSSA. *Diritto Commerciale...*, p. 247; CENDON. *Commentario al Codice Civile...*, p. 444; MIGNONE. *L'associazione in partecipazione...*, p. 78; FONTANARROSA. La sociedad accidental o en participación..., p. 4.031; KLUNZIGER. *Grundzüge des Gesellschaftsrechts...*, p. 145.

de crédito. "No *mútuo* não há o *risco* a que se expõem os sócios participantes", salienta Pontes de Miranda[378]; neste tipo de contrato, os mutuários não participam das perdas[379]. Na verdade, no mútuo se quer criar um regime de crédito que não se submete aos riscos da atividade econômica para a qual o dinheiro é vertido[380].

Falta, portanto, no mútuo, um dos elementos principais do contrato de sociedade, que é a *associação de todos aos resultados do empreendimento.* Em outras palavras, está ausente o elemento da *partilha do risco*[381]. Como observa Mauro Brandão Lopes, o fracasso ou o êxito do mutuário no uso da coisa mutuada é irrelevante ao mutuante; já na conta de participação, os lucros ou os prejuízos do sócio participante estão umbilicalmente ligados ao êxito ou ao fracasso do empreendimento[382].

Nesse sentido, resta desvirtuado o contrato de sociedade em conta de participação em que o sócio ostensivo se compromete *a restituir o valor aportado e a pagar determinado percentual de juros anualmente aos sócios participantes* — a observação da realidade demonstra a existência de vários ajustes como esse. Da mesma forma, há casos em que, apesar de o negócio possuir a forma de uma sociedade em conta de participação, tudo indica que existe, na verdade, um contrato de mútuo, pois aquele que aporta recursos recebe, supostamente a título de antecipação de lucros, uma quantia fixa mensalmente (ou seja, independentemente dos resultados auferidos em decorrência da exploração da atividade econômica,

[378] PONTES DE MIRANDA. *Tratado de Direito Privado*, t. 49..., p. 327.

[379] RIPERT. *Traité Élémentaire de Droit Commercial...*, p. 515; MOREAU. *Associations en participation et sociétés de fait...*, p. 12-13; WINDBICHLER. *Gesellschaftsrecht...*, p. 183; SCHMIDT. *Gesellschaftsrecht*, B. II..., p. 1.843; KLUNZIGER. *Grundzüge des Gesellschaftsrechts...*, p. 145; KÜBLER. *Derecho de sociedades...*, p. 191; MIGNONE. *L'associazione in partecipazione...*, p. 78.

[380] DE GREGORIO. De las sociedades y las associaciones comerciales..., p. 414; CENDON. *Commentario al Codice Civile...*, p. 444.

[381] DE GREGORIO. De las sociedades y las associaciones comerciales..., p. 415.

[382] LOPES. *A sociedade em conta de participação...*, p. 39. E Gustavo Oliva Galizzi assim leciona: "Todavia, no mútuo, a coisa pode ser utilizada pelo mutuário, com sucesso, em operações lucrativas, à revelia do mutuante, a quem assiste tão-somente o direito ao pagamento dos juros, quando estipulado. Já na conta de metade, o sócio participante participa efetivamente dos lucros auferidos pelas operações levadas a cabo pelo sócio ostensivo." "No mútuo, o fracasso ou o êxito do mutuário no uso da coisa emprestada são irrelevantes ao direito do mutuante a seu pagamento. Na conta de participação, ao contrário, os lucros ou prejuízos do sócio participante estão ligados ao êxito ou fracasso do empreendimento." (GALIZZI. *Sociedade em conta de participação...*, p. 31).

existe a garantia de lucros mensais, em porcentagem fixa) e, caso deseje, pode, a qualquer momento, postular a devolução da quantia aportada (não participando, portanto, dos prejuízos)[383]. Não temos, nessas situações, uma conta de participação[384].

Ademais, no contrato de mútuo, o mutuário obriga-se a restituir ao mutuante o que dele recebeu em coisa do mesmo gênero, qualidade e quantidade (Código Civil, art. 586), enquanto na conta de participação fica excluída esta restituição, uma vez que os sócios ficam sujeitos ao risco do negócio. No caso de dissolução (total ou parcial) da conta de participação, como ocorre em qualquer sociedade, não existe necessariamente tal correspondência[385] — não podendo o sócio, então, pura e simplesmente, postular a devolução do seu aporte[386]. Nesse sentido já se pronunciou o Supremo Tribunal Federal: "Distingue-se o mútuo da conta de participação. O mutuário obriga-se a restituir ao mutuante o que dele recebeu em coisas do mesmo gênero e quantidade. Na participação fica excluída esta restituição, porque os participantes ficam

383 TJGB, 2ª Câmara Cível, AP 24.630, Rel. Des. Olavo Tostes Filho, j. 28/12/1971; TJGB, 2ª Câmara Cível, AP 22.92, Rel. Des. Manoel Antônio de Castro Cerqueira, j. 01/09/1970.

384 "E pode a sociedade distribuir lucro fixo de 12 por cento ao ano, mesmo na hipótese de os negócios não atingirem essa margem?" "A resposta só pode ser negativa, pois, do contrário, a palavra lucro corresponderia, na hipótese em tela, a parte do prejuízo, o que é ilógico. Desnaturar-se-ia o prejuízo, para revesti-lo de forma de lucro." "Trata-se, assim, de erronia, sob o aspecto econômico e de ilegalidade, sob o aspecto societário." (Santos. *Manual de Direito Comercial...*, p. 298). Interessante, também, é o caso analisado por Erasmo Valladão, no qual resta constatada a existência de mútuo travestido de SCP com o objetivo de cobrança de juros usurários, uma vez que o objeto acabava por se confundir com a própria constituição dos sócios participantes (ou seja, estava restrito ao investimento realizado e não à exploração de uma atividade), além de haver contrato acessório de *garantia* prevendo o pagamento de dividendos fixos (*i.e.*, o contrato de garantia assegurava um retorno mínimo) e previsão de dissolução e extinção da conta de participação no prazo de 24 meses com a devolução do investimento aportado (ou seja, restituição do valor sem sujeição ao risco do negócio) (cf. França, Erasmo Valladão Azevedo e Novaes. Contrato de mútuo disfarçado de contrato de sociedade em conta de participação para o fim de cobrança de juros usurários. In: Moreira, Ana Luiza B. M. Pinto; Berger, Renato (coord.). *Arbitragem e outros temas de Direito Privado*: estudos em homenagem a José Emilio Nunes Pinto. São Paulo: Quartier Latin, 2021. p. 607-623). Ver, também: Baumbach-Hopt. *Handelsgesetzbuch...*, p. 869.

385 Ver: Fontanarrosa. La sociedad accidental o en participación..., p. 4.031.

386 Assim já decidiu o Poder Judiciário argentino (C. Nac. Com., sala E, 30/06/2003, cf. *Summa Societaria*, t. IV. Etcheverry, Raúl A.; Richard, Efraín Hugo (dir.). Buenos Aires: Abeledo Perrot, 2012. p. 7.371-7.375).

sujeitos à álea da especulação individual dos gerentes, associando-se na mesma álea[387]."

Maior dificuldade oferece o *mútuo parciário*, no qual há uma cláusula no contrato de mútuo que confere, como parâmetro de remuneração, total ou parcialmente, a participação ao mutuante nos lucros do mutuário em caso de sucesso na utilização dos valores mutuados: Ou seja, a remuneração pode ser em parte fixa (com juros e/ou correção monetária) e parte relacionada ao resultado da operação ou totalmente vinculada ao êxito do empreendimento[388]. Aqui, a diferenciação entre as duas figuras é ainda mais difícil de ser realizada, constituindo-se, muitas vezes, um delicado problema[389].

A despeito dessa inegável complexidade, há elementos capazes de auxiliar na distinção, como a análise do *objetivo comum* do contrato e, em consequência, se aquele que aporta recursos se responsabiliza ou não pelas perdas. Aqui o critério permanece o mesmo: na sociedade, há tal objetivo comum, enquanto, no mútuo parciário, o mutuante busca proteger os seus próprios interesses. Nesse sentido, vale lembrar que a álea normal da SCP exige que o participante arrisque ao menos perder sua contribuição (*i.e.*, o participante assume o risco da operação), o que não ocorre no contrato de mútuo (ou seja, há a obrigação de restituir a coisa emprestada)[390-391].

[387] STF, 2ª Turma, A 13.298, Rel. Min. Hahneman Guimarães, j. 17/06/1947.

[388] GARRIGUES. *Tratado de Derecho Mercantil*..., p. 191-192; LOPES. *A sociedade em conta de participação*..., p. 39; WINDBICHLER. *Gesellschaftsrecht*..., p. 183; KLUNZIGER. *Grundzüge des Gesellschaftsrechts*..., p. 145; MIGNONE. *L'associazione in partecipazione*..., p. 79, 316-317. Observe-se que, ao tratar o contrato de mútuo, o *Código Civil y Comercial de la Nación* argentino prevê a figura do mútuo parciário no art. 1531: "ARTICULO 1531.- Aplicación de las reglas de este Capítulo. Las reglas de este Capítulo se aplican aunque el contrato de mutuo tenga cláusulas que establezcan que: a) la tasa de interés consiste en una parte o un porcentaje de las utilidades de un negocio o actividad, o se calcula a una tasa variable de acuerdo con ellos; b) el mutuante tiene derecho a percibir intereses o a recuperar su capital sólo de las utilidades o ingresos resultantes de un negocio o actividad, sin derecho a cobrarse de otros bienes del mutuario; c) el mutuario debe dar a los fondos un destino determinado."

[389] Cf. MOREAU. *Associations en participation et sociétés de fait*..., p. 11.

[390] BAUMBACH-HOPT. *Handelsgesetzbuch*..., p. 863; HEIDEL-SCHALL. *Handelsgesetzbuch*..., p. 1.470; KÜBLER. *Derecho de sociedades*..., p. 191; GIERKE. *Derecho Comercial y de la Navegación*, v. I..., p. 358. Isso, a rigor, é o que marca a distinção entre o mútuo parciário e a própria noção de sociedade (cf. HÜFFER-KOCH. *Gesellchaftsrecht*..., p. 5-6). Ver, também: MOREAU. *Associations en participation et sociétés de fait*..., p. 11 ss; RIPERT-ROBLOT-GERMAIN-MAGNIER.

A rigor, a cláusula parciária no mútuo não altera a natureza do contrato de mútuo e, em qualquer espécie de mútuo, há a obrigação do mutuário restituir a coisa emprestada ao mutuante, não existindo obrigatoriedade de certeza ou imobilidade da remuneração[392-393].

Outro ponto interessante é levantado por Alfredo de Gregorio, para quem, em uma SCP, a participação nos lucros deve ser desejada pelas partes como o *objeto principal* do negócio jurídico entabulado, não como uma *prestação acessória*. E, com precisão, finaliza o jurista italiano: dessa forma, não perdem o caráter de mútuo ou de locação os contratos que estipulam, como contrapartida ao mútuo ou à locação, além de uma parcela fixa, uma participação nos resultados decorrentes do emprego da coisa locada ou mutuada[394].

Pelo exposto, como já tivemos a oportunidade de salientar, o essencial para diferenciar um mútuo de uma sociedade em conta de participação é, analisando todas as circunstâncias do caso concreto, verificar uma dessas hipóteses:

Traité de droit des affaires, t. 2..., p. 196; GARRIGUES. *Tratado de Derecho Mercantil*..., p. 192-193, 207; MIGNONE. *L'associazione in partecipazione*..., p. 79, 317.

391 Na Alemanha, ainda que se refira que o fim comum demarcaria a distinção entre a conta de participação e o mútuo parciário, também refere-se que não se constituiria em um critério claro, especialmente porque lá é possível a exclusão do participante das perdas, sendo que, nessas hipóteses, a jurisprudência diferencia a conta de participação do mútuo parciário mediante uma avaliação do contrato (independentemente do seu nome), dando-se relevância sobretudo à eventual existência de disposição que atribua direito de controle e de colaboração ao sócio tácito, ou, inclusive, à criação de alguma organização interna, além da própria duração do vínculo (cf. SCHMIDT. *Gesellschaftsrecht*, B. II..., p. 1.842-1.843).

392 MIGNONE. *L'associazione in partecipazione*..., p. 80.

393 Maior dificuldade existiria na diferenciação com o *prestito a tutto rischio*, no qual a remuneração é certa e a restituição do capital é incerta, uma vez que esta obrigação estaria subordinada à verificação de um evento futuro e incerto (o sucesso do empreendimento); tratar-se-ia de um contrato atípico (mas que teria sido mencionado no Código Civil italiano de 1865 no art. 1102, 2º *comma*) (cf. MIGNONE. *L'associazione in partecipazione*..., p. 82-83, 317-318). De qualquer sorte, no *prestito a tutto rischio*, além de não existir o fim comum, há a garantia de remuneração, o que não existe na conta de participação — sem esquecer que, em se verificando o evento futuro cuja ocorrência é incerta, há direito à restituição do principal.

394 DE GREGORIO. *De las sociedades y las asociaciones comerciales*..., p. 421. Em sentido semelhante, ver VENTURA. *Associação em participação* (BMJ 189) ..., p. 95.

(a) a existência dos elementos existenciais de qualquer sociedade, incluindo a participação nos lucros e nas perdas, tendo em vista o objetivo comum (*Zweckgemeinschaft*), nos termos do art. 981 do Código Civil;
(b) o único objetivo do contrato é administrar interesses pessoais relacionados a uma operação de crédito[395].

Existindo um envolvimento das partes direcionado a um objetivo comum, situação que fica muito mais evidente no caso de todos os envolvidos participarem da atividade, mesmo que somente um deles apareça externamente (*i.e.*, ostensivo), e que o o resultado a ser distribuído entre os sujeitos dependa do êxito da atividade, acreditamos estar diante de uma conta de participação — a qual pode ser provada por todos os meios admitidos em direito (testemunha, presunção, etc)[396].

Além da identificação desses elementos, outras características podem (e devem) ser levadas em consideração para diferenciar a SCP de um contrato de mútuo. Nesse sentido, por exemplo, se existe previsão de que o sócio participante possui direito de fiscalizar a atividade da contraparte e o contrato prevê direitos de participação, tudo indica que se está diante de uma conta de participação. Do mesmo modo, a duração do vínculo, a ausência de garantias aos fundos disponibilizados à contraparte e a existência de uma organização social interna (criação de conselhos ou outros órgãos de administração e/ou deliberação interna), por exemplo, também podem indicar que se está diante de uma SCP, e não de um mútuo[397]. Todavia, contratos de mútuo, não raro, preveem o

[395] Windbichler. *Gesellschaftsrecht*..., p. 183; Schmidt. *Gesellschaftsrecht*, B. II..., p. 1.842-1.843. Salienta Calvão da Silva que será uma *conta de participação* se o pretenso sócio ostensivo tiver de gerir a atividade econômica como uma *comunidade de fim comum*; será, no entanto, *mútuo* se essa gestão for realizada em seu exclusivo interesse (Silva, João Calvão da. Associação em participação. In: ____. *Estudos de Direito Comercial* - pareceres. Coimbra: Almedina, 1996, p. 91). Na mesma linha, Raul Ventura explica que é no comportamento do ostensivo que o *fim comum* há de refletir-se (cf. Ventura. *Associação em participação* (BMJ 189) ..., p. 92).

[396] Cf. arts. 992 c/c 212 e 227 do Código Civil, os quais possibilitam provar a existência de uma SCP por confissão, documento, testemunha, presunção e perícia.

[397] Cf. Hüffer-Koch. *Gesellchaftsrecht*..., p. 5-6; Windbichler. *Gesellschaftsrecht*..., p. 183; Schmidt. *Gesellschaftsrecht*, B. II..., p. 1.843; Klunziger. *Grundzüge des Gesellschaftsrechts*..., p. 145; Kübler. *Derecho de sociedades*..., p. 191. Ver, também, especialmente ao comentar a diferenciação em relação ao mútuo parciário, Baumbach-Hopt. *Handelsgesetzbuch*..., p. 863.

direito de o mutuante fiscalizar a operação e ter certo controle sobre a aplicação dos fundos, além dos conhecidos *covenants*; isso, por si só, não desnatura o contrato de mútuo uma vez que não há um objetivo comum e o compartilhamento das perdas[398-399].

2. SCP v. Comissão

Conhecido desde o direito grego e historicamente desenvolvido a partir do mandato, o contrato de comissão ganhou importância a partir da ausência de confiança entre compradores e vendedores que se encontravam em terras longínquas. Daí, como observou Pontes de Miranda, comissionários encarregarem-se de negócios em que pessoas de terras distantes seriam figurantes, situações em que o comprador "original" e o vendedor não se punham em contato[400].

No contrato de comissão (CC, arts. 693-709), o comissário compra e vende bens em seu nome próprio e por sua conta e risco, mas em favor do comitente, que o remunera pelo serviço prestado. Um dos pontos mais marcantes deste tipo contratual é que o único a se obrigar perante terceiros é o comissário, não possuindo tais terceiros ação contra o comitente. Da mesma forma, o comitente também não possui ação contra terceiros. Ainda, no contrato de comissão, o outorgado do poder ou dos poderes não tem o dever de manifestar ou declarar o nome do outorgante[401]. Como salienta Orlando Gomes, do ponto de vista externo, a relação jurídica apresenta-se como vínculo exclusivo entre o comissá-

[398] Moreau. *Associations en participation et sociétés de fait...*, p. 12-13; Klunziger. *Grundzüge des Gesellschaftsrechts...*, p. 145.

[399] Acreditamos que não seja objeto de maiores preocupações, no ordenamento jurídico brasileiro, eventual diferenciação entre o comodato e a conta de participação, mesmo porque, de acordo com o art. 579 do Código Civil, "O comodato é o empréstimo gratuito de coisas não fungíveis. Perfaz-se com a tradição do objeto." Observe-se, basicamente, que o comodato é um contrato a título gratuito, enquanto que, na conta de participação, o sócio participante está sujeito aos riscos do empreendimento (para o bem e para o mal); ademais, o sócio participante, caso aporte algum bem não fungível e transfira a sua propriedade para o sócio ostensivo, não pode, como regra, exigir a sua devolução quando da dissolução da SCP, justamente o que ocorre no comodato: o comodatário deve restituir o bem objeto do contrato ao comodante.

[400] Pontes de Miranda, Francisco Cavalcanti. *Tratado de Direito Privado*, t. 43. 3. ed. Rio de Janeiro: Revista dos Tribunais, 1984, p. 283, 287.

[401] Pontes de Miranda. *Tratado de Direito Privado*, t. 43..., p. 283.

rio e a pessoa a quem vende ou de quem compra os bens. Internamente, porém, e sem aparecer, o comissário está vinculado à outra pessoa por conta da qual age[402].

Apesar de a doutrina ser unânime ao afirmar que a comissão não apresenta nenhum dos elementos comuns às sociedades[403] — o que, efetivamente, é verdade —, na prática pode ficar complicado distinguir uma figura da outra[404]. Em razão disso, pode ser relativamente fácil confundir um contrato de comissão com uma SCP, imaginando-se ser o comissário um sócio ostensivo e o comitente, um participante.

No entanto, tal problema é mais acadêmico do que prático. O contrato de comissão não é mais tão utilizado como fora outrora. Caiu em desuso com a ascensão de outras figuras que o substituíram na prática empresarial[405].

Em qualquer hipótese, a análise do caso concreto poderia revelar situações que facilitariam a diferenciação. Uma delas é a postura do comitente, que deve agir como verdadeiro dono do negócio[406], já que o comissário age de acordo com as instruções e em favor daquele (Código Civil, art. 695), o que não ocorreu na sociedade em conta de participação, porque o sócio ostensivo possui discricionariedade para administrar o fundo social e atingir o fim social, dentro, é claro, dos limites impostos pelo contrato e pela legislação[407].

Além disso, o comissário é apenas um intermediário e não um sócio, estando sujeito ao insucesso da operação em grau diverso do que estaria um sócio ostensivo. Prova disso é o art. 702 do Código Civil, que prevê

[402] Gomes, Orlando. *Contratos*. 26 ed. atual. por Antônio Junqueira de Azevedo e Francisco Paulo de Crescenzo Marino. Rio de Janeiro: Forense, 2007, p. 440.

[403] Lopes. *A sociedade em conta de participação...*, p. 41; Galizzi. *Sociedade em conta de participação...*, p. 36.

[404] Mormente quando se tem em conta a interessante lição de Waldirio Bulgarelli, para quem a *comenda* teria sido a origem do contrato de comissão (justamente a mesma origem da conta de participação). Leciona Bulgarelli, demonstrando a utilidade do contrato de comissão, que, na intensificação do comércio, a mantença em outras partes de um comissário poupava despesas, frustrava a proibição do comércio por estrangeiros, e ensejava o aproveitamento do crédito do comissário (cf. Bulgarelli, Waldirio. In: França, Rubens Limongi (coord.). *Enciclopédia Saraiva do Direito*, v. 16. São Paulo: Saraiva, 1978, p. 208).

[405] Pontes de Miranda. *Tratado de Direito Privado*, t. 43..., p. 295.

[406] Lopes. *A sociedade em conta de participação...*, p. 41.

[407] Fontanarrosa. La sociedad accidental o en participación..., p. 4.031.

uma remuneração proporcional aos trabalhos realizados pelo comissário quando o negócio não for concluído por motivos de força maior, situação que não se coaduna a um contrato de sociedade, no qual os sócios partilham os resultados, positivos ou negativos[408].

Mesmo assim, se, por hipótese, em uma situação fática análoga não houvesse contrato escrito, poderia ser bastante difícil a tarefa de identificar a a natureza da relação jurídica em questão, particularmente porque os recursos adiantados pelo comitente ao comissário para a aquisição de determinado bem em seu favor podem aparentar ser a contribuição de um sócio participante para a exploração de um negócio por meio de uma SCP[409].

3. SCP v. Negócio fiduciário

Negócio fiduciário é o negócio jurídico pelo qual alguém, o fiduciante, obriga-se a transferir a titularidade de um bem ou direito a outrem, o fiduciário, para determinado fim de *garantia*[410] (*fiducia cum creditore*) ou de *administração*[411] (*fiducia cum amico*)[412], sob a estipulação de devolução ao fiduciante ou transferência a um terceiro, chamado beneficiário, quando

408 Ver: Carvalho de Mendonça, J. X. Sociedade em conta de participação e commissão mercantil. In: ____. *Pareceres*, v. I. Rio de Janeiro: Freitas Bastos, 1933. p. 197-200; Fontanarrosa. La sociedad accidental o en participación..., p. 4.031.

409 "A questão é, pois, de facto e depende principalmente de interpretar a vontade dos contractantes. Essa vontade não póde ser melhor aprehendida do que nos livros comerciaes e papeis dos contractantes, tanto mais quanto a sociedade em conta de participação, existente só nas relações internas, póde ser provada por qualquer meio de direito (Cod. Com., art. 325)." (Carvalho de Mendonça. Sociedade em conta de participação e commissão mercantil..., P. 199).

410 Sendo o exemplo mais comum, entre nós, o da alienação fiduciária em garantia. Entretanto, existe uma discussão sobre se, efetivamente, com a roupagem dada pela legislação brasileira, constitui a alienação fiduciária em garantia verdadeiro negócio fiduciário; para tanto, remetemos a Orlando Gomes (Gomes. *Alienação fiduciária em garantia...*, p. 32-33, 40-42), José Carlos Moreira Alves (Alves. *Da alienação fiduciária em garantia...*, p. 51-91) e Melhim Chalhub (Chalhub, Melhim Namen. *Trust*: perspectivas do Direito contemporâneo na transmissão da propriedade para a Administração de investimentos e garantia. Rio de Janeiro: Renovar, 2001, p. 166-181).

411 Como ocorre com o Fundo de Investimento Imobiliário e com o *trust*.

412 Fabian. *Fidúcia...*, p. 42, 73 ss. Entretanto, apesar de bem cumprir ambas as funções, a doutrina brasileira analisa de maneira muito mais detida o escopo de garantia das relações fiduciárias, deixando em segundo plano o estudo da função de administração; neste sentido, ao tratar especificamente sobre os negócios fiduciários, porém ao constatar uma realidade

realizada uma determinada condição (ou termo), seja um evento, seja por tempo, nos termos como contratado[413].

Assim, o fiduciário, aquele que recebe a transmissão do bem ou direito, é investido de um poder jurídico pleno do ponto de vista real, o qual somente é limitado pelas próprias partes do negócio — e, eventualmente, pela legislação — por meio do estabelecimento de uma obrigação advinda do *pactum fiduciae* para a obtenção de uma finalidade mais restrita[414].

Nesse sentido, são dois os elementos de um negócio fiduciário, como bem esclarece Judith Martins-Costa: "Inobstante a relativa variedade da conceituação doutrinária é possível detectar, para além da cor ou vestimenta que se pretenda dar à fidúcia um inalterado núcleo morfológico, apresentando-se a *fattispecie* como um *negócio bilateral fiduciário baseado na autonomia da vontade e resultante da confluência de dois acordos* que, compostos ou combinados, tendem à criação de uma situação *sui generis*: uma parte, o fiduciante, por intermédio de um 'acordo de base' ou 'primário' dotado de *eficácia real*, atribui um direito próprio, patrimonial, à outra parte, o fiduciário, o qual por essa via adquire, *erga omnes* a titularidade plena, exclusiva e absoluta da coisa. Mas *ao mesmo tempo*, por via de um acordo — o *pactum fiduciae* — assume o fiduciário, no campo obriga-

existente — em nossa opinião — no estudo de todos os vínculos fiduciários, ver Martins-Costa. Os negócios fiduciários..., p. 38.

413 Fabian. *Fidúcia*..., p. 67. À p. 42, assim leciona: "Nas relações fiduciárias, a finalidade pode consistir, por exemplo, em dar uma garantia ou em realizar a administração do bem por outra pessoa ou para transmitir a propriedade para um terceiro. De qualquer forma, as partes devem manifestar a sua vontade fiduciária. Por meio desta manifestação, o fiduciário obriga-se a guardar ou manter o bem fiduciado em favor do fiduciante. O fiduciário deve exercer o seu direito conforme o fim manifestado. A obrigação de usar o bem conforme o fim concretamente definido é o *dever principal* do fiduciário. É a *fidelidade* do fiduciário em relação ao fiduciante".

414 Martins-Costa. Os negócios fiduciários..., p. 38. Assim, os bens sobre os quais o fiduciário tem ingerência são destinados a uma finalidade, garantia ou administração. Entretanto, no negócio fiduciário, o fiduciário tem amplos poderes sobre tais bens, sendo que tais poderes ultrapassam os deveres (limites) que possuem: ou seja, podem realizar com os bens muito mais do que efetivamente deveriam (em relação aos limites estabelecidos no *pactum fiduciae*), surgindo aqui a violação dos deveres fiduciários. Ou seja, existiria desproporção entre os meios e o fim em uma relação fiduciária: os negócios fiduciários demandam a transmissão da propriedade do fiduciante para o fiduciário, com intuito de garantia ou gestão. Ver: Martins-Costa. Os negócios fiduciários..., p. 40. Também remetemos a Fabian. *Fidúcia*..., p. 15-16; igualmente, bem esclarece Garrigues. *Negocios fiduciarios*..., p. 21 ss.

cional, nas suas relações com o fiduciante, o dever de usar do direito realmente adquirido para uma *finalidade querida pelo próprio fiduciante*, e com este acordada mediante o citado *pactum*"[415].

Pelo exposto, se existe alguma semelhança entre o negócio fiduciário, especialmente aquele com a finalidade de administração, e a sociedade em conta de participação, tal semelhança está no fato de, nesta, o sócio ostensivo gerir o fundo social fiduciariamente[416]. Todavia, as semelhanças param por aí.

Em primeiro lugar, não se encontra, em um negócio fiduciário, os elementos típicos de uma conta de participação: contratação livre e contribuição de duas ou mais pessoas para o exercício comum de uma atividade econômica e partilha dos resultados[417]. O objetivo de um negócio fiduciário é outro. As partes não contribuem para o exercício comum de uma atividade e a partilha dos resultados. No negócio fiduciário, o fiduciante transfere bens ou direitos para o fiduciário para fins de garantia ou para que este os administre sempre no interesse do fiduciante (que estão acima de seus próprios interesses) — gestão essa que se dará nos termos e condições estabelecidas no *pactum fiduciae*.

Em segundo lugar, no negócio fiduciário sempre ocorre a transferência da propriedade do fiduciante para o fiduciário. Já na conta de participação isso nem sempre ocorre. E, ainda, no negócio fiduciário, os bens devem ser restituídos ao fiduciante (ou a eventual beneficiário) quando do término do negócio, enquanto na sociedade em conta de partici-

[415] Martins-Costa. Os negócios fiduciários..., p. 40. E, à p. 41, assim esclarece: "(...) afirma a doutrina que a estrutura da relação fiduciária é *complexa*, ou, para alguns, *composta* na medida em que co-existem uma *relação externa*, de natureza real, e uma *relação interna*, de natureza obrigacional, evidenciada pelo *pactum fiduciae*, na primeira constituindo o fiduciário o titular definitivo do direito transferido pelo fiduciante, e na segunda restando o fiduciário obrigado a observar o comportamento assumido, de modo a entregar ao fiduciante — ou a quem a este indicar — os direitos ou créditos em que fora investido, no prazo e nas condições estipulados no acordo de vontades." E Eduardo Salomão Neto assim leciona: "São (...) dois os elementos básicos do negócio fiduciário: a transferência da propriedade e a existência de pacto paralelo de restituição (devolução) de coisa ou de sua destinação a determinado fim. O pacto colateral que acompanha a transmissão da propriedade cria apenas direito pessoal a favor do fiduciante. Nesse sentido, o pacto colateral é independente em sua existência do ato translativo de propriedade, não influenciando sua validade ou condicionando sua eficácia, mesmo que descumpridos os termos pactuados." (Salomão Neto. *O trust*..., p. 72).

[416] Neste sentido, ver: Galizzi. *Sociedade em conta de participação*..., p. 33.

[417] Galizzi. *Sociedade em conta de participação*..., p. 34.

pação isso não ocorre. Na dissolução, total ou parcial, como se dá em qualquer sociedade, não existe necessariamente tal correspondência[418].

4. SCP v. Contrato de trabalho

Verifica-se debate antigo sobre a diferenciação entre a conta de participação e o contrato de trabalho, especialmente se o empregado possuir participação nos lucros[419].

Um contrato de trabalho, ainda que o empregado tenha participação nos lucros, não faz deste um sócio nem revela a existência de uma sociedade[420]. No entanto, como adverte Pontes de Miranda, na prática, pode ser bastante complicado diferenciar a sociedade em conta de participação (especialmente quando o sócio participante aporta serviços) do contrato de trabalho, particularmente quando existe a participação nos resultados por parte do empregado, sendo essencial, para traçar a distinção, um profundo exame da situação concreta[421-422].

[418] Galizzi. *Sociedade em conta de participação...*, p. 33.

[419] Nesse tema, é correta a referência ao antigo texto de Giovanni Brunetti, no qual analisa ambas as figuras, criticando a distinção feita pela doutrina e jurisprudência italiana — e que corresponde ao posicionamento aqui adotado - e, de modo isolado, sustenta que não existiria qualquer incompatibilidade entre elas, ou seja, o trabalho subordinado e o trabalho associado poderiam conviver ao mesmo tempo, devendo-se, então, aplicar ao participante que aporta serviços não apenas as normas da conta de participação, mas também do trabalho subordinado (sendo que estas deveriam prevalecer sobre aquelas) (cf. Brunetti, Giovanni M. Associazione in partecipazione e rapporto di lavoro subordinato. *Rivista delle Società*, v. 3, a. III, p. 573-586, 1958). Todavia, que fique claro, entendemos não se pode aplicar o regime trabalhista ao participante pelo fato de o participante aportar serviços; isso não significa que o participante não possa ser empregado do ostensivo (e vice-versa). Vale destacar, também, que a Itália não reconhece a natureza societária da conta de participação.

[420] Ripert. *Traité élémentaire de Droit Commercial...*, p. 515; Ripert-Roblot-Germain-Magnier. *Traité de droit des affaires*, t. 2..., p. 196; Mossa. *Diritto Commerciale...*, p. 247.

[421] Pontes de Miranda. *Tratado de Direito Privado*, t. 49..., p. 327-328. Nesse sentido, remete-se a parecer proferido por Carvalho de Mendonça que analisa a situação de gerente de determinado estabelecimento, que, em que pese ter direito como retribuição de seu trabalho à participação dos lucros, não pode ser caracterizado como sócio de uma SCP, uma vez que atua como preposto, em nome do seu contratante (empregador), além de receber uma remuneração mínima (cf. Carvalho de Mendonça, J. X. Sociedade em conta de participação e locação de serviços. In: ____. *Pareceres*, v. II. Rio de Janeiro: Freitas Bastos, 1934. p. 347-354).

[422] É importante referir que, ao menos em tese, e dependendo da configuração que tomar o negócio, tanto o sócio ostensivo quanto o participante podem vir a requerer o reconhecimento da condição de empregado.

Ora, deve-se ter em mente que os elementos da relação societária, dispostos no art. 981 do Código Civil (contribuição dos sócios para o exercício de atividade econômica e partilha dos resultados), são bem distintos dos elementos caracterizadores de uma relação de emprego. Vale lembrar esses últimos, elencados nos arts. 2º e 3º da CLT:

(i) pessoalidade[423];
(ii) habitualidade[424];
(iii) onerosidade[425];

[423] A prestação de serviços decorrente da relação de emprego é *intuito personae* (é a *subjetivação* do objeto do contrato de trabalho, cf. Camino, Carmen. *Direito Individual do Trabalho.* 4 ed. Porto Alegre: Síntese, 2004, p. 193). Na relação de emprego, o normal é que o empregado não se faça substituir por outro prestador de serviços. "Não se pode, também, despersonalizar o empregado, através do artifício da pessoa jurídica, porque, independentemente da personalidade atribuída ao prestador do trabalho, prevalecerá a vinculação do homem que trabalha pela elementar razão de constituir, o objeto do contrato de trabalho, a energia humana; ato de trabalhar, expressão indelével da pessoa física do prestador. Irrelevante a forma adotada para a contratação: aqui, com toda a sua força, atua o princípio da primazia da realidade" (Camino. *Direito Individual do Trabalho....*, p. 193). A pessoalidade guarda estreita relação com a constatação de que o empregado é, necessariamente, uma *pessoa física* (Delgado, Maurício Godinho. *Curso de Direito do Trabalho.* 3 ed. São Paulo: LTr, 2004, p. 291).

[424] Também chamado *não eventualidade.* Empregado é aquele que emprega a sua força de trabalho nas atividades habituais da empresa, isto é, da rotina natural da empresa (essencialidade do serviço para a atividade da empresa). Carmen Camino esclarece com precisão: "Não é o lapso de tempo o seu fator determinante, mas a natureza do trabalho. O instalador hidráulico, dependendo da extensão ou da complexidade do defeito da coluna d'água, poderá permanecer trabalhando na loja um mês inteiro, ou mais; a balconista, apenas um dia. O primeiro não será empregado porque, na loja, sua atividade é eventual; a segunda o será, porque sua atividade está perfeitamente adequada à rotina da loja." (Camino. *Direito Individual do Trabalho...*, p. 189). De resto, a doutrina salienta genericamente que a prestação de serviços deve ser *habitual*; para que se configure relação de emprego, o caso concreto deve apresentar uma relação *contínua*, não importando se de prazo determinado ou não (daí o presente elemento também ser chamado *continuidade*). Não quer dizer que o empregado tenha de trabalhar todos os dias para que tal requisito esteja presente, bastando uma ou duas vezes por semana, desde que isso ocorra no mesmo dia da semana e no mesmo horário (exemplificativamente: Delgado. *Curso de Direito do Trabalho...*, p. 290 ss).

[425] Dá-se em decorrência do *recebimento de remuneração.* Sobre o tema, ver: Russomano, Mozart Victor. *Curso de Direito do Trabalho.* 9 ed. Curitiba: Juruá, 2002, p. 92-93; e Delgado. *Curso de direito do trabalho...*, p. 298-300. Numa SCP, pode o sócio ostensivo ser remunerado pelo serviço prestado, assim como também o pode o sócio participante. No entanto, a maior parcela dos ganhos, ou melhor, a *razão* pela qual os sócios congregam recursos e esforços para o desenvolvimento de um negócio comum, deve ser a *partilha dos resultados*, notadamente dos lucros, verdadeira *razão de ser* do ajuste societário. Desta forma, a participação nos

(iv) *subordinação hierárquica*[426]; e
(v) *não sujeição aos riscos da atividade*[427].

Uma das principais diferenças entre uma figura e outra é o elemento de *subordinação*, encontrado no contrato de trabalho, mas não na sociedade em conta de participação (ou em qualquer outro tipo societário).

resultados deve ser um elemento evidente dentro do ajuste havido entre os sócios e da realidade societária. Participações meramente simbólicas ou que nunca chegam a se efetivar, mesmo que a sociedade opere sadiamente, podem denunciar uma situação defectível, possivelmente um contrato de trabalho travestido de sociedade em conta de participação.

426 Como salienta Russomano, o chamado *poder diretivo do empresário* decorre do fato social, histórico e econômico de que é o empresário quem corre os riscos do negócio e, em consequência, cabe a ele a prerrogativa de ditar ordens (Russomano. *Curso de Direito do Trabalho...*, p. 93). O elemento *subordinação hierárquica* decore do *direito de dar ordens* que o empregador possui. O trabalho do empregado é dirigido (orientação), fiscalizado (controle do horário, p. ex.) e disciplinado (punição do empregado faltoso, p. ex.) pelo patrão, a quem fica subordinado. Tais traços da subordinação podem se apresentar, no caso concreto, de forma mais ou menos intensa (Camino. *Direito Individual do Trabalho...*, p. 192). "O trabalho subordinado é aquele no qual o trabalhador transfere a terceiro o poder de direção sobre o seu trabalho, sujeitando-se como conseqüência ao poder de organização, ao poder de controle e ao poder disciplinar deste." (Nascimento, Amauri Mascaro. *Curso de Direito do Trabalho.* 19 ed. São Paulo: Saraiva, 2004, p. 407). Mas a faculdade de dar ordens só é legítima na medida da legitimidade das ordens emitidas. O poder diretivo do empregador está circunscrito pelas leis, pelas convenções coletivas, pelas sentenças normativas, pelo regulamento da empresa e pelos próprios contratos individuais de trabalho (Russomano. *Curso de Direito do Trabalho...*, p. 93). Em direito societário, *não se admite a subordinação de um sócio a outro* e nem do administrador em relação aos sócios: há o princípio da maioria, mas isso é outra história. Da mesma forma, também no direito societário, não existe *subordinação* da pessoa do administrador a alguém (sendo que, caso houvesse, teríamos, provavelmente, constituída uma relação de emprego). Existe, na sociedade em conta de participação, regra geral, a coordenação do empreendimento pelo sócio ostensivo, mas este o faz nos estritos limites do objeto social e das normas contratuais e legais.

427 O único risco do empregado é o de não receber o seu salário por inadimplemento do empregador. "Ao empregado, que aliena força de trabalho, é devida a contraprestação salarial, independentemente dos resultados da empresa." Num empreendimento em que empregado e empregador empregam conjuntamente a sua força de trabalho sem a evidência ostensiva de quem exerce o poder de comando ou de subordinação hierárquica, o elemento capaz de diferenciá-los é *a posição de quem assume o risco negócio* (Camino. *Direito Individual do Trabalho...*, p. 195). Numa sociedade, todos os sócios correm o risco do empreendimento. Numa sociedade em conta de participação, tanto o sócio ostensivo quanto o participante podem perder tudo o que investiram no negócio. O sócio ostensivo está ainda mais exposto, pois pode ter a sua falência (ou insolvência) requerida por um credor em função das dívidas contraídas no exercício da atividade.

O contrato de trabalho se caracteriza pela existência de *subordinação*, enquanto o contrato de sociedade implica *colaboração em pé de igualdade*[428]. Nesse sentido, observa Pontes de Miranda: "[a] 1ª Turma do Supremo Tribunal Federal, a 30 de janeiro de 1958 (...), examinou caso em que um dos contraentes prestava serviços com participação nos lucros, mas acentuou que não havia *sociedade*, e sim *locação de serviços*, porque faltava a colaboração igualitária. Se há o elemento de subordinação, não se há de pensar em sociedade em conta de participação (...)"[429].

O sócio ostensivo possui discricionariedade para administrar o fundo social e atingir os objetivos da sociedade, sendo compatível com a conta de participação, em certa medida, a emanação, pelo sócio ostensivo, de orientações e instruções, especialmente no caso em que o sócio participante seja prestador de serviços, quando se torna eventualmente necessário coordenar tal atividade[430]; mas isso não significa que o sócio participante esteja sujeito a alguma espécie de poder hierárquico, diretivo e disciplinar emanado do sócio ostensivo, até porque a liberdade de atuação do ostensivo está circunscrita aos limites impostos pela estrutura

[428] Escarra. *Traité théorique et pratique de Droit Commercial*..., p. 544; Moreau. *Associations en participation et sociétés de fait*..., p. 10-11; Ripert. *Traité élémentaire de Droit Commercial*..., p. 515; Ripert-Roblot-Germain-Magnier. *Traité de droit des affaires*, t. 2..., p. 196; Merle. *Droit Commercial*... (1998), p. 656; Ventura. *Associação em participação* (BMJ 189)..., p. 101; Cendon. *Commentario al Codice Civile*..., p. 440 ss. Observe-se que a jurisprudência italiana também considerava que o contrato de associação em participação seria diverso da relação de trabalho subordinado, já que a associação em participação conferiria ao associado o risco do empreendimento e a obrigação do associante de prestar contas, enquanto a relação de trabalho teria um efetivo vínculo de subordinação (*Cassazione Civile, sez. lavoro, sentenza* 18/04/2007 nº 9264); lembramos, ainda, que, na Itália, existia a possibilidade de o associado prestar serviços (ver, entre outros: Cendon. *Commentario al Codice Civile*..., p. 419 ss). Todavia, o *Decreto Legislativo 15 giugno 2015, n. 81* (art. 53) revogou o *secondo* e o *terzo comma* do art. 2.549 do *Codice Civile*, que regravam a matéria, dando a seguinte redação ao art. 2.549, *comma secondo*: "Nel caso in cui l'associato sia una persona fisica l'apporto di cui al primo comma non puo' consistere, nemmeno in parte, in una prestazione di lavoro"; assim, o referido Decreto passou a proibir que o participante, caso seja uma pessoa física, realize o aporte em serviços, sendo que as contas de participação em que assim já ocorria restam preservadas.

[429] Pontes de Miranda. *Tratado de Direito Privado*, t. 49..., p. 328.

[430] Cendon. *Commentario al Codice Civile*..., p. 441.

do instituto, pelo contrato e pela legislação[431-432-433]. Ainda, é lícito que o participante aporte todos os recursos necessários, enquanto o osten-

[431] Cendon. *Commentario al Codice Civile*..., p. 441.

[432] Nesse sentido, há quem sustente que o elemento decisivo da diferença entre a conta de participação e a relação de emprego é que, nesta, não existe a obrigação do empregador de não alterar o risco da própria empresa, enquanto tal obrigação existiria na conta de participação (cf. Ghidini. *L'associazione in partecipazione*..., p. 87).

[433] Não existe relação de emprego entre administrador e sociedade, e este deve ser o entendimento ao se analisar a relação entre o sócio ostensivo e o sócio participante (e vice-versa). Ora, os administradores de sociedades são gestores do patrimônio alheio (cf. Lamy Filho, Alfredo. Responsabilidade dos administradores — Atas aprovadas por Assembléia Geral — Prescrição — Ação proposta contra administrador. In: ____. *Temas de S.A.*: exposições e pareceres. Rio de Janeiro: Renovar, 2007. p. 285-292, p. 285; Zanini, Carlos Klein. A doutrina dos "fiduciary duties" no Direito norte-americano e a tutela das sociedades e acionistas minoritários frente aos administradores das Sociedades Anônimas. *Revista de Direito Mercantil, Industrial, Econômico e Financeiro,* São Paulo, ano 36, n. 109, p. 137-149, jan./mar. 1998. p. 146; Gagliardo, Mariano. *El Directorio en la Sociedad Anónima*. 2 ed. Buenos Aires: Abeledo-Perrot, 2007, p. 254), possuindo, invariavelmente, liberdade de atuação (discricionariedade). Assim, não há *subordinação* da pessoa do administrador a alguém, faltando um dos requisitos exigidos á configuração da relação de emprego (nos termos da CLT, art. 3º). Sobre este ponto, ver Toledo, Paulo Fernando Campos Salles de. *O Conselho de Administração na Sociedade Anônima*: estrutura, funções e poderes, responsabilidade dos administradores. 2. ed. São Paulo: Atlas, 1999, p. 45; Coelho. *Curso de Direito Comercial*, v. 2..., p. 249-252; Calvo, Adriana Carrera. *A natureza jurídica do vínculo do diretor estatutário na Sociedade Anônima*. 188 f. Dissertação (Mestrado em Direito das Relações Sociais: Direito do Trabalho) — Pontifícia Universidade Católica de São Paulo, São Paulo, 2005. Alexandre Couto Silva, sob outro enfoque, também ressalta a discricionariedade na atuação dos administradores: "(...) o poder discricionário manifesta-se no dia-a-dia dos negócios da sociedade. A Lei de Sociedades por Ações e, na prática, os estatutos sociais somente estabelecem linhas gerais que orientam os atos praticados pelos administradores". "(...) pode-se concluir que cabe aos administradores das sociedades o poder discricionário sobre suas decisões, respeitados os limites impostos pela lei e pelo contrato ou estatuto social, sendo o controle judicial do poder discricionário sempre restrito aos fatores que limitam o exercício de tal poder, ou seja, a sua legalidade, não podendo tal controle julgar os critérios adotados pelos administradores, sejam os privados ou os públicos, na escolha de suas condutas" (Silva, Alexandre Couto. *Responsabilidade dos administradores de S/A:* business judgment rule. Rio de Janeiro: Elsevier, 2007. p. 111, 114); da mesma forma, ver Jarillo, María José Morillas. *Las normas de conducta de los administradores de las sociedades de capital*. Madrid: La Ley, 2002. p. 350. E é justamente neste sentido que caminha a Justiça do Trabalho em diversos precedentes (TST, 7ª Turma, RR-244100-72.2001.5.02.0056, Rel. Min. Douglas Alencar Rodrigues, j. 10/08/2016; TST, 3ª Turma, RR-287700-46.2000.5.02.0035, Rel. Min. Alexandre de Souza Agra Belmonte, j. 13/08/2014; TST, 1ª Turma, RR — 165800-88.2005.5.15.0058, Rel. Min. Luiz Philippe Vieira de Mello Filho, j. 01/04/2009; TRT12, 2ª Turma, RO 01238-2008-004-12-00-8, Rel. Des. Edson Mendes de Oliveira, j. 02/07/2010; TRT4, 5ª Turma, RO 0002600-63.2007.5.04.0017, Rel. Des.

sivo aporte somente serviços: isso é possível e não restaria desnaturada a relação societária, desde que o ostensivo mantenha competências autônomas; caso o ostensivo não tenha qualquer competência a não ser a representação externa (tendo o contrato estabelecido a administração ao participante), não se estaria diante de uma SCP, mas sim de um contrato de prestação de serviços ou de uma relação trabalhista[434].

Ademais, o sócio ostensivo possui o dever de prestar contas (e existe o correspondente direito de fiscalizar por parte do associado), o que, como regra, não ocorre no contrato de trabalho[435].

Finalmente, nada impede que o participante também aporte serviços, não sendo rara a adoção de tal prática. Todavia, o trabalho aportado deve ser sempre autônomo, não podendo corresponder ao serviço com características de subordinação[436-437].

João Batista de Matos Danda, j. 27/04/2010), bem como resta facilmente demonstrado da leitura da Súmula 269 do Tribunal Superior do Trabalho.

434 Rasner. *Die atypische stille Gesellschaft...*, p. 80-82.

435 Klunziger. *Grundzüge des Gesellschaftsrechts...*, p. 145. Nesse sentido, existe precedente judicial italiano: Cendon. *Commentario al Codice Civile...*, p. 443.

436 Mignone. *L'associazione in partecipazione...*, p. 93-94, 423 ss, 515 ss. Analisando diversos precedentes judiciais italianos, refere que a subordinação consiste na principal diferença, assim sumarizando à p. 534: "Riprendendo per sommi capi una riepilogazione particolarmente accurata di ci tale approccio giurisprudenziale, i criteri distintivi possono essere ordinati come segue. Indici '*essenziali interni*': 1) subordinazione intesa come assoggettamento gerarchico personale al datore di lavoro ('alle dipendenze' *ex* art. 2094, Cod. civ.); 2) subordinazione come 'eterodeterminazione', cioè come obbedienza alle più o meno stringenti direttive del datore ('... e sotto la direzione'). Indici '*essenziali esterni*': 1) inserimento nell'organizzazione dell'impresa; 2) continuità (suddivisibile in continuità materiale – di svolgimento della prestazione – e giuridica – riferita al vincolo contrattuale –); 3) collaborazione. Indici '*sussidiari*': 1) rispetto di un orario di lavoro; oggetto della prestazione (è il vecchio criterio che distinguerebbe la prestazione a seconda che essa sia 'di mezzi' o 'di risultato'); 3) rischio; 4) modalità della retribuzione."

437 "Cass., Sez. Lav., 24 febbraio 2001, n. 2693 (*MCC*, 2001) – In tema di distinzione fra contratto di associazione in partecipazione con apporto di prestazione lavorativa da parte dell'associato e contratto di lavoro subordinato con retribuzione collegata agli utili dell'impresa, la riconducibilità del rapporto all'uno o all'altro degli schemi predetti exige un'indagine del giudice del mérito (il cui accertamento, se adeguatamente e correttamente motivato, non è censurabile in sede di legittimità) volta a cogliere la prevalenza, alla strega delle modalità di attuazione, del concreto rapporto, degli elementi che caratterizzano i due contratti, tenendo conto, in particolare, che, mentre il primo implica l'obbligo del rendiconto periodico dell'associante in relazione al potere dell'associato di controllo sulla gestione economica dell'impresa, e l'esistenza per quest'ultimo di un rischio di impresa, il rapporto

De qualquer modo, é fato que, além da subordinação, os demais elementos do contrato de trabalho (especialmente onerosidade e não sujeição aos riscos da atividade) também o diferenciam da sociedade em conta de participação, uma vez que são incompatíveis com os elementos essenciais e ínsitos às relações societárias.

Até se pode dizer que a relação em uma sociedade em conta de participação é *pessoal* e *não eventual*. Mas, quanto à contraprestação e aos riscos do empreendimento, existe enorme diferença, pois, em uma sociedade, todos os sócios participam do risco de ganhar ou perder — partilha dos resultados —, o que não ocorre em uma relação de emprego: o empregado não assume, ao menos teoricamente, o risco do exercício da atividade econômica[438], pois recebe um salário e, como

di lavoro subordinato implica un effetivo vincolo di subordinazione, più ampio del generico potere dell'associante d'impartire direttive ed istruzione al cointeressato." "Cass. civ., Sez. II, 19 febbraio 1993, n. 2016 (*RDCo*, 1996, II, 25) - Nell'associazione in partecipazione il contributo patrimoniale (l'apporto) dell'associato può essere costituito da una prestazione di attività lavorativa ed in tal caso il correlato rapporto si distingue da quello di lavoro subordinato perché mancano il vincolo di dipendenza e la garanzia di un guadagno. L'associazione in partecipazione non resta esclusa dal patto che attribuisca all'associato che presti un'attività lavorativa (senza vincolo di dipendenza) un potere di controllo, ove la conduzione dell'impresa o dell'affare e la conseguente responsabilità verso i terzi rimangano in carico all'associante." "Cass. civ. 22 dicembre 1981, n. 6750 (*MCC*, 1981) - Nell'associazione in partecipazione l'associato che conferisca il proprio lavoro non può essere considerato lavoratore subordinato, non inserendosi in un'azienda a lui estranea, né essendo obbligato a prestare una 'collaborazione', ma solo il proprio lavoro nei limiti del valore (quota associativa) attribuito all'apporto e non in subordinazione ad un 'datore di lavoro', bensì soltanto alle direttive dell'associante, al quale non competono quei poteri disciplinari e di controllo spettanti al datore di lavoro anche nel silenzio del contratto di lavoro: per contro l'associato può, ove previsto dal contratto, esercitare un controllo sull'andamento dell'azienda e pur non avendo diritto ad una retribuzione e, comunque, ad un minimo garantito di guadagno, e pur non essendo soggetto alle perdite, partecipe al rischio dell'impresa, potendo non conseguire utili di sorta, mentre l'associante cui spetta la gestione della azienda, non è completamente libero nei confronti dell'associato nell'organizzazione dell'azienda stessa, ed è tenuto al rendimento del conto." (CENDON. *Commentario al Codice Civile...*, p. 420-422).

[438] Para Lorenzo Mossa, o elemento-chave para distinguir estes contratos é a *participação nas perdas*, presente na conta de participação, ainda que limitado aos aportes feitos, mas não no contrato de trabalho (cf. MOSSA. *Diritto Commerciale...*, p. 247). O risco do negócio foi considerado o elemento essencial para distinguir os dois institutos segundo um esclarecedor julgado de 1962 da *Corte di Cassazione* (*Rivista di Diritto Commerciale e del Diritto Generale delle Obbligazioni*, v. LX, Parte II. Milano: Dottor Francesco Vallardi, 1962, p. 326-341). Ver, também: CENDON. *Commentario al Codice Civile...*, p. 440 ss; MOREAU. *Associations en participation et sociétés de fait...*, p. 11; RIPERT. *Traité élémentaire de Droit Commercial...*, p. 515; RIPERT-

regra, não participa dos lucros[439]; isso sem contar que eventual remuneração fixa a um dos sócios se deve a título de contraprestação à administração (*pro labore*)[440-441]. Ademais, na conta de participação, os ganhos auferidos (ou mesmo o *pro labore*) não precisam respeitar os limites do salário-mínimo (Constituição Federal, art. 7º, IV), o que ocorre no contrato de trabalho[442] — sem contar, evidentemente, todos os demais direitos trabalhistas, os quais não são aplicados aos membros de uma SCP.

Raul Ventura aponta que, para a doutrina alemã, um bom indício de que as partes buscaram disfarçar um contrato de trabalho com as roupagens de uma sociedade em conta de participação consiste na análise do *montante de participação nos lucros* fixado pelas partes. Com efeito, "uma reduzida participação inclina no sentido do contrato de trabalho e uma considerável participação inclina no sentido contrário"[443]. Ademais, "não haverá contrato de trabalho se estiver estipulado que a situação do participante nos lucros é transmissível aos seus herdeiros"[444].

Voltando à questão do contrato de trabalho com *cláusula parciária* (de participação nos lucros), Raul Ventura aproveita a doutrina italiana para divisá-lo da conta de participação, fazendo-o magistralmente. Explica o jurista português que é necessário diferenciar dois tipos de participação nos lucros: "ou se trata de repartir entre várias pessoas um lucro, considerado como um valor distribuível, ou se trata de calcular, com base nos

-Roblot-Germain-Magnier. *Traité de droit des affaires*, t. 2..., p. 196; Klunziger. *Grundzüge des Gesellschaftsrechts...*, p. 145.

439 Klunziger. *Grundzüge des Gesellschaftsrechts...*, p. 145.

440 Georges Ripert entende que, quando o serviço prestado pelo dito sócio participante consiste em trabalho manual, a situação tende a apontar para um contrato de trabalho. Quando, no entanto, a atividade exercida pelo pretenso participante é um trabalho de natureza intelectual de direção, o exame da situação fica bastante complicado. Cf. Ripert. *Traité élémentaire de Droit Commercial...*, p. 515; Ripert-Roblot-Germain-Magnier. *Traité de droit des affaires*, t. 2..., p. 196.

441 "'Pro Labore'. Locução lativa que, traduzida literalmente, tem o sentido de 'pelo trabalho'. No âmbito do direito privado, designa a remuneração que os sócios de uma firma ou empresa percebem pelo seu trabalho, independentemente dos lucros que possam auferir." (França, Rubens Limongi (coord.). *Enciclopédia Saraiva do Direito*, v. 62. São Paulo: Saraiva, 1981, p. 73). Ver, também: Silva, De Plácido e. *Vocabulário Jurídico*. 26 ed. Rio de Janeiro: Forense, 2005, p. 1.110.

442 Fazendo referência a precedente judicial italiano, ver Cendon. *Commentario al Codice Civile...*, p. 444.

443 Ventura. *Associação em participação* (BMJ 189)..., p. 100.

444 Ventura. *Associação em participação* (BMJ 189)..., p. 100.

lucros, o objecto duma prestação". E segue o autor lusitano: "Uma diferença prática mostrará o alcance da distinção: no primeiro caso — correspondente por exemplo, ao direito dos sócios a lucros — cada fracção distribuída reduz o total distribuível; no segundo caso — correspondente a grande número de casos de estipulação de participação de trabalhadores subordinados em lucros de empresas — o cálculo é feito sobre o montante dos lucros, mas estes mantêm-se intactos, por exemplo, para distribuição aos sócios da empresa em que o referido trabalhador preste serviço"[445]. Ou seja: há de se diferenciar os casos em que a participação nos lucros seja apenas uma medida dos casos em que consiste ele numa repartição[446].

Não se pode reconhecer, então, em uma relação de emprego, uma verdadeira sociedade em conta de participação[447].

De qualquer modo, não é incomum a constituição de SCP para burlar as obrigações trabalhistas: para muitos, é difícil resistir à tentação de se desonerar das obrigações laborais quando se pode "facilmente" disfarçar a relação de emprego sob a roupagem de sociedade[448-449].

445 VENTURA. *Associação em participação* (BMJ 189)..., p. 101.

446 VENTURA. *Associação em participação* (BMJ 189)..., p. 101.

447 Ver: TST, 3ª Turma, RR-11770-05.2013.5.11.0001, Rel. Min. Alexandre de Souza Agra Belmonte, j. 20/02/2019 ("Recurso de Revista do Ministério Público do Trabalho da 11ª Região. Ação civil pública. Médicos contratados por sociedade em conta de participação e pessoa jurídica. Terceirização. Pejotização. Vínculo de emprego. Subordinação jurídica não configurada."); TST, 4ª Turma, AIRR-1139-64.2011.5.10.0012, Rel. Min. Vieira de Mello Filho, j. 27/02/2013; TST, 8ª Turma, AIRR-288-74.2010.5.04.0352, Rel. Min. Dora Maria da Costa, j. 16/11/2011; TRT4, 7ª Turma, RO 0072800-06.2004.5.04.0016, Rel. Des. Maria da Graça Ribeiro Centeno, j. 19/01/2011 ("Recurso ordinário do reclamante. Vínculo de emprego. Hipótese em que as funções exercidas pelo reclamante decorreram de contrato de sociedade, inexistindo qualquer espécie de subordinação ou supervisão por conta da alegada empregadora que caracterize a relação como empregatícia. Apelo não provido."); TRT4, 4ª Turma, RO 0059400-50.2009.5.04.0241, Rel. Des. João Pedro Silvestrin, j. 05/08/2010 ("Vínculo de emprego. Sociedade em conta de participação. Ausente a demonstração concomitante de todos os requisitos previstos no artigo 3º da CLT, inviável reconhecer como de emprego a relação havida entre as partes").

448 Problema este também existente em outros países, como na Itália (cf. CENDON. *Commentario al Codice Civile*..., p. 440-441; MIGNONE. *L'associazione in partecipazione*..., p. 515 ss) e na França (COZIAN-VIANDIER-DEBOISSY. *Droit des sociétés*..., p. 666-667).

449 Isso sem contar que a criação de SCP no lugar da manutenção de uma relação de emprego acarreta, logicamente, em tributação menor. Nesse sentido, referindo caso em que hospitais colocaram fim ao vínculo que possuíam com seus médicos (até então funcionários

Tal tipo de manobra, entretanto, tem sofrido forte oposição nos Tribunais, tendo em vista o *princípio da primazia da realidade*. Veja-se, por exemplo, o caso de dentista que reclamava vínculo empregatício com determinada clínica odontológica com quem havia celebrado uma SCP. Na situação em comento, entendeu o TRT da 4ª Região:

> (...) que *a prova dos autos revela a presença, na íntegra, dos requisitos necessários à configuração da relação de emprego*, previstos no Artigo 3º da CLT, sobretudo tendo em vista que o trabalho da reclamante era vinculado às necessidades permanentes da primeira reclamada. (TRT4, 1ª Turma, RO 00661-2005-281-04-00-7, Rel. Des. Maria da Graça Ribeiro Centeno, j. 06/11/2008) (Trechos do acórdão).

No mesmo sentido, tem-se os seguintes julgados[450-451]:

ou prestadores de serviços na condição de autônomos), passando a firmar uma conta de participação, o que acarretou autuação do fisco contra sócios participantes da SCP (*i.e.*, os médicos) uma vez que os rendimentos auferidos seriam tributáveis tendo em vista que seriam a contrapartida do serviço prestado, ver: TESSARI. Análise de caso real de autuação fiscal...

450 Gustavo Galizzi apresenta situação interessante, em que se verifica a inexistência de sociedade em conta de participação, mas sim de uma relação de emprego, tendo em vista que os requisitos desta relação estavam presentes: "Um caso de ocorrência relativamente comum que ilustra bem tais situações envolve o trabalho a bordo de embarcações pesqueiras. Os pescadores tripulantes são contratados por uma sociedade para prestarem serviços em embarcações de propriedade desta, sendo acertada sua remuneração na forma de participação nos lucros obtidos com a venda do produto das pescas. Sendo tais contratos usualmente entabulados sob a denominação de sociedade em conta de participação, surge a necessidade de se definir, com exatidão, sua natureza." "Nesse contexto, o Tribunal Regional Federal da 2ª Região entendeu possuir caráter empregatício, e não societário, a relação envolvendo uma empresa-pesqueira e um grupo de pescadores-tripulantes para condenar a primeira ao recolhimento do FGTS devido. Para tanto, a Corte sustentou seu convencimento assinalando que todos os elementos tipificadores da relação empregatícia estariam presentes, a saber: a subordinação, dada a presença de um patrão de pesca responsável pela coordenação direta dos trabalhos a bordo das embarcações; a não eventualidade dos serviços prestados; e a remuneração, consistente na participação nos resultados da pescaria. Salientou, por fim, o acórdão que os pescadores-tripulantes não participavam dos prejuízos decorrentes da exploração da empresa, pelo que não haveria como se caracterizar a existência de sociedade entre eles e a empresa-pesqueira (TRF 2ª Região, AC 89.02.00817-7, de 1993)." (GALIZZI. *Sociedade em conta de participação...*, p. 34-35). Tal caso é extremamente interessante, mas é passível de críticas (ao menos de acordo com o atual ordenamento jurídico), pois, diante do disposto no art. 1.007 do Código Civil, o sócio prestador de serviço, salvo estipulação em contrário, não participa das perdas; assim, poderia ser utilizada, em tais casos, a ausência de participação nas perdas como critério exclusivo para se afirmar que inexiste sociedade em conta de participação?

Vínculo de emprego. Caracterização.

Hipótese em que o conjunto probatório demonstra a formalização do ingresso da reclamante como sócia da 2ª ré, primeiramente como sócia oculta de sociedade por conta de participação e, posteriormente, como sócia de empresa por cotas de responsabilidade limitada, como manobra para fraudar a legislação trabalhista. Existência dos requisitos que definem a relação de emprego. Recurso não-provido. (TRT4, 1ª Turma, RO 00138-2007-002-04-00-4. Rel. Des. José Felipe Ledur, j. 04/06/2009).

(...). *Frente ao pedido de reconhecimento de vínculo empregatício formulado pelo reclamante, a reclamada opôs condição de sócio do mesmo, juntando, para tanto, cópia de contrato de constituição de sociedade em conta de participação (fls. 55), na qual o autor assumiria a condição de sócio oculto. Essa medida resultou verdadeiramente fraudulenta.* Com efeito, numa sociedade seja ela civil ou comercial, vislumbra-se a existência de nítido *affectio societatis*, ou seja, clara intenção de associação e convergência de interesses entre os associados. (...). No caso vertente, não cuidou a empresa de comprovar a condição de sócio do reclamante, ônus que era seu, a teor dos Arts. 818 da CLT e 333, II, do CPC. Além da prova oral de fls. 37/39 não ter militado a favor da ré, a prova documental depôs contra sua tese. Como bem destacado pela origem, sócio aufere lucros e não comissões (fls. 14). Também, não se pode conceber a necessidade de apresentação de relatórios pelo reclamante tal qual os empregados registrados, conforme noticiado pela própria testemunha patronal às fls. 39. E mais! Não havendo qualquer forma legalmente prevista de registro ou ata de constituição da sociedade em conta de participação, *a empregadora buscou dela lançar mão (docu-*

[451] Entre outros, ver, também: TST, 4ª Turma, AIRR-100600-91.2008.5.04.0008, Rel. Min. Maria de Assis Calsing, j. 15/08/2012; TRT10, 16ª Vara do Trabalho de Brasília, Processo nº 000708-13.2014.5.10.0016, Rel. Juíza Martha Franco de Azevedo, j. 08/04/2016; TRT10, 3ª Turma, RO 0001853-44.2013.5.10.0015, Rel. Des. Denilson Bandeira Coelho, j. 22/04/2015; TRT4, 1ª Turma, RO 0100600-91.2008.5.04.0008, Rel. Des. José Felipe Ledur, j. 13/04/2011; TRT4, 3ª Turma, RO 0001092-75.2012.5.04.0383, Rel. Des. Marcos Fagundes Salomão, j. 20/05/2014; TRT4, 9ª Turma, AIRR 0000171-54.2011.5.04.0512, Rel. Des. Fernando Luiz de Moura Cassal, j. 22/11/2012 ("Vínculo de emprego. Relação de emprego mascarada sob aspecto de sociedade por conta de participação. É de emprego a relação mantida entre as partes, ainda que sob o manto de sociedade por conta de participação, quando presentes os requisitos caracterizadores da relação de emprego. Prevalência do princípio da primazia da realidade. Recurso não provido.").

mento particular de fls. 55) a fim de futuramente se resguardar de eventual ação contrária a seus interesses, em flagrante fraude ao direito de seu empregado. Assim sendo, pelo conjunto fático-probatório apresentado, correta a r. sentença que declarou o liame laboral entre as partes e condenou a reclamada à anotação de CTPS e ao pagamento de saldo salarial, férias acrescidas de 1/3, gratificação natalina, aviso prévio e FGTS + 40%, bem como determinou a expedição de ofícios ao INSS e à DRT para as sanções cabíveis. (TRT15, 1ª Turma, RO 15.604/2.000-ROS-0, Rel. Des. Luiz Roberto Nunes, j. 24/10/2001).

> Contrato de sociedade em conta de participação. Participação em empreendimento imobiliário ajustado entre uma empresa construtora e um engenheiro, já seu empregado (...). Carta-contrato, fixando-os direitos e deveres, inclusive atribuindo-lhe salário e impondo dedicação exclusiva, com posterior anotação na carteira de trabalho. Prejuízos que se diz terem ocorrido pela alegada má administração do empreendimento, por parte do engenheiro. Ação trabalhista paralela. Competência. *Constatando-se que o contrato referido apenas mascarou a ampliação de uma relação trabalhista é incompetente a justiça comum para apreciar o litígio juntado na sua má execução. E, já tendo a matéria sido julgada na jurisdição competente (com decisão do egrégio tribunal regional do trabalho, transitada em julgado), onde se negou a existência do prejuízo, deixa-se de declinar da competência.* (TJRS, 3ª Câmara Cível, APC 36606, Rel. Des. Paulo Boeckel Velloso, j. 11/06/1981).

Resta, portanto, evidente que a conta de participação não pode ser confundida com qualquer vínculo de emprego — sendo que, quando se pretende mascarar a relação empregatícia por meio de uma sociedade em conta de participação, os Tribunais, notadamente a Justiça do Trabalho, tendem a não chancelar tal utilização deturpada do instituto societário.

5. SCP v. Sociedade em comum

Muito já se debateu sobre a distinção entre a sociedade em comum e a conta de participação[452].

[452] Nesse sentido, remetemos à obra específica de Ravà. *Associazione in partecipazione e società irregolare...* Igualmente, ver: Moreau. *Associations en participation et sociétés de fait...*

A sociedade em comum (Código Civil, arts. 986-990) consiste, em breves palavras, numa *sociedade não registrada*[453-454]. E, por não ser inscrita

[453] O regime jurídico previsto entre os arts. 986-990 foi projetado pelo legislador para abarcar uma série de situações distintas, assaz comuns na prática, cujo traço característico é a celebração de contrato entre pessoas que reciprocamente se obrigam a contribuir, com bens ou serviços, para o exercício de atividade econômica e a partilha, entre si, dos resultados, mas que, por qualquer motivo, não o levam a registro (*sociedade sem registro*). Tem-se, então, uma sociedade (CC, art. 981), cujo contrato (ainda que seja meramente verbal) *existe*, é *válido* e *produz efeitos*, apesar de não gerar o nascimento de uma pessoa jurídica (CC, arts. 45, 985 e 1.150). E cumpre destacar que o ordenamento jurídico reconhece a existência de sociedades nessa situação, pois o registro não é condição de existência, mas somente de regularidade da atividade e de nascimento da pessoa jurídica. O registro, portanto, é condição para que a sociedade exerça a atividade econômica de modo regular, sendo que o não cumprimento desta exigência acarreta uma série de consequências, não podendo a sociedade ou os sócios: (i) provar a existência da sociedade para exigir o cumprimento de uma obrigação social que tenha como única causa a própria sociedade (exemplo: integralização do capital), salvo se comprovarem a sociedade por escrito (CC, art. 987); (ii) proteger o nome social (Lei 8.934/94, art. 33); (iii) requerer a falência de um devedor seu (LREF, art. 97, §1º) — apesar de poder ter sua falência decretada (LREF, art. 1º); (iv) valer-se da recuperação de empresas (LREF, arts. 48, 51, V, e 161), caso seja empresária; (v) autenticar os livros mercantis na Junta Comercial (CC, art. 1.181, parágrafo único), os quais, então, não terão eficácia probatória em seu favor (CC, art. 226; CPC, art. 379); (vi) em caso de falência, caracterização de crime falimentar (LREF, art. 178); (vii) participar de licitações públicas (Lei 8.666/93, art. 28, III); (viii) efetuar seu registro nos cadastros fiscais (Cadastro Nacional de Pessoas Jurídicas — CNPJ e Cadastro de Contribuintes Mobiliários — CCM, entre outros), com todas as suas sanções decorrentes do descumprimento de obrigação tributária acessória; (ix) realizar matrícula junto ao INSS, o que acarreta na impossibilidade de contratar com o Poder Público (CF, art. 195, §3º); (x) requerer o registro de marca (LPI, art. 128); (xi) abrir uma simples conta bancária, etc. Por todo o exposto, tem-se que a sociedade em comum, apesar de sociedade, não se constitui em pessoa jurídica, em um ente capaz de assumir direitos e contrair obrigações com patrimônio próprio. Nesse sentido, Alfredo de Assis Gonçalves Neto fala que as sociedades em comum seriam *centros de imputação com certa autonomia reconhecida pelo direito, mas sem a possibilidade de agir com a desenvoltura prevista para a pessoa jurídica (para a sociedade regularmente constituída)* (Gonçalves Neto. *Direito de Empresa...*, p. 171).

[454] No que tange à questão terminológica, *sociedade em comum* é a designação adotada pelo novo Código Civil para um tipo societário que abrange (mas não se limitada a isso) às chamadas *sociedades irregulares* e *sociedades de fato* do Código Comercial de 1850 e do Código Civil de 1916. Vale salientar: apesar da falta de uniformidade acerca do tratamento terminológico dispensado a esses fenômenos anteriormente à entrada em vigor do novo Código Civil, havia uma tendência de designar *sociedade de fato* como sendo aquelas sociedades contratadas verbalmente ou resultantes pura e simplesmente do exercício conjunto de uma atividade econômica em grupo, e a *sociedade irregular*, por sua vez, era aquela contratada por escrito, mas cujo contrato não era levado a registro. Este é o entendimento predominante: Ferreira,

no órgão competente, não adquire personalidade jurídica, pertencendo, assim, à família das *sociedades não personificadas*, exatamente ao lado da sociedade em conta de participação.

Tais tipos societários diferem-se em muitos aspectos, ao ponto de, em teoria, ser bastante fácil divisar uma da outra. Na prática, todavia, pode ser difícil identificar se estamos diante de uma sociedade em comum, especialmente uma sociedade de fato, aquela com ajuste meramente verbal, ou de uma sociedade em conta de participação sem contrato escrito[455]; como refere Rachel Sztajn, "a distinção entre sociedade em conta de participação sem registro do instrumento contratual e sociedade de fato é quase que impossível de ser feita"[456] — inclusive (ou, talvez, especialmente) quando se está diante de uma *sociedade oculta* (*i.e.*, quando há uma sociedade de fato entre uma pessoa jurídica e um sócio de fato)[457].

Waldemar. *Sociedades Commerciaes Irregulares.* São Paulo: Editora Limitada, 1927, p. 47; Pontes de Miranda. *Tratado de Direito Privado,* t. 49..., p. 59, 69, 71; Requião. *Curso de Direito Comercial,* v. 1..., p. 396; Franco, Vera Helena de Mello. *Manual de Direito Comercial,* v. 1. São Paulo: Revista dos Tribunais, 2001, p. 157; Verçosa, Haroldo. *Curso de Direito Comercial,* v. 2. São Paulo: Malheiros, 2006, p. 288, 296. Não obstante, não havia uniformidade na doutrina. Com entendimento diferente, alguns dos quais com posições isoladas sobre a terminologia empregada: Carvalho de Mendonça, J. X. *Tratado de Direito Commercial brasileiro,* v. 3. Rio de Janeiro: Freitas Bastos, 1945, p. 131; Martins. *Curso de Direito Comercial...,* p. 284; Borges. *Curso de Direito Comercial Terrestre...,* p. 283-284. Coelho. *Curso de Direito Comercial,* v. 2..., p. 406; Almeida, Amador Paes de. *Manual das Sociedades Comerciais.* 16 ed. São Paulo: Saraiva, 2007, p. 51; Tomazette. *Curso de Direito Empresarial...,* p. 277; Kalansky, Daniel. A sociedade em comum: um novo tipo societário? In: França, Erasmo Valladão Azevedo e Novaes (coord.). *Direito societário contemporâneo I.* São Paulo: Quartier Latin, 2009. p. 511-524; Féres. *Sociedade em comum...,* p. 95. Entre nós, quem definitivamente equacionou o problema e melhor explicou o fenômeno foi Erasmo Valladão (cf. França. *A sociedade em comum...*).

455 "Debe reconocerse, no obstante, que en la práctica la distinción puede no resultar tan simple frente a las similitudes que guarda (falta de inscripción registral y de exigencias formales-constitutivas), máxime cuando la confusión frecuentemente más por ignorancia de las formas que por la voluntad deliberada de los socios." (Verón. *Sociedades comerciales...,* p. 806-807, nota de rodapé).

456 Sztajn. *Contrato de sociedade e formas societárias...,* p. 70.

457 Tal figura encontrava, no Brasil, previsão no art. 305, última parte, do Código Comercial de 1850 e no art. 6º do Decreto-Lei 7.661/45; em alguns países há disposição legal expressa, como se dá no Uruguai (*Ley 16.060,* art. 54) e na Argentina (arts. 34 e 35 da *Ley de Sociedades Comerciales*). A *sociedade oculta* resta configurada "normalmente por meio de uma sociedade existente que tem um ou mais sócios ocultos — no mais das vezes, credores sociais que passam a ditar os destinos da empresa —, formando com ela, assim, uma sociedade em comum.

Como quer que seja, *a falta de registro impõe o exame cuidadoso das características fáticas para que se possa determinar a existência de uma relação societária*, observa Melvin Eisenberg em situação análoga[458]. Quando as figuras que se confundem são duas sociedades, especialmente no caso de uma SCP sem contrato escrito e uma sociedade de fato, a situação é bastante intrincada, não se resolvendo pela análise dos *elementos essenciais do conceito de sociedade*, pois, por óbvio, estes são comuns a ambas. Isso porque, tanto em uma quanto em outra, há a livre contribuição para o empreendimento comum, o exercício de uma atividade econômica e a participação dos sócios nos resultados[459]. Como, então, resolver o problema?

Aqui, a forma mais apropriada é lançar mão da observação das características peculiares a cada um dos tipos societários, isto é, aquilo que é da natureza de um tipo e que não é da de outro — ou seja, a verificação dos *elementos categoriais* de cada tipo societário. Exemplifiquemos: se em determinada situação há dois sócios, sendo que um deles administra o empreendimento comum, sobretudo contratando em nome próprio em favor deste, e o outro apenas investe recursos no negócio, permanecendo inerte no que tange à administração, não assumindo responsabilidades perante terceiros, esta situação aproxima-se de uma SCP sem

Nessa hipótese, a sociedade em comum se dará entre *aquela* e estes (e não entre *os sócios daquela* e estes)" (cf. FRANÇA. *A sociedade em comum*..., p. 123) — enquanto o sócio aparente "es aquel que no reúne los requisitos para ser legalmente calificado como socio, pero respecto del cual se ostenta frente a terceros tal calidad, efectuando en su persona, consintiendo o tolerando el mismo tal situación" (ROITMAN, Horacio. *Ley de Sociedades Comerciales comentada y anotada*, t. I. Buenos Aires: La Ley, 2006, p. 571-572). Nesse sentido, por exemplo: "Sociedade de fato — Documentos nos autos a demonstrar que o autor era sócio de fato da empresa integrada pelo requerido — Prova escrita concludente, consistente em e-mails trocados pelas partes, indicativa da sociedade havida — Depoimentos das testemunhas e demais elementos de informação constantes dos autos só corroboraram a versão dos fatos trazida na inicial — Indevida, porém, a alteração do contrato social na JUCESP para inclusão formal do autor na sociedade — Reconhecimento da condição do demandante de sócio de fato do empreendimento, não de direito, que o sujeita a regime jurídico próprio — Recurso não provido, com observação." (TJSP, 6ª Câmara de Direito Privado, Apelação Cível 0137861-44.2008.8.26.0100, Rel. Des. Francisco Loureiro, j. 13/02/2014).

458 EISENBERG. *Corporations and other business organizations*..., p. 32.

459 OLIVEIRA. *Sociedades irregulares*..., p. 137: "Na sociedade em conta de participação e na irregular, vemos, de commum, os caracteres intrínsecos de uma sociedade: dois ou mais indivíduos comprometem capitaes e unem esforços para lograrem um mesmo fim — o lucro".

contrato escrito, podendo ser o caso de aplicar as regras atinentes a tal tipo societário.

É uma presunção aceitável (em que pese o fato de a conta de participação aceitar mais de um sócio ostensivo, por exemplo, o que pode gerar maior dificuldade para a realização da distinção)[460]. Nesse sentido, vale aproveitar uma passagem de Raul Ventura, na qual o jurista lusitano esclarece que, da gênese do funcionamento da conta de participação resulta que o fim comum seja concretizado pelo ostensivo; funcionalmente, pouco é esperado do participante, cuja contribuição respeita à formação da conta de participação e não ao seu funcionamento[461].

Nesse sentido, se o segundo sócio não só investe no empreendimento comum, mas também se compromete perante terceiros em nome da sociedade — o que sabemos ser viável —, não haveria como considerar que em tal situação há uma SCP, pois, em princípio, ficaria desnaturada uma de suas características básicas, que é a de que somente o sócio ostensivo se compromete junto ao mercado. Nesse caso, a situação mais parece com a de uma sociedade em comum, provavelmente sendo o caso de aplicar o regime jurídico deste tipo societário ao caso. Vale dizer, na sociedade em comum, qualquer sócio pode administrar a sociedade (Código Civil, art. 989)[462-463].

[460] França. *A sociedade em comum...*, p. 127.

[461] Ventura. *Associação em participação* (BMJ 189)..., p. 92. Ver, também: Verón. *Sociedades comerciales...*, p. 807; Lopes. *A sociedade em conta de participação...*, p. 42.

[462] Cf. Verón. *Sociedades comerciales...*, p. 807; Lopes. *A sociedade em conta de participação...*, p. 42. Na Itália, país em que não se reconhece a natureza societária à conta de participação, a atuação do associado perante terceiros em nome da empresa (e não somente realizando a gestão interna da conta de participação) pode levar a se considerar que se está diante de uma sociedade de fato, cf. Cendon. *Commentario al Codice Civile...*, p. 470 ss. Ainda, encontramos a seguinte manifestação: "Cass. civ. 3 marzo 1955, n. 626 (*Nuova Riv. dir. dell'economia, dir. sociale*, 1956, II, 655) – La distinzione tra società di fato e associazione in partecipazione consiste, come ricavasi dall'art. 2552, nel fato che l'interesse dell'associato è limitato ai soli risultati dell'impresa e dell'affare, la cui gestione viene attuata in via esclusiva dall'associante, mentre al contrario nel rapporto sociale alla gestione partecipano tutti i soci a seconda dei casi o direttamente o per via indireta attraverso gli organi sociali." (Cendon. *Commentario al Codice Civile...*, p. 474). Fazendo uma ampla análise de diversos precedentes italianos, entre os quais é, em certa medida, reconhecida a possibilidade da prática de atos de gestão pelos associados, ver: Mignone. *L'associazione in partecipazione...*, p. 497 ss.

[463] Nesse sentido, já foi descaracterizada a SCP diante da inexistência de atuação exclusiva do sócio ostensivo na exploração do objeto social: diante da demonstração de que os

Todavia, nem sempre a situação conterá elementos de diferenciação tão claros assim. Não podemos esquecer, por um lado, que o participante também pode assumir funções de administração interna na SCP e, eventualmente, agir externamente ainda que sob outra condição (como mandatário do ostensivo, *v.g.*) — sem contar que o próprio Código Civil reconhece que eventual atuação do participante perante terceiros não enseja a desnaturação automática da conta de participação ao ensejar, especificamente, a responsabilização do sócio oculto (art. 993, parágrafo único). Por outro lado, também não se deve esquecer que mesmo uma sociedade em comum pode ser administrada por um único sócio. Nessas situações, resta evidente que a distinção entre a conta de participação e a sociedade em comum tende a ficar mais complicada[464].

Deve-se, ainda, analisar os diversos elementos factuais para buscar a diferenciação entre a conta de participação e os demais tipos societários, como o exercício em comum de atividades cotidianas de gestão da empresa, relações bancárias com firmas conjuntas, o emprego de firma ou denominação social, a existência de um domicílio, etc[465].

Ainda, existe distinção no que tange ao fundo social. Isso porque, nas duas sociedades, a propriedade não pode pertencer à sociedade, uma vez que essa não tem personalidade jurídica. Na sociedade em comum, tal propriedade (patrimônio especial) é de todos os sócios, em comunhão (Código Civil, art. 988)[466] — sendo que, uma vez com-

sócios atuavam em conjunto e partilhavam de maneira igualitária os lucros, entendeu-se pela existência de uma sociedade em comum (TJPR, 18ª Câmara Cível, Apelação 0087931-17.2019.8.16.0014, Rel. Des. Marcelo Gobbo Dalla Dea, j. 09/11/2022).

[464] FRANÇA. *A sociedade em comum...*, p. 127.

[465] VERÓN. *Sociedades comerciales...*, p. 438. Salientando o risco de caracterização como sociedade em comum em decorrência do uso do nome, ver, entre outros: SALGADO. *Das sociedades em participação...*, p. 60; e MOREAU. *Associations en participation et sociétés de fait...*, p. 17-18.

[466] Vale esclarecer que, como os bens, os créditos e as dívidas não podem ser de propriedade da sociedade, já que não há personalidade jurídica para tanto, continuam na esfera patrimonial dos sócios, mas sofrem um destaque especial, pois estão destinados ao exercício da atividade, passando a ser detidos em condomínio. "Efetivamente, de acordo com as disposições do artigo 988, o patrimônio especial não significa um patrimônio autônomo em relação aos sócios, mas apenas que dentro dos patrimônios destes é possível identificar um conjunto de bens e dívidas relacionados ao fim da sociedade de fato que constituíram. Cada sócio tem uma parcela ideal do patrimônio, proporcional às suas respectivas participações societárias, que integra o patrimônio de cada um deles." (WALD. *Comentários ao novo Código Civil...*, p. 93). E importante é frisar que os resultados obtidos por meio do exercício da atividade também

provada a sociedade de fato, não sendo possível estabelecer a correta distribuição de quotas ou participação de cada sócio, presume-se dividida igualmente (Código Civil, art. 1.315, parágrafo único)[467]. Já na conta de participação, o fundo social permanece em poder do sócio ostensivo, sendo, em regra, de sua propriedade, mesmo quando conferido somente pelo sócio participante[468].

Nesse sentido, remetemos ao seguinte julgado do Tribunal de Justiça do Rio Grande do Sul:

> Sociedade em conta de participação. Não caracterização. Sociedade de fato. Dissolução. Efeitos. O "contrato de sociedade", no caso, é meramente um instrumento particular onde constam elementos atinentes à formação do patrimônio e do capital sociais, assim como a divisão dos lucros. A sociedade realmente é de fato, continuando a pertencer a cada um dos proprietários. Procedência do pedido de dissolução. Cabimento

pertencem a todos os sócios em condomínio (Gonçalves Neto. *Direito de empresa*..., p. 179-180). No mesmo sentido, a III Jornada de Direito Civil do Conselho da Justiça Federal aprovou o seguinte enunciado: "210 — art. 988: O patrimônio especial a que se refere o art. 988 é aquele afetado ao exercício da atividade, garantidor de terceiro, e de titularidade dos sócios em comum, em face da ausência de personalidade jurídica." Haroldo Verçosa, por outro lado, entende que o Código Civil alterou o disposto no Código Comercial de 1850, sustentando que, atualmente, o patrimônio separado da sociedade em comum seria uma universalidade de fato (e não uma mera comunhão) (cf. Verçosa. *Curso de Direito Comercial*..., p. 297-299).

[467] Nesse sentido, existem vários precedentes: TJRJ, 19ª Câmara Cível, APC 0034372-29.2009.8.19.0042, Rel. Des. Guaraci de Campos Vianna, j. 10/03/2015; TJSC, 2ª Câmara de Direito Comercial, APC 2004.016347-9, Rel. Des. Sérgio Izidoro Heil, j. 11/12/2008; TJRS, 5ª Câmara Cível, APC 70021043989, Rel. Des. Leo Lima, j. 07/11/2007; TJRS, 12ª Câmara Cível, APC 70015914823, Rel. Des. Orlando Heemann Júnior, j. 12/04/2007; TJRS, 6ª Câmara Cível, APC 596144824, Rel. Des. Antônio Janyr Dall'Agnol Júnior, j. 01/04/1997. Todavia, é possível elidir tal presunção por meio de prova documental e até testemunhal, e o julgador, para determinar o quinhão que toca a cada um dos sócios na partilha do patrimônio especial, na falta de pacto expresso ou do qual se possa fazer prova, deve basear-se na contribuição destes para o negócio comum, medida que se impõe a fim de evitar o enriquecimento sem causa de um ou alguns dos participantes (cf. TJRJ, 22ª Câmara Cível, APC 0250173-80.2016.8.19.0001, Rel Des. Marcelo Lima Buhatem, j. 18/02/2020; TJRS, 5ª Câmara Cível, APC 70011201779, Rel. Des. Pedro Luiz Rodrigues Bossle, j. 28/04/2005; TJDFT, 1ª Turma Cível, APC 20000110720863, Rel. Des. Valter Xavier, j. 04/11/2004; TJMS, 3ª Turma, APC 2005.015579-5/0000-00, Rel. Des. Paulo Alfeu Puccinelli, j. 15/03/2006).

[468] Cf. Lopes. *A sociedade em conta de participação*..., p. 41-42; Galizzi. *Sociedade em conta de participação*..., p. 36.

de indenização quanto aos bens que não podem ser retirados do local. Inexistência de direito à percepção dos lucros a partir da retirada, pois esta não foi comprovada. Perdas e danos, improcedência. (TJRS, 5ª Câmara Civil, APC 591103338, Rel. Des. Leonello Pedro Paludo, j. 12/03/1992).

Algumas decisões italianas do início do século passado põem em destaque a titularidade do patrimônio como forma de diferenciar a conta de participação das demais sociedades (vale lembrar que, na Itália, a conta de participação não é considerada sociedade, então a distinção que se faz é entre o *contrato* de conta de participação e as sociedades). Desses antigos julgados é possível extrair que se os bens são postos *em comum*, dificilmente se terá uma conta de participação; mas se os bens aportados estão reunidos na titularidade de uma das partes da relação, existem fortes indícios de que há uma conta de participação. Assim decidiu a *Corte di Cassazione* em diversas oportunidades[469].

De qualquer forma, a distinção sempre deve ser feita de acordo com o caso concreto, mesmo porque a atividade explorada pelo sócio ostensivo nos termos da sociedade em conta de participação é regular — diferentemente da atividade levada a cabo por meio de uma sociedade em comum empresária —, merecendo toda a proteção legal[470].

E, além disso, deve-se ter em mente que a distinção é relevante porque o esquema de responsabilidade dos sócios participantes em uma conta de participação é bem menos gravoso do que o dos sócios de uma sociedade em comum. Na sociedade em comum existe a responsabilidade solidária e ilimitada dos sócios (Código Civil, art. 990), enquanto a responsabilidade do participante, como regra, é limitada ao seu aporte —

469 *Rivista di Diritto Commerciale e del Diritto Generale delle Obbligazioni*, v. XXVIII, Parte II. Milano: Dottor Francesco Vallardi, 1930, p. 212-214; *Rivista di Diritto Commerciale e del Diritto Generale delle Obbligazioni*, v. XXXII, Parte II, 1934, p. 27-28; *Rivista di Diritto Commerciale e del Diritto Generale delle Obbligazioni*, v. LVI, Parte II, 1958, p. 67-80. Ver: Cendon. *Commentario al Codice Civile...*, p. 434 ss.

470 Waldemar Ferreira observa: "Note-se (...) que a ausência de prova escrita não lhe atribui a natureza de sociedade de fato, em que se engaja a responsabilidade solidária e ilimitada de todos os sócios. Não. Há, pois, examinar o caso concreto e distinguir esta daquela sociedade, separando o joio do trigo." (Ferreira. *Tratado de Direito Comercial*, v. 3..., p. 533). Igualmente, ver Carvalho de Mendonça. *Tratado de Direito Commercial brasileiro*, v. 4..., p. 229; e Oliveira. *Sociedades irregulares...*, p. 137-138.

podendo, aqui, a depender do pactuado entre as partes, encontrar-se mais um elemento de extrema relevância para distinguir a sociedade em comum da conta de participação: é muito ruim ser confundido com um sócio daquela, quando, na verdade, se é um sócio desta.

Nessa direção, Joaquín Garrigues, com base na doutrina de Ghidini, chega a afirmar que, em caso de dúvida, é melhor qualificar a sociedade em exame como uma SCP ao invés de uma sociedade em comum, em decorrência dos graves efeitos que decorreriam para o sócio capitalista na segunda hipótese, e esse era o critério da jurisprudência italiana da época[471].

Por tudo isso, apesar de não ser obrigatória a celebração de contrato por escrito, novamente se faz necessário sublinhar os benefícios em se contratar a conta de participação desta forma, o que diminui os riscos dos membros da sociedade[472].

6. SCP v. Sociedade em comandita

O ponto comum entre as sociedades em questão, cuja origem é a mesma, como já tivemos a oportunidade de observar, é que há um *sócio que administra o empreendimento* comum e que, ao fazê-lo, expõe todo o seu patrimônio (na sociedade em comandita, o sócio comanditado, que possui responsabilidade ilimitada pelas obrigações sociais; na sociedade em conta de participação, o sócio ostensivo, que explora a atividade em nome próprio), e *outro que possui nítido caráter capitalista* (investidor) e só responde perante terceiros com aquilo que foi aportado no empreendimento (na sociedade em comandita, o sócio comanditário, que possui responsabilidade limitada; na sociedade em conta de participação, o sócio participante, que, em regra, não responde pelas obrigações assumidas pelo ostensivo).

Mas as semelhanças param por aí: embora suas funções econômicas sejam análogas, a estrutura jurídica e o funcionamento são diferentes[473]. Na comandita, é a própria sociedade, obrigando-se em nome próprio,

[471] Garrigues. *Tratado de Derecho Mercantil...*, p. 191.

[472] No mesmo sentido: Costa. *A sociedade em conta de participação no direito de empresa do Código Civil de 2002...*, p. 171.

[473] Kübler. *Derecho de sociedades...*, p. 192; Fontanarrosa. La sociedad accidental o en participación..., p. 4.031.

que explora o empreendimento, ao passo que, na SCP, quem leva a cabo isso é o sócio ostensivo em seu próprio nome. Da mesma forma, enquanto a sociedade em comandita é devidamente inscrita no respectivo registro, isso não ocorre com a conta de participação, o que, por óbvio, traz à tona que aquela possui personalidade jurídica (e, assim, patrimônio próprio), enquanto esta não[474].

De qualquer forma, ainda que se pudesse confundir as espécies societárias em questão, tem-se que, na prática, tal risco é quase inexistente tendo em vista a raríssima utilização (para não dizer nenhuma utilização) da sociedade em comandita (simples ou por ações) em nosso País.

7. SCP v. Consórcio de sociedades

O desenvolvimento econômico e a rapidez dos processos de produção impuseram o surgimento do consórcio de sociedade (Lei das S.A., arts. 278-279) como meio associativo não personificado, por meio do qual diversas sociedades, associando-se mutuamente, podem assumir atividades e encargos que, sozinhas, não teriam condições de fazer[475].

O principal ponto de contato entre o consórcio de sociedades (Lei das S.A., art. 278, §1º) e a sociedade em conta de participação (Código Civil, art. 993, *caput*), além do fato de serem constituídas por contrato[476], talvez seja a ausência de personalidade jurídica[477].

De qualquer forma, embora não tenha personalidade jurídica, a Receita Federal exige que o contrato de consórcio seja inscrito no Cadastro Nacional de Pessoa Jurídica (Anexo I, IV, da Instruçaõ Normativa 2.119/2022 da Receira Federal), o que, atualmente, também ocorre com a conta de participação (IN RFB 2.119/2022, Anexo I,

[474] Pontes de Miranda. *Tratado de Direito Privado*, t. 49..., p. 327. Sobre a questão, ver, também: Windbichler. *Gesellschaftsrecht*..., p. 182; Kübler. *Derecho de sociedades*..., p. 191-192; Fontanarrosa. La sociedad accidental o en participación..., p. 4.031.

[475] Sobre os consórcios, ver, entre outros: Penteado, Mauro Rodrigues. *Consórcio de empresas*. São Paulo: Livraria Pioneira Editora, 1979; VAZ. *Consórcio de Empresas*...; e Silva. *Consórcios de Empresas*....

[476] Vaz. *Consórcio de Empresas*..., p. 77; Rocha, João Luiz Coelho da. Conta de participação, consórcio e parceria — Formas associativas não personalizadas. *Revista de Direito Mercantil, Industrial, Econômico e Financeiro*, v. 105, p. 37-42, jan./mar. 1997, p. 40.

[477] Galizzi. *Sociedade em conta de participação*..., p. 31-32; Silva. *Consórcios de Empresas*..., p. 142; Vaz. *Consórcio de Empresas*..., p. 76-77; Rocha. Conta de participação, consórcio e parceria — Formas associativas não personalizadas..., p. 40.

XVIII). Todavia, para fins fiscais, a SCP é equiparada a uma pessoa jurídica (como melhor será visto no Capítulo 11), o que não ocorre com o consórcio, sendo as consorciadas, como regra, e não os consórcios, os sujeitos passivos tributários[478].

Mas as semelhanças param por aí. A sociedade em conta de participação não pode ser confundida com o consórcio de sociedade pois, apesar de algumas similitudes e de eventualmente poderem atender a finalidades semelhantes[479], é patente que diferenças estruturais existem entre os dois institutos[480].

[478] SILVA. *Consórcios de Empresas...*, p. 145.

[479] PENTEADO. *Consórcio de empresas...*, p. 37.

[480] É digno de nota que a lei portuguesa regulou o *consórcio* e a *associação em participação* no mesmo diploma legislativo, o Decreto-Lei 231, de 1981. Esclarecedora é a mensagem governamental que justifica a Lei: "Com o presente diploma, o Governo revela mais uma vez o seu empenho em colocar à disposição dos agentes económicos instrumentos jurídicos actuais ou actualizados, simples e seguros, onde possam enquadrar-se tipos de empreendimentos que a prática criou ou pelo menos tem vindo a esboçar. Aparecem regulados neste diploma dois contratos utilizáveis na cooperação entre empresas: um, velho, que se pretende remoçar — o contrato de associação em participação; outro, novo, que se pretende consagrar — o contrato de consórcio. Quanto ao primeiro, o intuito do diploma é apenas de actualização e esclarecimento. Sob o nome de «associação em conta em participação», o contrato era regulado no Código Comercial de 1833, e à «conta em participação» são dedicados os artigos 224º a 227º do Código Comercial vigente. Frequentes têm sido, contudo, nos nossos tribunais os litígios relativos a contas em participação causados pela escassez de regulamentação no Código. Procura-se agora actualizar e alargar essa regulamentação, sem, no entanto, asfixiar a autonomia negocial, que nestes sectores concorre mais do que os legisladores para o progresso dos institutos jurídicos. No que se refere ao segundo — o contrato de consórcio —, sendo embora conhecido na prática portuguesa, a lei tem-no esquecido. A sua criação legislativa vem assim dar enquadramento legal a uma forma de cooperação entre empresas, que pode ser dirigida a vários objectivos, mas exige sempre simplicidade e maleabilidade. Os propósitos práticos dos interessados e a própria natureza das relações que entre si estabelecem para certos fins afastam os seus negócios, muitas vezes, dos tipos tradicionais, onde só um aberrante conservadorismo jurídico pode teimar em encerrá-los. Por exemplo, quando várias empresas se reúnem para a execução de uma importante obra pública ou privada, é tão absurdo forçá-las a constituir entre si uma sociedade, numa das espécies de sociedades comerciais, como, tendo elas afastado voluntariamente esse tipo de enquadramento pretender que afinal foi uma sociedade e ainda por cima irregular — que elas efectivamente constituíram. Os exemplos podem multiplicar-se se pensarmos na reunião de empresas apenas para o estudo preparatório de um empreendimento a cuja execução depois elas concorram; nas associações para pesquisa e exploração de recursos naturais, em que os associados, públicos ou privados, queiram repartir os produtos extraídos e não os lucros da exploração, etc. Está internacionalmente em voga a expressão joint venture para designar associações

A conta de participação, para a sua validade e eficácia, não requer ato registral. Já para o consórcio de sociedades, para que seja regularmente constituído, essencial é a sua averbação no Registro Público de Empresas Mercantis (LSA, art. 279, parágrafo único; Lei 8.934/94, art. 32, II, "b")[481].

Estruturalmente, a conta de participação possui duas categorias de sócio: o sócio ostensivo e o sócio participante (CC, art. 991). Tal diferenciação de categorias entre os membros não existe no consórcio, o que faz com que, em certa medida, a SCP seja inadequada para as finalidades consorciais[482].

momentâneas ou duradouras que não preencham os requisitos das sociedades comerciais (e até, às vezes, quando os preenchem) e, se a expressão é pelo menos no nosso sistema, desprovida de conteúdo jurídico rigoroso, a realidade existe e deve ser reconhecida. O contrato agora expressamente regulamentado no nosso direito aparece chamado de «consórcio», por ser essa denominação que a nossa prática tem consagrado e cobre grande parte das chamadas unincorporated joint ventures. Não se confunde com as sociedades comerciais nem com os agrupamentos complementares de empresas, pois diferentes são os seus elementos. Quanto às sociedades, basta notar que os membros do consórcio não exercem uma actividade em comum, pois cada um continua a exercer uma actividade própria, embora concertada com as actividades dos outros membros. Quanto ao agrupamento complementar de empresas, visa também fins de cooperação entre empresas, mas em campos e com estruturas muito diversas das do consórcio. Na regulamentação do contrato de consórcio constante do presente diploma predominam preceitos supletivos. Como já acima se disse, não é intuito do Governo estancar a imaginação dos interessados, mas, sim, por um lado, criar as grandes linhas definidoras do instituto e, por outro, fornecer uma regulamentação tipo da qual os interessados possam afastar-se quando julguem conveniente e à qual eles possam introduzir os aditamentos que considerem aconselháveis".

481 Silva. *Consórcios de Empresas...*, p. 142-145; Vaz. *Consórcio de Empresas...*, p. 77; Rocha. Conta de participação, consórcio e parceria — Formas associativas não personalizadas..., p. 40.

482 Rocha. Conta de participação, consórcio e parceria — Formas associativas não personalizadas..., p. 42; Penteado. *Consórcio de empresas...*, p. 37-38 — o que não impede que se tenha chegado a cogitar, por parte da doutrina, a existência de uma SCP entre os consorciados. E assim complementa o autor: "Sem embargo dessas ponderações, a sociedade em conta de participação vem sendo indicada e mesmo efetivamente utilizada com objetivos que também podem ser atingidos pelo consórcio de empresas. É o caso de seu emprego sob determinadas circunstâncias, para reger *joint ventures* entre empresas nacionais e estrangeiras, recomendada pelo advogado norte-americano Paul Griffith Garland. De outra parte, embora a execução de empreendimentos para o Poder Público esteja subordinada à realização de licitação, regulada por legislação própria (...), que admite expressamente a participação de empresas em consórcio — solução, aliás, que costuma ser preferida pelo fato de os participantes poderem somar, para efeito de obtenção dos índices de idoneidade financeira

Na SCP, no exercício da atividade, é sempre o sócio ostensivo que realiza todos os atos em nome próprio (CC, art. 991, *caput*). Já no consórcio, quanto ao modo de atuação, quem age no mundo jurídico, assumindo direitos e contraindo obrigações, são as sociedades individualmente (ou por meio da indicação de uma consorciada líder), na forma como consignado no instrumento de formação do consórcio[483]. Cumpre salientar, também, que o consórcio de sociedades possui uma administração própria e é por muitos considerado como centro de imputação de interesses autônomo para relações jurídicas (capacidade negocial e processual), o que não ocorre com a conta de participação[484]. Na conta de participação, o único que se responsabiliza perante terceiros é o sócio ostensivo — ele age em nome próprio (CC, art. 991, parágrafo único), ressalvada a responsabilidade do sócio participante prevista no art. 993, parágrafo único, do Código Civil. Isso não acontece em um consórcio de sociedades: neste, cada integrante é titular de direitos e de obrigações próprios perante terceiros. Aqui, é importante frisar que, entre as sociedades consorciadas, não se estabelece solidariedade (LSA, art. 278, §1º), exceto, por exemplo, relativamente às obrigações perante consumidores (CDC, art. 28, §3º), empregados (CLT, art. 2º, §2º) e nas licitações (Lei de Licitações, art. 33, V)[485] — ou se assim ficar contratado no próprio contrato de consórcio ou as consorciadas assim contratarem perante terceiros.

e técnica exigidos, os respectivos cabedais —, a prática da vida dos negócios não desconhece a utilização da conta de participação para tal fim. Mencionam-se, ainda, na doutrina nacional e estrangeira, outras aplicações da sociedade em conta de participação com objetivos igualmente atingíveis pelo consórcio de empresas (*v.g.*, colocação de títulos ou valores no mercado, gestão ou controle de produção e vendas etc.), mas é de reconhecer-se que a colaboração entre empresas viabilizada pelo consórcio assume características distintas da associação capital-empresa a que se presta melhor a conta de participação."

483 Vaz. *Consórcio de Empresas...*, p. 77. De qualquer sorte, é importante atentar que o consórcio pode ser externo ou interno. Nos consórcios extenros, todas as consorciadas agem perante terceiros. Já nos consórcios internos, pode ocorrer em que nenhuma das consorciadas atue perante o mercado (consórcios puramente internos) bem como ser possível que existam consorciadas que atuam perante terceiros e consorciadas que não cumprem este papel, assemelhando-se ao papel desempenhado pelo sócio participante na SCP. Sobre o tema, ver: Silva. *Consórcios de Empresas...*, p. 143-144.

484 Gonçalves Neto. *Direito de Empresa...*, p. 189; Silva. *Consórcios de Empresas...*, p. 146; Castro. Sociedade em conta de participação..., p. 812-813.

485 Galizzi. *Sociedade em conta de participação...*, p. 32.

Quanto aos fundos sociais, é de se observar que, na conta de participação, regra geral, os fundos entram para o domínio do sócio ostensivo; ademais, há a formação de um patrimônio especial, que produz efeitos somente em relação aos sócios (CC, art. 994, *caput* e §1º). Já no consórcio não há sequer formação de fundo comum, permanecendo cada um dos consorciados na titularidade de seus respectivos patrimônios[486].

Ainda, na conta de participação, todos os sócios devem participar obrigatoriamente dos lucros e dos prejuízos decorrentes do exercício da atividade titularizada pelo sócio ostensivo, sob pena de, assim não sendo, ser reputada como uma sociedade leonina. No consórcio, as normas sobre a partilha de resultado são livremente estabelecidas pelos integrantes no seu instrumento de regência (LSA, art. 279, V)[487], podendo cada consorciada apurar o seu resultado independente das demais. Portanto, em última análise, o objetivo da SCP é a *partilha de resultados*, enquanto do consórcio é a *coordenação das atividades* de diversas partes para a execução de um empreendimento, próprio ou alheio[488]. De qualquer sorte, tanto na SCP quanto no consórcio há liberdade para se regrar a partilha do resultado[489].

Por fim, em caso de falência do sócio ostensivo, tem-se a dissolução da SCP e, em caso de falência do sócio participante, o contrato social fica sujeito às normas que regulam os efeitos da falência nos contratos bilaterais do falido (CC, art. 994, §§2º e 3º). Nos consórcios, a falência de uma consorciada não se estende às demais: o consórcio subsiste com as outras contratantes, sendo os créditos que porventura forem apurados em favor da falida serão pagos na forma prevista no contrato de consórcio (LSA, art. 278, §2º)[490], ao passo que os débitos estarão sujeitos às regras do regime falimentar (Lei 11.101/05).

[486] SILVA. *Consórcios de Empresas...*, p. 145-146.

[487] GALIZZI. *Sociedade em conta de participação...*, p. 32.

[488] XAVIER. Alberto. Consórcio: natureza jurídica e regime tributário. *Revista Dialética de Direito Tributário*, n. 64, p. 7-26, jan. 2001. Igualmente, ver: TEIXEIRA, Guilherme Puchalski. Do consório entre sociedades: arts. 278 e 279 da Lei 6.404/76. *Revista de Direito Mercantil, Industrial, Econômico e Financeiro*, v. 49, n. 153/154, p. 67-97, jan./jul. 2009, p. 89-90; SILVA. *Consórcios de Empresas...*, p. 147.

[489] SILVA. *Consórcios de Empresas...*, p. 147.

[490] SILVA. *Consórcios de Empresas...*, p. 145.

8. SCP v. Consórcio para aquisição de bens

Finalmente, é importante diferenciar a sociedade em conta de participação do consórcio para a aquisição de bens (regulado pela Lei 11.795/2008), sobretudo porque pessoas mal-intencionadas, para fugir à necessidade de autorização do Banco Central para o oferecimento de consórcios ao público, os denominam de SCP. E, como veremos, uma figura em nada se assemelha com a outra.

No consórcio para a aquisição de bens — que, para todos os efeitos, em decorrência de eventual ausência de autorização do Banco Central, *é irregular* —, não existe a formação de um *fundo social* destinado à exploração da atividade constante do objeto, como ocorre numa conta de participação. De acordo com o art. 2º da Lei 11.795/2008, "[c]onsórcio é a reunião de pessoas naturais e jurídicas em grupo, com prazo de duração e número de cotas previamente determinados, promovida por administradora de consórcio, com a finalidade de propiciar a seus integrantes, de forma isonômica, a aquisição de bens ou serviços, por meio de autofinanciamento". Assim, o que se dá é o mero *pagamento de quotas* (usualmente, contribuições mensais) para o fundo constituído para a aquisição de um bem (automóvel, imóvel, etc). Caso o consorciado não pague a quota mensal, pode ser penalizado com a inscrição de seu nome nos cadastros restritivos de crédito (SPC e congêneres), como normalmente constam de tais instrumentos contratuais[491].

Vale destacar: não existe atividade econômica exercida em comum para a partilha dos resultados, uma vez que os consorciados somente objetivam *adquirir um bem*, enquanto o administrador do consórcio mira o lucro advindo da cobrança de taxas de administração. Trata-se de um contrato plurilateral não-associativo, uma vez que as partes buscam não um fim comum, mas exclusivamente seu interesse pessoal[492].

Pelo exposto, não resta dúvida de que o consórcio para aquisição de bens, ainda que a ele seja atribuído o *nome sociedade em conta de participação*, com esta em nada se assemelha, pois não possui os elementos do

[491] GALIZZI. *Sociedade em conta de participação...*, p. 42.

[492] O art. 3º da Lei 11.795/08, todavia, dispõe que o "[gr]upo de consórcio é uma sociedade não personificada". Sobre o tema, ver: FREOA, Ricardo Peres. *Do contrato de participação em grupo de consórcio para aquisição de bens ou serviços*. 168 f. Dissertação de Mestrado (Universidade de São Paulo). São Paulo, 2014.

contrato de sociedade, muito menos os elementos categoriais de uma SCP. Tal situação, por óbvio, é muito distante de uma verdadeira relação societária.

Por isso, deve sempre ser reconhecida a nulidade de tais contratos (*consórcios travestidos de conta de participação*), podendo, então, o consorciado sempre repetir o que houver pago (Código Civil, art. 182), além de poder ser aplicado o Código de Defesa do Consumidor[493].

[493] Nesse sentido: "Ação de conhecimento constitutiva negativa cumulada com devolução de valores — Alegação de cerceamento de defesa afastada — Sociedade em conta de participação — Contrato de adesão — Contrato cuja natureza jurídica se distancia do contrato de sociedade — Investimento para aquisição de imóvel — Nulidade do contrato caracterizada — Devolução dos valores pagos — Mantida a r. sentença — Recurso não provido." (TJSP, 14ª Câmara de Direito Privado, Apelação 0004967-26.2004.8.26.0236, Rel. Des. Marcia Dalla Déa Barone, j. 07/07/2014). No mesmo sentido: "Rescisão contratual cumulada com devolução de quantias pagas — Correção monetária — Termo inicial — Contrato de admissão em "sociedade em conta de participação" visando à captação de recursos para a compra, venda, construção, reforma e incorporação de bens imóveis — Extrai-se das cláusulas contratuais tratar-se de verdadeiro contrato de consórcio. Nessa linha, é admissível a exclusão do participante, autorizando a restituição das parcelas pagas, com correção monetária a partir de cada desembolso — Aplicação da Súmula 35, do STJ — A correção monetária não representa qualquer acréscimo, mas apenas a recomposição do valor da moeda Sentença mantida Recurso desprovido." (TJSP, 23ª Câmara de Direito Privado, Apelação 9096601-71.2007.8.26.0000, Rel. Des. Sérgio Shimura, j. 09/11/2011). Ver, ainda: "Cerceamento de defesa — Inocorrência — Desnecessidade de produção de prova diversa da documental — Nulidade afastada. Contrato Sociedade em conta de participação — Crédito para aquisição, reforma e construção de imóvel — Negócio de natureza financeira — Dissimulação de consórcio — Atividade empresarial não configurada — Aplicação do Código de Defesa do Consumidor — Hipótese em que, paga a contribuição inicial e adimplidas vinte e uma parcelas, não houve liberação do crédito acordado — Rescisão do contrato por culpa exclusiva da sociedade — Abusividade das cláusulas de retenção de valores (cláusula penal, taxa de administração, corretagem, adesão e seguro) e de prazo mínimo (doze meses) para liberação do crédito — Sociedade que a quase nada se obriga — Excessiva desvantagem ao participante — Restituição integral, de imediato e em parcela única dos valores desembolsados — Dano moral — Inocorrência — Mero aborrecimento — Somente se cogita de reparação extrapatrimonial em matéria contratual em casos excepcionalíssimos — Ação parcialmente procedente — Disciplina da sucumbência mantida — Recurso parcialmente provido." (TJSP, 1ª Câmara de Direito Privado, Apelação 9158081-21.2005.8.26.0000, Rel. Des. Luiz Antônio de Godoy, j. 22/11/2011). A restituição deve ser da integralidade dos valores (TJSP, Câmara Reservada de Direito Empresarial, Apelação 0199352-23.2006.8.26.0100, Rel. Des. Enio Zuliani, j. 10/04/2012), não se podendo descontar a suposta taxa de administração, como, anteriormente, chegou a entender o Tribunal de Justiça de São Paulo (TJSP, Câmara Reservada de Direito Empresarial, Apelação 0141335-37.2005.8.26.0000, Rel. Des.

Mas não apenas isso: são negócios ilícitos — e, assim, nulos, devendo ser os valores pagos devidamente restituídos. Ao serem projetados de tal forma, evidenciam o propósito de tentar escapar à necessidade de prévia autorização do Banco Central do Brasil (Lei 11.795/2008, arts. 6º e 7º), valendo destacar, ainda, que a captação de economia popular sem autorização do BACEN é crime contra o sistema financeiro nacional (Lei 7.492/86)[494], podendo também ser enquadrada como estelionato[495-496].

Enio Zuliani, j. 27/09/2011). Ainda, a depender do caso concreto, é possível a condenação por danos morais (TJSP, Câmara Reservada de Direito Empresarial, Apelação 0199352-23.2006.8.26.0100, Rel. Des. Enio Zuliani, j. 10/04/2012). Sobre o tema, ver: GALIZZI. *Sociedade em conta de participação...*, p. 43-44; estudando o tema e analisando diversos precedentes, ver, também; PEDÃO, Ana Cláudia; PINTER, João Carlos Mettlach; VALLE, Mateus Telles; CATALANO, Victoria Guidette. Embate entre duas lógicas diversas: o uso fraudulento da sociedade em conta de participação. *Revista de Direito Mercantil, Industrial, Econômico e Financeiro*, v. 161/162, p. 204-219, jan./ago. 2012.

[494] Exemplificativamente: STJ, 3ª Seção, CC 160.077, Rel. Min. Joel Ilan Paciornik, j. 10/10/2018; STJ, 5ª Turma, Resp 1536393/PR, Rel. Min. Felix Fischer, j. 07/11/2017; STJ, 3ª Seção, CC 41.915/SP, Rel. Min. Arnaldo Esteves Lima, j. 13/12/2004 ("Penal. Conflito de competência. Sociedade em conta de participação. Atividade material de administração de grupos de consórcio. Falta de autorização legal. Crime contra o sistema financeiro nacional. Instituição financeira por equiparação. Recente jurisprudência da terceira seção desta corte. Garantia da solvência da instituição e credibilidade dos agentes do sistema. Competência da justiça federal. 1. A formação e o funcionamento de grupos para aquisição de bens por meio de sociedade em conta de participação não têm respaldo legal. 2. A Lei 7.492/86 equipara ao conceito de instituição financeira a pessoa jurídica que capta ou administra seguros, câmbio, consórcio, capitalização ou qualquer tipo de poupança, ou recursos de terceiros. 3. Encontrando-se a conduta tipificada, ainda que em tese, em dispositivo da Lei 7.492/86, a ação penal deve ser julgada na Justiça Federal. 4. Havendo interesse da União na higidez, confiabilidade e equilíbrio do sistema financeiro, tem-se que a prática ilícita configura matéria de competência da Justiça Federal. 5. Compete à Justiça Federal o processo e julgamento unificado de eventuais crimes conexos de competência federal e estadual (Súmula 122 do STJ). 6. Conflito conhecido para declarar a competência do Juízo Federal da 3ª Vara Criminal da Seção Judiciária do Estado de São Paulo/SP, suscitante."); TRF3, 1ª Turma, ACR 39441 SP 2002.03.99.039441-0, Rel. Juiz Convocado Luciano de Souza Godoy, j. 31/01/2006 ("Penal. Crime contra o sistema financeiro. Operar instituição financeira sem autorização do banco central. Consórcio. Artigo 16 da Lei n.7.492/86. Preliminar de prescrição argüida. Atipicidade fática e erro de proibição. Inocorrência. Materialidade e autoria delitivas comprovadas. Pena-base. Sentença mantida. 1. Réus condenados pelo cometimento do crime descrito no artigo 16 da Lei n.7.492/86, em continuidade delitiva e mediante o concurso de pessoas. 2. Entre a data do último fato e a do recebimento da denúncia, ou entre esta e a da publicação da sentença condenatória, não transcorreu o lapso temporal de 04 (quatro) anos, necessário para o reconhecimento da prescrição pela pena-base cominada, nos moldes do artigo 109,

inciso V, do Código Penal. 3. Inocorrência da prescrição também no tocante ao co-denunciado. 4. Configura-se o crime definido no artigo 16 da Lei n.7.492/86 a efetiva operação de instituição financeira sem a devida autorização ou com autorização obtida mediante declaração falsa. 5. Subsome-se à conduta normativa a captação, pela empresa dos apelantes, de recursos pecuniários de terceiros para a aquisição de bens diversos, atividade tipicamente de consórcio exercida sob o pálio de "sociedade em conta de participação", sem a autorização do Banco Central do Brasil. 6. A materialidade delitiva ficou demonstrada à saciedade pelo procedimento administrativo do BACEN, pela prova documental, pelos contratos de adesão firmados pelos compradores e pelos depoimentos das testemunhas de acusação e do Juízo. 7. Autoria demonstrada no transcorrer da instrução criminal, mediante o contrato social e prova testemunhal. 8. Comprovada a responsabilidade penal dos réus, no sentido de que agiram de forma livre e consciente na prática do crime narrado na denúncia, não se admitindo falar na ausência de dolo e desconhecimento da ilicitude. 9. Rechaçada a tese de erro de proibição, porquanto o réu tinha pleno conhecimento acerca da atividade que desenvolvia, ostentando experiência e qualificação técnica na área contábil. 10. Reprimendas cominadas que foram bem dosadas e justificada a exasperação acima do mínimo-legal. Existindo circunstâncias judiciais desfavoráveis, a primariedade dos acusados não implica a fixação da pena-base no patamar mínimo, em atenção ao artigo 59 do Código Penal. 11. Preliminar rejeitada. Recursos desprovidos."); TRF5, 4ª Turma, ACR 2005.82.00.001384-1, Rel. Des. Lázaro Guimarães, j. 07/11/2006; TRF4, 8ª Turma, ACR 90763620094047000 PR 0009076-36.2009.404.7000, Rel. Des. Simone Barbisan Fortes, j. 19/02/2014; TRF3, 5ª Turma, ACR 0008151-94.2012.4.03.6181, Rel. Des. André Custório Nekatschalow, j. 14/12/2021; TRF3, 11ª Turma, ACR 0007624-26.2004.4.03.6181, Rel. Des. José Lunardelli, j. 10/10/2019; TRF3, 1ª Turma, ACR 0005353-44.2004.4.03.6181, Rel. Des. Hélio Nogueira, j. 06/02/2018; TRF3, 1ª Turma, ACR 0007342-85.2004.4.03.6181, Rel. Des. Hélio Nogueira, j. 29/09/2015; TRF3, 1ª Turma, ACR 33701 SP 2004.03.99.033701-0, Rel. Juiza Convocada Silvia Rocha, j. 30/08/2011; TRF1, 3ª Turma, ACR 0015651-41.2009.4.01.3800, Rel. Des. Ney Bello, j. 19/11/2019; TRF1, 3ª Turma, ACR 0017457-75.2008.4.01.3500, Rel. Des. Ney Bello, j. 12/03/2019.

[495] TJSP, 3ª Câmara de Direito Criminal, ACR 0055437-80.2010.8.26.0000, Rel. Des. Ruy Alberto Leme Cavalheiro, j. 08/05/2012 ("Estelionato. Contrato de adesão à sociedade em conta de participação, que se caracteriza em consórcio, sem autorização do Banco Central para agir como instituição financeira. Ilegitimidade para contratar já demonstra conduta preordenada com a intenção de lesar a vítima e obter vantagem ilícita, com a captação de recursos antecipada para financiamento de imóvel. Recurso parcialmente provido, para condenar, mas de ofício reconhecida a prescrição."). Ver, também: TRF3, 5ª Turma, ACR 2664 SP 1999.61.81.002664-5, Rel. Des. Luiz Stefanini, j. 12/09/2011 ("Penal e processual penal — Art. 16 da Lei 7.492/86 e crime de estelionato em continuidade delitiva e concurso formal — Inépcia da denúncia que se afasta — Preclusão — Fatos também descritos como estelionato — Cobrança de taxa de administração de consórcio de telefonia — Suposta sociedade por contas de participação — Operação de instituição financeira sem autorização do banco central — Erro sobre elementos do tipo que não se reconhece — Captação de recursos de terceiros — Comprovação — Dosimetria da pena que não merece reparos — Continui-

Reconhecendo a existência de tal problemática, o próprio BACEN emitiu o Comunicado 9.609/02, facultando aos supostos sócios ostensivos três opções para se regularizarem:

> Comunicado BACEN n. 9.609/02: Divulga entendimento de que a formação e o funcionamento de grupos para aquisição de bens por meio de sociedades em conta de participação não tem respaldo legal. 1. Em face da propaganda, constituição e funcionamento de grupos organizados por meio de sociedades em conta de participação e que

dade e concurso formal — Cumulatividade — Possibilidade — Improvimento dos recursos. 1. Os acusados fizeram operar, sem a devida autorização, a empresa unitel administração e comércio de telefones LTDA, sendo esta equiparada à instituição financeira, apropriando-se de valores de terceiros de que tinham posse. Segundo se apurou, os acusados eram administradores da empresa que exercia atividades no ramo de consórcio, sem autorização do Banco Central para operar, celebrando contratos de adesão intitulados "Regulamento de Constituição de Sociedade em Conta de Participação". 2. A denúncia menciona os contratos celebrados pela Unitel juntados no inquérito policial no qual ela se baseou, documentos que permitem verificar as datas objeto dos fatos, propiciando aos réus a correlata defesa que se exerceu em sua plenitude, não havendo falar-se em nulidade. 3. Após o sentenciamento do feito, resta preclusa a matéria referente a inépcia da denúncia. 4. Não há de prosperar a alegada falta de ciência dos réus em relação à regulamentação da lei dos consórcios. Nesse passo, bem observa o Ministério Público Federal no sentido de que "ninguém se escusa de cumprir a lei, alegando que não a conhece (art. 3º da Lei de Introdução ao Código Civil). 5.Segundo a exegese do que dispõe o art. 20 do Código Penal a falta de ciência, comparável ao erro sobre elementos do tipo só é cabível se justificado pelas circunstâncias, supondo situação de fato que, se existisse, tornaria a ação legítima, não sendo esse o caso dos autos. 6. Procedeu com acerto o MM. Juiz ao entender que a conduta dos acusados também configurou estelionato, uma vez que obtiveram vantagem ilícita em prejuízo das vítimas, fato que restou implícito na denúncia e veio comprovado pelos elementos constantes dos autos que demonstram que a UNITEL cobrava 15% sobre os valores recebidos de seus clientes, a título de taxa de administração. 7. Verifica-se que os denunciados incorreram na figura típica do art. 16 em concurso formal com estelionato, ao engendrar os espúrios contratos de "sociedade em conta de participação", induzindo e mantendo em erro os "sócios ocultos", verdadeiros consorciados, prestando-lhes informações pérfidas e divorciadas da realidade quando perseguiam os seus direitos. 8.Continuidade delitiva e concurso formal. Possibilidade da cumulatividade de aumento de penas. Excertos do Supremo Tribunal Federal. 9.Improvimento dos recursos. Condenação mantida."); TRF3, 1ª Turma, ACR 33701 SP 2004.03.99.033701-0, Rel. Juiza Convocada Silvia Rocha, j. 30/08/2011; TRF1, 3ª Turma, ACR 0017457-75.2008.4.01.3500, Rel. Des. Ney Bello, j. 12/03/2019.

[496] Relatando a questão, ver: Affonso. *A sociedade em conta de participação no Direito brasileiro...*, p. 173-175; e Costa. *A sociedade em conta de participação no direito de empresa do Código Civil de 2002...*, p. 137 ss.

> visam a aquisição de bens, esclarecemos que tais práticas, levadas a cabo por sócio ostensivo de sociedade em conta de participação, sem prévia autorização nos termos dos arts. 7º e 8º da Lei 5.768, de 20 de dezembro de 1971, e 33 da Lei 8.177, de 1º de março de 1991, carecem de amparo legal. 2. Assim, informamos que as empresas que vêm arregimentando grupos para as operações acima configuradas deverão regularizar sua situação de imediato, segundo as seguintes alternativas: I – solicitar ao Banco Central do Brasil autorização para administrar grupos de consórcio, consoante o disposto na Circular 3.070, de 7 de dezembro de 2001; II – converter os grupos já formados para a modalidade de consórcio de imóveis, transferindo-os para administradoras de consórcio autorizadas pelo Banco Central do Brasil, ficando a cargo do sócio ostensivo a responsabilidade pelos custos dessa conversão; ou III – dissolver os grupos já formados, garantindo-se os direitos dos atuais participantes aos valores já desembolsados de modo a preservar o poder de compra dessas parcelas.

Eis, então, a distinção entre a conta de participação e o consórcio para a aquisição de bens.

9. SCP v. Fundos de investimento

Os fundos de investimento, "sob uma perspectiva econômica, podem ser definidos como a comunhão de recursos aportada por um grupo de pessoas, naturais ou jurídicas, com o fim comum de realizar investimentos, direcionados a determinados nichos econômicos"[497].

A figura do fundo de investimento nasceu, no País, a partir da sociedade de investimentos e da sociedade em conta de participação. Ocorria o seguinte: realizavam-se aportes de recursos em uma sociedade de investimento ou em uma conta de participação[498], utilizando-se em tais sociedades o termo "fundo" nos atos societários para identificar

[497] Borges, Florinda Figueiredo. Os Fundos de investimento: reflexões sobre sua natureza jurídica. In: França, Erasmo Valladão Azevedo e Novaes (coord.). *Direito societário contemporâneo I.* São Paulo: Quartier Latin, 2009. p. 41-65, p. 43.

[498] Freitas, Ricardo de Santos. *Natureza jurídica dos fundos de investimento.* São Paulo: Quartier Latin, 2005, p. 79-82. Sobre este cenário, ver, também, as clássicas obras de Oscar Barreto Filho (*Regime jurídico das sociedades de investimentos*) e Peter Ashton (*Companhias de investimentos*).

o patrimônio destinado a investimentos aportados na sociedade[499] — sendo que se, antigamente, chegou-se a sustentar que a conta de participação seria o instituto jurídico que melhor explicaria a estrutura de um fundo de investimento[500] e, ainda em tempos recentes, há quem afirme que os fundos de investimento podem adotar a forma de uma SCP[501]. De qualquer sorte, também não é de hoje que se sustenta que a conta de participação seria uma forma jurídica inadequada para explicar as operações de um fundo de investimento[502] — e dificuldades de desenvolvimento dentro de estruturas societárias conduziram à criação de fundos sob a forma de condomínio[503].

499 Freitas. *Natureza jurídica dos fundos de investimento*, p. 79. Nesse sentido, "algumas das sociedades de investimento que se lançavam a buscar investidores através da forma da sociedade em conta de participação, elaboravam um contrato para reger a relação entre as partes. Esse contrato era estruturado sob a forma de um regulamento, que se referia ao sistema de investimentos como a aplicação em um *fundo*. Para que fique claro, a sociedade de investimentos era regida por um estatuto social e tinha seus sócios. Estes, para contratar com investidores a captação de recursos para geri-los em conjunto com os recuros de outros investidores, elaboravam um documento, intitulado *regulamento*, de algo intitulado *fundo*, que era o contrato a reger a relação entre as partes. O emprego dessa terminologia parece ser responsável por imprecisões da doutrina atual na formulação do relato histórico." (Freitas. *Natureza jurídica dos fundos de investimento*, p. 85).

500 Barreto Filho. *Regime jurídico das sociedades de investimentos...*, p. 177 ss.

501 Costa. *A sociedade em conta de participação no direito de empresa do Código Civil de 2002...*, p. 136.

502 Nesse sentido, Peter Ashton, com base nas lições de Oscar Barreto Filho (*Regime jurídico das sociedades de investimentos...*, p. 185-186), salientava que não seria possível crer que todos os recursos seriam captados pelo sócio ostensivo (ainda que se pudesse vislumbrar que fosse uma grande companhia), não poderia a conta de participação dirigir-se ao público e captar recursos via emissão de ações (além de não ter toda a proteção em sua organização e operações que uma sociedade anônima possui), não seria compatível a SCP com uma empresa permanente de grandes proporções (embora se reconhecesse a possibilidade de não ser a conta de participação apenas temporária) e, finalmente, não teria nome social nem sede (sob pena de tornar-se uma sociedade irregular, o que ensejaria a responsabilização dos investidores) — não que também não se criticasse a estrutura de fundos de investimento como um condomínio (cf Ashton. *Companhias de investimentos...*, p. 106-107, sendo que assim chega a concluir em sua obra, à p. 131: "(...) teorias arcaicas e institutos jurídicos tais como o condomínio e a sociedade em conta de participação, de acôrdo com as quais ainda hoje em dia os fundos de investimento são organizados no Brasil, deveriam ser rejeitados — ao menos em relação à organização de fundos de investimentos — e uma legislação moderna e especial, que realmente se adapte às exigências das companhias de investimentos nacionais deveria ser sancionada.").

503 Freitas. *Natureza jurídica dos fundos de investimento*, p. 79-82. Nesse sentido: "Em 1957, forma-se o Fundo Crescinco, que é, de fato, o primeiro fundo de investimento brasileiro

Nessa senda, a Portaria 309, de 1959, do Ministério da Fazenda permitiu "a constituição de fundos em conta de participação ou em condomínio" pelas Companhias de Crédito e Financiamento — fazendo-se, assim, referência a fundos de investimento, que seriam administrados por companhias de investimentos, os quais poderiam ser constituídos sob a forma de um condomínio ou de uma conta de participação[504]. Em 1965, a Lei 4.728 estabelece a atuação das sociedades de investimento e dos fundos em condomínio (arts. 49 e 50). A preocupação do Banco Central com a condução dos investimentos e o risco de quebra fez com que fosse deixado de lado o uso das figuras societárias e, assim, restou vedada a utilização da forma societária pela Resolução 103/1968 e, com a Resolução 145/1970, criou-se o Fundo Mútuo de Investimento, reconhecendo-se o fundo como um condomínio (e não como uma sociedade), estrutura adotada até hoje[505].

Atualmente, os fundos de investimento são caracterizados pela Comissão de Valores Mobiliários como condomínios (vide Resolução CVM 175/2022, art. 4º), tendo sido inseridas normas acerca do tema no Código Civil (pela Lei 13.874/2019), as quais os trata como um condomínio de natureza especial destinado à aplicação em ativos financeiros, bens e direitos de qualquer natureza (art. 1.368-C ao art. 1.368-F); e, nesse sentido, ainda que se reconheça tratar de um condomínio, há regras especiais como a possibilidade de limitação da responsabilidade dos

constituído sob a forma de condomínio. A inovação trazida pelo fundo Crescinco foi marcante. Rompe-se um padrão de comportamento no uso de formas negociais. Não há aporte de capitais em uma sociedade de investimentos, nem em uma sociedade em conta de participação em que a sociedade de investimentos seja sócia ostensiva. Pura e simplesmente institui-se por escritura pública um condomínio, nos termos da legislação civil, regido por um regulamento que define minuciosamente o modo de organização e funcionamento dessa nova estrutura, determinando que o condomínio seja administrado pela Companhia de Empreendimento e Administração IBEC, subsidiária da companhia financeira americana *International Basic Economy Corporation*, sediada em Nova York. As incompatibilidades de diversas disposições contidas no regulamento do Fundo Crescinco com as normas da lei condominial, motivaram a elaboração de tese de mestrado defendida na Universidade de Miami em 1958, por Peter Walter Ashton, dedicada precipuamente a demonstrar referidas incompatibilidades e a propugnar pela incorporação de conceitos do *Investment Company Act* de 1940 americano às leis brasileiras." (Freitas. *Natureza jurídica dos fundos de investimento*, p. 86).

504 Sobre o tema, remetemos à análise feita por Peter Ashton: cf. Ashton. *Companhias de investimentos...*

505 Freitas. *Natureza jurídica dos fundos de investimento*, p. 81-83, 88-90.

investidores. O fundo é gerido por uma administradora, que não é proprietária dos recursos, permanecendo os ativos em condomínio entre os investidores (quotistas); a administradora é remunerada pelos serviços prestados (taxa de administração e percentual sobre o acréscimo no patrimônio, usualmente).

Diante disso, seria aparentemente fácil distinguir a conta de participação de um fundo, uma vez que a SCP (*i*) é uma sociedade, não é nem opera como um condomínio[506-507], bem como (*ii*) apresenta as

[506] Existiria uma distinção entre comunhão e condomínio (cf. BARBARESCO, Marcelo. *Compropriedade e sociedade*: estrutura, segurança e limites da autonomia privada. São Paulo: Almedina, 2017, p. 16-17). A comunhão, que seria gênero, diria respeito à titularidade de mais de um sujeito sobre direitos e interesses, inclusive o direito de propriedade; já o condomínio seria espécie e estaria relacionado à titularidade de mais de um sujeito em relação a um bem, ou seja, direito de propriedade de mais de um sujeito sobre a mesma coisa.

[507] A relação societária é obrigacional, não estabelecendo, como regra, uma relação de Direito Real, como ocorre com a copropriedade, em que há vários sujeitos com direito de propriedade sobre uma mesma coisa: "Os direitos reaes consistem, propriamente, em gozos de coisas, pelo que as acompanham, creando em favor das pessôas que os possuem, o consectario juridico da sequela, ao qual se prende o direito de reivindicação. Os direitos obrigacionaes consistem, exclusivamente, em prestações, actos positivos ou negativos, pelo que se fixam apenas no acto, ou facto, a ser executado, e sómente pódem ferir a pessôa, que se acha vinculada pela obrigação no momento de ser cumprida." (cf. BEVILAQUA, Clovis. *Direito das Obrigações*. 7 ed. Rio de Janeiro: Paulo de Azevedo, 1950, p. 22-23). Dessa forma, não basta, para que se tenha uma sociedade (ou uma associação), que duas ou mais pessoas tenham direitos sobre a mesma coisa ou sobre um conjunto de mercadorias, uma vez que tal concurso de direitos cria, de regra, um condomínio (RIPERT-ROBLOT-GERMAIN-MAGNIER. *Traité de droit des affaires*, t. 2..., p. 10-11). Em primeiro lugar, as sociedades (e as associações) são, usualmente, constituídas voluntariamente, sendo possível sua perfectibilização pelo comportamento concludente das partes, ou seja, sem manifestação expressa de vontade, tendo-se, como regra, uma sociedade em comum (ou uma associação não registrada) (cf. DI SABATO. *Diritto delle società*..., p. 73); já o condomínio, que é um estado ou uma situação jurídica, historicamente não é constituído voluntariamente, em que pese nada impeça que a relação seja alterada. De regra, o condomínio é constituído de modo involuntário, como se dá por meio da herança; assim, dois irmãos que herdam uma casa de férias e nunca a utilizam, apenas dividindo os aluguéis que recebem bem como a gestão do patrimônio, não constituem uma sociedade, existindo, em verdade, um condomínio (apesar de nada impedir que tal relação seja alterada, inclusive pelo comportamento das partes). Todavia, é possível que o condomínio seja constituído de modo voluntário (por um negócio jurídico), como na hipótese em que duas pessoas adquirem um bem em conjunto (cf., por tudo, HÜFFER-KOCH. *Gesellchaftsrecht*..., p. 2-3; ver, também: CAMPOBASSO, Gian Franco. *Diritto Commerciale*, v. 2. 8 ed. Torino: UTET, 2012, p. 32; FERRI, Giuseppe. *Delle società*. 2 ed. Roma: Nicla Zanichelli, 1968, p. 62; CARVALHO DE MENDONÇA, J. X. *Tratado de Direito Commercial brasileiro*, v. 3...,

p. 24; Ferreira. *Tratado de Direito Comercial*, v. 3..., p. 50-51). Em segundo lugar, a sociedade (ou a associação) é constituída para a exploração de uma atividade; já o condomínio não tem como pressuposto o exercício de qualquer atividade, mas sim o uso e o gozo dos bens detidos em copropriedade, o que conduz, evidentemente, à proibição da sociedade (ou associação) de mera fruição (*società di mero godimento*), muitas vezes utilizada para que se lance mão de regimes fiscais mais vantajosos (cf. Coutinho de Abreu. *Curso de Direito Comercial*, v. II..., p. 25-28). Mas há situações em que a distinção entre condomínio e sociedade (ou associação) se torna turva, mesmo porque, historicamente, sociedades nasceram de condomínios (Ripert-Roblot-Germain-Magnier. *Traité de droit des affaires*, t. 2..., p. 10; Carvalho de Mendonça, J. X. *Tratado de Direito Commercial brasileiro*, v. 3..., p. 25). Assim, caso se esteja diante do condomínio de bens produtivos, como um imóvel que rende aluguel, chega-se à maior distinção entre condomínio e sociedade, que se encontra no fim comum: a forma do fim comum é diferente: no condomínio, esgota-se no cuidado e na administração do bem, e não no seu uso para atingir um outro objetivo (ainda que isso seja restrito a um único objeto (cf. Hüffer-Koch. *Gesellchaftsrecht*..., p. 4; ver, também: Schmidt. *Gesellschaftsrecht*, B. I..., p. 4 ss). Como leciona Fábio Konder Comparato, no condomínio busca-se o uso e gozo em comum do bem, "sem qualquer referência a uma ulterior finalidade coletiva", ou seja, o condomínio "é do objeto e não dos objetivos", enquanto, no caso das sociedades, a "comunhão de escopo é essencial" (*i.e.*, os bens da sociedade são utilizados "como meio de se atingir o objetivo comum"). "Assim, o acento tônico, nos negócios de comunhão, é posto nos próprios bens comuns, ao passo que, na sociedade, os bens sociais são simples instrumento para o exercício de uma *atividade* (...). De um lado, pois, há comunhão de bens sem exigência de uma atividade coletiva; de outro, uma atividade em comum, em função da qual os bens sociais adquirem uma característica puramente instrumental." (Comparato-Salomão Filho. *O poder de controle na sociedade anônima*..., p. 157-158). Dessa forma, no condomínio de bens produtivos, a atividade está em função do bem e da sua fruição (os bens são a prioridade no condomínio, sendo a atividade a necessária para a fruição do bem, não indo além, ou seja, há a estabilidade dos bens detidos em condomínio, sendo a atividade exercida na medida e dentro dos limites existentes para a fruição dos bens: modificando-se os bens detidos em comunhão, modifica-se a atividade necessária para a utilidade econômica que os bens oferecem), enquanto, na sociedade, os bens sociais é que estão subordinados à atividade (e, assim, logicamente, o patrimônio social resta alterado durante a exploração da atividade, uma vez que o bem é utilizado para a exploração da atividade, pois a atividade é a prioridade: a atividade prevista no objeto social independe dos bens, estando os bens destinados ao exercício da atividade escolhida livremente); os frutos do bem pressupõe a conservação da coisa comum, enquanto que os ganhos a serem auferidos pela sociedade pressupõe a transformação do patrimônio social. Isso não impede que o condomínio passe a ser uma sociedade mediante vontade das partes – o que pode ocorrer inclusive pelas suas condutas (cf. Ferri, Giuseppe. *Le società*, 2 ed. Torino: UTET, 1985, p. 30-31; Ferri. *Delle società*..., p. 60-63; ver, também: Ascarelli, Tullio. *Saggi di Diritto Commerciale*. Milano: Giuffrè, 1955, p. 135-137. Por tudo, ver: Campobasso. *Diritto Commerciale*, v. 2..., p. 32-38). No Brasil, como regra, as sociedades (e associações) são pessoas jurídicas (Código Civil, art. 985) e, por conta disso, possuem um patrimônio próprio distinto do patrimônio dos seus membros (sendo que seus

figuras dos sócios participantes e ostensivos. No caso da conta de participação, ambos assumem os riscos do empreendimento e dividem seus resultados (ainda que possam os sócios ser remunerados pelos serviços prestados), enquanto, no fundo de investimento, a administradora é uma mera prestadora de serviços contratada para a realização da gestão[508].

De qualquer sorte, registre-se que há grande discussão sobre a natureza jurídica dos fundos de investimento, inclusive existindo quem sustente que teriam natureza societária[509]. E isso, evidentemente, embaralha a distinção, dado que, ao se adotar essa linha, não se pode descartar que um fundo de investimento possa, de fato, ser uma SCP.

membros são titulares de quotas ou ações), não tendo os seus membros quaisquer direitos sobre o patrimônio social: os sócios (ou associados) têm somente pretensão contra a sociedade (e, eventualmente, contra seus membros). De qualquer sorte, quando a sociedade (ou associação) não é personificada, o patrimônio pode ser detido em comunhão (como ocorre na sociedade em comum, em que é formado um patrimônio especial, existindo relação de direito real, cf. art. 988 do Código Civil), mas isso não necessariamente ocorre (*v.g.*, sociedade em conta de participação, nos termos do art. 994, *caput* e §1º, do Código Civil, em que há somente uma relação obrigacional). Isso, todavia, não faz com que se apliquem as regras dos Direitos Reais diretamente: não pode o sócio requerer, por exemplo, a divisão da comunhão em uma sociedade em comum, devendo, para tanto, respeitar as regras de retirada e dissolução previstas no Direito Societário, e o mesmo se diga quanto à transferência de sua participação; assim ocorre por conta da necessidade de tutela dos credores bem como da cooperação inerente à condição de sócio. Por sua vez, nem toda pessoa jurídica e todo patrimônio exige uma comunhão de pessoas, como ocorre com as fundações (WIEDEMANN. *Gesellschaftsrecht*, B. I..., p. 14-16. Ver, também: WINDBICHLER. *Gesellschaftsrecht*..., p. 37-39; SCHMIDT. *Gesellschaftsrecht*, B. I..., p. 4). Finalmente, não se pode esquecer que a participação dos sócios na sociedade pode ocorrer em condomínio (Código Civil, art. 1.056, §1º; Lei 6.404/76, art. 28, parágrafo único).

[508] Em certo sentido, ver: RAMIRES. *A sociedade em conta de participação no Direito brasileiro*..., p. 153.

[509] Bruno Becker sustenta que os fundos de investimento são, mundo afora, entidades primordialmente econômicas, tendo se tornado, em nosso País, entidades jurídicas que possuem contornos definidos; assim, defende que não se poderia adotar *a priori* uma determinada forma para os fundos de investimento (o que é particularmente importante diante do fato de que, no Brasil, grande parte dos fundos de investimento possui um único cotista), existindo diversos modelos ao redor do mundo (*trust*, condomínio, sociedades anônimas ou outras espécies societárias e, inclusive, relações contratuais) (cf. BECKER, Bruno Bastos. *Fundos de Investimento no Brasil: anatomia funcional e análise crítica regulatória*. 315 f. Tese (Doutorado) – Programa de Pós-Graduação em Direito, Faculdade de Direito, Universidade de São Paulo, São Paulo, 2019, p. 127 ss). Por sua vez, sustentando que os fundos de investimento seriam sociedades, ver: FREITAS. *Natureza jurídica dos fundos de investimento*, p. 139 ss.

CAPÍTULO 4
DEVERES DOS SÓCIOS

Como em qualquer relação jurídica, a conta de participação estabelece uma série de *direitos* e *deveres*, os quais são impostos aos sócios *por lei* e, também, *por previsão contratual*. Em outras palavras, os sócios estão inseridos num *complexo de direito e deveres* decorrentes da condição de sócio (*status socii*).

Passamos a analisar, a partir de agora, os deveres dos sócios, cujo descumprimento poderá gerar múltiplas consequências (indo desde a responsabilização civil até a própria exclusão de sócio e a eventual dissolução da sociedade). Procederemos, no próximo capítulo, ao exame dos direitos dos sócios.

1. Dever de contribuir para a formação do fundo social

A principal obrigação do sócio na conta de participação, assim como em qualquer sociedade, é o *aporte de bens* ou *serviços* para que seja possível a exploração da atividade econômica, como se depreende do exame do art. 981 do Código Civil[510].

[510] No mesmo sentido: Hémard-Terré-Mabilat. *Sociétés Commerciales...*, p. 384. Falando especificamente do participante, asseverando a indispensabilidade do aporte, bem como do seu caráter instrumental para a exploração da atividade prevista na conta de participação, ver: Cendon. *Commentario al Codice Civile...*, p. 453-454. Ainda, referindo que seria a única obrigação específica do associado, ver: Mignone. *L'associazione in partecipazione...*, p. 407. De

Os aportes, que servirão de base material para a exploração da atividade, devem ser feitos por todos os sócios, sendo *qualitativamente iguais*, mas não necessariamente possuindo o mesmo conteúdo nem tampouco a mesma quantidade[511]. Além disso, os sócios devem contribuir nos termos — leia-se *forma* e *prazo* — estabelecidos no contrato social.

O aporte deve ser determinado no contrato social, sendo autorizada a outorga a título de propriedade ou de uso de um determinado bem, uma soma de dinheiro, a transferência de determinada tecnologia, a prestação de serviços, etc. De qualquer maneira, o aporte não precisa ser à vista: pode ser realizado de forma diferida, desde que o instrumento contratual assim estabeleça.

Embora não seja usual, é possível que o real montante das entradas não esteja determinado desde o princípio no contrato social, hipótese em que o respectivo aporte será conhecido mais adiante na medida das necessidades do negócio, possibilitando ao ostensivo dispor do patrimônio do participante até um limite pré-estabelecido[512]. Nesse particular, Mario Ghidini lembra a hipótese de um participante titular de empresa minerária que se obrigara a conferir ao ostensivo toda a produção de suas minas, contribuição que teria, por óbvio, natureza variável[513]. Em tais hipóteses, provavelmente haverá uma *escala móvel* relativamente à participação do sócio oculto nos lucros do empreendimento, que será crescente na medida das necessidades financeiras do ostensivo.

Apesar de o sócio ostensivo também poder contribuir com recursos (bens e/ou direitos) para a conta de participação, sua principal obrigação relativamente ao dever de contribuir para o negócio consiste em

qualquer sorte, na Alemanha, em que pese refira-se a obrigação do sócio tácito de realizar os aportes, sutenta-se que, a rigor, existe a obrigação de que o titular da atividade reconheça à contraparte uma correspondente quota; típico caso disso seria o do pai empreendedor que atribui ao filho uma quota tácita na sua empresa por meio de uma mera inscrição contábil (*Einbuchung*) (cf. SCHMIDT. *Gesellschaftsrecht*, B. II..., p. 1844).

511 ASCARELLI. O contrato plurilateral..., p. 275-277, 290.

512 GHIDINI. *L'associazione in partecipazione...*, p. 88-89; GARRIGUES. *Tratado de Derecho Mercantil...*, p. 199. Gianni Mignone assevera que a contribuição determinada, que pode ser feita de modo parcelado, não significa que deva ser individualizada em uma medida fixa (podendo, por exemplo, o sócio comprometer-se a aportar os recursos necessários à aquisição de um estabelecimento ou da matéria-prima necessária ao funcionamento da empresa) (cf. MIGNONE. *L'associazione in partecipazione...*, p. 408-411).

513 GHIDINI. *L'associazione in partecipazione...*, p. 90.

dirigir a atividade econômica de interesse comum dos sócios. Nesse sentido, emprega seu tempo, conhecimento e seu ativo pessoal, todo ou parte dele, ao lado da contribuição do participante, em prol da realização do empreendimento[514].

Finalmente, entendemos inexistir obrigação de contribuição suplementar na conta de participação[515].

Para maiores detalhes sobre a contribuição, ver Capítulo 7, n. 1.

1.1. Elasticidade do conceito de contribuição?

No direito estrangeiro, sustenta-se a existência de um conceito mais elástico de contribuição para a conta de participação.

No direito português, por exemplo, é viável dispensar o sócio participante — chamado associado — de qualquer contribuição caso este aceite participar das perdas oriundas do negócio de interesse comum (DL 231/81, art. 24º-2)[516], sendo a assunção desse risco sua contribuição para o negócio. Alfredo de Gregorio considera que existe uma *associação em participação* mesmo quando todos os meios econômicos necessários para o exercício da atividade tenham sido aportados pelo ostensivo, desde que o participante assuma a *responsabilidade por eventuais prejuízos*. E exemplifica: Ticio dá uma participação não porque necessita de financiamento, mas simplesmente porque quer reduzir o risco de um negócio que considera demasiadamente arriscado. Promete, então, aos participantes, uma participação nos lucros eventuais e, em troca, fá-los se comprometer com uma quota das perdas. É o que alguns chamam de "aporte responsabilidade", embora o próprio autor considere equivocada tal expressão, pois a responsabilidade é tão-somente eventual e depende dos resultados do negócio explorado[517].

[514] Nesse sentido: Ventura. *Associação em participação* (BMJ 190)..., p. 45.

[515] Spinelli. *Exclusão de sócio por falta grave na sociedade limitada...*, p. 163-164. Na França, o art. 1836 (2 ème alinéa) do *Code Civil*, ao qual remete o art. 1871, proíbe o aumento do investimento do sócio sem o seu consentimento.

[516] Criticando essa possibilidade: Ventura. *Associação em participação* (BMJ 189)..., p. 116.

[517] De Gregorio. De las sociedades y las associaciones comerciales..., p. 420-421, 434. Na Itália, inclusive com base no regramento do art. 2554 do *Codigo Civile*, ver: Cendon. *Commentario al Codice Civile...*, p. 497 ss — em que pese diga-se que o art. 2554 regularia não uma associação em participação, mas sim uma *cointeressenza* (que, neste caso, seria própria),

No mesmo sentido, tanto em Portugal quanto na Itália há quem sustente que a contribuição do participante pode consistir simplesmente na assunção de dívidas do associante[518].

Mario Ghidini sustenta a possibilidade de outras contribuições que, aos nossos olhos, podem parecer heterodoxas, como a celebração de um contrato de fornecimento com cláusulas e condições tais que signifiquem uma vantagem para o ostensivo, com o fornecimento de produtos e serviços a preços preferenciais, com anormal diferimento do pagamento, com direito de exclusividade ou com a promessa de não fornecer a um concorrente, no que é acompanhado por Raul Ventura[519]. E tanto Ghidini quanto Ventura concordam na possibilidade de a contribuição consistir na abertura de crédito do participante a favor do ostensivo ou no perdão de uma dívida deste para com aquele[520].

Na Espanha, Garrigues lembra a possibilidade ventilada pela doutrina de o aporte do sócio participante consistir em uma mera *garantia que se preste para a obtenção de um financiamento* em favor do negócio a ser desenvolvido pelo ostensivo[521]. Ghidini salienta que a prestação de uma garantia pessoal não significa propriamente um desembolso, mas, de qualquer forma, possui um valor real para o sócio gestor, que desta maneira pode obter o crédito que necessita para as suas operações[522]. Com base nisso, conclui Garrigues: realmente, se o aporte do participante tende a reforçar financeiramente o negócio do ostensivo, este financiamento pode ocorrer não só por via direta mediante a efetiva entrega de

sendo que, de regra, o *cointeressato* teria responsabilidade ilimitada, cf. MIGNONE. *L'associazione in partecipazione...*, p. 693 ss.

518 No mesmo sentido: VENTURA. *Associação em participação* (BMJ 189)..., p. 124; COUTINHO DE ABREU. *Curso de Direito Comercial*, v. II..., p. 37; e GHIDINI. *L'associazione in partecipazione...*, p. 71. Em sentido contrário, afirmando que o *Codice Civile* limita a responsabilidade do associado ao seu aporte, ver: MIGNONE. *L'associazione in partecipazione...*, p. 410.

519 GHIDINI. *L'associazione in partecipazione...*, p. 71; VENTURA. *Associação em participação* (BMJ 189)..., p. 123.

520 GHIDINI. *L'associazione in partecipazione...*, p. 70-71; VENTURA. *Associação em participação* (BMJ 189)..., p. 124.

521 GARRIGUES. *Tratado de Derecho Mercantil...*, p. 199. No mesmo sentido: SOLÁ DE CAÑIZARES. *El contrato de participación...*, p. 133; e VENTURA. *Associação em participação* (BMJ 189)..., p. 124.

522 GHIDINI. *L'associazione in partecipazione...*, p. 75-77.

dinheiro, mas, também, pela via indireta por meio de uma fiança ou aval que permita obtê-lo[523].

Lembramos, ainda, a hipótese da troca de participações, quando, então, a contribuição efetiva estaria dispensada em razão da reciprocidade estabelecida. Como referimos anteriormente, essa forma peculiar de conta de participação está expressamente prevista no direito português no art., 24º-3 do Decreto-Lei 231/81, que assim dispõe: "*No contrato pode estipular-se que a contribuição prevista no nº 1 deste artigo seja substituída pela participação recíproca em associação entre as mesmas pessoas, simultaneamente contratada*". É uma formatação da conta de participação na qual cada um dos sócios participará como ostensivo em seu negócio e como participante na totalidade ou em parte do negócio do outro.

Essas possibilidades devem ser examinadas com temperamento quando confrontadas com o nosso ordenamento jurídico. Isso porque Portugal, Itália e Espanha estão entre os países nos quais se reconhece a *natureza meramente contratual* da conta de participação. Assim, pode haver dúvidas sobre a viabilidade de algumas dessas modalidades de contribuição no direito brasileiro.

De qualquer forma, levando-se em consideração as funções do capital e do patrimônio social e a compreensão deste último a partir de uma faceta dinâmico-produtiva[524], é possível sustentar, como faz Paulo de Tarso Domingues, que nele podem ingressar, a título de contribuição do sócio, não somente bens passíveis de expropriação forçada (isto é, suscetíveis de penhora, alienação e transformação em dinheiro), mas também bens que, à luz do princípio do *going concern* ou do princípio da continuidade da atividade, sejam suscetíveis de avaliação econômica e possam aproveitar aos credores sociais na medida em que servirão para o desenvolvimento da atividade e para a produção de resultados[525].

523 GARRIGUES. *Tratado de Derecho Mercantil...*, p. 199; GHIDINI. *L'associazione in partecipazione...*, p. 75-77.

524 SCALZILLI, João Pedro. *Confusão patrimonial nas sociedades isoladas e nos grupos societários*: caracterização, constatação e tutela dos credores. Tese (Doutorado em Direito). Universidade de São Paulo, São Paulo, 2014, p. 27 ss.

525 Especialmente se considerarmos que a melhor garantia para os credores seja a própria capacidade de a empresa produzir resultados. Sobre o assunto, cf. TANTINI, Giovanni. *Capitale e patrimonio nella società per azione*. Padova: CEDAM, 1980, p. 11, 32. Em sentido semelhante, DINIZ, Gustavo Saad. *Subcapitalização societária* – financiamento e responsabilidade. Belo Horizonte: Fórum, 2012, p. 112-113, 204, 278.

Com base nessa premissa é que se pode admitir, por exemplo, a contribuição de sócio com a cessão de direito obrigacional de fruição sobre determinado bem, hipótese em que se coloca um bem à disposição da sociedade para que dele ela possa usufruir no exercício de sua atividade durante o prazo convencionado[526] (ou à disposição do sócio ostensivo para o mesmo propósito).

Como quer que seja, é importante referir que essa questão examinada coloca o jurista na vanguarda do Direito Societário, em que vai se estudar a diferenciação entre *entradas de mero patrimônio* e *entradas de capital*, a possibilidade de contribuição com *know how*, e as referidas contribuições pela compensação de créditos, pela assunção de dívida, pela prestação de garantia, a possibilidade de entradas de indústria nas sociedades de capital, temas que, se por um lado não são inteiramente novos, por outro consistem, certamente, nas fronteiras ainda não bem delimitadas de estudo desse ramo do direito privado[527].

1.2. Sócio inadimplente (remisso)

De acordo com o art. 1.004 do Código Civil, os sócios são obrigados, na forma e no prazo previstos no contrato social, às contribuições nele estabelecidas. Em virtude disso, é essencial que o instrumento contratual estabeleça os termos e condições para a integralização do aporte (caso não ocorra à vista)[528].

Caso o sócio não aporte os recursos ou serviços nos termos estabelecidos no contrato social, deve ser dado a ele o tratamento previsto no art. 1.004 do Código Civil. Ou seja: será notificado — deve o sócio, sempre, ser notificado — para cumprir sua obrigação no prazo de 30 dias.

[526] Domingues, Paulo de Tarso. *Variações sobre o capital social.* Coimbra: Almedina, 2009, p. 192, 232 ss. Também nesse sentido: Coutinho de Abreu. *Curso de Direito Comercial,* v. II..., p. 270-271.

[527] Sobre alguns desses temas, ver Domingues. *Variações sobre o capital social...*, p. 187-201, 219-240.

[528] Alfredo de Assis Gonçalves Neto entende que seria possível (ao menos na contribuição de dinheiro) que o contrato social preveja que os sócios ou os administradores estabeleçam as épocas (data) em que as prestações serão exigidas, sempre de acordo com as necessidades e conveniências do ente coletivo (Gonçalves Neto. *Direito de Empresa*, cit., p. 227, 400-401; em sentido semelhante: Campinho. *O direito de empresa...*, p. 107; Cristiano, Romano. *Sociedades limitadas de acordo com o Código Civil.* São Paulo: Malheiros, 2008, p. 361; Raiser-Veil. *Recht der Kapitalgesellschaften....*, p. 384). Isso, aplicado à SCP, faz todo o sentido.

Vale salientar: o sócio somente se torna tecnicamente *remisso* — isto é, inadimplente — após ser notificado e deixar transcorrer *in albis* o prazo de 30 dias para integralizar[529-530-531].

[529] O art. 1.004 do Código Civil dispõe: ainda que conste o prazo e a forma para integralização do aporte no contrato social, é necessária a notificação (a qual, tendo em vista que a lei não exige qualquer forma, pode ser judicial ou extrajudicial, cf. Campinho. *O direito de empresa...*, p. 106; Gonçalves Neto. *Direito de Empresa*, cit., p. 228) do sócio inadimplente para que cumpra tal obrigação no prazo de 30 dias (diferentemente do que ocorre no atual regime das sociedades por ações, pois o art. 106 da LSA dispõe que a mora é automática no vencimento, salvo quando o estatuto ou o boletim forem omissos quanto ao montante da prestação e ao prazo ou data de pagamento). Assim, o sócio não é constituído automaticamente em mora caso não atenda o prazo e a forma determinados no contrato social para a integralização do aporte. Independentemente de já terem passados, por exemplo, 60 dias para a realização do aporte, é imperioso que seja notificado e, uma vez notificado, possui o prazo de 30 dias para efetuar a realização do aporte; somente após o decurso deste prazo de 30 dias é que o futuro do sócio remisso poderá ser selado mediante deliberação dos demais membros (cf. Campinho. *O direito de empresa...*, p. 106, 199; Lopes, Idevan César Rauen. *Empresa e exclusão do sócio.* 2 ed. rev. e atual. Curitiba: Juruá, 2008, p. 128-130; Lucena. *Das sociedades limitadas...*, p. 305, 766; Guimarães, Leonardo. Exclusão de sócio em sociedades limitadas no novo Código Civil. *Revista de Direito Mercantil, Industrial, Econômico e Financeiro*, São Paulo, n. 129, p. 108-120, jan./mar. 2003, p. 115; Retto, Marcel Gomes Bragança. *Sociedades limitadas.* Barueri/SP: Manole, 2007, p. 191; Ribeiro, Renato Ventura. *Exclusão de sócios nas sociedades anônimas.* São Paulo: Quartier Latin, 2005, p. 219; Tokars, Fábio. *Sociedades limitadas.* São Paulo: LTr, 2007, p. 379; Verçosa. *Curso de direito comercial...*, p. 124, 318; Wald. *Comentários ao novo Código Civil...*, p. 151, 399). E o TJMG assim já decidiu: "Agravo de instrumento — antecipação de tutela — ação anulatória de alteração contratual — concessão de efeito suspensivo ao agravo — pedido de reconsideração — manutenção da decisão — ausência dos requisitos do art. 273, do cpc — exclusão de sócio remisso de sociedade limitada — possibilidade — agravo provido. (...) Ausente a prova inequívoca de que houve a integralização do capital social, pelo sócio remisso, pode ele ser excluído da sociedade, pelos demais sócios, após a sua regular constituição em mora e oportunização de defesa, nos termos do art. 1.004, do CCB." (TJMG, 17ª Câmara Cível, AI 1.0540.08.015001-9/001, Rel. Des. Eduardo Mariné da Cunha, j. 11/09/2008); ver, também: TJCE, 1ª Câmara de Direito Privado, AgInt em AgInst 0626728-31.2016.8.06.0000, Rel. Des. Emanuel Leite Albuquerque, j. 13/05/2020; TJSP, 2ª Câmara de Direito Empresarial, Apelação 1012172-16.2015.8.26.0071, Rel. Des. Maurício Pessoa, j. 23/04/2018; TJRJ, 7ª Câmara Cível, AgInst 0054978-97.2015.8.19.0000, Rel. Des. Luciano de Carvalho, j. 27/01/2016. Ainda: para Alfredo de Assis Gonçalves Neto, a mora é automática com o advento do prazo previsto no contrato sem seu cumprimento (CC, art. 397), e assim sustenta: "Verificada a mora, o sócio inadimplente deve ser notificado para que satisfaça a obrigação no prazo de trinta dias, contados da data em que receber a notificação. Se não o fizer nesse prazo de tolerância (que vai da data do vencimento da prestação à do recebimento da notificação), livra-se dos efeitos da mora? Se a obrigação for com prazo certo, apesar de o texto legal sugerir uma resposta

afirmativa, penso que a solução mais acertada é a de o inadimplente responder pelos efeitos da mora a partir da data em que a obrigação tornou-se exigível, isto é, desde a data do respectivo vencimento, como prevê, aliás, o art. 397. Uma interpretação literal seria retrocesso. Se os trinta dias decorrerem sem que haja pagamento, o inadimplente responderá, então, não só pelos efeitos da mora contratualmente ajustados, mas, também, pelos danos que a sociedade possa ter sofrido em decorrência do atraso no cumprimento da prestação, vale dizer, pelos danos emergentes da mora. Essa é a interpretação que se harmoniza, não só com a primeira parte do artigo, como com o parágrafo único do art. 1.004, visto que neste são apresentadas alternativas à 'indenização' que a sociedade teria direito de haver do remisso na aplicação do enunciado no seu *caput*." "Observe-se que, se fosse afastado, no caso, o princípio do *dies interpellat pro homine*, não faria sentido a distinção entre contribuição a saldar com prazo certo e contribuição com época a determinar, o que pode ser fundamental para a boa administração dos recursos sociais. Ambas só se tornariam exigíveis em trinta dias após a notificação." (Gonçalves Neto. *Direito de Empresa*, cit., p. 228).

[530] A exigência de constituição em mora do sócio inadimplente sofre críticas da doutrina: "O preceito não nos parece razoável. Havendo no contrato a previsão do montante da prestação a que o sócio se obrigou, bem como a forma de realizá-lo e o prazo, não vemos lógica em se exigir a sua prévia notificação. A regra geral em matéria de direito obrigacional é que o não pagamento de obrigação positiva e líquida no seu vencimento constitui, de pleno direito, em mora o devedor. A mora é *ex re*, vigorando o princípio do *dies interpellat pro homine*. É o próprio termo que faz às vezes da interpelação". "Somente não havendo termo certo é que a mora se constitui mediante interpelação judicial ou extrajudicial. A mora seria *ex persona*". "Mas o legislador, neste aspecto do sócio remisso, preferiu optar pela necessidade de prévia interpelação para a constituição em mora, deprezando o fato de poder a obrigação ser positiva, líquida e a termo. A notificação, como a lei não exige forma própria, poderá ser judicial ou extrajudicial. O princípio na espécie é o do *dies non interpellat pro homine*, dele não se podendo fugir." (Campinho. *O direito de empresa*..., p. 106).

[531] Caso o contrato social não estabeleça forma ou prazo para a integralização, tem-se que deve o sócio ser notificado para que efetue o pagamento, nos termos do art. 331 do Código Civil (e art. 106, §1º, da LSA). E acreditamos que a notificação (judicial ou extrajudicial) é pessoal (*i.e.*, não é preciso seguir a fórmula dada pelo art. 106, §1º, da LSA), sendo que deve ser dado, no mínimo, prazo de 30 dias para o pagamento, nos exatos termos do art. 1.004 do CC (somente se caracterizando a mora não tendo sido previsto no contrato social prazo para a realização do aporte, após o transcurso do prazo legal de 30 dias). Assim, entendemos que a notificação já cumpre o requisito exigido pelo art. 1.004 do Código Civil, ou seja, uma única notificação cumpre as exigências do art. 331 e do art. 1.004 do CC (cf. Gonçalves Neto. *Direito de Empresa*..., p. 228, 401) (e a mesma interpretação adotamos caso o contrato social não fixe prazo certo para a realização do aporte, mas estabeleça que a integralização ocorrerá quando das chamadas feitas pela administração/ostensivo ou por deliberação dos sócios).

O sócio que não integralizar a participação subscrita nos 30 dias, a contar do recebimento da notificação que assim a exige[532], responderá pelo dano emergente da mora, inclusive juros de mora e correção monetária. Mas, além disso, o parágrafo único do art. 1.004 do CC dispõe que, *verificada a mora, poderá a maioria dos demais sócios preferir, à indenização, a exclusão do sócio remisso, ou reduzir-lhe a quota ao montante já realizado, aplicando-se, em ambos os casos, o disposto no § 1o do art. 1.031.*

Se sócio remisso neste prazo de 30 dias (contados da notificação) não cumprir com sua obrigação, abrem-se algumas possibilidades, a critério dos demais sócios (*juízo de conveniência* e *oportunidade*):

(a) a primeira delas é realizar a cobrança amigável ou judicial (ação de cobrança, monitória ou de execução) do previsto no contrato, cumulada com os danos emergentes da mora, permanecendo o sujeito como sócio caso cumpra o seu débito[533];

(b) em segundo lugar, os sócios podem, eventualmente, convencionar e estipular novos prazos ou modo de adimplemento;

(c) em terceiro lugar, caso seja deliberado pela maioria dos demais sócios, pode ser excluído da sociedade ou ter sua participação reduzida (caso tenha já adimplido parte de sua obrigação), além de sua responsabilização, se for o caso, aplicando-se o disposto no §1º do art. 1.031 do Código Civil[534-535-536].

[532] Daniel Vio, compartilhando de nossa posição, entende que o prazo de 30 dias é contado a partir da entrega (recebimento) da notificação (cf. Vio, Daniel de Ávila. *A exclusão de sócios na sociedade limitada de acordo com o Código Civil de 2002.* Dissertação (Mestrado em Direito Comercial). São Paulo, Faculdade de Direito da Universidade de São Paulo, 2008, p. 139). No mesmo sentido: Cristiano. *Sociedades limitadas...*, p. 361.

[533] Almeida. *A sociedade em conta de participação...*, p. 121-122. Há quem sustente que quaisquer dos sócios teriam legitimação para tal cobrança judicial (cf. Affonso. *A sociedade em conta de participação no Direito brasileiro...*, p. 114-115).

[534] Entendemos que o contrato social pode prever a suspensão dos direitos de sócios enquanto perdurar a mora. Em Portugal, existe previsão expressa a respeito no art. 24º do Decreto-Lei 231(1981): "**5** — Salvo convenção em contrário, a mora do associado suspende o exercício dos seus direitos legais ou contratuais, mas não prejudica a exigibilidade das suas obrigações." Sobre o tema, ver: Ventura. *Associação em participação* (BMJ 189)..., p. 135.

[535] A exclusão do sócio remisso pode se operar extrajudicialmente (independentemente de previsão contratual) em qualquer sociedade (inclusive nas sociedades por ações, nos termos do art. 107 da LSA), como já ocorria no regime anterior ao Código Civil (Código Comercial de 1850, art. 289; Decreto 3.708/19, art. 7º), sendo que, apesar de a lei ser omissa a respeito, assim dá a entender quando o art. 1.004, inclusive, autoriza que os consócios

possam escolher o destino do inadimplente, sem contar a ressalva expressa que o art. 1.030 faz àquele dispositivo (cf. ALMEIDA, Marcelo Manhães de. A resolução extrajudicial da sociedade em relação a sócio minoritário nas sociedades limitadas. In: ALMEIDA, Marcus Elidius Michelli de (coord.). *Aspectos jurídicos da sociedade limitada*. São Paulo: Quartier Latin, 2004. p. 55-64, p. 59; CAMPINHO. *O direito de empresa*..., p. 129, 225, 238; CARVALHOSA, Modesto. *Comentários ao Código Civil (arts. 1.052 a 1.195)*, v. 13. São Paulo: Saraiva, 2003, p. p. 324-325; COELHO. *Curso de Direito Comercial*, v. 2..., p. 428; FINKELSTEIN, Maria Eugênia. Jurisprudência comentada e anotada. Exclusão de sócio por justa causa: necessidade de assembleia específica. *Revista dos Tribunais*, a. 101, v. 920, p. 531-545, jun. 2012, p. 539; FONSECA, Priscila M. P. Corrêa da. *Dissolução parcial, retirada e exclusão de sócio*. 4 ed. São Paulo: Atlas, 2007, p. 42 ss; GONÇALVES NETO. *Direito de Empresa*, cit., p. 228-229; GUIMARÃES. Exclusão de sócio em sociedades limitadas no novo Código Civil..., p. 115, 119; LOPES. *Empresa e exclusão do sócio*..., p. 129; PIMENTA, Eduardo Goulart. *Exclusão e retirada de sócios*. Belo Horizonte: Mandamentos, 2004, p. 83 ss; PROENÇA, José Marcelo Martins. A ação judicial de exclusão de sócio nas sociedades limitadas – legitimidade processual. In: ADAMEK, Marcelo Vieira von (coord.). *Temas de Direito Societário e Empresarial Contemporâneos* – Liber Amicorum *Prof. Dr. Erasmo Valladão Azevedo e Novaes França*. São Paulo: Malheiros, 2011. p. 169-184, p. 175; TELLES, José Araldo da Costa. Alternativas processuais para os conflitos de interesses em sociedades limitadas familiares. In: YARSHELL, Flávio Luiz; PEREIRA, Guilherme Setoguti J. (coord.). *Processo Societário*. São Paulo: Quartier Latin, 2012. p. 383-401, p. 396; VERÇOSA. *Curso de direito comercial*..., p. 529; WALD. *Comentários ao novo Código Civil*..., p. 152; e reconhecendo a exclusão extrajudicial do sócio remisso, ver: TJMG, 17ª Câmara Cível, AI 1.0540.08.015001-9/001, Rel. Des. Eduardo Mariné da Cunha, j. 11/09/2008; TJPR, 17ª Câmara Cível, Apelação 0004220-71.2018.8.16.0072, Rel. Des. Sandra Bauermann, j. 15/08/2019 – em que pese este último precedente faça referência à necessidade de respeito ao art. 1.085 do Código Civil, com o que não concordamos (nada impedindo, em nosso entender, que a exclusão se opere judicialmente – como se aceitava no regime anterior ao novo Código Civil, cf. FONSECA. *Dissolução parcial, retirada e exclusão de sócio*..., p. 112).

[536] Mesmo que já se tenha iniciado a cobrança judicial (ação de cobrança, ação monitória ou ação de execução) do valor devido, nada impede que, durante o trâmite do processo, realize-se extrajudicialmente a redução da quota do sócio remisso ao montante já realizado ou a sua exclusão; assim, inclusive, caminha o art. 107, §3º, da LSA. Existe um concurso de direitos e apenas a satisfação efetiva de um deles extingue o direito concorrente. E trata-se de atuação discricionária dos demais sócios (desde que o direito não seja exercido de modo disfuncional) e sempre nos seus interesses/interesses da sociedade (mesmo porque pode ocorrer que não sejam encontrados bens do sócio remisso passíveis de excussão ou a ação judicial pode, em prejuízo do empreendimento comum, estar demorando muito tempo). Nesse caso, uma vez satisfeito o direito, a ação de cobrança, monitória ou de execução deve ser extinta sem julgamento de mérito (CPC, art. 493) e os ônus sucumbenciais do processo devem ser distribuídos de acordo com o princípio da causalidade. Situação diferente pode surgir caso se decida pela promoção de ação judicial com o objetivo de excluir o sócio, quando, então, surge a intrincada questão das demandas concorrentes. Sobre o tema, ver: BENEDUZI, Renato Resende. *De concurrentibus actionibus e o concurso de demandas*. Dissertação

Independentemente da solução dada, o sócio inadimplente (*remisso*) poderá responder perante todos os sócios pelos danos emergentes da mora[537] — podendo o contrato social estabelecer multa, incidindo os limites previstos no Código Civil à cláusula penal.

(Mestrado em Direito) - Universidade de São Paulo, São Paulo, 2011. Ainda: tratando do *jus variandi* na situação da resolução do contrato bilateral por inadimplemento, em boa medida aplicáveis à situação por nós analisada (especialmente a possibilidade de, após julgada procedente a demanda de cumprimento, ser viável a demanda de resolução por inadimplemento, mas não o contrário por incompatibilidade lógica — além da possibilidade de cumulação de pedidos de cumprimento e de resolução, caso, entrementes, a prestação se torne inútil, por exemplo), ver as palavras de ASSIS, Araken de. *Resolução do contrato por inadimplemento.* 6 ed. rev., atual. e ampl. São Paulo: Revista dos Tribunais, 2019, p. 31 ss.

[537] Há quem sustente que, no caso do sócio remisso, o CC não permite cumular a sua exclusão (total ou parcial) com a sua responsabilização civil: "No caso da opção pela exclusão, não é possível a cobrança de indenização. A cobrança da indenização pelos danos materiais decorrentes da mora somente é possível se se mantiver a condição de sócio do remisso, sem alteração quanto à sua participação no capital social. De fato, a regra constante do parágrafo único do art. 1.004 aplica-se de forma alternativa à possibilidade de cobrança de indenização. No caso de opção pela exclusão do remisso, suas quotas podem [ser] extintas ou transferidas a terceiro, sendo que, em ambos os casos, a sociedade tem a obrigação de devolução das quantias à mesma pagas pelo sócio excluído a título de integralização do capital social, 'deduzidos os juros de mora, as prestações estabelecidas no contrato mais as despesas' (...)." (Tokars. *Sociedades limitadas...*, p. 378); em sentido semelhante, há quem afirme que a falta de indenização é pressuposto para a exclusão do quotista (Guimarães. Exclusão de sócio em sociedades limitadas no novo Código Civil..., p. 115). Não concordamos com tal orientação. Em primeiro lugar, porque se trata de interpretação literal do art. 1.004 do CC (da mesma forma como se poderia fazer em relação ao art. 289 do Código Comercial de 1850 (cf. Carvalhosa. *Comentários ao Código Civil...*, p. 93-94; e Lucena. *Das sociedades limitadas...*, p. 302), sem atentar que o art. 1.058 do CC prevê a responsabilização do sócio remisso (dedução dos juros de mora, das prestações estabelecidas no contrato mais as despesas) no caso de os outros sócios ou terceiros adquirirem compulsoriamente as quotas do excluído (sendo que, no regime anterior, "(...) o art. 7º do Decreto n. 3.708/19 aperfeiçoou a disciplina relativa ao sócio remisso dada pelo art. 289 do Código Comercial de 1850. Essa melhora se encontra na permissão de exclusão do sócio remisso cumulativamente com a cobrança dos juros de mora e demais encargos decorrentes da inadimplência do sócio que está sendo excluído. Dessa forma, não possuindo os demais sócios interesse na simples purgação da mora e manutenção do remisso na sociedade, poderiam excluir o inadimplente deduzindo os danos decorrentes da não integralização das respectivas quotas, o que não ocorria no âmbito do Código Comercial de 1850, quando a cobrança do juro legal não poderia ocorrer cumulativamente com a exclusão do sócio remisso.", cf. Carvalhosa. *Comentários ao Código Civil...*, p. 95). E, em segundo lugar, entendemos que tal interpretação estrita do art. 1.004 do CC não encontra guarida na teoria da responsabilidade civil; afinal, todos os que causam algum dano podem (e devem) ser por ele responsabilizados.

Todas as alternativas dadas pelo Código Civil sobre o destino do sócio remisso, nos exatos termos dos arts. 1.004 e 1.058, devem ser deliberadas pelos demais sócios. O quórum para deliberar a cobrança, a redução da quota do sócio remisso ao montante já realizado ou a exclusão é encontrado no art. 1.004 do CC: *maioria do capital remanescente* (muito embora o referido dispositivo legal refira à "maioria dos demais sócios")[538-539]. Tal quórum não pode ser alterado por disposição contratual.

[538] Cf. CAMPINHO. *O direito de empresa...*, p. 107, 200, nota de rodapé; GONÇALVES NETO. *Direito de Empresa*, cit., p. 229, 402, 452. Nesse mesmo caminho, Modesto Carvalhosa entende que o quórum é o da *maioria do capital social* (CARVALHOSA. *Comentários ao Código Civil...*, p. 325). E nessa linha caminha o Enunciado 216 da III Jornada de Direito Civil do Conselho da Justiça Federal: "216 — Arts. 999, 1.004 e 1.030: O quórum de deliberação previsto no art. 1.004, parágrafo único, e no art. 1.030 é de maioria absoluta do capital representado pelas quotas dos demais sócios, consoante a regra geral fixada no art. 999 para as deliberações na sociedade simples. Esse entendimento aplica-se ao art. 1.058 em caso de exclusão de sócio remisso ou redução do valor de sua quota ao montante já integralizado." Já Leonardo Guimarães fala, ao comentar o art. 1.004 do CC, que o quórum é o da *maioria simples do capital social*, sem dar maiores detalhes (GUIMARÃES. Exclusão de sócio em sociedades limitadas no novo Código Civil..., p. 115). Por outro lado, Eduardo Goulart Pimenta afirma que o quórum previsto no art. 1.004 (para deliberar a exclusão ou a cobrança) é o da maioria dos demais quotistas, realizando-se a contagem por cabeça (cf. PIMENTA. *Exclusão e retirada de sócios...*, p. 84-87).

[539] Mas, diante do referido quórum, o sócio que subscreveu a maioria do capital e não o integralizou (ou realizou somente parte), pode, então, ser cobrado, excluído ou ter sua parcela do capital reduzida? Inexistem motivos para dúvidas: o art. 1.004, parágrafo único, fala em "maioria dos demais sócios", ou seja: maioria do capital remanescente (a participação do sócio remisso não entra no cômputo da maioria). Assim, pouco importa se o sócio remisso subscreveu a maioria do capital, podendo, então, ser ele cobrado, excluído extrajudicialmente (ou judicialmente) ou ter a sua participação no capital reduzida (mesmo porque, aqui, o inadimplemento concretiza-se em uma conduta objetiva, sem espaço — em princípio — para avaliações subjetivas e abuso da minoria); a participação do sócio remisso não é levada em consideração para o quórum de deliberação, sendo que tal sócio não pode votar no conclave (seja porque o art. 1.004, parágrafo único, fala que a deliberação é tomada pela "maioria *dos demais* sócios", seja porque tal matéria lhe diz respeito diretamente e, portanto, existe conflito formal de interesses, nos termos do art. 1.074, §2º, do CC) (cf. FONSECA. *Dissolução parcial, retirada e exclusão de sócio...*, p. 43; TOKARS. *Sociedades limitadas...*, p. 379; VERÇOSA. *Curso de direito comercial...*, p. 124-125; também caminhando no sentido de que o sócio remisso majoritário pode ser excluído, ver: CRISTIANO. *Sociedades limitadas...*, cit., p. 363-364). E, nesse sentido, o TJMG reconheceu que sócios que subscreveram 80% do capital social de sociedade limitada mas não o integralizaram podem ser excluídos pela deliberação unânime de sócios representativos de 20% do capital social, desde que notificados (constituí-

Cumpre, ainda, esclarecer que o inadimplemento pode acarretar a dissolução da sociedade, uma vez que duas situações podem ocorrer:

(a) a sociedade fica com somente uma categoria de sócios, o que inviabilizaria a existência de uma conta de participação (como será visto no Capítulo 9);

(b) a participação do sócio excluendo (e a sua contribuição) eram essenciais para a sociedade, o que pode ensejar a inexequibilidade de seu objeto social (CC, art. 1.034, II)[540-541].

A jurisprudência, por sua vez, já teve a oportunidade de, diante da não realização da totalidade do investimento convencionado por parte do sócio participante, ratificar a divisão dos lucros com base na proporção devidamente investida, sob pena de enriquecimento ilícito (não podendo, então, fazer jus ao percebimento de lucros da forma originalmente contratada)[542].

Por fim, quando à forma e ao modo em que a obrigação de contribuir para o fundo social deve se concretizar, remetemos ao Capítulo 7, onde abordaremos o tema ao tratar do fundo social.

2. Dever de participar das perdas

Tanto o sócio ostensivo quanto o sócio participante devem participar das perdas — tratando-se, a rigor, não de um dever, mas de uma situação de sujeição. Assim prevê, inclusive, o art. 1.008 do Código Civil, aplicável com base no art. 996 às sociedades em conta de participação, permitindo que os sócios pactuem da forma que lhes aprouver a divisão

dos em mora) e oportunizada a defesa, nos termos do art. 1.004 do Código Civil (cf. TJMG, 17ª Câmara Cível, AI 1.0540.08.015001-9/001, Rel. Des. Eduardo Mariné da Cunha, j. 11/09/2008). Mesmo quem entende que o quórum para se deliberar a exclusão do sócio remisso é por cabeça também vislumbra que pode o quotista que aportou a maioria do capital social ser eliminado (Pimenta. *Exclusão e retirada de sócios...*, p. 85-86).

540 Ascarelli, Tullio. O contrato plurilateral..., p. 288-289.

541 Caminhando nesse sentido, ver: TJPR, 12ª Câmara Cível, Apelação 0004005-22.2015.8.16.0001, Rel. Des. Priscilla Placha Sá, j. 03/06/2020.

542 TJPR, 18ª Câmara Cível, Apelação 0017423-47.2009.8.16.0030, Rel. Des. Carlos Henrique Licheski Klein, j. 16/11/2020.

das perdas (que pode ser diversa da divisão dos lucros), sendo, contudo, vedada a *sociedade leonina*[543-544].

Como referido no Capítulo 2, no plano externo o sócio participante não responde perante terceiros. Internamente, sustentamos que a tese da responsabilidade *limitada* do sócio participante é aquela que melhor se coaduna com a história e a própria natureza deste tipo societário, de

[543] Nesse sentido, veja-se que o art. 991, *caput*, última parte, prevê que o sócio oculto participa dos *resultados correspondentes* (cf. TJSP, 2ª Câmara Reservada de Direito Empresarial, Apelação Cível 0179611-55.2010.8.26.0100, Rel. Des. Ricardo Negrão, j. 11/09/2012).

[544] As expressões "sociedade leonina", "contrato leonino" e "cláusula leonina" derivam de uma fábula antiquíssima que narra uma caçada empreendida por um leão em sociedade com outros animais. Muitos atribuem a fábula a Fedro (15 a.C. - 50 a.C.), muito embora haja versões dela em Esopo (620 a.C. - 564 a.C.) — em quem possivelmente Fedro se inspirou — e La Fontaine (1621 - 1695). Apesar de as versões variarem, de uma maneira geral, o leão convida uma vaca, uma cabra e uma ovelha para caçar com a combinação de dividir o produto do esforço comum. Graças ao trabalho conjunto, um veado foi abatido, razão pela qual havia a expectativa de que a carne fosse dividida em partes iguais. Adiantando-se, o leão toma para si a primeira peça, alegando que aquela primeira parte era dele pois, afinal de contas, "ele era o leão". Diante disso, a vaca, a ovelha e a cabra nada objetaram, pois se tratava do combinado, esperando o recebimento das parcelas remanescentes. Porém, surpreendentemente, o leão avoca para si os outros pedaços, sob o pretexto de que um deles era porque o leão era o mais forte e o mais valente, sem contar que os demais não comeriam carne. Daí porque a sociedade leonina é aquela em que um ou mais sócios são privados da participação nos lucros e o contrato leonino é aquele que traz vantagens abusivas para uma das partes (cláusula leonina vai no mesmo sentido do contrato leonino). Ver: Cunha Peixoto, Carlos Fulgêncio da. *Sociedade por ações*, v. 2. São Paulo: Saraiva, 1972, p. 327; Schmidt. *Gesellschaftsrecht*, B. I..., p. 58-59. Desde Roma a atividade explorada devia ser proveitosa a todos, não produzindo efeitos o acordo de constituição de *societas* que reserve os ganhos para um ou alguns sócios, ficando para outros apenas as perdas (Gaio, *Institutas*, 3, 149, e *Institutas*, 3, 25, 1 e 2); era vedada, então, a chamada sociedade leonina (*societas leonina*) (D, 17, 2, 29, 2). Em Roma, todavia, era possível excluir alguns sócios das perdas, podendo-se ver, então, que a noção de sociedade leonina era muito mais estrita do que a existente atualmente no Brasil (bem como na Itália) (cf. Guarino, Antonio. *La società in diritto romano*. Napoli: Jovene, 1988, p. 177). Sobre o tema, ver: Arangio-Ruiz, Vicenzo. *La società in diritto romano*. Napoli: Casa Editrice Dott. Eugenio Jovene, 1950, p, 93 ss; Arangio-Ruiz, Vicenzo. *Instituzioni di diritto romano*. 14 ed. Napoli: Dott. Eugenio Jovene, 2006, p. 349-350; Guarino. *La società in diritto romano...*, p. 175 ss; Justo, A. Santos. *Direito privado romano – II (direito das obrigações)*. 2ª ed. Coimbra: Coimbra, 2006, p. 74-75; Schulz, Fritz. *Derecho romano clássico*. Trad. de José Santa Cruz Teigeiro. Barcelona: Bosch, 1960, p. 527; Marrone, Matteo. *Instituzioni di diritto romano*. 3 ed. Palermo: Palumbo, 2006, p. 475; Iglesias, Juan. *Derecho romano*. 15 ed. Barcelona: Ariel, 2007, p. 268; Ferreira, Waldemar. *Tratado de sociedades mercantis*, v. 1. 5 ed. Rio de Janeiro: Editora Nacional de Direito, 1958, p. 116; Alves, José Carlos Moreira. *Direito romano*. 14 ed. Rio de Janeiro: Forense, 2007, p. 532.

modo que o investidor perderá tão-somente aquilo que investiu no negócio, não se responsabilizando por qualquer quantia que exceda esse montante. Mas isso não impede que os sócios tratem do tema de maneira expressa no contrato social, o que é recomendável nem que seja para reforçar o entendimento de que o participante não responde por nada além do aporte feito.

Além disso, a responsabilidade do sócio participante pode ser modulada pelas partes da forma como melhor lhes aprouver, estabelecendo-se regimes de responsabilidade *ilimitada* ou *limitada* no âmbito interno da conta de participação. De qualquer forma, tal regulação contratual não produz efeitos perante terceiros, mas somente na relação íntima existente entre os sócios (participante e ostensivo)[545].

A relevância dessas questões para o bom funcionamento da conta de participação recomenda fortemente que o contrato social seja feito por escrito e bem formulado, regulando as questões sensíveis, como a delimitação de responsabilidades e divisão dos resultados (perdas e lucros), muito propensas a gerar conflitos futuros, como especificamente o que pode surgir em torno da possibilidade de o participante incorrer nas perdas para além do seu aporte[546].

No entanto, é de destacar que é vedada a estipulação contratual que restrinja a responsabilidade do sócio participante a ponto de resguardar o valor de sua própria entrada. Isto é, seria *nula* a cláusula que estabelecesse a intangibilidade do investimento mesmo em caso de prejuízo apurado na exploração do objeto da conta de participação[547].

[545] Por mais que se disponha que o sócio participante responde por determinado montante das perdas, não poderá um terceiro cobrar dele seu crédito. A relação interna da conta de participação tem eficácia somente entre participante e ostensivo, sendo este o responsável por toda e qualquer obrigação da sociedade perante terceiros.

[546] Na Alemanha, respeitando-se as peculiaridades do regime jurídico do referido país, diz-se que normalmente o contrato social regula a divisão dos lucros e das perdas com o objetivo de evitar discussões (cf. HEIDEL-SCHALL. *Handelsgesetzbuch*..., p. 1.483, 1.485). Em Portugal, de acordo com o art. 25º do DL 231/81, o contrato social também pode regular a distribuição dos resultados, da mesma forma que ocorre na Itália (*Codice Civile*, art. 2553). Assim também se fazia referência na França, sendo vedada a sociedade leonina (em que pese seja possível prever a limitação das perdas a alguns sócios em determinados eventos); ainda, eventual responsabilidade do participante possui somente eficácia interna (MOREAU. *Associations en participation et sociétés de fait*..., p. 68; MIGNONE. *L'associazione in partecipazione*..., p. 607).

[547] Ver, também: AFFONSO. *A sociedade em conta de participação no Direito brasileiro*..., p. 125. Uma cláusula como esta seria reputada como "não escrita", cf. MERLE. *Droit Commercial*...

Desse modo, o sócio participante não só pode, mas *deve* perder (ao menos em parte) o aporte feito em caso de prejuízo da operação da conta de participação, sob a pena de, em assim não sendo, restar *desnaturado o caráter societário* do negócio havido entre as partes[548].

(1998), p. 661. Observe-se que o art. 1844-1, 2e alinéa, do *Code Civil* francês (aplicável à *société en participacion* com base no art. 1871) também proíbe, no mesmo sentido do art. 1.008 do Código Civil brasileiro, a estipulação excluindo um sócio da totalidade das perdas. Também andou nesse sentido, já em 1924, a *Corte d'Apello di Genova* (*Rivista di Diritto Commerciale e del Diritto Generale delle Obbligazioni*, v. XXII, Parte II. Milano: Dottor Francesco Vallardi, 1924, p. 134-138). De qualquer modo, na Itália, país em que se considera que a conta de participação possui caráter contratual (e não societário), há discussão sobre a possibilidade de reduzir as perdas do associado a zero (ver: CENDON. *Commentario al Codice Civile*..., p. 495-496), sendo que a corrente majoritária, inclusive na jurisprudência, caminha no sentido de ser possível excluir o associado da participação dos prejuízos diante da inexistência de vedação expressa neste sentido e pelo fato de que não possui natureza societária (além de que encontraria guarida no art. 2554 do *Codice Civile*, que, para alguns, como Ghidini, preveria uma forma particular de associação em participação) (cf. GHIDINI. *L'associazione in partecipazione*..., p. 122 ss), em que pese existam diversos argumentos contrários (bem como sustentando-se que o art. 2554 do *Codice Civile* regula a *cointeressenza*, que, neste caso, seria imprópria) (vide: MIGNONE. *L'associazione in partecipazione*..., p. 464 ss, 683 ss). Em Portugal, o art. 21º Decreto-Lei 231(1981) assim dispõe: "**2** — È elemento essencial do contrato a participação nos lucros; a participação nas perdas pode ser dispensada."; e a doutrina assim se manifesta: "A participação nos lucros é essencial; a participação das perdas pode ser dispensada - nº 2 - entede-se que pelas partes. A solução supletiva será, pois, a da comunhão nos lucros e nas perdas. A participação do associado nas perdas e a sua responsabilidade ilimitada devem ser provadas por escrito, devendo ainda resultar de convenção expresas ou das circunstâncias do contrato qualquer participação diversa da supletiva - artigo 25º/2." (MENEZES CORDEIRO. *Direito Comercial*..., p. 743). Na Alemanha, com base no §231(2) do *HGB*, também é possível excluir o sócio das perdas (mas não dos lucros) — o que deve ser feito expressamente —, cf. SCHMIDT. *Gesellschaftsrecht*, B. II..., p. 1.844-1.845; BAUMBACH-HOPT. *Handelsgesetzbuch*..., p. 869; HEIDEL-SCHALL. *Handelsgesetzbuch*..., p. 1.484-1.486; HÜFFER-KOCH. *Gesellchaftsrecht*..., p. 256; KLUNZIGER. *Grundzüge des Gesellschaftsrechts*..., p. 149-150; KÜBLER. *Derecho de sociedades*..., p. 194. No Brasil, entendendo ser possível que se exclua a responsabilidade do sócio participante, ver: LOPES. Sociedade em comum e sociedade em conta de participação como técnicas de implementação de parcerias empresariais..., p. 325-326.

[548] Assim leciona Theóphilo de Azeredo Santos (muito embora sustente que a cláusula que exonere o sócio das perdas, ou dos lucros, torna a sociedade nula, e não somente a cláusula contratual): "No magistério de Carvalho de Mendonça, é, também, contrária ao espírito de contrato, a cláusula libertando em absoluta um ou mais sócios de ocorrer nas perdas sociais, para deixá-las a cargo de outro ou outros sócios. O sócio, em hipótese alguma, poderá ser exonerado de contribuir para essas perdas, ainda que com as somas ou efeitos entrados para o capital social". "A co-participação dos sócios nos lucros e nas perdas da conta de participação é, como se vê, obrigatória, sendo nula a sociedade que contiver a cláusula em contrário.

Lembre-se, porém, que aquele (sócio ostensivo ou participante) cuja contribuição consistir em serviços, salvo estipulação contratual em contrário, não participa das perdas, como parece indicar o art. 1.007, 2ª parte. Ou melhor, o sócio de serviços perde por ter trabalhado em prol da sociedade e não ter recebido remuneração para tanto, sendo limitada, como regra, a isso a sua participação nas perdas (o que significa que perdeu o tempo investido, o custo de oportunidade e seu trabalho destinado à conta de participação)[549].

Seria possível, ainda, limitar a responsabilidade do sócio ostensivo no contrato social, previsão que teria eficácia meramente interna, sem qualquer efeito perante terceiros. Nesse caso, a responsabilidade do ostensivo poderia ficar adstrita a certa quantia, respondendo o sócio participante ilimitadamente pelo valor remanescente, de modo a repor ao ostensivo as perdas eventualmente experimentadas no exercício da atividade da conta de participação. Na prática, uma estipulação contratual nesse sentido concretiza-se pelo acerto de contas entre os sócios.

É importante destacar que a participação do sócio com relação às perdas, limitada ou não ao aporte feito, respeitará, salvo disposição em sentido diverso, *a participação de cada um na sociedade* (art. 1007, 1ª parte, do Código Civil). Assim, se de modo diverso não restar previsto no contrato social ou acordado entre as partes, a participação nas perdas é proporcional à participação de cada um na sociedade — lembrando-se que, como regra, defendemos a limitação da responsabilidade do participante ao aporte realizado[550].

Note-se que a nulidade, na hipótese, será da própria sociedade e não apenas da aludida cláusula." (SANTOS. *Manual de Direito Comercial*..., p. 297-298).

[549] Cf. MOREAU. *Associations en participation et sociétés de fait*..., p. 68-70. E assim decidiu a *Corte di Cassazione* num elucidativo julgado de 1963, cf. *Rivista di Diritto Commerciale e del Diritto Generale delle Obbligazioni*, v. LXII, Parte II. Milano: Dottor Francesco Vallardi, 1964, p. 110-116; tratando do tema, ver: MIGNONE. *L'associazione in partecipazione*..., p. 475-479. No Brasil, ver: AFFONSO. *A sociedade em conta de participação no Direito brasileiro*..., p. 123-124.

[550] Interessante são os critérios adotados pelo art. 25º do DL 231/81 português em caso de omissão do contrato para regrar a divisão das perdas: "1 — O montante e a exigibilidade da participação do associado nos lucros ou nas perdas são determinados pelas regras constantes dos números seguintes, salvo se regime diferente resultar de convenção expressa ou das circunstâncias do contrato. 2 — Estando convencionado apenas o critério de determinação da participação do associado nos lucros ou nas perdas, aplicar-se-á o mesmo critério à determinação da participação do associado nas perdas ou nos lucros. 3 — Não podendo a

Uma vez verificada a existência de perdas e a necessidade de cobrir as dívidas por parte do sócio participante, deve ser assinalado um prazo razoável para que cumpra com a sua obrigação — se já não estiver estipulado no contrato social. O sócio só poderá ser considerado em mora depois de interpelado nesse sentido[551].

Os resultados decorrentes da atividade prevista no objeto social da conta de participação, sejam eles positivos ou negativos, devem ser partilhados entre os sócios na forma e nos prazos previstos no contrato social (havendo deliberação dos sócios, se for o caso), seja ao final de determinado período, seja após o término do evento/empreendimento. Em caso de omissão do contrato social, entendemos que os resultados devem ser apurados e distribuídos ao final de cada exercício social —

participação ser determinada conforme o disposto no número anterior, mas estando contratualmente avaliadas as contribuições do associante e do associado, a participação do associado nos lucros e nas perdas será proporcional ao valor da sua contribuição; faltando aquela avaliação, a participação do associado será de metade dos lucros ou metade das perdas, mas o interessado poderá requerer judicialmente uma redução que se considere equitativa, atendendo às circunstâncias do caso. 4 — A participação do associado nas perdas das operações é limitada à sua contribuição."; ademais, observe-se o que determina os nº 6 e 7: "6 — A participação do associado reporta-se aos resultados de exercício, apurados segundo os critérios estabelecidos por lei ou resultantes dos usos comerciais, tendo em atenção as circunstâncias da empresa. 7 — Dos lucros que, nos termos contratuais ou legais, couberem ao associado relativamente a um exercício serão deduzidas as perdas sofridas em exercícios anteriores, até ao limite da responsabilidade do associado." Na Alemanha, como já visto, com base no §231 e no §232 do *Handelsgesetzbuch*, de regra é o contrato que prevê a divisão dos resultados (podendo excluir o participante das perdas — o que deve ser feito expressamente —, mas não dos lucros, apesar de ser possível estabelecer limites quanto a estes); caso o contrato seja omisso, incide a regra de que os resultados serão divididos proporcionalmente de acordo com as circunstâncias (existindo quem interprete que, caso não seja estabelecido no contrato a divisão dos resultados, eles seriam em partes iguais aos sócios, apesar de existir discussão a respeito e a tendência majoritária seja a de realização de divisão proporcional à participação dos sócios), não assumindo o sócio participante obrigações além da sua contribuição, não estando obrigado a realizar contribuições suplementares (mesmo quando da dissolução da sociedade) nem a restituir lucros já pagos para suportar perdas posteriores da SCP (apesar de não poder participar dos lucros enquanto possuir passivo em aberto, ocorrendo a sua compensação): assim, como regra, o sócio participante nunca está obrigado por mais que a sua contribuição. Na Itália, o art. 2553 do *Codice Civile* assim dispõe: "Art. 2553 Divisione degli utili e delle perdite. Salvo patto contrario, l'associato partecipa alle perdite nella stessa misura in cui partecipa agli utili, ma le perdite che colpiscono l'associato non possono superare il valore del suo apporto (2265)."

[551] VENTURA *Associação em participação* (BMJ 190)..., p. 21.

sendo que, caso se trate de uma operação única e de curta duração, é razoável que os resultados sejam repartidos ao final do empreendimento[552].

Finalmente, os sócios participantes não são obrigados a restituir, em função de perdas posteriormente verificadas pela conta de participação, os lucros já recebidos em exercícios anteriores. No entanto, os lucros futuros podem servir para restabelecer o investimento consumido pelas perdas passadas[553].

3. Dever de lealdade

Nas relações societárias, a boa-fé incide de um modo *muito intenso*, mais forte do que em qualquer outra relação contratual — a rigor, é nas relações societárias que a boa-fé objetiva se manifesta em grau máximo[554].

[552] Ver: Moreau. *Associations en participation et sociétés de fait*..., p. 71. Observe-se o que dispõe o art. 25º, nº 6, do Decreto-Lei 231 (1981) português: "6 — A participação do associado reporta-se aos resultados de exercício, apurados segundo os critérios estabelecidos por lei ou resultantes dos usos comerciais, tendo em atenção as circunstâncias da empresa."; o art. 31º, nº 5, por sua vez, assim determina: "5 — A participação do associado nos lucros ou nas perdas é imediatamente exigível, caso as contas tenham sido prestadas judicialmente; no caso contrário, a participação nas perdas, na medida em que exceda a contribuição, deve ser satisfeita em prazo não inferior a quinze dias, a contar da interpelação pelo associante." O §232(1) do *Handelsgesetzbuch* alemão prevê que no final de cada exercício social os lucros e as perdas serão apurados, quando, então, serão distribuídos os dividendos que couberem ao sócio participante, sendo também possível o pagamento da participação nos resultados durante o desenvolvimento dos negócios de acordo com as regras próprias, que podem estabelecer procedimentos específicos para o cálculo dos resultados (Baumbach-Hopt. *Handelsgesetzbuch*..., p. 870; Heidel-Schall. *Handelsgesetzbuch*..., p. 1.487-1.491; Klunziger. *Grundzüge des Gesellschaftsrechts*..., p. 150).

[553] Cunha Gonçalves. *Da conta em participação*..., p. 110. Nesse sentido, inclusive, caminha o §232(2) do *Handelsgesetzbuch* alemão.

[554] Cf. Couto e Silva, Clóvis Veríssimo do. *A obrigação como Processo*. São Paulo: José Bushatsky, 1976, p. 30-31; Comparato, Fábio Konder. Restrições à circulação de ações em companhia fechada: "nova et vera". *Revista de Direito Mercantil, Industrial, Econômico e Financeiro*, São Paulo, ano 28, n. 36, p. 65-76, out./dez. 1979, p. 69. No mesmo sentido, dentre outros, ver: Adamek. *Abuso de minoria em direito societário*..., p. 25, 137. Lamy Filho, Alfredo; Pedreira, José Luiz Bulhões. Capítulo I: Conceito e natureza. In: ____; ____ (coord.). *Direito das Companhias*, v. 1. Rio de Janeiro: Forense, 2009. p. 25-99, p. 36; Martins-Costa, Judith. Os campos normativos da boa-fé objetiva: as três perspectivas do direito privado brasileiro. In: Azevedo, Antonio Junqueira de; Tôrres, Heleno Taveira; Carbone, Paolo (coord.). *Princípios do novo Código Civil brasileiro e outros temas:* homenagens a Tullio Ascarelli. São Paulo: Quartier Latin, 2008. p. 387-421, p. 402-403; Martins-Costa, Judith. *A Boa-Fé no Direito Privado*: critérios para a sua aplicação. São Paulo: Marcial Pons, 2015, p. 290-295,

E, na sociedade em conta de participação, o *fator confiança* é extremamente importante, ainda mais se levada em consideração a *posição fiduciária* ocupada pelo ostensivo. Mas é importante deixar claro que os deveres fiduciários são uma via de duas mãos: isto é, não é tão-só o sócio ostensivo que possui deveres fiduciários para com os sócios participantes — apesar de possuí-los de forma mais intensa —, mas, na verdade, todos os sócios devem respeitar os deveres impostos pela boa-fé[555-556].

Lembra Galizzi que: "Ao manifestarem a vontade de tomar parte em sociedade em conta de participação, os sócios assumem, automaticamente, um dever recíproco de colaboração, que pode ser entendido, de maneira geral, como o compromisso firmado para se alcançar o sucesso do empreendimento comum. A noção de colaboração não está compreendida apenas no âmbito da gestão do negócio, o que excluiria os sócios participantes meramente capitalistas do dever em análise. Antes disso, abrange a esfera de ação de todos os membros integrantes da

321 ss; BORSDORFF, Roland. *Interessenkonflikte bei Organsmitgliedern*: Eine Untersuchung zum deutschen und US-amerikanischen Aktienrecht. Frankfurt am Main: Peter Lang, 2010, p. 115; FLEISCHER, Holger. Zur organschaftlichen Treupflicht der Geschäftsleiter im Aktien- und GmbH-Recht. *Zeitschrift für Wirtschafts- und Bankrecht*, Heft 22, 57 Jahrgang, p. 1045-1058, 2003, p. 1045; WINDBICHLER. *Gesellschaftsrecht...*, p. 64; LARGUINHO, Marisa. O dever de lealdade: concretizações e situações de conflito resultantes da cumulação de funções de administração. *Direito das Sociedades em Revista*, Coimbra, a. 5, v. 9, p. 187-213, mar. 2013, p. 196; CARNEIRO DA FRADA, Manuel António de Castro Portugal. A business judgment rule no quadro dos deveres gerais dos administradores. *Revista da Ordem dos Advogados On-Line*, v. 67, 2007. Disponível em: <http://www.oa.pt/Conteudos/Artigos/detalhe_artigo.aspx?idc=1&idsc=59032&ida=59045>. Acesso em: 06 ago. 2017, p. 3-4 (= CARNEIRO DA FRADA, Manuel António de Castro Portugal. A business judgment rule no quadro dos deveres gerais dos administradores. In: CORDEIRO, António Menezes; CÂMARA, Paulo (coord.). *A reforma do Código das Comerciais – jornadas em homenagem ao Professor Doutor Raúl Ventura*. Coimbra: Almedina, 2007. p. 61-102, p. 69-71). Ver, também: SPINELLI. *Conflito de interesses na administração da sociedade anônima...*, p. 51-52, nota de rodapé; SPINELLI. *Administração das Sociedades Anônimas...*, p. 29; SPINELLI. *Exclusão de sócio por falta grave na sociedade limitada...*, p. 137.

555 GALIZZI. *Sociedade em conta de participação...*, p. 147.

556 Especialmente o dever de lealdade que incide sobre o administrador também incide sobre os sócios. E isso, obviamente, acaba se confundindo na SCP, uma vez que o sócio ostensivo também ocupa a posição de administrador. Assim, não é sem razão que, quando se fala da quebra do dever de lealdade — e mesmo do dever de diligência — na SCP, se diz que o sócio-administrador o quebrou (assim o faz, por exemplo, MOREIRA, Ricardo Guimarães. Parecer: Sociedade em conta de participação — Sócio ostensivo e administrador — Violação dos deveres de lealdade, diligência e confidencialidade — Prática de concorrência desleal — Conseqüências. *Revista de Direito Empresarial*, n. 7, p. 153-164, jan./jun. 2007).

conta de metade, mesmo aqueles simplesmente investidores, que devem, de igual modo, se abster de atos prejudiciais aos interesses comuns"[557].

Então, tanto o sócio participante quanto o sócio ostensivo estão sujeitos ao dever de lealdade[558]. A relação entre os sócios é de confiança, pautando a conduta de cada um deles pelo dever de lealdade, sendo dever dos sócios promover o interesse social e abster-se de praticar qualquer ato que prejudique a sociedade, bem como tomando medidas que evitem a sua violação (o que não inviabiliza a busca de interesses próprios por parte dos sócios, desde que o interesse social seja prioritário e os direitos dos sócios não sejam usados de modo disfuncional). A quebra do dever de lealdade possibilita, entre outras consequências (como o direito de retirada mesmo nas sociedades a prazo determinado, nos termos do art. 1.029, parágrafo único, do Código Civil), a responsabilização pelos danos suportados pela outra parte[559].

Dessa maneira, os sócios não podem: (a) divulgar informações sigilosas (mesmo que não conste do contrato cláusula de confidencialidade); (b) prejudicar a imagem ou crédito da sociedade (no caso da SCP, dos demais sócios); (c) exercer, em regra, concorrência (mesmo que não exista previsão contratual nesse sentido); (d) favorecer outra sociedade em prejuízo ao negócio comum; (e) usurpar oportunidades negociais; (f) agir — inclusive votar — em conflito de interesses; (g) exercer o direito de fiscalização de modo abusivo; (h) se recusar sistematicamente a participar das deliberações como forma de evitar que seja votada uma medida que o interesse social impõe; (i) se opor injustificadamente ao poder de controle dos demais sócios; (j) criar obstáculos desnecessários ao desenvolvimento das atividades sociais, etc[560].

557 Galizzi. *Sociedade em conta de participação...*, p. 147.

558 *V.g.*, Baumbach-Hopt. *Handelsgesetzbuch...*, p. 866, 868; Heidel-Schall. *Handelsgesetzbuch...*, p. 1.479, 1.481; Gierke. *Derecho Comercial y de la Navegación*, v. I..., p. 361; Rasner. *Die atypische stille Gesellschaft...*, p. 120 (sendo que, à p. 124, afirma que o dever de lealdade é muito mais forte para o sócio participante que possui poderes de gestão; caso contrário, o dever de lealdade ficaria restrito à abstenção de atos contrários ao interesse social e eventual auxílio ao ostensivo em casos de necessidade. Nesse sentido, à p. 126, sustenta que o dever de lealdade é mais intenso nas sociedades em conta de participação atípicas).

559 Rasner. *Die atypische stille Gesellschaft...*, p. 117 ss.

560 Avelãs Nunes, António José. *O Direito de Exclusão de Sócios nas Sociedades Comerciais*. Coimbra: Almedina, 2002 (reimpressão da edição de 1968), p. 80-81, 85-94 (especialmente

Todas essas situações, dependendo da sua gravidade, a ser verificada à luz do caso concreto, podem ensejar diversas medidas contra o sócio desleal, podendo chegar à exclusão do sócio[561]. Isso porque os sócios devem colaborar para o bom andamento dos negócios e agir com lealdade. É proibida a traição. Windbichler lembra que quem ingressa numa sociedade obriga-se tacitamente a se abster de manifestações ou atos propositadamente lesivos à sociedade. Um esportista não deve difamar sua associação, e um acionista de companhia aberta deve abster-se de perturbações maliciosas na assembleia geral, por exemplo[562].

Wiedemann, ao examinar a questão do dever de lealdade no direito societário, traz anotações valiosas para compreender a sua exata dimensão, temperando que o dever em análise deve "ser interpretado como uma cláusula geral, que põe um indicador de caminho para o comportamento correto na vida associativa mas que recolhe, nas diversas relações jurídicas, distintos conteúdos". Nesse sentido, o *satus socii* impõe ao sócio o respeito a tal dever, mas sua projeção depende dos interesses envolvidos no caso concreto[563].

Portanto, é preciso interpretar com cautela os deveres impostos pela boa-fé, sempre se atentando para o caso concreto e se levando em consideração: (*i*) as disposições contratuais; (*ii*) de qual dos sócios se está tratando, mesmo porque as posições do sócio ostensivo e do sócio participante são distintas e, por isso, não devem ser tratadas de modo igualitário; e, entre outros fatores, (*iii*) o tipo de empreendimento objeto da conta de participação. Em resumo, é importante ponderar a estrutura real da sociedade em conta de participação. Finalmente, o próprio contrato social pode, em certa medida, modular o dever de lealdade, permitindo determinadas condutas e proibindo expressamente outras[564].

as notas de rodapé n. 99 e 100), 288 (nota de rodapé n. 206), 305 (nota de rodapé n. 24); SPINELLI. *Exclusão de sócio por falta grave na sociedade limitada...*, p. 137 ss.

[561] Cf. SPINELLI. *Exclusão de sócio por falta grave na sociedade limitada...*, p. 137 ss.

[562] WINDBICHLER. *Gesellschaftsrecht...*, p. 64-65, 185. Cf., também: WIEDEMANN, Herbert. Vínculos de lealdade e regra de substancialidade: uma comparação de sistemas. Trad. de Otto Carlos Vieira Ritter von Adamek. In: ADAMEK, Marcelo Vieira von (coord.). *Temas de Direito Societário e Empresarial Contemporâneos – Lieber Amicorum Prof. Dr. Erasmo Valladão Azevedo e Novaes França*. São Paulo: Malheiros, 2011. p. 143-168, p. 153.

[563] WIEDEMANN. Vínculos de lealdade..., p. 153.

[564] Caminhando nesse sentido, especificamente na sociedade em conta de participação, ver: HEIDEL-SCHALL. *Handelsgesetzbuch...*, p. 1.479, 1.481; RASNER. *Die atypische stille Gesellschaft...*,

Dessa forma, devem ser analisadas as circunstâncias do caso. Não se pode exigir, como regra, atuação com exclusividade, desde que isso não afete os interesses da conta de participação[565]. Grunewald destaca que o sócio participante não possui a vedação à concorrência, a qual incidiria somente se, diante da sua posição, possuir informações especiais e se tiver a possibilidade de influir no destino dos negócios; por outro lado, salvo estipulação contratual ou deliberação em contrário, o sócio ostensivo, tendo em vista sua posição na relação societária, está proibido de exercer concorrência[566-567-568-569]. Como salienta Garrigues, o ostensivo

p. 117-120. Dessa forma, Gianni Mignone salienta que o dever de boa-fé impõe uma série de deveres, os quais devem ser avaliados concretamente; nesse sentido, deve-se verificar, por exemplo, se o associante é um pequeno empresário (em que, de regra, a atividade deve ser conduzida pessoalmente e é vedada a concorrência) ou uma grande sociedade anônima (situação na qual é comum a troca de seus administradores e a prática de concorrência à conta de participação) (cf. MIGNONE. *L'associazione in partecipazione...*, p. 402-405). Sobre o tema, ver: SPINELLI. *Exclusão de sócio por falta grave na sociedade limitada...*, p. 158 ss.

[565] Cf. MOREAU. *Associations en participation et sociétés de fait...*, p. 86.

[566] GRUNEWALD. *Gesellschaftsrecht...*, p. 165. Caminhando no mesmo sentido, ver: BAUMBACH-HOPT. *Handelsgesetzbuch...*, p. 866, 868; HEIDEL-SCHALL. *Handelsgesetzbuch...*, p. 1.479, 1.481. Se o ostensivo exercer ele mesmo ou por interposta pessoa atividade que prejudique a sociedade em conta de participação, deverá indenizar o participante. Nesse sentido: VENTURA. *Associação em participação* (BMJ 190)..., p. 60. Henning Rasner manifesta, ao tratar da sociedade em conta de participação atípica, que tanto a posição do sócio ostensivo quanto a posição do sócio participante devem ser analisadas de acordo com o caso concreto, sendo, como regra, vedada a efetiva concorrência que possa afetar o fim comum, salientando, ainda, que a posição do ostensivo é um pouco mais complicada pois ele se comprometeu a dedicar seus esforços à exploração da atividade comum (que, se ele empregar na exploração de outros negócios, poderia prejudicar a lucratividade da SCP), apesar de se reconhecer que possui certa liberdade de atuação (devendo-se verificar, inclusive, se, por exemplo, quando da contratação da SCP, já não havia ficado determinado que dedicaria apenas parte de sua força de trabalho à sociedade) – sendo que o mesmo raciocínio até poderia ser aplicado ao participante que trabalha em favor da SCP (RASNER. *Die atypische stille Gesellschaft...*, p. 121-123).

[567] O art. 26º do Decreto-Lei 231(1981) português assim dispõe: "1 — São deveres do associante, além de outros resultantes da lei ou do contrato: c) Não concorrer com a empresa na qual foi contratada a associação, a não ser nos termos em que essa concorrência lhe for expressamente consentida."

[568] "Ação de nulidade contratual. Indenização. Sociedade em conta de participação. Ausência de personificação. Quadro social formado por sócios ostensivos, com poderes de gerência e responsabilidade perante terceiros, e ocultos, que apenas contribuem para o capital social. Contrato celebrado entre a autora e a ré Exclusive Studio que é claro ao dispor que seria esta última, como sócia ostensiva, a responsável pela administração e execução do objeto social consistente na comercialização de suplementos alimentares e artigos esportivos.

não pode estabelecer outra empresa de objeto similar sempre que isso tenha como consequência a perda da produtividade do empreendimento objeto da conta de participação[570-571].

E, nesse mesmo sentido, ao sócio ostensivo é vedado (a) alterar a base econômica da atividade[572], (b) aumentar o seu risco de êxito[573] e (c) rea-

Réus que constituíram terceira pessoa jurídica sem a participação da autora e cujo objeto social coincide com o da sociedade por conta de participação. Inadmissibilidade. Sócio ostensivo que deve atuar em consonância com o objeto social, sob pena de responsabilização. Inversão do ônus da sucumbência. Recurso provido." (TJSP, 1ª Câmara Reservada de Direito Empresarial, Apelação 4008545-86.2013.8.26.0114, Rel. Des. Maia da Cunha, j. 11/09/2014).

569 O contrato social pode modular o dever de não concorrer, bem como, inclusive, estabelecer sua proibição por período posterior ao término da sociedade (cf. HEIDEL-SCHALL. *Handelsgesetzbuch...*, p. 1.481).

570 GARRIGUES. *Tratado de Derecho Mercantil...*, p. 203. Em sentido semelhante: cf. MOREAU. *Associations en participation et sociétés de fait...*, p. 86.

571 A análise da quebra do dever de lealdade depende, sempre, do caso concreto. Assim, não é porque o sócio ostensivo passou a operar um negócio, que faz parte da linha de atuação da SCP, mas sem a participação do oculto, que ele usurpou uma oportunidade negocial. Da mesma forma, não é pelo fato de o sócio ostensivo ser sócio de sociedades concorrentes que está a praticar concorrência para com a sociedade. Existe a necessidade de se verificar, por exemplo, o objeto da SCP: é para uma única operação ou para a exploração de todo um negócio? É por tempo determinado ou indeterminado? O sócio oculto participará de todo o negócio do ostensivo? Ainda, é imprescindível que se verifique a situação dos sócios: o sócio ostensivo, antes de firmar a SCP, já operava no mesmo ramo com outros sócios ou em outras operações? Enfim, deve-se verificar a estrutura real da sociedade. E, aqui, interessante é o caso no qual Ricardo Guimarães Moreira (MOREIRA. Parecer...) proferiu parecer, no qual o sócio ostensivo pretendia assumir, individualmente (sem o sócio participante) uma oportunidade negocial (mesmo ramo de atividade, linha de negócios da SCP) que, se levado adiante, poderia, inclusive, acarretar a própria extinção da SCP uma vez que a atividade por ela explorada seria paralisada diante da concorrência (ou seja: após a usurpação da oportunidade da companhia, teríamos concorrência à SCP e, também, o ostensivo estaria quebrando com seu dever de diligência).

572 Sobre o "dever de conservar as bases essenciais da empresa" e os problemas relacionados, ver: VENTURA. *Associação em participação* (BMJ 190)..., p. 51-53 e 56. Nesse sentido, dispõe o art. 26º do Decreto-Lei 231(1981) português: "1 — São deveres do associante, além de outros resultantes da lei ou do contrato: b) Conservar as bases essenciais da associação, tal como o associado pudesse esperar que elas se conservassem, atendendo às circunstâncias do contrato e ao funcionamento de empresas semelhantes; designadamente, não pode, sem consentimento do associado, fazer cessar ou suspender o funcionamento da empresa, substituir o objecto desta ou alterar a forma jurídica da sua exploração". Ver, também: BAUMBACH-HOPT. *Handelsgesetzbuch...*, p. 866; HEIDEL-SCHALL. *Handelsgesetzbuch...*, p. 1.480-1.481.

573 Relativamente ao risco a que está exposto o investimento feito pelo participante, Raul Ventura salienta que a transformação do ostensivo de uma sociedade com responsabilidade

lizar operações que alijem a capacidade econômica do empreendimento, mormente quando tais atos se dão com o explícito intento de prejudicar os participantes. Em assim sendo, Garrigues observa que o ostensivo: (*i*) não pode alterar, por sua exclusiva vontade, o objeto da sua atividade, pois isso tem o condão de modificar o objeto da conta de participação[574]; (*ii*) não pode mudar o seu domicílio de modo a dificultar o acompanhamento do negócio pelo participante, hipótese que também pode aumentar o risco da empresa, que eventualmente poderá estar exposta a outro mercado; e (*iii*) está proibido de alienar o estabelecimento vinculado ao objeto da conta de participação[575]; assim como (*iv*) lhe é vedado subtrair ativos importantes utilizados na exploração da conta de participação, sobretudo se for para destiná-los a outra atividade concorrente, ainda que estes não tenham sido aportados pelo participante[576-577].

ilimitada para outra de responsabilidade limitada "reduz gravemente a garantia de satisfação do crédito do associado (participante) e deve constituir, pelo menos, fundamento para a rescisão a pedido do associado (...)". Cf. Ventura. *Associação em participação* (BMJ 190)..., p. 71. Sobre as outras operações societárias, cf. o mesmo autor às p. 54-55 e 72.

[574] Karsten Schmidt pondera que a modificação da atividade por parte do ostensivo pode ser causa de quebra do contrato. Cf. Schmidt. *Gesellschaftsrecht*, B. II..., p. 1.854.

[575] Acerca da problemática envolvendo alienação da empresa e também sobre a sua cessação, ver, entre outros: Ventura. *Associação em participação* (BMJ 190)..., p. 53-54. Karsten Schmidt pondera que a alienação da empresa por parte do ostensivo pode ser causa de quebra do contrato. Cf. Schmidt. *Gesellschaftsrecht*, B. II..., p. 1.854. Por sua vez, na Itália, há referência a precedente judicial que considera nula a cláusula que sujeita a alienação do estabelecimento ao consentimento do participante, tendo em vista a incompatibilidade com a soberania administrativa do ostensivo. Cf. Cendon. *Commentario al Codice Civile*..., p. 485-486.

[576] Garrigues. *Tratado de Derecho Mercantil*..., p. 203. Assim, sustentando que operações extraordinárias que fogem ao objeto da conta de participação não poderiam ser realizadas pelo ostensivo, podendo ensejar a sua responsabilização, ver: Gierke. *Derecho Comercial y de la Navegación*, v. I..., p. 361. Tratando do tema na Itália, país em que prevalece o entendimento de que a conta de participação possui natureza contratual, Gianni Mignone, após grande análise doutrinária, assevera que se deve analisar o caso concreto (se a conta de participação é a prazo determinado ou indeterminado, se é restrita a uma única operação ou está relacionada à atividade do associante, etc) para avaliar eventuais restrições que são impostas pela boa-fé objetiva na condução da atividade (manifestando-se contrário, *a priori*, a vedações absolutas pois, de qualquer forma, seria inerente à exploração de qualquer negócio a realização de adaptações de acordo com as necessidades do mercado), afirmando, então, ser lícita, desde que justificada, eventual mudança do risco da atividade (devendo-se, de qualquer sorte, realizar a devida prestação de contas) (cf. Mignone. *L'associazione in partecipazione*..., p. 394 ss).

[577] Aqui, é interessante observar que o art. 26º do Decreto-Lei 231(1981) português expressamente autoriza a alteração dos sócios ou da administração da sociedade ostensiva

De forma análoga ao sócio controlador de uma sociedade anônima, que possui deveres mais intensos, tendo em vista o estreito vínculo existente entre poder e responsabilidade, como dispõem os arts. 116 e 117 da Lei das S.A., o sócio ostensivo também sofre, a nosso ver, uma *potencialização* dos seus deveres[578].

Finalmente, a título de comparação, é interessante observar que nos sistemas que atribuem natureza meramente contratual à conta de participação, os deveres e os direitos das partes são interpretados de modo *bem menos intenso*, como ocorre com os deveres de não concorrer e o de prestar contas, que podem até não se fazerem presentes[579]. Está aqui outra consequência relevante que decorre da fiel identificação da natureza da conta de participação como *contrato* ou *sociedade*, como já foi discutido em maiores detalhes no Capítulo 1.

E, como referido, o descumprimento do dever de lealdade pode ensejar diversas consequências, que vão desde a reparação civil até a exclusão do sócio e a eventual dissolução da sociedade.

4. Dever de diligência

O sócio ostensivo possui não só o direito, mas o dever de administrar o empreendimento previsto na conta de participação[580], sendo tal compe-

(associante) sem a necessidade de consentimento do participante (associado): "4 — As alterações dos sócios ou da administração da sociedade associante são irrelevantes, salvo quando outra coisa resultar da lei ou do contrato."

[578] Sobre o tema dos deveres fiduciários no âmbito societário, recomendamos a leitura de Wiedemann. Vínculos de lealdade..., p. 143-168. Ver, também, entre outros: Adamek. *Abuso de minoria em direito societário...*; Spinelli. *Conflito de interesses na administração da sociedade anônima...*

[579] Assim está em: Vivante. *Trattato di Diritto Commerciale...*, p. 536-537; Mossa. *Diritto Commerciale...*, p. 250.

[580] "(...) in dottrina ed in giurisprudenza si discute se sia possibile qualificare la gestione dell'impresa o dell'affare da parte dell'associante per come prevista al 1º co. della disposizione normativa oggetto d'esame [art. 2551 c.c.] come un diritto ricadente in capo a detto soggetto, ma anche come un vero e proprio obbligo di legge cui lo stesso è richiesto di conformarsi. Sul punto, la soluzione condivisa dalle correnti dottrinali e giurisprudenziali maggioritarie è quella per cui in capo all'associante verrebbe a costituirsi un vero e proprio obbligo, nei confronti dell'associato, alla gestione dell'impresa o dell'affare. In altri termini, a fronte del conferimento (o dell'impegno al conferimento) di un apporto da parte dell'associato, l'associante non sarebbe legittimato a restare inerte sì da rendere impossibile la produzione di un utile al quale il soggetto associato, in forza del contratto di associazione in

tência irrevogável[581]. Assim, deve empregar todas as suas forças na busca do lucro[582] — não se admitindo, então, a inércia na condução da atividade[583]. Pelo disposto na lei, somente o sócio ostensivo tem a obrigação de gerir o negócio[584], apesar de, contratualmente, ser possível estabelecer alguma ingerência do sócio participante na gestão do negócio[585].

E, como já foi anteriormente referido, é possível equiparar os deveres do ostensivo aos deveres fiduciários (e responsabilidades) incidentes sobre os administradores de qualquer sociedade, os quais também são extensivos ao sócio participante caso este último venha a desempenhar funções administrativas. Assim, os gestores do empreendimento objeto

partecipazione, avrebbe diritto di partecipare. L'associante, infatti, stipulando il contrato di associazione in partecipazione, assume un obbligo di fare, e si obbliga quindi ad esercitare l'impresa per il tempo convenuto (Ghidini 1958, 858; Galgano 2004, 190-191)." "L'associato, pertanto, ha il diritto di pretendere dall'associante una gestione dell'impresa o dell'affare posta in essere conformemente alla diligenza del buon padre di famiglia (Bondavalli 2004, 19-20; Ghidini 1958, 858)." (CENDON. *Commentario al Codice Civile*..., p. 477). Ver, também: BAUMBACH-HOPT. *Handelsgesetzbuch*..., p. 866; HEIDEL-SCHALL. *Handelsgesetzbuch*..., p.1.480.

581 HEIDEL-SCHALL. *Handelsgesetzbuch*..., p. 1.480.

582 RASNER. *Die atypischstille Gesellschaft*..., p. 423.

583 "Correttamente dunque la Cassazione riconduce al principio di esecuzione del contrato secondo buona fede il dovere dell'associante di non restare in stato di inerzia o di non temporeggiare ingiustificatamente nello svolgimento dell'attività oggetto del contrato, bensì 'di portare a compimento l'affare o l'operazione economica entro il termine ragionevolmente necessario a tale scopo'; se la sua inerzia o la sua lenteza comportassero il protrarsi della realizzazione degli obiettivi contrattuali oltre ogni ragionevole limite di tolleranza, egli sarebbe considerato inadempiente, con relativo diritto dell'associato di chiedere il risarcimento del danno o addirittura la risoluzione del contratto (...)." (MIGNONE. *L'associazione in partecipazione*..., p. 341-342).

584 Sendo que o art. 2552, 1º *comma*, do *Codice Civile* italiano assim dispõe: "La gestione dell'impresa o dell'affare spetta all'associante."

585 Cf. BAUMBACH-HOPT. *Handelsgesetzbuch*..., p. 866; HEIDEL-SCHALL. *Handelsgesetzbuch*..., p. 1.480. O *Codice Civile* italiano (art. 2552, 2º *comma*) permite que as partes pactuem um direito de controle da atividade do ostensivo pelo participante, o que é encarado com certa liberdade, inclusive com a possibilidade de o participante ter que concordar com a realização de certas operações, desde que não enseje uma influência exacerbada no exercício da atividade pelo ostensivo (o que é garantido *ex lege*) (CENDON. *Commentario al Codice Civile*..., p. 484-487). Reconhecendo que domina o entendimento de se conferir uma interpretação ampla aos poderes de gestão atribuídos contratualmente ao associado (falando-se, inclusive, em delegação da atividade no plano interno e externo), mas defendendo interpretação mais restritiva (entendendo possível a previsão de hipóteses restritíssimas de atos que dependem do consentimento do associado), ver: MIGNONE. *L'associazione in partecipazione*..., p. 345 ss. No mesmo sentido caminha a legislação uruguaia (art. 487 da *Ley de Sociedades Comerciales*).

da conta de participação (ou seja, no mínimo o sócio ostensivo) devem observar o dever geral de diligência esperado dos administradores de sociedades[586-587]; não podem alterar, alienar ou cessar imotivadamente, e sem o consentimento dos participantes, o empreendimento objeto da conta de participação, o qual deve ser explorado nos limites impostos pelo contrato e sem dissipação do patrimônio especial, sob pena de responsabilização[588].

O tipo societário mais estudado sob o prisma do dever de diligência dos administradores de sociedades é a companhia, e a jurisdição que

[586] Baumbach-Hopt. *Handelsgesetzbuch...*, p. 867; Heidel-Schall. *Handelsgesetzbuch...*, p. 1.480-1.481; Solá de Cañizares. *El contrato de participación...*, p. 144; Broseta Pont-Sanz. *Manual de Derecho Mercantil*, v. I..., p. 339; Cendon. *Commentario al Codice Civile...*, p. 477; Mignone. *L'associazione in partecipazione...*, p. 404. Observe-se o que dispõe o art. 26º do Decreto-Lei 231(1981) português: "1 — São deveres do associante, além de outros resultantes da lei ou do contrato: a) Proceder, na gerência, com a diligência de um gestor criterioso e ordenado;". Nesse sentido, ver: TJDFT, 3ª Turma Cível, APC 20150111074610, Rel. Des. Flavio Rostirola, j. 22/03/2017.

[587] Não pretendemos, aqui, esmiuçar o dever de diligência. Sobre o dever de diligência, por todos, ver: Parente, Flávia. *O dever de diligência dos administradores de sociedades anônimas*. Rio de Janeiro: Renovar, 2005.

[588] "(...) l'associante è tenuto a condurre la gestione con la diligenza del buon padre di famiglia, ma l'associato non ha um diritto alla continuazione dell'impresa qualora la stessa risulti passiva. Resulta di tutta evidenza la difficoltà di distinguere, nei fatti, il caso di scioglimento per legittima cessazione da parte dell'associante dell'impresa *de qua*, dal caso invece di inadempimento dello stesso associante alle proprie obbligazioni di correta gestione dell'affare (che protrebbe comportar ela risoluzione del rapporto). In sostanza, la giurisprudenza ha riconosciuto che la cessazione immotivata dell'impresa costituisce inadempimento imputabile all'associante che legittima l'associato ad agire per la risoluzione del contrato, in virtù dei principi generali dettati dal códice in matéria di contratti a prestazioni corrispettive (Cannizzo 2006, 522). Sul punto è stato corretamente osservato che 'l'associato potrà chiedere la risoluzione del contrato per inadempimento non solo quando l'associante violi obblighi specificamente impostigli dalla legge o dal contrato, ma anche quando venga meno a quelle regole di comportamento (...) che si caratterizzano come strumentali al conseguimento del risultato pratico perseguito dall'associato con la stipulazione del contrato' (De Ferra 1973, 93)." (Cendon. *Commentario al Codice Civile...*, p. 449). Nesse sentido, observe-se o que dispõe o art. 26º do Decreto-Lei 231(1981) português: "1 — São deveres do associante, além de outros resultantes da lei ou do contrato: b) Conservar as bases essenciais da associação, tal como o associado pudesse esperar que elas se conservassem, atendendo às circunstâncias do contrato e ao funcionamento de empresas semelhantes; designadamente, não pode, sem consentimento do associado, fazer cessar ou suspender o funcionamento da empresa, substituir o objecto desta ou alterar a forma jurídica da sua exploração;" Ver, também: Baumbach-Hopt. *Handelsgesetzbuch...*, p. 866; Heidel-Schall. *Handelsgesetzbuch...*, p. 1.480-1.481.

melhor se aprofundou no assunto foi a norte-americana. Desse modo, essas são as fontes obrigatórias quando se quer examinar o assunto. O aproveitamento dessas experiências é possível, desde que se proceda com o devido temperamento, dadas as diferenças estruturais e funcionais existentes entre uma sociedade anônima e uma sociedade em conta de participação.

O *dever de diligência*, uma das matrizes comportamentais do administrador de sociedade, possui vários desdobramentos. Independentemente da sua classificação, é importante salientar no que consistem e que, de uma forma ou de outra, todos os desdobramentos acabam remetendo à noção primária de gestão *competente* e *zelosa*, núcleo valorativo do *duty of care*, como é designado o dever de diligência no direito norte-americano[589].

Nesse sentido, por exemplo, podemos identificar vários "subdeveres" oriundos do dever de diligência, entre eles os deveres (i) de *obediência*, (ii) de *qualificar-se*, (iii) *de bem administrar*, (iv) de *informar-se*, (v) de *fiscalizar* e (vi) de *investigar*. Todos eles, de uma forma ou de outra, informam a relação existente entre os sócios de uma conta de participação, pois nesta o ostensivo é o administrador social por excelência, a quem compete diligentemente gerir os negócios de interesse comum.

[589] No direito norte-americano, a principal fonte dos *deveres fiduciários* tem origem na jurisprudência, que define as obrigações fundamentais na complexa relação companhia-administrador. Além disso, a legislação dos vários Estados norte-americanos traz positivados os deveres básicos (diligência, lealdade e obediência), sendo que a grande maioria dessas leis estaduais foram criadas com base no *Business Model Corporation Act — MBCA*, lei modelo sobre sociedades anônimas da *American Bar Association* (nascida dos trabalhos de seu Comitê de Legislação Societária da Seção de Direito Empresarial e revisada no ano de 2002). Ademais, é possível encontrar certos deveres na legislação federal, como no *Securities and Exchange Act* de 1934, que estatui regras com relação ao uso de informação privilegiada — *insider trading*, por exemplo. Sobre o tema: HAMILTON, Robert W. *The law of corporations*. 5. ed. Saint Paul: West Group, 2000, p. 446-447, 612 ss. Outras fontes, porém sem força legal e vinculante, são o *Corporate Director's Guidebook* da *American Bar Association* (baseado no MBCA, cuja função é auxiliar os administradores de companhias no cumprimento de seus deveres e no entendimento dos modernos princípios de governança corporativa) e o *Principles of Corporate Governance: analysis and recommendations* do *American Law Institute* (cuja função alvo é o auxílio aos tribunais, legisladores e companhias na compreensão sobre os deveres dos administradores). Ver: PARENTE. *O dever de diligência*..., p. 88.

O descumprimento de tal dever pode ensejar, entre outras consequências, o dever de indenizar. Neste sentido já decidiu o Superior Tribunal de Justiça:

> (...) *Sociedade em conta de participação. Hipótese em que o malogro da sociedade deveu-se à má gerência dos recursos, não sendo o caso de se repartir prejuízos, mas de se reconhecer o dever de indenizar por parte de quem deu causa, culposamente, ao resultado.* (...). (STJ, 3ª Turma, REsp 110.933/MG, Rel. Min. Eduardo Ribeiro, j. 23/11/1999).

Observe-se, também, interessante caso julgado pelo Tribunal de Justiça do Paraná:

> Apelação cível. Ação declaratória de inadimplência contratual c.c. Indenização por perdas e danos. Projetos de reflorestamento. (...). Alegado incêndio que teria dizimado quase que a totalidade do projeto 'jofran i' não comprovado. Boletim de ocorrência. Presunção de veracidade que não prevalece quando inexistem outros elementos a corroborar o fato narrado, que ademais, restou expressamente impugnado. Tentativa de eximir-se da responsabilidade pelo projeto jofran ii, transferindo-a a terceiros. Impossibilidade. Infringência aos deveres de informar e de cumprimento integral dos cronogramas de execução. Sentença mantida. Recurso não provido. (...) A conclusão que se chega é que não foi apenas o dever de informar que restou infringido, mas também o cumprimento integral aos cronogramas de execução aprovados, o que inclui as colheitas previstas para os anos de 1990 e seguintes, até ultimada a Sociedade, já que com prazo certo de duração, previsto para os anos de 2009 (JOFRAN I) e 2004 (JOFRAN II) (...). (TJPR, 18ª Câmara Cível, Apelação 618.548-2, Rel. Des. Carlos Mansur Arida, j. 25/05/2011).

Igualmente, veja-se como já decidiu o Tribunal de Justiça do Rio Grande do Sul, reconhecendo a necessidade de dissolução parcial da sociedade e a devolução do capital investido:

> Ação declaratória de dissolução parcial de sociedade em conta de participação cumulada com restituição de aporte de capital. Projeto de emprendimento imobiliário. Execução sequer iniciada após seis anos da assinatura do contrato. Quebra da affectio societattis. Justa causa

configurada. Devolução do capital investido. Possibilidade. Caso concreto. Honorários recursais. (...) II. No caso em tela, as partes constituíram sociedade em conta de participação para fins de construção de edifícios residenciais. Contudo, quando do ajuizamento da demanda, passados mais de seis anos da assinatura do contrato, o empreendimento sequer havia sido iniciado. Por sua vez, a demandante imputa às sócias ostensivas a responsabilidade pelo atraso na execução do projeto. III. Nestas circunstâncias, houve a quebra da affectio societatis, não havendo mais interesse da sócia participante em continuar na sociedade, mostrando-se como única solução possível a sua dissolução parcial, com a sua retirada. (...) (TJRS, 5ª Câmara Cível, Apelação 70083129593, Rel. Des. Jorge André Pereira Gailhard, j. 27/11/2019)[590].

Posto isto, passemos, agora, à análise da conduta imposta pelo dever de diligência, o que se fará com a cautela, a prudência e o temperamento que se deve ter ao transpor figuras do direito das companhias para a relação personalíssima usualmente verificada nas contas de participação.

4.1. Dever de obediência

Dentro da discricionariedade existente ao realizar a administração do empreendimento, o sócio ostensivo (e, se for o caso, o participante) deve gerir o negócio respeitando o fim comum e de acordo com as disposições contratuais, sob pena de poder ser responsabilizado[591-592].

[590] Caminhando no mesmo sentido: TJRS, 5ª Câmara Cível, Apelação 50407595820208210001, Rel. Des. Isabel Dias Almeida, j. 28/04/2021; em sentido semelhante, ver: TJPR, 18ª Câmara Cível, Apelação 1739099-7, Rel. Des. Rel. Espedito Reis do Amaral, j. 22/08/2018; e TJSP, 1ª Câmara Reservada de Direito Empresarial, Apelação 1056582-96.2020.8.26.0100, Rel. Des. Azuma Nishi, j. 17/08/2022. Sobre a inércia injustificada do associante e como isso pode ser, na Itália, causa de dissolução do contrato de conta de participação (ressalvando-se, contudo, que a não realização do empreendimento contratado por conta da situação do mercado faz parte do risco do negócio), ver: MIGNONE. *L'associazione in partecipazione...*, p. 561 ss.

[591] Ver: BAUMBACH-HOPT. *Handelsgesetzbuch...*, p. 866; HEIDEL-SCHALL. *Handelsgesetzbuch...*, p. 1.480-1.481.

[592] "Ação de nulidade contratual. Indenização. Sociedade em conta de participação. Ausência de personificação. Quadro social formado por sócios ostensivos, com poderes de gerência e responsabilidade perante terceiros, e ocultos, que apenas contribuem para o capital social. Contrato celebrado entre a autora e a ré Exclusive Studio que é claro ao dispor que seria esta última, como sócia ostensiva, a responsável pela administração e execução do

No mesmo sentido, é preciso que observe o previsto no ordenamento jurídico; assim, evidentemente, não pode, por exemplo, praticar atos ilícitos (*v.g.*, fraude em licitações), ainda que isso possa trazer benefícios econômicos[593].

É o que a doutrina chama de dever de obediência (*duty to obey the law*). É, pois, diligente quem obedece ao contrato social e à lei[594].

4.2. Dever de bem administrar e de qualificar-se

O dever de bem administrar talvez seja o mais básico de todos, porque, se a sociedade tem por objetivo final o lucro, qualquer que seja a atividade exercida, a gestão competente do negócio há de estar na base daquilo que é esperado do administrador (no nosso caso, especialmente do sócio ostensivo). Tanto é assim que a Lei das S.A., nosso paradigma no estudo do tema, considera o controlador responsável pelos danos ocasionados pela eleição de administrador tecnicamente inapto para o cargo[595]. Poderia o sócio ostensivo ser responsabilizado pela indicação de administradores inaptos para gerir o negócio objeto da conta de participação? Parece evidente que sim.

Sobre isso, muitos chegam a identificar um dever autônomo, chamado *dever de qualificar-se* para o exercício do cargo. Se, por um lado, a Lei das S.A. não exige que o gestor da companhia possua uma formação técnica específica (e nem o Código Civil o faz), por outro, já foi consa-

objeto social consistente na comercialização de suplementos alimentares e artigos esportivos. Réus que constituíram terceira pessoa jurídica sem a participação da autora e cujo objeto social coincide com o da sociedade por conta de participação. Inadmissibilidade. Sócio ostensivo que deve atuar em consonância com o objeto social, sob pena de responsabilização. Inversão do ônus da sucumbência. Recurso provido." (TJSP, 1ª Câmara Reservada de Direito Empresarial, Apelação 4008545-86.2013.8.26.0114, Rel. Des. Maia da Cunha, j. 11/09/2014).

593 Ver: Fanto, James A. *Directors' and officers' liability*. 2. ed. New York: Practising Law Institute, 2005, p. 2-36; Cox, James D.; Hazen, Thomas Lee. *Cox & Hazen on corporations*, v. 1. 2. ed. New York: Aspen Publishers, 2003, p. 506-509.

594 Silva. *Responsabilidade dos administradores de S/A...*, p. 114. Sobre o tema, ver: Spinelli. *Conflito de interesses na administração da sociedade anônima...*, p. 116-119.

595 Art. 117, *caput*. "O acionista controlador responde pelos danos causados por atos praticados com abuso de poder". §1º: "São modalidades de abuso de poder: d) eleger administrador ou fiscal que se sabe inapto, moral ou tecnicamente". Henn e Alexander também salientam a responsabilidade dos membros do Conselho de Administração pela escolha dos diretores. Henn-Alexander. *Laws of corporations...*, p. 621.

grada pela jurisprudência norte-americana a obrigação de se adquirir conhecimentos mínimos e elementares a respeito dos negócios quando se aceita um cargo de administração[596].

O gestor não precisa ser um verdadeiro perito, mas falta de experiência e ausência de competência não podem ser tidas como escusas válidas para o não cumprimento do dever de bem administrar[597]. Se alguém que não possui tais predicados é convidado para participar da gestão de uma sociedade, das duas uma: ou adquire os conhecimentos mínimos necessários ao desempenho da função ou não deve aceitar o convite[598]. Parece não restar dúvidas de que a mesma lógica, com a devida temperança, se aplica no contexto da conta de participação. Portanto, na SCP, se o sócio ostensivo se apresenta como capaz de gerir o negócio de interesse comum, é de se esperar que tenha o mínimo conhecimento para tanto.

Entretanto, o *dever de bem administrar* não se refere apenas à competência do gestor, mas, também, à diligência consubstanciada em um padrão de comportamento (*standard*), modelo no qual todo administrador deve se enquadrar, a fim de agir, na condução da sociedade, da mesma forma como uma pessoa prudente razoavelmente agiria em circunstâncias similares[599]. Tal dever nos remete à velha noção de comportamento esperado do homem ativo e probo na administração de seus próprios negócios[600].

Claro que não se espera que o administrador seja demasiadamente zeloso a ponto de perder boas oportunidades comerciais por excessivo receio ou por aversão ao risco. Sem sombra de dúvida, o modelo de gestor não é o mesmo padrão encontrado no simples pai de família, caracterizado por uma maior passividade e prudência[601]. Como bem observa

596 PARENTE. *O dever de diligência...*, p. 103-104.

597 PARENTE. *O dever de diligência...*, p. 103-104.

598 PARENTE. *O dever de diligência...*, p. 103. Ver, também: SPINELLI. *Conflito de interesses na administração da sociedade anônima...*, p. 107; COX-HAZEN. *Cox & Hazen on corporations...*, p. 487.

599 CLARK, Robert. *Corporate law*. Boston: Little Brown and Company, 1986, p. 123.

600 Nos termos do art. 153 da Lei das S.A. Igual noção de padrão de comportamento é encontrada no direito norte-americano. FERBER, Kenneth S. *Corporation law*. New Jersey: Prentice Hall, 2002, p. 67. Para uma análise crítica do padrão do *homem ativo e probo* e sua inadequação como medida para o administrador profissional, cf. PARENTE. *O dever de diligência...*, p. 41 ss.

601 COSTA, Luiz Felipe Duarte Martins. *Contribuição ao estudo da responsabilidade civil dos administradores de companhias abertas*. 250 f. Dissertação (Mestrado em Direito) – Faculdade de Direito da Universidade de São Paulo, São Paulo, 2006, p. 66-67.

Luís André de Moura Azevedo, ao tratar do tema no âmbito das companhias abertas, o padrão "pressupõe a comparação da conduta do administrador com o comportamento hipotético de outro administrador profissional frente a uma situação análoga (...)"[602].

Com isso, espera-se do administrador audácia e agressividade em doses que garantam o bom desenvolvimento dos negócios da sociedade na busca do lucro[603]. Como observa Hamilton, administradores devem ser encorajados a assumir maiores riscos na condução dos negócios quando eles acreditam estar agindo no melhor interesse da sociedade[604]. Essa mesma lógica parece se aplicar ao contexto de uma sociedade em conta de participação, desde que respeitado, por óbvio, o objeto social.

O modelo (*standard*), portanto, sofre variações e conformações da mesma forma como difere o referencial para a análise da conduta dos gestores, pois deles são esperadas atitudes condizentes com o ramo de negócios a que se dedica a sociedade[605]. É verdade, porém, que esse comportamento audacioso não se confunde nem se coaduna com atitudes de imprudência ou de negligência, as quais podem, por óbvios motivos, levar à responsabilização dos gestores.

602 Azevedo, Luís André N. Moura. A oferta pública para a aquisição de controle sob a perspectiva da companhia aberta ofertante. In: Castro, Rodrigo R. Monteiro; Aragão, Leandro Santos de. (coord.). *Direito Societário*: desafios atuais. São Paulo: Quartier Latin, 2009. p. 73-118, p. 98.

603 Além disso, vale referir a observação de Carlos Klein Zanini, segundo o qual essa noção de homem ativo e probo na administração de seus próprios negócios (a qual serve de parâmetro para a análise da conduta de administradores) não corresponderia exatamente à realidade do moderno gestor das grandes empresas. Com efeito, esse administrador, que aufere rendimentos na ordem dos milhões de reais por ano, cada vez mais se afasta da figura do homem médio. Mais parece um super-homem, pois ganha super-salários, recebe super-benefícios, etc. Este homem seria tudo, menos um homem-médio. Então, o que esperar desse homem? Sem dúvida, muito mais do que se espera do simples homem médio. Cf. Zanini, Carlos Klein. *A boa-fé objetiva e os deveres fiduciários de administradores de S.A.* Palestra proferida no dia 07 de maio de 2008. Universidade Federal do Rio Grande do Sul – UFRGS. Curso de Especialização em Direito Empresarial.

604 Hamilton. *The law of corporations...*, p. 448.

605 Da mesma forma, o referencial varia se comparados os deveres do gestor de companhia em relação ao *trustee*. Dos administradores de companhia é esperado e, inclusive, encorajado, o envolvimento da empresa em empreendimentos de risco a fim de maximizar o resultado dos acionistas. Diferentemente, o dever do *trustee* está mais voltado à manutenção e à preservação dos ativos sob seu controle. Cf. Hamilton. *The law of corporations...*, p. 444-445.

Finalmente, vale ressaltar que mesmo em caso de manifesta má gerência, não poderá o sócio ostensivo ser destituído da administração do negócio de interesse comum dada a natureza da conta de participação, restando aos participantes o direito de resolver o contrato, se for o caso[606] — e/ou promover a sua responsabilização civil.

4.3. Dever de informar-se

Quanto ao dever de *informar-se*, é preciso salientar, como já foi referido, que imprudência e atitudes temerárias não se confundem com audácia ou com tino negocial aguçado. Nesse sentido, para tomar decisões de forma consciente, o gestor deve estar sempre altamente envolvido em todos os aspectos dos negócios de interesse da sociedade[607]. Deve participar ativamente das reuniões de interesse do empreendimento e, quando necessário, ele próprio deve convocar as reuniões, além de se fazer presente no dia a dia do negócio[608].

Quando não for possível estar em todas as ocasiões nas quais sua participação seria importante — por absoluta falta de tempo em razão do tamanho do negócio ou mesmo por falta de capacidade técnica específica para compreender determinada particularidade do negócio pela complexidade dos detalhes técnicos envolvidos —, deve o gestor valer-se de auxiliares, como gerentes que a ele se reportem e de técnicos especializados, como engenheiros, auditores, consultores e advogados[609].

Em linhas gerais, é esperado que o gestor esteja familiarizado com os números do empreendimento[610], com a sua contabilidade e com os aspectos legais relacionados aos negócios[611]. Deve também conhecer em profundidade os atos constitutivos da conta de participação e as suas posteriores alterações e aditamentos, porque assim saberá os aspectos mais básicos do funcionamento da relação social, isto é, os limites do objeto social, os poderes de cada órgão eventualmente criado, etc.

[606] Cunha Gonçalves. *Da conta em participação...*, p.103; Salgado. *Das sociedades em participação...*, p. 94.

[607] Ferber. *Corporation law...*, p. 68.

[608] Ferber. *Corporation law...*, p. 67.

[609] Ferber. *Corporation law...*, p. 68.

[610] Ferber. *Corporation law...*, p. 68.

[611] Henn-Alexander. *Laws of corporations...*, p. 622.

Ao receber relatórios e estudos elaborados por seus profissionais empregados ou por auditores ou consultores externos, o gestor tem a obrigação de fazer o "dever de casa", tomando conhecimento das informações ali contidas e analisando os dados importantes[612].

Toda a tomada de decisão deve ser precedida de uma busca por informações suficientes para fornecer ao gestor os dados necessários que lhe possibilite avaliar os riscos e os benefícios envolvidos na operação (dever de informar-se)[613]. É claro que o grau de importância acerca da decisão a ser tomada e todas as circunstâncias do caso concreto é que vão demonstrar qual é o nível de diligência necessário para cada uma delas.

4.4. Dever de fiscalizar (vigiar)

Outro desdobramento do dever de diligência é o de *fiscalizar*, também chamado de *dever de vigiar*, importantíssimo para o bom andamento dos negócios sociais. Consiste, pois, na obrigação que o gestor possui de fiscalizar e de controlar as atividades desenvolvidas por seus subordinados diretos ou indiretos, bem como por seus pares. Assim, além da necessidade de se contratar funcionários capacitados tecnicamente (sejam eles gerentes ou mesmo pessoal de chão-de-fábrica), o dever de fiscalizar consiste em verdadeira *obrigação de vigilância* exercida sobre aqueles que trabalham sob a supervisão do gestor.

Assim, existe a obrigação de monitoramento permanente do desenvolvimento das atividades sociais e, claro, dos atos praticados por seus subordinados e também de seus pares, averiguando-se, por exemplo, se aqueles que exercem alguma atividade na sociedade cumprem as normas estatutárias, legais (o que abrange a verificação da adequação aos deveres fiduciários dos atos praticados pelos outros gestores)[614] e regulamentares que lhes forem aplicáveis — observando-se, aqui, a importância dos *compliance programs*[615].

612 HENN-ALEXANDER. *Laws of corporations...*, p. 116.

613 FERBER. *Corporation law...*, p. 67.

614 COX-HAZEN. *Cox & Hazen on corporations...*, p. 479.

615 "(...) dever dos administradores de fiscalizarem constantemente o desenvolvimento das atividades sociais. Trata-se de um dever próprio dos administradores, que não pode ser delegado, ainda que algumas das atribuições destes tenham sido confiadas a apenas alguns admi-

4.5. Dever de investigar

O dever de investigar consiste em uma derivação potencializada dos deveres de informar-se e de fiscalizar, porque, além de impor ao gestor a obrigação de buscar informações sobre a marcha dos negócios da sociedade em seus mais variados aspectos, de apurar a veracidade das informações disponíveis e de fiscalizar seus subordinados, obriga-o a uma atitude proativa, de verdadeira inquirição dos fatos e das circunstâncias quando estas apontam para possíveis irregularidades ou para potenciais riscos para o empreendimento[616]. Trata-se da *faceta investigativa* do dever de diligência[617].

Assim, se há indícios de que um funcionário está desfalcando o fundo social, cumpre ao gestor investigar essa situação e tomar as medidas cabíveis de ressarcimento[618], bem como de mitigação ou suspensão dos danos. Além disso, é válida a iniciativa de buscar ajuda de auditores, de consultores e de outros profissionais especializados para detectar irregularidades e solucioná-las o mais rápido possível[619].

Nesse sentido, os gestores (no nosso caso, o sócio ostensivo, bem como, eventualmente, o sócio participante) devem não apenas analisar criticamente as informações que lhes foram fornecidas para verificar se são suficientes ou se devem ser complementadas como também considerar os fatos que podem eventualmente vir a causar danos à sociedade, tomando as providências cabíveis para evitar que tal ocorra[620].

nistradores". E, para tanto, essencial é a existência de sistema de controle e monitoramento — ainda mais para as grandes companhias. Cf. PARENTE. *O dever de diligência...*, p. 126 ss.

616 FERBER. *Corporation law...*, p. 75.

617 FERBER. *Corporation law...*, p. 76.

618 FERBER. *Corporation law...*, p. 67.

619 FERBER. *Corporation law...*, p. 67.

620 Nesse sentido, Flávia Parente assevera: "Na realidade, o dever de investigar impõe aos administradores a obrigação de analisarem criticamente as informações que lhes foram fornecidas a fim de detectar potenciais problemas que possam vir a afetar as atividades desenvolvidas pela companhia". "(...) o dever de investigar obriga os administradores não apenas a examinarem se as informações disponíveis são suficientes ou se devem ser complementadas, como também lhes impõe o dever de averiguar se os fatos ou informações de que tenham conhecimento possam causar algum prejuízo à sociedade, hipótese em que deverão tomar as providências necessárias para evitá-lo". Entretanto, cumpre salientar que o dever de investigar é sempre verificado no caso concreto, podendo os administradores confiar em subordinados e em outros profissionais que repassam àqueles informações até o momento em que algum indício de irregularidade (*red flag*) seja constatado (este é, pois, o entendimento

4.6. Dever de administrar com sucesso?

Cumpre, nesse ponto, indagar se ao gestor (e, especificamente no nosso caso, o sócio ostensivo) é imposto um *dever de administrar com sucesso* o empreendimento objeto da sociedade. Já dissemos que o dever de bem administrar talvez seja um dos desdobramentos mais básicos do dever de diligência. Todavia, traduzir o dever de administrar com competência em uma espécie de *obrigação de resultado*, pela qual fica o gestor obrigado a administrar a sociedade sempre com sucesso, parece algo demasiado.

É pacífico que a atividade administrativa é *obrigação de meio*[621]. Não se espera, pois, que o gestor seja infalível e, nesse sentido, tome todas as decisões acertadamente. A possibilidade de equívoco é inerente à atividade negocial, não sendo razoável esperar que o administrador seja infalível[622]. O que se espera — e isso sim é próprio da atividade de gestão — é que o administrador se cerque de todos os dados necessários para uma tomada de decisão consciente, de boa-fé e no interesse da sociedade, mitigando, assim, o risco de erro. É aceitável que haja variação no grau de reflexão necessária para cada decisão, visto que, por óbvio, entre a contratação de alguns funcionários para o "chão-de-fábrica" de uma indústria e a compra de um equipamento industrial de milhões existe uma diferença bastante considerável na avaliação a ser feita. Não pode deixar de haver, isso sim, é uma tomada consciente de decisão, de boa-fé e no interesse da sociedade.

Nesse contexto, se o administrador adotar todas as medidas cabíveis para uma decisão consciente, de boa-fé e no interesse da sociedade, nada pode se alegar no que diz respeito à violação do dever de diligência. Nem o eventual insucesso retumbante de uma operação, por si só,

pacificado nos Estados Unidos, estando previsto, por exemplo, na *Section* 4.02 dos *Principles of Corporate Governance* do *American Law Institute*; cabe referir também que existe previsão semelhante na *Section* 8.30(c)(d)(e) do *Revised Model Business Corporation Act*). Prossegue Flávia Parente: "É importante salientar que os administradores podem e devem ter confiança nas informações que lhes são fornecidas por subordinados, auditores e outros profissionais. Tal confiança somente é quebrada caso ocorra algum fato que os faça suspeitarem da existência de alguma irregularidade. Vale dizer, os administradores não têm a obrigação de investigar toda e qualquer informação que lhes foi encaminhada, a não ser diante de 'sinais de alerta'". Cf. PARENTE. *O dever de diligência...*, p. 120-126. Igualmente, ver COX-HAZEN. *Cox & Hazen on corporations...*, p. 502-504.

[621] Cf., *v.g.*, PARENTE. *O dever de diligência...*, p. 49.

[622] FERBER. *Corporation law...*, p. 67.

acarreta a responsabilização do gestor, pois o risco e a má sorte são igualmente inerentes ao exercício da atividade negocial.

Questão interessante reside nos limites da *business judgement rule*, princípio erigido pela jurisprudência norte-americana, pelo qual um tribunal se recusa a analisar uma decisão relativa à gestão da sociedade, exceto se houver fortes indícios de que os administradores violaram os deveres de diligência ou os de lealdade[623]. Desse modo, se a decisão foi tomada de forma consciente, com base em informações adequadas, e, de boa-fé, no interesse da sociedade, o conteúdo da decisão (*mérito*) não pode ser revisto, mesmo que ela não tenha produzido bons resultados.

Em outras palavras, os tribunais não desafiam as decisões negociais dos administradores quando estes cumprem com os seus deveres, atuando de boa-fé, com a diligência com que agiria uma pessoa comum prudente na mesma situação, crendo, de forma razoável, que estão atuando no melhor interesse da sociedade. Nesse passo, sustentamos que as decisões do sócio ostensivo, quando tomadas em consonância com o dever de diligência, de lealdade e respeitando o objeto social, também se revestem de similar garantia.

O fundamento para a proteção das decisões do gestor, afirmam alguns, reside no fato de que os juízes não possuem formação específica nem experiência na área negocial, o que pode fazer com que as suas decisões não capturem as nuances da realidade empresarial e, consequentemente, possam ser equivocadas. Além disso, os tribunais teriam uma visão pouco acurada do caso concreto, visto que é muito difícil transpor para os processos judiciais todos os fatos que podem influir em

623 Em sua dissertação de Mestrado, Marcelo von Adamek, com base em pesquisa realizada por Estelle Scholastique, traz interessante apanhado de decisões equivocadas de gestores e que violaram, no caso concreto, o dever de diligência, entre elas: (a) a conclusão de negociações com perdas, quer seja devido à concessão de descontos muito expressivos, quer seja à conclusão de contratos em geral desfavoráveis, (b) a ausência de estudos de mercado, (c) o recurso a procedimentos de financiamento inadequados, (d) as despesas desmedidas em relação às possibilidades da sociedade, (e) os investimentos não-produtivos em material ou mão-de-obra (não-qualificada ou desnecessária), (f) a colocação de uma diretoria-geral inadequada, (g) a aceitação de encomendas demasiadas para a capacidade da empresa (que levam a sociedade a pagar perdas e danos pesados por inexecução) e (h) a negociação de financiamentos bancários baseados em balanços excessivamente otimistas. Cf. ADAMEK, Marcelo Vieira von. *Responsabilidade civil dos administradores de S/A*. Dissertação (Mestrado em Direito). Faculdade de Direito da Universidade de São Paulo, São Paulo, 2006, p. 120.

uma tomada de decisão empresarial. Ainda, uma avaliação posterior da decisão pode ser distorcida pelo fato de que aquele que a analisa já conhece o resultado da ação. Como observa Flávia Parente, a regra visa a "evitar que os tribunais e os próprios sócios substituam os administradores em seu mister. Vale dizer, o juízo de oportunidade e conveniência de uma decisão empresarial não pode ser exercido por juízes ou por quaisquer outras pessoas — trata-se de prerrogativa exclusiva dos administradores, que, em razão da sua experiência e do acesso que têm a informações, estão mais habilitados do que os juízes e os próprios acionistas a tomar quaisquer decisões referentes à companhia"[624].

Além disso, a nosso ver, é irrefutável o fato já referido de que o *risco é inerente à atividade negocial* e que é praticamente impossível tomar decisões cem por cento seguras no mundo dos negócios — sem sombra de dúvida, muitas decisões são arriscadas e controvertidas. Portanto, a gestão social deve poder tomar decisões sem o medo de ser processada por um "erro honesto". Sobre isso, Flávia Parente lembra que "a *business judgment rule* tem por finalidade oferecer ampla proteção às decisões de negócios bem informadas, constituindo uma espécie de 'porto seguro' para os administradores, que devem ser encorajados não apenas a assumir cargos de administração como também a correr determinados riscos que são inerentes à gestão empresarial"[625].

A *business judgement rule* sinaliza para o fato de que seria injusto esperar da administração decisões perfeitas todo o tempo. Como refere Marcelo von Adamek em nota de rodapé em que cita Pedro Caetano Nunes, "é economicamente desejável a tomada de decisões arriscadas, sendo que um sistema em que fosse exercido um apertado controle judicial *ex post* das decisões empresariais inibiria os administradores de tomarem decisões arriscadas. É preferível incentivar os administradores a tomarem decisões arriscadas, exigindo, no entanto, que se informem devidamente antes de o fazerem"[626].

Pelo exposto, o sócio ostensivo não pode ser responsabilizado caso o empreendimento comum previsto no contrato social da SCP não seja exitoso. O sócio ostensivo, enquanto responsável pelo exercício da ati-

[624] Parente. *O dever de diligência...*, p. 72.

[625] Parente. *O dever de diligência...*, p. 71-72.

[626] Adamek. *Responsabilidade civil dos administradores de S/A...*, p. 120.

vidade prevista na conta de participação em nome próprio, não possui o dever de fazer com que o empreendimento seja bem-sucedido e traga bons resultados ao participante — como, da mesma forma, o sócio participante, caso exerça alguma atividade administrativa interna, não possui tal dever[627].

5. Dever de prestar contas

A prestação de contas, não custa lembrar, é o ato pelo qual a pessoa que atua em nome de outra ou lhe administra os negócios justifica o resultado de sua gestão. Tem a finalidade de apurar qual o estado, em dado momento, das relações contrapostas de débito e crédito entre os interessados. Só depois de prestadas as contas é que se poderá saber quem tem a receber, isto é, a quem o saldo é favorável, colocando-se o credor, por fim, na condição de exigir o seu pagamento[628].

Cabe ao sócio ostensivo o dever de prestar contas da gestão social, obrigação advinda da própria natureza da posição deste último, que é a de administrador de bens ou, no mínimo, interesses alheios[629]. Decorre

[627] Nesse sentido, assim se entende na Itália, país no qual se sustenta a natureza contratual da conta de participação: "La natura sinallagmatica ed aleatoria del contrato di associazione in partecipazione comporta, in via generale, l'impossibilità, per l'associato, di avanzare pretese di natura risarcitoria nei confronti dell'associante nel caso in cui l'affare o l'impresa da quest'ultimo gestiti non diano il resultado sperato; solo nell'ipotesi in cui l'associato sia in grado di comprovare che la mancata produzione di utili dipende in qualche modo da una condotta colposa dell'associante, quale può essere qualificata la mancata diligente gestione dell'impresa o dell'affare da parte del medesimo, sarà possibile intraprendere azioni di natura risarcitoria in danno dell'associante (De Ferra 1973, 58-64). La comprovata inosservanza, da parte dell'associante, della dovuta diligenza nella conduzione dell'impresa o dell'affare autoriza, pertanto, l'associato a richiedere *i*) la risoluzione del contrato di associazione in partecipazione per inadempimento, ed *ii*) il relativo e conseguente risarcimento dei danni, da valutarsi sulla base dell'utile che sarebbe derivato o dall'ammontare delle perdite che si sarebbero evitate ove la conduzione dell'impresa o dell'affare fosse stata posta in essere, da parte dell'associante, con la dovuta diligenza (Ghidini 1958, 858)." (CENDON. *Commentario al Codice Civile...*, p. 477-478).

[628] FABRICIO, Adroaldo Furtado. *Comentário ao Código de Processo Civil*, v. VIII, t. III, arts. 890-945. Rio de Janeiro: Forense, 1980, p. 387-388.

[629] "Dottrina e giurisprudenza ritengono che la *ratio* dell'obbligo al rendiconto cui resulta essere tenuto l'associante vada ricercata nel principio per cui chiunque solve un'attività nell'interesse di altri deve portare a conoscenza di questi ultimi, conformemente al principio di buona fede (...)." (CENDON. *Commentario al Codice Civile...*, p. 487). Nesse sentido, ver:

da essência da sociedade em conta de participação o dever de prestar contas por parte do sócio ostensivo, já que é próprio da estrutura deste tipo societário a existência de um sócio que administra o empreendimento e outro que apenas participa dos resultados, não se envolvendo da gestão. Deriva, também, do genérico *dever de informar*, imposto a todos aqueles que realizam uma atividade no interesse de outrem ou que administram o patrimônio alheio[630-631-632].

Os bens e direitos aportados pelo participante passam à titularidade do ostensivo, mas isso não desobriga este último do dever de prestar contas. Isso ocorre, principalmente, pelo caráter excepcional como se dá o ingresso desses bens no patrimônio do ostensivo, uma vez que tais bens ficam *afetados a uma atividade específica*, formando espécie de patrimônio especial dentro do seu patrimônio geral. Nesse sentido, é importante referir que o sócio ostensivo possui o dever de prestar contas ainda que seja contratualmente previsto que o sócio participante atuará na administração interna da SCP.

O Poder Judiciário já se manifestou em diversas oportunidades sobre a obrigação do sócio ostensivo de prestar contas[633], podendo o partici-

TJPR, 18ª Câmara Cível, AI 0074371-79.2021.8.16.0000, Rel. Des. Luiz Henrique Miranda, j. 13/06/2022.

630 Estamos cientes da diferenciação que parte da doutrina faz acerca da *prestação de contas* e do *dever de informar*. Enquanto o primeiro geralmente ocorre na extinção do contrato e liquidação das relações havidas, o segundo pressuporia a plena vigência do contrato. Nesse sentido, GARRIGUES. *Tratado de Derecho Mercantil*..., p. 204. A despeito disso, para os fins do presente ensaio, não vemos maiores inconvenientes de tratá-los conjuntamente.

631 O art. 26º do Decreto-Lei 231(1981) português assim dispõe: "**1** — São deveres do associante, além de outros resultantes da lei ou do contrato**:** d) Prestar ao associado as informações justificadas pela natureza e pelo objecto do contrato."

632 "Cass. civ., Sez. II, 7 giugno 1993, n. 6385 (*GI*, 1995, I, 1, 331) – La *ratio* dell'obliggo del rendiconto, editalmente previsto da una serie di norme di diritto sostantivo, oltreché essere istituto di diritto processuale, va individuata in ciò che, chiunque svolga attività nell'interesse di altri, deve portare a conoscenza di questi, secondo il principio della buona fede, gli atti posti in essere; nel rendiconto, in particolare, si trata di quegli atti e fatti da cui scaturiscono partite di dare ed avere." (CENDON. *Commentario al Codice Civile*..., p. 474). Ver, também: MIGNONE. *L'associazione in partecipazione*..., p. 487-488.

633 A obrigação é do sócio ostensivo, e não dos administradores do sócio ostensivo, caso seja uma pessoa jurídica; dessa forma, eventual ação não deve ser movida contra os administradores do sócio ostensivo (cf. TJSP, Câmara Reservada de Direito Empresarial, Agravo de Instrumento 0187945-53.2011.8.26.0000, Rel. Des. Romeu Ricupero, j. 11/10/2011).

pante lançar mão da respectiva ação judicial[634-635]. Há decisão nesse sentido do Superior Tribunal de Justiça:

> Sociedade em conta de participação — Pedido de prestação de contas formulado pelo sócio oculto. *As contas deverão ser pedidas ao sócio ostensivo que administra os fundos comuns. Sendo aquele uma pessoa jurídica, esta acha-se obrigada à prestação de contas.* (STJ, 3ª Turma, REsp 23.502/SP, Rel. Min. Eduardo Ribeiro, j. 13/09/1993).

As cortes estaduais caminham no mesmo sentido:

> Sociedade em conta de participação — Cominatória para exigir contas ao sócio ostensivo — Procedência — Apelação não provida. *Na sociedade em conta de participação, o sócio participante tem direito de exigir prestação de contas pelo sócio ostensivo.* (TJSP, 6ª Câmara Cível, APC 102.537, Rel. Des. Euler Bueno, j. 22/09/1961).
>
> Prestação de contas — Sociedade em conta de participação. *Pedido formulado por sócia oculta contra a ostensiva, incumbida da administração e gerência — Obrigação reconhecida na primeira fase* — Procedência mantida. Apelação da ré não provida. (TJSP, 2ª Câmara de Direito Privado, APC 40.141-4, Rel. Des. J. Roberto Bedran, j. 02/06/1998).
>
> (...) ressalta-se que *é assegurado ao sócio participante o direito de fiscalizar a gestão dos negócios sociais realizado pelo sócio ostensivo (art. 993, parágrafo único, CC), no que se inclui o direito de exigir a exibição de documentos que digam respeito à sociedade em conta de participação, bem como a prestação de contas.* (TJSP, 1ª Câmara Reservada de Direito Empresarial, Apelação 0012998-35.2016.8.26.0100, Rel. Des. Alexandre Lazzarini, j. 12/12/2018)[636].

[634] Observe-se que em Portugal o art. 31º do Decreto-Lei 231(1981) assim dispõe: "4 — Na falta de apresentação de contas pelo associante, ou não se conformando o associado com as contas apresentadas, será utilizado o processo especial de prestação de contas regulado pelos artigos 1014º e seguintes do Código de Processo Civil." Ver, também: MIGNONE. *L'associazione in partecipazione...*, p. 493.

[635] "Havendo mais de um sócio participante, qualquer deles pode tomar a iniciativa de exigir do sócio ostensivo a prestação de contas da atividade da sociedade, caso este não o faça espontaneamente, não havendo que se cogitar de litisconsórcio ativo necessário (até porque a própria existência desta categoria é controversa, por restringir o direito de ação)." (YOSHIKAWA. Reflexos processuais da sociedade em conta de participação..., p. 42).

[636] Ver, igualmente: TJSP, 2ª Câmara Reservada de Direito Empresarial, AI 2104402-40.2019.8.26.0000, Rel. Des. Sérgio Shimura, j. 03/12/2019; TJSP, 1ª Câmara de Direito

O sócio ostensivo não pode restar desobrigado contratualmente de prestar contas. A prestação de contas é um dos deveres essenciais do sócio ostensivo; é uma regra de ordem pública, como chega a afirmar Escarra[637]. Uma cláusula contratual que dispense totalmente o sócio gerente de prestar contas seria eivada de nulidade[638]. No mesmo sentido, é nula a estipulação que obrigue os participantes a aceitar as contas, ainda que previamente aprovadas por um comitê do qual não façam parte[639].

Quanto à importância de o sócio ostensivo manter o sócio participante informado sobre as atividades, também já se manifestou o Tribunal de Justiça do Rio Grande do Sul, realçando, inclusive, a possibilidade de dissolução da sociedade por ocasião da violação do dito dever de informar:

> Apelação cível. Dissolução e liquidação de sociedades. Apuração de haveres. Sociedade em conta de participação. Projeto de reflorestamento. Affectio societatis. Preliminares rejeitadas. (...) 11. O sócio tem o direito de se retirar da sociedade por prazo determinado, provando judicialmente justa causa. *A falta de informações sobre o empreendimento, principalmente quanto à aplicação dos recursos e ao retorno do investimento, constitui, por certo, justa causa a ensejar a dissolução parcial.* Inteligência do Art. 1029, do CC. Rejeitadas as preliminares suscitadas e, no mérito, negado provimento ao recurso. (TJRS, 5ª Câmara Cível, APC 70025256934, Rel. Des. Jorge Luiz Lopes do Canto, j. 15/04/2009)[640].

Empresarial, Apelação 1049937-60.2017.8.26.0100, Rel. Des. Alexandre Lazzarini, j. 23/08/2019; TJSP, 1ª Câmara Reservada de Direito Empresarial, Apelação 1012649-25.2015.8.26.0011, Rel. Des. Enio Zuliani, j. 13/09/2017; TJRS, 6ª Câmara Cível, Apelação 70077302537, Rel. Des. Niwton Carpes da Silva, j. 24/05/2018; TJMG, 16ª Câmera Cível, Apelação 1.0525.10.013209-7/001, Rel. Des. Wagner Wilson, j. 23/03/2017; TJSC, 2ª Câmara de Direito Comercial, APC 1988.026642-1, Rel. Des. Nestor Silveira, j. 29/08/1991.

[637] ESCARRA. *Traité Théorique et Pratique de Droit Commercial...*, p. 556.

[638] ESCARRA. *Traité Théorique et Pratique de Droit Commercial...*, p. 556; e MIGNONE. *L'associazione in partecipazione...*, p. 487. Contra: GHIDINI. *L'associazione in partecipazione...*, p. 197, para quem é possível uma dispensa total relativamente à obrigação de prestar contas (o que não significa, segundo o autor, que o participante tenha de aceitar qualquer resultado apresentado). De qualquer forma, é preciso lembrar que no sitema italiano, examinado por Ghidini, a conta de participação tem natureza meramente contratual, razão pela qual seu posicionamento quanto à viabilidade de não prestar contas deve ser temperado. Para maiores informações, ver o que dissemos neste mesmo capítulo no item 5.3, abaixo.

[639] ESCARRA. *Traité théorique et pratique de Droit Commercial...*, p. 556-557.

[640] Ver, também: "Apelação civel. Dissolução parcial de sociedade. Sociedade em conta de participação. Apuração de haveres. Projeto de emprendimento imobiliário. Quebra da

Salvatore Grandi explica que a recusa em prestar contas constitui inadimplemento grave por parte do ostensivo, pois esta é uma de suas obrigações principais, podendo o participante pretender a dissolução da sociedade (o que também pode ser causa de exclusão de sócio por prática de falta grave, nos termos do art. 1.030 do CC, ou de retirada justificada em caso de sociedade a prazo determinado, como prevê o art. 1.029 do CC), com direito de receber perdas e danos[641].

affectio societattis. 1. Compete ao sócio participante, na sociedade em conta de participação, fiscalizar a gestão dos negócios, uma vez que cabe ao sócio ostensivo exercer exclusivamente a atividade constitutiva do objeto social da empresa. 2. Hipótese em que o sócio ostensivo, como também a mandatária do termo de adesão a Sociedade em Conta de Participação – SCP descumpriram com o dever de informação referente ao direcionamento dos valores aportados e rentabilidade do empreendimento objeto da empresa constituída, gerando atrito e quebra da affectio societattis. Dissolução parcial da sociedade. 3. Liquidação da sociedade e apuração de haveres. A análise judicial da dissolução da sociedade, como também a liquidação da mesma está adstrita ao contrato social pactuado entre as partes e as regras insertas no CC e CPC. O acordo administrativo firmado por alguns sócios participantes com a ré não gera a modificação da apuração de haveres na esfera judicial. 4. Redistribuição dos encargos processuais, tendo em vista a sucumbência recíproca dos litigantes, mas com decaimento em maior grau do réu. Apelação parcialmente provida." (TJRS, 5ª Câmara Cível, Apelação 70080603079, Rel. Des. Isabel Dias Almeida, j. 24/04/2019).

[641] Grandi. *L'associazione in partecipazione...*, p. 134. Na Itália, a conta de participação é tida como um contrato, sendo que a Suprema Corte já entendeu que a não prestação de contas não é necessariamente causa de resolução do contrato, devendo-se analisar a relevância do inadimplemento: "La Suprema Corte ha ritenuto che il mancato rendimento del conto, nell'ambito dell'associazione in partecipazione, non vada purtuttavia a comportare la risolvibilità del contratto, essendo applicabile il criterio negativo di cui all'art. 1455 c.c., disciplinante la risoluzione del contratto alla luce dell'importanza dell'inadempimento posto in essere da una delle parti avuto riguardo all'interesse dell'altra (Costi-Di Chio 1991, 756-757). In sostanza, il nostro ordenamento giuridico prevede che l'inadempimento di una parte, al fine di legittimare la risoluzione del rapporto contrattuale ai sensi e per gli effetti di cui all'art. 1455 c.c., debba presentare un requisito ultroneo rispetto al concetto generico e comune di inadempimento, vale a dire debba consistere in un inadempimento di non scarsa importanza, considerato l'interesse della controparte. L'inadempimento, insomma, deve essere tale da non giustificare una contraprestazione (Galgano 2004, 339)." "Per quanto in questa sede può interessare, si consideri che la Corte di legittimità ha sancito che 'il rendimento del conto non è né l'unico, né il principale adempimento dovuto dall'associante all'associato; sicché, il mancato rendimento del conto non comporta, necessariamente e qualunque sia la importanza, la risolvabilità del contratto trovando applicazione il criterio dell'art. 1455 c.c.' (Cass. 13 giugno 2000, n. 8027)." "In particolare, al fine di valutare se il mancato rendiconto possa comportare la risoluzione del contratto di associazione in partecipazione, è essenziale valutare il caso concreto e, nello specifico, gli addebiti mossi all'asso-

Cumpre frisar, ainda, como faz Mauro Brandão Lopes, que a própria prestação de contas não é só um dever do ostensivo, mas também um verdadeiro *direito seu*, por meio do qual se desobriga perante os participantes ao prestá-la[642]. Além disso, Raul Ventura lembra que o ostensivo pode querer apresentar contas para exigir do participante a parte que lhe toca nas perdas, caso tal hipótese tenha sido prevista no contrato social[643].

5.1. Momento

Nada dispondo o Código Civil sobre como deve se operar a prestação de contas e a consequente fiscalização, é conveniente que se fixem as épocas no contrato social[644]. O adequado, em nosso sentir, é que se estipulem os períodos de prestação de contas, especialmente nos casos de objeto social de longa duração[645] — até porque os participantes podem exigir individualmente a prestação de contas periódicas na hipótese das operações sociais se estenderem no tempo[646].

ciante alla luce del complessivo comportamento adottato dalle parti, al fine di verificare se, tenuto conto di come si è andato in concreto sviluppando il rapporto di associazione, il mancato formale invio del rendiconto da parte dell'associante rappresenti un inadempimento idôneo a giustificare la risoluzione del contratto per responsabilità al medesimo imputabile." "In sostanza, per mezzo della pronuncia appena riportata, la Suprema Corte ha inteso puntualizzare che, nell'economia generale del rapporto di associazione in partecipazione, la tenuta di una contabilità incompleta e la mancata formale presentazione dei rendiconti annuali non costituiscono inadempimenti idonei a giustificare la risoluzione del contratto per responsabilità in capo all'associante (Cannizzo 2006, 526)." (CENDON. *Commentario al Codice Civile...*, p. 488-489). Ver, também: MIGNONE. *L'associazione in partecipazione...*, p. 494--495, 561 ss.

[642] LOPES. *A sociedade em conta de participação...*, p. 99-100. Igualmente, ver: GHIDINI. *L'associazione in partecipazione...*, p. 195; e GALIZZI. *Sociedade em conta de participação...*, p. 163.

[643] VENTURA. *Associação em participação* (BMJ 190)..., p. 102.

[644] "Prestação de contas. Obrigação de prestá-las trimestralmente, consoante instrumento contratual da sociedade em conta de participação em pleno vigor. Prova a demonstrar que jamais a administradora fornecera esses relatórios. Sentença confirmada." (TJRS, 4ª Câmara Cível, APC 583012158, Rel. Des. Nelson Oscar de Souza, j. 14/09/1983).

[645] ALMEIDA. A virtuosidade da sociedade em conta de participação..., p. 58. Nessa mesma linha de raciocínio, Mauro Brandão Lopes assevera que, quando a conta de participação for contratada por prazo indeterminado, ou mesmo quando a operação específica for de longa duração, a prestação de contas far-se-á em certa periodicidade, mensal, trimestral, semestral ou anualmente, tomando o lugar dos balanços e balancetes levantados pelo ostensivo, cf. LOPES. *A sociedade em conta de participação...*, p. 99. Ver, também, GALIZZI. *Sociedade em conta de participação...*, p. 162.

[646] ESCARRA. *Traité théorique et pratique de Droit Commercial...*, p. 557.

Assim, recomenda-se que o contrato social da conta de participação preveja um fluxo contínuo de informações na direção do sócio participante, as quais têm por objetivo mantê-lo, adequadamente, informado acerca do andamento dos negócios sociais. Para tanto, pode ser estatuído o direito de o sócio participante receber, mensalmente, o relatório das atividades do sócio ostensivo, relacionadas à conta de participação, acompanhado de outros documentos, tais como as cópias de contratos celebrados, os extratos bancários das contas relacionadas ao empreendimento comum, o comprovante do recolhimento de tributos, entre outros[647]. Igualmente, podem-se fixar quais são os documentos que ficarão à disposição do sócio participante e quais são os dias e os horários adequados para que sejam examinados, por exemplo.

No entanto, como observa Alfredo de Assis Gonçalves Neto, "é lícito aos sócios prever que as contas só sejam prestadas ao final, por ocasião de sua dissolução — o que é compatível com sociedades ajustadas por prazo certo ou para a realização de um único empreendimento"[648]. Observa Malagarriga que, pela natureza do negócio, pode simplesmente não ser necessária uma prévia prestação de contas[649]. Jean Escarra vai além e diz que, salvo cláusula em contrário, é somente quando da dissolução que se deve prestar contas no caso de sociedades com prazo certo ou que explorem um negócio isolado e de curta duração. Tal não se verifica, no entanto, salienta o comercialista francês, na sociedade de longa duração, situação em que os participantes podem exigir a prestação de contas periódicas[650].

Caso nada disponha o contrato social sobre as épocas (e o modo) como se deve materializar a fiscalização ou a prestação de contas (é possível modular o direito de fiscalizar)[651], e porque o art. 993, parágrafo

[647] Galizzi. *Sociedade em conta de participação...*, p. 160.

[648] Gonçalves Neto. *Direito de Empresa...*, p. 201; Também nesse sentido: Ventura. *Associação em participação* (BMJ 190)..., p. 102. Mauro Brandão Lopes observa que, quando a conta de participação tem por objeto uma operação específica e de curta duração, deve ser realizada ao fim desta (Lopes. *A sociedade em conta de participação...* p. 99); ver, também, Galizzi. *Sociedade em conta de participação...*, p. 162.

[649] Malagarriga. *Tratado elemental de Derecho Comercial...*, p. 327, inclusive citando jurisprudência.

[650] Escarra. *Traité théorique et pratique de Droit Commercial..*, p. 565. Nesse sentido: Pic. *Des Sociétés Commerciales*, t. III..., p. 638.

[651] Salgado. *Das sociedades em participação...*, p. 99-100.

único, é omisso a respeito disso, aplicam-se as regras atinentes às sociedades simples — mais exatamente, os arts. 1.020 e 1.021 do Código Civil[652]:

> Art. 1.020. Os administradores são obrigados a prestar aos sócios contas justificadas de sua administração, e apresentar-lhes o inventário anualmente, bem como o balanço patrimonial e o de resultado econômico.
>
> Art. 1.021. Salvo estipulação que determine época própria, o sócio pode, a qualquer tempo, examinar os livros e documentos, e o estado da caixa e da carteira da sociedade.

Portanto, na falta de pacto expresso, as contas serão prestadas anualmente (após o término do exercício social do ostensivo)[653], como dispõe o art. 1.020 do Código Civil[654], sem esquecer das contas prestadas ao

[652] Nos termos como está ordenado pelo art. 996.

[653] Discussão poderia haver se a peridiocidade anual faria referência ao aniversário da conta de participação. Contudo, parece mais razoável e eficaz que as contas anuais sejam prestadas após o término do exercício social do ostensivo. Nesse sentido: GHIDINI. *L'associazione in partecipazione...*, p. 190; MIGNONE. *L'associazione in partecipazione...*, p. 491.

[654] Tal como na Espanha, onde se aplica à conta de participação um dispositivo que regula a prestação de contas para as sociedades em geral (mesmo que, neste país, a conta de participação tenha natureza meramente contratual), afirmando-se que, em caso de omissão, as contas, além de prestadas ao final, devem ser prestadas anualmente. Cf. URÍA. *Derecho Mercantil...*, p. 184; BROSETA PONT-SANZ. *Manual de Derecho Mercantil*, v. I..., p. 339. Na Argentina, o art. 1451 do *Código Civil y Comercial de la Nación* vai nesse sentido: "El partícipe tiene derecho a que el gestor le brinde información y acceso a la documentación relativa al negocio. También tiene derecho a la rendición de cuentas de la gestión en la forma y en el tiempo pactados; y en defecto de pacto, anualmente y al concluir la negociación." Observe-se que o art. 31º do Decreto-Lei 231(1981) português assim dispõe: "1 — O associante deve prestar contas nas épocas legal ou contratualmente fixadas para a exigibilidade da participação do associado nos lucros e nas perdas e ainda relativamente a cada ano civil de duração da associação. 2 — As contas devem ser prestadas dentro de prazo razoável depois de findo o período a que respeitam; sendo associante uma sociedade comercial, vigorará para este efeito o prazo de apresentação das contas à assembleia geral." Na Itália, o art. 2552, 3º comma, do *Codice Civile*, assim dispõe: "In ogni caso l'associato ha diritto al rendiconto dell'affare compiuto, o a quello annuale della gestione se questa si protrae per più di un anno."; nesse sentido, a doutrina assim se manifesta: "Le periodicità secondo la quale l'associato ha diritto a ricevere il rendiconto di gestione da parte dell'associante, per come specificata nel comma oggetto della presente analisi, fissa un arco temporale massimo che non può essere

término do empreendimento, diante do disposto no art. 996 do Código Civil (que não necessariamente coincide com o término do exercício social)[655], ressalvando-se o direito dos sócios participantes de examinar os livros, os documentos e o estado do caixa do sócio ostensivo relacionados naquilo que interessa à conta de participação a qualquer tempo (CC, art. 1.021) (ver Capítulo 5, item 2).

Finalmente, é importante ressaltar que as contas podem ser contestadas, inclusive aquelas que são prestadas ao final do empreendimento. O pacto de prestação de contas ao final deve ser entendido como uma manifestação de confiança na honestidade e na boa-fé do procedimento do ostensivo, mas se o saldo apresentado deixar margem a dúvidas, inclusive quanto à lisura da conduta deste, é lícito ao participante contestá-lo[656].

5.2 Forma

Quanto à forma e ao modo, como não existe menção sobre a maneira como as contas devem ser prestadas, é de todo conveniente que o contrato social também defina a questão[657], podendo ter conteúdo mais ou menos amplo[658]. Em qualquer hipótese, as contas devem ser prestadas *na forma mercantil*, tratando-se, portanto, de aplicar as disposições previstas para as contas dos administradores das sociedades[659].

Vale dizer: "forma mercantil" significa a *forma usual nas praxes e estilos do comércio*[660]. Por isso, deve ser *apresentada com as colunas de débito e crédito, lançados, cronologicamente, um a um, todos os ingressos e saídas, devidamente*

superato, ma non prescinde, in ogni caso, la possibilità per le parti interessate di convenire pattiziamente termini intermedi più brevi allo scadere dei quali l'associante sia tenuto a presentare il rendiconto di gestione all'associato." (CENDON. *Commentario al Codice Civile...*, p. 489). Ver, também: MIGNONE. *L'associazione in partecipazione...*, p. 391-394, 489 ss.

655 MIGNONE. *L'associazione in partecipazione...*, p. 491-492.

656 VENTURA. *Associação em participação* (BMJ 190)..., p. 102.

657 GONÇALVES NETO. *Direito de Empresa...*, p. 201; igualmente, assim reconhecem ALMEIDA. A virtuosidade da sociedade em conta de participação..., p. 58; e ALMEIDA. *A sociedade em conta de participação...*, p. 143.

658 GHIDINI. *L'associazione in partecipazione...*, p. 190.

659 GONÇALVES NETO. *Direito de Empresa...*, p. 201. Nesse sentido, o Tribunal de Justiça do Estado do Rio Grande do Sul já se manifestou: TJRS, 5ª Câmara Cível, APC 70020320628, Rel. Des. Pedro Luiz Rodrigues Bossle, j. 22/08/2007; ver, também: TJRJ, 18ª Câmara Cível, APC 0193765-40.2014.8.19.0001, Rel. Des. Eduardo de Azevedo Paiva, j. 17/02/2016. Ver, também: VENTURA. *Associação em participação* (BMJ 190)..., p. 103.

660 FABRICIO. *Comentário ao Código de Processo Civil...*, p. 433.

discriminados com a origem do recebimento ou o destino da saída, com a menção às respectivas datas e acompanhando dos documentos comprobatórios, apurando-se o saldo ao final[661]. Por isso, a expressão mais adequada talvez fosse *forma contábil*, ainda que não precise ser elaborada e tampouco assinada por contabilista[662-663].

Esclarece Ghidini que a prestação de contas, seja anual ou de encerramento, deve expor, analiticamente, partida por partida, as operações realizadas. Tanto é verdade que aquele que desejar impugnar a prestação de contas deve indicar, precisamente, a partida com a qual não concorda. Além disso, o destinatário da prestação de contas possui o direito de esclarecimento sobre as várias operações lançadas[664].

Cada prestação de contas há de vir por escrito, salvo pacto diverso, e deve vir acompanhada dos documentos justificativos[665]. Sobre a apresentação dos elementos comprobatórios dos lançamentos de débito e crédito, *entende-se pela sua necessidade* desde a vigência do Código de Processo Civil de 1939. Tal não é diferente para o caso da sociedade em conta de participação[666].

No entanto, não se reputa imprescindível a juntada dos documentos relativos a *todos* os lançamentos. "Há despesas relativamente às quais não se usa pedir e talvez nem seja possível obter comprovação documental, tais como compras de ínfimo valor, gorjetas, transporte de táxis e outras que tais. (...) A sensibilidade do juiz para o usual e o razoável tem aí decisiva importância"[667].

[661] Cf. PONTES DE MIRANDA, Francisco Cavalcanti. *Comentários ao Código de Processo Civil*, t. XIII, arts. 890-981. Rio de Janeiro: Forense, 1976, p. 135; FABRICIO. *Comentário ao Código de Processo Civil...*, p. 433-434.

[662] FABRICIO. *Comentário ao Código de Processo Civil...* p. 433-434.

[663] Observe-se que o art. 31º do Decreto-Lei 231(1981) português assim dispõe: "3 — As contas devem fornecer indicação clara e precisa de todas as operações em que o associado seja interessado e justificar o montante da participação do associado nos lucros e perdas, se a ela houver lugar nessa altura."

[664] GHIDINI. *L'associazione in partecipazione...*, p. 192. No mesmo sentido: MIGNONE. *L'associazione in partecipazione...*, p. 494.

[665] GRANDI. *L'associazione in partecipazione...*, p. 133; GHIDINI. *L'associazione in partecipazione...*, p. 192; MIGNONE. *L'associazione in partecipazione...*, p. 488, 492-493; SALGADO. *Das sociedades em participação...*, p. 97.

[666] VIVANTE. *Trattato di Diritto Commerciale...*, p. 541; ESCARRA. *Traité théorique et pratique de Droit Commercial...*, p. 557 e 565.

[667] FABRICIO. *Comentário ao Código de Processo Civil...*, p. 435-436.

Também é importante observar que a comprovação das contas pode ser feita por outros meios que não a juntada de documentos, mesmo fora dos casos acima referidos. Nesse sentido, é dado às partes provar os lançamentos por todos os meios de prova admitidos em direito, desde que a natureza da relação jurídica comporte[668].

É, igualmente, admissível que as partes estipulem a prestação de contas por outra modalidade que não a forma escrita, como o exame conjunto das contas a ser feito em reunião especialmente realizada para este fim. Importante advertir, no entanto, que o participante não está obrigado a concordar com esta modalidade quando considerá-la menos adequada para a salvaguarda de seus direitos[669].

Finalmente, é legítimo que o sócio participante queira examinar as contas sem a presença do ostensivo, possivelmente com a assistência de um profissional da contabilidade da sua confiança e, sobretudo, com a necessária calma e tranquilidade[670]. De qualquer sorte, o ostensivo não precisa enviar as contas ao participante (sendo que, caso assim o faça, pode deduzir as despesas de envio), desde que as disponibilize em um lugar de fácil acesso[671].

5.3. Conteúdo

Mario Ghidini enxerga na prestação de contas da SCP um conteúdo diverso daquele normalmente exigido das pessoas que administram *bens alheios*, pois o ostensivo, por regra, administra *bens próprios* (no Capítulo 7, item 3, veremos, mais detalhadamente, a questão). Essa precisão, segundo o jurista italiano, não possui tão-somente relevância teórica, mas

[668] FABRICIO. *Comentário ao Código de Processo Civil...*, p. 435-436.

[669] GHIDINI. *L'associazione in partecipazione...*, p. 192.

[670] GHIDINI. *L'associazione in partecipazione...*, p. 192.

[671] Nada impede, ainda, que o contrato social estabeleça o modo como será operacionalizada a prestação de contas. Na Itália, como no Brasil, também não existe previsão legal a respeito, assim se manifestando a doutrina: "Il legislatore, inoltre, non ha specificato nulla in punto modalità di presentazione e consegna del rendiconto da parte dell'associante in favore dell'associato; in proposito, è legittimo ritenere che, in assenza di previsioni contrattuali, è sufficiente che l'associante metta a disposizione dell'associato in rendiconto presso la sede dell'impresa (Vallasciani 2004, 40)." (CENDON. *Commentario al Codice Civile...*, p. 489). Ver, também: MIGNONE. *L'associazione in partecipazione...*, p. 493. Em sentido contrário, sustentando a necessidade de enviar as contas ao associado, ver: GHIDINI. *L'associazione in partecipazione...*, p. 230.

consequências práticas importantes, sobretudo relativamente à *modalidade* e ao *conteúdo* da prestação de contas. Em ambas as hipóteses, a prestação de contas deve vir na forma analítica, mas, no caso de administração de bens alheios, terá o interessado o direito de questionar e obter esclarecimentos do gestor em relação, inclusive, às operações oportunizadas, porém não realizadas (transações, portanto, sequer indicadas na prestação de contas). Quer dizer, poderá o interessado colocar em discussão a política técnico-econômico-administrativa do gestor. Diferentemente, no caso da gestão de bens próprios (que é a regra nas SCP), a prestação de contas circunscrever-se-ia às operações realizadas, não envolvendo um espectro tão amplo. Isto é, o participante poderia exigir explicações tão-só em relação às partidas lançadas. Esclarecimentos mais amplos seriam necessários apenas na hipótese de contestação e demonstração, por parte do interessado, de que teria ocorrido gestão maliciosa ou culposa por parte do ostensivo[672].

[672] GHIDINI. *L'associazione in partecipazione...*, p. 193-194. De qualquer modo, é interessante analisar que o entendimento, na Itália, é de que não basta a comprovação das operações, mas sim dos próprios critérios de gestão e dos fatos jurídicos relevantes; concordamos, em certa medida, com tal entendimento: "La Suprema Corte, con sentenza 23 aprile 1998, n. 4203, ha inoltre avuto modo di statuire che l'obbligo di rendere il conto può ritenersi adempiuto quando colui che vi è tenuto abbia fornito la prova di tutti gli elementi di fato che consentono di individuare e vagliare le modalità con cui l'incarico è stato eseguito e di valutare se l'operato di chi rende il conto sai adeguato ai critério di buona amministrazione." "Secondo autorevole dottrina, l'obbligo al rendiconto cui risulta essere tenuto l'associante nei confronti dell'associato non può ritenersi adempiuto mediante la mera presentazione di um prospetto contabile dell'attività svolta dall'associante, essendo invece necessario, quantomeno, che detto rendiconto descriva i fatti rilevanti ai fini del risultato dell'attività, e giustifichi documentalmente gli stessi (Di Acutis 1999, 228; Comunale 1997, 596 e 603). L'insufficienza della presentazione, da parte dell'associante in favore dell'associato, di un mero documento contabile ai fini dell'adempimento dell'obbligo di rendiconto di cui al 3º co. dell'art. 2552 c.c. deriva dalla considerazione per cui l'associato non ha solo ed exclusivamente interesse ad essere infomato sulle entrate ed uscita dell'attività posta in essere dall'associante, ma, altresì, delle modalità con cui è stata svolta la gestione di tale attività. Va da sé infatti, che l'unico modo per l'associato per verificare l'operato dell'associante e, di conseguenza, l'adempimento di quest'ultimo agli obblighi contrattuali dallo stesso dedotti mediante la stipula del contrato di associazione in partecipazione è tramite il rendiconto della gestione. Ne deriva, come confermato anche da autorevole dottrina (Comunale 1997, 604; De Acutis 1999, 229) che il rendiconto dovrà ricomprendere l'indicazione dei criteri di gestione e dei fatti giuridici rilevanti al fine di consentire all'associato di valutare la diligenza ed, eventualmente, le responsabilità del soggeto che ha gestito l'impresa o l'affare." (CENDON. *Commentario al Codice Civile...*, p. 488).

Não parece que essa orientação possa ser aplicada entre nós sem os devidos ajustes decorrentes da natureza societária da conta de participação (na Itália, vale sempre relembrar, a SCP possui natureza contratual).

5.4. Liberação

A prestação de contas é um *dever* do ostensivo; mas, em sentido inverso, é possível encará-la como um *direito*: isto é, direito de desobrigar-se frente ao sócio participante[673]. Por isso, para que o ostensivo possa ficar realmente resguardado quanto ao cumprimento do dever prestar contas, recomenda-se fortemente que as contas sejam prestadas na forma escrita[674].

Para que não restem dúvidas quanto à liberação do ostensivo referentemente a esse dever, sobretudo nas hipóteses em que o sócio participante dispense o exame das contas ou simplesmente se recuse a dar quitação de tal obrigação, indica-se que o ostensivo envie cópia de toda a documentação para este, com aviso de recebimento, e fixe um prazo adequado para eventuais impugnações[675].

O efeito da aprovação das contas é a liberação do ostensivo[676].

Havendo mais de um participante, a doutrina italiana entende que *aprovação de todos é necessária*, não existindo a possibilidade de uma aprovação pela maioria. Isso vale mesmo que os sócios participantes tenham elegido um representante de todos para exercer o direito de fiscalização, pois a aprovação das contas não se confunde com o exercício de tal direito[677].

No Brasil, tal entendimento pode encontrar obstáculo, pois não se pode desconsiderar que seria bastante razoável a aprovação das contas com base no quórum previsto no art. 1.010 do Código Civil, aplicando-se, à hipótese, o princípio da maioria[678].

[673] Ghidini. *L'associazione in partecipazione...*, p. 195.

[674] Ghidini. *L'associazione in partecipazione...*, p. 192-193.

[675] Ghidini. *L'associazione in partecipazione...*, p. 193.

[676] Mignone. *L'associazione in partecipazione...*, p. 495.

[677] Ghidini. *L'associazione in partecipazione...*, p. 196.

[678] Sobre o princípio da maioria, ver: Gierke, Otto von. Sulla storia del principio di maggioranza (Über die Geschichte des Majoriätsprinzips). *Rivista delle Società*, ano VI, fase 6, nov/dic, 1961, p. 1.103-1120; Galgano, Francesco. *La forza del numero e la legge della ragione. Storia del principio di maggioranza*. Bologna: Muldino, 2007.

Segundo Ghidini, seria possível que o participante, em sede de disposição contratual ou posteriormente, dispense o ostensivo de prestar contas, pois o direito em questão é daqueles que se pode classificar como *disponível*, não se podendo impedir que uma parte confie na boa-fé e na retidão da outra. Assim, seria de se admitir tanto a dispensa *geral* quanto a *parcial*, de modo a ser exigida, nesta última, tão-somente, uma conta global, sem especificações ou justificações. Tal não significaria, no entanto, que o participante não tenha o direito de sustentar que o saldo final apresentado é inexato; com certeza, pode fazê-lo, só que, para isso, deve apontar indícios robustos de que o resultado não é confiável. Nesse caso, seria exigida do ostensivo a apresentação de uma conta analítica e documentada, justamente porque falhou o pressuposto de retidão que inspirou o pacto de dispensa da prestação de contas[679]. De qualquer forma, essa orientação precisa ser examinada com cautela e temperança. Por certo, trata-se de direito disponível *in concreto*; todavia, acreditamos que não se pode pactuar, no contrato, uma renúncia absoluta ao direito de fiscalizar (e, consequentemente, do dever de prestar contas): uma cláusula contratual que dispense totalmente o sócio gerente de prestar contas seria eivada de nulidade[680], bem como também parece ser nula a estipulação que obrigue os participantes a aceitar as contas previamente aprovadas por um comitê do qual não façam parte.

Finalmente, há que se observar que a aprovação extrajudicial das contas do ostensivo não significa a decadência do direito do sócio participante de contestar as contas futuramente se puder provar que a sua manifestação de vontade foi eivada de vício, como o erro ou o dolo, apontando-se, igualmente, o lançamento específico que pretende desafiar[681].

6. Outros deveres previstos no contrato social

A conta de participação confere ampla autonomia às partes. Nesse sentido, nada impede que os sócios estabeleçam, contratualmente, outros deveres, bem como direitos, que os sócios reputam importantes para

679 GHIDINI. *L'associazione in partecipazione...*, p. 197.

680 FONTANARROSA. La sociedad accidental o en participación..., p. 4.033.

681 GHIDINI. *L'associazione in partecipazione...*, p. 195-196.

o bom andamento do empreendimento de interesse comum. Assim, os sócios são livres para estipular prestações acessórias. Os sócios também podem, *in concreto*, prever no contrato social determinados deveres, tais como o dever de o sócio ostensivo não possuir restrição de crédito e/ou inabilitação para contratar como Poder Público (caso um dos objetivos da SCP seja o de participar de determinado processo licitatório, por exemplo).

CAPÍTULO 5
DIREITOS DOS SÓCIOS

Costuma-se dizer que os direitos dos sócios são de ordem *patrimonial* ou *política*. Seriam de ordem patrimonial os direitos (*a*) aos lucros, (*b*) aos haveres e (*c*) ao acervo; de ordem política seriam os direitos (*i*) de fiscalizar, (*ii*) de participar e (*iii*) de retirada, por exemplo.

No presente capítulo, examinaremos os direitos acima elencados como forma de aprofundamento das características da sociedade em conta de participação.

1. Direito de participação nos lucros

Em contrapartida à principal obrigação dos sócios perante a sociedade, que é a de *contribuir*, o direito fundamental é o de *participar dos resultados positivos* (lucros), direito essencial de todo e qualquer sócio, independentemente do tipo societário, como dispõem os arts. 981, 1.007 e 1.008 do Código Civil.

Portanto, os resultados decorrentes da atividade prevista no objeto social da conta de participação, sejam eles positivos ou negativos, devem ser partilhados entre os sócios na forma e nos prazos previstos no contrato social (havendo deliberação dos sócios, se for o caso), seja ao final de determinado período, seja após o término do evento/empreendimento; em caso de omissão do contrato social, os resultados devem ser apurados e distribuídos ao final de cada exercício social — sendo que, caso se trate de uma operação única e de curta duração, é razoável que os resultados sejam repartidos ao final do empreendimento[682].

1.1. Fixação

Há liberdade na fixação da participação de cada sócio nos resultados da SCP (que, inclusive, pode ser diversa da forma de participação nas

[682] Ver: Moreau. *Associations en participation et sociétés de fait...*, p. 71. Observe-se o que dispõe o art. 25º, nº 6, do Decreto-Lei 231 (1981) português: "6 — A participação do associado reporta-se aos resultados de exercício, apurados segundo os critérios estabelecidos por lei ou resultantes dos usos comerciais, tendo em atenção as circunstâncias da empresa."; o art. 31º, nº 5, por sua vez, assim determina: "5 — A participação do associado nos lucros ou nas perdas é imediatamente exigível, caso as contas tenham sido prestadas judicialmente; no caso contrário, a participação nas perdas, na medida em que exceda a contribuição, deve ser satisfeita em prazo não inferior a quinze dias, a contar da interpelação pelo associante." O §232 do *Handelsgesetzbuch* alemão prevê que ao final de cada exercício social os lucros e as perdas serão apurados, quando, então, serão distribuídos os dividendos que couberem ao sócio participante, sendo também possível o pagamento da participação nos resultados durante o desenvolvimento dos negócios de acordo com as regras próprias, que podem estabelecer procedimentos específicos para o cálculo dos resultados. O fundamento para a distribuição dos lucros seria o balanço levantado anualmente relacionado à atividade explorada pela SCP, sendo que, como regra, o oculto não participa do crescimento de valor de bens do ostensivo (como de sua marca) (Baumbach-Hopt. *Handelsgesetzbuch...*, p. 870; Heidel-Schall. *Handelsgesetzbuch...*, p. 1.487-1.491; Hüffer-Koch. *Gesellchaftsrecht...*, p. 256; Klunziger. *Grundzüge des Gesellschaftsrechts...*, p. 150). Interessante é o entendimento no Direito italiano: "Il codice civile non preveda in quale momento gli utili dell'associato diventano dovuti, e quindi debbano essere distribuiti. Si ritiene che, salvo diversamente pattuito fra le parti, il diritto agli utili spettante all'associato ha carattere periódico, e sorge independentemente dalla presentazione del rendiconto, che 'rappresenta unicamente l'espressione numerica di parametri convenzionalmente stabiliti, per mezzo dei quali è possibile quantificare la misura degli utili suddetti' (Cass. Sez. Lav., 3 febbraio 1996, n. 926)." "In caso il rapporto si prolunghi per più de un anno, l'associato avrà diritto di percepire anno per anno gli utili risultanti dal rendiconto. L'evidente rilievo che, in questa ricostruzione, viene ad assumere il rendiconto spiega perché la dotrina e la giurisprudenza individuino nella mancata tenuta della contabilità dell'affare oggetto dell'associazione in partecipazione un inadempimento grave, che in quanto tale può comportare la risoluzione del contratto attribuibile all'associante (anche se, è stato sottolineto, la struttura economica dell'associante non era civilisticamente obbligata alla tenuta delle scritture contabili) (Bondavalli 2004, 15)." (Cendon. *Commentario al Codice Civile...*, p. 493-494); ver, também: Mignone. *L'associazione in partecipazione...*, p. 451-452; e Ghidini. *L'associazione in partecipazione...*, p. 133.

perdas)[683]. O único limite reside na proibição da *sociedade leonina*, nos termos do art. 1.008 do Código Civil[684-685-686].

683 Sobre o tema, ver: EIZIRIK. Notas sobre a sociedade em conta de participação..., p. 754-756 (que, por entender que a SCP não é uma sociedade, não se aplicaria o disposto no art. 1.009 do Código Civil — com o que não concordamos —, assim afirmando às p. 756-757: "Ou seja, o fato de a metodologia acordada entre as partes para a determinação do lucro líquido a ser pago aos sócios participantes eventualmente diferir dos preceitos contábeis aplicáveis às sociedades não significa que o pagamento de tais valores importa em uma distribuição de lucros fictícios." "Ao contrário, a possibilidade de adoção de critérios próprios para a apuração e distribuição de resultados decorre única e exclusivamente da prerrogativa que os contratantes têm de livremente estabelecer as bases do seu negócio, em razão do princípio da liberdade contratual." "Consequentemente, também não se pode cogitar da responsabilização dos administradores do sócio ostensivo em face dos pagamentos realizados à sócia participante com base nos critérios de apuração dos lucros contratualmente fixados. O artigo 1.009 do Código Civil, ao prever a responsabilidade solidária dos administradores que realizarem a distribuição fictícia visa, obviamente, a desestimular tal prática, com o objetivo de proteger os interesses de terceiros que contratem com a sociedade." "Não faz sentido cogitar-se da responsabilização pessoal dos administradores do sócio ostensivo pelo fato de simplesmente cumprirem um contrato validamente celebrado pela sociedade por eles gerida. Ao contrário, a inobservância dos critérios pactuados com o sócio participante é que constituiria ato ilegal e, portanto, poderia eventualmente ensejar a responsabilização do próprio sócio ostensivo e de seus administradores (artigo 158 da Lei nº 6.404/1976)." "Portanto, não estando caracterizada qualquer ilegalidade na atuação dos administradores do sócio ostensivo, não há como responsabilizá-los pelo pagamento de lucros ao sócio participante com base no que foi acordado no contrato que constituiu a SCP."). Na Alemanha, inclusive, diz-se que é o contrato social que normalmente regula a divisão dos lucros e das perdas com o objetivo de evitar discussões (cf. HEIDEL-SCHALL. *Handelsgesetzbuch*..., p. 1.483, 1.485). Na França, o contrato pode regular a forma de distribuição dos resultados, sendo vedada a sociedade leonina; em caso de omissão, os lucros são distribuídos proporcionalmente aos aportes de cada um (COZIAN-VIANDIER-DEBOISSY. *Droit des sociétés*..., p. 657-658). Em Portugal, o art. 25º DL 231/81 também autoriza que o contrato social regule a matéria. Na Itália, assim resta autorizado diante do previsto no art. 2553 do *Codice Civile*, afirmando-se que o legislador concedeu grande espaço aos contraentes (como bem esclarece MIGNONE. *L'associazione in partecipazione*..., p. 448-450).

684 Cf. MOREAU. *Associations en participation et sociétés de fait*..., p. 63-64; MERLE. *Droit Commercial*... (1998), p. 661; SCHMIDT. *Gesellschaftsrecht*, B. II..., p. 1.844-1.845.

685 Em Portugal, o art. 21º do Decreto-Lei 231(1981) assim dispõe: "2 — È elemento essencial do contrato a participação nos lucros; a participação nas perdas pode ser dispensada." No mesmo sentido caminha o §231 do *Handelsgesetzbuch* alemão. O art. 1844-1, 2e alinéa, do *Code Civil* francês (aplicável à *société en participacion* com base no art. 1871) também proíbe, no mesmo sentido do art. 1.008 do Código Civil brasileiro, a estipulação atribuindo a um dos sócios a totalidade dos lucros (ou excluindo um dos sócios dos lucros).

686 Trata-se de um direito tanto do sócio ostensivo quanto do sócio participante. Isso é importante porque, por exemplo, na Itália, em que a conta de participação possui natureza

Eventual cláusula prevendo a exclusão da participação nos lucros é nula. Da mesma forma, outras estipulações contratuais que distorçam ou eliminem o elemento do risco do empreendimento (*v.g.*, pagamento de juros fixos ou a mero recebimento de participação em vendas) podem aproximar a SCP de outros institutos, como eventual contrato de comissão ou mútuo[687].

Os arranjos contratuais para distribuição dos resultados entre os sócios da conta de participação são bastante variados, podendo as partes estipular, por exemplo: (*i*) uma participação percentual nos lucros produzidos; (*ii*) uma participação a partir de certa medida, quando as partes só recebem a participação acordada depois que ambas atingiram um montante mínimo; (*iii*) uma prioridade na participação dos lucros até certo montante; (*iv*) uma variação na participação em certos períodos; (*v*) a atribuição de uma parte do produto da venda de certos bens; (*vi*) a atribuição de uma parte do resultado bruto de uma operação, etc[688-689-690-691-692]. Todavia, não é possível existir uma garantia de retorno.[693]

contratual, entende-se que, diante do art. 2553 do *Codice Civile*, a participação do associado nos lucros é elemento essencial, mas que seria possível excluir o associante, ainda que limitado a um certo período, dos lucros (sendo esta uma distinção em relação às sociedades, nas quais é vedado o pacto leonino) (cf. Ghidini. *L'associazione in partecipazione...*, p. 98-99; Mignone. *L'associazione in partecipazione...*, p. 447-448).

687 Heidel-Schall. *Handelsgesetzbuch...*, p. 1.486 (não se constituindo, todavia, participação nos lucros um estrito pagamento de juros ou a mero recebimento de participação em vendas/comissões). No mesmo sentido, afirmando que não se pode prever uma remuneração fixa, sob pena de restar desnaturada a operação, estando-se diante, por exemplo, de um contrato de trabalho, ver: Mignone. *L'associazione in partecipazione...*, p. 450. Dessa forma, não se pode ter a simples devolução, a um dos sócios, do valor aportado, ainda que mediante remuneração (juros), enquanto os outros sócios participam da integralidade dos lucros (cf. Moreau. *Associations en participation et sociétés de fait...*, p. 64).

688 Ventura. *Associação em participação* (BMJ 190)..., p. 10, 13. Ver, também: Cendon. *Commentario al Codice Civile...*, p. 493; Moreau. *Associations en participation et sociétés de fait...*, p. 65-67; Heidel-Schall. *Handelsgesetzbuch...*, p. 1.486. "No direito brasileiro, é da essência da sociedade comercial a participação dos sócios nos lucros sociais." "Contudo, a lei dá ampla liberdade aos sócios para, no contrato social, estipular a medida que cada um deve ter nos lucros, liberdade que não é absoluta, não ensejando oportunidade de se burlar os seus objetivos: que todos participem dos *lucros* e, também, das *perdas*." (Santos. *Manual de Direito Comercial...*, p. 297).

689 É possível, também, o estabelecimento de arranjo contratual em que o percentual da participação do sócio participante nos resultados seja variável no tempo, criando-se mecanismos contratuais para ajustes de participação para as mais diversas hipóteses, como neces-

sidade de novos aportes e ingresso de novos sócios participantes (cf. HEIDEL-SCHALL. *Handelsgesetzbuch...*, p. 1.483-1.484).

[690] Não vislumbramos empecilho a que, na SCP, seja criado mecanismo parecido ao do dividendo mínimo ou fixo das ações preferenciais nas sociedades anônimas brasileiras (Lei 6.404/1976, art. 17), ou mesmo estabelecendo limites de ganho (dividendo máximo). Todavia, é importante atentar que o sócio participante, ao se tornar sócio, assumiu o risco da atividade, ou seja, a SCP, com base nesses mecanismos, não pode se tornar em verdadeiro contrato de mútuo (parciário). Nesse sentido, claro que com base no ordenamento jurídico alemão e tendo em vista suas peculiaridades, ver: HEIDEL-SCHALL. *Handelsgesetzbuch...*, p. 1.484-1.486. Também afirmando ser possível a previsão de um pagamento fixo em relação ao valor aportado — 5% do montante investido pelo participante — a ser pago somente na hipótese de existir lucro, constituindo-se em uma espécie de preferência sobre o ostensivo, ver: GHIDINI. *L'associazione in partecipazione...*, p. 11-12; MIGNONE. *L'associazione in partecipazione...*, p. 455.

[691] O participante estará sujeito a diferentes tipos de risco de acordo com a forma da sua participação nos resultados do empreendimento desenvolvido. Podemos dizer que há *risco de produção* quando o resultado auferido pelo participante depender tão-somente da produtividade do empreendimento proposto pelo ostensivo. Exemplificativamente, o participante que aceita receber unidades de um empreendimento imobiliário ou um valor fixo por peça produzida por certo maquinário industrial estará sujeito ao único risco de não serem entregues os apartamentos ou a baixa produtividade do equipamento industrial. Diferente é o *risco comercial*, hipótese em que o resultado auferido pelo participante depende da comercialização de certos bens. É o caso em que o resultado do participante foi estabelecido a partir de um percentual sobre o valor bruto obtido com a venda de certos bens. Para fixarmos no mesmo ramo do exemplo dado no item anterior, imaginemos que o resultado auferido pelo participante seja um percentual de 10% sobre o valor bruto obtido com a comercialização das unidades de certo empreendimento imobiliário ao invés do recebimento de um número 'x' de unidades previamente estipulado. Eis o risco comercial, em que o resultado dependerá do valor de comercialização dos imóveis. Finalmente, salientamos a existência do *risco econômico*, consubstanciado no efetivo resultado de certo empreendimento. Para continuarmos com o exemplo do empreendimento imobiliário, seriam apuradas as receitas advindas da venda das unidades, para delas descontar os custos do empreendimento, apurando-se o resultado final do mesmo, para dividi-lo de acordo com os percentuais estipulados pelas partes. Recapitulando, na primeira hipótese o risco é não produzir o bem ou produzi-lo em quantidade inferior ao esperado; na segunda hipótese o risco é o baixo valor obtido na venda dos bens produzidos ou até o risco de não os comercializar; por derradeiro, na última hipótese o risco existente está consubstanciado na situação de as despesas superarem as receitas decorrentes das vendas dos bens ou mesmo serem superiores ao esperado de forma a comprometerem a lucratividade do empreendimento. Dissemos tudo isso para sustentar que qualquer destes riscos são mais do que suficientes para justificar o direito de o participante receber os resultados do empreendimento. Em todas essas hipóteses, há sociedade em conta de participação. Cumpre, no entanto, consignar que há posição distinta, como, por exemplo, a de Ghidini, no sentido de que somente o risco econômico justifica a participação

Solá de Cañizares, embora falando de um sistema em que a conta de participação tem natureza meramente contratual, explica que a noção de participação nos resultados deve ser interpretada amplamente, "sem que seja necessária a distribuição material de dinheiro, bastando que a finalidade seja econômica, quer dizer, a obtenção de vantagens de ordem patrimonial"[694].

Cunha Gonçalves explica que "pode ter maior quinhão nos lucros quem efectuou a menor entrada em capital, mormente nas operações em que a habilidade do sócio ostensivo é o elemento principal do esperado êxito, ou quando o negócio foi imaginado ou descoberto pelo sócio não capitalista, por exemplo, no caso da exploração de uma patente de invenção ou no da introducção de uma nova indústria"[695].

Lembra, ainda, o tratadista lusitano que é possível estabelecer uma soma fixa para uma das partes, em vez de uma quota-parte variável dos lucros. Neste caso, pode o outro sócio ser favorecido caso os lucros verificados sejam muito superiores àqueles que imaginados pelas partes quando a sociedade foi concebida. Porém, na linha do autor português, vale esclarecer: o ajuste de uma soma fixa, tal como apontamos, não significa o pagamento de uma espécie de juros sobre o capital investido (o que caracterizaria um empréstimo), simplesmente porque quando não há lucros não ocorre o pagamento da soma fixa[696].

do investidor nos resultados do empreendimento (GHIDINI. *L'associazione in partecipazione...*, p. 99-102).

692 Em Portugal, o art. 25º do DL 231/81 assim dispõe: "6 — A participação do associado reporta-se aos resultados de exercício, apurados segundo os critérios estabelecidos por lei ou resultantes dos usos comerciais, tendo em atenção as circunstâncias da empresa." "7 — Dos lucros que, nos termos contratuais ou legais, couberem ao associado relativamente a um exercício serão deduzidas as perdas sofridas em exercícios anteriores, até ao limite da responsabilidade do associado."

693 Dando a entender em sentido diverso, o que, em nosso sentir, descaracteriza a noção de sociedade, ver: CASTRO. Sociedade em conta de participação..., p. 818-819.

694 SOLÁ DE CAÑIZARES. *El contrato de participación...*, p. 22, 120.

695 CUNHA GONÇALVES. *Da conta em participação...*, p. 78-79.

696 CUNHA GONÇALVES. *Da conta em participação...*, p. 79. Ver, também: CENDON. *Commentario al Codice Civile...*, p. 493; SCHMIDT. *Gesellschaftsrecht*, B. II..., p. 1.844-1.845. Trata-se, a rigor, de mecanismo semelhante aos dividendos fixos ou mínimos pagos às ações preferenciais (Lei das S.A., art. 17).

De qualquer forma, em caso de omissão contratual, a questão se resolve de acordo com a regra geral estabelecida no art. 1.007 do Código Civil. Nesse sentido, as partes possuem ampla autonomia para estabelecer o modo e os critérios de divisão dos resultados, mas caso o contrato social assim não estabeleça, os lucros são divididos *proporcionalmente à participação de cada um na sociedade* (art. 1.007, 1ª parte)[697-698].

[697] TJSP, 3ª Câmara Civil, APC 24.543, Rel. Des. Pedro Chaves, j. 11/04/1945.

[698] Broseta Pont, analisando o Direito espanhol, sustenta que se o pacto não estabelecer a participação das partes nos lucros, estes devem ser distribuídos *de acordo com o valor dos investimentos realizados* por estes, situação que nem sempre é fácil de averiguar na prática, adverte o autor. Cf. BROSETA PONT-SANZ. *Manual de Derecho Mercantil*, v. I..., p. 339. Na França, o contrato pode regular a forma de distribuição dos resultados, sendo vedada a sociedade leonina; em caso de omissão, os resultados são distribuídos proporcionalmente aos aportes de cada um (COZIAN-VIANDIER-DEBOISSY. *Droit des sociétés*..., p. 657). Interessante são os critérios adotados pelo art. 25º do DL 231/81 português em caso de omissão do contrato para regrar a divisão dos lucros: "1 — O montante e a exigibilidade da participação do associado nos lucros ou nas perdas são determinados pelas regras constantes dos números seguintes, salvo se regime diferente resultar de convenção expressa ou das circunstâncias do contrato. 2 — Estando convencionado apenas o critério de determinação da participação do associado nos lucros ou nas perdas, aplicar-se-á o mesmo critério à determinação da participação do associado nas perdas ou nos lucros. 3 — Não podendo a participação ser determinada conforme o disposto no número anterior, mas estando contratualmente avaliadas as contribuições do associante e do associado, a participação do associado nos lucros e nas perdas será proporcional ao valor da sua contribuição; faltando aquela avaliação, a participação do associado será de metade dos lucros ou metade das perdas, mas o interessado poderá requerer judicialmente uma redução que se considere equitativa, atendendo às circunstâncias do Caso." Na Alemanha, como já visto, com base no §231 e no §232 do *Handelsgesetzbuch*, de regra é o contrato que prevê a divisão dos resultados (podendo excluir o participante das perdas — o que deve ser feito expressamente —, mas não dos lucros, apesar de ser possível estabelecer limites quanto a estes); caso o contrato seja omisso, incide a regra de que os resultados serão divididos proporcionalmente de acordo com as circunstâncias (existindo quem interprete que, caso não seja estabelecido no contrato a divisão dos resultados, eles seriam em partes iguais aos sócios, apesar de existir discussão a respeito e a tendência majoritária seja a de realização de divisão proporcional à participação dos sócios), sem contar que os lucros não retirados pelo sócio participante não aumentam a sua participação da sociedade (sendo que, então, serão contabilizados em separado), salvo acordo em contrário. Na Itália, há debate a respeito; há quem sustente que, aqui, se deveria realizar a divisão dos lucros de modo proporcional aos aportes (cf., *v.g.*, GHIDINI. *L'associazione in partecipazione*..., p. 104), enquanto há quem sustente que, se não existirem elementos a deduzir o critério contratado pelas partes, o contrato seria nulo diante da indeterminação de seu objeto (ver: MIGNONE. *L'associazione in partecipazione*..., p. 452-454).

Salienta Raul Ventura que, em princípio, "a medida de repartição dos lucros é deixada à vontade dos interessados. Não é, no entanto, essencial que esta se manifeste no momento da celebração do contrato ou, por outras palavras, não deve considerar-se nulo o contrato omisso quanto a esse ponto. Desde que exista uma regra supletiva legal, o contrato é correlativamente integrado, nada impedindo, porém, que as partes venham mais tarde a afastar as disposições legais, mediante estipulação posterior ao contrato"[699].

Nesse sentido, não é difícil determinar o interesse do participante: em caso de omissão do contrato social, sua participação pode ser calculada pela quantia proporcional de seu aporte em relação à contribuição dos demais sócios. Quanto ao interesse do ostensivo, é possível calculá-lo tendo em conta o valor do negócio e dos meios econômicos que destina às operações concretas sobre as quais versa o contrato de conta de participação[700]. Já com relação à contribuição em serviços, salvo estipulação contratual em contrário, somente participa dos lucros na *proporção da média do valor das quotas* (*quota média*), nos termos do art. 1.007, 2ª parte.

Nesse particular, vale lembrar que, na ausência de previsão contratual referente à participação nos resultados do sócio de indústria, o Código Comercial de 1850, ao regular a extinta sociedade de capital e indústria, dava solução mais clara que o atual Código Civil. O art. 319 assim dispunha:

> Art. 319 — O instrumento do contrato da sociedade de capital e indústria, além das enunciações indicadas no artigo nº. 302, deve especificar as obrigações do sócio ou sócios que entrarem na associação com a sua indústria somente, e a quota de lucros que deve caber-lhes em partilha. *Na falta de declaração no contrato, o sócio de indústria tem direito a uma quota nos lucros igual à que for estipulada a favor do sócio capitalista de menor entrada.*

Pela regra contida no art. 1.007, 2ª parte, a solução é outra. O referido dispositivo — constante do regime jurídico da sociedade simples, mas

[699] Ventura. *Associação em participação* (BMJ 190)..., p. 10.
[700] Garrigues. *Tratado de Derecho Mercantil*..., p. 206.

que se aplica a conta de participação por regra de regência supletiva (art. 996) — manda que se calcule o valor de uma "quota-média", a qual será atribuída fictamente para o sócio de serviços para fins de distribuição dos lucros — e, pelo teor do art. 1.007, o sócio de serviços não participa das perdas, como anteriormente já referimos (vide Capítulo 4. item 2).

Afora essa última exceção, não é possível excluir um sócio dos lucros ou das perdas, como dispõe o art. 1.008. Por isso, é chamada de "leonina" a sociedade que exclui um dos sócios de participar dos resultados positivos ou negativos do negócio, sendo nula a estipulação contratual que assim proceda (nulidade da cláusula, e não todo o contrato de sociedade, vale dizer)[701].

Nada obstante, Raul Ventura sustenta a possibilidade de se atribuir todo o lucro de certos anos ao participante ou outorgar a este os lucros do exercício anual e ao ostensivo os lucros de liquidação[702]. Mario Ghidini também defende ser viável atribuir ao participante a totalidade dos lucros por determinado período e até por toda a duração da relação, situação em que o ganho do ostensivo consistiria no incremento patrimonial de seu estabelecimento (*i.e.*, reforço da estrutura financeira da sua empresa), hipótese em que poderia ser maximizado o potencial lucrativo de seu negócio na fase posterior à liquidação da conta de participação[703]. Por mais interessantes que sejam esses posicionamentos doutrinários, cumpre observar que ambos os autores escrevem a partir de sistemas em que a conta de participação tem natureza contratual, ambientes jurídicos que, por conta disso, suportam arranjos mais elásticos relativamente à distribuição dos resultados. Por isso, é preciso ter muito cuidado ao estipular tais tipos de ajustes no Brasil, País que adota o sistema societário para a conta de participação, pois uma distribuição dos resultados muito exótica pode desnaturar a conta de participação

[701] Theóphilo de Azeredo Santos, entre outros, lecionavam que a cláusula que exonera o sócio das perdas ou dos lucros tornaria a sociedade nula (e não somente a cláusula contratual) (SANTOS. *Manual de Direito Comercial...*, p. 297-298). De fato, em Roma, "Una società di questo tipo è società solo per modo di dire: appunto perciò i giuristi romani la proclamavano inammissibile e quindi invalida." (GUARINO. *La società in diritto romano...*, p. 175); e tal entendimento por muito tempo prevaleceu. Todavia, atualmente, considera-se que somente a cláusula é nula (no Brasil: CC, art. 1.008), enquanto a sociedade é válida, como também ocorre em outros países (como na Itália: *Codice Civile*, art. 2265).

[702] VENTURA. *Associação em participação* (BMJ 190)..., p. 09.

[703] GHIDINI. *L'associazione in partecipazione...*, p. 98-99.

aos olhos do Poder Judiciário ou do Fisco, fazendo com que o ajuste seja enquadrado em outra categoria jurídica — ou que seja reconhecida a nulidade de tal previsão contratual.

1.2. Remuneração?

Pontes de Miranda cogita a possibilidade de o sócio ostensivo receber uma *remuneração fixa* pela administração do negócio social (*pro labore*), além da participação nos lucros que lhe tocaria ordinariamente, concluindo ser viável tal tipo de ajuste — posicionamento que parece adequado e, dependendo do caso concreto, inclusive, razoável. Entretanto, é evidente que deve tal remuneração ser estabelecida no contrato social (ou assim deliberado pelos sócios) e de acordo com os padrões de qualquer administrador, à semelhança do estabelecido no art. 152 da Lei das S.A.[704]. Em caso de silêncio do contrato (ou de inexistência de deliberação dos sócios), entende-se pelo não cabimento de remuneração. Isso porque o ostensivo trabalha não só em proveito alheio, mas também em benefício próprio — ou, melhor dizendo, labora para a realização de um objetivo comum.

Além disso, normalmente, não é ele provocado pelo participante, mas, sim, ele quem convida este à participação[705]. Assim, salvo pacto em

[704] Pontes de Miranda. *Tratado de Direito Privado*, t. 49..., p. 342; igualmente, ver: Baumbach-Hopt. *Handelsgesetzbuch*..., p. 867; Heidel-Schall. *Handelsgesetzbuch*..., p. 1.481; Pic. *Des Sociétés Commerciales*, t. III..., p. 635; Escarra. *Traité théorique et pratique de Droit Commercial*..., p. 556-557; e Almeida. *A sociedade em conta de participação*..., p. 135-136. Ver, também: Moreau. *Associations en participation et sociétés de fait*..., p. 97. Por sua vez, há quem entenda, na Itália, país que considera a conta de participação como um contrato, não ser possível prever uma remuneração ao associante, uma vez que, além de não poder ser equiparado ao administrador de uma sociedade, já que exerce sua própria atividade em seu nome próprio, a cobrança de uma remuneração significaria receber duas vezes pela exploração da atividade, algo análogo como se o associado recebesse, além dos lucros a que tem direito, juros sobre o capital investido (cf. Mignone. *L'associazione in partecipazione*..., p. 343-345); expondo os fundamentos da doutrina alemã e italiana sobre a questão e entendendo pela inadequação de se estabelecer uma remuneração fixa para o sócio ostensivo, ver: Ventura. *Associação em participação* (BMJ 190)..., p. 58-59.

[705] Cunha Gonçalves. *Da conta em participação*..., p. 105-106. Em sentido semelhante: Salgado. *Das sociedades em participação*..., p. 96; Baumbach-Hopt. *Handelsgesetzbuch*..., p. 867; Heidel-Schall. *Handelsgesetzbuch*..., p. 1.481; Pic. *Des Sociétés Commerciales*, t. III..., p. 656. Sustentando o direito a uma remuneração, a depender das circunstâncias, ver: Moreau. *Associations en participation et sociétés de fait*..., p. 97.

contrário, presume-se que a gestão por ele realizada já seria remunerada pela sua participação nos lucros[706].

De qualquer sorte, é evidente que o sócio ostensivo tem direito ao ressarcimento de despesas que eventualmente venha a ter no desenvolvimento da atividade objeto da SCP[707]. Isso, logicamente, faz parte do próprio custo da operação.

No caso do sócio participante, o exercício de eventual direito de voto, de veto ou similares não dá ele o direito de ser remunerado, pois, ao exercer tais prerrogativas, o estará fazendo na defesa de seus interesses enquanto sócio[708]. Nada obstante, se o sócio participante estiver cumprindo funções administrativas internas ou até mesmo externas (na qualidade de preposto ou mandatário), parece razoável que seja remunerado, pois essa atuação extrapola ao que naturalmente seria exigido e até esperado de um participante numa SCP[709].

1.3. Natureza

Quanto à natureza dos resultados distribuídos, Escarra lembra que, dependendo do objetivo da conta de participação, muitas vezes acontece

[706] RAVÀ. *Associazione in partecipazione e società irregolare...*, p. 81.

[707] HEIDEL-SCHALL. *Handelsgesetzbuch...*, p. 1.481.

[708] VENTURA. *Associação em participação* (BMJ 190)..., p. 59.

[709] Aceitando a fixação de *pro labore* ao sócio participante, ver: COSTA. *A sociedade em conta de participação no direito de empresa do Código Civil de 2002...*, p. 176. Prevendo a existência de remuneração, ainda que se possa questionar a forma, ver: "Ação de exigir contas de sociedade em conta de participação ajuizada por sócia oculta contra sócia ostensiva. Contas apresentadas em contestação e impugnadas em réplica. Sentença de procedência proferida consoante o art. 552 do NCPC, dispensada a segunda fase da ação. Declaração, desde logo, pela decisão, do saldo existente em favor da autora. Apelação da ré. Remuneração da autora contratualmente fixada em função dos preços de venda de unidades autônomas do empreendimento. (...)." (TJSP, 1ª Câmara Reservada de Direito Empresarial, APC 1033236-92.2015.8.26.0100, Rel. Des. Cesar Ciampolini, j. 19/01/2018). Ver, também: "Havia duas formas de remuneração à sócia participante ou oculta: remuneração mínima, prevista no item 2.6.1; e retorno do capital investido, conforme item 2.6.2. Possível, portanto, cingir as obrigações contratuais para fins de cobrança. A remuneração mínima, decerto, exigiria maior análise das condições da sócia ostensiva quanto aos lucros por ela apresentados, nos períodos em 2014 a 2015. O retorno do capital investido, de outro lado, apresenta-se de forma fixa, independente da remuneração mínima." (TJSP, 14ª Câmara de Direito Privado, APC 1038841-82.2016.8.26.0100, Rel. Des. Melo Colombi, j. 22/02/2017). Dando a entender em sentido contrário à fixação de remuneração ao participante, ver: YOSHIKAWA. Reflexos processuais da sociedade em conta de participação..., p. 33, nota de rodapé.

que aos sócios interesse receber sua parte *in natura*[710]. É o caso, por exemplo, do recebimento de apartamentos em uma SCP utilizada para a viabilização de um empreendimento imobiliário.

Essa prática é, evidentemente, possível, não havendo maiores problemas na sua adoção, desde que esteja expressamente estipulado no contrato social ou decorra das características do negócio. Mas como observa Vivante, o ostensivo não pode constranger o participante a receber a sua quota nos lucros *in natura*[711], já que, como regra, os lucros são pagos em moeda corrente.

1.4. Elementos a considerar

A rigor, "a participação dos sócios só se dá com relação aos resultados das atividades objeto da Conta de Participação, e não com relação a outras atividades desempenhadas pelo sócio ostensivo, no seu interesse pessoal"[712], sendo isso o que determina o *caput* do art. 991 do Código Civil. Desse modo, o participante não tem direito aos resultados positivos decorrentes de outras atividades exploradas pelo sócio ostensivo — da mesma forma como não participa das perdas de tais outros empreendimentos.

No caso de o objeto da conta de participação consistir em toda a atividade explorada pelo ostensivo, o participante terá direito aos lucros do exercício, ainda que decorrentes de resultados anteriores ao seu aporte — o mesmo ocorrendo quando da dissolução da sociedade —, salvo previsão contratual em sentido diverso[713-714].

[710] Escarra. *Traité théorique et pratique de Droit Commercial...*, p. 562.

[711] Vivante. *Trattato di Diritto Commerciale...*, p. 541.

[712] Almeida. *A sociedade em conta de participação...*, p. 123. No mesmo sentido: Ghidini. *L'associazione in partecipazione...*, p. 109; e Mignone. *L'associazione in partecipazione...*, p. 459. Ver, também: Cendon. *Commentario al Codice Civile...*, p. 493 ("Ovviamente, l'associato non potrà vantare alcun diritto sugli utili riferibili ad imprese dell'associante diverse da quelle a cui si riferisce il proprio contratto di associazione in partecipazione, o ad affari che detto contratto addirittura expressamente escluda." "Se la misura di questa partecipazione non è determinata, la quota di spettanza dell'associato sarà quantificata dal giudice 'in proporzione del valore dell'apporto dell'associato, rispetto al valore dell'impresa, ovvero dell'affare o degli affari rispetto ai quali l'associazione è pattuita, tenendo conto, nella prima ipotesi, che l'impresa deve essere valutata secondo i criteri che presiedono alla redazione dei bilanci' (Cass. civ., Sez. I, 9 marzo 1982, n. 1476, *GC*, 1983, I, 592).").

[713] Cf. Mignone. *L'associazione in partecipazione...*, p. 455-456. Em sentido diverso: Ghidini. *L'associazione in partecipazione...*, p. 107.

No caso de pluralidade de participantes na mesma conta de participação, o inadimplemento de qualquer um deles relativamente à sua contribuição para o negócio de interesse comum será considerada perda a ser descontada dos lucros a serem distribuídos[715].

Finalmente, não é possível forçar o participante a aceitar que a sua parcela nos lucros seja reinvestida no empreendimento a título de aumento da sua participação. Só é lícito proceder dessa forma com a autorização do participante — ou, melhor dizendo, mediante deliberação social[716].

2. Direito de fiscalizar

O direito de fiscalizar e o dever de prestar contas são *duas faces de uma mesma moeda*. Com efeito, é inerente à condição de sócio, em qualquer tipo de sociedade, nos termos da lei, o direito à informação, bem como o direito de realizar inspeções, se for o caso[717]. No exercício de tais direitos, não é desarrazoado, inclusive, que o participante externe sua opinião sobre a condução dos negócios sociais[718]. Como observa Mauro Brandão Lopes, são direitos essenciais do sócio e não há qualquer razão para pretender que não se apliquem à conta de participação[719] — sendo, ademais, direitos que independem do cumprimento ou não de obrigações por parte do sócio que o exerce[720].

714 Por sua vez, em caso de participação em toda a atividade do associante, há quem sustente que, como regra, o associado faz jus ao lucro do exercício (e não ao lucro do balanço) (cf. Ghidini. *L'associazione in partecipazione...*, p. 110 ss; Mignone. *L'associazione in partecipazione...*, p. 456 ss, 482-487). Nesse sentido, não é dado ao ostensivo, quando este for uma sociedade, impor ao participante um sacrifício de parcela nos lucros em nome da formação de reservas contratuais ou legais a que aquele esteja obrigado. Para a constituição das reservas legais ou contratuais que o ostensivo esteja obrigado em decorrência da sua condição de sociedade, só a sua participação nos lucros pode concorrer (Grandi. *L'associazione in partecipazione...*, p. 128; Mignone. *L'associazione in partecipazione...*, p. 460-461, 486).

715 Grandi. *L'associazione in partecipazione...*, p. 129.

716 Ventura. *Associação em participação* (BMJ 190)..., p. 22. Em sentido semelhante: Grandi. *L'associazione in partecipazione...*, p. 134.

717 Cf. Heidel-Schall. *Handelsgesetzbuch...*, p. 1.492; Merlinski. *Manual de sociedades comerciales...*, p. 294.

718 Merlinski. *Manual de sociedades comerciales...*, p. 294.

719 Lopes. *A sociedade em conta de participação...*, p. 97.

720 Heidel-Schall. *Handelsgesetzbuch...*, p. 1.492.

A fiscalização, como direito essencial, nasce quando do surgimento de tipos societários nos quais nem todos os sócios participam da gestão — sendo natural que os sócios não administradores tenham algum controle sobre a forma como é gerido o seu investimento. O próprio parágrafo único do art. 993 traz essa *ratio* quando estatui que os sócios participantes, apesar de não poderem engajar-se nas relações do sócio ostensivo com terceiros — leia-se participar na gestão externa das atividades, sob pena de, assim o fazendo, responderem solidariamente pelos atos praticados —, podem fiscalizar a gestão da sociedade[721].

Como na sociedade em conta de participação há uma categoria de sócio excluída, em regra, da administração, cabe àquela o direito de fiscalizar a gestão do sócio ostensivo[722]. A fiscalização consiste em uma das poucas formas de o sócio participante controlar a atividade do ostensivo[723];

[721] Respeitadas as peculiaridades e as limitações de cada ordenamento jurídico, assim também o é em outros países, inclusive com previsão expressa na legislação, como ocorre na Itália (*Codice Civile*, art. 2552), no Uruguai (art. 487 da *Ley de Sociedades Comerciales*) e na Argentina (art. 1451 do *Código Civil y Comercial de la Nación*). Na França, também se faz referência a um direito de informação; sobre o controle da administração, ver: Moreau. *Associations en participation et sociétés de fait...*, p. 95-97; Cozian-Viandier-Deboissy. *Droit des sociétés...*, p. 659. Igualmente, há previsão de fiscalização pelo sócio oculto no §233 do *Handelsgesetzbuch* alemão, podendo o contrato ampliar ou restringir o direito de controle do participante; todavia, tal dispositivo é motivo de críticas tendo em vista sua humildade, já que basicamente permite que o participante obtenha cópia do balanço anual e demonstrar sua correição com base nos livros e na documentação existente — ou o seu exercício demandaria tutela jurisdicional, existindo previsão de que, a pedido do sócio oculto, o tribunal pode, a qualquer momento, em existindo relevantes fundamentos, determinar que demonstrações financeiras anuais ou outras informações e documentos sejam fornecidos — recomendando-se, por isso, que sejam previstos no contrato maiores mecanismos de fiscalização. Sobre o tema, entre outros, ver: Heidel-Schall. *Handelsgesetzbuch...*, p. 1.491-1.497; Hüffer-Koch. *Gesellchaftsrecht...*, p. 256; Klunziger. *Grundzüge des Gesellschaftsrechts...*, p. 148-149.

[722] TJRS, 5ª Câmara Cível, APC 70083173096, Rel. Des. Isabel Dias Almeida, j. 27/11/2019; TJRS, 5ª Câmara Cível, Apelação 70080603079, Rel. Des. Isabel Dias Almeida, j. 24/04/2019; TJDFT, 3ª Turma Cível, APC 20150111074610, Rel. Des. Flavio Rostirola, j. 22/03/2017; TJRJ, 12ª Câmara Cível, APC 0000200-94.2016.8.19.0081, Rel. Des. José Acir Lessa Giordani, j. 15/05/2018.

[723] "O direito de fiscalizar os atos de gerência é próprio do sócio que não participa da administração da sociedade — em regra, o sócio participante. Mas, nas sociedades em conta de participação em que todos os sócios são ostensivos, cada um na titularidade de seu estabelecimento, não há dúvida de que todos podem (e devem) fiscalizar os atos e operações praticados pelo seu consorte. Isso porque nas operações realizadas pelos outros o sócio assume a real posição de participante, sendo a ele deferido, até por força legal, o direito de controlar,

é direito inalienável e inderrogável, necessário para a correta e adequada verificação, inclusive, da participação nos lucros[724].

Ademais, há quem, como Raul Ventura, considere a existência de um direito de inspeção ou de informação que independe da prestação de contas, fundado exclusivamente na simples curiosidade do sócio não administrador relativamente aos negócios sociais, "independente da prova de interesse legítimo no caso concreto"[725].

Dessa maneira, o sócio participante não tem apenas o direito de ser informado, mas também o direito de inspecionar, podendo ter acesso aos documentos referentes à conta de participação, à correspondência, aos contratos, aos livros, aos extratos bancários de conta corrente e de aplicações financeiras, entre outros[726]. E se, para tanto, for preciso, pode o participante manejar as medidas competentes contra o sócio ostensivo[727], como a ação cautelar de exibição de documentos, aí incluída a exibição de livros comerciais.

Nesse sentido, já se manifestou o Poder Judiciário em diversas oportunidades:

> Apelação cível. Dissolução e liquidação de sociedades. Apuração de haveres. Sociedade em conta de participação. (...). 6. A exploração da atividade é realizada tão-somente pelo sócio ostensivo, que a faz por sua conta e risco, e em nome próprio. Por outro lado, o sócio participante tem sua participação limitada aos resultados do empreendimento, geralmente ingressando com o capital necessário para a realização do objeto. 7. (...), o sócio participante tem o direito de fiscalizar a administração dos negócios. 8. *No caso dos autos, o autor se diz inconformado com a administração do projeto de reflorestamento, em especial, no que se refere à ausência de informações acerca da rentabilidade do empreendimento, manejando, inclusive,*

nos limites estipulados, as ações de seus parceiros." (GALIZZI. *Sociedade em conta de participação...*, p. 161). Ver, também, ALMEIDA. *A sociedade em conta de participação*, p. 143.

[724] GRUNEWALD. *Gesellschaftsrecht...*, p. 168. Ver, também: CENDON. *Commentario al Codice Civile...*, p. 487.

[725] VENTURA. *Associação em participação* (BMJ 190)..., p. 64.

[726] É importante referir que constitui prática relativamente comum dos contratantes desse tipo de sociedade a abertura de conta corrente específica para a movimentação dos recursos relacionados à conta de participação.

[727] Que é quem tem a obrigação de prestar as informações e disponibilizar os documentos competentes. Cf. HEIDEL-SCHALL. *Handelsgesetzbuch...*, p. 1.496.

> *medida cautelar de exibição de documentos.* (...). (TJRS, 5ª Câmara Cível, APC 70025256934, Rel. Des. Jorge Luiz Lopes do Canto, j. 15/04/2009) (trechos selecionados do acórdão).

Nesse contexto, a ação de exigir contas é algo comum:

> Ação de exigir contas – Primeira fase – Sociedade em conta de participação – Cerceamento de defesa e nulidade de sentença – (...) – *Demonstrada a relação jurídica entre as partes, consubstanciada em sociedade em conta de participação, o sócio participante ("oculto") tem o direito de fiscalizar a administração exercida pelo sócio ostensivo, que, tem, por sua vez, o dever de prestar contas — O sócio ostensivo tem o dever de exibir contas ao sócio participante, seja porque atua como administrador, seja porque o contrato é expresso a respeito* — Arts. 991, 993 e 996 do Código Civil – (...). (TJSP, 2ª Câmara Reservada dc Direito Empresarial, AI 2104402-40.2019.8.26.0000, Rel. Des. Sérgio Shimura, j. 03/12/2019).

Nessa linha, o Tribunal de Justiça do Distrito Federal e Territórios destacou ser razoável a pretensão do sócio oculto de conhecer a escrituração contábil da conta de participação para que pudesse acompanhar o investimento por ele realizado:

> Direito processual civil. Ação cautelar de exibição. 1. *Razoável a pretensão do sócio oculto de conhecer a escrituração contábil da sociedade em conta de participação a fim de acompanhar o investimento por ele realizado e, eventualmente, postular os direitos correlatos.* 2. Ademais, trata-se de procedimento acautelatório que tem o propósito de assegurar provas. 3. Recurso conhecido e não-provido. Unânime. (TJDFT, 2ª Turma, APC 20010110382337, Rel. Des. Waldir Leôncio Lopes Júnior, j. 28/10/2002)[728].

Há, também, manifestações no sentido da possibilidade de ser manejado procedimento cautelar de exibição de documentos como forma de realizar o direito de fiscalização:

> Comercial. Sociedade em conta de participação. Sócio oculto. Poder de fiscalização. Procedimento cautelar de exibição de documentos.

[728] Em sentido semelhante: TJSC, 1ª Câmara de Direito Comercial, APC 1988.038233-5, Rel. Des. Cid Pedroso, j. 19/03/1991.

> Viabilidade. 1) Indiscutivelmente subsiste ao sócio oculto ante sócio ostensivo o direito de exercer poder fiscalizatório de sua gestão, conforme artigos 18 e 290 do Código Comercial e ainda artigo 28, §4º, do Decreto n. 79.046/76. 2) *Esse "poder de fiscalização" pode dar-se mediante o procedimento cautelar de exibição de documentos, não se podendo permitir a materialização de tal pretensão apenas em sede de ação de prestação de contas, como uma camisa de força a coarctar o direito da parte.* (TJDFT, 2ª Turma, APC 20010110382394, Rel. Des. Silvânio Barbosa dos Santos, j. 26/08/2002)[729].

Outros Tribunais de Justiça também já salientaram a possibilidade da ação de exibição de documentos como um procedimento preparatório para a instrução da ação de prestação de contas:

> Sociedade em conta de participação — Medida cautelar de exibição de documentos — Caráter satisfativo do pedido — Comprovada a condição de sócio embora oculto do agravado, *lídimo é o seu direito de examinar os livros da empresa da qual faz parte* — Agravo desprovido. *O sócio ou sociedade por cotas Ltda., pode intentar ação de exibição de livros e documentos por inteiro, para a verificação do que lhe é devido — Amplo é seu direito ao exame dos livros da sociedade* e pode exercê-lo *como medida preparatória para instrução de ação de prestação de contas* RT 636/95. (TJSC, 2ª Câmara de Direito Civil, AI 1997.014595-0, Rel. Des. Anselmo Cerello, j. 17/06/1999)[730].

[729] No mesmo sentido: "Sociedade em conta de participação — Extinção — Interposição, por sócio oculto, de medida cautelar preparatória, na busca de documentos comuns, aos quais não teve acesso — Admissibilidade, se o sócio ostensivo não prestou contas — Limitação, no entanto, da exibição a livros-diário, livros-razão e balancetes contábeis, ou seja, de documentos que digam respeito à participação do requerente no negócio. Medida cautelar — Exibição de documentos — Sociedade em conta de participação — Interposição da medida por sócio oculto — Circunstância de cópias simples de documentos terem sido entregues ao seu representante legal que não exclui seu interesse processual para interpor a ação — Pretensão que visa a obtenção de cópias autenticadas para cotejo com as obtidas preteritamente, diante das dúvidas pendentes sobre o resultado do empreendimento — Inexistência, ademais, de alguns documentos requisitados que não é tema que possa ser ventilado em sede de juízo de admissibilidade da cautelar, nem serve de embaraço à outorga de liminar." (TJSP, 10ª Câmara, AgIn 117.970-4/9, Rel. Des. Hélio Quaglia Barbosa, j. 29/06/1999).

[730] Ver, também: TJDFT, 2ª Turma Cível, APC 20140110833178APC, Rel. Des. Gislene Pinheiro, j. 08/04/2015.

Verifica-se, então, que o direito de fiscalização é direito essencial do sócio, reconhecido pelos tribunais pátrios ao possibilitarem que os sócios participantes façam uso dos instrumentos processuais pertinentes para fins de controlar a atuação dos sócios ostensivos. De mais a mais, como já referido no Capítulo 4, item 5, o sócio participante tem o direito de lançar mão da ação de prestação de contas, como, inclusive, é reconhecido em outros países[731].

De qualquer sorte, é importante ter em mente que, em princípio (excetuadas as regras processuais referentes aos ônus sucumbenciais), o custo para o exercício do direito de fiscalização recai sobre o sócio que exerce tal direito. Em contrapartida, caso tenha sofrido algum dano que reste comprovado no exercício do direito de fiscalização, o sócio participante pode exigir do sócio ostensivo a reparação dos prejuízos suportados, por exemplo[732].

2.1. Delegação

Não é de todo rara a delegação do exercício da fiscalização a um terceiro, como um profissional da contabilidade, sem que para isso seja necessária a anuência do ostensivo.

Da mesma forma, existindo vários participantes, é possível a nomeação de um representante comum para o exercício do controle, sem que o ostensivo possa obstar isso. No entanto, a nomeação de um representante comum para esse desiderato tende a impedir que os participantes possam exercitar o mesmo direito de forma individual, em razão de que essa situação imporia um agravamento na condição do ostensivo[733].

[731] Observe-se que em Portugal o art. 31º do Decreto-Lei 231(1981) assim dispõe: "4 — Na falta de apresentação de contas pelo associante, ou não se conformando o associado com as contas apresentadas, será utilizado o processo especial de prestação de contas regulado pelos artigos 1014º e seguintes do Código de Processo Civil."

[732] Cf. HEIDEL-SCHALL. *Handelsgesetzbuch*..., p. 1.496-1.497.

[733] Por tudo, ver GHIDINI. *L'associazione in partecipazione*..., p. 187-188. Em caminho semelhante, ver: HEIDEL-SCHALL. *Handelsgesetzbuch*..., p. 1.495-1.496 (salientando que, em casos excepcionais e de preocupações justificadas com o terceiro indicado a exercer a fiscalização, é possível limitar o acesso a informações de tal terceiro, sendo que o Judiciário pode nomear perito habilitado para realizar a fiscalização). Referindo a possibilidade de instituir-se um *conseil de surveillance*, ver: MOREAU. *Associations en participation et sociétés de fait*..., p. 85, 96.

É recomendável que o terceiro eventualmente nomeado pelo sócio participante para o exercício da fiscalização esteja munido de instrumento que lhe conceda poderes suficientes para tanto, bem como que assine termo de confidencialidade com o sócio ostensivo antes de acessar as informações da conta de participação.

2.2. Limites e responsabilidades

O contrato social pode regrar o direito de fiscalização, inclusive com a possibilidade de vistoria dos estabelecimentos do ostensivo e auditoria *in loco* de seus livros e documentos[734]. Caso o contrato seja omisso, aplica-se o art. 1.021 (c/c art. 996) do Código Civil[735], que não impõe qualquer limitação temporal[736] (devendo-se, em qualquer hipótese, respeitar os prazos prescricionais aplicáveis)[737].

[734] Podendo, inclusive, prever a possibilidade e os limites da fiscalização após o término da relação societária havida entre os sócios (cf. HEIDEL-SCHALL. *Handelsgesetzbuch*..., p. 1.494-1.495). Ver: TJRJ, 13ª Câmara Cível, APC 0193772-32.2014.8.19.0001, Rel. Des. Agostinho Teixeira de Almeida Filho, j. 17/06/2015.

[735] O *Código Civil y Comercial de la Nación* argentino, por exemplo, no art. 1451, assim dispõe: "Derechos de información y rendición de cuentas. El partícipe tiene derecho a que el gestor le brinde información y acceso a la documentación relativa al negocio. También tiene derecho a la rendición de cuentas de la gestión en la forma y en el tiempo pactados; y en defecto de pacto, anualmente y al concluir la negociación." O art. 487 da *Ley de Sociedades Comerciales* uruguaia assim determina: "(Control de la administración). Si el contrato no determina el control de la administración por los socios, se aplicarán las disposiciones establecidas para los socios comanditarios. En cualquier caso, el socio tiene derecho a la rendición de cuentas de la gestión.". Já o art. 2552 do *Codice Civile* determina o que segue, autorizando que o contrato regule a matéria: "La gestione dell'impresa o dell'affare spetta all'associante. Il contratto può determinare quale controllo possa esercitare l'associato sull'impresa o sullo svolgimento dell'affare per cui l'associazione è stata contratta. In ogni caso l'associato ha diritto al rendiconto dell'affare compiuto o a quello annuale della gestione se questa si protrae per più di un anno.". O art. 22º, nº 2, do Decreto-Lei 231 (1981) português, por sua vez, assim dispõe (ao tratar da matéria na conta de participação com pluralidade de associados): "2 — O exercício dos direitos de informação, de fiscalização e de intervenção na gerência pelos vários associados será regulado no contrato; na falta dessa regulamentação, os direitos de informação e de fiscalização podem ser exercidos individual e independentemente por cada um deles, devendo os consentimentos exigidos pelo artigo 26º, nº 1, alíneas b) e c), e nº 2, ser prestados pela maioria dos associados."

[736] TJDFT, 4ª Turma, AI 0728504-08.2020.8.07.0000, Rel. Des. Sérgio Rocha, j. 14/04/2021 ("Agravo de instrumento. Ação de exigir contas. Sociedade em conta de participação. Legitimidade ativa da sucessora. Termo inicial da prestação de contas. Data da constituição

Se existirem vários sócios participantes, o direito de fiscalização é, como regra, individual de cada um deles, ou seja, não precisa ser exercido em conjunto, salvo ajuste em sentido diverso no contrato social[738].

Ainda quanto ao direito de fiscalizar, deve-se salientar que tal direito (e o consequente dever por parte do ostensivo) restringe-se à conta de participação, ou seja, abarca tão-somente os livros, os lançamentos e os documentos relativos à SCP[739].

De qualquer sorte, entendemos que o direito de fiscalizar não está restrito ao passado (análise, por exemplo, das demonstrações financeiras e dos documentos comprobatórios), podendo o sócio participante ter acesso, por exemplo, a informações de negócios em desenvolvimento[740].

A despeito da sua relevância no âmbito da conta de participação, o direito de fiscalização não pode ser exercido de modo disfuncional. Por exercício disfuncional deste direito deve-se entender a situação do

da sociedade. 1- Os administradores são obrigados a prestar aos sócios contas justificadas de sua administração, e apresentar-lhes o inventário anualmente, bem como o balanço patrimonial e o de resultado econômico (CC 1.020). 2- Seja por ausência de óbice legal ou de limitação no contrato social, o sócio participante pode exigir do sócio ostensivo que preste contas da gestão dos negócios sociais, em regra, sem limitação temporal. 3- Negou-se provimento ao agravo de instrumento.").

[737] Cf., *v.g.*, TJSP, 1ª Câmara Reservada de Direito Empresarial, AI 2182461-08.2020.8.26.0000, Rel. Des. César Ciampolini, j. 02/05/2022 ("Ação de exigir contas. Sociedades em conta de participação. Parcial procedência, determinando-se à sócia ostensiva que preste contas da destinação de aportes feitos pelas autoras, sócias participantes, pelo período de dez anos. Agravo de instrumento da ré. A mera condição de sócia ostensiva enseja à ré o dever de prestar contas. A prévia apresentação de documentos extrajudicialmente não afasta essa obrigação. Na segunda fase do procedimento, as contas serão submetidas a contraditório. Aplica-se à prestação de contas entre sócios o prazo prescricional de dez anos do art. 205 do Código Civil. Precedentes das Câmaras Reservadas de Direito Empresarial. Decisão mantida (art. 252 do RITJSP). Agravo de instrumento desprovido."). Ver, também: TJPR, 18ª Câmara Cível, Apelação 0011260-94.2016.8.16.0001, Rel. Des. Vitor Roberto Silva, j. 21/12/2020.

[738] Assim, inclusive, prevê o art. 22º, nº 2, do Decreto-Lei 231 (1981) português.

[739] SALGADO. *Das sociedades em participação...*, p. 98; LOPES. *A sociedade em conta de participação...*, p. 98; ALMEIDA. A virtuosidade da sociedade em conta de participação..., p. 58; GONÇALVES NETO. *Direito de Empresa...*, p. 194-195; YOSHIKAWA. Reflexos processuais da sociedade em conta de participação..., p. 34; COSTA. *A sociedade em conta de participação no direito de empresa do Código Civil de 2002...*, p. 236, 273. Caminhando nessa direção: TJSP, 10ª Câmara, AgIn 117.970-4/9, Rel. Des. Hélio Quaglia Barbosa, j. 29/06/1999.

[740] Na jurisprudência: TJDFT, 4ª Turma, AI 0728504-08.2020.8.07.0000, Rel. Des. Sérgio Rocha, j. 14/04/2021. Na Alemanha, entende-se em sentido diverso: HEIDEL-SCHALL. *Handelsgesetzbuch...*, p. 1.492.

sócio que o utiliza como forma de perturbar o sócio ostensivo (para obstaculizar, dificultar ou travar a marcha normal da atividade exercida por ele), seja por vingança, para forçar a sua saída da sociedade ou com qualquer outra motivação indevida. Assim, o direito de fiscalização não é ilimitado, sofrendo restrições quando o seu exercício for manifestamente excessivo ou disfuncional. E é o dever de lealdade que limita o exercício de tal direito (Código Civil, art. 187)[741-742].

Por fim, as eventuais informações obtidas pelo sócio devem ser utilizadas no interesse da sociedade, guardando o necessário sigilo a respeito dos dados que assim obtiver[743].

3. Direito de participar

Inicialmente, cumpre fixar uma premissa básica: cabe ao sócio ostensivo explorar a atividade prevista no objeto social da SCP, sendo igualmente ele quem titulariza os direitos e obrigações assumidos perante terceiros no desenvolvimento dos negócios sociais. Com efeito, é o ostensivo *o administrador* dos negócios relativos à conta de participação, com poderes de gestão e disposição[744] (como, expressamente, dispõe o art. 2552, 1º *comma*, do *Codice Civile* italiano), o que nos parece bastante lógico, inclusive porque os recursos destinados à SCP encontram-se alocados em seu patrimônio, como melhor veremos no Capítulo 7[745].

O ostensivo possui os mais amplos poderes para administrar os negócios de interesse da conta de participação. Administra da maneira como

[741] VERÓN. *Sociedades comerciales...*, p. 841; BAUMBACH-HOPT. *Handelsgesetzbuch...*, p. 871-872; HEIDEL-SCHALL. *Handelsgesetzbuch...*, p. 1.492.

[742] Luís Renato Ferreira da Silva assim caracteriza: abuso de direito ocorre quando há um "(...) desvirtuamento da função precípua que a ordem jurídica confere aos direitos subjetivos". Em outras palavras, "(...) o abuso ocorre sempre que, aparentemente usando de um direito regular, haja uma distorção do mesmo, por um 'desvio de finalidade', de modo a prejudicar a outra parte interessada ou a terceiros." (SILVA, Luís Renato Ferreira da. *Revisão dos contratos*: do Código Civil ao Código do Consumidor. Rio de Janeiro: Forense, 2001, p. 47-49).

[743] VERÇOSA. *Curso de Direito Comercial...*, p. 302.

[744] HÉMARD-TERRÉ-MABILAT. *Sociétés Commerciales...*, p. 381.

745 Mas nada impede que a administração da conta de participação seja confiada a um terceiro (sobretudo com a anuência contratual do participante), assim como seja nomeado mandatário. Cf. ESCARRA. *Traité théorique et pratique de Droit Commercial...*, p. 554, 557. Neste caso, como regra, é o ostensivo o responsável pelos atos do mandatário (PIC. *Des Sociétés Commerciales*, t. III..., p. 636).

melhor lhe aprouver, sem a necessidade de, como regra, solicitar aprovação dos participantes. Estes, por sua vez, não podem nem se opor aos atos de administração, salvo convenção em contrário. É de todo justo que o ostensivo não seja perturbado no exercício da atividade[746].

Nesse sentido, tem o ostensivo pleno poder para escolher, dirigir e fiscalizar os prepostos e trabalhadores em geral; fixar os seus salários; despedi-los se entender conveniente; contratar representantes e terceirizar serviços; comprar e vender mercadorias e matérias-primas, nas condições e preços que julgar conveniente; contratar e emitir títulos; tomar crédito; adquirir máquinas, equipamentos e utensílios; e muito mais, desde que seja respeitado o objeto (e demais termos e condições contratuais) da conta de participação; observado esse limite, não pode ser, como regra, importunado pelo participante[747-748].

Por isso, o sócio ostensivo possui o dever de exercer a atividade prevista no contrato social — dever de agir dentro do objeto[749]. E tanto isso é verdade que, se o contrato social for omisso no estabelecimento de limites, presume-se que o sócio ostensivo possui *amplos poderes* para gerir o fundo social — consistindo o próprio objeto social estipulado para a conta de participação sua limitação, tal como as previsões legais cogentes e os usos para este tipo de contrato[750].

Posto isso, duas questões ganham destaque e merecem tratamento mais detalhado dentro do presente ponto. A primeira diz respeito ao eventual direito de voto (ou veto) do sócio participante relativamente às matérias de seu interesse. A segunda é ponto clássico dentro do estudo da conta de participação e tem relação com a eventual possibilidade de

[746] Cunha Gonçalves. *Da conta em participação*..., p. 104 e 107.

[747] Salgado. *Das sociedades em participação*..., p. 92.

[748] Não se pode esquecer das restrições impostas pelo legislador. Nesse sentido, em princípio, incide, na SCP, o art. 1.015, *caput*, do Código Civil: "Art. 1.015. No silêncio do contrato, os administradores podem praticar todos os atos pertinentes à gestão da sociedade; não constituindo objeto social, a oneração ou a venda de bens imóveis depende do que a maioria dos sócios decidir".

[749] Escarra. *Traité théorique ei pratique de Droit Commercial*..., p. 555; Almeida. *A sociedade em conta de participação*..., p. 138. *Liberdade de gestão* não significa *arbítrio de gestão*: Ventura. *Associação em participação* (BMJ 190)..., p. 51.

[750] Escarra. *Traité théorique et pratique de Droit Commercial*..., p. 555; Cozian-Viandier-Deboissy. *Droit des sociétés*..., p. 658-659.

o sócio oculto participar da gestão do negócio comum e até exercer atos de administração perante terceiros[751].

3.1. Direito de voto (ou veto)

Relativamente à questão do eventual direito de voto (ou veto), temos que o sócio participante pode, sim, exercê-lo em duas hipóteses:

(a) quando a matéria a ser decida for *alterar a estrutura jurídica ou econômica* da sociedade; e
(b) quando tal *direito lhe for concedido pelo contrato social*, ainda que a matéria não se enquadre na primeira hipótese.

Vale dizer, sempre que alguma decisão possa ter o efeito de alterar a estrutura jurídica ou econômica da sociedade — tal como a alteração do objeto, reforço no aporte de recursos, alienação do estabelecimento, entre outras, bem como qualquer alteração do contrato social —, caracterizando-se em operações extraordinárias em relação ao objeto social[752], o direito de votar passa a ser de todos os sócios, sobretudo porque a questão pode afetar o seu investimento. Assim, tanto o sócio participante quanto o sócio ostensivo devem deliberar em conjunto sobre a questão relevante[753], embora normalmente se entenda que o direito de

[751] Sobre o tema, ver também o que já foi dito no Capítulo 2, item 1.2, bem como o Capítulo 4, item 4.

[752] GIERKE. *Derecho Comercial y de la Navegación*, v. I..., p. 361.

[753] GRUNEWALD. *Gesellschaftsrecht*..., p. 167. Ver, também: BAUMBACH-HOPT. *Handelsgesetzbuch*..., p. 865-866; HEIDEL-SCHALL. *Handelsgesetzbuch*..., p. 1.473, 1.476; HÜFFER-KOCH. *Gesellschaftsrecht*..., p. 256. Aqui, observe-se o que dispõe o art. 22º, nº 2, do Decreto-Lei 231(1981) português, ao tratar da conta de participação com pluralidade de associados: "2 — O exercício dos direitos de informação, de fiscalização e de intervenção na gerência pelos vários associados será regulado no contrato; na falta dessa regulamentação, os direitos de informação e de fiscalização podem ser exercidos individual e independentemente por cada um deles, devendo os consentimentos exigidos pelo artigo 26º, nº 1, alíneas b) e c), e nº 2, ser prestados pela maioria dos associados."; observe-se, aqui, quanto às matérias, o disposto no referido art. 26º, nº 1, alíenas "b" e "c", e nº 2: "1 — São deveres do associante, além de outros resultantes da lei ou do contrato: b) Conservar as bases essenciais da associação, tal como o associado pudesse esperar que elas se conservassem, atendendo às circunstâncias do contrato e ao funcionamento de empresas semelhantes; designadamente, não pode, sem consentimento do associado, fazer cessar ou suspender o funcionamento da empresa, substituir o objecto desta ou alterar a forma jurídica da sua exploração; c) Não concorrer com a empresa na qual foi contratada a associação, a não ser nos termos em que essa concorrência lhe for

voto não seja essencial à qualidade de sócio na conta de participação[754]. Evidentemente que eventuais restrições contratuais a esse direito possuem eficácia meramente interna, devendo-se o descumprimento ser resolvido na esfera da responsabilidade civil[755].

Com relação à formação da vontade social, é possível que outras questões da conta de participação sejam deliberadas por meio de voto, desde que assim esteja previsto no contrato da sociedade[756]. Isto é, o contrato social pode restringir os poderes de gestão do sócio ostensivo, inclusive estabelecendo que determinadas matérias dependam de decisão tomada em conjunto com o sócio participante — limitações estas que, como comentado, não possuem eficácia perante terceiros[757].

E, como salienta Garrigues, ao participante pode ser dado direito de *veto* relativamente a algumas matérias ou com relação à realização de negócios acima de certa cifra[758]. Raul Ventura explica que a gestão interna pode ocorrer de formas variadas: pode o participante "contentar-se com um parecer não vinculante; pode exigir a aprovação ou parecer vinculante; pode consistir num direito de veto; pode ser estipulada a concorrência das vontades; pode ser atribuído valor igual ou diferente à

expressamente consentida:" "2 — O contrato pode estipular que determinados actos de gestão não devam ser praticados pelo associante sem prévia audiência ou consentimento do associado." Veja-se, ainda, que, na França, o art. 1844 (1er alinéa) do *Code Civil*, ao qual remete o art. 1871, prevê ser direito de cada sócio participar das decisões coletivas — referindo-se que, para o funcionamento da conta de participação, não vigeria o método assemblear, em que pese os contratos prevejam reuniões periódicas para as discussões de maior relevância (Mignone. *L'associazione in partecipazione...*, p. 607).

754 Galizzi. *Sociedade em conta de participação...*, p. 155.

755 Nesse sentido, por exemplo, ainda que o contrato de conta de participação preveja que o participante tenha direito de preferência em caso de alienação da participação ou de aumento do capital social da sociedade objeto do investimento, tal previsão possui mera eficácia interna: qualquer restrição à alienação de bens por parte do sócio ostensivo é ineficaz perante terceiros (cf. Salgado. *Das sociedades em participação...*, p. 143; Affonso. *A sociedade em conta de participação no Direito brasileiro...*, p. 112-113). Ver, também: Gierke. *Derecho Comercial y de la Navegación*, v. I..., p. 361.

756 Galizzi. *Sociedade em conta de participação...*, p. 155. Ver, também: Schmidt. *Gesellschaftsrecht*, B. II..., p. 1.847; Heidel-Schall. *Handelsgesetzbuch...*, p. 1.473-1.474, 1.480. Assim, inclusive, autoriza expressamente o art. 22º, nº 2, e o art. 26º, nº 2, do Decreto-Lei 231 (1981) português.

757 Almeida. *A sociedade em conta de participação...*, p. 137.

758 Garrigues. *Tratado de Derecho Mercantil...*, p. 204. Ver, também: Schmidt. *Gesellschaftsrecht*, B. II..., p. 1.847.

autorização ou à ratificação; podem as formas de intervenção variar conforme as categorias de atos em causa"[759]. Em qualquer hipótese, deve-se atentar para que não ocorra o esvaziamento por completo da gerência do ostensivo sobre o negócio, sob pena de restar desnaturada a SCP[760].

A rigor, ainda que a decisão seja tomada de modo colegiado, a execução do que foi deliberado cabe somente ao sócio ostensivo, que, em caso de descumprimento, responderá internamente perante o sócio participante[761].

E não podemos esquecer que os sócios possuem liberdade para regular o modo de participação e votação no contrato social, inclusive quanto aos quóruns de deliberação. Caso assim não procedam, aplicam-se as regras da sociedade simples, inclusive no que concerne às alterações do contrato social, especialmente os arts. 999 e 1.010 do Código Civil — sendo que o cômputo dos votos é feito proporcionalmente à participação de cada um dos sócios no fundo social[762].

[759] Ventura. *Associação em participação* (BMJ 190)..., p. 50. Cf., também, Salgado. *Das sociedades em participação...*, p. 95.

[760] Como já referido, o *Codice Civile* italiano (art. 2552, 2º *comma*) permite que as partes pactuem um direito de controle da atividade do ostensivo pelo participante, o que é encarado com certa liberdade, inclusive com a possibilidade de o participante ter que concordar com a realização de certas operações, desde que não acarrete uma influência exacerbada no exercício da atividade pelo ostensivo (o que é garantido *ex lege*), cf. Cendon. *Commentario al Codice Civile...*, p. 484-487. Reconhecendo que a jurisprudência e a doutrina conferem interpretação ampla (falando-se, inclusive, em delegação da atividade no plano interno e externo), mas tendo uma interpretação mais restritiva (entendendo possível a previsão de hipóteses restritíssimas de atos que dependem do consentimento do associado), ver: Mignone. *L'associazione in partecipazione...*, p. 345 ss.

[761] Observe-se o que determina o art. 26º Decreto-Lei 231(1981) português: "2 — O contrato pode estipular que determinados actos de gestão não devam ser praticados pelo associante sem prévia audiência ou consentimento do associado. 3 — O associante responderá para com o associado pelos danos que este venha a sofrer por actos de gestão praticados sem a observância das estipulações contratuais admitidas pelo número anterior, sem prejuízo de outras sanções previstas no contrato."

[762] No mesmo sentido, ver Galizzi. *Sociedade em conta de participação...*, p. 155-156. Entendendo inaplicável o art. 1.010 do Código Civil à conta de participação (afirmando que o contrato social deve regrar as formas de deliberação dos sócios, esclarecendo, ainda, que o sócio ostensivo não pode ter poderes absolutos de decisão sob pena de afronta ao art. 122 do Código Civil), ver: Lopes. Sociedade em comum e sociedade em conta de participação como técnicas de implementação de parcerias empresariais..., p. 326-327. Observe-se que, ao regrar a matéria na conta de participação com pluralidade de associados, o art. 22º, nº 2, do Decreto-Lei 231(1981) português, ao tratar da conta de participação com pluralidade de

Finalmente, no que toca a um eventual direito de remuneração do sócio participante pela ingerência nessas questões, temos que em princípio este não faz jus a tal benefício, pois sua a intervenção, como diz Raul Ventura, "será na maior parte dos casos exercida para reforço dos seus direitos"[763].

3.2. Participação na administração

Quanto à participação do sócio oculto na administração do empreendimento comum, não há problemas desde que a sua atuação se restrinja a aspectos internos[764]. Não pode atuar perante terceiros se dizendo administrador, salvo se o fizer na qualidade de *empregado* ou de *mandatário* do ostensivo. Nesse caso, é necessário que deixe claro para os terceiros as condiçõcs sob as quais está agindo — sob pena de, assim não fazendo, responder pessoalmente pelas obrigações que assumir, nos termos do art. 993, parágrafo único, do Código Civil[765].

A propósito da questão, já em 1933, na Itália, a *Corte di Cassazione* julgou não haver qualquer incompatibilidade entre a natureza da sociedade em conta de participação e a prática de atos de gestão e controle pelo sócio participante[766].

associados: "2 — O exercício dos direitos de informação, de fiscalização e de intervenção na gerência pelos vários associados será regulado no contrato; na falta dessa regulamentação, os direitos de informação e de fiscalização podem ser exercidos individual e independentemente por cada um deles, devendo os consentimentos exigidos pelo artigo 26º, nº 1, alíneas b) e c), e nº 2, ser prestados pela maioria dos associados."

763 VENTURA. *Associação em participação* (BMJ 190)..., p. 59.

764 ESCARRA. *Traité théorique et pratique de Droit Commercial*..., p. 557; RASNER. *Die atypische stille Gesellschaft*..., p. 75 ss.

765 CUNHA GONÇALVES. *Da conta em participação*..., p.107-108; VENTURA. *Associação em participação* (BMJ 190)..., p. 48-49; SALGADO. *Das sociedades em participação*..., p. 94; WALD. *Comentários ao novo Código Civil*..., p. 105-106; e GALIZZI. *Sociedade em conta de participação*..., p. 118-119. Ver, também: SCHMIDT. *Gesellschaftsrecht*, B. II..., p. 1.847; HEIDEL-SCHALL. *Handelsgesetzbuch*..., p. 1.472-1.473. Fazer do participante mandatário do ostensivo para os negócios de interesse comum não desnatura a conta de participação. Assim decidiu a *Corte di Cassazione* num elucidativo julgado de 1963 (*Rivista di Diritto Commerciale e del Diritto Generale delle Obbligazioni*, v. LXII, Parte II. Milano: Dottor Francesco Vallardi, 1964, p. 110-116).

766 *Rivista di Diritto Commerciale e del Diritto Generale delle Obbligazioni*, v. XXXI, Parte II, Milano: Dottor Francesco Vallardi, 1933, p. 393-399.

E, nestes casos, é possível a fixação de uma remuneração para o sócio participante, pois a sua atuação extrapolará o exercício comum dos direitos decorrentes da condição de sócio.

4. Direito de retirada

Na SCP, não é possível a circulação da posição de sócio sem a concordância dos outros membros[767]. Isto é, regra geral, no silêncio do contrato social e não existindo títulos ou certificados de emissão que permitam a circulação livre de sócios, sua posição jurídica não pode ser transferida a um terceiro sem o consentimento unânime dos demais, nos exatos termos dos arts. 995 e 1.003 do Código Civil — sendo este último aplicável em atenção à regra de regência supletiva prevista no art. 996.

Seria correto dizer, então, que o sócio fica preso à sociedade indeterminadamente caso os demais não concordem com a transferência de sua participação? Evidentemente que não. A Constituição Federal, que garante a liberdade de associação (art. 5º, XX), também assegura que ninguém esteja obrigado a permanecer vinculado a qualquer sociedade eternamente (vedação aos pactos eternos)[768], sendo o direito de retirada de uma posição contratual estabelecida por prazo indeterminado uma derivação bastante óbvia da própria liberdade contratual[769].

Por isso, o ordenamento jurídico garante o direito de retirada dos sócios de uma conta de participação, nos termos do art. 1.029 do Código Civil, tendo em vista o disposto na regra de regência subsidiária prevista no art. 996. Assim, caso a sociedade seja a prazo *determinado* (certo ou incerto), a retirada de um dos sócios deve ser motivada e provada judicialmente (com fundamento, por exemplo, na quebra do dever de lealdade ou na falta de informações sobre o objeto da SCP)[770]; enquanto

[767] Também na França: RIPERT. *Traité élémentaire de Droit Commercial...*, p. 516; RIPERT-ROBLOT-GERMAIN-MAGNIER. *Traité de droit des affaires*, t. 2..., p. 197.

[768] Já Cairú assim considerava, cf. LISBOA. José da Silva (Visconde de Cairú). *Princípios de Direito Mercantil e leis de Marinha*, v. 2. Rio de Janeiro: Typographia Academica, 1874, p. 500.

[769] Sobre o assunto, cf. FRANÇA, Erasmo Valladão Azevedo e Novaes; ADAMEK, Marcelo Von. Sociedade perpétua. *Revista de Direito Mercantil, Industrial, Econômico e Financeiro*, v. 157, p. 112-114, 2011.

[770] *V.g.*: "Apelação cível. Dissolução e liquidação de sociedades. Apuração de haveres. Sociedade em conta de participação. Projeto de reflorestamento. Affectio societatis. Preliminares rejeitadas. (...) 11. O sócio tem o direito de se retirar da sociedade por prazo determinado, provando judicialmente justa causa. A falta de informações sobre o empreendimento, prin-

que, se a prazo *indeterminado*[771], a saída pode ocorrer a qualquer momento, bastando notificar (preferencialmente por escrito)[772] os demais sócios com antecedência mínima de 60 dias (podendo, em nosso entender, o contrato social alterar este prazo)[773].

Portanto, respeitado o disposto no art. 1.029, pode o sócio postular a dissolução de seus vínculos societários na conta de participação. Por outro lado, o próprio contrato social pode estabelecer regras específicas sobre o direito de retirada[774-775], desde que, logicamente, não inviabilizem ou dificultem injustificadamente a retirada do sócio da SCP[776].

cipalmente quanto à aplicação dos recursos e ao retorno do investimento, constitui, por certo, justa causa a ensejar a dissolução parcial. Inteligência do Art. 1029, do CC. Rejeitadas as preliminares suscitadas e, no mérito, negado provimento ao recurso." (TJRS, 5ª Câmara Cível, APC 70025256934, Rel. Des. Jorge Luiz Lopes do Canto, j. 15/04/2009). Ver, também: TJRS, 5ª Câmara Cível, Apelação 70083129593, Rel. Des. Jorge André Pereira Gailhard, j. 27/11/2019; TJRS, 6ª Câmara Cível, APC 70067172957, Rel. Des. Rinez da Trindade, j. 27/10/2016; TJDFT, 7ª Turma Cível, APC 00120901220168070001, Rel. Des. Leila Arlanch, j. 31/01/2018.

771 O que abarca a hipótese de o prazo de duração ser toda a vida de quaisquer dos sócios (§134 do *Handelsgesetzbuch*) (Heidel-Schall. *Handelsgesetzbuch*..., p. 1.498).

772 O Código Civil não determina a forma de tal notificação, recomendando-se, de todo o modo, que a notificação seja feita por escrito para fins de segurança e prova. Ademais, o contrato social pode regrar tal formalidade, exigindo a forma escrita (cf. Heidel-Schall. *Handelsgesetzbuch*..., p. 1.500).

773 Outros países também preveem o direito de retirada. Na Itália, país em que se entende pela natureza contratual da conta de participação, este é o entendimento: "Cass. civ., Sez. III, 15 aprile 1993, n. 4473 (*MCC, 1993*) – Nel contratto di associazione in partecipazione agli utili dell'impresa o di uno o più affari, il diritto di recesso deve riconoscersi a ciascuno dei contraenti ove manchi la previsione del termine di durata del rapporto, con la conseguenza che l'istituto del recesso unilaterale a norma del 2º co., art. 1373 c.c. è applicabile sia al contratto sopra richiamato che ai rapporti di cointeressenza agli utili senza partecipazione alle perdite, che costituisce una figura particolare del contratto di cui all'art. 2549 c.c." (cf. Cendon. *Commentario al Codice Civile*..., p. 421). Na Alemanha, a questão está prevista no §234 do *Handelsgesetzbuch*; sobre o tema, entre outros, ver: Heidel-Schall. *Handelsgesetzbuch*..., p. 1.497 ss; Hüffer-Koch. *Gesellchaftsrecht*..., p. 256-257.

774 "Comercial — Sociedade em conta de participação — Contrato — Apuração de haveres — Possibilidade de retirada do sócio — Recurso desprovido. Estatuindo o contrato a possibilidade de saída do sócio insatisfeito com lucros e privilégios, diante da inexistência de qualquer lucro ou privilégio, pode ele se retirar do empreendimento e exigir a apuração dos haveres." (TJSC, 1ª Câmara de Direito Comercial, APC 1988.065721-5, Rel. Des. Amaral e Silva, j. 13/10/1993).

775 O contrato pode restringir o exercício do direito de retirada imotivado por determinado período (hipótese em que, durante este período, a SCP será a prazo determinado), sendo

Em qualquer hipótese, o exercício de tal direito não pode ocorrer de modo abusivo[777]. Nesse sentido, a má-fé pode ser presumida quando existem boas perspectivas relativamente à obtenção de lucro imediato e o ostensivo pura e simplesmente denuncia o contrato a fim de excluir o participante destes ganhos[778]. Da mesma forma, é abusiva a conduta do sócio participante que, ciente das dificuldades de liquidez e de crédito do ostensivo, busca, com a sua retirada, prejudicá-lo com o objetivo de forçar novos termos contratuais ou, ainda, para levá-lo à quebra a fim de que, no processo de falência, possa adquirir o negócio[779]. Em tais hipóteses, entendemos possível a responsabilização civil do sócio e a ineficácia, por determinado período, da retirada (com base no art. 473, parágrafo único, do Código Civil) — bem como, a depender do caso, que o pagamento dos haveres seja postergado[780].

que, transcorrido tal prazo, a retirada imotivada passa a ser exercível (tornando-se, então, a SCP a prazo indeterminado) (cf. Heidel-Schall. *Handelsgesetzbuch...*, p. 1.498).

[776] Nesse sentido, não se pode simplesmente excluir o direito de retirada nem impor regras que dificultem o seu exercício (como, por exemplo, a imposição de uma multa pelo simples exercício do direito de retirada) (cf. Heidel-Schall. *Handelsgesetzbuch...*, p. 1.499).

[777] Pontes de Miranda. *Tratado de Direito Privado*, t. 49..., p. 350. Ver, também: Ventura. *Associação em participação* (BMJ 190)..., p. 89; Rasner. *Die atypische stille Gesellschaft...*, p. 127. Na Itália, assim já decidiu a *Corte di Cassazione* em 1932 (cf. *Rivista di Diritto Commerciale e del Diritto Generale delle Obbligazioni*, v. XXXI, Parte II, Milano: Dottor Francesco Vallardi, 1933, p. 54-57).

[778] Garrigues. *Tratado de Derecho Mercantil...*, p. 210.

[779] Rasner. *Die atypische stille Gesellschaft...*, p. 127.

[780] Cf. Spinelli. *Exclusão de sócio por falta grave na sociedade limitada...*, p. 161-162. Entendendo pela responsabilização civil (afirmando que a retirada, todavia, permanece válida e eficaz), ver: Marques, Evy Cynthia. *O direito de retirada de sócios de sociedade simples e sociedade limitada.* 140 f. Dissertação (Mestrado em Direito) – Faculdade de Direito da Universidade de São Paulo, São Paulo, São Paulo, 2010, p. 62-64 (ao analisar o tema nas sociedades simples). Já Marcelo Adamek, por considerar insuficiente a responsabilização civil, defende, no caso da retirada inoportuna, a possibilidade de ineficácia da retirada – como se entende na Alemanha – com base no art. 473, parágrafo único, do CC; de qualquer forma, por mais que até se concorde com o referido comercialista, mesmo aqui não conseguimos vislumbrar que o exercício do direito de retirada de modo inoportuno, considerado ineficaz justamente diante de sua abusividade, possa ser considerada falta grave a ensejar a exclusão do sócio porque: (*a*) como o próprio art. 473, parágrafo único, do CC dispõe, a denúncia unilateral do contrato – *i.e.*, o exercício do direito de retirada – não produz efeitos imediatos, mas produzirá efeitos depois de transcorrido prazo compatível com a natureza e o vulto dos investimentos; e (*b*) tal medida serve muito mais para evitar a descapitalização da sociedade em determinado momento e a possibilidade de recuperar os investimentos realizados do que qualquer

Por derradeiro, a retirada de um dos sócios pode acarretar a dissolução total da conta de participação caso este seja o único daquela categoria ou caso a sua permanência seja essencial. Se, por outro lado, mesmo com a sua saída for viável o empreendimento, e existindo, também, outros sócios da mesma categoria, pode, então, a sociedade permanecer em funcionamento; assim, ocorre, única e exclusivamente, a dissolução parcial da sociedade, apurando-se aquilo que é devido para o retirante[781] (aplicando-se, de qualquer sorte, o previsto no parágrafo único do art. 1.029 do Código Civil).

5. Direito aos haveres

Quanto às sociedades em geral, qualquer que seja a causa da dissolução parcial (v.g., morte de sócio, penhora e liquidação de quota, insolvência ou falência de sócio, retirada voluntária ou recesso, exclusão, incapacidade superveniente ou qualquer outra hipótese prevista em lei ou no contrato social), a consequência é sempre a mesma: a constituição de um crédito em favor do sócio desligado (ou em benefício de seu sucessor) contra a sociedade.

Nesse contexto, a apuração de haveres é o procedimento pelo qual se fará a liquidação da sua participação na sociedade, seja ela uma liquidação pelo método do balanço especial (na prática, o balanço de determinação) ou por convenção pré-determinada no contrato social (ou, ainda, acordada entre as partes) (CC, art. 1.031)[782].

outra coisa. Outra solução vislumbrada pelo referido comercialista seria a possibilidade de, em se retirando de má-fé ou inoportunamente, que fosse dilatado judicialmente o prazo para pagamento dos haveres ou que fosse ordenado o seu pagamento de modo parcelado, com o objetivo de dar efetividade ao dever de contribuição, sem descapitalizar a sociedade ou, ao menos, sem privá-la do capital de giro (solução esta que, em nosso entender, e para evitar futuras discussões, os próprios sócios podem prever ao firmarem o contrato de sociedade, como, inclusive, autoriza o art. 1.031, §2º, do Código Civil). Sobre a retirada inoportuna e de má-fé, ver: ADAMEK. *Abuso de minoria em direito societário...*, p. 225-230. Também encontrando fundamento no art. 473, parágrafo único, do Código Civil para limitar a retirada inoportuna, ver: BALTAZAR, Dayse Mara Silveira. O recesso e a exclusão de sócio nas sociedades limitadas. *Revista de Direito Empresarial*, n. 3, p. 115-141, 2005, p. 132, 139. Há quem entenda, de qualquer sorte, que tal retirada seria nula (RASNER. *Die atypische stille Gesellschaft...*, p. 127).

781 Em sentido semelhante, ver: HEIDEL-SCHALL. *Handelsgesetzbuch...*, p. 1.499.

782 Sobre a apuração dos haveres e o tema da dissolução parcial nas sociedades personificadas, ver, essencialmente ESTRELLA, Hernani. *Apuração dos haveres de sócio*. 5 ed. atual. por

Em se tratando de sociedade em conta de participação, a apuração do crédito se dá através de prestação de contas levada a cabo pelo sócio ostensivo (art. 996)[783]. A realização desse levantamento e o recebimento de eventual saldo favorável é direito do sócio desligado qualquer que seja a hipótese de dissolução parcial, em qualquer tipo societário, mesmo em caso de exclusão. Até se pode descontar (compensar) eventual dano causado aos demais sócios do montante a ser pago, mas não pode sonegar o direito aos haveres[784].

Tendo em vista a própria estrutura da SCP, o sócio oculto somente participa dos resultados da sociedade, não fazendo jus ao fundo de comércio do negócio explorado pelo ostensivo, salvo estipulação em contrário ou caso a própria estrutura in concreto da conta de participação assim determine (como na hipótese de o participante ser coproprietário)[785].

O direito aos haveres não se assemelha a um suposto direito de restituição do montante investido por qualquer dos sócios, o qual, caso seja verificado *in concreto*, pode desnaturar a natureza societária da conta de participação. Isto é, a intangibilidade do investimento contratualmente estipulada de modo a retirar qualquer risco relativamente ao participante corrompe a natureza societária da SCP. O crédito a que o sócio tem direito quando do seu desligamento da sociedade guarda relação com o estado patrimonial da conta de participação no momento do desligamento (sendo que há o entendimento de se aplicar as normas do procedimento de dissolução parcial previstas no Código de Processo Civil para o cálculo dos haveres)[786].

Roberto Papini. Rio de Janeiro: Forense, 2010; Barbi Filho, Celso. *Dissolução parcial de sociedades limitadas*. Belo Horizonte: Mandamentos, 2004; Fonseca. *Dissolução parcial, retirada e exclusão de sócio...*; Spinelli. *Exclusão de sócio por falta grave na sociedade limitada...*

783 Igualmente: Gonçalves Neto. *Direito de Empresa...*, p. 200.

784 Sobre o tema, ver: Spinelli. *Exclusão de sócio por falta grave na sociedade limitada...*, p. 481 ss.

785 Sobre o tema, ver: Rasner. *Die atypische stille Gesellschaft...*, p. 60 ss; Hüffer-Koch. *Gesellchaftsrecht...*, p. 258.

786 "Ação de dissolução de sociedade em conta de participação. Insurgência quanto aos critérios de apuração dos haveres. Necessidade de observância das cláusulas pactuadas entre os sócios. (...) Ademais, a questão dos critérios de apuração dos haveres é matéria exclusivamente de direito, devendo ser observado o contrato social e a lei, sendo que a realização da prova técnica deverá ocorrer em sede de liquidação. Inteligência do art. 443, do CPC. Preliminar rejeitada. II. No caso em tela, a ré não se opôs na contestação à saída da autora

Nada obsta, no entanto, que, ao final (e, claro, respeitando o modo de aporte dos recursos para formar o fundo social, como será examinado no Capítulo 7), os bens sejam restituídos in natura ao sócio, desde que não se destinem à alienação no curso da vida da sociedade. Mas é claro que isto, além de não ser oponível perante terceiros, depende da situação patrimonial da sociedade quando de sua dissolução e dos direitos que os sócios venham a ter[787].

6. Direito ao acervo

Finalmente, caso a sociedade entre em liquidação, far-se-á o acerto de contas entre os sócios. Isto é, em caso de dissolução total da conta de participação, qualquer que seja o motivo, é direito dos sócios a realização do ajuste de contas, podendo os sócios ajustar a forma como isso será calculado.

da Sociedade em Conta de Participação mantida entre as partes, passando-se, assim, imediatamente à fase de liquidação, de acordo com o art. 603, do CPC. III. Por sua vez, a apuração dos haveres, o critério a ser observado é aquele previsto no contrato social ou, em caso de omissão, o valor patrimonial apurado em balanço de determinação, tomando-se por referência a data da resolução e avaliando-se bens e direitos do ativo, tangíveis e intangíveis, a preço de saída, além do passivo também a ser apurado de igual forma. (...)." (TJRS, 5ª Câmera Cível, APC 70081037236, Rel. Des. Jorge André Pereira Gailhard, j. 26/06/2019); da mesma forma: TJRS, 5ª Câmera Cível, APC 70077514602, Rel. Des. Isabel Dias Almeida, j. 26/06/2018; TJSP, 1ª Câmara Reservada de Direito Empresarial, Apelação 1006710-39.2016.8.26.0008, Rel. Des. Cesar Ciampolini, j. 23/10/2019. Por isso, entendemos equivocado o seguinte julgado, cuja ementa transcrevemos: "Ação declaratória cumulada com cobrança. Contrato de sociedade em conta de participação. A retirada de participante do quadro social dá o direito de receber o equivalente a sua cota-social, devidamente atualizado. Afastada a preliminar de carência de ação. Sentença que declarou rescindido o contrato e julgou procedente a cobrança, mantida. Apelo improvido." (TJRS, 5ª Câmara Cível, APC 70002552503, Rel. Des. Sérgio Pilla da Silva, j. 24/05/2001). Também criticando este precedente, ver: GALIZZI. *Sociedade em conta de participação...*, p. 157.

[787] ALMEIDA. *A sociedade em conta de participação...*, p. 184.

CAPÍTULO 6
CONSTITUIÇÃO

No presente capítulo serão examinados temas ligados à constituição da SCP, tais como: a *tipologia das sociedades*; a *autonomia privada* e a *modelagem societária*, expressão que utilizamos para designar a possibilidade de as partes autorregularem seus interesses (desde que respeitadas as normas cogentes do tipo e demais normas indisponíveis aplicáveis, inclusos os *requisitos de validade* do ato constitutivo)[788]; e assuntos correlatos, como a *prova da existência* da sociedade, o *ingresso de novos sócios*, a *emissão de títulos ou certificados* e o *prazo de duração* da sociedade.

1. Tipologia societária

Ao decidirem constituir uma sociedade para explorar determinada atividade econômica, uma das primeiras decisões dos agentes é escolher o modelo jurídico que lhes dará o devido respaldo, com base, por exem-

[788] Ver: Rasner. *Die atypische stille Gesellschaft...*, p. 43 ss, 117. Observe-se, inclusive, que é nesse sentido que caminha o art. 1871 (2e alinéa) do *Code Civil* francês, que assim dispõe: "Les associés conviennent librement de l'objet, du fonctionnement et des conditions de la société en participation, sous réserve de ne pas déroger aux dispositions impératives des articles 1832, 1832-1, 1833, 1836 (2 ème alinéa), 1841, 1844 (1er alinéa) et 1844-1 (2e alinéa)." Na Argentina, o art. 1446 *Código Civil y Comercial de la Nación*, inserido nas disposições gerais dos *contratos asociativos*, assim dispõe: "ARTICULO 1446.- Libertad de contenidos. Además de poder optar por los tipos que se regulan en las Secciones siguientes de este Capítulo, las partes tienen libertad para configurar estos contratos con otros contenidos."

plo, na estrutura organizacional do negócio, no regime de responsabilidade dos sócios, nas regras de governança, nos direitos e deveres de cada participante, na forma de aporte dos recursos econômicos necessários e na lógica de distribuição de resultados[789], entre outros fatores, como os aspectos tributários[790].

O conjunto de normas que regulará essas questões está previsto em modelos de negócios tipificados na lei chamados de tipos societários[791-792], reunidos na legislação em uma espécie de "cardápio societário"[793], verdadeiro *catálogo legal*[794] no qual estão listados todos os veículos societários disponíveis ao empreendedor.

[789] Ver: Sztajn. *Contrato de sociedade e formas societárias...*, p. 176.

[790] Por esse último aspecto, já foi dito que o direito tributário se tornou uma fonte indesejada do direito societário (Wiedemann. *Gesellschaftsrecht*, B. I..., p. 23). Na Alemanha, afirmando que o desenvolvimento de novas estruturas societárias, como a *atypische stille Gesellschaft*, se deu não somente pela vontade das partes de melhor regrar seus interesses, mas também pela forte influência do direito tributário, ver: Rasner. *Die atypische stille Gesellschaft...*, p. 15.

[791] Como bem destaca Karl Larenz: "Os tipos jurídicos são em si próprios 'sistemas móveis' de elementos ordenados entre si, sob um determinado critério directivo. Como tais podem ordenar-se em 'séries de tipos' que, por seu lado, podem ser concebidos como 'sistemas móveis parciais'. Os princípios directivos que estão mais ou menos concretizados na regulação dada, mas que precisam ainda de ser concretizados, representam elementos de um 'sistema interno', que tem por missão tornar visível e pôr em evidência a unidade valorativa interna do ordenamento jurpídico. Como elemento de união, de certo modo, entre estes princípios e os conceitos abstratos, que não são tão-pouco de eliminar por completo, servem, finalmente, os conceitos 'determinados pela função'." (Larenz, Karl, *Metodologia da ciência do direito.* Trad. De José Lamego. 5 ed. Fundação Calouste Gulbenkian. 2009, p. 623). No mesmo sentido: De Nova, Giorgio. *Il tipo contrattuale.* Padova: Cedam, 1974, p. 126.

[792] Nesse espectro, o tema dos tipos societários foi amplamente estudado pela doutrina estrangeira. Sobre o tema, ver: D'Eufemia, Giuseppe. *L'autonomia privata e suoi limiti nel diritto corporativo.* Milano: Giuffrè, 1942; Morello, Aurelio. *Le società atipiche.* Milano: Giuffrè, 1983; Giordano, Domenico. *Le limitazioni all'autonomia privata nelle società di capitali.* Milano: Giuffrè, 2006; Dalmartello, Arturo. Società tipiche e clausole atipiche (il problema dell'autonomia contratuale nel diritto delle società). Rivista dei Dottori Commercialisti, v. XI, n. 2, p. 216-230, mar./apr., 1960; La Lumia, Isidoro. La atipicità delle società commerciali. *Rivista del Diritto Commerciale*, v. XXXVI (1), p. 217-235, Milano, 1938; Gandara, Luis Fernandes de la. *Atipicidad en derecho de sociedades.* Madrid: Pórtico, 1977; SPADA, Paolo. *La tipicità delle società.* Padova: Cedam, 1974; Marsili, María Celia. *Sociedades comerciales. El problema del la tipicidad.* Buenos Aires: Rubinzal-Culzoni, 2003. Entre nós, merecem destaque: Sztajn. *Contrato de sociedade e formas societárias...*; e Tellechea, Rodrigo. *Autonomia Privada no Direito Societário.* São Paulo: Quartier Latin, 2016.

[793] Cf. Cerisola. *Curso de Derecho de la Empresa*, p. 8 ss.

[794] A expressão é de Sztajn. *Contrato de sociedade e formas societárias...*, p. 08.

Na legislação brasileira, tal rol é composto por nove tipos societários, que estão regulados entre os arts. 986-1.096 do Código Civil (e em leis especiais):

• Sociedade em comum	(arts. 986-990)
• **Sociedade em conta de participação**	**(arts. 991-996)**
• Sociedade simples	(arts. 997-1.038)
• Sociedade em nome coletivo	(arts. 1.039-1.044)
• Sociedade em comandita simples	(arts. 1.045-1.051)
• Sociedade limitada	(arts. 1.052-1.087)
• Sociedade anônima	(arts. 1.088-1.089 / Lei 6.404/76)
• Sociedade em comandita por ações	(arts. 1.090-1.092 / Lei 6.404/76)
• Sociedade cooperativa	(arts. 1.093-1.096 / Lei 5.764/71)

No âmbito das sociedades, cada tipo outorga ao empreendedor uma opção normativa capaz de estruturar o exercício da atividade, traçando a espinha dorsal do empreendimento, assegurando a sua organização[795]. Cada uma dessas espécies cumpre função específica no sistema societário, fato que também explica a razão da existência de tantos tipos previstos em lei[796].

E cada uma das espécies societárias é resultado da evolução histórica, sendo que tais tipos responderam a determinadas necessidades econômicas de cada época. Assim, as espécies societárias atuais são, em grande parte, produto da prática negocial, restando condicionadas às considerações de caráter econômico e histórico[797]. Com efeito, cada um

[795] Sobre a relevância do elemento organizativo na formação do tipo, destaca Diego Corapi: "L'intervengo del legislatore per caratterizzare il tipo negoziale si esplica quindi sull'organizzazione (disciplinata in generale ed in astratto) che è elemento struturale del contratto associativo. Non potendo intervenire direttamente sulle singole manifestazioni concrete dello svolgimento dell'attività, il legislatore opera sulla struttura organizzativa e ne sancisce i caratteri: in questo modo, attraverso la predisposizione del contenuto delle norme organizzative, determina il tipo negoziale." (cf. CORAPI, Diego. *Gli statuti delle società per azioni*. Milano: Giuffrè, 1971, p. p. 125).

[796] SZTAJN. *Contrato de sociedade e formas societárias...*, p. 24.

[797] JAEGER, Pier Giusto; DENOZZA, Francesco. *Appunti di diritto commerciale*, v. 1. Milano: Giuffrè, 1994, p. 133.

dos tipos societários foi especialmente projetado — e moldado ao longo do percurso da história e das necessidades de cada época — para desempenhar um papel, sendo que a compreensão da lógica por trás disso permite entender melhor cada uma de suas características.

Possuindo cada tipo societário características que lhe são peculiares, estas guiarão a escolha a ser feita pelos empreendedores, que, decididos a explorar uma determinada atividade econômica, têm diante de si e à sua disposição, como referido, um *catálogo legal* de veículos societários.

No caso concreto, sempre um tipo vai se demonstrar mais conveniente para a exploração de determinado negócio, de acordo com as necessidades e possibilidades das partes, bem como com as peculiaridades da atividade a ser desenvolvida. No final, tudo se resume a uma *questão de adequação*: os tipos são mais ou menos adequados às tarefas que lhes cumpre realizar. E diante disso, cabe aos empreendedores fazerem a escolha do veículo societário a ser utilizado.

A *sociedade em conta de participação*, cercada pela mística de ser a *sociedade secreta*, possui elevado grau de importância no tráfico negocial, não pelo fato de ser praticamente invisível para terceiros — de ser, portanto, supostamente secreta —, mas, sim, pela informalidade com que é constituída e dissolvida, pela sua grande flexibilidade, bastante útil para a formatação dos mais variados negócios, pelo seu baixo custo operacional, e, também, como não poderia deixar de ser, pela discrição com que se reveste.

Essas características fazem da conta de participação um tipo societário importante no tráfico mercantil, pois consiste em um magnífico instrumento de mobilização de capital, que pode ser aplicado na viabilização dos mais diversos empreendimentos, sem que a aplicação desses recursos implique em elevado grau de comprometimento entre os sócios, como ocorre na maior parte dos outros tipos societários.

Em razão disso, o ordenamento jurídico, mais especificamente o sistema de direito societário, recebeu a conta de participação, tipo societário criado pela prática mercantil medieval e que permanece atual e que cumpre, ainda, importante função econômica[798].

[798] Diz-se *recebeu*, não *criou*, pois como destaca Rachel Sztajn, "[o]s tipos resultam de determinados comportamentos sociais geralmente observados em determinada coletividade e, subsequentemente, na medida em que se alarga sua aplicação a outras coletividades, se

2. Autonomia privada e modelagem societária

A liberdade de associação (que abrange tanto associações em sentido estrito quanto sociedades)[799], elemento da autonomia privada e dos direitos civis, é garantia constitucional (Constituição Federal, art. 5º, XVII a XXI)[800], cujo exercício está sujeito às normas do ordenamento jurídico.

Dessa forma, a autonomia é limitada: qualquer cidadão pode criar uma sociedade ou uma associação, desde que tenha finalidade lícita, independendo de qualquer autorização discricionária do poder público e sendo vedada a interferência estatal em seu funcionamento e proibida a dissolução compulsória ou a suspensão de suas atividades sem decisão judicial — além de existir a liberdade de se associar e permanecer associado. Ainda, é necessário respeitar, desde que sejam estabelecidos requisitos objetivos, os limites legais[801].

Nesse sentido, os tipos societários são *numerus clausus* e os particulares devem eleger um deles para explorar a atividade econômica desejada — não havendo, portanto, espaço para manifestações privadas quando o assunto é a criação ou o estabelecimento de novos tipos societários adicionais aos previstos na lei. Deve-se, portanto, respeitar o princípio da tipicidade societária, previsto no art. 983 do Código Civil[802].

espraia sobre outras, podem converter-se em normas socialmente aceitas e, finalmente, em normas jurídicas que passarão a reger um certo comportamento social, dito então legalmente típico." (Sztajn. *Contrato de sociedade e formas societárias...*, p. 19).

799 Hesse, Konrad. *Grundzüge des Verfassungsrechts der Bundesrepublik Deutschland.* 20 Aufl. C.F. Müller: Heidelberg, 1999, p. 178.

800 A doutrina constitucionalista tende a tratar a liberdade de associação, prevista em diversos dispositivos constitucionais, em sentido amplo, abrangendo tanto as sociedades quanto as associações em sentido estrito, cf. Mendes, Gilmar Ferreira; Branco, Paulo Gustavo Gonet. *Curso de Direito Constitucional.* 8 ed. São Paulo: Saraiva, 2013, p. 301 ss.

801 Moraes, Alexandre de. *Direitos humanos fundamentais*: teoria geral. 11 ed. São Paulo: Atlas, 2017, p. 211-212.

802 Sob o fundamento da proteção do tráfico negocial, as partes não podem criar novos tipos societários: devem escolher um entre os tipos societários disponibilizados pela legislação (rol fechado, *numerus clausus*). Mas as partes são livres para, de regra, escolher qualquer tipo societário. Cf. Hüffer-Koch. *Gesellchaftsrecht...*, p. 13. Nesse sentido, observem-se as sempre precisas palavras de José Alexandre Tavares Guerreiro: "o Código Civil estabeleceu a tipicidade das sociedades, vedando a criação de sociedades inominadas, produto exclusivo da autonomia da vontade, ao mesmo tempo que admitiu, no art. 425, a existência e validade de contratos atípicos, nas condições abaixo discutidas. A razão de ser dessa atitude do Código, contrária às sociedades inominadas, prende-se ao mesmo motivo que o leva a discriminar os

Dessa forma, mesmo que o poder criativo deva circunscrever-se a certos limites, os particulares possuem espaço para a inovação. É que a autonomia privada, nesse caso manifestada por meio da liberdade contratual, encontra meios de expressão dentro de cada tipo, respeitadas as normas cogentes (especialmente no âmbito externo de cada espécie societária, tendo em vista a necessidade de proteção de terceiros, mas também no âmbito interno de cada tipo societário, uma vez que é preciso estabelecer regras mínimas de estruturação e proteção dos sócios — especialmente os minoritários). A rigor, as partes podem regular, in concreto, a sociedade da forma que melhor lhes aprouver, organizando-se de acordo com as cláusulas de seu contrato (ou estatuto) social, desde

direitos reais em *numerus clausus* (art. 1.225). Como explica um tratadista, da mesma forma como os terceiros devem conhecer sem hesitação os direitos de um proprietário ou de um usufrutuário, os terceiros devem poder saber quais são os traços essenciais de tal ou qual forma de sociedade, sem necessitar se dispor a efetuar complexas investigações." (Guerreiro, José Alexandre Tavares. *Comentários ao Código Civil*, no prelo, *apud* França. *A sociedade em comum*..., p. 135). Em apertada síntese, o sistema de sociedades no Brasil, seguindo a linha europeia, é classificado como de tipicidade fechada, não admitindo a constituição de estruturas societárias distintas daquelas previstas na lei, nos termos do art. 983 do Código Civil (cf., *v.g.*, França. *A sociedade em comum*..., p. 134-135; Adamek. *Abuso de minoria em direito societário*..., p. 318 ss). O tema está tratado no art. art. 2.249 do Código Civil italiano. Sobre o tema, vale transcrever as lições de Giuseppe Ferri: "L'obbligatorietà della costituzione secondo uno dei tipi legali, espressamente affermata dall'art. 2249 cod. civ. per le società che hanno per oggeto l'esercizio di una attività commerciale, importa come conseguenza che per tali società non si può ammettere la costituzione secondo uno schema organizzativo indifferenziato. Esse debono necessariamente potersi ricondurre ad uno dei tipi legali, del quale debbono pertanto ricorrere i pressupposti sostanziali e formali. Una società commerciali o è una società en nome collettivo o è una società in accomandita semplice o è una società per azioni o è una società in accomandita per azioni o è una società a responsabilità limitata o non è nulla (Ferri. *Le società*..., p. 41). Na mesma linha destaca Paolo Spada na introdução do seu clássico estudo sobre o tema: "Che i tipi di società costituiscono un numero chiuso, che, di contro ala *Typenfreiheit* del diritto delle obbligazioni, viga, nel diritto dele società, um rígido *Typenzwang*, sono affermazioni ricorrenti nella letteratura giuridica degli ordenamenti continentali (Spada. *La tipicità delle società*..., p. 1). No mesmo sentido, ver, entre outros: Ascarelli, Tullio. *Appunti di Diritto Commerciale, Società e Associazioni.* 3. ed. Roma: Foro Italiano, 1936, p. 35; Brunetti, Antonio. *Lezioni sulle società commerciali.* Padova: Cedam, 1936, p. 28; Corapi. *Gli statuti delle società per azioni*...., p. 144; Rivolta, Gian Carlo. *Diritto delle Società. Profili Generali.* Torino: G. Giappichelli Editore, 2015, p. 117-169; Gandara. *Atipicidad en derecho de sociedades*..., p. 78 ss; Espina, Daniel. *La autonomia privada em las sociedades de capital: princípios configuradores y teoria general.* Barcelona: Marcial Pons, 2003, p. 511-530.

que respeitadas as normas indisponíveis. Assim, os agentes econômicos possuem certa maleabilidade na modelagem do tipo societário, podendo adaptar a estrutura de modo a melhor atender os interesses no caso concreto[803-804].

Cada empreendimento societário deve unicamente respeitar as normas cogentes que o tornam uma sociedade, bem como os núcleos rígidos de cada tipo, além, evidentemente, das demais normas imperativas do ordenamento jurídico aplicáveis. Caso essa lógica não seja respeitada, as disposições que confrontarem as normas imperativas serão nulas — sendo importante frisar que, em princípio, a nulidade é de cada cláusula específica, e não da sociedade como um todo. Em outras palavras, cada tipo societário possui elementos inderrogáveis, verdadeiros pilares, que lhe impõem características imutáveis, não passíveis de alteração pela autonomia privada das partes. Como salienta Galgano, é admissível a

[803] Hüffer-Koch. *Gesellchaftsrecht...*, p. 13-14.

[804] Sabendo-se que a figura é uma sociedade (ou seja, preenchidos os *elementos existenciais* para que seja uma sociedade), resta examinar os *elementos categoriais* para se identificar diante de qual tipo societário se está. Nesse desiderato, apesar de não inteiramente identificável com o conceito de sociedade, remetemos, tendo em vista a possibilidade de traçar um paralelo, à teoria do negócio jurídico visto como uma estrutura, cf. Azevedo, Antônio Junqueira de. *Negócio jurídico*: existência, validade e eficácia. 4. ed. atual. São Paulo: Saraiva, 2002. De acordo com o autor, o negócio jurídico primeiramente entraria no mundo dos fatos jurídicos; posteriormente, passando pelo dos atos jurídicos, aí sim chegaria ao plano dos negócios jurídicos, entendidos como conceito acolhedor de elementos característicos de todos estes; todavia, e descendo na escala da abstração, aí observamos cada categoria dos negócios (ex.: testamento, compra e venda, etc), os quais possuem características mais específicas (*elementos categoriais*, que resultam do ordenamento jurídico e não da manifestação de vontade das partes); e, por fim, alcança-se o negócio jurídico *in concreto* (com os *elementos particulares*, que são aqueles apostos pelas partes). Da mesma forma, acreditamos que tal esquema pode ser reproduzido quando se fala de sociedade, visto que esta apresenta um conceito que abarca os elementos característicos comuns dos vários tipos (os quais se encontram no segundo plano, repletos de exigências legais, sendo que estão previstos em *numerus clausus*, cf. art. 983 do Código Civil, — ao contrário dos negócios jurídicos, em que predomina a autonomia privada na criação daqueles chamados atípicos); posteriormente, podemos observar cada tipo societário com suas características específicas conferidas pelo ordenamento jurídico. Neste sentido, a personalidade jurídica faz parte de algumas espécies societárias e não o faz de outras, sendo que, por fim, chega-se às sociedades analisadas *in concreto*, com características particulares inseridas pelos sócios de acordo com as necessidades — pois, apesar de tipos fechados, podem-se nelas inserir cláusulas não-previstas no ordenamento desde que não afrontem normas cogentes. De forma semelhante com o nosso raciocínio, remetemos à obra de Ferri. *Manuale di Diritto Commerciale...*, p. 129.

inserção de cláusulas atípicas, desde que não estejam em contradição com as normas imperativas do tipo e que não modifiquem elementos essenciais, pois o contrário violaria o princípio da tipicidade[805].

Portanto, há liberdade para constituir (e dissolver) uma sociedade, bem como para entrar ou sair dela, mas os tipos associativos, para que se tenha maior segurança jurídica, são estabelecidos em um rol fechado (*numerus clausus*). Ou seja, é obrigatória a adoção de um dos tipos societários previstos em lei (*Typenzwang*), ainda que seja possível modelar, dentro de certos limites, o tipo escolhido, bem como transformar um tipo societário em outro. As sociedades que não se adequam a quaisquer dos tipos societários serão regidas pelas normas da sociedade em comum (Código Civil, art. 986-990), não sendo essa desnaturação do tipo sancionada pela lei com a nulidade ou a inexistência em respeito ao princípio da conservação[806]. Escolhido um dos tipos societários, as partes têm autonomia para que as normas sejam estabelecidas, resguardados certos direitos e obrigações, organizações e procedimentos, especialmente a tutela dos minoritários em contraposição ao controlador[807] e aos administradores[808]; da mesma forma, deve-se respeitar as normas no que diz respeito às relações externas: uma vez que a associação se relacionará com terceiros, ou seja, a disciplina societária usualmente se projeta ao plano exterior[809], deve proteger determinados interesses, particularmente dos credores[810].

[805] GALGANO. *Diritto Civile e Commerciale*..., p. 277.

[806] HOLZ-POZIOMEK. *Curso de Derecho Comercial*..., p. 53, 61.

[807] O que se dá de diversas formas a depender da sociedade: desde a exigência de unanimidade para deliberações sociais até a participação dos sócios na administração (o que é regra usualmente dispositiva e, assim, não esqueçamos, os minoritários são predestinados a serem excluídos da administração), além das ações de responsabilidade contra administradores e demais sócios (inclusive a *actio pro socio*, tão pouco estudada no Brasil), bem como o direito de fiscalização e o direito de sair da sociedade (GRUNEWALD. *Gesellschaftsrecht*..., p. 436-438).

[808] Nas sociedades com grande número de sócios, a administração pode assumir relevância ímpar, tendo o próprio controle da sociedade – ou, o que é mais comum no Brasil, aliada ao controlador –; aqui, os deveres dos administradores e as ações de responsabilidade possuem grande relevância na proteção dos sócios (GRUNEWALD. *Gesellschaftsrecht*..., p. 438).

[809] JAEGER-DENOZZA. *Appunti di Diritto Commerciale*, v. 1..., p. 130.

[810] Sendo que a proteção dos credores varia a depender da espécie societária: os sócios podem ser responsáveis pelas obrigações sociais ou, quando há limitação da responsabilidade, existe um regime próprio de tutela do capital social – havendo, ainda, situações em que o ordenamento jurídico é omisso a respeito, como ocorre com as associações, em que, em tese,

Tem-se, assim, que a autonomia privada das partes deve ser exercida dentro das características estabelecidas por cada tipo societário (naquilo em que a lei é omissa ou quando a norma é derrogável), existindo o controle (e não a determinação) do conteúdo por evidentes razões de ordem pública e proteção a terceiros[811].

No caso específico da sociedade em conta de participação, há grande maleabilidade no âmbito das relações internas. Ou seja, a liberdade é a regra, tendo as partes grande autonomia para estruturar o contrato de sociedade de maneira como melhor lhes aprouver, o que se dá não só pelo fato de existirem normas dispositivas — como a prevista no art. 995, caput, do Código Civil —, mas sobretudo em decorrência da singela regulação legal do tipo: são apenas seis artigos de lei. Em resumo, a SCP apresenta pequeno número de regras, e nem todas são cogentes[812], outorgando aos particulares elevado grau de liberdade na modelagem societária do seu negócio, desde que respeitadas as normas indisponíveis e os princípios fundamentais do direito das sociedades[813].

3. Requisitos de validade do ato constitutivo

Examinadas as questões envolvendo a liberdade de regulação dos interesses das partes contratantes — e já tendo sido estudados os elementos existenciais da sociedade, particularmente da SCP —, passamos, agora, a analisar a constituição da conta de participação sob o prisma dos *requisitos de validade* do negócio jurídico. E vale adiantar: os requisitos de validade de uma sociedade em conta de participação *são iguais aos de qualquer negócio jurídico*: (a) agente capaz; (b) objeto lícito, possível e determinado e (c) forma prescrita ou não defesa em lei (CC, art. 104)[814]. São os pontos que serão examinados mais detidamente abaixo.

terceiros deveriam, ao contratar, calcular o risco, apesar de que há relações obrigacionais que decorrem de lei e a contraparte não tem como realizar tal escolha (Grunewald. *Gesellschaftsrecht...*, p. 435-436).

811 Menezes Cordeiro. *Direito das Sociedades*, v. I..., p. 259.

812 A título de comparação, é interessante lembrar que a sociedade anônima está regulada em aproximadamente 300 dispositivos na Lei das S.A., a sociedade simples em 41 artigos do Código Civil e a sociedade limitada em 35 artigos do mesmo diploma. É interessante observar, ainda, que no direito estrangeiro o fenômeno se repete.

813 Merle. *Droit Commercial...* (1998), p. 655; Cozian-Viandier-Deboissy. *Droit des sociétés...*, p. 657.

814 Hémard-Terré-Mabilat. *Sociétés Commerciales...*, p. 376 ss.

3.1. Capacidade do agente

Podem ser sócias da SCP quaisquer pessoas, físicas ou jurídicas[815-816], consideradas empresárias ou não (sendo que, para que a atividade seja explorada de modo regular, caso se trate de atividade empresária, existe a necessidade de registro do ostensivo perante o Registro Público de Empresas Mercantis).

Os sócios, participantes ou ostensivos, seguindo a regra geral do direito civil, devem ser capazes para a prática de atos da vida civil.

Embora de difícil ocorrência prática, o incapaz pode, ao menos em tese, ser sócio participante em uma SCP, desde que não haja pacto de divisão de prejuízos entre ele e o ostensivo e sejam observadas as regras de direito civil referentes à administração dos bens de incapazes[817]. Dito

[815] Na hipótese de os sócios serem sociedades, por exemplo, a relação da SCP se dá entre as sociedades, não entre os sócios destas sociedades. Cf. HEIDEL-SCHALL. *Handelsgesetzbuch...*, p. 1.474-1.475.

[816] Entendemos que também podem ser sócios outros sujeitos de direito que não são pessoas físicas ou jurídicas, como a massa falida e o espólio. Para uma breve distinção entre sujeito de direito e pessoa, ver: TOMASETTI JR. A parte contratual... Ver, também: PONTES DE MIRANDA, Francisco Cavalcanti. *Tratado de Direito Privado*, t. 1. São Paulo: Revista dos Tribunais, 2012, p. 243-244.

[817] A Lei 12.399/2011 acresceu o §3º, II, ao art. 974 do Código Civil (que, em princípio, não se aplica à sociedade em conta de participação, pois faz referência ao registro de contratos ou alterações contratuais no Registro Público de Empresas Mercantis), dispondo que somente pode ser registrado contrato social (ou alteração contratual) de sociedades com sócio incapaz quando o capital social deve ser totalmente integralizado. O objetivo da Lei foi o de positivar o que já era reconhecido pela doutrina e jurisprudência: sócios incapazes somente podem ser sócios de sociedades com responsabilidade limitada (o que é particularmente importante no caso das sociedades limitadas, nas quais a responsabilidade dos sócios é solidária pela integralização do capital social, como dispõe o art. 1.052 do Código Civil!), e é justamente neste sentido que deve ser interpretada aqui! Todavia, interpretação literal do dispositivo (que esperamos não seja adotada por ninguém, tendo em vista a sua péssima redação), dá a entender que os incapazes podem ser sócios de qualquer sociedade desde que o capital social esteja integralizado, o que levaria à possibilidade de que sejam sócios inclusive de sociedades que possuam responsabilidade ilimitada (como a sociedade em nome coletivo); no caso da sociedade em conta de participação, interpretação neste sentido poderia conduzir à situação de que, uma vez tendo os sócios aportados os recursos contratualmente estabelecidos para a formação do fundo social, poderia o incapaz ser sócio participante, independentemente de existir limitação da responsabilidade no contrato (pacto de divisão dos prejuízos). Sobre o tema; ver: FRANÇA, Erasmo Valladão Azevedo e Novaes; ADAMEK, Marcelo Vieira von. O sócio incapaz (CC, art. 974, §3º). *Revista de Direito Mercantil, Industrial, Econômico e Financeiro*, São Paulo, ano 50, n. 159/160, p. 112-126, jul./dez. 2011.

isso, é possível equiparar a situação em questão ao caso em que incapazes são sócios de sociedades limitadas ou anônimas, o que é amplamente aceito, visto que o restante do seu patrimônio pessoal não corre risco por dívidas da sociedade (ou seja, por atos realizados por terceiros). É claro que, para tanto, o incapaz deve estar devidamente *assistido* ou *representado*, conforme se trate de incapacidade relativa ou absoluta, nos termos do §3º, III, do art. 974 do Código Civil para as sociedades personificadas[818] — que nada mais fez do que seguir a regra geral referente à assistência e à representação[819].

Em contrapartida, não há como conceber um incapaz como sócio ostensivo, porque, se é justamente em seu nome que a atividade é explorada, quem estiver nessa posição deve gozar de plena capacidade para a prática dos atos da vida civil. Ressalva-se, todavia, a hipótese na qual o incapaz continue a empresa antes exercida por ele enquanto capaz, por seus pais ou pelo autor de herança (CC, art. 974).

Da mesma maneira, não há como admitir que os impedidos de exercer alguma atividade — por exemplo, aquele que está impedido de exercer a empresa (como os funcionários públicos, nos termos do Código Civil, art. 972, c/c a Lei 8.112/90, art. 117, X) — ocupem a posição de sócio ostensivo em uma SCP, dado que este deve exercer a atividade econômica em seu próprio nome[820-821].

818 Parágrafo acrescido pela Lei 12.399/2011.

819 GALIZZI. *Sociedade em conta de participação*..., p. 58; dando a entender em sentido contrário: RAMIRES. *A sociedade em conta de participação no Direito brasileiro*..., p. 56. Na Alemanha, aceita-se o menor como sócio participante desde que autorizado pelo Tribunal competente (*Vormundschafts-Familiengericht*), fazendo-se referência a algumas exceções (como o recebimento gratuito de participação sem qualquer responsabilização e participação na gestão ou o aporte recursos e sua exclusão das perdas e da administração do negócio). Nesse sentido, ver: BAUMBACH-HOPT. *Handelsgesetzbuch*..., p. 864; HEIDEL-SCHALL. *Handelsgesetzbuch*..., p. 1.475-1.476; WINDBICHLER. *Gesellschaftsrecht*..., p. 180; GRUNEWALD. *Gesellschaftsrecht*..., p. 163; SCHMIDT. *Gesellschaftsrecht*, B. II..., p. 1.852; KLUNZIGER. *Grundzüge des Gesellschaftsrechts*..., p. 146, 157. Também abordadndo a questão, na França, ver: MOREAU. *Associations en participation et sociétés de fait*..., p. 34 ss.

820 PONTES DE MIRANDA. *Tratado de Direito Privado*, t. 49..., p. 339.

821 Por outro lado, observamos com reservas o apontamento feito por Gustavo Galizzi no sentido de que o sócio ostensivo, por ser administrador da sociedade em conta de participação, deve, também, atender aos requisitos exigidos de qualquer administrador (nos termos do art. 1.011, §1º, do Código Civil: "Não podem ser administradores, além das pessoas impedidas por lei especial, os condenados a pena que vede, ainda que temporariamente, o

Hipótese interessante aventada por Gustavo Galizzi diz respeito à possibilidade de um impedido de exercer a empresa integrar uma SCP na condição de sócio participante (um magistrado, por exemplo)[822]. A nosso ver, o raciocínio aplicado aos investimentos em ações de sociedades anônimas (ou em quotas de sociedades limitadas, nos termos da Lei 8.112/90, art. 117, X) também pode ser aplicado aqui, de modo que parece não haver óbice à participação de impedido de exercer a atividade empresarial em sociedade em conta de participação, desde que nítido o *caráter de simples investimento.* Broseta Pont dá notícia de uma decisão espanhola do ano de 1897 que admitiu como sócio participante de uma *cuenta en participación* um funcionário público que não podia comerciar[823].

Todavia, é evidente que tal afirmação não pode ser tomada como absoluta nem levada a extremos, havendo situações que devem ser analisadas *cum granus salis* e à luz das circunstâncias concretas do caso antes de se concluir favoravelmente a essa possibilidade. Por exemplo, é possível identificar potencial finalidade fraudulenta de uma conta de

acesso a cargos públicos; ou por crime falimentar, de prevaricação, peita ou suborno, concussão, peculato; ou contra a economia popular, contra o sistema financeiro nacional, contra as normas de defesa da concorrência, contra as relações de consumo, a fé pública ou a propriedade, enquanto perdurarem os efeitos da condenação.") (Galizzi. *Sociedade em conta de participação*..., p. 115). Isso porque, apesar de, efetivamente, o sócio ostensivo administrar o fundo social, não podemos esquecer ele exerce a atividade em nome próprio (ou seja, não é membro de qualquer órgão social); neste sentido, caso o crime a que foi condenado não impeça o exercício de atividade empresária (como ocorre, por exemplo, com a condenação por crimes falimentares, nos termos da Lei 11.101/05, art. 181, I: "Art. 181. São efeitos da condenação por crime previsto nesta Lei: I – a inabilitação para o exercício de atividade empresarial"), não encontramos razão para impedir que tal sujeito, ainda que condenado por um dos crimes previstos naquele dispositivo legal, seja sócio ostensivo. Com efeito, tanto não se pode enquadrar os impedimentos para ser administrador de modo absoluto ao sócio ostensivo, que vale lembrar que este (o sócio ostensivo) muito bem pode ser uma pessoa jurídica, a qual, no Direito brasileiro, sabe-se, não pode ser administradora de sociedades. Ademais, temos certa dificuldade em vislumbrar qualquer consequência no desrespeito de tais requisitos (previstos no art. 1.011, §1º, do Código Civil) pelo sócio ostensivo.

822 Galizzi. *Sociedade em conta de participação*..., p. 58-59.

823 Broseta Pont-Sanz. *Manual de Derecho Mercantil*, v. I..., p. 335; ver, também: Cendon. *Commentario al Codice Civile*..., p. 426. Em sentido contrário, ver: Ramires. *A sociedade em conta de participação no Direito brasileiro*..., p. 56, 79 — o que não significa, como parece confundir o autor, que o sócio participante possa utilizar da sua posição para a prática de fraudes, como para burlar uma proibição (contratual ou legal) à prática de concorrência.

participação quando sua estruturação busca a exploração de negócios que não seriam legalmente possíveis senão por meio das suas características operacionais. Seria o caso, por exemplo, de uma sociedade em conta de participação constituída entre um sócio ostensivo que comercializa computadores e um funcionário público (participante) que exerce cargo administrativo com poder decisório em órgão público, que, por sua vez, contrata o o fornecimento dos produtos do sócio ostensivo daquela referida SCP.

Em regra, concordamos com Pontes de Miranda, para quem os requisitos para o exercício da atividade somente podem ser exigidos do sócio ostensivo[824]. Nesse sentido já se manifestou Tribunal de Justiça de São Paulo:

> Sociedade em conta de participação — Existência — Prova — Registro — *Versando a questão sobre Sociedade em Conta de Participação, basta que um só dos sócios esteja habilitado ao exercício do comércio, de acordo com o art. 325 do Código Comercial.* (...). (TJSP, 4ª Câmara Cível, APC 86.946, Rel. Des. Sousa Queirós, j. 21/05/1959).

Não há, como regra geral, qualquer vedação quanto à possibilidade de a pessoa jurídica ser tanto sócia ostensiva quanto sócia participante em uma SCP[825-826-827]. Entretanto, quando a pessoa jurídica atua como sócia, ostensiva ou participante, devem ser respeitadas as competências dos órgãos sociais e a sua atuação na conta de participação não pode extrapolar o seu próprio objeto social[828-829].

[824] Pontes de Miranda. *Tratado de Direito Privado*, t. 49..., p. 339. Em sentido contrário: Ramires. *A sociedade em conta de participação no Direito brasileiro*..., p. 56.

[825] Cf. Galizzi. *Sociedade em conta de participação*..., p. 59-60. E este já era o entendimento quando da vigência do Código Comercial de 1850, como se manifestou o Tribunal de Justiça do Estado de Santa Catarina (TJSC, 3ª Câmara de Direito Privado, APC 1998.013498-6, Rel. Des. Dionizio Jenczak, j. 27/10/2003).

[826] É possível que o sócio participante seja, ao mesmo tempo, quotista ou acionista da sociedade que possui o papel de sócia ostensiva na SCP. Cf. Schmidt. *Gesellschaftsrecht*, B. II..., p. 1.841.

[827] Referindo a possibilidade de pessoas sem finalidade lucrativa contratarem uma conta de participação (especificamente como associante), ver: Mignone. *L'associazione in partecipazione*..., p. 68 ss. Ainda, referindo que uma comunidade de herdeiros (*Erbengemeinschaft*) pode ser sócia participante, ver: cf. Baumbach-Hopt. *Handelsgesetzbuch*..., p. 864; Heidel-Schall. *Handelsgesetzbuch*..., p. 1.475; Klunziger. *Grundzüge des Gesellschaftsrechts*..., p. 139.

[828] Caso se trate de uma sociedade, por exemplo, como sócia de uma SCP, é importante atentar para as regras de competência (estabelecida legalmente bem como contratualmente

Finalmente, frise-se que a Comissão de Valores Mobiliários entende não ser possível que um fundo de investimento imobiliário (FII) seja sócio participante de uma conta de participação. Entende-se não ser possível enquadrar a SCP no art. 45, III, da Instrução CVM 472/2008, uma

— no contrato ou no estatuto social —, devendo-se, também, analisar eventuais acordos de acionistas ou quotistas) para a tomada de decisão quanto à realização de tal pacto, bem como, logicamente, analisar a questão à luz do seu objeto social. Nesse sentido, por exemplo, a CVM (Processo Administrativo Sancionador RJ 2014/5099, Rel. Dir. Gustavo Tavares Borba, j. 12/04/2016) julgou caso em que diretores de uma companhia foram acusados de terem firmado contrato de sociedade em conta de participação como sócia oculta para exploração de atividade do ramo da construção imobiliária, o que estaria fora do objeto social, bem como pelo fato de terem firmado tal contrato sem a aprovação do Conselho de Administração, o que seria preciso de acordo como estatuto social que exigiria tal formalidade para a participação em outras sociedades como acionista ou quotista; no referido caso, a CVM absolveu os diretores ao entender que a SCP não é uma verdadeira sociedade (tanto que não é uma pessoa jurídica), sendo a atividade explorada somente pelo sócio ostensivo: seria, então, um mero contrato de investimento e, nesse sentido, não existiria a necessidade de aprovação prévia do Conselho de Administração (afinal de contas, o estatuto social somente exigia a aprovação do referido órgão para a companhia ser *acionista ou quotista* de outras sociedades, o que não seria o caso) nem teria ocorrido afronta ao objeto social (uma vez que se estaria tratando de mero investimento que representaria parcela insignificante dos investimentos da companhia). Não compactuamos com o posicionamento da CVM. Ademais, a questão aqui tratada não está relacionada à capacidade da pessoa jurídica nem se opera no plano da validade, mas sim no plano da eficácia. De qualquer sorte, sempre se deve respeitar os terceiros de boa-fé, ou seja, ainda que sem competência (ato em excesso de poder) ou extrapolando o objeto social (ato *ultra vires* ou em abuso de poder), o contrato de SCP produz efeitos perante a(s) outra(s) parte(s) de boa-fé, sendo que assim deve ser interpretado o art. 1.015, parágrafo único, do Código Civil (cf. Adamek, Marcelo Vieira von; França, Erasmo Valladão Azevedo e Novaes. Vinculação da sociedade: análise crítica do Art. 1.015 do Código Civil. *Revista de Direito Mercantil, Industrial, Econômico e Financeiro*, São Paulo, a. 46, n. 146, p. 30-45, abr./jun. 2007).

[829] Na Alemanha, entende-se, majoritariamente que, de regra, uma sociedade pode firmar uma conta de participação sem a necessidade de consentimento dos sócios, mesmo porque se trata de uma relação obrigacional (cf. Schmidt. *Gesellschaftsrecht*, B. II..., p. 1.852-1.853); trabalhando o tema na Itália, também referindo que usualmente se trata de competência da administração (o que varia a depender da espécie societária e da posição a ser ocupada — se associante ou associada), ver: Mignone. *L'associazione in partecipazione...*, p. 60 ss. Nós compreendemos que, no Brasil, a participação em SCP pode, sim, depender de deliberação prévia dos sócios; tudo depende da estrutura interna da sociedade, da competência dos administradores (órgãos de administração), do objeto social da sociedade e da SCP, da natureza do investimento e dos direitos e deveres previstos na SCP, sendo, então, preciso analisar o caso concreto.

vez que não se estaria diante de aquisição de "ações ou cotas de sociedades" (CVM, Ofício-Circular 2/2021-CVM/SSE).

3.2. Licitude, possibilidade e determinação do objeto

O interesse dos sócios é formado por dois elementos: o *objetivo final*, que é a obtenção de lucros e sua posterior distribuição, e o *modo de sua realização*, correspondente ao objeto social, isto é, a atividade a ser exercida pela sociedade (no nosso caso, a rigor, pelo sócio ostensivo)[830].

Na conta de participação, o objeto da sociedade pode ser a exploração de toda a atividade desenvolvida pelo ostensivo (que, inclusive, pode ter sido constituído especialmente para a exploração da atividade prevista na conta de participação), apenas parte da atividade explorada por ele ou mesmo um empreendimento específico. Nesse sentido, o objeto da conta de participação pode consistir em um ou mais negócios determinados, como prevê o art. 981, parágrafo único, do Código Civil. Nesse particular, pontua Salvatore Grandi que a conta de participação sempre terá por objeto a *participação nos resultados* de um negócio específico, parte ou toda a atividade econômica explorada pelo sócio ostensivo; na sua visão, o objeto não é o negócio do ostensivo, mas, sim, uma participação nos resultados decorrentes da sua exploração[831].

Como toda e qualquer sociedade, a conta de participação também deve possuir objeto social — previsão abstrata da atividade que a sociedade vai realizar —, que deve ser *lícito*, *possível* e *determinado* (CC, art. 104, II).

O requisito genérico da licitude do objeto impede a constituição de SCP para a participação em negócios escusos e que envolvam a prática de atividades ilícitas (tráfico de entorpecentes, contrabando, exploração de prostituição, *v.g.*). Nesse sentido, Cunha Gonçalves sustenta a nulidade da participação por intermédio da SCP "no comércio de escravos, no comércio de contrabando, na exploração de casas de jogo, onde ele é proibido, ou de bordéis... A jurisprudência francesa tem julgado ilegal a participação entre um médico e um farmacêutico para a exploração de um preparado para a cura da tuberculose, porque isto importa o exercício ilegal da medicina pelo farmacêutico"[832].

830 Remetemos à obra de Comparato-Salomão Filho. *O poder de controle...*

831 Grandi. *L'associazione in partecipazione...*, p. 104.

832 Cunha Gonçalves. *Da conta em participação...*, p. 72. Na França, o art. 1871 do *Code Civil* remete ao art. 1833, que exige a licitude do objeto.

Ainda, é evidente que o objeto da SCP deve ser possível. Não se pode conceber sociedade que tenha objeto, fática ou juridicamente, impossível (resgata-se, aqui, os vetustos exemplos dos manuais de direito civil: venda de sereias para aquário, loteamento de terrenos na lua, transportes intergalácticos, etc).

Sempre que o objeto de uma SCP consistir na participação em uma atividade ilícita ou impossível, poderá ser decretado judicialmente a sua invalidade e a sua consequente dissolução, cabendo pedido de indenização aos eventuais prejudicados pela suposta astúcia dos empreendedores[833].

Quanto à determinação, o objeto da conta de participação deve ser descrito de modo preciso e completo, indicando o gênero e a espécie da atividade (interpretação analógica do art. 35, III, da Lei 8.934/94 e do art. 53, III, "b", e §2º do Decreto 1.800/96, bem como do art. 2º, §2º, da Lei 6.404/76), tal qual é possível verificar nos seguintes pares: *indústria* (gênero) *de autopeças* (espécie); *comércio varejista* (gênero) *de eletrodomésticos* (espécie); *prestação de serviços* (gênero) *educacionais* (espécie). Não se aceita que o objeto social seja determinável[834].

Deve-se frisar, ainda, que a SCP pode ser constituída tanto para a exploração de atividade empresarial quanto para o exercício de negócio não empresarial (simples). No Brasil, é a *atividade* que determina se a sociedade é empresária ou não (*natureza determinada pelo objeto*). A exceção são as sociedades por ações, que sempre serão empresárias, e a cooperativa e a sociedade simples, que sempre serão não empresárias (*natureza determinada pela forma*), nos termos do arts. 982 e 983 do Código Civil.

Em resumo, diz-se que a sociedade em conta de participação é empresária ou simples de acordo com a *natureza da atividade explorada* pelo sócio ostensivo (apesar de a SCP, a rigor, não ser empresária nem simples, já que quem é empresário ou não é o sócio ostensivo que explo-

[833] Ensina Erasmo Valladão que a anulação da constituição de uma sociedade conduz à sua dissolução (CC, art. 1.034, I, e Lei das S.A., art. 206, II, "a"), e não à restituição das partes ao *status quo ante*, como em geral ocorre na anulação do negócio jurídico. Cf. França. *A sociedade em comum...*, p. 27, nota de rodapé; França, Erasmo Valladão Azevedo e Novaes. *Invalidade das deliberações de assembleia das S/A*. São Paulo: Malheiros, 1999, p. 11-27.

[834] Sustentando de modo diverso, ver: Affonso. *A sociedade em conta de participação no Direito brasileiro...*, p. 48; e Costa. *A sociedade em conta de participação no direito de empresa do Código Civil de 2002...*, p. 207.

rará a atividade econômica em nome próprio)[835-836-837]. Justamente neste

[835] Pontes de Miranda, analisando o art. 325 do Código Comercial de 1850, vislumbrava que era exigência deste último a prática de atividade comercial; entretanto, invocava o art. 1.364 do Código Civil de 1916 e, assim, reconhecia a possibilidade de que a sociedade em conta de participação fosse civil (Pontes de Miranda. *Tratado de Direito Privado*, t. 49..., p. 321-322, 331); andando na mesma linha, ver: Borges. *Curso de Direito Comercial terrestre...*, p. 325; Martins. *Curso de Direito Comercial...*, p. 292-293; e Almeida. *A sociedade em conta de participação...*, p. 85-86. Em posição contrária, prendendo-se, à época, à literalidade do art. 325 do Código Comercial de 1850, caminhava Ferreira. *Tratado de Direito Comercial*, v. 3..., p. 535-536; Carvalho de Mendonça. *Tratado de Direito Commercial brasileiro*, v. 4..., p. 227 (apesar de, em nota de rodapé, arrolar precedentes da época que reconheciam sociedades em conta de participação que não exerciam atividade comercial); e Doria. *Curso de Direito Comercial*, v. 1..., p. 195. Portanto, se, mesmo quando da vigência do Código Comercial de 1850, que exigia, em seu art. 325, que o sócio ostensivo fosse comerciante, já se considerava viável a constituição de uma sociedade em conta de participação na qual o sócio ostensivo realizasse atividade civil, com muito mais razão este entendimento deve prevalecer atualmente, quando o Código Civil, ao regrar tal tipo societário (dos arts. 991 a 996), não fez qualquer exigência quanto ao objeto social da conta de participação. Andando neste sentido, ver Andrade. Da sociedade em conta de participação..., p. 68; Campinho. *O direito de empresa...*, p. 92; Gonçalves Neto. *Direito de Empresa...*, p. 190-191; Ramires. *A sociedade em conta de participação no Direito brasileiro...*, p. 87-88; Affonso. *A sociedade em conta de participação no Direito brasileiro...*, p. 48-49; Costa. *A sociedade em conta de participação no direito de empresa do Código Civil de 2002...*, p. 142, 162-164, 195. Em sentido contrário, sustentando que a conta de participação não está relacionada no art. 983 do Código Civil, ver: Sztajn-Fonseca. *Código Civil comentado*, v. 11..., p. 173.

[836] Alfredo de Assis Gonçalves Neto, já na vigência do Código Civil de 2002, ao referir que a conta de participação pode ter por objetivo uma atividade empresária ou simples, deixa expresso que a sociedade, propriamente dita, não pode ser considerada simples ou empresária, mas sim o seu sócio ostensivo (Gonçalves Neto. *Direito de Empresa...*, p. 190: "(...) não se pode classificar a sociedade em conta de participação como *simples* ou *empresária*. Não existindo perante terceiros, não se revelando ao mundo dos negócios, a sociedade em conta de participação não exerce nenhuma atividade. É certo que tem por objeto a realização de alguma atividade econômica organizada, mas não é ela quem a exerce, porquanto inserida na atividade desenvolvida pelo sócio ostensivo; quem exerce a atividade econômica ou realiza o negócio objeto da conta de participação é o sócio ostensivo, com sua própria organização." "Assim, se o sócio ostensivo for empresário ou sociedade empresária, o ajuste em conta de participação poderá ser identificado como empresarial — o que, no entanto, é indiferente para fins de determinação do regime aplicável à sociedade em conta de participação, já que só existe entre os sócios, não se inscreve em registro algum, não incide em falência ou insolvência civil, nem lhe são aplicáveis, mas ao sócio ostensivo, quando for o caso, as disposições do direito de empresa."). No mesmo sentido: Campinho. *O direito de empresa...*, p. 92.

[837] Na França, e não é de hoje, as sociedades em conta de participação podem ser constituídas para a exploração de atividade empresária ou civil, obviamente em decorrência da atividade explorada pelo sócio ostensivo (*Code Civil*, art. 1871). Exemplificativamente: PIC.

Des Sociétés Commerciales, t. III..., p. 603, 622; MOREAU. *Associations en participation et sociétés de fait*..., p. 26 ss; RIPERT. *Traité élémentaire de Droit Commercial*..., p. 516; RIPERT-ROBLOT--GERMAIN-MAGNIER. *Traité de droit des affaires*, t. 2..., p. 191; MERLE. *Droit Commercial*... (1998), p. 654; COZIAN-VIANDIER-DEBOISSY. *Droit des sociétés*..., p. 657. Da mesma forma ocorre em outros países (cf. DE GREGORIO. De las sociedades y las associaciones comerciales..., p. 422). Raul Ventura aponta com precisão que se a conta de participação, "por motivos históricos ou de frequência prática, teve assento nas leis comerciais e com objecto comercial, não é daí dedutível uma proibição de contratos idênticamente estruturados mas com objecto civil" (VENTURA. *Associação em participação* (BMJ 189)..., p. 66. Na Alemanha, também se diz que não se pode enquadrar a sociedade em conta de participação como empresária, uma vez que ela não exerce qualquer atividade (e tanto isso é verdade que a rubrica do Livro 2 do *Handelsgesetzbuch* intitula-se *Handelsgeselschaften und stille Gesellschaft* – ou seja, sociedades empresárias e sociedade em conta de participação) – existindo, então, quem diga que seria uma forma especial de sociedade civil, cf. HÜFFER-KOCH. *Gesellchaftsrecht*..., p. 254 –; todavia, seria pressuposto da conta de participação que o sócio ostensivo seja empresário ou sociedade empresária (§230 do *Handelsgesetzbuch*) (cf. KLUNZIGER. *Grundzüge des Gesellschaftsrechts*..., p. 140), apesar de se entender aplicável o referido dispositivo à atividade civil, sendo que, se civil, constituir-se-ia uma sociedade civil interna (dando-se, entre outros exemplos – como o dos profissionais liberais, como é o caso dos médicos e arquitetos –, o da associação à quota) (cf. WINDBICHLER. *Gesellschaftsrecht*..., p. 180-181; BAUMBACH-HOPT. *Handelsgesetzbuch*..., p. 862, 864, 866; HEIDEL-SCHALL. *Handelsgesetzbuch*..., p. 1.470-1.471, 1.474; KÜBLER. *Derecho de sociedades*..., p. 190; SCHMIDT. *Gesellschaftsrecht*, B. II..., p. 1.841). Ainda, como resta evidente, refere-se que o sócio participante pode ser qualquer pessoa (empresária ou não) ou mesmo outros entes, como uma comunhão hereditária – desde que respeitadas as restrições que podem existir para alguém ocupar a posição de sócio participante (cf. BAUMBACH-HOPT. *Handelsgesetzbuch*..., p. 864; HEIDEL-SCHALL. *Handelsgesetzbuch*..., p. 1.475). De qualquer sorte, é dito que a conta de participação pode ser por objeto uma empresa ou algum ramo particular mas que, se tiver por objeto um único negócio, seria uma *BGB-Gesellschaft* interna (SCHMIDT. *Gesellschaftsrecht*, B. II..., p. 1845). Já na Itália, diante da redação do art. 2.549 do *Codice Civile*, também há quem diga que somente pode ser ostensivo quem é empresário (cf. CENDON. *Commentario al Codice Civile*..., p. 450); por sua vez, há quem refira que desde o Código Comercial de 1865 é que não há a exigência de que o associante seja um empresário (sendo que, na associação em participação destinada a um único negócio, é possível que não se esteja diante de uma atividade empresária uma vez que inexistente a sua exploração de modo profissional — sem contar a possibilidade de o associante ser um ente que não objetiva o lucro, como uma associação) (cf. MIGNONE. *L'associazione in partecipazione*..., p. 54, 68 ss). Já na Espanha, sugere-se, em que pese o *Código de Comercio* faça referência a comerciante como membro da conta de participação, que os membros da conta de participação não precisam ser comerciantes, podendo ser pessoas físicas ou jurídicas (BROSETA PONT-SANZ. *Manual de Derecho Mercantil*, v. I..., p. 335; MIGNONE. *L'associazione in partecipazione*..., p. 626-627).

sentido caminha o Enunciado 208 da III Jornada de Direito Civil do Conselho da Justiça Federal/CJF[838].

Em resumo, respeitados os requisitos elencados e as restrições eventualmente impostas por leis especiais ao exercício de algumas atividades, a conta de participação pode ter o objeto social que seus sócios desejarem (*i.e.*, empresarial ou não).

3.3. Forma

A constituição da conta de participação independe de qualquer formalidade[839], como dispõe o art. 992 do Código Civil (e como dispunha o art. 325, *in fine*, do Código Comercial de 1850)[840], da mesma forma que ocorre em outros países[841]. É, juntamente com a sociedade em

[838] III Jornada de Direito Civil do Conselho da Justiça Federal/CJF, Enunciado 208: "208 – Arts. 983, 986 e 991: As normas do Código Civil para as sociedades em comum e em conta de participação são aplicáveis independentemente de a atividade dos sócios, ou do sócio ostensivo, ser ou não própria de empresário sujeito a registro (distinção feita pelo art. 982 do Código Civil entre sociedade simples e empresária)".

[839] A falta de qualquer formalidade para a constituição da conta de participação, se comparada com o que se exige dos outros tipos societários, traz, ainda, algumas consequências que vão além da mera falta de um contrato escrito e do seu respectivo registro e de questões relacionadas à prova, como bem demonstra Alfredo de Assis Gonçalves Neto: "Por outro lado, a desnecessidade de cumprir as formalidades previstas para os demais tipos societários em geral, desobriga a sociedade em conta de participação da observância do art. 997 do Código Civil, que determina o conteúdo mínimo do contrato social, declinando as cláusulas essenciais ou obrigatórias que nele devem figurar. Apesar de os casos omissos resolverem-se pelas disposições da sociedade simples, todas aquelas que digam respeito à observância de formalidades, com sanção pela falta, não se aplicam a esse tipo societário." (GONÇALVES NETO. *Direito de Empresa...*, p. 192).

[840] Com a ressalva expressa do art. 300 do Código Comercial de 1850.

[841] Assim, por exemplo, também ocorre na Alemanha (WINDBICHLER. *Gesellschaftsrecht...*, p. 184; GRUNEWALD. *Gesellschaftsrecht...*, p. 162; SCHMIDT. *Gesellschaftsrecht*, B. II..., p. 1.851; BAUMBACH-HOPT. *Handelsgesetzbuch...*, p. 865; HEIDEL-SCHALL. *Handelsgesetzbuch...*, p. 1.476; KLUNZIGER. *Grundzüge des Gesellschaftsrechts...*, p. 146), na Itália (CENDON. *Commentario al Codice Civile...*, p. 446-447; MIGNONE. *L'associazione in partecipazione...*, p. 74-75), em Portugal (DL 231/81, art. 23º-1), na França (*Code Civil*, art. 1871; cf. COZIAN-VIANDIER-DEBOISSY. *Droit des sociétés...*, p. 656; MERLE. *Droit Commercial...* (1998), p. 657, 662; RIPERT-ROBLOT-GERMAIN-MAGNIER. *Traité de droit des affaires*, t. 2..., p. 197), na Espanha (*Código de Comercio*, art. 240), na Argentina (*Código Civil y Comercial de la Nación*, art. 1448; VERÓN. *Sociedades comerciales...*, p. 828-829; FONTANARROSA. La sociedad accidental o en participación..., p. 4.031) e no Uruguai (*Ley de Sociedades Comerciales*, art. 483).

comum, o tipo societário mais simples que se pode conceber[842], o menos formalista[843].

A conta de participação pode ser contratada por escrito — inclusive por correspondência[844] (no nosso tempo, por *e-mail* ou troca de mensagens por aplicativos), nada impedindo que também seja por escritura pública[845] — ou até verbalmente[846]. No limite, existe a possibilidade de constituição tácita[847]: o comportamento das partes permite induzir a reunião dos elementos da conta de participação[848]. A ampla liberdade na forma de constituição é universalmente aceita na doutrina[849].

Para ser considerada sociedade regular, não é sequer necessário estar inscrita no Registro Público de Empresas Mercantis — a cargo da Junta Comercial de cada ente federado — ou no Registro Civil de Pessoas Jurídicas. Eventual inscrição não produz qualquer efeito, nos termos do art. 993, *caput*, do Código Civil. Para ser constituída, basta o mero consenso entre as partes contratantes[850].

[842] RIPERT. *Traité élémentaire de Droit Commercial...*, p. 512; RIPERT-ROBLOT-GERMAIN-MAGNIER. *Traité de droit des affaires*, t. 2..., p. 192.

[843] HAMEL-LAGARDE. *Traité de Droit Commercial...*, p. 620.

[844] *V.g.*, GRANDI. *L'associazione in partecipazione...*, p. 07-09; MOREAU. *Associations en participation et sociétés de fait...*, p. 74; FONTANARROSA. La sociedad accidental o en participación..., p. 4.032.

[845] Por exemplo: ANAYA. *Sociedades accidentales o en participación...*, p. 164; COSTA. *A sociedade em conta de participação no direito de empresa do Código Civil de 2002...*, p. 204.

[846] Remetemos, exemplificativamente, a: MOREAU. *Associations en participation et sociétés de fait...*, p. 74; FONTANARROSA. La sociedad accidental o en participación..., p. 4.032; MIGNONE. *L'associazione in partecipazione...*, p. 75; COSTA. *A sociedade em conta de participação no direito de empresa do Código Civil de 2002...*, p. 203.

[847] Cf. BAUMBACH-HOPT. *Handelsgesetzbuch...*, p. 865; HEIDEL-SCHALL. *Handelsgesetzbuch...*, p. 1.476; GHIDINI. *L'associazione in partecipazione...*, p. 58; MIGNONE. *L'associazione in partecipazione...*, p. 75.

[848] COZIAN-VIANDIER-DEBOISSY. *Droit des sociétés...*, p. 656.

[849] CUNHA GONÇALVES. *Da conta em participação...*, p. 81.

[850] "Dispensa-se o registro do contrato, não o contrato em si." (cf. SZTAJN. *Contrato de sociedade e formas societárias...*, p. 71). Ver, também: VERÓN. *Sociedades comerciales...*, p. 829; SCHMIDT. *Gesellschaftsrecht*, B. II..., p. 1.838; BAUMBACH-HOPT. *Handelsgesetzbuch...*, p. 868; HEIDEL-SCHALL. *Handelsgesetzbuch...*, p. 1.470, 1.481; KLUNZIGER. *Grundzüge des Gesellschaftsrechts...*, p. 139. Assim, inclusive, determina expressamente a *Ley 16.060* uruguaia (art. 483), o *Código Civil y Comercial de la Nación* argentino (art. 1448) e o *Code Civil* francês (art. 1871).

Nesse sentido, vejam-se duas antigas e elucidativas decisões do Tribunal de Justiça de São Paulo, que evidenciam a consolidação do entendimento quanto à informalidade da conta de participação:

> Sociedade em conta de participação — (...). *O contrato de sociedade comercial em Conta de Participação está dispensado das formalidades prescritas para a formação das demais sociedades comerciais, inclusive quanto a sua transcrição na Junta Comercial visto que o vínculo obrigacional diz respeito apenas às partes contratantes*; dito contrato prova, por si só, os direitos e obrigações que ele encerra. (TJSP, 5ª Câmara Cível, APC 55.914, Rel. Des. Camargo Aranha, j. 14/09/1951).
>
> Sociedade em conta de participação — Existência — Prova — Registro — (...). *Para a Sociedade em Conta de Participação não são necessárias as formalidades prescritas para a existência das outras sociedades comerciais, inclusive o registro*, que lhe é defeso. (TJSP, 4ª Câmara Civil, APC 86.946, Rel. Des. Sousa Queirós, j. 21/05/1959).

As leis comerciais de todos os países, em todos os tempos, dispensam a conta de participação do regime de registro e publicidade a fim de resguardar o seu traço fundamental: a característica de *sociedade meramente interna*[851].

Explica Mario Ghidini que concorrendo dois ou mais sujeitos para a exploração de determinada atividade econômica, a forma escrita e a publicidade são importantes para que os terceiros possam conhecer a existência e os limites da responsabilidade de cada um dos participantes. Mas quando a relação é meramente interna, como é o caso da conta de participação, havendo uma titularidade externa única, uma responsabilidade exclusiva, deixa de fazer sentido a exigência de uma publicidade tal qual existe para as demais sociedades[852].

Carvalho de Mendonça reforça essa visão: as formalidades na constituição de uma sociedade servem, basicamente, como mecanismo de tutela de terceiros que com o ente coletivo se relacionam. Na conta de participação, como ela não se relaciona com terceiros, é uma sociedade *ad intra*, dispensada está qualquer formalidade[853].

[851] SALGADO. *Das sociedades em participação...*, p. 75-76.

[852] GHIDINI. *L'associazione in partecipazione...*, p. 57.

[853] CARVALHO DE MENDONÇA. *Tratado de Direito Commercial brasileiro*, v. 4..., p. 230. Ver, também: SALGADO. *Das sociedades em participação...*, p. 76.

Mesmo assim, a contratação por escrito é sempre mais aconselhável para bem delimitar os direitos e deveres dos sócios, para definir em que termos a relação societária se opera, para evitar ou atenuar conflitos — já que as regras da vida em sociedade estarão previamente explicitadas para todas as partes em um documento passível de consulta — e para prevenir a confusão da conta de participação com outros institutos ou tipos societários, tal como o mútuo ou a sociedade em comum. Enfim, o contrato escrito traz maior segurança jurídica e por isso é recomendado[854]. Em empreendimentos coletivos, é sempre mais aconselhável preferir claridade à escuridão: a elaboração de um contrato escrito é uma medida elementar de precaução[855].

Sendo firmado contrato escrito, tal contrato pode ser feito por instrumento público ou particular, sendo possível o registro no Cartório de Títulos e Documentos — o que é facultado pelo art. 992 do Código Civil — a fim de se fazer prova ainda mais robusta acerca das condições em que se tratou a sociedade[856-857].

[854] No mesmo sentido, entre outros, ver: Cendon. *Commentario al Codice Civile...*, p. 446; Moreau. *Associations en participation et sociétés de fait...*, p. 74; Merle. *Droit Commercial...* (1998), p. 662; Anaya. *Sociedades accidentales o en participación...*, p. 164; Verón. *Sociedades comerciales...*, p. 829.

[855] Cozian-Viandier-Deboissy. *Droit des sociétés...*, p. 656.

[856] Bernardo Lopes Portugal sugere o registro do contrato para evitar maiores discussões: "Não obstante [não] seja necessário o registro do instrumento de constituição da Sociedade em Conta de Participação, podendo a mesma ser provada inclusive por elementos probatórios outros como os livros comerciais, documentos particulares ou correspondências epistolares, aconselha o seu registro no Cartório de Títulos e Documentos. Tal recomendação encontra-se ancorada em razões tributárias, constituindo-se prova inequívoca da Sociedade em Conta de Participação, e, consequentemente, evitando-se a desconsideração, pela fiscalização tributária, das operações contábeis-fiscais distintas, na apuração e tributação dos resultados." (Portugal. A sociedade em conta de participação no novo código civil e seus aspectos tributários..., p. 163); em sentido semelhante: Costa. *A sociedade em conta de participação no direito de empresa do Código Civil de 2002...*, p. 154. Acreditamos ser nobre a preocupação e que, de fato, a publicização da conta de participação confere maior credibilidade na defesa do seu uso legítimo, embora não se possa dizer que o seu registro impede a sua desconsideração, uma vez que assim será possível em caso de utilização disfuncional do instituto.

[857] Dylson Doria, erroneamente, em nosso sentir, afirma que, caso se deseje formalizar a constituição da SCP, o contrato pode ser levado a registro no Registro Público de Empresas Mercantis (Doria. *Curso de Direito Comercial*, v. 1..., p. 195-196). No mesmo sentido, afirmando que, para que se evite confundir a SCP com uma sociedade em comum, deveria,

A forma escrita possibilita, ainda, a transferência de titularidade de certos bens ao sócio ostensivo. Com efeito, determinadas contribuições realizadas pelo sócio participante demandam a adoção de formalidades[858]. Por exemplo, para a transferência de bem imóvel a título de contribuição, é necessária a apresentação do contrato social da SCP (com cláusula específica tratando deste aporte), elaborado por instrumento público, para se proceder à transferência da propriedade no Registro de Imóveis. Para transferência de marca, invenção ou outros bens da propriedade intelectual, será preciso observar a forma escrita do contrato social, o qual deve ser apresentado ao Instituto Nacional de Propriedade Industrial (INPI.). Nos casos narrados, não há como não se empregar a forma escrita.

Para que produza efeitos perante terceiros, o contrato que tenha por objeto, por exemplo, a alienação, o usufruto ou o arrendamento do estabelecimento — o que pode ser feito a título de contribuição do sócio participante ao empreendimento comum —, deve ser averbado à margem da inscrição do empresário ou da sociedade empresária no Registro Público de Empresas Mercantis, sendo necessária, ainda, a publicação na imprensa oficial (CC, art. 1.144). Nesse último caso, como é fácil reconhecer, é igualmente importante (ou essencial) a feitura de contrato escrito[859].

Por fim, sendo a SCP firmada por escrito, facilita-se a prova, para fins de imposto de renda, do ingresso dos referidos bens no patrimônio

conforme o caso, ser inscrita no Registro Público de Empresas Mercantis ou no Registro Civil de Pessoas Jurídicas, ver: Borba. *Direito Societário...*, p. 111.

858 Ghidini. *L'associazione in partecipazione...*, p. 57; Cendon. *Commentario al Codice Civile...*, p. 446; Mignone. *L'associazione in partecipazione...*, p. 75; Grunewald. *Gesellschaftsrecht...*, p. 162; Heidel-Schall. *Handelsgesetzbuch...*, p. 1.476; Klunziger. *Grundzüge des Gesellschaftsrechts...*, p. 146; Schmidt. *Gesellschaftsrecht*, B. II..., p. 1.851. Em Portugal, há dispositivo que trata expressamente sobre a questão: "O contrato de associação em participação não está sujeito a forma especial, *à excepção da que for exigida pela natureza dos bens com que o associado contribuir.*" (DL 231/81, art. 23º-1); e assim complementa o art. 23º-3: "A inobservância da forma exigida pela natureza dos bens com que o associado contribuir só anula todo o negócio se este não puder converter-se, segundo o disposto no artigo 293º do Código Civil, de modo que a contribuição consista no simples uso e fruição dos bens cuja transferência determina a forma especial.".

859 Galizzi. *Sociedade em conta de participação...*, p. 63-64; Almeida. *A sociedade em conta de participação...*, p. 92.

geral do sócio ostensivo[860], bem como a distribuição de resultados ao sócio participante.

De qualquer sorte, deve-se atentar para o fato de que, no Brasil, para atender as obrigações fiscais, tem-se a necessidade de inscrição da conta de participação no Cadastro Nacional de Pessoas Jurídicas (CNPJ), fazendo com que, na prática, uma Instrução Normativa da Receita Federal tenha tornado letra morta a liberdade de forma para a constituição de SCP prevista no Código Civil[861-862].

[860] Galizzi. *Sociedade em conta de participação...*, p. 63.

[861] No Brasil, a IN SRF 49, de 15 de abril de 1987 exigia, no item 3, a inscrição da SCP no Cadastro Geral de Contribuintes do Ministério da Fazenda (CGC/MF); esta exigência durou pouco, pois a IN SRF 49/1987 foi revogado pela IN SRF 179, de 30 de dezembro de 1987. Todavia, desde a IN RFB 1.470/2014 passou-se a novamente exigir a inscrição da conta de participação no Cadastro Nacional de Pessoas Jurídicas — CNPJ, tendo-se, consequentemente, uma restrição quanto à forma de constituição da SCP; tal obrigatoriedade, atualmente, encontra previsão no Anexo I, XVIII, da IN RFB 2.119/2022. Isso porque a Receita Federal determina, para a sua inscrição no CNPJ, que seja apresentado documento que comprove a existência da SCP (sem necessidade de registro em qualquer órgão) entre os sócios ostensivo e participante; já para a baixa da inscrição, exige-se a apresentação de distrato da SCP (sem necessidade de registro em qualquer órgão) ou, caso a SCP tenha sido constituída por prazo determinado, de documento comprobatório da existência da SCP (sem necessidade de registro em qualquer órgão) entre os sócios ostensivo e participante.

[862] Também criticando a exigência de inscrição no CNPJ e a modificação do previsto no art. 992 do Código Civil, ver: Costa. *A sociedade em conta de participação no direito de empresa do Código Civil de 2002...*, p. 258. Em sentido mais flexível quanto à norma tributária, ver: Fernandes. *A Sociedade em Conta de Participação no Direito Tributário...*, p. 124-125: "(...) embora a lei civil (...) não exija documento escrito como condição necessária à prova da existência da SCP (art. 992 do Código Civil), a legislação tributária obriga que o sócio ostensivo apresente à RFB documento comprobatório da existência da SCP. (...) a RFB impõe que a SCP tenha inscrição no CNPJ, devendo o sócio ostensivo, por decorrência, provar a existência da sociedade por meio de algum documento. Ou seja, deve haver, na dicção do art. 444 do CPC/15, um 'começo de prova por escrito' ou algum elemento material que demonstre a formação da sociedade, ainda que as partes não confeccionem um contrato social com todas as cláusulas de funcionamento da sociedade e de direitos e deveres dos sócios. Esse fato, se não obsta a constituição verbal de SCP, ao menos impõe maior formalidade à SCP, diminuindo sua simplificidade. Isso, contudo (...), não desqualifica ou desvirtua a SCP, por quando o documento exigido pela RFB não é revestido de requisitos ou condições especiais, sendo necessário, apenas, que se prove a SCP, ficando preservada a simplicidade desse tipo societário.". Nesse sentido, vale rememorar as palavras de Pontes de Miranda sobre a forma da conta de participação e a questão fiscal: "Se, conforme permite a lei (Código Comercial, art. 325, *in fine*), foi oral o contrato de sociedade em conta de participação, há dificuldades para que as repartições de impostos apurem o que se sonegou. Dá-se quase o mesmo se o contrato foi por meio

4. Prova da existência da sociedade

A sociedade em conta de participação pode ser contratada por simples ajuste verbal, existindo, portanto, *plena liberdade quanto à forma de contratação*.

Em virtude disso nada mais natural do que a possibilidade de prová-la, assim como o conteúdo do contrato e as suas posteriores modificações e dissolução[863], por qualquer meio lícito: por documentos, públicos ou particulares, por notas ou certidões, por correspondência, pelos livros do sócio ostensivo (ou da SCP) e até por presunção ou prova exclusivamente testemunhal[864].

A prova da conta de participação por qualquer meio, inclusive por testemunhas, é tão natural e universalmente aceita que a *Corte di Cassazione di Palermo*, já no ano de 1903, decidia nesse sentido[865].

E, vale dizer, a prova exclusivamente testemunhal ainda é aceita, mesmo sem começo de prova escrita (nos termos do art. 992, e como também previa o art. 325 do Código Comercial de 1850). O documento escrito não é necessário nem *ad substantiam* nem *ad probationem*[866].

de cartas e os contraentes, não obrigados ao registo, os guardam com sigilo. Quanto ao impôsto de renda, o sócio participante ativo, se encobre os outos, expõe-se a que se lhe cobre o impôsto sôbre o todo dos lucros. Os problemas são muitos (...). A lei fiscal pode exigir que, se foi feito escrito, que se registe. *De iure contendo*, o registo nas repartições fiscais é recomendável, para que se evite pensar-se em outro tipo de sociedade." (Pontes de Miranda. *Tratado de Direito Privado*, t. 49..., p. 337-338).

863 Almeida. *A sociedade em conta de participação*..., p. 77; Pic. *Des Sociétés Commerciales*, t. III..., p. 631-632.

864 Também na França (*Code Civil*, art. 1871; cf. Cozian-Viandier-Deboissy. *Droit des sociétés*..., p. 656; Jauffret, Alfred. *Manuel de Droit Commercial.* 23 ed. Paris: LGDJ, 1997, p. 348; Merle. *Droit Commercial*... (1998), p. 662; Ripert-Roblot-Germain-Magnier. *Traité de droit des affaires*, t. 2..., p. 197), na Espanha (*Código de Comercio*, art. 240, respeitados os limites dados pelo art. 51), na Argentina (*Código Civil y Comercial de la Nación*, art. 1448; cf. Verón. *Sociedades comerciales*..., p. 829-831; Fontanarrosa. La sociedad accidental o en participación..., p. 4.031) e no Uruguai (*Ley de Sociedades Comerciales*, art. 483). Em Portugal, o art. 23º do Decreto-Lei 231(1981) estabelece pequena restrição quanto à prova: "**2** — Só podem, contudo, ser provadas por escrito a cláusula que exclua a participação do associado nas perdas do negócio e aquela que, quanto a essas perdas estabeleça a responsabilidade ilimitada do associado".

865 *Rivista di Diritto Commerciale, Industriale e Maritimo*, v. I, Parte II. Milano: Dottor Francesco Vallardi, 1903, p. 296-297. No mesmo sentido a *Corte di Cassazione di Torino* em 1912, cf. *Rivista di Diritto Commerciale e del Diritto Generale delle Obbligazioni*, v. XI, Parte II. Milano: Dottor Francesco Vallardi, 1913, p. 23-25.

866 Ghidini. *L'associazione in partecipazione*..., p. 56.

Nesse sentido, remetemos ao seguinte precedente do Supremo Tribunal Federal:

> Recurso extraordinário (...). A existência de sociedade em conta da participação não depende de contrato escrito e pode ser provada por qualquer meio admitido em direito. (STF, 1ª Turma, RE 18.832, Rel. Min. Nelson Hungria, j. 06/05/1951).

Também é possível elencar uma série de decisões antigas do Tribunal de Justiça de São Paulo que destacam a possibilidade de se provar a sociedade em conta de participação por qualquer meio, inclusive por testemunhas, ainda que não exista começo de prova escrita[867], além de se poder fazê-lo pelo exame dos respectivos livros:

> Sociedade em conta de participação (...). Meios de prová-la. A Sociedade em Conta de Participação, cujo caráter essencial está em não se revelar publicamente, pois só o gerente é que aparece, é mera sociedade de fato e não assume a feição de uma pessoa jurídica. *A prova, em relação a essa sociedade, pode ser feita por todos os meios possíveis, especialmente por testemunhas, ainda que não exista começo de prova por escrito.* (TJSP, APC 13.277, Philadelpho Castro, P. Eliseu Guilherme, Polycarpo de Azevedo, Godoy Sobrinho, j. 13/02/1925).

> Sociedade em conta de participação — Sua prova — *Prova-se por todos os gêneros de prova a constituição e a dissolução da sociedade em Conta de Participação.* (TJSP, 4ª Câmara, APC 20.983, Rel. Des. Teodomiro Dias, j. 13/01/1944).

> Sociedade em conta de participação — Inexistência de formalidades legais para a sua constituição — Admissibilidade de qualquer meio de prova — Exame de livros deferidos — Recurso provido — Aplicação do art. 685 do Código de Processo Civil e arts. 325 e 290 do Código Comercial. *Na sociedade em conta de participação, tem cabimento o exame de livros pedido por um dos sócios, para prová-la.* Pois, a sociedade em conta de participação não exige formalidades legais e pode ser provada até por testemunhas. (TJSP, 5ª Câmara Civil, AI 74.279, Rel. Des. Vieira Neto, j. 02/12/1955).

[867] Bento de Faria. *Codigo Commercial Brasileiro anotado...*, p. 442.

> Sociedade em conta de participação — Existência — Prova — Possibilidade de se recorrer a todos os meios admitidos em direito. *Tratando-se de sociedade em conta de participação não pode haver dúvida quanto á liberdade de provas da sua existência* (TJSP, 3ª Câmara Civil, APC 77.093, Rel. Des. Vieira Netto, j. 29/11/1956).

E não poderia ser outra a posição dos pretórios, como destacado por este acórdão do Tribunal de Justiça do Rio Grande do Sul:

> Ação de dissolução de sociedade comercial. Prova de sua existência, já que não devidamente formalizada. Possibilidade, inclusive por meio de prova testemunhal. (...). (TJRS, 6ª Câmara Cível, AI 597131119, Rel. Des. Osvaldo Stefanello, j. 17/09/1997).

Sobre o tema, é importante salientar que a prova meramente testemunhal podia ser feita mesmo que o contrato ultrapassasse o décuplo do salário-mínimo, em que pese existisse restrição no *caput* do art. 227 do Código Civil (revogado), bem como no art. 401 do Código de Processo Civil de 1973 (que não guarda correspondente no Código de Processo Civil de 2015)[868].

[868] Galizzi. *Sociedade em conta de participação...*, p. 70 ("No que toca, especialmente, à prova testemunhal, dispõe o Art. 227 da lei civil [e o Art. 401 do Código de Processo Civil de 1973] que, salvo os casos expressos, esta só se admite, de forma exclusiva, nos contratos cujo valor não exceda o décuplo do salário mínimo vigente no país ao tempo em que foram celebrados, prescrevendo o parágrafo único que, independentemente do valor do negócio jurídico, a prova testemunhal é admissível como subsidiária ou complementar da prova por escrito. A questão está em saber se o aludido dispositivo legal é aplicável às sociedades em conta de participação. Determinado que a prova testemunhal só é admissível nos contratos cujo valor não exceda o décuplo do maior salário mínimo vigente no país ou em transações de maior quantia como subsidiária de outras provas por escrito, o Código faz crer que toda transação que supere aquele valor deve ser documentada. Mas faz a ressalva: fora os casos expressos. Nesses casos — expressamente declarados —, portanto, a prova testemunhal é admissível, mesmo que o contrato exceda o limite legal e não exista início de prova por escrito. Ora, o art. 992 do Código Civil, além de não exigir qualquer formalidade para a constituição da sociedade em conta de participação, declara textualmente, e sem distinguir o valor do contrato, que a mesma pode provar-se por todos os meios admitidos em Direito, incluindo a prova testemunhal. Parece clara, portanto, que a prova por meio de testemunhas, facultada incondicionalmente pelo art. 992, é uma exceção expressa à regra do art. 227, que, na minha visão, não se aplica à sociedade em conta de participação"). Ver, também: Fernandes. *A Sociedade em Conta de Participação no Direito Tributário...*, p. 124. Em sentido contrário, assim asseverava

E como observa Alfredo de Assis Gonçalves Neto, pode, ainda, valer-se dos indícios ou das presunções arrolados pelo revogado art. 305 do Código Comercial de 1850[869] (que não guarda correspondente no Código Civil vigente), que dispunha:

> Art. 305 – Presume-se que existe ou existiu sociedade, sempre que alguém exercita atos próprios de sociedade, e que regularmente se não costumam praticar sem a qualidade social.
>
> Desta natureza são especialmente:
>
> 1 — Negociação promíscua e comum. 2 — Aquisição, alheação, permutação, ou pagamento comum. 3 — Se um dos associados se confessa sócio, e os outros o não contradizem por uma forma pública. 4 — Se duas ou mais pessoas propõem um administrador ou gerente comum. 5 — A dissolução da associação como sociedade. 6 — O emprego do pronome nós ou nosso nas cartas de correspondência, livros, faturas, contas e mais papéis comerciais. 7 — O fato de receber ou responder cartas endereçadas ao nome ou firma social. 8 — O uso de marca comum nas fazendas ou volumes. 9 — O uso de nome com a adição — e companhia.
>
> A responsabilidade dos sócios ocultos é pessoal e solidária, como se fossem sócios ostensivos (artigo nº 316)[870].

Yoshikawa. Reflexos processuais da sociedade em conta de participação..., p. 39: "Quanto à prova testemunhal, embora admissível, entendemos que a ela se aplica a restrição constante do art. 401 do CPC, que veda a comprovação exclusivamente testemunhal se o valor do contrato (no caso a soma das contribuições de todos os sócios) exceder o correspondente a 10 salários-mínimos na data em que teriam sido celebrados. Salvo se houver começo de prova escrita ou houver relação de parentesco entre os sócios (*i.e.*, se forem parentes próximos, como irmãos, ascendente e descendente), nos termos do art. 402, incisos I e II, respectivamente, do CPC)."

[869] Gonçalves Neto. *Direito de Empresa...*, p. 192. No mesmo sentido: Yoshikawa. Reflexos processuais da sociedade em conta de participação..., p. 38. Também referindo o uso da presunção como prova, ver: Moreau. *Associations en participation et sociétés de fait...*, p. 76-77.

[870] O sócio oculto a que o dispositivo fazia referência não é o integrante da sociedade em conta de participação, mas sim aqueles que, deliberadamente, não figuram no contrato social, mas que, em verdade, participam da sociedade como qualquer outro sócio; são aqueles que se valem de interpostas pessoas. E observe-se que a antiga lei falimentar, Decreto-lei 7.661/1945, mandava apurar a sua responsabilidade no art. 6º, sendo importante referir que a atual legislação falimentar, Lei 11.101/2005, omite-se a respeito no seu art. 82, o que não significa que não deva ser apurada a responsabilidade daquele que se vale de *laranjas* (podendo-se, inclusive, responsabilizá-lo de acordo com as regras aplicáveis à sociedade

O precedente abaixo do Tribunal de Justiça do Paraná faz referência ao art. 305 do Código Comercial de 1850 e dá respaldo à tese:

> Ação de dissolução de sociedade em conta de participação. Conjunto probatório documental e testemunhal suficiente para indicar sua existência. Exegese dos arts. 122, 305 e 325 do Código Comercial. Doutrina que abraça este entendimento. Prova dos elementos que a identificam. Reconhecimento de sua existência. Evidenciado o desaparecimento da affectio societatis, sua dissolução se impõe. Sócio que gerencia ou administra a sociedade. Prestação de contas que deverá obedecer ao que preceituam os arts. 914 e seguintes do CPC. Apelação provida. 1. O Código Comercial admite, segundo seu art. 122, a prova testemunhal para reconhecimento de existência de sociedade em conta de participação. *Restando evidenciado, não só por esta, mas também pela documental, a ocorrência de alguns dos requisitos elencados no art. 305 do mesmo Códex, seu reconhecimento se impõe, e via de conseqüência o pedido de dissolução.* 2. Em assim sendo, é devida prestação de contas pelo sócio que gerenciava ou administrava a sociedade, nos termos dos arts. 914 e seguintes do CPC. (TJPR, 6ª Câmara Cível, APC 0178867-0, Rel. Juiz Carvílio da Silveira Filho, j. 18/02/2002).

Além disso, como observa Carvalho de Mendonça, qualquer meio de prova pode ser utilizado não somente para demonstrar a existência da sociedade, mas também para apontar a sua modificação ou dissolução — pois, em tais casos, os motivos legais são os mesmos que atuam na sua constituição ou na sua formação[871]. Alfredo Jorge Pinhal caminha no mesmo sentido, mas, de modo mais detalhado, leciona que "Todas estas provas servem não só para demonstrar a existência da sociedade e das respectivas cláusulas, como também a demonstração dos factos concer-

em comum, ou seja, de modo ilimitado e solidário, nos termos do art. 990 do Código Civil). Sobre o tema: VALVERDE, Trajano de Miranda. *Comentários à Lei de Falências (Decreto-lei n. 7.661, de 21 de junho de 1945)*, v. I (Arts. 1 a 79). Rio de Janeiro: Forense, 1948, p. 76-77; CAMPINHO. *O direito de empresa...*, p. 207-209.

[871] CARVALHO DE MENDONÇA. *Tratado de Direito Commercial brasileiro*, v. 4..., p. 234. Ver, também: BENTO DE FARIA. *Codigo Commercial Brasileiro anotado...*, p. 441-442; ALMEIDA. *A sociedade em conta de participação...*, p. 77. Igualmente: PIC. *Des Sociétés Commerciales*, t. III..., p. 631-632.

nentes à sua modificação, dissolução e liquidação e bem assim de que tais e tais operações forma pelo sócio ostensivo efectuadas por conta da associação e não por sua própria conta."[872]

É justamente tal facilidade para provar a existência e o conteúdo da conta de participação que demonstra uma das suas principais características: a *informalidade*. Nesse sentido, a SCP pode ser provada por todos os meios admitidos em direito, entre eles a *confissão*, o *documento* (cartas, *e-mails*, bilhetes, extratos de depósito bancário), a *testemunha*, a *presunção*, inclusive pelo comportamento das partes[873], a *perícia* (sobretudo a contábil nos respectivos livros), entre outros.

O art. 992 não faz qualquer ressalva no sentido de que a *prova facilitada* cabe somente a terceiros, devendo os sócios provar a sociedade tão-somente por escrito. Com efeito, facilitar a prova da conta de participação por parte de terceiros e penalizar os sócios não parece ter sido a intenção do legislador. Em contrapartida, na sociedade em comum parece existir razão para a referida regra (prevista expressamente no art. 987 do Código Civil), visto que ela funciona como uma espécie de penalidade para aqueles que não constituem regularmente uma sociedade. Mas, mesmo no caso da sociedade em comum, a jurisprudência e a doutrina há tempos mitigam a regra que dificulta a prova por parte dos sócios[874].

A informalidade faz parte da essência da sociedade em conta de participação, não sendo lógico exigir de seus sócios que somente possam demonstrar por escrito a sua existência[875]. Muito pelo contrário, como

[872] PINHAL. *Da conta em participação...*, p. 71.

[873] JAUFFRET. *Manuel de Droit Commercial...*, p. 348.

[874] A propósito desta questão, cf. FRANÇA. *A sociedade em comum...*, p. 31 ss.

[875] Em sentido contrário, Haroldo Verçosa entende por aplicar à conta de participação as disposições referentes à prova da sociedade em comum, notadamente o art. 987, asseverando ser necessário o contrato por escrito para fins de prova das relações entre os sócios ostensivo e oculto (cf. VERÇOSA. *Curso de Direito Comercial...*, p. 301). Também nesse sentido, referimos o seguinte precedente judicial: "COBRANÇA C.C. INDENIZAÇÃO – Sociedade em Conta de Participação – Não comprovação – Inexistência de contrato escrito – Nas sociedades "não personificadas" os sócios, nas relações, somente por escrito podem provar a existência da sociedade – Inteligência do art. 987 do Código Civil – Inexistência de dano moral – Honorários advocatícios – A condenação decorrente da sucumbência, por força do disposto no art. 20 do CPC, é devida pelo vencido e não se confunde com os honorários estabelecidos no Convênio firmado entre a OAB/Defensoria Pública – Recurso da autora desprovido

a conta de participação produz efeitos única e exclusivamente no plano interno, em regra, são apenas os seus sócios que terão interesse de, em juízo, comprovar a sociedade — e não eventuais terceiros, para os quais a conta de participação tende a ser indiferente[876], em que pese não se possa esquecer, por exemplo, do interesse que terceiros venham a ter em provar a sociedade para a responsabilização do sócio oculto (participante) nos termos do art. 993, parágrafo único, do Código Civil[877].

Para evitar ou para atenuar eventuais conflitos, entretanto, é aconselhável, como já foi referido em diversas oportunidades, que os sócios a contratem por escrito — além de poderem, com a finalidade de conferir maior segurança para a relação, registrar o contrato no Cartório de Títulos e Documentos.

e provido o da ré." (TJSP, Apelação 0119368-22.2008.8.26.0002, 1ª Câmara de Direito Privado, Rel. Des. Alcides Leopoldo e Silva Júnior, j. 27/05/2014).

876 Ver: Gonçalves Neto. *Direito de Empresa...*, p. 193; Bento de Faria. *Codigo Commercial Brasileiro anotado...*, p. 441-442.

877 Apesar de, efetivamente, na prática, serem os sócios que possuem maior interesse em provar a existência da sociedade, é possível imaginar que terceiros também tenham interesse em prová-la (e por isso a relevância em se dizer, como dito anteriormente, que a conta de participação existe e é válida perante terceiros, mas, de regra, não é eficaz), sendo que, para tanto, também o poderão fazer por qualquer meio de prova; aqui, remetemos às palavras de José Gabriel Assis de Almeida: "Há situações em que os terceiros podem ter interesse em provar a Conta de Participação. Há hipóteses em que o sócio oculto pode vir a ter alguma responsabilidade perante terceiros (...). Principalmente, quando se tenha manifestado como sócio, face a terceiros, induzindo-os a pensar que ele também se obrigava. Outro caso ocorre quando o sócio oculto é devedor do sócio ostensivo, em virtude de operações da sociedade, e este último vai à falência. Os credores da massa falida podem ter necessidade de demonstrar a existência da Conta de Participação para poderem provar a origem dos créditos do ostensivo, e pleitear a sua integração à massa. Assim sendo, não parece haver motivo que impeça os terceiros de provarem a existência e o conteúdo do contrato social. Basta que tenham interesse legítimo, legalmente amparado. Mas, como bem nota A. J. Pinhal (...), a prova não terá por finalidade uma ação judicial contra a sociedade. A prova terá sempre um intuito indireto, como por exemplo, demonstrar a existência de uma sociedade irregular, ou de obrigações entre os sócios." (Almeida. *A sociedade em conta de participação...*, p. 78-79). Ver, também: Pinhal. *Da conta em participação...*, p. 72-73. Ainda, remetemos a: Pic. *Des Sociétés Commerciales*, t. III..., p. 632 ("Les tiers sont également recevables à invoquer ces différents modes de preuve, lorsqu'ils ont intérêt à établit soit l'existence, soit les modalités d'une participation").

5. Fatores de eficácia

É possível a estipulação de uma sociedade em conta de participação sob condição suspensiva[878]. Imagine-se, nesse sentido, um empreendedor que esteja participando de um certame licitatório para a obtenção de um importante contrato público ou negociando a celebração de um grande contrato de franquia e que, para a exploração destes negócios, necessite de um aporte de capital. Preparando-se para a exploração destes negócios, pode esse empreendedor celebrar uma sociedade em conta de participação para a obtenção de recursos financeiros com um ou mais sócios participantes, cuja eficácia ficará condicionada à verificação da condição suspensiva de o contrato público ou o de franquia ser, de fato, obtido pelo empreendedor.

Da mesma forma, nada impede que a SCP seja firmada sob condição resolutiva ou a termo. Imagine-se, relativamente ao primeiro caso, que a perda de um contrato de franquia ou de licença de exploração de marca pode ser o evento resolutivo a determinar a extinção da conta de participação.

6. Ingresso de novos sócios

Salvo disposição em contrário, prescreve o art. 995 do Código Civil que o sócio ostensivo não pode admitir novo sócio sem o consentimento expresso dos demais[879], sob pena de ineficácia do ato[880]. Tal dispositivo demonstra, inequivocamente, umas das principais características da sociedade em conta de participação: a *pessoalidade* da relação existente entre os sócios.

Muito se diz que a conta de participação é, em regra, uma sociedade pertencente à dita categoria das *sociedades de pessoas* — grupo de sociedades em que as características pessoais dos sócios são essenciais para

[878] Grandi. *L'associazione in partecipazione...*, p. 57.

[879] "Restrição semelhante constava no Código Comercial, embora não diretamente relacionada com a sociedade em conta de participação, mas integrante do regime jurídico das sociedades comerciais onde ela foi incluída (art. 334, 1ª parte)." (Gonçalves Neto. *Direito de Empresa...*, p. 198-199).

[880] Ver: Ghidini. *L'associazione in partecipazione...*, p. 160; Cendon. *Commentario al Codice Civile...*, p. 468; Mignone. *L'associazione in partecipazione...*, p. 247.

a constituição e para a continuidade da sociedade[881-882]. Por isso, como regra, novos sócios não podem ser aceitos à revelia dos demais (participantes e ostensivos). Ademais, o ingresso de novos sócios pode acarretar "uma diminuição da expectativa de lucros por parte daqueles que já

[881] Cf. PONTES DE MIRANDA. *Tratado de Direito Privado*, t. 49..., p. 322; TOMAZETTE. *Curso de Direito Empresarial*..., p. 282; GONÇALVES NETO. *Direito de Empresa*..., p. 190; ALMEIDA. A virtuosidade da sociedade em conta de participação..., p. 58; ALMEIDA. *A sociedade em conta de participação*..., p. 107; GALIZZI. *Sociedade em conta de participação*..., p. 98; FINKELSTEIN. Sociedade em conta de participação..., p. 123-144, p. 128-129; SACRAMONE, Marcelo Barbosa. *Manual de Direito Empresarial*. São Paulo: Saraiva, 2020, p. 162; RAMIRES. *A sociedade em conta de participação no Direito brasileiro*..., p. 11. Na Alemanha, a sociedade em conta de participação (*stille Gesellschaft*) também é enquadrada como sociedade de pessoas (cf., por todos, KÜBLER. *Derecho de sociedades*..., p. 189-190; GIERKE. *Derecho Comercial y de la Navegación*, v. I..., p. 356; e HÜFFER-KOCH. *Gesellchaftsrecht*..., p. 15, apesar de Christine Windbichler sustentar que possui ela — sendo importante ressalvar as peculiaridades do direito societário alemão — algumas características típicas de sociedades de capital, como a responsabilidade limitada do sócio participante perante terceiros e o fato de tal sócio não necessariamente trabalhar, cf. WINDBICHLER. *Gesellschaftsrecht*..., p. 28, 181); e, aqui, Adolf Baumbach e Klaus Hopt fazem referência à necessidade de consentimento do participante para que o ostensivo aceite terceiro para participar dos negócios da SCP, ainda que não pela forma de um novo sócio participante (BAUMBACH-HOPT. *Handelsgesetzbuch*..., p. 866). Na França, a conta de participação também é tida como sociedade de pessoas (ESCARRA. *Traité théorique et pratique de Droit Commercial*..., 541; MOREAU. *Associations en participation et sociétés de fait*..., p. 15 ss; HÉMARD-TERRÉ-MABILAT. *Sociétés Commerciales*..., p. 372). Na Itália, país no qual se entende que a conta de participação é um contrato (e não uma sociedade), o art. 2550 do *Codice Civile* assim dispõe, à semelhança do art. 995 do nosso Código Civil: "Salvo patto contrario, l'associante non può attribuire partecipazioni per la stessa impresa o per lo stesso affare ad altre persone senza il consenso dei precedenti associati."; diante de tal previsão, sustenta-se que a conta de participação é um contrato *intuitu personae* e que, quando tem mais de um associado, se está diante de um contrato em que ocupam a mesma parte ou que há várias associações em participação — abrangendo tal dispositivo não somente a aceitação de novo participante no mesmo contrato, mas também a criação de outras contas de participação, pelo ostensivo, que tenham como objeto o mesmo empreendimento da conta de participação já constituída. Sobre o tema, ver: CENDON. *Commentario al Codice Civile*..., p. 463 ss; e MIGNONE. *L'associazione in partecipazione*..., p. 48 ss, 243 ss. Na Espanha, quem sustenta ser a conta de participação uma sociedade defende que é uma sociedade *intuitu personae* (BALMASEDA. La atipicidad y las cuentas en participación..., p. 265-266). Na Argentina, entre outros, ver: FONTANARROSA. La sociedad accidental o en participación..., p. 4.030.

[882] Verifica-se, a rigor, uma restrição à liberdade do ostensivo de gerir o negócio objeto da conta de participação, uma vez que, mesmo que entenda conveniente e útil a aceitação de novo sócio participante, assim não poderá proceder (salvo se existente o consentimento do seu sócio participante, ou mediante estipulação contratual em contrário). Ver: CENDON. *Commentario al Codice Civile*..., p. 464.

fazem parte da sociedade há algum tempo"[883]. Sem contar que a administração do negócio fora confiada ao sócio ostensivo (ou mesmo ao sócio participante, a depender da estrutura da SCP), de modo que, a depender da matéria em questão e das previsões do próprio contrato social, será preciso contar com o consentimento do novo participante para uma série de deliberações[884].

O art. 995 refere-se expressamente à impossibilidade de o ostensivo aceitar novos sócios (ostensivos ou participantes), mas a situação contrária também é presumível. Entende-se que o sócio participante também não pode admitir novo sócio. Nesse sentido, Alfredo de Assis Gonçalves Neto assevera que, mesmo não havendo disposição expressa, "a recíproca é verdadeira — ou seja, também o sócio oculto, ainda que perfaça a maioria do capital social, não pode admitir o ingresso de novo sócio sem o consentimento do sócio ostensivo. Trata-se de disposição que impõe a unanimidade para a movimentação de ingresso e saída de qualquer sócio, como está no art. 999, mas sem o caráter cogente deste"[885].

Por outro lado, o Código Civil autoriza que as partes disponham sobre a matéria de modo diverso (ou, logicamente, que assim acordem *in concreto*)[886]. Nesse ponto, é importante observar que o art. 996 do

[883] VERÇOSA. *Curso de Direito Comercial...*, p. 303. Ver, também: RASNER. *Die atypische stille Gesellschaft...*, p. 123 ss. Garrigues, examinando um sistema em que a conta de participação não tem natureza societária, reduz toda a questão a um problema econômico, não levando em consideração a natureza personalíssima da relação existente entre os sócios. Para o tratadista espanhol, não há celeuma na superposição de participantes enquanto as participações concedidas não superem a totalidade dos benefícios que se pode distribuir. O prejuízo surgirá tão-somente quando para o novo participante já estiver coberta matematicamente a totalidade das possíveis participações, de modo que a concessão de uma nova participação diluiria a dos demais. Se há dez participantes com direito de obter 10% dos lucros, fica claro que não é possível conceder nenhuma outra participação, por menor que seja. Cf. GARRIGUES. *Tratado de Derecho Mercantil...*, p. 198. Ver, também: CENDON. *Commentario al Codice Civile...*, p. 466-467; MIGNONE. *L'associazione in partecipazione...*, p. 245-246 (referindo que o art. 2550 do *Codice Civile* objetiva impedir que o associante atribua sucessivamente a diversos associados participação nos lucros do empreendimento que possam superar 100%, acabando, também, por desincentivar a atuação produtiva do associante).

[884] RASNER. *Die atypische stille Gesellschaft...*, p. 123.

[885] GONÇALVES NETO. *Direito de Empresa...*, p. 199. Andando no mesmo sentido, ver: ALMEIDA. *A sociedade em conta de participação...*, p. 108.

[886] "Il consenso, da parte dell'associato, all'attribuzione di nuove partecipazioni per la stessa impresa o per lo stesso affare, in assenza di una disciplina normativa *ad hoc*, può essere manifestato secondo le modalità stabilite liberamente dalle parti e, di conseguenza, può essere

Código Civil exige a manifestação unânime dos demais sócios para a aceitação de um novo, salvo estipulação em contrário. Logo, salvo disposição contratual diversa, o quórum de deliberação é o da unanimidade.

Quanto ao contrato social, existe liberdade em suas disposições: pode-se conferir grande liberdade para o sócio ostensivo (ou para os participantes) admitir novos sócios, ou relegar a questão para decisão da maioria[887]. Dessa maneira, pode-se estabelecer que o ostensivo tenha liberdade para admitir novos sócios, assim como seja dado ao participante agregar novos membros[888-889] Pelo exposto, percebe-se que o contrato pode facilitar o ingresso de sócios, sendo lícito que a SCP assuma características mais próximas às ditas sociedades de capital[890].

O referido comando legal está restrito à conta de participação. Desse modo, se o sócio ostensivo é uma sociedade, o art. 995 do Código Civil não impõe qualquer restrição à admissão de sócios neste ente coletivo[891].

concesso sia al momento della stipula del relativo contratto, sia in un momento sucessivo. Nel caso in cui le parti decidano di non privare l'associato dell'esercizio del diritto di acconsentire all'attribuzione di nuove partecipazioni per la stessa impresa o per lo stesso affare a nuovi associati, sembra essere quanto mai oportuno prevedere, all'interno del contrato di associazione in partecipazione, un'apposita clausola che fissi il termine entro il quale l'associato dovrà esercitare il suddetto diritto, a pena della sua invalidità (Vallasciani 2004, 59)." (CENDON. *Commentario al Codice Civile*..., p. 467-468).

887 Discussão semelhante encontramos na Itália. Cf. CENDON. *Commentario al Codice Civile*..., p. 468.

888 E, como ressalta Arnoldo Wald, os sócios podem regular, então, da forma que melhor lhes aprouver (inclusive estabelecendo critérios objetivos), como se pode dar a entrada de novos sócios Cf. WALD. *Comentários ao novo Código Civil*..., p. 110.

889 Todavia, assevera o Professor da Universidade Federal do Paraná que tal situação encontra limites "nos direitos individuais do sócio oculto que não pode ver diluída sua participação na sociedade sem que isso consinta. Isso significa que, havendo cláusula contratual permitindo o ingresso e a saída de sócio à escolha do sócio ostensivo, tais operações devem ocorrer mediante transmissões de participações, quer do próprio sócio ostensivo, quer de outro sócio" (GONÇALVES NETO. *Direito de Empresa*..., p. 199).

890 GONÇALVES NETO. *Direito de Empresa*..., p. 190; ALMEIDA. *A sociedade em conta de participação*..., p. 108; TOMAZETTE. *Curso de Direito Empresarial*..., p. 282.

891 Tratando do tema e como isso não seria, de regra, uma causa de dissolução do contrato, devendo-se, de qualquer sorte, analisar o elemento *intuitu personae*, ver: MIGNONE. *L'associazione in partecipazione*..., p. 585.

6.1. Transferência da participação social

Quanto à transferência da posição social, seja pela cessão da participação societária ou pela morte de algum dos sócios, por exemplo, o mesmo raciocínio deve ser empregado.

Em regra, e tendo em vista o próprio art. 1.003 do Código Civil, a transferência da posição social (do ostensivo ou do participante) *depende do consentimento de todos os sócios* — sendo possível, de qualquer sorte, a associação à participação do sócio[892]. Entretanto, nada impede que o contrato social disponha de modo diverso, o que fica ainda mais evidente quando a sociedade adota um mecanismo de livre transmissibilidade *inter vivos* das participações dos sócios (como será examinado no item 7, abaixo).

Igualmente, nos termos do art. 1.028 do Código Civil, nada obsta que o contrato social preveja regra referente à sucessão *causa mortis*, ou que os sócios remanescentes regulem, por acordo com os herdeiros, a substituição do sócio falecido[893].

[892] MOREAU. *Associations en participation et sociétés de fait...*, p. 105, 108.

[893] Quanto à cessão da participação do sócio oculto, na Alemanha, seria intransferível, dependendo do consentimento do sócio ostensivo (ou de todos os sócios, caso existam outros sócios participantes e/ou ostensivos), em que pese seja possível estipular no contrato de forma diversa; o mesmo se diz com a morte do sócio participante: ela não acarreta a dissolução da conta de participação (salvo se o herdeiro universal for o sócio ostensivo, quando, então, existirá confusão e ocorrerá a dissolução da sociedade) (§234(2) do *Handelsgesetzbuch*) (apesar de o contrato poder prever de modo diverso, sendo que, caso o sócio participante exerça funções administrativas – SCP atípica –, há quem sustente que, tendo em vista a posição de confiança, ocorreria a dissolução da sociedade, aplicando-se o §727 do *Bürgerliches Gesetzbuch*). O mesmo já não se pode dizer do sócio ostensivo (apesar de o contrato também poder prever de modo diverso). Sobre o tema, ver GRUNEWALD. *Gesellschaftsrecht...*, p. 170 ss.; SCHMIDT. *Gesellschaftsrecht*, B. II..., p. 1.857, 1.860; KLUNZIGER. *Grundzüge des Gesellschaftsrechts...*, p. 150; HEIDEL-SCHALL. *Handelsgesetzbuch...*, p. 1.501-1.502; RASNER. *Die atypische stille Gesellschaft...*, p. 138-139; HÜFFER-KOCH. *Gesellchaftsrecht...*, p. 257; KÜBLER. *Derecho de sociedades...*, p. 196. Na França, considerando-se a conta de participação como uma sociedade de pessoas, não é admitida a cessão da participação, mesmo em caso de falecimento, sem o consentimento unânime dos outros sócios (em que pese seja lícita disposição em sentido diverso) nem a emissão de títulos negociáveis (*Code Civil*, arts. 1871 e 1871-1), sob pena, inclusive, de restar descaracterizada (ESCARRA. *Traité théorique et pratique de Droit Commercial...*, 541; MOREAU. *Associations en participation et sociétés de fait...*, p. 15 ss, 103 ss, 117 ss; HÉMARD-TERRÉ-MABILAT. *Sociétés Commerciales...*, p. 372; RIPERT-ROBLOT-GERMAIN-MAGNIER. *Traité de droit des affaires*, t. 2..., p. 197; COZIAN-VIANDIER-DEBOISSY. *Droit des sociétés...*, p. 659). E na Itália, país em que a conta de participação é vista como um contrato (e não uma sociedade), entende-se que a

Em resumo, existindo previsão contratual, pode se dar circulação de sócios sem alteração da identidade da sociedade. Basta que eles cedam a posição que ocupam — e, no caso do sócio ostensivo, ao ceder sua posição, ele transfere o fundo social para aquele que passar a ocupar o seu lugar[894].

Ainda, como não há norma proibindo a transmissão de participações entre sócios (art. 995 refere-se apenas à admissão de novos sócios), seria possível presumir a livre transferência interna das participações societárias, independentemente da anuência de qualquer sócio, ostensivo ou participante, como atesta Alfredo de Assis Gonçalves Neto[895]. Mas, tendo em vista que a alteração das participações, ainda que sem a mudança do quadro de sócios, implica *alteração do contrato social* da SCP, e o art. 999, aplicável à conta de participação por regência supletiva (CC, art. 996), *condiciona* às alterações do contrato social relativamente às matérias elencadas no art. 997 (entre elas a quota de cada sócio no capital social) à anuência de todos os sócios, é necessário o consentimento dos sócios ou disposição em contrário prevendo a livre circulação para que a cessão de participação societária tenha eficácia perante a sociedade; do contrário, impera a norma restritiva prevista para a sociedade simples. Isso sem contar que, diante da omissão das normas da SCP, aplicam-se as regras dos arts. 1.003 e 1.028 do Código Civil (nos termos do art. 996), as quais são compatíveis com o regime jurídico da conta de participação.

cessão da participação no contrato depende do consentimento da outra parte, respeitando o disposto no art. 1406 do *Codice Civile* (sendo que, na hipótese de o associado já ter cumprido com sua obrigação, discute-se se, então, não se estaria falando de uma simples cessão de crédito); por outro lado, interessante é a questão referente à cessão do estabelecimento explorado pelo ostensivo, a qual gira em torno do art. 2558 do *Codice Civile* (semelhante ao nosso art. 1.148 do Código Civil de 2002) (cf. CENDON. *Commentario al Codice Civile...*, p. 456-457; MIGNONE. *L'associazione in partecipazione...*, p. 249-251).

[894] Cf. ALMEIDA. *A sociedade em conta de participação...*, p. 109. Deve-se, de qualquer sorte, atentar para o regime do aporte realizado pelos sócios. Isso porque, por exemplo, se o participante é proprietário ou coproprietário de determinado bem aportado para a formação do fundo social, a saída da relação social não necessariamente implica a extinção do vínculo real (cf. ALMEIDA. *A sociedade em conta de participação...*, p. 109; AFFONSO. *A sociedade em conta de participação no Direito brasileiro...*, p. 111).

[895] GONÇALVES NETO. *Direito de Empresa...*, p. 199.

De mais a mais, não se pode perder de vista o tão marcante *caráter personalíssimo* da conta de participação, especialmente quando examinada a sociedade a partir do sócio ostensivo, uma vez que a transferência de sua participação pode afetar fortemente o desenvolvimento da atividade. Assim destaca Hernani Estrella: "o sócio ostensivo, que executa as operações constituintes da participação não pode fazer-se substituir nesse posto, sem aprazimentos dos demais consócios. A vedação é lógica, porque, se é verdade que só tal sócio, e unicamente ele, se obriga perante terceiro, não é, por igual, menos verdade que a consideração de sua pessoa é, para muitos efeitos, razão decisiva. A *electio personae* tem, aqui, suma importância, eis que, nas mais das vezes, dela depende o êxito do empreendimento"[896].

De qualquer modo, parece altamente recomendável a existência de cláusula expressa regulando a questão, pois a sua presença afasta eventual insegurança jurídica decorrente da interpretação das regras aplicáveis à cessão da participação de uma SCP[897]. Mesmo assim, caso seja possível a alteração do sócio ostensivo (e salvo consentimento expresso dos participantes), há que se observar a advertência de Alfredo de Assis Gonçalves Neto: "É claro que, para que o sócio ostensivo transfira sua participação a outro sócio, é necessário que o adquirente atue no mesmo ramo de atividade desenvolvida por aquele. A sociedade em conta de participação tem sua atividade exercida pelo sócio ostensivo, no desenvolvimento de sua própria atividade onde está inserida e, dessa forma, a mudança de comando há de observar a possibilidade de o adquirente poder dar continuidade ao empreendimento que constitui o objeto social."[898].

Em suma, não se duvida de que a SCP é uma sociedade na qual a qualidade do sócio, sobretudo do ostensivo, é fator que se sobressai em relação ao próprio capital aportado no empreendimento, havendo verdadeiro *vínculo pessoal* entre o sócio participante e o ostensivo.

Dessa forma, para o ingresso de novos sócios, é preciso o consentimento unânime dos demais, salvo disposição contratual em contrário, o que, como referido, confere à conta de participação um aspecto das

[896] Estrella. *Curso de Direito Comercial...*, p. 348.

[897] Também nesse sentido: Gonçalves Neto. *Direito de Empresa...*, p. 199.

[898] Gonçalves Neto. *Direito de Empresa...*, p. 199.

sociedades ditas de pessoas[899]. Do mesmo modo, entendemos que assim se deve operar no que diz respeito à transferência das participações societárias. No entanto, adiantando assunto que será objeto do próximo item, caso ocorra a emissão de *títulos ou certificados negociáveis*, é possível considerar que está implícita a vontade dos sócios de que as participações circulem livremente[900].

Finalmente, pode-se questionar se as considerações aqui realizadas também seriam aplicadas na hipótese de transferência do controle de algum dos sócios (ostensivo ou participante). Trata-se de questão de alta indagação.

7. Emissão de títulos ou certificados

Por se tratar de uma sociedade dita de pessoas — existindo, ainda, restrições, quanto à entrada de novos sócios —, pode ser polêmica a questão atinente à possibilidade de emissão de títulos ou certificados. Ainda: como a sociedade em conta de participação não possui capital social nem personalidade jurídica — não podendo, portanto, assumir obrigações em seu nome —, ela não pode emitir títulos ou certificados em nome próprio[901]. Nada impede, porém, que o sócio ostensivo o faça em relação às quotas dos sócios participantes, se assim estiver permitido no contrato. Estes títulos ou certificados não seriam, deste modo, emitidos pela SCP, mas sim pelo sócio ostensivo, que possui capacidade para assumir as respectivas obrigações diante dos participantes e terceiros[902].

[899] Também na França: RIPERT. *Traité élémentaire de Droit Commercial...*, p. 515; RIPERT-ROBLOT-GERMAIN-MAGNIER. *Traité de droit des affaires*, t. 2..., p. 197.

[900] "Quando a sociedade em conta de participação é constituída com a emissão de títulos negociáveis, nos moldes em que a admitiu o Dec.-lei 1.134/1970, certamente não incide a restrição, dado que a vontade dos sócios foi, precisamente, permitir a livre negociação das participações." (GONÇALVES NETO. *Direito de Empresa...*, p. 199). Por outro lado, para Mauro Brandão Lopes, a livre circulação deve estar expressa no contrato da sociedade (LOPES. *A sociedade em conta de participação...*, p. 79 ss.).

[901] ALMEIDA. A virtuosidade da sociedade em conta de participação..., p. 51; ALMEIDA. *A sociedade em conta de participação...*, p. 101-103; AFFONSO. *A sociedade em conta de participação no Direito brasileiro...*, p. 58.

[902] LOPES. *A sociedade em conta de participação...*, p. 79 ss.; igualmente, ALMEIDA. A virtuosidade da sociedade em conta de participação..., p. 52; GALIZZI. *Sociedade em conta de participação...*, p. 93 ss; AFFONSO. *A sociedade em conta de participação no Direito brasileiro...*, p. 58. Observe-se,

Como salienta Mauro Brandão Lopes, a conta de participação "tem fundos sociais, e os títulos ou certificados atestariam a participação de seu portador em tais fundos e consequentemente nos lucros e prejuízos eventuais"[903]. "O único requisito para melhor funcionamento de tal esquema é a divisão do capital em partes iguais, a fim de facilitar a participação proporcional nos lucros e nas perdas; e, evidentemente, a limitação das perdas ao valor da própria participação tornará maior a sua negociabilidade"[904].

7.1. Títulos ou certificados meramente comprobatórios da condição de sócio

Para Oscar Barreto Filho, os títulos ou certificados em questão devem ser encarados como simples documentos comprobatórios da relação jurídica existente entre o sócio ostensivo e os participantes. Servem, portanto, apenas como uma espécie de prova da condição de sócio. Para o referido autor, tais documentos estariam despidos da característica de livre transmissibilidade, não possuindo a qualidade, também, de título de crédito, pois àqueles não se incorpora nenhum direito autônomo. São, portanto, intransferíveis por meio de endosso, não sendo negociáveis, tampouco podendo ser cotados em Bolsa[905].

7.2. Títulos ou certificados transmissíveis da condição de sócio

Por outro lado, como refere Alfredo de Assis Gonçalves Neto, a sociedade em conta de participação "pode assumir vestes de *sociedade de capital,* quando adota sistema de livre transferência das participações. É o que ocorre quando as respectivas quotas são representadas por títulos, suscetíveis de transmissão sem necessidade de anuência de seus sócios. Mas, para que ela assim se caracterize, é preciso que haja ajuste expresso,

nesse sentido, o que dispõe o item 5.5.1 da IN SRF 179/87: "5.5.1 — Os certificados do investimento (CI) correspondentes à SCP serão emitidos em nome do sócio ostensivo".

903 Lopes. *A sociedade em conta de participação...*, p. 81; igualmente, ver: Grandi. *L'associazione in partecipazione...*, p. 92; e Almeida. A virtuosidade da sociedade em conta de participação..., p. 52.

904 Lopes. *A sociedade em conta de participação...*, p. 80-81. Ver, também: Galizzi. *Sociedade em conta de participação...*, p. 94.

905 Barreto Filho. *Regime jurídico das sociedades de investimentos...*, p. 192-194.

porquanto sem este, o caráter de sociedade *intuitu personae* mostra-se evidente na regra que proíbe o sócio ostensivo admitir novo sócio sem o consentimento dos demais (CC, art. 995)"[906].

Na mesma direção caminha a opinião de Mauro Brandão Lopes, para quem a transferência das quotas sociais do sócio participante é possível pela transmissão de título ou certificado representativo destas últimas, desde que haja previsão contratual neste sentido[907].

Assim, além dos *títulos ou certificados meramente comprobatórios da condição de sócio*, o sócio ostensivo poderia ir além, emitindo *título ou certificado transmissível da condição de sócio* (e não meramente comprobatório da condição de sócio), os quais seriam nominativos (sendo que, tendo em vista que não se conhece qualquer vedação, tais títulos ou certificados também poderiam se consubstanciar na espécie *à ordem*)[908-909-910] — em que pese seja importante reconhecer que tal possibilidade encontra dificuldades de ordem prática, mormente do ponto de vista fiscal, uma

[906] Gonçalves Neto. *Direito de Empresa...*, p. 190.

[907] Lopes. *A sociedade em conta de participação...*, p. 79 ss.; igualmente, ver: Almeida. *A sociedade em conta de participação...*, p. 105-106. Em sentido contrário: Barreto Filho. *Regime jurídico das sociedades de investimentos...*, p. 191 ss.

[908] Em sentido contrário: Ramires. *A sociedade em conta de participação no Direito brasileiro...*, p. 100-101.

[909] Mauro Brandão Lopes, à época, afirmava que os títulos ou certificados poderiam ser nominativos ou ao portador (Lopes. *A sociedade em conta de participação...*, p. 80). Todavia, atualmente, é proibida a emissão de títulos ao portador sem expressa autorização legal (Lei 8.088/90, art. 19; Lei 8.021/90, art. 2º; Código Civil, art. 907). Gustavo Galizzi, por sua vez, assim se manifesta: "Indaga-se sobre a possibilidade de emissão de títulos representativos do fundo social não-nominativos, ou ao portador, no âmbito da sociedade em conta de participação. Como é sabido, na década de noventa assentou-se na ordem jurídica brasileira (Lei 8.021/90) a proibição de participações acionárias ao portador, assim como vedados também foram os títulos ao portador de empréstimo no mercado aberto, as debêntures, partes beneficiárias e os títulos de participação em resultados, estranhos ao capital social. Pois bem. Embora perfeitamente possível, a emissão de títulos ao portador pelo sócio ostensivo não alcança nenhuma utilidade prática, uma vez que a identidade do sócio participante detentor será compulsoriamente revelada nos livros e declarações fiscais do primeiro, por exigências legais." (Galizzi. *Sociedade em conta de participação...*, p. 107).

[910] Referindo a possibilidade de emissão de títulos atípicos pelas contas de participação na Itália (tratando, inclusive, da emissão pública), ver: Mignone. *L'associazione in partecipazione...*, p. 253 ss. Na França, por sua vez, manifestando a impossibilidade de emissão de títulos negociáveis (*Code Civil*, arts. 1871 e 1871-1, c/c art. 1841), ver: Ripert-Roblot-Germain-Magnier. *Traité de droit des affaires*, t. 2..., p. 197.

vez que, atualmente, é necessário apresentar alteração do contrato social com a modificação do quadro social para atualização cadastral junto ao CNPJ.

A própria legislação brasileira já albergou, expressamente, a possibilidade de emissão de certificados. Tratava-se do Decreto-lei 1.134/70, regulamentado pelo Decreto 68.565/71 (posteriormente revogado pelo Decreto 79.046/76, que também regrava a matéria, com pequenas alterações) (e Portarias Normativas nº 8/77 e 1/79 do extinto Instituto Brasileiro de Desenvolvimento Florestal – IBDF)[911], que possibilitou às pessoas jurídicas descontar determinado montante do Imposto de Renda devido na declaração de rendimentos desde que destinassem a referida quantia para a efetiva aplicação em empreendimentos florestais (de florestamento e de reflorestamento), cujos projetos tivessem sido aprovados pelo IBDF[912].

Tal investimento poderia ser feito por meio da celebração de uma sociedade equiparada, por lei, a uma SCP, cujo sócio ostensivo seria a sociedade responsável pelo empreendimento florestal e pela emissão dos Certificados de Participação em Reflorestamento, ficando de sócio participante a pessoa jurídica que se valia do incentivo fiscal mediante a aquisição de tais certificados. Desse modo, em contrapartida ao investimento, o sócio ostensivo emitia um Certificado de Participação em Reflorestamento correspondente ao aporte, sendo tais certificados adquiridos pelos sócios participantes (aqui, pessoas interessadas em se valer do benefício fiscal).

De se observar, ainda, que os respectivos certificados, por determinação legal, tinham a forma nominativa[913] e só podiam ser transferidos depois de um determinado período.

911 Portarias do IBDF que continham minutas completas de todos os atos jurídicos e contratos de constituição das sociedades interessadas nos projetos, inclusive de contrato social de SCP.

912 Sobre o tema, ver o excelente trabalho de FERNANDES. *A Sociedade em Conta de Participação no Direito Tributário...*, p. 187-191.

913 Nesse sentido, e como qualquer título nominativo, a transferência dependia do devido registro em livros próprios: "Prestação de Contas — Sociedade em Conta de Participação — Empreendimento Florestal — Reflorestamento — Sócios Ocultos. Certificados de participação em reflorestamento emitidos em nome de pessoa jurídica terão sempre a forma nominativa. Adquiridos em 'Mercado de Balcão' sujeita-se o novo titular a providenciar sua inscrição e habilitação em livro próprio, perante a sócia ostensiva e Administradora do Pro-

Por fim, salienta-se que tal regramento foi extinto pelo Decreto 96.233/88, o qual adotou outra sistemática de incentivos fiscais, extirpando, então, a conta de participação como forma de implantação de projetos de reflorestamento[914].

jeto a teor do disposto nos Decretos-Lei n°s 1.134, de 16.11.70, 79.041, 68.565, de 29.04.71- Certificados Nominativos que enquanto não regularizados nos termos da legislação em vigor agasalha apenas os direitos de seus proprietários. Prestação de contas reclamada por quem não figura como titular das cotas representadas pelos certificados. Inadmissibilidade. Carência de Ação. Recurso desprovido. Decisão Mantida." (TJSP, 7ª Câmara de Direito Privado, APC Revisão 9110761-53.1997.8.26.0000, Rel. Des. Júlio Vidal, j. 03/09/1998). Ver, também: "Apelação cível. Ação de anulação e substituição de título ao portador. Certificado de participação em reflorestamento – CPR, emitido pela requerida em favor de sócia investidora (empresa estranha à lide). Vinculação ao contrato que institui sociedade em conta de participação. Sentença de improcedência. Recurso do autor. Sustentada a comprovação de titularidade acerca dos direitos inerentes ao CPR. Aquisição do título sub judice por meio de cessão e transferência de direitos avençado em 9-10-2007. Negociação que ocorreu desacompanhada do documento original, pois certificado pelo cedente a ocorrência de extravio do título 7 (sete dias) antes da negociação. Cedente que obteve o CPR em 5-4-1985, mediante termo de cessão de direitos, subscrito por representantes da empresa investidora, os quais não detinham poderes na época da realização do ato jurídico. Rejeição do inconformismo. Hipótese em que há evidente irregularidade nos atos que atestam a cessão e transferência de direitos creditícios. CPR que constituí título nominativo (art. 2º do decreto-lei n. 1.134/70). Necessidade de registro do ato em livro próprio do devedor/emitente. Inteligência dos arts. 923, §1º, c/c 926, ambos do Código Civil. Empresa ré que jamais foi cientificada. Inexistência de provas que atestem a perfectibilização da transferência. Transmissão que ocorreu de forma irregular. Improcedência mantida, contudo, por fundamentação diversa. Recurso conhecido e desprovido." (TJSC, 2ª Câmara de Direito Comercial, Apelação Cível 0001700-22.2008.8.24.0055, Rel. Des. Rejane Andersen, j. 26/07/2016); no mesmo sentido: TJSC, 2ª Câmara de Direito Comercial, Apelação Cível 0002858-83.2006.8.24.0055, Rel. Des. Newton Varella Júnior, j. 29/10/2018; TJPR, 9ª Câmara Cível, Apelação Cível 1.129.873-8, Rel. Des. Domingos José Perfetto, j. 13/03/2014.

[914] "No Direito brasileiro, portanto, ao menos nas sociedades em conta de participação cujo objetivo fosse o desenvolvimento florestal, organizadas na conformidade do previsto no Decreto-Lei n. 1.134/70 e do seu Regulamento, aprovado pelo Decreto n. 68.565/1971, os sócios ostensivos não apenas podiam, como eram *obrigados* a emitir títulos representativos do fundo social, denominados 'Certificados de Participação em Reflorestamento', nominativos e negociáveis a partir de certo período." (Galizzi. *Sociedade em conta de participação*, p. 96). Para uma ampla visão sobre o tema, recomendamos a leitura de: Lacerda. Sociedade em conta de participação. Parecer... (devendo-se ressaltar que, em seu parecer, Galeno Lacerda salienta que, no âmago do negócio, os recursos investidos originavam-se do Imposto de Renda, da Receita Pública, e, por isso, não reconhecia na SCP constituída para o negócio uma relação de natureza privada, mas sim de natureza pública, sendo a União parte diretamente interessada).

8. Prazo de duração

Não gera mais controvérsia — como outrora já gerou — a questão relativa ao prazo da SCP: hoje em dia, ninguém discute que as sociedades em conta de participação podem ser celebradas por prazo *determinado* ou *indeterminado*.

Na vigência do Código Comercial de 1850, o art. 325 adjetivava a conta de participação como sociedade "acidental" e "momentânea", dando azo a interpretações restritivas, pelas quais a conta de participação era vista como um tipo societário para negócios específicos, não podendo prolongar-se no tempo, muito menos ser contratada por prazo indeterminado[915].

Contudo, há bastante tempo, juristas do escol de Waldemar Ferreira, entre outros, já se pronunciavam em sentido contrário: reconheciam na conta de participação uma sociedade momentânea ou acidental *por natureza*[916], sem excluir a possibilidade de ela ser duradoura, podendo se prolongar no tempo o quanto fosse necessário a fim de que se atingissem os objetivos dos sócios[917]. Logo, a brevidade não é uma característica essen-

[915] A designação "momentânea" vem do Direito francês, pois muitas vezes servia tal tipo societário somente para uma única operação — tanto é assim que no Código de Comércio francês não era enquadrada propriamente como sociedade por possuir caráter momentâneo, estando, no entanto, ao lado dessas no Código, sendo chamada *associação* em participação, o que demonstra toda a insegurança do legislador francês quanto à figura que tinha diante de si —, como atestam Ferreira. *Tratado de Direito Comercial*, v. 3..., p. 528-530; e Ripert. *Traité élémentaire de Droit Commercial*..., p. 512 ss; Ripert-Roblot-Germain-Magnier. *Traité de droit des affaires*, t. 2..., p. 191 ss.

[916] Assim, também, na França: Jauffret. *Manuel de Droit Commercial*..., p. 347.

[917] Ferreira. *Tratado de Direito Comercial*, v. 3..., p. 532. No mesmo sentido: Carvalho de Mendonça. *Tratado de Direito Commercial brasileiro*, v. 4..., p. 230; Bento de Faria. *Codigo Commercial Brasileiro anotado*..., p. 440-441; Barreto Filho. *Regime jurídico das sociedades de investimentos*..., p. 181; Pontes de Miranda. *Tratado de Direito Privado*, t. 49..., p. 332; Borges. *Curso de Direito Comercial terrestre*..., p. 325-326; Almeida. A virtuosidade da sociedade em conta de participação..., p. 54-55; Martins. *Curso de Direito Comercial*..., p. 290; Doria. *Curso de Direito Comercial*, v. 1..., p. 195; Almeida. *A sociedade em conta de participação*..., p. 84. Também na França: Pic. *Des Sociétés Commerciales*, t. III..., p. 609-610; Escarra. *Traité théorique et pratique de Droit Commercial*..., p. 551; Moreau. *Associations en participation et sociétés de fait*..., p. 83; Ripert. *Traité élémentaire de Droit Commercial*..., p. 514; Ripert-Roblot-Germain--Magnier. *Traité de droit des affaires*, t. 2..., p. 195. Na Itália, o contrato de associação em participação pode ter prazo indeterminado ou ser estipulado a termo ou com prazo determinado (cf. Ferri. *Manuale di Diritto Commerciale*..., p. 282; Cendon. *Commentario al Codice Civile*...,

cial da conta de participação[918], que pode assumir formatos com prazo determinado (certo ou incerto) ou indeterminado.

Sedimentando tal entendimento, o Código Civil de 2002 não reproduziu os adjetivos utilizados pela legislação revogada, deixando claro que a conta de participação pode ser celebrada tanto por prazo determinado (certo ou incerto) quanto por prazo indeterminado. Isto é, pode, por exemplo, ser constituída para uma única operação (sendo, nesse caso, momentânea — o que resta previsto, inclusive, no art. 981, pará-

p. 448; MIGNONE. *L'associazione in partecipazione...*, p. 76). Na Argentina, já desde antes da vigência do art. 361 da *Ley de Sociedades Comerciales* (que designava a conta de participação também como *sociedad acidental*), a questão é objeto de intensa discussão (cf. ANAYA. *Sociedades accidentales o en participación...*, p. 177-182; VERÓN. *Sociedades comerciales...*, p. 820-824) tendo em vista a redação do referido dispositivo, ora derrogado ("ARTICULO 361 – Su objeto es la realización de una o más operaciones determinadas y transitorias, a cumplirse mediante aportaciones comunes y a nombre personal del socio gestor. No es sujeto de derecho y carece de denominación social; no está sometida a requisito de forma ni se inscribe en el Registro Público de Comercio. Su prubeba se rige por las normas de prueba de los contratos"), sendo que o atual art. 1448 do *Código Civil y Comercial de la Nación* apresenta redação análoga e, por conta disso, não raro se refere como elemento característico a *transitoriedad del objeto* (cf. TÉVEZ. Capítulo 16. Contratos asociativos..., p. 162); de qualquer sorte, desde muito tempo há referência à aceitação da conta de participação a prazo indeterminado (FONTANARROSA. La sociedad accidental o en participación..., p. 4.023-4.028; e, assim defendendo, ver o prefácio de Carlos Juan Zavala Rodriguez à obra de ANAYA. *Sociedades accidentales o en participación...*, p. 21 ss). Observe-se que, no Uruguai, o art. 483 da *Ley 16.060* também assim determina ("Art. 483. (Caracterización). Los contratos entre dos o más personas cuyo objeto sea la realización de negocios determinados y transitorios a cumplirse a nombre de uno o más gestores, serán considerados como sociedades accidentales o en participación. No tendrán personería jurídica y carecerán de denominación. No estarán sujetas a requisitos de forma ni a inscripción (arts. 6º y 7º). La celebración y el contenido del contrato se probará por los medios de prueba del derecho comercial."), sendo que Ricardo Merlinski leciona no seguinte sentido: "Su objeto es la realización de determinado negocio concreto y, además, transitorio (Art. 483). Terminado el mismo, la sociedad se disuelve; lo que tendrá lugar en la faz interna, entre los socios solamente." (MERLINSKI. *Manual de sociedades comerciales...*, p. 293; no mesmo sentido: HOLZ-POZIOMEK. *Curso de Derecho Comercial...*, p. 232). Finalmente, na Espanha, também se sustenta que a conta de participação pode ter tempo determinado ou indeterminado, sendo que o art. 239 do *Código de Comercio* faz referência a operações, podendo abranger uma única operação, operações específicas ou a totalidade da atividade do *gestor* (GARRIGUES. *Tratado de Derecho Mercantil...*, p. 188; BROSETA PONT-SANZ. *Manual de Derecho Mercantil*, v. I..., p. 336; MIGNONE. *L'associazione in partecipazione...*, p. 650).

918 ESCARRA. *Traité Théorique et pratique de Droit Commercial...*, p. 542.

grafo único, do Código Civil) ou para a exploração de uma atividade econômica que se protraia no tempo[919].

Quanto às SCP constituídas por prazo determinado, esclarece Haroldo Verçosa que "o prazo determinado pode ser *certo* (quando marcado expressamente o prazo de duração da sociedade, por data específica ou por determinada quantidade de tempo) ou *incerto* (a construção de uma obra única ou a realização de uma atividade específica, que se exaurirá após o decurso de tempo necessário para tal finalidade)"[920] — devendo-se atentar, então, que o prazo pode restar implícito em decorrência da atividade pactuada no contrato[921].

No caso de vencimento do prazo e da continuação da exploração do negócio sem oposição de nenhum dos sócios, a SCP prorroga-se como uma sociedade de prazo indeterminado — aplicando-se, assim, o art. 1.033, I, do Código Civil, tendo em vista a regência supletiva prevista no art. 996. Em outras palavras, o vencimento do prazo não acarreta a dissolução automática, devendo os sócios tomar as medidas adequadas para tal fim caso desejem a ultimação do empreendimento comum[922].

Cumpre, ainda, salientar: caso a SCP tenha sido constituída com prazo determinado (certo ou incerto), a retirada de um dos sócios deve ser motivada, enquanto, se a prazo indeterminado, pode sair a qualquer momento, nos termos do art. 1.029. Nesse particular, lembre-se que o exercício do direito de retirada não pode ocorrer de modo abusivo[923].

Além disso, a retirada de um dos sócios da sociedade poderá ensejar a dissolução total da conta de participação caso seja o único sócio de determinada categoria (ostensivo ou participante), ou caso a sua permanência seja essencial. Se, por outro lado, mesmo com a sua saída seja viável o empreendimento, existindo outros sócios da categoria do que saiu, pode, então, a sociedade permanecer — ocorrendo, única e exclusivamente, a sua dissolução parcial, apurando-se aquilo que é devido para aquele que dela se retira.

[919] Igualmente: Affonso. *A sociedade em conta de participação no Direito brasileiro...*, p. 57; Costa. *A sociedade em conta de participação no direito de empresa do Código Civil de 2002...*, p. 146.

[920] Verçosa. *Curso de Direito Comercial...*, p. 78-79.

[921] Ravà. *Associazione in partecipazione e società irregolare...*, p. 64.

[922] Verçosa. *Curso de Direito Comercial...*, p. 82.

[923] Cunha Gonçalves. *Da conta em participação...*, p. 112; Pontes de Miranda. *Tratado de Direito Privado*, t. 49..., p. 350.

Por fim, conquanto seja possível a constituição de SCP por prazo determinado ou indeterminado, parece que se trata de sociedade mais adaptada e, portanto, mais utilizada na prática, para negócios específicos e que reclamam ajustes momentâneos[924]. Logo, o mais comum é a utilização da conta em participação para negócios de prazo determinado, mesmo que incerto — geralmente até a finalização de certa operação ou de empreendimento específico.

[924] Assim também observou Fran Martins: "A sociedade em conta de participação em geral é formada para uma ou algumas transações comerciais. Se bem que possa existir em caráter permanente, o comum é que se organize para determinadas operações." (MARTINS. *Curso de Direito Comercial...*, p. 290). Igualmente, entre outros, ver: CARVALHO DE MENDONÇA. *Tratado de Direito Commercial brasileiro*, v. 4..., p. 230-231; ALMEIDA. *A sociedade em conta de participação...*, p. 84; CAMPINHO. *O direito de empresa...*, p. 88; e JAUFFRET. *Manuel de Droit Commercial...*, p. 347.

CAPÍTULO 7
FUNDO SOCIAL

Formado pelo aporte dos sócios, o fundo social fornece os meios necessários para que se exerça a atividade econômica prevista no objeto da conta de participação. Consiste ele na reunião dos meios econômicos decorrentes das contribuições realizadas pelos sócios, ostensivos e participantes, que permite a exploração do negócio.

Gustavo Galizzi define com bastante precisão: "O fundo social é, pois, o conjunto das entradas que os sócios, ostensivos e participantes, declaram vinculadas aos negócios que constituem o objeto social; é a importância, contabilmente mensurável, resultante dos valores transferidos pelos integrantes da conta de metade com vistas ao início e desenvolvimento da atividade econômica objeto da associação entre eles celebrada"[925].

Feita essa conceituação preliminar, no presente Capítulo serão examinados: a formação do fundo social; a natureza dos aportes realizados pelos sócios; a questão atinente à titularidade dos bens e/ou direitos a serem utilizados na exploração da atividade, tema da mais alta relevância no estudo da conta de participação; a responsabilidade dos sócios pela integridade dos bens e/ou direitos que aportaram para formar o fundo; e a especial posição de fiduciário do sócio ostensivo relativamente aos bens e/ou direitos do fundo social.

925 GALIZZI. *Sociedade em conta de participação...*, p. 79.

1. Formação

A contribuição dos sócios para a formação do fundo social é obrigatória, como se extrai do próprio art. 981 do Código Civil. Ela pode dar-se em dinheiro ou em outros bens ou direitos úteis à atividade a ser explorada e passíveis de avaliação — conversão de mútuo em participação, crédito, equipamentos, máquinas, ferramentas, utensílios, veículos, animais, terrenos, prédios, invenções, modelos de utilidade, desenhos industriais, marcas, direitos autorais, softwares, créditos, concessões administrativas, posições contratuais, direito de uso de determinado bem[926], desde que possam ser aproveitados para a exploração do objeto social[927-928-929].

[926] Remetemos ao que foi bem exposto no Direito italiano: "(...) può costituire oggetto dell'apporto qualunque prestazione patrimoniale suscettibile di trasferimento (denaro, beni, obblighi omissivi, prestazione lavorative, crediti dell'associante verso l'associato, remissione di debiti ecc.). Se l'oggetto dell'apporto è il pagamento di una somma di denaro, l'associato ben potrà estinguere il proprio debito anche compensandolo con un eventuale credito che l'associato vantava verso l'associante. Inoltre, sempre in applicazione dei principi generali in materia di estinzione delle obbligazioni, l'apporto potrà anche costituire nella liberazione dell'associante da un debito verso un terzo, con contestuale assunzione - da parte dell'associato - di tale debito. È stato inoltre sostenuto che, astrattamente, l'apporto potrebbe essere rappresentato anche dall'assunzione dell'obbligo di somministrare determinati beni o forniture a condizioni tali da comportare un vantaggio per l'associante (ad esempio, applicazione di sconti o termini di pagamento dilazionati, obblighi di exclusiva ecc.), in quanto anche in questi casi l'apporto dell'associato ha chiariamente valore patrimoniale (Ghidini 1958, 852)." (CENDON. *Commentario al Codice Civile...*, p. 454-455). Ver, também: MIGNONE. *L'associazione in partecipazione...*, p. 409; BAUMBACH-HOPT. *Handelsgesetzbuch...*, p. 867; HEIDEL-SCHALL. *Handelsgesetzbuch...*, p. 1.477; e MOREAU. *Associations en participation et sociétés de fait...*, p. 47. Observe-se, ainda, que o art. 24º, nº 1, do Decreto-Lei 231/81 português assim dispõe: "1 — O associado deve prestar ou obrigar-se a prestar uma contribuição de natureza patrimonial que, quando consista na constituição de um direito ou na sua transmissão, deve ingressar no património do associante".

[927] Essa última ressalva é de BROSETA PONT-SANZ. *Manual de Derecho Mercantil*, v. I..., p. 336, 339. Andando no mesmo sentido: MIGNONE. *L'associazione in partecipazione...*, p. 408. E, a rigor, enquadra-se perfeitamente ao nosso ordenamento jurídico: basta lembrar o disposto no art. 117, §1º, "h", da Lei 6.404/76.

[928] Remetemos, ainda, ao que foi exposto no Capítulo 4, n. 1 (especialmente n. 1.1).

[929] É importante referir que pouco importa se o aporte confluirá para o já existente patrimônio do ostensivo destinado à exploração de uma atividade, ou se concorrerá para a formação de um patrimônio que será destinado *ex novo* à exploração da atividade econômica (como é o caso, por exemplo, de uma sociedade constituída especificamente para a exploração da atividade econômica como sócia ostensiva). Nesse sentido, remetemos às seguintes palavras expressas no âmbito do Direito italiano, ao fazerem referência ao aporte do par-

Pode, igualmente, o sócio ostensivo, bem como o oculto, contribuir tão-somente com trabalho — serviços específicos de engenharia, desenvolvimento de projetos, terraplanagem, mão-de-obra, consultoria técnica, etc —, atuando como verdadeiro *sócio de indústria*, à semelhança do que se tem na sociedade simples (CC, art. 996 c/c arts. 997, V, e 1.006) e do que ocorria na vetusta sociedade de capital e indústria (regulada no antigo Código Comercial, nos arts. 317 a 324)[930-931]. Como observa Mauro

ticipante: "L'apporto, inoltre, può confluire (come è prassi) nel preexistente patrimonio d'impresa dell'associante oppure può concorrere a formare *ex novo* l'impresa in relazione alla quale è stato stipulato il contrato di associazione in partecipazione (Cannizzo 2006, 517). La giurisprudenza ha infatti precisato che 'non contrasta con la nozione di associazione in partecipazione che il rapporto dell'associato serva a concorrere o creare l'impresa dell'associante, perché il possessivo 'sua' riferido, secondo la definizione dell'art. 2549 c.c. all'impresa dell'associante, non implica la preesistenza dell'impresa stessa all'apporto dell'associato' (Cass. 15 giugno 1965, n. 1940)". (Cendon. *Commentario al Codice Civile...*, p. 454).

[930] E, nos termos do art. 1.007 do Código Civil, o seu risco no empreendimento, salvo estipulação em contrário, é a perda do seu trabalho. Nesse sentido, cf. Lopes. *A sociedade em conta de participação...*, p. 84-85; igualmente, ver Almeida. *A sociedade em conta de participação...*, p. 91-92, 127; Galizzi. *Sociedade em conta de participação...*, p. 91-93; Affonso. *A sociedade em conta de participação no Direito brasileiro...*, p. 101-102; Costa. *A sociedade em conta de participação no direito de empresa do Código Civil de 2002...*, p. 175-176, 212. Ainda, fazemos referência a parecer de autoria de Tullio Ascarelli, que relata caso em que o sócio oculto (participante) contribuiu com a prestação de serviços: Ascarelli, Tullio. Sociedade em conta de participação e impôsto do sêlo. In: ____. *Ensáios e pareceres*. São Paulo: Edição Saraiva, 1952, p. 360-364.

[931] Tal como no Brasil, em outros países a contribuição em serviços também é muito comum. Nesse sentido, exemplificativamente, em relação à França, Philippe Merle nos dá notícia de que as contribuições em serviços para a exploração de negócios por meio de sociedades em conta de participação são muito frequentes (cf. Merle. *Droit Commercial...*, (1998) p. 661; igualmente: Moreau. *Associations en participation et sociétés de fait...*, p. 47, 52-55; Ripert-Roblot-Germain-Magnier. *Traité de droit des affaires*, t. 2..., p. 198; Cozian-Viandier-Deboissy. *Droit des sociétés...*, p. 657). Na Alemanha, ver: Grunewald. *Gesellschaftsrecht...*, p. 163; Baumbach-Hopt. *Handelsgesetzbuch...*, p. 867; Heidel-Schall. *Handelsgesetzbuch...*, p. 1.478; Rasner. *Die atypische stille Gesellschaft...*, p. 80 (afirmando que o sócio ostensivo pode também contribuir somente com serviços, enquanto o aporte dos recursos necessários é feito pelo participante). Na Itália existia tal possibilidade (ver, entre outros: Cendon. *Commentario al Codice Civile...*, p. 419 ss; Mignone. *L'associazione in partecipazione...*, p. 431 ss); todavia, o *Decreto Legislativo 15 giugno 2015, n. 81* (art. 53) revogou o *secondo comma* e o *terzo comma* do art. 2549 do *Codice Civile*, que regravam a matéria, dando redação mais restrita ao art. 2549, *comma secondo*: "Nel caso in cui l'associato sia una persona fisica l'apporto di cui al primo comma non puo' consistere, nemmeno in parte, in una prestazione di lavoro". Assim, o referido Decreto passou a proibir que o participante, caso seja uma pessoa física, realize o aporte em serviços, sendo que nas contas de participação em que assim já

Brandão Lopes, "nenhum dispositivo legal impede a existência de sócio de indústria na conta de participação"; essa é uma situação perfeitamente compatível com a natureza da SCP[932]. Além disso, o simples fato de a sociedade em conta de participação possuir regência subsidiária pelo regramento da sociedade simples parece facultar a existência de sócio de indústria[933]. De qualquer sorte, o trabalho deve ser autônomo, ou seja, não pode ser subordinado[934].

Nesse sentido, basta que o contrato social bem especifique as obrigações a que se obriga o sócio prestador de serviços. E a prática revela que é muito comum esse tipo de contribuição. Isso porque, muitas vezes,

ocorria restam preservadas; por sua vez, não proíbe que o ostensivo aporte serviços. Ainda, na Espanha, entende-se, usualmente, não ser possível a contribuição em trabalho uma vez que o art. 239 do *Código de Comercio* restringe as contribuições a aportes de capital (o que não significa que deva ser somente em dinheiro) (cf. Broseta Pont-Sanz. *Manual de Derecho Mercantil*, v. I..., p. 336; Mignone. *L'associazione in partecipazione...*, p. 651-652).

932 Lopes. *A sociedade em conta de participação...*, p. 84. Ver, também, Galizzi. *Sociedade em conta de participação...*, p. 91. Nesse sentido: "SOCIEDADE EM CONTA DE PARTICIPAÇÃO. PLANEJAMENTO TRIBUTÁRIO LÍCITO. O fato de o sócio investidor ter contato com o cliente não desnatura a sociedade por conta de participação. Como se observa § único do art. 993 do CC, não existe vedação à participação do sócio participante nas atividades empresariais. O que existe, é uma conseqüência jurídica à sua participação, passando a responder solidariamente pelas obrigações em que intervier. O sócio oculto, por sua vez, também denominado de sócio investidor, é aquele ao qual é atribuído o dever de fornecer todo o investimento necessário ao sócio ostensivo para que este pratique os atos concernentes de interesse da sociedade. No presente caso o ativo fornecido pelo sócio investidor é o material e seu conhecimento, além do capital para constituição da sociedade. Assim, em regra, o sócio oculto responde apenas perante o sócio ostensivo, salvo na hipótese daquele houver intervindo na relação do sócio ostensivo com o terceiro, cuja responsabilidade será solidária, conforme disciplina o parágrafo único do artigo 993. O que se verifica é o inconformismo da fiscalização com o fato de a sistemática adotada pela recorrente ter permitido uma tributação menor, entretanto, o inconformismo do agente fiscal não pode fundamentar um lançamento tributário, ainda mais diante da inexistência de qualquer restrição legal." (CARF – Conselho Administrativo de Recursos Fiscais, 1ª Turma Ordinária, 4ª Câmara, Acórdão 1401002.823, j. 14/08/2018).

933 Assim, não é incompatível com o regime da SCP (nem com o art. 994 do Código Civil) que o sócio participante aporte serviços, como se chega a sustentar na esfera judicial e administrativa (TST, 4ª Turma, AIRR-100600-91.2008.5.04.0008, Rel. Min. Maria de Assis Calsing, j. 15/08/2012; CARF – Conselho Administrativo de Recursos Fiscais, 2ª Turma Ordinária, 3ª Câmara, Acórdão 2302-003091, j. 19/03/2014; CARF – Conselho Administrativo de Recursos Fiscais, 2ª Turma Especial da 2ª Seção, Acórdão 2802-003.065, j. 13/08/2014).

934 Cf. Mignone. *L'associazione in partecipazione...*, p. 93-94.

mais importante para o sucesso do empreendimento do que os recursos materiais, são os serviços especializados ou mesmo o *know how* de um técnico em determinada área de atuação[935].

O risco a que está exposto o sócio prestador de serviço é a eventual não obtenção de ganho decorrente da prestação dos seus serviços, de forma semelhante ao sócio que aporte bens, cuja perda consiste (além da eventual perda do bem para credores) na não obtenção de rendimentos decorrentes da disponibilização deste bem (determinado imóvel poderia estar locado ao invés de disponibilizado para a exploração do objeto da SCP, por exemplo)[936].

Ocorre, entretanto, que a contribuição em trabalho não constitui, tecnicamente, contribuição para o fundo social (ainda que possa ser considerada, genericamente, como *contribuição para a exploração da*

[935] Podemos até considerar que o *know-how* é *passível de avaliação econômica* e, nesse sentido, estaria aqui classificado como uma espécie de bem prestado pelos sócios. Todavia, como salienta Paulo de Tarso Domingues, ao comentar o problema envolvendo o *know-how como bem a ser aportado para a formação do capital social nas sociedades personificadas*, temos que, para ser o conhecimento devidamente avaliado, deve ele se encontrar incorporado e materializado em algum suporte físico e que não exista qualquer impedimento para a sua utilização livre e autônoma por parte da sociedade. Nesse sentido, no caso da sociedade que admita sócio prestador de serviço (e, no nosso caso, na sociedade em conta de participação), é possível transpor eventual dificuldade de avaliação fazendo com que o sócio detentor do conhecimento seja um sócio de indústria (justamente o que aqui queremos frisar). Entretanto, nas sociedades em que não se admite sócio prestador de serviços (como a sociedade limitada e a sociedade anônima), a impossibilidade de avaliar economicamente o *know-how*, se assim se entender, inviabiliza o seu aporte. Na prática, todavia, o que se faz é, entre outros mecanismos utilizados, realizar uma entrada em dinheiro de valor reduzido, talvez de R$ 1,00, correspondente ao *apport* do referido sócio, criando-se no contrato social uma cláusula específica pela qual esse sócio se obriga a prestar determinado serviço consistente no tal conhecimento técnico. Essa hipótese — entre outras, como a realização de um contrato de prestação de serviço com o sócio e a consequente capitalização do crédito —, não imune a críticas, reconhecemos, é mais factível numa sociedade limitada do que numa sociedade anônima, pois naquela é possível estabelecer a *distribuição desproporcional dos lucros*, além do que uma obrigação estipulada no ato constitutivo parece mais consentânea com a natureza do tipo. Sobre o tema, ver DOMINGUES, Paulo de Tarso. *Do capital social*: noção, princípios e funções. 2 ed. Coimbra: Coimbra Editora, 2004, p. 16-18, 79-81. De qualquer sorte, é importante registar que, por exemplo, na Alemanha, fala-se com tranquilidade do aporte de *know-how* como um bem (HEIDEL-SCHALL. *Handelsgesetzbuch...*, p. 1.477-1.478; BAUMBACH-HOPT. *Handelsgesetzbuch...*, p. 867).

[936] GALGANO. *Diritto Civile e Diritto Commerciale...*, p. 308; MOREAU. *Associations en participation et sociétés de fait...*, p. 53.

atividade)[937]. Desta afirmação depreende-se que o fundo social pode ser formado somente por alguns sócios ou mesmo por um único[938].

Salienta-se, ainda, que, como determina o art. 1.006 do Código Civil, não poderia o sócio de indústria, salvo convenção em contrário, empregar-se em atividade estranha à sociedade, sob a pena de ser privado de seus lucros e dela excluído. Essa limitação há de ser interpretada *cum grano salis*, já que, em grande número de situações, será possível verificar que as partes permitem, ainda que tacitamente, que o sócio que presta serviços o faça em outros empreendimentos.

1.1. Avaliação da contribuição

Paradoxalmente à necessária pecuniariedade da contribuição do participante na conta de participação, a doutrina europeia é, em geral, bastante liberal quanto à sua avaliação — que, em última análise, pode até não existir, não sendo obrigatório que se fixe o valor das entradas no contrato social[939-940].

Isso porque, nas sociedades personificadas (especialmente aquelas que conferem o benefício da limitação da responsabilidade aos sócios), a avaliação tem por fundamento a necessidade de proteger os terceiros que entram em relação com elas. Como a conta de participação não

[937] LOPES. *A sociedade em conta de participação...*, p. 85. "A contribuição do sócio de indústria, consistente unicamente em sua atividade, não se soma à dos demais sócios para efeito de escrituração da conta de participação na contabilidade do sócio ostensivo. Esta será apenas a resultante das contribuições realizadas em dinheiro ou qualquer outra sorte de bens. Daí se afirmar que o sócio de indústria não concorre, propriamente, para a formação do fundo social, mas para a exploração da atividade comum." (GALIZZI. *Sociedade em conta de participação...*, p. 93).

[938] LOPES. *A sociedade em conta de participação...*, p. 85.

[939] VENTURA. *Associação em participação* (BMJ 189) ..., p. 131-133. Falando sobre a liberdade de avaliação dos aportes e como isso influencia na divisão dos resultados, na Itália, ver: CENDON. *Commentario al Codice Civile...*, p. 453; e MIGNONE. *L'associazione in partecipazione...*, p. 417 (referindo que, eventualmente, a avaliação pode ser objeto de um juízo de acertamento pelo Poder Judiciário). Na Alemanha, também expondo a liberdade das partes na avaliação dos aportes, bem como na determinação do valor do serviço, ver: BAUMBACH-HOPT. *Handelsgesetzbuch...*, p. 868; HEIDEL-SCHALL. *Handelsgesetzbuch...*, p. 1.478.

[940] Em Portugal, o art. 24º, nº 4, do Decreto-Lei 231/81 assim dispõe: "4 — À contribuição do associado deve ser contratualmente atribuído um valor em dinheiro: a avaliação pode, porém, ser feita judicialmente, a requerimento do interessado, quando se torne necessária para efeitos do contrato."

produz efeitos perante terceiros, não se verifica a necessidade de tais cuidados, liberalizando-se a questão da avaliação pecuniária das entradas dos sócios — podendo ser atribuído aos bens e/ou direitos entregues pelo participante (e também pelo ostensivo) qualquer valor convencional ou mesmo sequer atribuir valor algum[941]. Ainda, é importante observar que a avaliação pode sofrer a influência de vários fatores, como a maior ou menor utilidade do bem para o empreendimento[942].

Nada obstante, a avaliação da contribuição pode ser importante para: (a) fixar a participação nos lucros, caso essa não tenha sido expressa no contrato; (b) determinar a participação nas perdas na hipótese do contrato também silenciar quanto a este ponto (vale lembrar que, mesmo no caso da limitação das perdas ao aporte, é preciso que se saiba em que proporção este será consumido); (c) estabelecer eventual indenização para o caso de desrespeito ao direito de restituição possivelmente estabelecido no contrato; e (d) definir o peso de cada sócio em eventuais deliberações sociais.

No Brasil, os sócios possuem ampla liberdade para avaliar os bens (e direitos) aportados para o fundo social da SCP (bem como na hipótese de prestação de serviços). Tem-se, assim, que, no âmbito da conta de participação, inexiste qualquer regra específica sobre a avaliação, bem como não se verifica qualquer atribuição de responsabilidade, na esfera societária, em caso de avaliação incorreta ou imprecisa.

2. Natureza dos aportes

Para todos os efeitos e, por regra, os bens e/ou direitos aportados pelo sócio participante *são transferidos a título de propriedade* para o sócio ostensivo, o qual passa a ser o proprietário destes[943-944]. É assim, inclusive, que se deve presumir em caso de omissão contratual[945].

[941] VENTURA. *Associação em participação* (BMJ 189) ..., p. 131-133.

[942] Para essa e outras hipóteses, cf. GHIDINI. *L'associazione in partecipazione*..., p. 94.

[943] Ver: PONTES DE MIRANDA. *Tratado de Direito Privado*, t. 49..., p. 332; BARRETO FILHO. *Regime jurídico das sociedades de investimentos*..., p. 181; ANAYA. *Sociedades accidentales o en participación*..., p. 192; HEIDEL-SCHALL. *Handelsgesetzbuch*..., p. 1.478; HÜFFER-KOCH. *Gesellchaftsrecht*..., p. 254; MOREAU. *Associations en participation et sociétés de fait*..., p. 47, 50-51. Observe-se que o art. 24º, nº 1, do Decreto-Lei 231/81 português assim dispõe: "1 — O associado deve prestar ou obrigar-se a prestar uma contribuição de natureza patrimonial que, quando con-

Como salienta Vivante, parece justo supor que os bens e/ou direitos aportados pelo sócio participante junto ao ostensivo passem a ser propriedade deste, pois quem objetiva lucrar com a exploração de um negócio se presume esteja disposto a conferir os meios necessários para isso, dispondo do seu domínio em favor daquele que vai gerir o empreendimento comum[946]. Nessa hipótese, em caso de dissolução, como ocorre em qualquer sociedade, o sócio participante não terá nenhuma pretensão quanto ao bem ou direito aportado, mas, sim, direito de perceber a parte que lhe couber no acervo social[947-948].

Pode, ainda, constituir-se uma copropriedade entre o sócio oculto e o ostensivo[949] — aplicando-se, então, as normas societárias combinadas com as normas de direito real no que diz respeito à comunidade de bens

sista na constituição de um direito ou na sua transmissão, deve ingressar no património do associante."

944 No caso de imóvel, é essencial a existência de contrato escrito por instrumento público, uma vez que é necessário o registro do ato translativo no registro de imóveis. Quando crédito, o instrumento de cessão; no caso de título de crédito à ordem, o endosso. Quando bens móveis, como regra, a tradição. Para tanto, ver Lopes. *A sociedade em conta de participação...*, p. 86. Ver, também: Affonso. *A sociedade em conta de participação no Direito brasileiro...*, p. 102.

945 Na Lei 6.404/76, tal presunção consta expressamente no art. 9º.

946 Tal observação de Vivante parece-nos pertinente mesmo que tenha sido formulada para um sistema em que a conta de participação tem natureza meramente contratual, como é o caso do Direito italiano. Ver: Vivante. *Trattato di Diritto Commerciale...*, p. 533. Sobre o tema, manifestando que assim se presume no caso de aporte de bens fungíveis, enquanto, no caso de aporte de bens infungíveis, deve-se verificar a vontade das partes, ver, também: Cendon. *Commentario al Codice Civile...*, p. 455. Salientando que, em caso de omissão do contrato, a presunção é de que é feita a transferência da propriedade (e tratando-se os riscos e garantias como se fosse uma compra e venda), ver: Mignone. *L'associazione in partecipazione...*, p. 411-412.

947 Heidel-Schall. *Handelsgesetzbuch...*, p. 1.478.

948 Na Itália, faz-se referência à transferência da propriedade dos bens ao ostensivo, existindo a obrigação de restituição do bem; isso, todavia, não seria garantia ao participante: uma coisa seria a obrigação de, na liquidação, restituir o bem, o que existe somente se exista saldo a pagar (cf. Mignone. *L'associazione in partecipazione...*, p. 412-413).

949 Almeida. A virtuosidade da sociedade em conta de participação..., p. 56; Barreto Filho. *Regime jurídico das sociedades de investimentos...*, p. 182, 184-185; Pontes de Miranda. *Tratado de Direito Privado*, t. 49..., p. 332; Grunewald. *Gesellschaftsrecht...*, p. 163; Baumbach-Hopt. *Handelsgesetzbuch...*, p. 867; Heidel-Schall. *Handelsgesetzbuch...*, p. 1.478; Moreau. *Associations en participation et sociétés de fait...*, p. 47, 51-52; Fontanarrosa. La sociedad accidental o en participación..., p. 4.032.

(desde o início da relação até a sua extinção)[950]. Para tanto, é necessária uma convenção entre os sócios, já que, por si mesma, a conta de participação não acarreta tal efeito, uma vez que o efeito natural é a transferência da propriedade. É verdade, porém, que essa convenção deve ser presumida, por exemplo, caso ocorra a compra em comum de um objeto destinado à revenda ou mesmo a aquisição conjunta de um maquinário para ser utilizado na exploração do objeto da SCP[951]. Mas é claro que, existindo a copropriedade sobre um determinado bem, o sócio participante deve, de qualquer forma, transferir o *uso* de sua parte ideal para o ostensivo, seja a título real, seja a título obrigacional. Aqui, logicamente, a fração ideal do bem que couber ao sócio participante permanece no seu patrimônio, não estando sujeita aos credores do sócio ostensivo.

É lícito ao participante reservar-se a propriedade do bem e/ou direito conferido para a exploração do negócio comum, cedendo tão-somente o *direito de uso*[952] (devendo o participante, é claro, ter poderes para tanto)[953]. Sobre esta modalidade de aporte (expressamente

[950] Cf. Mediavilla. Extinción de cuentas en participación con cláusulas atípicas..., p. 3.163 ss.

[951] Como ocorre na França, por força de dispositivo legal expresso, observadas as peculiaridades daquele regime (*Code Civil*, art. 1872). Nesse caso (constituição de copropriedade), "é de todo conveniente que o contrato social esclareça a sorte que terá tal bem na liquidação da sociedade" (Gonçalves Neto. *Direito de Empresa*..., p. 193). Sobre o tema, ver, também, Almeida. A virtuosidade da sociedade em conta de participação..., p. 56-57; e Almeida. *A sociedade em conta de participação*..., p. 96-97.

[952] Vivante. *Trattato di Diritto Commerciale*..., p. 533; Baumbach-Hopt. *Handelsgesetzbuch*..., p. 867; Heidel-Schall. *Handelsgesetzbuch*..., p. 1.478; Moreau. *Associations en participation et sociétés de fait*..., p. 47-50; Fontanarrosa. La sociedad accidental o en participación..., p. 4.032; Barreto Filho. *Regime jurídico das sociedades de investimentos*..., p. 182, 184-185; Pontes de Miranda. *Tratado de Direito Privado*, t. 49..., p. 332; Affonso. *A sociedade em conta de participação no Direito brasileiro*..., p. 99. Há quem critique tal forma de aporte, defendendo, inclusive, sua impossibilidade, uma vez que isso exoneraria o participante dos riscos do empreendimento, cf. Mignone. *L'associazione in partecipazione*..., p. 413-416; sobre o tema, ver: Cendon. *Commentario al Codice Civile*..., p. 455. Por sua vez, afirmando que não seriam admissíveis o aporte a título de mero uso, pois poderiam criar a aparência em prejuízo de terceiros credores de que tais bens pertenceriam ao ostensivo, ver: Broseta Pont-Sanz. *Manual de Derecho Mercantil*, v. I..., p. 336.

[953] Nesse sentido, por exemplo, interessante é o seguinte precedente do Tribunal de Justiça de Santa Catarina, no qual o sócio participante transferiu o direito de usar, gozar e explorar um imóvel que era por ele locado ao sócio ostensivo, sem, no entanto, ter poderes para tanto, uma vez que era vedada a sublocação: "Locação — Despejo — Múltiplo fundamento —

autorizada pelo art. 1.005 do Código Civil), vale referir o exemplo utilizado por Gustavo Galizzi: "uma modalidade de aplicação bastante usual da sociedade em conta de participação no Brasil, destinada à exploração de apart-hotéis, é estruturada, usualmente, a partir da transmissão do uso de bens. No chamado *pool* hoteleiro, uma sociedade especializada na administração de *flats* contrata, na condição de sócia ostensiva, uma sociedade em conta de participação com os condôminos de um edifício, que se obrigam na qualidade de sócios participantes. A porção do fundo social que toca aos participantes é integralizada pela transferência, a título de uso, dos apartamentos que lhes pertencem, os quais são regularmente alugados para terceiros pelo sócio ostensivo. Os lucros decorrentes das locações são, então, divididos entre ostensivo e participantes, nos termos firmados entre eles"[954].

A grande diferença é que, quando conferidos nesta última forma — transferência a título de uso —, os bens e/ou direitos escapam aos credores pessoais do ostensivo, ainda que a obrigação tenha sido contraída em favor do negócio de interesse comum, podendo o participante, respeitada a tutela da confiança de terceiros de boa-fé, reivindicá-la de terceiros, como no caso da falência do ostensivo — hipótese em que será manejado pedido de restituição na forma da Lei 11.101/05[955]. Reside aqui

Sociedade em conta de participação — Uso, gozo e exploração do prédio locado por pessoa estranha ao contrato locatício — Sublocação não consentida — Sentença que acolhe apenas um dos fundamentos da ação — Pedido do vencedor nas contra-razões de reexame dos demais fundamentos rejeitados pelo juiz — Meio processual impróprio — Necessidade de recurso adequado (adesivo) — Contrato regido pela lei de luvas - Ausência de transferência do fundo de comércio — Cláusula proibitiva da sublocação perante nesse caso — Despejo decretado — Sentença confirmada. Julgada procedente a ação por um de seus fundamentos e rejeitados os demais, ao vencedor, no caso de apelação do vencido, urge que também recorra, ou sob a forma adesiva, se pretender o reexame pelo Segundo Grau dos outros fundamentos — Inadequadas emergem as contra-razões para esse fim. Configura sublocação constituir o locatário sociedade em conta de participação, pela admissão de terceiras pessoas, estranhas ao contrato locatício, que passam a usar, gozar e explorar o prédio locado, sem o consentimento por escrito do locador. Infringe o contrato e autoriza a rescisão a sublocação do imóvel, no todo ou em parte, sem a concomitante cessão do fundo de comércio ao sublocatário." (TJSC, 2ª Câmara de Direito Comercial, APC 1988.033330-9, Rel. Des. Alcides Aguiar, j. 13/06/1991).

[954] Galizzi. *Sociedade em conta de participação...*, p. 89-90.

[955] Lopes. *A sociedade em conta de participação...*, p. 86-87. Debatendo a questão, ver, também: Moreau. *Associations en participation et sociétés de fait...*, p. 48-50.

uma das grandes vantagens desta modalidade de aporte. Mas é claro que tal regime de cessão do uso somente se aplica quando as entradas são de natureza não consumível[956].

Aqui, existiria uma relação obrigacional entre o participante e o ostensivo, sendo possível, como regra, a alienação do bem sem qualquer possibilidade de oposição pela outra parte[957] — o que, de qualquer sorte, pode ensejar o descumprimento de obrigações assumidas pelo sócio no âmbito da SCP. De qualquer sorte, nada impede a constituição de um direito real, como no caso em que o sócio participante aporta o usufruto de determinado bem[958].

Além disso, pode ser avençado que a coisa dada pelo participante a título de entrada, seja ela consumível ou não, venha a ser restituída *in natura* ao término do empreendimento[959] — desde que não reste deturpada a própria noção de sociedade. Mas a eficácia deste pacto está limitada aos contratantes da conta de participação, não sendo, portanto, oponível a terceiros caso o bem tenha sido transferido a título de propriedade ou isso se possa presumir a partir do caso concreto[960].

Em resumo, observa-se que podem existir as mais variadas formas, os mais diversos arranjos, de se realizar a contribuição para a formação do fundo social (patrimônio especial) na sociedade em conta de participação.

3. Titularidade dos bens e/ou direitos

Quanto à titularidade dos bens e/ou direitos utilizados na exploração da atividade prevista no objeto da SCP, alguns importantes comentários precisam ser feitos. Em primeiríssimo lugar, não tendo a conta de participação personalidade jurídica, os fundos destinados à exploração dos negócios sociais não lhe pertencem, pois somente quem tem personalidade jurídica é capaz de ser titular de patrimônio.

Não há patrimônio da sociedade em conta de participação[961].

956 Almeida. *A sociedade em conta de participação...*, p. 98.

957 Moreau. *Associations en participation et sociétés de fait...*, p. 49.

958 Baumbach-Hopt. *Handelsgesetzbuch...*, p. 867; Moreau. *Associations en participation et sociétés de fait...*, p. 47.

959 Lopes. *A sociedade em conta de participação...*, p. 86.

960 De Gregorio. De las sociedades y las associaciones comerciales..., p. 415.

961 Cf. Hüffer-Koch. *Gesellchaftsrecht...*, p. 254.

E isso leva à indagação sobre de quem seria a titularidade de tais bens e/ou direitos.

É de se esclarecer, desde já, que os fundos são *sociais* porque empregados em *negócios do interesse dos sócios*, estando, portanto, vinculados ao objeto social, e não por pertencerem à sociedade[962]. Não sendo os fundos de titularidade da sociedade, Mauro Brandão Lopes aponta três alternativas possíveis: (a) o patrimônio *constituirá uma comunhão*, pertencendo a todos os sócios conjuntamente, tendo cada sócio uma parte *pro indiviso*; (b) conservará cada sócio a propriedade de sua entrada; ou (c) as entradas dos sócios passarão ao patrimônio do sócio ostensivo[963].

A terceira opção é aquela adotada pela grande maioria da doutrina e, também, pela legislação pátria, como se depreende do exame do art. 994 do Código Civil[964] — o que não significa que, necessariamente, deva ser transferida a propriedade dos bens ou direitos ao ostensivo[965]. Isto porque se acredita que a *natureza* e a *estrutura* da conta de participação imponham, como regra, a transferência de bens e/ou direitos ao patrimônio do sócio ostensivo como forma de melhor explorar a ativi-

[962] LOPES. *A sociedade em conta de participação...*, p. 65.

[963] LOPES. *A sociedade em conta de participação...*, p. 65. Em sentido bastante semelhante: RIPERT. *Traité élémentaire de Droit Commercial...*, p. 517; e COZIAN-VIANDIER-DEBOISSY. *Droit des sociétés...*, p. 657. Sobre a discussão, ver: PINHAL. *Da conta em participação...*, p. 74 ss.

[964] Igualmente, por exemplo, ocorre na Alemanha, nos termos do §230(1) do *Handelsgesetzbuch*. Ver, aqui, entre outros: KÜBLER. *Derecho de sociedades...*, p. 191-192; BAUMBACH-HOPT. *Handelsgesetzbuch...*, p. 867. Assim, como bem coloca Henning Rasner, internamente, a relação entre participante e ostensivo é meramente obrigacional (RASNER. *Die atypische stille Gesellschaft...*, p. 55 ss). Ver, também: HÜFFER-KOCH. *Gesellchaftsrecht...*, p. 254. Por sua vez, na França, o princípio é de que cada sócio permanece na titularidade dos bens que aportou para a sociedade, sendo que os bens adquiridos com os recursos ou com os reinvestimentos de fundos indivisos e aqueles que não eram repartidos antes de serem colocados à disposição da sociedade são considerados em estado de indivisão, além de poderem os sócios convencionar a indivisão dos bens (e, nestes casos, não pode patrimônio ser partilhado antes da dissolução da sociedade, salvo estipulação em contrário, sendo formada uma sociedade de indivisão), hipótese em que são aplicadas as regras da indivisão legal ou convencional perante terceiros; pode também ser acordado que um dos sócios seja o proprietário da totalidade ou de parte dos bens (*Code Civil*, art. 1872) (cf. JAUFFRET. *Manuel de Droit Commercial...*, p. 348; RIPERT-ROBLOT-GERMAIN-MAGNIER. *Traité de droit des affaires*, t. 2..., p. 197-198, 597-598).

[965] RAVÀ. *Associazione in partecipazione e società irregolare...*, p. 68 ss.

dade econômica e como garantia dos terceiros que se relacionam com o ostensivo[966-967].

Como salienta Garrigues, a tese de que os bens e/ou direitos aportados ingressam no patrimônio do ostensivo, sendo nele incorporados, é a que melhor se adapta ao interesse do gestor do negócio, pois, assim, acabará mantendo íntegro o poder de disposição sobre o patrimônio de sua atividade e não se verá obrigado a requerer constantemente a cooperação do participante, o que fatalmente ocorreria se o aporte deste último entrasse para formar um patrimônio comum[968]. Exatamente por isso, as entradas dos sócios participantes passam ao patrimônio[969] do ostensivo, sendo a ele incorporadas[670]. Esta é a regra.

[966] Ver: Ravà. *Associazione in partecipazione e società irregolare...*, p. 65 ss.

[967] Fazendo breve relato do debate travado, o que somente ratifica que ocorre a transferência de bens e/ou direitos para o patrimônio do sócio ostensivo, ver: Galizzi. *Sociedade em conta de participação...*, p. 82 ss. Ver, também: Affonso. *A sociedade em conta de participação no Direito brasileiro...*, p. 97 ss.

[968] Garrigues. *Tratado de Derecho Mercantil...*, p. 200.

[969] Patrimônio que, lembramos, é o conjunto de bens, direitos e obrigações passíveis de valoração econômica, constituindo universalidade de direito, nos exatos termos do art. 91 do Código Civil. Vale ressaltar que não serão objeto do presente estudo as múltiplas polêmicas doutrinárias que ocuparam — e ainda se ocupam! — principalmente civilistas acerca dos diversos aspectos do patrimônio, as quais se sucedem desde a concepção da chamada teoria clássica subjetivista de Aubry e Rau (sobre a teoria clássica, ver Aubry, Charles; Rau, Greta. *Cours de droit civil français.* 5 ed. Paris, 1917, p. 333 ss.). Assim, nos valemos do ensinamento de Sylvio Marcondes ao lembrar que "[a] extensa discussão travada em torno do conceito de patrimônio e de sua natureza jurídica, desde a chamada teoria clássica, deduzida por Aubry e Rau, fundamentalmente subjetivista, até o extremo oposto, a teoria do patrimônio sem sujeito, de rigoroso objetivismo, estabelece um campo muito propício ao perigo de 'desviar o espírito do estudioso' (...)" (Machado, Sylvio Marcondes. *Limitação da responsabilidade de comerciante individual.* São Paulo: USP, 1956, p. 218). Por isso, nos limitaremos a indicar, sobre o assunto, inclusive com uma completa exposição das correntes doutrinárias, a obra suprarreferida de Sylvio Marcondes, especialmente às p. 218-22,9 e a excelente tese de Inocêncio Galvão Telles (*Das universalidades.* Lisboa: Minerva, 1940 — sobre a patrimonialidade dos elementos que o compõem, p. 22-32; sobre a autonomia dos elementos, p. 33-47), além do clássico de Paulo Cunha (*Do patrimônio.* Lisboa: Minerva, 1934). Adicionalmente, recomendamos a síntese das principais teorias realizada por Milena Donato Oliva (*Patrimônio separado*: herança, massa falida, securitização de créditos imobiliários, incorporação imobiliária, fundos de investimento, *trust.* Rio de Janeiro: Renovar: 2009, p. 11-106). Ainda sobre a obra recém-referida, além das posições críticas da autora sobre alguns dos principais dogmas da tradicional teoria do patrimônio (às p. 107-215), vale examinar a sua excelente abordagem sobre a segregação patrimonial (às p. 217-375), tema de extremo interesse quando

3.1. Formação de um patrimônio especial

As contribuições dos sócios passam a fazer parte da totalidade do patrimônio do sócio ostensivo, uma vez que, como é a regra no ordenamento jurídico pátrio, cada pessoa — seja jurídica, seja física — é titular de um único patrimônio, sendo que os bens e/ou direitos destinados ao exercício do objeto social (pelo ostensivo) da conta de participação constituem um patrimônio especial[971]. Por essa razão, o fundo social é um *patrimônio especial* dentro do *patrimônio geral* do sócio ostensivo, destinado à execução da atividade prevista no objeto da conta de participação.

Ocorre que esse patrimônio especial, na verdade, não é formado somente pelas contribuições dos sócios, como dá a entender o *caput* do art. 994, mas, também, pela soma dos recursos afetados aos negócios que formam o objeto social da conta de participação, estando aí incluídos, portanto, os lucros e perdas auferidos, porém ainda não distribuídos aos sócios[972].

Os bens e/ou direitos aportados pelo sócio participante (seja por meio da transferência da titularidade, do direito de uso, etc), bem como pelo sócio ostensivo (que, obviamente, não saem da sua esfera patrimonial, ocorrendo somente a adequada escrituração na conta de participação), além de eventuais resultados ainda não distribuídos, pertencem, então, ao patrimônio do sócio ostensivo. Todavia, são destinados ao

do estudo das incorporações imobiliárias, fundos de investimento, securitização de créditos e, também, da empresa individual de responsabilidade limitada (EIRELI), ornitorrinco jurídico acrescido ao ordenamento brasileiro no art. 980-A do Código Civil e cuja extinção, pela Lei 14.195/2021, é tema de debate.

970 Sobre a fragmentação do fundo social quando da existência de mais de um sócio ostensivo em diversos fundos parciais em poder de cada um deles, ver Lopes. *A sociedade em conta de participação...*, p. 74-75.

971 "Não há de se confundir, nessa linha, 'fundo social' com 'fundo comum'. Embora tais terminologias possam ser eventualmente utilizadas, sem distinção, no que se refere a outros tipos societários, no caso específico da conta de participação o uso indiscriminado da segunda poderia causar a impressão de que a reunião dos aportes dos sócios ostensivo e participante possui a natureza jurídica de condomínio, em relação ao qual prevalece a indivisão da propriedade." "Portanto, é tecnicamente incorreta, no que toca a esse tipo jurídico, a utilização da expressão 'fundo comum' para designar o conteúdo da conta de metade." (Galizzi. *Sociedade em conta de participação...*, p. 82).

972 Gonçalves Neto. *Direito de Empresa...*, p. 196-197; Affonso. *A sociedade em conta de participação no Direito brasileiro...*, p. 92. Ver, também: Baumbach-Hopt. *Handelsgesetzbuch...*, p. 862.

exercício do objeto social da conta de participação, constituindo patrimônio especial dentro da unidade patrimonial do sócio ostensivo, de modo que o fator a diferenciar tal patrimônio especial do restante do patrimônio do sócio ostensivo é a sua *finalidade*, uma vez que é destinado à realização do objeto social da SCP[973].

3.2. Vinculação do patrimônio especial à exploração do objeto

O sócio ostensivo, dentro da unidade de seu patrimônio, passa a ter um patrimônio especial, ficando contratualmente vinculado à realização do objeto social da SCP, podendo ser responsabilizado caso se comprove que desviou os bens e/ou direitos para a realização de outra atividade[974]. Com efeito, o patrimônio especial está atrelado ao objeto da conta de participação, não podendo o sócio ostensivo utilizá-lo com outra finalidade, sob pena de responsabilização[975].

Nesse sentido, podem os participantes exigir que as operações estranhas ao objeto da sociedade sejam excluídas da conta de participação, sem prejuízo da já referida responsabilidade civil do sócio ostensivo por eventual prejuízo que tiverem experimentado[976]; de qualquer sorte, tal direito do sócio participante é de cunho obrigacional, e não direito real[977].

[973] "O patrimônio separado ou especial é aquele que se destaca do patrimônio geral para satisfazer um fim específico que não é o de garantir as necessidades gerais da pessoa. Nota-se que o conceito de patrimônio separado pressupõe, portanto, o de patrimônio geral. Por isso, é necessário explicitar, correndo o risco de ser repetitivo, que, de acordo com as concepções mais atuais, o patrimônio geral de uma pessoa é o conjunto das relações jurídicas de cunho econômico que se destinam a um fim geral que, no mais das vezes, corresponde ao atendimento das necessidades econômicas gerais da pessoa." "O fim do patrimônio separado lhe traça a esfera própria, como diz Pontes de Miranda, e a especialidade desse fim faz nascer direitos, ações, pretensões e exceções que não existiam para o titular do patrimônio geral e que com este não se comunicam." (HILDEBRAND, Lucas Fajardo Nunes. Patrimônio, patrimônio separado ou especial, patrimônio autônomo. In: FRANÇA, Erasmo Valladão Azevedo e Novaes (coord.). *Direito societário contemporâneo I*. São Paulo: Quartier Latin, 2009. p. 263-279, p. 273-274).

[974] ALMEIDA. A virtuosidade da sociedade em conta de participação..., p. 56. Ver, também: AFFONSO. *A sociedade em conta de participação no Direito brasileiro...*, p. 98-99.

[975] BROSETA PONT-SANZ. *Manual de Derecho Mercantil*, v. I..., p. 336, 339. Tratando da vinculação do aporte à exploração da atividade, ainda que inexistente previsão contratual expressa, ver: MIGNONE. *L'associazione in partecipazione...*, p. 401-402.

[976] MERLE. *Droit Commercial...* (1998), p. 664.

[977] BAUMBACH-HOPT. *Handelsgesetzbuch...*, p. 867.

3.3. Eficácia perante terceiros

A sociedade em conta de participação é *sociedade interna*, cuja eficácia restringe-se aos seus sócios. Por via de consequência, o fundo social (ou seja, os bens e/ou direitos colocados pelos sócios para a exploração do objeto da SCP) tem *eficácia meramente interna*.

3.3.1. *Credores do sócio ostensivo*

Como regra, as contribuições do sócio participante passam ao sócio ostensivo a título de propriedade, explorando o ostensivo o objeto da conta de participação em seu próprio nome.

Os bens e/ou direitos entregues pelo participante, juntamente com os bens e/ou direitos afetados pelo ostensivo para a exploração do empreendimento formam um patrimônio especial dentro do patrimônio geral deste. Essa especialização gera efeitos *meramente internos*, sendo, portanto, eficaz na relação havida entre os sócios, mas não perante terceiros com quem o ostensivo eventualmente se relacione — seja na exploração do objeto da SCP, seja em negócios que não digam respeito a ela. Perante terceiros, a especialização do patrimônio é *ineficaz* (art. 994, §1º).

Nesse sentido, como observa Arnoldo Wald, "a utilização indevida do patrimônio especial pelo sócio ostensivo, violando o contrato social ou as deliberações dos sócios, não pode ser oposta a terceiros de boa-fé que contrataram com o sócio ostensivo, mesmo àqueles que sabiam da existência da sociedade. Cabe aos sócios ocultos ação contra o sócio ostensivo responsabilizando-o pelos prejuízos causados em virtude dos atos de disposição do patrimônio especial em desacordo com o contratado entre os sócios. Também cabem as ações destinadas a exigir que o sócio ostensivo atue em respeito às disposições do contrato social. Contudo, não estão legitimados a postular a invalidação de negócio jurídico já celebrado com terceiro de boa-fé, mesmo motivados pelo desrespeito à finalidade à qual está subordinada a especialidade patrimonial, porquanto tal comprometimento vincula exclusivamente os sócios"[978].

Assim, como a conta de participação e o fundo social são ineficazes perante terceiros (arts. 993 e 994, §1º), independentemente se o sócio ostensivo malversou recursos, quebrando com o seu dever de obediência,

[978] Wald. *Comentários ao novo Código Civil...*, p. 107-108.

não pode o sócio ostensivo nem o participante opor a SCP a terceiros de boa-fé que contrataram com o ostensivo, mesmo que tais terceiros soubessem da existência da sociedade.

E mesmo que o sócio ostensivo atue de modo escorreito, respeitando o seu dever de obediência, tem-se que as suas dívidas não relacionadas à conta de participação podem afetar o fundo social. É que o sócio ostensivo, ao atuar no mercado, age em seu nome próprio, sendo que todo o seu patrimônio, inclusive o patrimônio especial, é a garantia de seus credores, como dispõe a regra geral do art. 789 do Código de Processo Civil[979]. Assim, em uma eventual execução de um credor do sócio ostensivo, não se poderá alegar como matéria de defesa a impenhorabilidade do bem ou direito decorrente do fato de que este estaria afetado para a exploração da atividade da conta de participação.

Esse é um risco da conta de participação. O fundo social responde por todas as obrigações do sócio ostensivo, mesmo aquelas que não digam respeito aos negócios entabulados em favor da SCP[980-981]. Os sócios

[979] Cf. AUBRY-RAU. *Cours de droit civil français...*, p. 366. Obviamente, porém, os direitos dos credores recaem sobre os bens individualmente considerados, não sobre o patrimônio como um todo, esse insuscetível de expropriação (AUBRY-RAU. *Cours de droit civil français....*, p. 367; CUNHA. *Do patrimônio...*, p. 201-202). Além disso, é de se destacar que os bens do devedor não são, ao menos diretamente, o objeto de direito dos credores, mas, sim, a prestação que lhes é devida. Só indiretamente e depois de verificado o inadimplemento, é que os bens do devedor podem ser atacados por ação dos credores. Ainda assim, é válida a ideia de que o patrimônio do devedor, como uma universalidade, consiste na garantia geral dos credores (garantia alternativa para o caso do inadimplemento da prestação). Ver COMPARATO, Fábio Konder. *Essai d' Analyse Dualiste de l' Obligation en Droit Privé*: Paris: Dalloz, 1964, p. 62 ss.

[980] Assim, o patrimônio especial pode ser atingido por outras dívidas do sócio ostensivo que não aquelas decorrentes do exercício do objeto social previsto na sociedade em conta de participação: "o patrimônio especial só existe nas relações entre os sócios, de sorte que, do ponto de vista dos credores da sociedade, porque credores do sócio ostensivo, esse patrimônio especial não existe: o patrimônio geral do sócio ostensivo é a garantia de pagamento de seus créditos, sejam esses créditos decorrentes das operações objeto da sociedade em conta de participação ou não." (GONÇALVES NETO. *Direito de Empresa...*, p. 197). Igualmente, ver ALMEIDA. *A sociedade em conta de participação...*, p. 95, 140-141. Ver, também: RASNER. *Die atypische stille Gesellschaft...*, p. 71.

[981] Quando da vigência do Código Comercial de 1850, o seu art. 327 assim dispunha: "Na mesma sociedade o sócio gerente responsabiliza todos os fundos sociais, ainda mesmo que seja por obrigações pessoais, *se o terceiro com quem tratou ignorava a existência da sociedade*; salvo o direito dos sócios prejudicados contra o sócio gerente." (grifo nosso). Já o art. 328 do Código Comercial tinha a seguinte redação: "No caso de quebrar ou falir o sócio-gerente, é

participantes não podem impedir que o credor do ostensivo decorrente de operação não relacionada à conta de participação alcance os fundos sociais para satisfazer o seu crédito. O participante carece de ação para isso[982].

lícito ao terceiro com quem houver tratado saldar todas as contas que com ele tiver, posto que abertas sejam debaixo de distintas designações, com os fundos pertencentes a quaisquer das mesmas contas; ainda que os outros sócios mostrem que esses fundos lhes pertencem, *uma vez que não provem que o dito terceiro tinha conhecimento, antes da quebra, da existência da sociedade em conta de participação.*" (grifo nosso). Portanto, anteriormente podia-se dizer que o fundo social respondia por dívidas particulares do sócio ostensivo somente se seu credor não tinha conhecimento da existência da sociedade. Logo, "A ressalva existe, não para proteger os sócios participantes, mas para proteger os credores da sociedade em conta de participação, em face dos credores do sócio ostensivo que, ao contratar com este, sabiam que os fundos sociais não garantiriam o seu crédito." (cf. Lopes. *A sociedade em conta de participação...*, p. 67-68). Hoje em dia, entretanto, segundo Gustavo Oliva Galizzi, tal situação não persiste no regime do novo Código Civil em face da não reprodução do conteúdo do art. 327 e do art. 328 do vetusto Código Comercial (Galizzi. *Sociedade em conta de participação...*, p. 87, 121-122); da mesma forma compreende Alfredo de Assis Gonçalves Neto: em sua opinião, "[o] Código Comercial admitia a possibilidade de os fundos sociais não responderem pelos débitos de credor particular do sócio ostensivo que conhecesse a existência da sociedade (art. 327). A regra não foi repetida, o que acentua a absoluta indiferença da existência da sociedade perante os não sócios, isto é, perante aqueles que não participam das relações jurídicas societárias" (Gonçalves Neto. *Direito de Empresa...*, p. 196); ver, também: Affonso. *A sociedade em conta de participação no Direito brasileiro...*, p. 93 ss. Há, contudo, quem pense de modo diverso: "Também em um aperfeiçoamento do texto do Código Comercial, há que se falar da exclusão da responsabilidade da sociedade por atos praticados pelo sócio gerente, mesmo em caráter pessoal – antes expressamente prevista no Código Comercial – o que contaminava a lógica da sociedade oculta e das obrigações contraídas apenas entre sócio ostensivo e sócio oculto." (Portugal. A sociedade em conta de participação no novo código civil e seus aspectos tributários..., p. 161).

982 "Por outro lado, encontrando-se o crédito do terceiro contra o sócio ostensivo amparado em título executivo (judicial ou extrajudicial), pela sua satisfação responderá todo o patrimônio do sócio ostensivo (que é uma universalidade), nos termos do art. 591 do CPC (ressalvadas eventuais impenhorabilidades), incluindo a contribuição fornecida pelo sócio participante." "Tanto é assim que se o sócio ostensivo possuir várias sociedades em conta de participação com diferentes sócios investidores, o que não é vedado pelo Código Civil, 'em caso de insolvência ou concurso, todos os fundos, ainda que sob diferentes denominações ou contas do ativo patrimonial, constituirão a garantia de pagamento de todas as obrigações sejam elas de que sociedade em conta de participação forem oriundas [Cf. Fonseca, Priscila M. P. Corrêa da; e Sztajn, Rachel. *Código Civil comentado.* V. XI. São Paulo: Atlas, 2008, p. 184] (ou, ainda, de dívidas pessoais do sócio ostensivo)." "Vale dizer, não pode o sócio investidor se insurgir contra a constrição judicial (penhora, arresto, indisponibilidade) destes bens (*v.g.*, por embargos de terceiro ou pedido de restituição na falência), porque

Entretanto — e isso é de grande relevância prática —, não resta dúvida de que os sócios participantes podem ressarcir-se junto ao sócio ostensivo caso os bens e/ou direitos do patrimônio especial sejam comprometidos por dívidas decorrentes de outros negócios que não os da SCP[983].

Da mesma forma, eventuais dívidas originadas do exercício da atividade prevista no objeto social da conta de participação também poderão afetar todo o patrimônio do sócio ostensivo, para além do patrimônio especial. Obviamente, o ostensivo não pode alegar perante terceiros que somente o patrimônio especial responde pelas dívidas decorrentes da exploração do negócio previsto no objeto da SCP. Não é outra a lição de Mauro Brandão Lopes: "vista a questão do ponto de vista do terceiro contratante, parece absurdo e injusto que, obrigando-se para com ele só o gerente, o patrimônio aparente deste seja só parcialmente seu; a razão determinante do contrato pode perfeitamente residir na convicção, que terá o terceiro contratante, de que todos os fundos em poder do sócio ostensivo são realmente seus"[984].

Finalmente, merece destaque que não existe qualquer direito de preferência dos credores do sócio ostensivo relativamente aos bens e/ou direitos do patrimônio especial, ainda que o crédito tenha sido gerado em decorrência da celebração de um contrato que favoreceu o negócio objeto da conta de participação[985-986].

estes já não lhe pertencem e suas relações com o sócio ostensivo não são oponíveis ao terceiro." (Yoshikawa. Reflexos processuais da sociedade em conta de participação..., p. 41).

[983] Lopes. *A sociedade em conta de participação...*, p. 65, 68; Galizzi. *Sociedade em conta de participação...*, p. 87.

[984] Lopes. *A sociedade em conta de participação...*, p. 68; no mesmo sentido, ver Carvalho de Mendonça. *Tratado de Direito Commercial brasileiro*, v. 4..., p. 236 ("O fundo social da participação, incorporando-se ao patrimonio do socio gerente (...), os credores deste têm nelle tambem a sua garantia, e relativamente a esses socios não ha distincção entre os credores a titulo particular e os credores a titulo social. Para terceiros não existem a sociedade nem os socios participantes.").

[985] De Gregorio. De las sociedades y las associaciones comerciales..., p. 430.

[986] E, por todo o exposto, não acompanhamos o posicionamento de Maria Finkelstein, para quem, a despeito de ser pacífico que o patrimônio especial é ineficaz perante terceiros, entende no sentido de que o sócio ostensivo possui o direito de ver os seus bens excutados somente após o esgotamento do patrimônio social (considerando, assim, que a responsabilidade do sócio ostensivo é solidária, apesar de subsidiária em relação à da conta de participação) (cf. Finkelstein. Sociedade em conta de participação..., p. 128, 139). Com efeito,

3.3.2. *Credores do sócio participante*

Há de se salientar que credores particulares do sócio participante não podem buscar satisfazer seus créditos no fundo social, já que este é de propriedade do sócio ostensivo. Assim, por exemplo, o credor particular do sócio participante não pode penhorar os lucros da conta de participação. No máximo, poderia penhorar o direito ao lucro do sócio participante na SCP, que restaria, assim, comprometido apenas quando se deliberar a sua distribuição[987].

Da mesma forma, o credor do sócio participante pode penhorar um imóvel, caso ele se encontre na sua esfera patrimonial; todavia, se o sócio oculto conferiu o direito real de uso de tal bem para o sócio ostensivo, tendo sido esta a sua contribuição para a formação do fundo social, o uso do imóvel está incorporado no patrimônio deste sócio até o término da SCP. Por fim, nada impede que um credor do sócio participante penhore a participação deste sócio na SCP, a qual, então, seria liquidada, nos termos do art. 1.026 (c/c art. 1.030, parágrafo único) do Código Civil[988].

3.4. Adequada individuação

Observa-se que, uma vez fixado que as entradas dos sócios são incorporadas ao patrimônio do sócio ostensivo[989] — bem como os lucros auferidos pela atividade prevista no objeto social da conta de participação, mas ainda não distribuídos, além das obrigações assumidas —, tal incorporação deve se dar de uma forma capaz de deixar perceptível que elas

não há benefício de ordem, como claramente leciona Eduardo Yoshikawa: "Não há que se cogitar, pois, do benefício de ordem, isto é, que primeiro sejam excutidos os bens 'pessoais' do sócio para satisfação de dívidas estranhas à conta de participação ou, de forma análoga, que primeiro sejam excutidos os bens 'da sociedade' para satisfação dos débitos resultantes da atividade social." (Yoshikawa. Reflexos processuais da sociedade em conta de participação..., p. 40).

987 Nesse sentido, criticável é a decisão do Tribunal de Justiça de Minas Gerais que penhorou proporcionalmente à participação do sócio oculto o resultado obtido pela exploração da atividade pelo sócio ostensivo (TJMG, 11ª Câmara Cível, APC 2.0000.00.351251-2/000, Rel. Des. Caetano Levi Lopes, j. 08/05/2002). Também criticando tal precedente, ver Galizzi. *Sociedade em conta de participação...*, p. 100-105.

988 Baumbach-Hopt. *Handelsgesetzbuch...*, p. 868.

989 Ora, quando falamos em entradas dos sócios ostensivos, fazemos referência àquilo com que ele se comprometeu no contrato de sociedade em conta de participação, mas, é claro que os bens/direitos não saem de sua esfera patrimonial.

(e os resultados da operação) formam um fundo social especializado em relação ao patrimônio geral do sócio ostensivo[990].

Nesse sentido, para Alfredo de Assis Gonçalves Neto, "[o] patrimônio especial, assim, justifica-se para efeito de controle dos sócios quanto à sua utilização. Aos sócios ocultos são asseguradas medidas para proteger esse patrimônio, da mesma forma que ao sócio ostensivo fica atribuída a obrigação de preservá-lo afetado aos fins sociais. Na linha desse raciocínio, se, por exemplo, o sócio ostensivo, no exercício de sua atividade, utilizar-se indevidamente de um dos bens que compõem o patrimônio da sociedade em conta de participação ou se dele dispuser em proveito de outros negócios, o sócio oculto está legitimado para agir contra ele e haver a recomposição patrimonial ou a indenização correspondente"[991].

Dessa forma, os fundos sociais devem ser "perfeitamente individuados, mediante indicação de seu montante e a determinação de sua composição. É necessário que se saiba o seu valor e quais bens o integram"[992]. Daí a importância de um contrato social escrito, inclusive com a criação de mecanismos que permitam um melhor controle por parte do sócio participante, como a criação de uma conta corrente bancária exclusiva para movimentar recursos relacionados à conta de participação, e da correta contabilização, sem o que a individuação se torna demasiadamente difícil, quiçá impossível em alguns casos.

Em resumo, podemos constatar que a sociedade em conta de participação, tendo em vista que não possui personalidade jurídica, não possui capital nem patrimônio social[993] (e, consequentemente, não tem estabelecimento próprio), conquanto exista um patrimônio especial de titularidade do sócio ostensivo (patrimônio especial destacado do patrimônio

[990] O patrimônio especial também é de titularidade do ostensivo, titular do patrimônio geral. O que o diferencia do restante do patrimônio do ostensivo é a finalidade específica querida pela lei. A lei quer que o ostensivo o empregue unicamente nas atividades objeto da SCP, respeitando a sua separação. Cf. Lopes. *A sociedade em conta de participação...*, p. 76-78.

[991] Gonçalves Neto. *Direito de Empresa...*, p. 197.

[992] Lopes. *A sociedade em conta de participação*, p. 75.

[993] Sobre *capital social* e *patrimônio*, ver, essencialmente: Tantini. *Capitale e patrimonio...*; Simonetto, Ernesto. Concetto e composizione del capitale sociale: concetti di capitale e di patrimonio. *Rivista del Diritto Commerciale*, ano 53, Parte I, p. 48-72, 1956.

geral do sócio ostensivo), o qual é eficaz somente entre os sócios[994] — e, por isso mesmo, pode ser aumentado e reduzido ao livre dispor dos sócios. E, portanto, a exata individuação do fundo social da conta de participação dentro do patrimônio geral do ostensivo apresenta como principal finalidade, além de viabilizar a correta apuração do resultado da SCP, impedir a malversação dos bens e/ou direitos que o compõe, permitindo que os sócios participantes realizem a devida fiscalização da atuação do ostensivo e que promovam a devida ação de responsabilidade em caso de malversação dos referidos bens e/ou direitos[995].

[994] ALMEIDA. A virtuosidade da sociedade em conta de participação..., p. 48; GONÇALVES NETO. *Direito de Empresa*..., p. 187; CARVALHO DE MENDONÇA. *Tratado de Direito Commercial brasileiro*, v. 4..., p. 232; PONTES DE MIRANDA. *Tratado de Direito Privado*, t. 49..., p. 335: "Não há *capital social* da sociedade em conta de participação. Há patrimônio em mão comum, ou não o há (cada sócio é dono da sua entrada, ou tôdos os direitos, objeto das entradas, se transferiram ao sócio participante ativo, ou aos participantes ativos)." E Tullio Ascarelli assim lecionava: "Na sociedade em conta de participação, considerada esta quer como contrato diverso do de sociedade (...), quer como forma imprópria de sociedade (...), ou, finalmente, como sociedade (Cód. Comercial, art. 325), um fato é inegável: não existe capital social em sentido próprio (...)." (ASCARELLI. Sociedade em conta de participação e impôsto do sêlo..., p. 360). Assim, não concordamos com a afirmação de José Gabriel Assis de Almeida: "Por definição, o capital social é o valor total daquilo com que os sócios entram para a sociedade. Ou, na sucinta lição de Rubens Requião (...), '... é a soma representativa das contribuições dos sócios'. Ora, no Capítulo IV, item 4.3, ficou assente que há uma contribuição dos participantes para a Conta de Participação, sendo, aliás, este um dos motivos por que a Conta de Participação é sociedade. Então, não há por que negar a existência de um capital social, por mais estranho que isto possa parecer. O valor do capital social será equivalente ao valor dos aportes dos sócios." (ALMEIDA. *A sociedade em conta de participação*..., p. 88-89); é nesse sentido que, em certa medida, dispõe o item 6.1 da IN SRF 179/87: "6.1 — Os valores entregues pelos sócios, pessoas jurídicas, somados aos valores entregues pelos sócios, pessoas físicas, constituirão o capital da SCP, que será registrado em conta que represente o patrimônio líquido desta."

[995] E, dessa forma, não concordamos com o posicionamento de Fábio Ulhoa Coelho de que o patrimônio especial da conta de participação não teria utilidade por não produzir efeitos perante terceiros; assim, entende que deveria o legislador ter previsto que o patrimônio especial seria um verdadeiro patrimônio separado do sócio ostensivo (cf. COELHO, Fábio Ulhoa. A falência de empresário titular de patrimônio separado. *Direito Processual Empresarial*: estudos em homenagem a Manuel de Queiroz Pereira Calças. São Paulo: Campus, 2012. p. 302-315 p. 314). Ora, a conta de participação não produz efeitos perante terceiros e sequer exige publicidade, não sendo possível, portanto, exigir que o patrimônio especial seja um verdadeiro patrimônio separado. Nesse sentido, ver, também: AFFONSO. *A sociedade em conta de participação no Direito brasileiro*..., p. 96-97).

4. Aparência e tutela dos credores

A contribuição do sócio participante pode ser dada a título de *uso* ou *gozo*. Neste caso, os bens e/ou direitos entregues ao ostensivo para a exploração da atividade objeto da conta de participação *não ingressam no patrimônio deste*. Tudo isso é perfeitamente lícito. No entanto, não se pode fechar os olhos para o fato de que essa prerrogativa pode ser utilizada de modo a causar prejuízo a terceiros de boa-fé.

Imagine-se, por exemplo, um sócio ostensivo cuja totalidade de seu estabelecimento é formada por bens e direitos dados a título de uso pelos seus sócios participantes. Não há como dizer, *prima facie*, que essa seja uma situação defectível. No entanto, é preciso admitir que uma *situação-limite* como essa é, no mínimo, perigosa para aqueles que se relacionam com o ostensivo. Nestas e noutras hipóteses, deve o intérprete atentar para as peculiaridades do caso a fim de determinar até onde o direito do participante de se *reservar a propriedade* dos bens pode ser utilizado licitamente, isto é, qual é a fronteira entre a licitude e o exercício disfuncional do direito.

São dois os elementos que podem auxiliar no exame da situação fática e podem fundamentar a aplicação daquilo que usualmente se chama de *teoria da aparência* para tutelar o interesse dos credores de boa-fé que contrataram com o ostensivo, eventualmente iludidos em função de um patrimônio que parecia ser robusto, mas na verdade se tratava de uma casca vazia, um verdadeiro *nada*. Nesse sentido, há que se observar qual (a) a *natureza dos bens e/ou direitos* dados a título de uso e (b) o *comportamento do sócio ostensivo*.

Quanto ao primeiro elemento, se os bens e/ou direitos dados a título de uso forem daqueles cuja natureza exige que a transmissão da propriedade seja feita perante uma repartição pública — ou ao menos a prática recomenda que se o faça —, como é o caso dos bens imóveis acima do valor legal (Registro de Imóveis), dos veículos automotores (Departamento de Trânsito) ou dos bens da propriedade intelectual (marcas, invenções, modelos de utilidade, desenho industrial, programa de computador — Instituto Nacional da Propriedade Industrial), temos que um credor não poderia buscar guarida da sua pretensão na teoria da aparência sob a alegação de ter sido iludido, dada a publicidade presumida decorrente do registro nestas repartições[996].

[996] Em sentido semelhante: VIVANTE. *Trattato di Diritto Commerciale...*, p. 533.

No entanto, se forem *bens móveis* cuja natureza não faça necessário, ou, ao menos, recomendável, o registro, temos que a situação é um tanto mais problemática.

Antes de tudo, é preciso lembrar que outras relações jurídicas também podem criar a aparência de que os bens pertençam àquele que os ostenta, sem que isso importe em qualquer ilicitude. É o caso dos contratos que geram a transferência da *posse direta*, mas não da *propriedade* do bem — comodato, locação, depósito, alienação fiduciária em garantia, entre tantos outros[997]. Por consequência, não se pode presumir a má-fé de um sócio ostensivo pelo simples fato de que a maioria ou até a totalidade dos bens que compõem o seu fundo de comércio está composta por bens que não o pertencem. Nesse sentido, salienta Raul Ventura que os credores não estão dispensados de investigar qual a realidade do patrimônio do devedor[998]. Como diz o jurista lusitano, a proteção dos credores não exige providências de que eles não dispõem nos casos análogos[999]. Por isso, ganha destaque o segundo elemento ao qual nos referimos logo acima, o fator *comportamento do ostensivo*.

Com efeito, pode o ostensivo, deliberadamente, iludir as pessoas com quem negocia dizendo — ou dando a entender — ser seu todo um estabelecimento empresarial, quando, na verdade, os bens que o compõem são de titularidade de sócios participantes, que retêm a sua propriedade, transferindo ao sócio empreendedor, tão-somente, o direito de uso dos bens e direitos. É uma situação possivelmente defectível e que tem o condão de causar danos a terceiros, mas que dependerá, fundamentalmente, de prova.

Para subsidiar o debate, vale destacar a lição de Vivante: salienta o tratadista italiano que é lícito ao participante reservar-se a propriedade dos bens e/ou direitos aportados para a exploração do objeto da conta de participação, pacto que produz efeitos também perante terceiros quando tal se revela a partir de registro público, como é o caso da propriedade imobiliária. No entanto, quando se trata de *coisas móveis*, podem igualmente os sócios estipular o direito de restituição em favor do partici-

[997] Quem lembra essa situação é De Gregorio. De las Sociedades y las associaciones comerciales..., p. 424. No mesmo sentido, Ventura. *Associação em participação* (BMJ 189) ..., p. 128.

[998] Ventura. *Associação em participação* (BMJ 189) ..., p. 128.

[999] Ventura. *Associação em participação* (BMJ 189) ..., p. 128.

pante ao final da exploração do negócio comum, mas este direito não é eficaz perante terceiros, porque a tutela da boa-fé não admite que o ostensivo se valha do maior crédito que lhe conferem os bens e direitos dados pelo participante para, depois, subtrair a garantia dos credores no momento em que eles a ela recorrem[1000].

Corroborando com a posição acima referida, Lorenzo Mossa lembra que é problemática a situação quando o aporte aparenta ter sido feito a título de propriedade, mas o foi tão-somente quanto ao direito de uso. Nestes casos, a confiança gerada no credor não pode ser frustrada. Para que determinado bem de titularidade do participante possa escapar de eventual ação dos credores do ostensivo, é preciso que o pacto que limite o aporte ao direito de uso seja conhecido destes[1001]. No mesmo sentido, Joaquín Garrigues, salientando o perigo consistente na aparência de uma maior solvência econômica do ostensivo quando fundada na posse de coisas que na realidade não lhe pertencem, sustenta que o aporte em direito de uso poder-se-ia admitir, tão-somente, em caso de se dar publicidade a tal situação[1002].

Resta saber se a publicidade desejada tende a ser a *efetiva* ou a *presumida* basta para tanto. O registro do contrato no Cartório de Títulos e Documentos seria suficiente para não iludir a confiança dos credores? A celebração da conta de participação por instrumento público bastaria? Deve o ostensivo deixar claro perante os terceiros que com ele contratam a sua real condição patrimonial? Cabe ao credor, quando possível, investigar nos registros públicos competentes (*v.g.*, registro de imóveis ou INPI) a eventual transferência dos bens a título de propriedade?

Uma interessante advertência é feita por Alfredo de Gregorio, cuja lição, mesmo que tenha sido dada em outro contexto, é útil para auxiliar no exame do problema que ora se põe. Diz o jurista italiano que é um pressuposto razoável considerar que quem quer correr os riscos da atividade objeto da conta de participação não pode fugir aos riscos, causando danos aos credores do ostensivo, operando como se fosse um

[1000] VIVANTE. *Trattato di Diritto Commerciale...*, p. 533.

[1001] No plano interno, entretanto, o pacto tem plena eficácia. Cf. MOSSA. *Diritto Commerciale...*, p. 250.

[1002] GARRIGUES. *Tratado de Derecho Mercantil...*, p. 201. Ver, também: ANAYA. *Sociedades accidentales o en participación...*, p. 192.

credor das coisas aportadas[1003]. Exemplo disso é o do sócio participante que loca os bens aportados no negócio por valor irrisório tão-somente para fugir aos riscos da quebra do ostensivo, hipótese em que poderia tentar pedir a *restituição* dos bens (Lei 11.101/05, art. 85-93) e ainda habilitar o seu crédito.

Ante ao exposto, parece razoável sustentar que a reserva da propriedade do bem móvel aportado pelo participante só seja oponível a terceiros quando houver sido dada a devida publicidade ao ato e quando a conduta do ostensivo for condizente com tal situação[1004]. Isto porque, com Solá de Cañizares, cremos que seria uma manobra demasiadamente fácil de perpetrar a simples oposição, por parte do devedor, de que os bens que compõem o seu estabelecimento não podem ser excutidos em razão da reserva de propriedade estipulada numa conta de participação, cuja existência, até então, não havia sido revelada[1005].

[1003] De Gregorio. De las sociedades y las associaciones comerciales..., p. 414.

[1004] Aqui, interessante é o caso em que o sócio ostensivo alienou retroescavadeira detida em copropriedade por ele e pelo sócio participante. Considerando que o bem não é sujeito a qualquer registro público (como ocorre com os veículos automotores) e que o sócio ostensivo, inclusive, deu direito de preferência para aquisição para a sócia participante, o Tribunal bandeirante entendeu por manter a alienação realizada pelo sócio ostensivo a terceiro de boa-fé, mesmo que sem o consentimento do sócio participante, não podendo, então, este se opor: "Antecipação de tutela — Embargos de Terceiro — Alienação de bem móvel comum por sócio ostensivo de sociedade em conta de participação — Presunção de propriedade — Primazia da boa-fé do agravante adquirente — Recurso provido." (TJSP, 1ª Câmara de Direito Privado, Agravo de Instrumento 0361039-76.2010.8.26.0000, Rel. Des. Rui Cascaldi, j. 30/11/2010). Caminhando no mesmo sentido (assim se deduzindo da leitura do acórdão): "Agravo. Falência de sociedade limitada, sócia ostensiva em contrato de sociedade em conta de participação. Decisão judicial que determina a arrecadação de todas as máquinas que integram o patrimônio social da sociedade falida. Pretensão do agravante, intitulando-se sócio participante (oculto) de liberar 50% das máquinas, sob o argumento de que são de sua propriedade. Sociedade em conta de participação que não tem patrimônio social autônomo, mas sim, patrimônio especial, ou seja, patrimônio de afetação. A falência da sociedade ostensiva acarreta a dissolução da sociedade em conta de participação e sua liquidação sob o rito da ação de prestação de contas. Sócio oculto que gerencia a sociedade em conta de participação responde solidaria e ilimitadamente pelas obrigações derivadas dos negócios em que interveio. Manutenção da decisão que ordenou a arrecadação dos bens e o depósito judicial do faturamento decorrente da atividade da sociedade em conta de participação. Agravo improvido." (TJSP, Câmara Reservada à Falência e Recuperação Judicial, Agravo de Instrumento 0287623-75.2010.8.26.0000, Rel. Des. Pereira Calças, j. 19/10/2010).

[1005] Solá de Cañizares. *El contrato de participación...*, p. 146.

5. Responsabilidade pela integridade do bem aportado

De grande importância prática é o exame da responsabilidade do sócio pela integridade do bem e/ou direito conferido ao fundo social[1006].

Com efeito, parece aplicável o art. 1.005 do Código Civil à sociedade em conta de participação. Portanto, o sócio que, a título de participação social, transmitir domínio, posse ou uso, responde pela evicção; e caso transfira (ceda) crédito, responde pela solvência do devedor.

Tais regras são compatíveis, em nosso entender, com a estrutura da conta de participação, pois tutelam os credores do sócio ostensivo — quaisquer credores, especialmente os decorrentes da atividade exercida em decorrência da conta de participação —, mas, principalmente, porque protegem os sócios que se arriscaram, em conjunto, em um empreendimento.

Da mesma forma, o sócio responde pelos vícios redibitórios dos bens aportados (CC, arts. 441 a 446).

O sócio também responde se não for válida ou eficaz a transferência do bem[1007], se a coisa não vier a existir quando do aporte (CC, art. 483), se o bem perecer antes da transferência (*res perit domino*) (CC, arts. 234, 492 e 494), pela inexatidão da medida de extensão (CC, arts. 500 e 501), por todos os débitos que gravem a coisa (CC, art. 502) e pelo aporte de bens (ou fração ideal de bens) em prejuízo de direito de preferência a que outrem faz jus (*v.g.*, CC, art. 504 — sendo que entendemos que isso não se aplica aos contratos de locação de imóveis urbanos, nos termos do art. 32 da Lei 8.245/91).

Ainda, caso o sócio seja proprietário de um bem e aporte o seu usufruto ou direito (real ou obrigacional) de uso, tem-se como seu dever o de assegurar o pleno uso e gozo do bem enquanto perdurar a sociedade ou até o termo estabelecido. Se o bem vier a perecer em decorrência da exploração da atividade, ressalvado o desgaste natural do seu uso, a perda, como regra, é um custo da operação que, ao fim e ao cabo, é suportado por todos os sócios[1008].

[1006] Sobre o tema, e as suas possíveis consequências, ver: SPINELLI. *Exclusão de sócio por falta grave na sociedade limitada...*, p. 117 ss.

[1007] Como é o caso da ineficácia do aporte de quotas de outra sociedade em caso de não existir a concordância dos sócios para tal, nos termos do CC, arts. 1.003 e 1.057, bem como da invalidade de transferência de bem imóvel sem a outorga uxória, como impõem os arts. 1.647, I, e 1.649 do CC.

[1008] Sobre o tema, ver: MOREAU. *Associations en participation et sociétés de fait...*, p. 111.

6. Posição fiduciária do sócio ostensivo

Por fim, é de se destacar, novamente, que o sócio ostensivo ocupa *posição fiduciária* na relação jurídica entabulada com o participante, pois este lhe transfere, fiduciariamente, bens e/ou direitos, os quais, ao passarem para o seu patrimônio, são administrados com ampla discricionariedade.

Tal situação, como já visto, faz com que incidam sobre o sócio ostensivo *deveres extremamente fortes*, ainda mais intensos do que aqueles normalmente verificados noutros tipos de relações negociais. Estes deveres objetivam evitar a prática de abusos pelo fiduciário. Tanto é assim que, na França, na falta de uma disposição penal específica, parte da doutrina utiliza a figura do *abuso de confiança* para enquadrar a apropriação ilegítima dos recursos postos à disposição para a exploração de uma *société en participation* por parte do ostensivo, ainda que estes bens estejam em regime de copropriedade[1009].

Assim, parece adequado equiparar os deveres do sócio ostensivo aos deveres fiduciários — e às responsabilidades — incidentes sobre os administradores (e controladores) de qualquer sociedade, os quais também podem incidir sobre o sócio participante, caso este desempenhe funções administrativas, como já examinado.

7. Garantias do participante

Para evitar maiores riscos e se precaver astutamente de eventual desonestidade do ostensivo, pode o participante exigir e obter, como garantia dos seus direitos decorrentes da celebração da sociedade em conta de participação, fiança, hipoteca ou penhor em bens do sócio ostensivo[1010] — podendo, também, demandar a distribuição desproporcional dos lucros do empreendimento durante determinado período.

[1009] Hémard-Terré-Mabilat. *Sociétés Commerciales*..., p. 383.

[1010] Salgado. *Das sociedades em participação*..., p. 86.

CAPÍTULO 8
APLICAÇÃO PRÁTICA

Neste capítulo serão analisados temas relativos à utilização prática da sociedade em conta de participação. Assim, passar-se-á ao exame de algumas situações típicas em que a conta de participação é empregada. Após, serão esmiuçados determinados negócios jurídicos que, apesar do nome distinto, são, em essência, SCPs. Por fim, será a vez de aprofundar a funcionalidade da SCP para o tráfico negocial.

1. Situações típicas

Já se disse que a sociedade em conta de participação *é forma jurídica de mil e uma utilidades*[1011], fazendo com que, muitas vezes, o tipo societário ideal regrado pelo legislador esteja longe da realidade (apesar de que, por maior que seja a maleabilidade da SCP, deva ela manter os seus elementos básicos para que assim continue a ser considerada)[1012]. De fato, a SCP possui enormes vantagens se comparada com outros instrumentos jurídicos — inclusive com outras sociedades —, razão pela qual é utilizada em diversas situações e nos mais diversos setores, pouco importando o porte do empreendimento[1013].

[1011] ALMEIDA. *A sociedade em conta de participação...*, p. 197.

[1012] HEIDEL-SCHALL. *Handelsgesetzbuch...*, p. 1.469-1.470.

[1013] Para uma visão sobre o tema, ver: EIZIRIK. Notas sobre a sociedade em conta de participação..., p. 735 ss; RAMIRES. *A sociedade em conta de participação no Direito brasileiro...*, p. 126 ss; AFFONSO. *A sociedade em conta de participação no Direito brasileiro...*, p. 138 ss.

Um dos setores em que mais se utiliza a sociedade em conta de participação é o da construção civil. Neste, investidores, na roupagem jurídica de sócios participantes, entregam dinheiro e outros bens ou direitos para uma construtora que os aplica na edificação de prédios, cujas unidades são posteriormente comercializadas, repartindo-se o resultado da operação ou entregando o resultado *in natura* (apartamentos ou unidades imobiliárias) (o que é objeto de questionamentos do ponto de vista fiscal)[1014].

Uma variante de uso da SCP em negócios imobiliários é o empreendimento pelo qual são construídos prédios de *apart hotel* com o dinheiro de investidores (*flats*, sendo tal espécie de empreendimento também conhecido como *pool* hoteleiro)[1015]. Em um primeiro momento, esses investidores recebem, em retorno, unidades imobiliárias (isso quando não adquirem as unidades imobiliárias já construídas e em operação o empreendimento). Posteriormente, o uso de tais imóveis é transferido, por meio de uma sociedade em conta de participação, para uma administradora, que opera como sócia ostensiva, locando os apartamentos e prestando outros serviços (lavanderia e restaurante, por exemplo). Ao final de períodos contratualmente determinados, os resultados da exploração do empreendimento são repartidos com os sócios participantes[1016]. Esse formato de SCP pode demonstrar-se um interessante investimento imobiliário se comparada à compra de imóveis para a locação, uma vez que o risco do imóvel ficar desocupado e não render nenhum fruto (aluguéis) é menor, mesmo porque, no caso do *flat*, ainda que o apartamento de determinado investidor fique vazio, os rendimentos correlacionam-se com o desempenho global do empreendimento e não com o de uma unidade específica. Ademais, inexistem os problemas com o despejo de inquilinos inadimplentes, não precisando o investidor envolver-se dire-

[1014] Ver: Affonso. *A sociedade em conta de participação no Direito brasileiro...*, p. 141-143; Ramires. *A sociedade em conta de participação no Direito brasileiro...*, p. 126-127.

[1015] Tais empreendimentos devem ser cadastrados junto ao Ministério do Turismo (Lei 11.771/2008, art. 24, II).

[1016] Sobre a contribuição para a conta de participação com um bem que o participante tenha recebido em virtude de um negócio jurídico precedente celebrado com o ostensivo, ver: Ventura. *Associação em participação* (BMJ 189)..., p. 120-121. Vale mencionar que para o autor português nada obsta que o participante tenha recebido o bem por doação do ostensivo e depois o empregue numa conta de participação com este. O mesmo vale para várias outras modalidades contratuais como o mútuo e a compra e venda.

tamente com a exploração do seu imóvel, tarefa que cabe ao sócio ostensivo — podendo o participante contar, então, com a maior experiência do ostensivo na administração de tais empreendimentos. Finalmente, cabe ao ostensivo assumir todas as responsabilidades inerentes ao desenvolvimento da atividade[1017-1018].

Outra forma de utilizar a conta de participação ocorre na aquisição de equipamentos de custo elevado. Com efeito, algumas máquinas industriais chegam a custar milhões de reais, existindo agentes econômicos que não dispõem de recursos suficientes para a sua aquisição ou não lhes é conveniente imobilizar altas somas em um único ativo. Uma forma eficiente para viabilizar a compra do maquinário é a contratação de uma sociedade em conta de participação com eventuais investidores (sócios participantes), os quais aportam todo ou parte do capital necessário, ficando o sócio ostensivo responsável pela operação do negócio. Como forma de participação nos resultados, os investidores podem ficar, por exemplo, com um determinado percentual das unidades produzidas pelo equipamento (participação *in natura*) ou com o equivalente

[1017] O Ato Declaratório Interpretativo SRF 14/2004, da Receita Federal, reconhece o *pool* hoteleiro como uma *conta de participação*, independentemente de qualquer formalidade: "Artigo Único. No sistema de locação conjunta de unidades imobiliárias denominado de pool hoteleiro, constitui-se, independente de qualquer formalidade, Sociedade em Conta de Participação (SCP) com o objetivo de lucro comum, onde a administradora (empresa hoteleira) é a sócia ostensiva e os proprietários das unidades imobiliárias integrantes do pool são os sócios ocultos.". No mesmo sentido caminha o Superior Tribunal de Justiça: "4. O pool hoteleiro corresponde à associação de titulares de unidades imobiliárias que, em conjunto com uma empresa de administração hoteleira, disponibiliza os apart-hotéis para locação a terceiros. 5. Na formação do pool hoteleiro, há a constituição de Sociedade em Conta de Participação, na qual a empresa responsável pela administração e gestão hoteleira figura como sócia ostensiva e os titulares das unidades autônomas como sócios participantes, além de diversos contratos coligados. 6. Na hipótese, a convenção condominial institui obrigatoriamente o pool hoteleiro e estipula que apenas uma sociedade empresária realize a gestão dos apart-hotéis, não admitindo o ingresso de outras empresas para a formação do chamado pool paralelo. 7. A deliberação acerca da administração imobiliária possui natureza coletiva, refletindo o interesse da maioria dos condôminos retratado em convenção, sendo inválida a denúncia do contrato feito por titular de apartamentos." (STJ, 3ª Turma, REsp 1993893/SP, Rel. Min. Ricardo Villas Bôas Cueva, j. 23/08/2022).

[1018] Ver, entre outros, EIZIRIK. Notas sobre a sociedade em conta de participação..., p. 737-738; AFFONSO. *A sociedade em conta de participação no Direito brasileiro...*, p. 143-150. Sobre *flats* e "condo-hotéis", ver: BUSCHINELLI, Gabriel Saad Kik. "Condo-hotéis" e o conceito de valor mobiliário. *Revista Comercialista*, v. 10, p. 26-28, 4º trim. 2013.

monetário por unidade produzida. Esta modalidade é utilizada, por exemplo, por sociedades que desejam aumentar o seu parque industrial ou por aquelas que estão recém iniciando a operar e, por isso mesmo, muitas vezes não dispõem dos recursos necessários. Funciona a SCP, então, como uma forma de captação de recursos em ambiente privado[1019].

Já se observou a constituição de sociedade em conta de participação para a aquisição de prensas industriais, cujos sócios participantes forneciam o capital para a compra do equipamento, auferindo, em contrapartida, determinada quantia por peça extraída. Aqui, a operação das máquinas ficava sob a responsabilidade da sócia ostensiva, conhecida indústria do ramo. Para comprovar a grande utilidade da conta de participação como instrumento de captação de recursos e de alocação de riscos, imagine-se um parque industrial com vinte prensas hidráulicas, cada qual adquirida com os recursos advindos de uma SCP diferente, tendo sempre como sócia ostensiva a referida indústria e como sócios participantes investidores distintos, os quais nada cobram da ostensiva senão uma participação na produção do equipamento. Sem dúvida, pode ser essa uma alternativa menos onerosa do que os empréstimos bancários e muito menos complexa do que a capitalização por oferta pública de ações ou outros títulos, tais como debêntures, típicas fontes de financiamento da sociedade anônima — especialmente para sociedades que não têm acesso a tais mercados[1020].

No mesmo sentido, já se observou a constituição de sociedade em conta de participação para a aquisição de sofisticado equipamento de medicina por imagem, tendo sido pactuado entre os sócios que aos investidores (participantes) cabia um percentual da quantia cobrada por exame realizado, ficando a operação a cargo do centro clínico, sócio ostensivo.

Em outra oportunidade, a conta de participação serviu de instrumento de investimento em animais reprodutores.

Pode ela servir, também, para a exploração de terras cultiváveis, reflorestamento e para a aquisição de maquinário agrícola[1021].

[1019] Ver: Eizirik. Notas sobre a sociedade em conta de participação..., p. 738.

[1020] Gándara. Escritura de constitución de una sociedad en cuenta de participación..., p. 245-246.

[1021] Fazendo referência à conta de participação para a exploração de atividade agroindustrial, ver: Buranello, Renato. *Cédula de produto rural*: mercados agrícolas e financiamento da produção. Londrina: Thoth, 2021, p. 238.

Ainda, cada vez mais comum é a utilização da sociedade em conta de participação como instrumento de investimento de capital de risco em empresas em fase inicial de operação — que, por isso mesmo, necessitam de recursos para desenvolver as atividades as quais se propõem. Nesse sentido, a conta de participação pode figurar como instrumento simples e célere para o aporte dos recursos necessários.

Da mesma forma, pode funcionar como mecanismo de investimento em empresas em expansão[1022].

Igualmente, uma sociedade de participações (*holding*), cujo objetivo é justamente lucrar com a participação em outras sociedades, pode obter parte dos recursos para investir nestas por meio da celebração de sociedades em conta de participação com outros investidores, sem a necessidade de aceitá-los em seu quadro social — podendo, assim, circunscrever a participação destes a tal e qual negócio, sem que isso importe na aceitação de um ou de mais novos sócios para todos os negócios da sociedade[1023].

Outro exemplo de fácil entendimento e que bem ilustra uma sociedade em conta de participação foi dado por Alfredo de Assis Gonçalves Neto: "J. Silva & Cia., dedicada ao comércio de tecidos, ajusta com Pedro e com Paulo uma sociedade em conta de participação para a aquisição de um determinado lote de fazendas, cada qual contribuindo com 1/3 do custo, sendo J. Silva & Cia. o sócio ostensivo e os outros dois os ocultos ou participantes. As fazendas são adquiridas por J. Silva & Cia., sendo por ela vendidas no seu estabelecimento. O vendedor das fazendas celebra o negócio apenas com J. Silva & Cia., ignorando (sendo-lhe indiferente, se o conhecer) seu ajuste com Pedro e Paulo para aquisição dessas mercadorias. De sua parte os compradores que as adquirem no varejo também não têm ciência da sociedade, tratando, exclusivamente, com a vendedora J. Silva & Cia. Do resultado obtido com a revenda das mercadorias, deduzem-se as despesas, eventual remuneração do sócio ostensivo e o saldo é distribuído à razão de um terço para cada qual deles."[1024].

É possível, também, a existência de sociedade em conta de participação com vários sócios ostensivos e vários participantes (ocultos). Veja-

[1022] No mesmo sentido: EIZIRIK. Notas sobre a sociedade em conta de participação..., p. 739.

[1023] Ver, também: EIZIRIK. Notas sobre a sociedade em conta de participação..., p.739.

[1024] GONÇALVES NETO. *Direito de Empresa*..., p. 185-186.

-se o excelente exemplo de Eunápio Borges, para quem "[d]uas espécies de sócios tem essa sociedade: o sócio *ostensivo* ou *gerente* e o sócio *oculto* ou *participante*. Um ou mais de cada espécie. Nada impede que sejam todos comerciantes. Cada um dos quais será em relação a terceiros e aos outros sócios, simultaneamente, sócio *ostensivo* e sócio *oculto*. Suponha-se que *A* dono de uma livraria, *B* de uma sapataria e *C* de um armazém contratem uma sociedade em conta de participação, obrigando-se a partilhar os lucros e prejuízos que cada um dêles tiver no respectivo estabelecimento. Em relação à livraria, *A* será o ostensivo, e *B* e *C* os ocultos; em relação à sapataria, será *B* o ostensivo, e, do mesmo modo, *C* será o sócio ostensivo, quanto ao armazém. Perante terceiros, a sociedade não trará qualquer alteração. Cada um dos sócios terá os seus credores e os seus devedores. A *sociedade*, como tal, não se obriga nem adquire direitos, *não existe*, perante terceiros. É que, de fato, como vimos, de sociedade tem ela o nome, não a natureza. Os direitos e deveres recíprocos dos sócios serão os que forem fixados no contrato que determinará, entre outras, a percentagem de cada um nos lucros e perdas, a forma de se fiscalizarem reciprocamente etc. Nada impede que pessoas jurídicas figurem como sócios, na qualidade de participantes ou de ostensivos; no exemplo figurado, a situação seria a mesma, se *A*, *B* e *C* fossem, em vez de comerciantes individuais, sociedades mercantis"[1025].

Também é lícita a constituição de sociedade em conta de participação para a participação em licitação. Nesse sentido, já se viu a utilização de sociedade em conta de participação por empresa vencedora de licitação pública para a exploração de aterro sanitário de determinado município, cujos incineradores de resíduos sólidos nele utilizados haviam sido aportados por sócios investidores, que recebiam um percentual da receita advinda do contrato público[1026].

A SCP pode, ainda, ser utilizada para a obtenção de incentivos fiscais. Nesse sentido, a Lei 7.505/1986 (art. 4º) prevê a possibilidade de constituição de SCP entre o realizador de determinado projeto cultural (sócio ostensivo) e investidores (sócios participantes), os quais, além de

[1025] Borges. *Curso de Direito Comercial terrestre...*, p. 327. Dando exemplo semelhante, ver Gonçalves Neto. *Direito de Empresa...*, p. 185-186.

[1026] Ver, também: Eizirik. Notas sobre a sociedade em conta de participação..., p. 738.

participarem do resultado da respectiva conta de participação, podem se beneficiar de determinados incentivos fiscais[1027].

Ademais, é possível pensar em uma SCP firmada entre o devedor e seus credores em processo de recuperação judicial ou extrajudicial, nos exatos termos dos arts. 47, 50 e 161 da Lei 11.101/05 (Lei de Recuperação de Empresas e Falências). A conta de participação serviria, então, como um dos *meios de recuperação*[1028], passando os credores a figurar como sócios participantes do devedor, agora sócio ostensivo.

Efetivamente, como se pode observar, vários são vários os usos da conta de participação, *sendo impossível relacioná-los todos, pois o engenho humano é sem limites*[1029]. De qualquer forma, fica exemplificado que a sociedade em conta de participação é utilizada nos mais diversos empreendimentos e com as mais diversas formatações[1030].

Isso posto, passa-se agora, ao exame de três institutos que são, em essência, verdadeiras sociedades em conta de participação, (a) a associação à quota, (b) o contrato de investimento coletivo e (c) o financiamento de litígios por terceiros, que por sua relevância prática, merecem exame mais detalhado[1031].

[1027] Nesse sentido: Eizirik. Notas sobre a sociedade em conta de participação..., p. 739; Almeida. *A sociedade em conta de participação...*, p. 198-201.

[1028] Nesse sentido, remete-se à tentativa de assim proceder no seguinte caso: TJSP, Câmara Especial de Falências e Recuperações Judiciais de Direito Privado, AI 0109501-45.2007.8.26.0000, Rel. Des. Pereira Calças, j. 19/12/2007.

[1029] Almeida. *A sociedade em conta de participação...*, p. 197.

[1030] Sobre o assunto, ver, também, Galizzi, Gustavo Oliva. A sociedade em conta de participação como subespécie do gênero *joint venture*. *Revista de Direito Mercantil, Industrial, Econômico e Financeiro*, v. 43, n. 135, p. 206-218, jul./set. 2004, p. 215-217. Igualmente salientando o importante papel da conta de participação para a concretização de parcerias empresariais, ver: Lopes. Sociedade em comum e sociedade em conta de participação como técnicas de implementação de parcerias empresariais... Ver, também: Portugal. A sociedade em conta de participação no novo código civil e seus aspectos tributários..., p. 159-160.

[1031] Há outros institutos que são, em essência, sociedades em conta de participação. Nesse sentido, por exemplo, respeitadas as normas de ordem pública, acreditamos ser possível enquadrar a parceria rural como uma espécie de sociedade em conta de participação (Lei 4.504/1964, art. 96 – lei esta regulamentada pelo Decreto 59.566/1966), tratando-se, a rigor, de uma conta de participação com algumas regras específicas, as quais impõem algumas limitações. Da mesma forma, é possível pensar que a associação entre sociedade de advogados e advogados (Regulamento Geral do Estatuto da Advocacia e da OAB, arts. 39 e 40) constituiria, em verdade, uma SCP; ainda, seria possível imaginar a constituição de uma SCP entre duas sociedades de advogados para a realização de trabalhos em conjunto e a partilha

2. Associação à quota

O Código Comercial de 1850 (art. 334) e o Código Civil de 1916 (art. 1.388) traziam, expressamente, aquilo que alguns consideram uma espécie de sociedade em conta de participação: a *associação à quota*, também conhecida como *agregação de sócio*, cujos contornos tradicionais remontam ao direito romano[1032].

Por meio deste arranjo societário, o sócio de determinada sociedade pode associar à sua participação (à totalidade ou à parcela da sua par-

dos resultados (*i.e.*, honorários), o que, todavia, entendemos não ser possível tendo em vista a restrição imposta pelo art. 15 da Lei 8.906/94, que determina que os advogados somente podem se reunir em sociedade civil (sociedade simples) (dispondo o §3º do art. 8º do Provimento 112/2006 o que segue: "§ 3º As associações entre Sociedades de Advogados não podem conduzir a que uma passe a ser sócia de outra, cumprindo-lhes respeitar a regra de que somente advogados, pessoas naturais, podem constituir Sociedade de Advogados".) — apesar de o art. 12 do referido Provimento 112/2006 dar a entender em sentido diverso, assim dispondo: "O Contrato de Associação firmado entre Sociedades de Advogados de Unidades da Federação diferentes tem a sua eficácia vinculada à respectiva averbação nos Conselhos Seccionais envolvidos, com a apresentação, em cada um deles, de certidões de breve relato, comprovando sua regularidade.". Nesse sentido, veja-se que a Receita Federal já se manifestou no sentido de que não seria possível a contratação de uma conta de participação por sociedades de advogados, justamente diante da restrição existente no art. 15 da Lei 8.906/94: "As sociedades exercentes de atividade de advocacia, por força do disposto no art. 15 da Lei 8.906, de 4.07.1994, estão restritas aos seguintes tipos: simples de prestação de serviços e sociedade unipessoal. Em conformidade com o art. 983, parágrafo único do Código Civil, as disposições de lei especial relativas aos tipos societários permitidos a determinadas atividades sobrepõem-se à faculdade genérica de opção entre os tipos societários listados nesse Código, implicando que a equiparação pretendida pela consulente tem por pressuposto a existência de sociedade não admitida pelo ordenamento, qual seja, SCP de atividade advocatícia. No que tange à atividade advocatícia, não há que se falar em distribuição de lucros de sócio ostensivo a sócio participante, para efeito de gozo da isenção estabelecida no art. 10 da Lei nº 9.249, de 26.12.1995." (cf. COSIT - Coordenação-Geral de Tributação, Receita Federal do Brasil (RFB), Solução de Consulta nº 59, j. 27/02/2019).

[1032] VENTURA, Raul. *Associação à quota*. Lisboa: Centro de Estudos Fiscais da Direcção-Geral das Contribuições e Impostos (Ministério das Finanças), 1968, p. 13 ss; CUNHA GONÇALVES. *Da conta em participação*..., p. 53; FERREIRA. *Tratado de Direito Comercial*, v. 3..., p. 348: "Adveio o dispositivo de que se trata [art. 334 do Código Comercial de 1850] do Direito romano. *Qui*, doutrinou Ulpiano e se lê no *Digesto*, liv. XVII, tít. II, *Pro socio*, fr. 19, *qui admittitur socius, ei tantum socius est, qui admisit, et recte: cum enim societas consensu contrahatur, socius mihi esse non potest, quem ego socium esse nolui: quid ergo, si socius meus eum admisit? Ei soli socius est.*" Bento de Faria refere que o art. 334 do Código Comercial de 1850 foi copiado do art. 1.861 do Código Civil francês, tendo origem no Direito Romano (cf. BENTO DE FARIA. *Codigo Commercial Brasileiro anotado*..., p. 451).

ticipação social)[1033] outra pessoa, sem que esta adquira a condição de membro da sociedade preexistente — ocupando o sócio da sociedade principal, assim, uma posição dúplica[1034]. Tal situação acarreta a formação de uma segunda sociedade, uma *sociedade de segundo grau* ou *subsociedade*, sem que o agregado se torne sócio dos demais; ou seja, o único que tem a qualidade de sócio perante os demais é o agregador[1035]. Lembra Cunha Gonçalves que os antigos jurisconsultos franceses designavam o terceiro agregado de '*croupier*', porque é como se o sócio agregador o trouxesse à garupa, cavalgando juntos[1036] — expressão ainda utilizada atualmente[1037].

O objetivo desse negócio jurídico é associar o agregado aos resultados da sociedade referentes às quotas (ou ações, evidentemente) do agregador, entrando aquele com uma prestação em dinheiro ou outros bens ou direitos[1038] — não existindo, de qualquer sorte, "relação necessária entre o objecto da entrada efectuada pelo associante para a sociedade e a contribuição do associado para a associação"[1039]. Como explica Egberto Lacerda Teixeira, "o sócio convenciona com terceiro a divisão dos lucros e das perdas correspondentes à quota que possui na socie-

[1033] Cf. Bento de Faria. *Codigo Commercial Brasileiro anotado...*, p. 451.

[1034] Cf. Schmidt. *Gesellschaftsrecht*, B. II..., p. 1872.

[1035] Cf. Cunha Gonçalves, Luiz da. *Tratado de Direito Civil*, v. VII, t. I. São Paulo: Max Limonad, 1955, p. 341; Pic. *Des Sociétés Commerciales*, t. III..., p. 925; Moreau. *Associations en participation et sociétés de fait...*, p. 199-200; Ferreira. *Tratado de Direito Comercial*, v. 3..., p. 348-349; Bento de Faria. *Codigo Commercial Brasileiro anotado...*, p. 451. Veja-se que há referência, também, à criação de uma subparticipação em uma associação à quota, cf. Schmidt. *Gesellschaftsrecht*, B. II..., p. 1868.

[1036] Cunha Gonçalves. *Tratado de Direito Civil...*, p. 341. Ver, também: Adolph. *De l'association en participation...*, p. 31 ss; Pic. *Des Sociétés Commerciales*, t. III..., p. 925; Moreau. *Associations en participation et sociétés de fait...*, p. 199-200; Ferreira. *Tratado de Direito Comercial*, v. 3..., p. 348-349; Roitman. *Ley de Sociedades Comerciales comentada y anotada*, t. I..., p. 579.

[1037] Cozian-Viandier-Deboissy. *Droit des sociétés...*, p. 663.

[1038] Cunha Gonçalves. *Tratado de Direito Civil...*, p. 341.

[1039] Ventura. *Associação à quota...*, p. 40. E assim continua: "Quanto à quantidade, no caso de a qualidade ser idêntica, nem sequer o montante da entrada do associante constitui limite da contribuição do associado, podendo suceder que, no momento da associação, o valor real da quota ou o valor do proveito esperado pelo associado justifiquem que ele entregue ao associante mais do que este entregou à sociedade. Quanto à qualidade, a entrada para a sociedade pode ter sido em dinheiro e a contribuição do associado ter sido noutros bens; podem aquela entrada e esta contribuição ser constituídas por bens totalmente diversos."

dade. Trata-se de ajuste particular entre o sócio e o seu agregado, feito à margem da sociedade principal e à sua inteira revelia"[1040].

Forma-se uma "verdadeira sociedade" entre o sócio e o terceiro, "em que o primeiro entra com os proventos da sua quota, e o segundo com qualquer outro valor, tendo ambos por fim dividirem os lucros e as perdas correspondentes à mesma quota"[1041]. A extensão dos lucros e das perdas a serem repartidos deve ser regrada no contrato, recomendando-se que este preveja prazo para o pagamento dos valores devidos ao associado; caso não exista qualquer previsão contratual, aplicam-se as normas gerais do direito das obrigações[1042].

Para associar um estranho ao seu quinhão, não necessita o sócio da anuência dos demais, que não possuem, em princípio, qualquer interesse no pacto havido entre eles, negócio cuja eficácia é externa à sociedade[1043]. Como bem esclarece Cunha Gonçalves: "Se um sócio (...) não pode fazer entrar um terceiro, em seu lugar, na sociedade, sem o consenso dos seus consócios, não carece dêste consenso *para se associar com um terceiro*, em relação à parte que tem na sociedade."[1044].

O agregado não possui pretensão direta em relação à sociedade primitiva. Por isso, não pode pretender o recebimento direto de dividendos, a exibição de livros ou a sua dissolução até — e principalmente — porque lhe falta o *status* de sócio. Na mesma linha, ele não substitui o sócio nos seus impedimentos ou no exercício de seus direitos em sentido amplo, também não podendo ser seu representante nas hipóteses em que o mandatário de um sócio deva ser outro sócio. Igualmente, a sociedade ou credores sociais não possuem ação contra o agregado[1045].

[1040] Teixeira, Egberto Lacerda. *Das sociedades por quotas de responsabilidade limitada*. São Paulo: Max Limonad, 1956, p. 234-235.

[1041] Cunha Gonçalves. *Da conta em participação...*, p. 53.

[1042] Ventura. *Associação à quota...*, p. 117-119.

[1043] Cf. Ventura. *Associação à quota...*, p. 17. Ver, também: Moreau. *Associations en participation et sociétés de fait...*, p. 199-200.

[1044] Cunha Gonçalves. *Tratado de Direito Civil...*, p. 341.

[1045] Ver: Teixeira. *Das sociedades por quotas...*, p. 235; Bento de Faria. *Codigo Commercial Brasileiro anotado...*, p. 451; Cunha Gonçalves. *Tratado de Direito Civil...*, p. 341; Ventura. *Associação à quota...*, p. 84-85; Cuevas, Guillermo Cabanellas De Las. *Derecho societário*: Parte General – Los Socios. Buenos Aires: Editorial Heliasta, 1998, p. 804-806; Roitman. *Ley de Sociedades Comerciales comentada y anotada*, t. I..., p. 579-581; Heidel-Schall. *Handelsgesetzbuch...*, p. 1.495-1.496; Moreau. *Associations en participation et sociétés de fait...*, p. 201-202.

Perante a sociedade, o agregado simplesmente não é sócio[1046-1047]. *Socius mei socius, meus socius non est* (sócio do meu sócio, sócio meu não é), ou seja, "Sócio de sócio não é sócio da sociedade principal"[1048], como, inclusive, dispõe o art. 55 da *Ley 16.060* uruguaia[1049].

Assim, o agregado tem, tão-somente, direitos (e deveres) em relação ao sócio originário que o agregou. Qualquer ação deve ser exercida contra este, não contra a sociedade, para cujo acionamento em juízo depende do sócio agregador. Da mesma forma, o agregador tem ação contra o agregado e nos termos do contrato de associação em participação, mas os sócios (ou a sociedade) do agregador não o têm contra aquele[1050].

Dessa forma, o agregado pode exigir do agregador a prestação de contas ou a apresentação de balanço da sociedade principal (sempre na medida necessária para provar o cumprimento de suas obrigações, mas

[1046] ADOLPH. *De l'association en participation...*, p. 32; FERREIRA. *Tratado de Direito Comercial*, v. 3..., p. 348-349. Ver, também: BENTO DE FARIA. *Codigo Commercial Brasileiro anotado...*, p. 451; CUEVAS. *Derecho societário...*, p. 803 ss; ROITMAN. *Ley de Sociedades Comerciales comentada y anotada*, t. I..., p. 580.

[1047] Aqui, interessantes são as palavras de Clóvis Beviláqua ao comentar o art. 1.388 do Código Civil de 1916: "O estranho associado no quinhão do socio constitue, com este, uma subsociedade, mas não é socio dos outros, *Socii mei socius socius non est*. Em relação á sociedade é um estranho. Colherá vantagens e sofrerá prejuízos através do socio." "Se, não obstante, os socios o admitirem a tomar parte nas operações sociaes, será considerado um preposto da sociedade, a quem aproveitarão as vantagens assim obtidas e sobre quem recahirão os prejuízos." "Tambem poderá o subsocio intervir como preposto do socio. Neste caso é somente ao seu socio que terá de prestar contas." (BEVILÁQUA, Clóvis. *Código Civil dos Estados Unidos do Brasil comentado*, v. II. Edição histórica. Rio de Janeiro: Ed. Rio, p. 513).

[1048] TEIXEIRA. *Das sociedades por quotas...*, p. 236.

[1049] "*Socio de socio (Art. 55 LSC):* se les llama así a los terceros que comparten con el socio de una sociedad los beneficios que a éste último le corresponden en aquélla. No serán considerados socios ni tienen derecho alguno frente a la sociedad." (MERLINSKI. *Manual de sociedades comerciales...*, p. 46). Na Argentina, o art. 35 da *Ley 19.550* assim dispunha: "Artículo 35. – Cualquier socio pode dar participación a terceros en lo que le corresponde en ese carácter. Los partícipes carecerán de la calidad de socio y de toda acción social; y se les aplicarán las reglas sobre sociedades accidentales o en participación." (ver: ROITMAN. *Ley de Sociedades Comerciales comentada y anotada*, t. I..., p. 578-583); tal dispositivo, todavia, foi revogado em 2018 pela *Ley 27.444*, passando o atual art. 35 a tratar da responsabilidade do sócio aparente e do sócio oculto.

[1050] CUNHA GONÇALVES. *Tratado de Direito Civil...*, p. 341-342. Ver, também: BENTO DE FARIA. *Codigo Commercial Brasileiro anotado...*, p. 451; CUEVAS. *Derecho societário...*, p. 804-806; ROITMAN. *Ley de Sociedades Comerciales comentada y anotada*, t. I..., p. 580-581; HEIDEL-SCHALL. *Handelsgesetzbuch...*, p. 1.495-1.496.

que, ainda, assim, pode conflitar com eventual dever de sigilo)[1051], para verificar os resultados e se há lucros a partilhar, bem como (se assim ficar estabelecido) que exerça o seu direito de voto em determinado sentido (sem contar que, de qualquer sorte, questões estruturais acabam dependendo do consentimento daquele) — em que pese eventual desrespeito não produza qualquer efeito junto ao ente principal, sendo a questão resolvida em perdas e danos entre agregado e agregador[1052] —; igualmente, pode o associado à quota cobrar do agregador os lucros já distribuídos (mas não pode cobrar da sociedade principal a sua distribuição), sendo que, em inexistindo regra específica, o direito aos lucros dar-se-á nos prazos em que o agregador receber lucros do ente principal[1053].

Ainda, a sociedade principal somente pode promover a respectiva ação (de responsabilidade, por exemplo) por eventual desrespeito de um dever por parte do agregador contra este, ainda que tal inadimplemento tenha ocorrido em decorrência da associação à quota (seguindo, *v.g.*, uma orientação de voto dada pelo agregado). Do mesmo modo, mesmo que a sociedade principal tenha responsabilidade ilimitada, não se pode querer responsabilizar o agregado por tais obrigações (devendo-se seguir as regras de responsabilização da conta de participação)[1054].

O ideal é que os direitos e deveres dos membros da subparticipação sejam regrados em contrato, o que, de qualquer sorte, não possuem o condão de alterar os deveres (e direitos) do associante junto à sociedade principal[1055]. Nesse sentido, veja-se que o contrato pode prever que o participante tenha relevância na definição do voto a ser lançado pelo sócio na sociedade ou mesmo no destino da participação societária, mas tal não é oponível diretamente à sociedade ou aos demais sócios[1056].

[1051] Ventura. *Associação à quota...*, p. 128, 130. A rigor, a fiscalização e o dever de prestar contas estão restritos ao objeto da associação à quota (cf. Balmaseda, Arantza Martínez. El socio del socio: características y régimen jurídico de la subparticipación. *Revista de Derecho de Sociedades*, n. 37, p. 75-86, jul./dic. 2011, p. 84).

[1052] Balmaseda. El socio del socio..., p. 84. Igualmente, salientando que, aqui, adentra-se no campo dos acordos parassociais, ver: Roitman. *Ley de Sociedades Comerciales comentada y anotada*, t. I..., p. 582-583.

[1053] Balmaseda. El socio del socio..., p. 85.

[1054] Balmaseda. El socio del socio..., p. 85-86.

[1055] Balmaseda. El socio del socio..., p. 82 ss.

[1056] Restando, assim, caracterizada a subparticipação atípica, cf. Schmidt. *Gesellschaftsrecht*, B. II..., p. 1867-1868.

Ainda, há deveres que são inerentes à condição dos membros da associação à quota, como, em decorrência do dever de lealdade, o dever de o participante guardar o sigilo de informações da sociedade principal[1057] — o que, de qualquer sorte, pode representar uma quebra do dever de sigilo do associante para com a sociedade principal.

Vale destacar, outrossim, que pode se verificar colisão de deveres: os deveres do ostensivo enquanto sócio da sociedade principal podem colidir com os deveres que possui para com o participante. Aqui, na dúvida, entendemos que devem prevalecer os interesses da sociedade principal sobre os interesses da associação em participação[1058].

Por oportuno, note-se que a agregação à quota não apresenta nenhuma relação com a *cessão de quota*, esta, sim, dificultada nas ditas sociedades de pessoas, pois irradia efeitos intrasocietários pelo ingresso de novo sócio[1059-1060]. Nessa linha, a agregação de sócio pode servir como alter-

[1057] Klunziger. *Grundzüge des Gesellschaftsrechts...*, p. 140.

[1058] Nesse sentido: Klunziger. *Grundzüge des Gesellschaftsrechts...*, p. 140.

[1059] "La figura de socio del socio debe distinguirse de la de cessionário parcial de una participación. En el caso del socio del socio, no sólo retiene el socio original parte del contenido sustancial de la participación a la que associa a otra persona, sino que, frente a la sociedad y los restantes sócios, ese socio original es el único que reviste el carácter de tal; el socio del socio, a diferencia del cesionário, es ajeno a la que aquí se identifica como primera sociedade." (Cuevas. *Derecho societário...*, p. 804). Ver, também: Ventura. *Associação à quota...*, p. 20-21, 32-35.

[1060] No caso de uma sociedade limitada, por exemplo, em que o sócio cede sua quota a terceiros sem o consentimento dos demais sócios ou sem respeitar o direito de preferência (de acordo com o contrato social ou nos termos do previsto na regra do art. 1.057 do Código Civil), tem-se, na verdade, que tal ato é ineficaz perante a sociedade (Código Civil, art. 1.003 c/c art. 1.057). Assim, tal atitude pode criar, ainda que involuntariamente, uma associação à quota, *i.e.*, uma sociedade em conta de participação (cf. Lucena. *Das sociedades limitadas*, cit., p. 348; em sentido semelhante, ver: Ventura. *Associação à quota...*, p. 21-22). O cessionário torna-se sócio do sócio, e sócio do meu sócio, sócio meu não é. Ainda, a ausência de consentimento dos demais sócios pode ser considerada inadimplemento do cedente no contrato firmado com o cessionário, a depender da forma como estruturado o contrato (Cavalli, Cássio. *Sociedades limitadas*: regime de circulação das quotas. São Paulo: Revista dos Tribunais, 2011, p. 88-89), ou, por outro lado, pode, ainda, ser considerada como uma oferta de venda, por parte do cedente, para os outros sócios, para o efeito destes exercerem, por exemplo, o direito de preferência previsto contratualmente (Comparato. Exclusão de sócio, independentemente de específica previsão legal ou contratual..., p. 149). Fato é que o sócio que associou alguém à sua quota ou cedeu a quota a terceiro sem o consentimento dos demais ou sem respeitar o direito de preferência não praticou qualquer ilícito e, então, não pode ser excluído (no nosso exemplo) da sociedade limitada que faz parte (nos termos como previsto nos arts. 1.030 e 1.085 do Código Civil), como já se chegou a defender

nativa à restrição ao ingresso de novos sócios, uma vez que não necessita do consentimento (ou do respeito ao direito de preferência) dos demais membros da sociedade[1061].

Também não se deve confundir agregação à quota com *copropriedade* ou *condomínio* sobre quota: esta figura, geralmente oriunda da sucessão *causa mortis*, tem efeitos bem diversos da agregação, pois, a rigor, os condôminos são sócios, enquanto os agregados não o são[1062]: o agregado não se torna nem coproprietário da quota, como chegou a entender Waldemar Ferreira no caso de agregação à quota de um sócio de uma sociedade limitada[1063].

(Andrade, Gilberto Morelli. Considerações sobre o art. 1.003 do Código Civil. In: Adamek, Marcelo Vieira von (coord.). *Temas de Direito Societário e Empresarial Contemporâneo* – Liber Amicorum *Prof. Dr. Erasmo Valladão Azevedo e Novaes França*. São Paulo: Malheiros, 2011. p. 133-142, p. 140-141). Nesse mesmo sentido, o art. 3.220, 1º, c/c o art. 3.212 do Esboço de Código Civil de Teixeira de Freitas previa que a cessão de quotas em desrespeito à proibição virtual ou expressa do contrato social seria hipótese de exclusão de sócio (embora o próprio art. 3.212 previsse que tal cessão não seria obrigatória para a sociedade, produzindo efeitos entre cessionário e cedente, ficando este constituído mandatário daquele — e, no art. 3.213, regrar-se a ineficácia de tal cessão perante a sociedade, os consócios e terceiros credores ou devedores da sociedade) (cf. Teixeira de Freitas, Augusto. *Esboço do Código Civil*, v. 2. Brasília: Ministério da Justiça, Fundação Universidade de Brasília, 1983, p. 489-490). Ainda: o Tribunal de Justiça de Goiás (TJGO, 1ª Câmara Cível, Apelação Cível 112230-1/188 (200702264347), Rel. Des. Abrão Rodrigues Faria, j. 17/06/2008) entendeu, ratificando sentença de primeiro grau, que, entre outros argumentos, correta seria a exclusão de sócio por cometimento de falta grave quando tenha ele alienado suas quotas na sociedade para terceiros, contrariando a previsão contratual que exigia notificação aos demais sócios, por escrito, com prazo de 30 dias visando o exercício do direito de preferência, dissimulando a venda com a procuração que outorgou para tais sujeitos (adquirentes-representantes); exceção seria se o sócio associou um concorrente à sua quota, quando, então, quebra com seu dever de lealdade para com a sociedade, podendo, logo, ser excluído (cf. Comparato. Exclusão de sócio, independentemente de específica previsão legal ou contratual..., p. 147). Sobre o tema, ver: Spinelli. *Exclusão de sócio por falta grave na sociedade limitada*..., p. 176-177. De qualquer sorte, caso exista vedação à constituição de subparticipação, ou ocorra, em decorrência da subparticipação, o descumprimento de algum outro dever, pode o sócio ser excluído (cf. Balmaseda. El socio del socio..., p. 79).

[1061] Ver: Balmaseda. El socio del socio..., p. 75-76, 79.

[1062] Teixeira. *Das sociedades por quotas*..., p. 235. Ver, também: Gonçalves Neto. *Direito de Empresa*..., p. 395; Borges. *Curso de Direito Comercial terrestre*..., p. 358; Lucena. *Das sociedades limitadas*..., p. 327 ss; Ventura. *Associação à quota*..., p. 42 ss.

[1063] Ferreira. *Tratado de Direito Comercial*, v. 3..., p. 349. Criticando o posicionamento de Waldemar Ferreira, ver: Teixeira. *Das sociedades por quotas*..., p. 235-237; e Lucena, *Das sociedades limitadas*..., p. 327-331.

Quanto à dissolução da associação à quota, caso não exista um termo final previsto no contrato, é causa dissolutória a própria dissolução total da sociedade principal, visto que, nesse caso, a sociedade de segundo grau fica sem objeto — e caso o quinhão que competir ao agregador em decorrência da liquidação da sociedade deva ser dividido com o associado, a associação à quota pode subsistir por período superior ao da sociedade principal, especialmente para ultimar a partilha deste. Além disso, ocorre extinção da associação à quota, por dissolução parcial, como a morte ou a exclusão do agregador, e até mesmo pela morte ou exclusão do agregado[1064].

Questão relevante, ainda, diz respeito à transferência (a qualquer título) da participação societária pelo associante: caso não ocorra a transferência da posição do associante na associação à quota nem exista previsão na associação à quota das consequências de tal situação, a tendência é que a associação à quota seja dissolvida por impossibililidade de atingir o seu fim (e situação análoga existe quando o associante pratica atos que venham a extinguir o seu direito aos lucros, como a constituição de usufruto)[1065]. Em todos esses casos, deve-se verificar se a causa de extinção da associação à quota é imputável ou não ao associante para que seja apurada eventual responsabilidade[1066].

É importante salientar que, a despeito de o novo Código Civil não ter feito referência direta à associação à quota, ao não a proibir, *manteve a possibilidade de sua utilização*. Essa é a interpretação que está em conso-

[1064] Ver: Cunha Gonçalves. *Tratado de Direito Civil*..., p. 343; Ventura. *Associação à quota*..., p. 134, 138-139. Na Alemanha, são referidas como causas de dissolução: (a) decurso do tempo, previsão de alguma condição de dissolução ou distrato; (b) morte do agregador; (c) preenchimento ou impossibilidade do preenchimento do fim social (sendo que a dissolução da sociedade principal não deve necessariamente ser considerada um obstáculo ao objetivo); (d) a falência do agregador; (e) a confusão entre o agregador e o agregado (como se dá na hipótese em que a esposa ocupa a posição de agregada do marido, que vem a falecer, sendo a viúva a única herdeira — situação na qual sequer haveria apuração de haveres); e (f) o exercício do direito de retirada, (g) além da execução da participação por credores particulares — não sendo consideradas hipóteses de dissolução (i) a morte do agragado, (ii) a transformação ou a cisão da sociedade principal (em que pese possa ser justa causa para o exercício do direito de retirada) e (iii) a sua liquidação (cf. Schmidt. *Gesellschaftsrecht*, B. II..., p. 1874-1875).

[1065] Ventura. *Associação à quota*..., p. 120-122. Na Alemanha, refere-se que tal transferência da participação seria uma justa causa para o exercício do direito de retirada pelo agregado (cf. Schmidt. *Gesellschaftsrecht*, B. II..., p. 1874).

[1066] Ventura. *Associação à quota*..., p. 135-138.

nância com o princípio da liberdade contratual — em direito privado, vige o princípio segundo o qual tudo aquilo que não está proibido está tacitamente permitido. Ademais, há quem, como Alfredo de Assis Gonçalves Neto, reconheça no art. 1.003 do Código Civil de 2002 uma referência indireta à agregação de sócio[1067-1068].

A agregação de sócio pode ocorrer em qualquer tipo societário. Pode um quotista de uma sociedade limitada agregar um terceiro à sua participação, assim como também o acionista de uma companhia. A doutrina chega a referir a possibilidade de um sócio participante de uma SCP

[1067] GONÇALVES NETO. *Direito de Empresa...*, p. 225, grifo do autor: "Na regra parece estar contemplada a figura da *associação à quota*, que, no domínio da legislação anterior, integrava o regramento tanto das sociedades comerciais (CCom, art. 334) como das sociedades civis (CC/1916, art. 1.388). Na associação à quota, o sócio celebra o contrato com um parceiro sem necessitar do consentimento de nenhum outro sócio (contrato de agregação). É certo que na associação à quota, diferentemente do que ocorre com a cessão, não há substituição de sócio (o sócio não se demite da qualidade de sócio), mas os termos da associação não encontram nenhuma limitação. Por isso, penso que, na falta de proibição e diante da previsão de valer entre as partes a cessão de quotas sem o concurso da vontade dos demais sócios, continua franqueado o ajuste associativo que a legislação revogada expressamente regulava." No mesmo sentido, ver: GALIZZI. *Sociedade em conta de participação...*, p. 37-38; LUCENA. *Das sociedades limitadas...*, p. 327 ss.; ZANETTI, Robson. *Manual da sociedade limitada*. Curitiba: Juruá, 2007, p. 121-122.

[1068] Aproveitamos, ainda, para referir que Cássio Cavalli considera a regra do art. 1.027 do Código Civil (considerada por ele inconstitucional e retrógrada — retomando posicionamento antigo do Superior Tribunal de Justiça no Recusto Especial 29.897/RJ, 3ª Turma, Rel. Min. Dias Trindade, j. 14/12/1992, revisto no Recurso Especial 114.708/MG, 3ª Turma, Rel. Min. Waldemar Zveiter, j. 19/02/2001) como determinando a criação de uma sociedade interna (fazendo, então, remissão aos arts. 334 do Código Comercial de 1850 e 1.388 do Código Civil de 1916). Sobre o tema, ver CAVALLI. *Sociedades limitadas...*, p. 139-145. Caminhando no mesmo sentido: FONSECA. *Dissolução parcial, retirada e exclusão de sócio...*, p. 105 ss.; GONÇALVES NETO. *Direito de Empresa...*, p. 295. Entre os antigos, bem mostrando que o entendimento à época de vigência do Código Comercial de 1850 era o que atualmente se encontra positivado no art. 1.027 do Código Civil, quando, inclusive, se fazia referência à criação de uma associação à quota (Código Comercial de 1850, art. 334), ver: ESTRELLA. *Apuração dos haveres de sócio...*, p. 235-238. De qualquer sorte, lembramos que o Código de Processo Civil de 2015, no art. 600, parágrafo único, parece ter revogado (em que pese exista omissão quanto aos herdeiros do cônjuge de sócio) o art. 1.027 do Código Civil ao autorizar que *o cônjuge ou companheiro do sócio cujo casamento, união estável ou convivência terminou* requeira *a apuração de seus haveres na sociedade, que serão pagos à conta da quota social titulada por este sócio* (cf. FRANÇA, Erasmo Valladão Azevedo e Novaes; ADAMEK, Marcelo Vieira von. *Direito processual societário*: comentários breves ao CPC/2015. 2ª ed. ref. e ampl. São Paulo: Malheiros, 2021, p. 56-57).

agregar outro participante à sua participação, situação em que teremos uma subsociedade em conta de participação[1069]. Nesse sentido, nada impede que um associado a uma quota convencione com um terceiro uma nova associação (formando uma subassociação), bem como possível é que exista uma pluralidade de associados na mesma associação à quota ou mesmo uma pluralidade de associações à quota[1070].

Finalmente, não se pode concluir satisfatoriamente um relato sobre a *agregação de sócio* antes de examinar a natureza deste arranjo. Isso porque sempre haverá quem sustente a sua natureza *não societária* em razão da pretensa ausência de exploração de atividade econômica por parte da subsociedade em si, já que o negócio é desenvolvido pela sociedade primária. Não parece procedente essa crítica, fundamentalmente porque o objeto da subsociedade consiste na *gestão de investimentos/participações*, tal qual acontece, por exemplo, com a sociedade *holding*, sobre a qual, hoje em dia, não pairam maiores dúvidas acerca da sua natureza societária. Desse modo, parece lógico vislumbrar na associação à quota não só uma verdadeira sociedade, mas típica sociedade em conta de participação: uma sociedade na qual o sócio ostensivo (agregador) é aquele que detém a participação — representada por quotas ou ações — em uma sociedade, enquanto aquele que a ele se associa (agregado) é o sócio participante.

A associação à quota, portanto, e como esclarece Mauro Brandão Lopes, *é verdadeira conta de participação*[1071], conclusão que resulta em con-

1069 ADOLPH. *De l'association en participation...*, p. 32; COZIAN-VIANDIER-DEBOISSY. *Droit des sociétés...*, p. 663; GRANDI. *L'associazione in partecipazione...*, p. 144; SOLÁ DE CAÑIZARES. *El contrato de participación...*, p. 136; BALMASEDA. El socio del socio..., p. 76; VENTURA. *Associação à quota...*, p. 69-70; SALGADO. *Das sociedades em participação...*, p. 104.

1070 VENTURA. *Associação à quota...*, p. 69-72; e MOREAU. *Associations en participation et sociétés de fait...*, p. 199-200.

1071 LOPES. *A sociedade em conta de participação...*, p. 43-44. Também nesse sentido: BENTO DE FARIA. *Codigo Commercial Brasileiro anotado...*, p. 452. Ainda, o Esboço de Código Civil de Teixeira de Freitas, ao regrar a associação à quota nos arts. 3.209, 3º, 3.215 e 3.216, previa expressamente que se tratava de uma SCP, cf. TEIXEIRA DE FREITAS, Augusto. *Esboço do Código Civil*, v. 2..., p. 489-490. No Uruguai, o art. 55 da *Ley 16.060* determina que se apliquem as normas da sociedade em participação à figura do sócio de sócio: "Art. 55. (Socio de socio). Cualquier socio podrá dar participación a terceros en lo que le corresponde en ese carácter. Los partícipes carecerán de la calidad de socio y de toda acción social y se aplicarán las reglas sobre las sociedades accidentales o en participación." Na Argentina (em que assim dispunha o antigo art. 35 da *Ley 19.550*), ver: CUEVAS. *Derecho societário...*, p. 805 ss; ROITMAN. *Ley de Sociedades Comerciales comentada y anotada*, t. I..., p. 581 (em que pese criticasse a antiga solução dada pelo legislador uma vez que, entre outras questões, a conta de participação

sequências práticas relevantes[1072]. De qualquer forma, registre-se que tal entendimento não chega a ser unânime[1073].

teria, como característica, a transitoriedade, enquanto a associação à quota pode ser duradoura). Na Espanha, ver: BALMASEDA. El socio del socio..., p. 77 ss (afirmando que seria uma sociedade civil interna, e não uma conta de participação – em que pese aplicáveis os seus dispositivos, ainda que por analogia – por faltar o caráter mercantil). Na França, referindo-se que usualmente a *convention de croupier* é tida como uma conta de participação, ver: COZIAN-VIANDIER-DEBOISSY. *Droit des sociétés*..., p. 663; nesse sentido, tratando a associação à quota como uma conta de participação, remetemos às obras de PIC. *Des Sociétés Commerciales*, t. III..., p. 625-626; e MOREAU. *Associations en participation et sociétés de fait*..., p. 29, 199 ss. Na Itália, fazendo referência a precedentes judiciais que consideram a associação à quota como uma conta de participação, ver: MIGNONE. *L'associazione in partecipazione*..., p. 22. Na Alemanha, refere-se que a associação à quota (*Unterbeteiligung* ou, literalmente, subparticipação) *é uma participação tácita em uma participação social*, existindo discussão sobre se seria uma conta de participação ou uma outra forma de sociedade interna, enquadrada como uma *BGB-Gesellschaft*; tende-se a compreender que seria uma sociedade interna de Direito Civil, na qual um ou mais sujeitos participam de uma quota detida por um sócio (o que pode ser feito, inclusive, quanto à participação de um sócio participante em uma SCP), não como na conta de participação, em que ocorre a participação em uma atividade comercial que o ostensivo exerce — aplicando-se, de qualquer sorte, por analogia, as normas da conta de participação (cf. SCHMIDT. *Gesellschaftsrecht*, B. II..., p. 1865 ss; KLUNZIGER. *Grundzüge des Gesellschaftsrechts*..., p. 140-141); sobre o tema, ver: BÖTTCHER, Conrad; ZARTMANN, Hugo. *Stille Gesellschaft und Unterbeteiligung*. Stuttgart: Forkel-Verlag, 1968.

1072 "De la caracterización de las relaciones derivadas de la figura de socio del socio como sociedad acidental o en participación surgen múltiples consecuencias. Si las partes nada especifican al respecto, la participación del socio del socio en las utilidades derivadas de la primera sociedad son las que correspondan en proporción a los aportes que efectúe el socio original y el socio del socio. Si nada se disse respecto de las perdidas, ambos participan en ellas, en la misma proporción que en las ganancias; no puede eliminarse la participación en las perdidas ni del socio original ni del socio del socio." "Dado que se forma una sociedad accidental entre el socio de la primera sociedad y el llamado del socio, rigen las distintas reglas proprias de esta sociedad. El socio del socio tendrá el derecho al contralor de la administración que efectúa el socio gestor – o sea el socio de la primera sociedad –, si el contrato que da origen a la figura del socio del socio no dispone lo contrario; el socio del socio siempre tendrá derecho a rendición de cuentas de la gestión llevada a cabo por el socio de la primera sociedad. Asimismo, cuando haya que tomar decisiones sustanciales sobre el manejo de los activos de la sociedad accidental em cuestión – o sea las participaciones en la primera sociedad –, tales decisiones deberán adoptarse por la reunión de socios de la sociedad accidental en cuestión, conforme a las reglas que establezca el contrato que le dé origen o a las propias de las sociedades colectivas, que se aplican supletoriamente en tales casos." (CUEVAS. *Derecho societário*..., p. 805-807). Ver, também: ROITMAN. *Ley de Sociedades Comerciales comentada y anotada*, t. I..., p. 581-582.

1073 Alfredo de Assis Gonçalves Neto não vislumbra na associação à quota uma conta de participação: "(...) não se confunde a sociedade em conta de participação com o contrato de

3. Contrato de investimento coletivo

O contrato de investimento coletivo (CIC) é, a um só tempo, uma SCP e um valor mobiliário[1074-1075]. Do ponto de vista da relação interna havida

associação à quota social (contrato de agregação). Nesse contrato, o sócio (agregador) associa alguém (agregado) ao quinhão social que possui em uma sociedade já existente para que ambos compartilhem os direitos desse quinhão, se e como lhe forem atribuídos (recebimento de dividendos, exercício da fiscalização ou administração indireta etc.), ao passo que naquela pode não existir qualquer sociedade (sócio ostensivo empresário individual), implicando essa parceria participação direta nos resultados. Por igual, na sociedade em conta de participação o sócio ostensivo deve ser empresário, realizando-se os fins sociais no âmbito do exercício de sua atividade econômica, enquanto que o agregante não precisa ser empresário nem atuar em atividade alguma, bastando-lhe ostentar o *status socii*" (Gonçalves Neto. *Direito de Empresa*..., p. 189). A natureza societária da associação à quota e o seu enquadramento como uma conta de participação são amplamente discutidos; sobre o tema, sustentando a natureza de negócio jurídico parciário, ver: Ventura. *Associação à quota*..., p. 53 ss.

1074 A pesquisa apresentada neste item deriva, fundamentalmente, do trabalho apresentado na disciplina "Valores Mobiliários — Estrutura e Mercado", cuja regência coube aos professores José Alexandre Tavares Guerreiro e Francisco Satiro de Souza Júnior, cursada durante primeiro semestre de 2011 na Pós-Graduação em Direito da Universidade de São Paulo (USP). O título original do ensaio foi: "Contrato de Investimento Coletivo como Modalidade de Sociedade em Conta de Participação". Tal trabalho foi, posteriormente, publicado: Spinelli, Luis Felipe; Scalzilli, João Pedro; Corradini, Luiz Eduardo Malta; Tellechea, Rodrigo. Contrato de investimento coletivo como modalidade de sociedade em conta de participação. *Revista de Direito Bancário e do Mercado de Capitais*, v. 61, p. 243-296, jul./set. 2013. Os autores aproveitam para agradecer ao colega Luiz Eduardo Malta Corradini, coautor da pesquisa, que autorizou a sua reprodução parcial no presente livro.

1075 Relevantes as clássicas palavras de Ary Oswaldo Mattos Filho caracterizando valor mobiliário, gênero do qual é espécie o CIC: "Em conclusão e para efeito do mercado de capitais, valor mobiliário é o investimento oferecido ao público, sobre o qual o investidor não tem controle direto, cuja aplicação é feita em dinheiro, bens ou serviço, na expectativa de lucro, não sendo necessária a emissão do título para a materialização da relação obrigacional. O investimento é feito ou a nível associativo, a título de empréstimos ou como aplicação especulativa pura. O primeiro tipo normalmente se caracteriza pela participação societária ou empreendimento comum, sendo o lucro do investimento resultante do excesso de receita sobre despesas e provisões eventualmente exigidas por lei. Já os investimentos a título de empréstimo não necessitam da ocorrência de lucro contábil para que o investimento seja remunerado, ressalvada a hipótese de quebra ou insolvência do empreendimento. Normalmente o investimento associativo não goza de garantia colateral porém, em contrapartida, é dotado de sistema coletivo de deliberação, conforme regras estabelecidas no contrato que acompanha a oferta do valor mobiliário ao público. Finalmente os investimentos puramente especulativos são aqueles normalmente feitos na expectativa de futura ocorrência de variações de preço de dado valor mobiliário, mercadoria, moeda, taxa de juros, etc. Estes se materia-

entre o empreendedor e o investidor, não há como negar o seu caráter societário, mais especificamente, o de uma SCP. Externamente, a forma como o CIC se apresenta — oferta pública — o caracteriza como valor mobiliário, fazendo com que sobre ele recaiam a fiscalização da Comissão de Valores Mobiliários — CVM e as regras decorrentes dessa condição.

Senão vejamos: segundo o inciso IX do art. 2º da Lei 6.385/76, constituem valores mobiliários, *quando ofertados publicamente, quaisquer outros títulos ou contratos de investimento coletivo, que gerem direito de participação, de parceria ou de remuneração, inclusive resultante de prestação de serviços, cujos rendimentos advêm do esforço do empreendedor ou de terceiros*. Tal redação, dada pela Lei 10.303/01, repete o conceito contido na Medida Provisória 1.637/1998, convertida em lei, de nítida inspiração norte-americana, cujo objetivo foi dar um conceito amplo de valor mobiliário, capaz de abranger a grande gama de hipóteses de captação em massa da poupança popular condizente com a dinâmica de um mercado que cria produtos de investimento com enorme velocidade.

Essa alteração legislativa também teve o objetivo de submeter os negócios lastreados em tais contratos à Lei 6.385/76 e, especialmente, à regulamentação e fiscalização da CVM, uma vez que diversas irregularidades vinham sendo cometidas, como os contratos de boi gordo[1076].

lizam nos mercados futuros ou a termo de ações, de 'commodities', etc., com o objetivo de diminuir o risco de futura e brusca variação de preço, com a consequente menor oscilação do respectivo mercado." (Mattos Filho, Ary Oswaldo. O conceito de valor mobiliário. *Revista de direito mercantil, industrial, econômico e financeiro*, v. 24, n. 59, p. 30-55, jul./set. 1985. p. 49-50).

1076 O funcionamento das sociedades que negociam com boi gordo ocorre da seguinte forma: os investidores, designados de 'parceiros proprietários', aplicam seus recursos e os vendedores, ou 'parceiros tratadores e criadores', encarregam-se da compra, engorda e venda do animal. Nesse sentido, os contratos de boi gordo são aqueles pelos quais o empreendedor toma recursos junto ao público para serem utilizados na aquisição, criação e engorda de bovinos, comprometendo-se, em contrapartida, a distribuir entre os investidores os lucros decorrentes da venda dos animais. Sobre o tema, ver Eizirik, Nelson; GALL, Ariádna B.; Parente, Flávia; Henriques, Marcus de Freitas. *Mercado de capitais – regime jurídico*. 2 ed. rev. e atual. Rio de Janeiro: Renovar, 2008, p. 121. Mas, como lembra Haroldo Verçosa, não diziam respeito somente a bovinos: "Esses acordos, como se sabe, na verdade, abarcavam, na maneira como vinham sendo celebrados, um objeto mais amplo, envolvendo também aves, suínos e ovinos, destinados à engorda para abate." (Verçosa, Haroldo Malheiros Duclerc. A CVM e os contratos de investimento coletivo ('boi gordo' e outros). *Revista de Direito Mercantil, Industrial, Econômico e Financeiro*, v. 108, p. 91-100, out./dez. 1997, p. 91). Além da

3.1. Elementos caracterizadores

Levando em consideração a legislação brasileira, cinco são os elementos necessários para termos um contrato de investimento coletivo:

1) investimento (não necessariamente em dinheiro);
2) empreendimento comum;
3) direito de participação, de parceria ou de remuneração (expectativa de lucros);
4) esforços do empreendedor ou de terceiros; e
5) oferta pública.

É necessário que todos estes elementos estejam presentes para que se possa falar de um contrato de investimento coletivo. Esta é a atual situação legal no País[1077]. E uma vez caracterizado um contrato de inves-

preocupação com contratos de boi gordo, existia a preocupação com os contratos de investimento coletivo de avestruzes (e tanto isso é verdade que a CVM, por exemplo, instaurou inquérito administrativo para apurar eventuais irregularidades na colocação de contratos de investimento coletivo referentes à comercialização de avestruzes, diante do fato de que a sociedade ofertante não estava registrada perante a Autarquia como companhia aberta). Sobre o tema, ver, entre outros, Eizirik-Gall-Parente-Henriques. *Mercado de capitais...*, p. 54, 119-120; verçosa. A CVM e os contratos de investimento coletivo..., p. 96; Alvares, Jefferson Siqueira de Brito. O atual conceito de valor mobiliário. *Revista de direito mercantil, industrial, econômico e financeiro*, v. 45, n. 142, p. 203-247, abr./jun. 2006, p. 225. Ver, também: Nascimento, João Pedro Barroso do; PALIS, Pedro Maruo. Novos contratos de investimento coletivo: evolução conceitual, ofertas irregulares e a atuação da CVM. In: ____. *Temas de Direito Empresarial*: Direito Societário, Mercado de Capitais e Direito da Insolvência. São Paulo: Quartier Latin, 2022. p. 403-407.

[1077] Sendo, justamente, esta a definição que era dada pela CVM em seu *website*, na seção de Perguntas e Respostas mais Frequentes: "São títulos lastreados em quaisquer produtos ou subprodutos destinados à comercialização e que geram direito de participação, parceria ou remuneração, inclusive de prestação de serviços, cujos rendimentos advêm do esforço do empreendedor ou de terceiros. Cabe ressaltar que esses títulos não devem ser confundidos com os contratos de parceria rural, nos termos do Estatuto da Terra e da Legislação sobre Parceria Pecuária do Código Civil Brasileiro". (COMISSÃO DE VALORES MOBILIÁRIOS. *Contrato de Investimento Coletivo – Perguntas e Respostas mais Frequentes*. Disponível em: <http://www.cvm.gov.br/asp/cvmwww/registro/cic/apresint.asp#PERGUNTAS>. Acesso em: 20 maio 2011). Nesse sentido, remetemos, em classificação um pouco diversa, ao voto do Diretor Gustavo Gonzalez: "No julgamento do Processo Administrativo CVM nº RJ2007/11593-7, o Diretor Relator Marcos Barbosa Pinto elencou seis requisitos para a caracterização de determinados arranjos como contratos de investimento coletivo, que desde então têm orientado as análises da área técnica. São eles: (i) a existência de um investimento; (ii) a formalização

timento coletivo, fica ele sujeito à Lei 6.385/76 e à regulação e fiscalização da CVM.

Importante examinar os referidos elementos de forma mais detalhada.

3.3.1. *Investimento*

O elemento "investimento", para fins de caracterização do CIC, não precisa estar necessariamente representado pelo aporte de recursos "em dinheiro", mas por *qualquer bem economicamente avaliável*, como, de fato, ocorre com as contribuições que os sócios fazem para as sociedades em geral.

Com efeito, o investidor, em contrapartida ao direito de participação, parceria ou remuneração, entrega recursos para viabilizar o desenvolvimento de determinado empreendimento por parte do ofertante.

do investimento em um título ou contrato, pouco importando, contudo, a natureza jurídica do instrumento ou do conjunto de instrumentos adotados; (iii) o caráter coletivo do investimento; (iv) o direito, decorrente do investimento, a alguma forma de remuneração; (v) que essa remuneração tenha origem nos esforços do empreendedor ou de terceiros que não o investidor; e (vi) que os títulos ou contratos sejam objeto de oferta pública." (CVM, Processo Administrativo nº 19957.009524/2017-41, Rel. Dir. Gustavo Machado Gonzalez, j. 22/04/2019); ver, também: CVM, Processo Administrativo Sancionador RJ 2017/3090, Rel. Dir. Carlos Alberto Rebello Sobrinho, j. 07/05/2019 ("A partir de tal previsão, inspirada no conceito de *investment contract* do direito norte americano, extraem-se quatro principais requisitos para a caracterização desta espécie de valor mobiliário, quais sejam: (i) a sua oferta pública; (ii) a formalização por meio de título ou contrato de investimento coletivo; (iii) o direito de participação, parceria ou de remuneração conferido ao investidor em relação ao emissor; e (iv) a origem de tais rendimentos nos esforços do emissor ou de terceiros."); e CVM, Processo Administrativo Sancionador RJ 2016/8381, Rel. Dir. Flávia Sant'Anna Perlingeiro, j. 18/02/2020 ("Para a caracterização do CIC como valor mobiliário sujeito ao regime da Lei nº 6.385/1976, devem restar comprovados (i) a ocorrência de oferta pública; e (ii) a existência de investimento, instrumentalizado por título ou contrato (ou um conjunto desses), que, em sua essência, apresente as características elementares elencadas no art. 2º, IX, da Lei nº 6.385/1976, a configurar: (a) aporte de recursos (dinheiro ou bem suscetível de avaliação econômica) por parte do investidor; (b) em um investimento coletivo; (c) do qual decorra um direito de participação, de parceria ou alguma forma de remuneração (inclusive resultante de prestação de serviços); e (d) que essa remuneração tenha origem nos esforços do empreendedor ou de terceiros.").

3.3.2. *Empreendimento comum*

É necessário que seja um investimento coletivo cujo sucesso seja almejado pelo investidor e pelo gestor. Há, portanto, entre as partes envolvidas, nítida comunhão de interesses econômicos, típica dos contratos de sociedade[1078].

3.3.3. *Expectativa de lucros*

Do empreendimento comum, tem-se que existe um *fim comum*, que é o de *auferir um resultado*. E tal fim comum resta concretizado no *direito de participação*, *de parceria* ou *de remuneração*, inclusive resultante de prestação de serviços (hipótese última que assemelha o pacto em questão à finalidade das sociedades cooperativas), que o investidor possui no empreendimento. Vale dizer que se trata de noção mais ampla que a noção de lucro utilizada no direito norte-americano.

De fato, deve existir a expectativa de recebimento de vantagem econômica por parte do investidor, resultados positivos estes diretamente relacionados à operação realizada pelo empreendedor ou terceiros.

Mas, deve ficar claro: o que existe é uma *expectativa* de obter lucros. Pode, sim, ocorrer de o empreendimento não ser exitoso, resultando em perdas, hipótese em que o investidor perderá aquilo que investiu — salvo estipulação em contrário na qual poderá ter de arcar com maiores perdas. Eventual ajuste nesse sentido, entretanto, possuirá eficácia meramente interna, ou seja, perante terceiros, é o gestor da atividade quem responde por todos os prejuízos decorrentes do empreendimento.

Isto é, se o empreendimento não tiver sucesso, o investidor, além de nada receber, perde o que investiu. Caso ocorra a falência da companhia emissora, o investidor perde tudo, não tendo, em princípio, qualquer crédito a habilitar na falência (ou insolvência). Afinal, era sócio e não credor. De qualquer forma, mesmo na falência (ou na insolvência civil) da emissora, o investidor não responde pelas dívidas desta perante seus credores. Por outro lado, sendo o empreendimento exitoso, a emissora repartirá os resultados nos termos como ajustado no contrato — podendo,

[1078] CVM, Processo Administrativo nº 19957.009524/2017-41, Rel. Dir. Gustavo Machado Gonzalez, j. 22/04/2019.

de qualquer modo, ficar estipulado uma remuneração fixa para ela, ou seja, uma taxa de administração.

3.3.4. *Esforços do empreendedor ou de terceiros*

A gestão dos recursos não cabe ao investidor. Porém, tal como ocorre no direito norte-americano, parece possível que o investidor participe da gestão, desde que as funções ou obrigações essenciais para o sucesso do empreendimento não tenham sido desenvolvidas por ele[1079].

3.3.5. *Oferta pública*

Os contratos de investimento coletivo são, por definição legal, objeto de oferta pública. Tal requisito não encontra similar no conceito norte-americano, mas se coaduna perfeitamente com o sistema regulatório dos Estados Unidos[1080].

[1079] CVM, Processo Administrativo nº 19957.009524/2017-41, Rel. Dir. Gustavo Machado Gonzalez, j. 22/04/2019.

[1080] Quanto ao requisito da oferta pública, bem salientou o diretor Marcos Barbosa Pinto no Processo CVM RJ 2007/11593 (j. 15/01/2008) que o requisito não encontra similar no conceito estadunidense, mas que se coaduna perfeitamente com o sistema regulatório dos Estados Unidos. E, como salienta Luciana Dias, no julgamento que levou ao *Howey test*, a Suprema Corte ponderou como um dos fatores essenciais para que submetesse o caso em questão à regulação da *Secutirites and Exchange Comission – SEC* o fato de que o investimento estava sendo oferecido para pessoas "who reside in distant localities and who lack the equipment and experience requisite to the cultivation, harvesting and marketing of the citrus products"; portanto, embora não escrito expressamente, esse raciocínio identifica o titular de um valor mobiliário como um sujeito distante que pertence a um público alheio aos negócios, o que em muito se assemelha às consequências da oferta pública nos moldes exigidos pela legislação brasileira para a caracterização dos valores mobiliários (Dias, Luciana Pires. *Regulação e Auto-regulação no Mercado de Valores Mobiliários.* Dissertação (Mestrado) – Faculdade de Direito da Universidade de São Paulo, p. 31). E Luiz Gastão Paes de Barros Leães assim lecionou ao tratar do *Howey case*: "Por fim, cabe fazer alusão a um elemento que está implícito na definição de *security*, quando situada no contexto geral das *securities regulations.* Queremos nos referir ao 'caráter público' da colocação dos valores. O aspecto saliente da colocação de *securities* é a solicitação pública de recursos para um empreendimento, e o propósito dessa legislação especial é o de proteger o público investidor." (Leães, Luis Gastão Paes de Barros. O conceito de "security" no direito norte-americano e o conceito análogo no direito brasileiro. *Revista de Direito Mercantil, Industrial, Econômico e Financeiro,* v. 13, n. 14, p. 41-60, 1974, p. 56).

Os contratos de investimento coletivo são submetidos à fiscalização da CVM justamente porque ofertados publicamente, nos termos do art. 2º, IX, da Lei 6.385/76 — sendo que os emissores que não possuírem registro de emissão na CVM não estão autorizados a distribuir publicamente contratos de investimento coletivo de sua emissão. A oferta pública resta caracterizada pelo art. 3º da Resolução CVM 160/22.

Assim, tratando-se de venda privada dos referidos contratos, na qual não estejam presentes os elementos caracterizadores da distribuição pública, a CVM não terá ingerência sobre a transação, ainda que preenchidos os demais requisitos componentes do conceito de valor mobiliário, devido à inaplicabilidade do inciso IX do artigo 2º da Lei 6.385/1976 às negociações privadas[1081].

E vale dizer: qualquer sociedade que possua registro na CVM, nos termos da Resolução CVM 80/22 e da Lei 6.385/76, pode emitir publicamente contratos de investimento coletivo[1082]. Além disso, qualquer pessoa pode investir em tais produtos, inclusive investidores qualificados[1083].

[1081] Eizirik-Gall-Parente-Henriques. *Mercado de capitais...*, p. 121-122. Igualmente, ver Processo CVM RJ 2003/0499 (Rel. Dir. Luiz Antonio de Sampaio Campos, j. 28/08/2003). Por essa razão, diz-se que a exigência de oferta pública também tornou o conceito de valor mobiliário no Brasil instrumental, na medida em que só interessa regular títulos que sejam colocados publicamente aos investidores (cf. Dias. *Regulação e Auto-regulação no Mercado de Valores Mobiliários...*, p. 34-35; no mesmo sentido, ver Eizirik-Gall-Parente- Henriques. *Mercado de capitais...*, p. 25; Alvares. O atual conceito de valor mobiliário..., p. 203-204; Goldberg, Daniel Krepel. A Lei 10.303, de 2001, e a inclusão dos derivativos no rol dos valores mobiliários. *Revista de Direito Mercantil, Industrial, Econômico e Financeiro*, v. 129, p. 73-82, jan./mar. 2003, p. 78; Lobo, Carlos Augusto da Silveira. Os Valores Mobiliários. *Revista de Direito Bancário e do Mercado de Capitais*, v. 10, n. 36, p. 27-42, abr./jun. 2007, p. 33-34; Ratner, David L. *Securities Regulation in a Nutshell*. 6 ed. St. Paul, Minn: West Group, 1998, p. 21).

[1082] Apesar de quaisquer produtos ou subprodutos destinados a fins comerciais poderem ser o ativo objeto dos contratos de investimento coletivo, na prática, atualmente, a imensa maioria das companhias emissoras de contratos de investimento coletivo devidamente registradas na CVM estão relacionadas ao setor pecuário - com uma pequena minoria de Municípios (basicamente a cidade de São Paulo/SP) emitentes de Certificados de Potencial Adicional de Construção — CEPACs. Sobre tais dados, assim constava do *website* da CVM: COMISSÃO DE VALORES MOBILIÁRIOS. *Contrato de Investimento Coletivo - Situação das Empresas em 23/06/2011*. Disponível em: <http://www.cvm.gov.br/asp/cvmwww/registro/cic/apresint.asp#SITUACAO>. Acesso em: 23 jun. 2011.

[1083] Apesar de qualquer pessoa poder investir em tais contratos, o *website* da CVM, na seção de Perguntas e Respostas mais Frequentes, expunha que o público alvo dos contratos de investimento coletivo são pessoas físicas que procuram investir em atividades agropecuárias

3.2. Submissão dos CICs à CVM

O investimento caracterizado pelos CICs é, como qualquer outro investimento, *de risco*, não cabendo à CVM analisar a qualidade da companhia emissora[1084]. O objetivo da submissão ao órgão regulador é tão-somente conferir a maior informação possível aos investidores, dando a maior transparência e segurança ao mercado. Toda a análise quanto ao risco e à conveniência cabe aos investidores[1085].

Nesse sentido, é óbvio que a CVM não garante tais contratos: a sua função é a de assegurar aos investidores acesso às informações suficientes e de qualidade sobre a companhia emissora e o empreendimento, cabendo ao investidor tomar a decisão de investimento de modo informado e consciente[1086], sem prejuízo de a emissora outorgar garantias aos investidores[1087].

Por mais que as partes tenham liberdade para ajustar os termos do contrato, a CVM possui competência, nos termos do art. 2º, §3º, IV, da Lei 6.385/76, para estabelecer padrões de cláusulas e condições que devam ser adotadas nos contratos de investimento destinados à negociação

(COMISSÃO DE VALORES MOBILIÁRIOS. *Contrato de Investimento Coletivo – Perguntas e Respostas mais Frequentes...*).

[1084] É justamente essa a orientação pública que a CVM dava em seu *website*, na seção Perguntas e Respostas mais Frequentes: "A CVM não faz julgamento quanto à qualidade da companhia emissora ou sobre os contratos a serem emitidos. A análise deve ser realizada pelo investidor. O risco do negócio está relacionado à capacidade de resgate dos títulos. Com base nas informações prestadas pela empresa, é importante verificar o estudo de viabilidade econômico-financeira, com destaque para o fluxo de caixa projetado do empreendimento e suas premissas. Dessa forma, é possível fazer uma análise individual da capacidade futura de pagamento dos contratos emitidos" (COMISSÃO DE VALORES MOBILIÁRIOS. *Contrato de Investimento Coletivo – Perguntas e Respostas mais Frequentes...*).

[1085] Os investidores devem fazer a avaliação própria, considerando as condições do contrato (como se é à vista ou a prazo) bem como as informações sobre a companhia emissora (histórico, administração, estrutura do capital, situação financeira, etc). E, nesse sentido, cabe aos investidores tomar o cuidado de, ao serem procurados por vendedores de tais companhias, verificar se o contrato possui o número de registro na CVM e se está assinado pelo representante legal da sociedade. Tudo isso era salientado pela própria CVM, em seu *website*, na seção de Perguntas e Respostas mais Frequentes (COMISSÃO DE VALORES MOBILIÁRIOS. *Contrato de Investimento Coletivo – Perguntas e Respostas mais Frequentes...*).

[1086] E a própria CVM sempre fez questão de assim ressaltar (*v.g.*, COMISSÃO DE VALORES MOBILIÁRIOS. *Contrato de Investimento Coletivo – Perguntas e Respostas mais Frequentes...*).

[1087] Assim, nos termos do art. 1°, §§4° a 6°, da Lei 10.198/01, pode ser prestada garantia real de modo voluntário ou ser ela exigida.

em bolsa ou balcão, organizado ou não, e recusar a admissão ao mercado da emissão que não satisfaça a esses padrões.

Ainda, lembre-se que, nos termos do art. 1º, §7º, da Lei n. 10.198/01, a CVM pode autorizar a emissão de certificado de contratos de investimento coletivo nos termos em que regulamentar.

Caso ocorra algum problema contratual, o investidor deve sempre, em primeiro lugar, procurar a companhia emissora do contrato para tentar resolvê-lo — afinal de contas, o investidor e a companhia são sócios. Não obtendo êxito, deve encaminhar reclamação à CVM para que esta possa tomar as medidas cabíveis no âmbito administrativo. Se a CVM verificar alguma irregularidade, ela pode aplicar as seguintes penalidades:

(i) multa à companhia e/ou aos administradores;
(ii) cancelamento do registro da companhia;
(iii) suspensão da distribuição dos contratos.

Todavia, a CVM não possui competência para determinar que as companhias honrem os contratos vencidos. Trata-se de prerrogativa do Poder Judiciário, inclusive no que respeita à cobrança/execução da multa prevista contratualmente[1088].

A CVM regulava a matéria por meio da Instrução CVM 296/1998, revogada pela Resolução 83/2022. Atualmente, com exceção da Resolução 86/2022, que regula os condo-hotéis, a Comissão de Valores Mobiliários é omissa no que diz respeito especificamente à regulação dos CICs.

3.3. Dinâmica do CIC

Compreendidos os conceitos iniciais do CIC, abaixo será examinado, de modo sucinto e exemplificativo, o funcionamento do instituto na sua modalidade de investimento em gado bovino ou suíno, muito comum no Brasil em determinada época[1089].

[1088] Assim alertava a própria CVM em seu website: COMISSÃO DE VALORES MOBILIÁRIOS. *Contrato de Investimento Coletivo – Perguntas e Respostas mais Frequentes...*

[1089] Não nos propomos, no presente trabalho, a analisar outros supostos contratos de investimento coletivo, como os Certificados de Potencial Adicional de Construção — CEPACs (previstos no Estatuto da Cidade — Lei 10.257/01, art. 34), os quais a CVM entende se tratar de CIC (nos termos do Processo CVM RJ 2003/0499, Rel. Dir. Luiz Antonio de Sampaio Campos, j. 28/08/2003 —, e que deu origem à Instrução CVM 401/03, substituída pela

Nestes negócios, o investidor adquire, à vista ou parceladamente, um número mínimo de semoventes (cabeças de gado, por exemplo) avaliados em termos de arrobas (o investidor financia, portanto, o empreendimento — ainda que não em sua totalidade). A companhia emissora

Resolução 84/2002) pois estariam presentes todos os elementos de um contrato de investimento coletivo (com o que não concordamos, pois não conseguimos vislumbrar qualquer direito de participação, de parceria ou de remuneração para o investidor — uma vez que este tem mera expectativa de ganho financeiro em decorrência da futura, e incerta, valorização imobiliária decorrentes de intervenções em determinada região no âmbito de Operações Urbanas Consorciadas, o que basta para a CVM restar caracterizada, em sentido lato, a noção de participação, parceria ou remuneração). Igualmente, não nos propomos a analisar, presentemente, as Cédulas de Produto Rural - CPRs (regradas pela Lei 8.929/94) e que deram origem à grande celeuma envolvendo o rumoroso caso da Avestruz Master Agro-Comercial Importação e Exportação Ltda., que emitiu e colocou junto ao público contratos assemelhados aos contratos de investimento coletivo, com a emissão de CPRs de venda de avestruzes para entrega futura, juntamente com Contrato de Compra e Venda de Avestruzes pelo abatedouro Struthio Gold, sociedade ligada à primeira por controle comum, mediante o qual esta última sociedade se obrigava a comprar as aves (avestruzes) quando do vencimento da CPR, sendo prometida determinada rentabilidade; tal conduta acarretou a atuação da CVM (Deliberação CVM 473/04; Processo CVM RJ 2005/2893, Rel. Dir. Wladimir Castelo Branco, j. 07/06/2005). Por fim, salientamos que também não buscamos analisar o instituto da Cédula de Crédito Bancário - CCB (previsto na Lei 10.931/04, art. 26), que a CVM também considerou ser um contrato de investimento coletivo (nos casos em que a instituição financeira vende as CCBs emitidas em seu favor utilizando quaisquer dos mecanismos de oferta pública, desde que reste excluída a responsabilidade da instituição financeira para respeitar a exceção prevista no art. 2º, §1º, da Lei 6.385/76) (nos termos do Processo CVM RJ 2007/11593, Rel. Dir. Marcos Barbosa Pinto, j. 15/01/2008 —, que, ao fim e ao cabo, resultou na Instrução CVM 476/09, substituída pela Resolução 84/2002), apesar de grande controvérsia existir na doutrina sobre se efetivamente pode ser enquadrada como CIC (já que, e não podemos discordar, a emissão de uma CCB não pressupõe a existência de um empreendimento por parte do devedor, pois pode ser emitida para representar qualquer crédito detido pela instituição financeira, não se verificando, portanto, a entrega de recursos pelo investidor para a realização de um empreendimento pelo devedor — mesmo porque a entrega de recursos financeiros pela instituição financeira precede à emissão da CCB, a qual apenas representa o crédito concedido e tem a finalidade de facilitar sua cobrança —; e, em segundo lugar, é patente que o investidor não possui qualquer direito de participação, parceria ou remuneração em algum empreendimento: o seu resultado positivo advém do pagamento de juros cobrados pela concessão do empréstimo — ou seja, a remuneração é devida ainda que o empreendimento reste inexitoso); sobre a discussão envolvendo as CCBs, ver: MATTOS FILHO, Ary Oswaldo. CCB é valor mobiliário. *Revista Capital Aberto*, São Paulo, n. 56, abr. 2008; CHAVES, Bruno de Almeida; GOTLIB, Juliano Battella. Problema para os bancos. *Revista Capital Aberto*, São Paulo, n. 57, maio 2008; EIZIRIK-GALL-PARENTE- HENRIQUES. *Mercado de capitais...*, p. 127-133.

compromete-se a engordar o ativo (bezerro, boi magro, etc) em determinado período, que varia de acordo com o tipo do contrato. Na maioria dos casos, é cobrada uma taxa de administração a ser deduzido do valor do investimento.

O gado ("boi gordo"), então, é vendido no término do período contratado pela cotação do dia da arroba — estando o investidor sujeito ao risco da variação de tal preço (observando-se que o investidor tem direito a uma garantia mínima de engorda sobre as arrobas líquidas adquiridas).

Descontadas despesas (custo, inclusive a taxa de administração), faz-se a divisão dos resultados, sendo que a remuneração final dos contratos de investimento coletivo em gado bovino ou suíno é composta por duas parcelas: uma fixa e outra variável. A parcela fixa é um percentual estipulado em contrato que incide sobre a engorda do boi (no caso de gado bovino de corte), ou seja, é um ganho mínimo de peso; já a parcela variável depende do preço da arroba na data da assinatura do contrato e na data da sua liquidação.

Por fim, é expressamente prevista a transferência do contrato a terceiros — com previsão de multa para o caso de inadimplemento[1090].

3.4. CIC *versus* SCP

Para comprovar a tese de que *o CIC é sempre uma SCP, apesar de o contrário não ser necessariamente verdadeiro*, cumpre, agora, confrontá-los a fim de traçar entre eles uma correlação. Consequentemente, uma vez posta tal correlação, passa-se a analisar como se dá a regulação de um contrato de investimento coletivo, como estabelecida pela Lei 6.385/76 e pela Comissão de Valores Mobiliários, disposições que dialogam com as regras contidas no Código Civil sobre sociedade em conta de participação.

Em primeiro lugar, um contrato de investimento coletivo possui todos os elementos de uma sociedade: (a) duas ou mais pessoas (empreendedor e investidor), (b) que aportam bens ou serviços (tanto o investidor

[1090] Assim esclarecia a própria CVM em seu *website*: COMISSÃO DE VALORES MOBILIÁRIOS. *Contrato de Investimento Coletivo – Perguntas e Respostas mais Frequentes*...; recomendávamos, também, a leitura da Análise do Setor e Estudo de Viabilidade Econômico-Financeira: COMISSÃO DE VALORES MOBILIÁRIOS. *Contrato de Investimento Coletivo – Análise do Setor e Estudo de Viabilidade Econômico-Financeira*. Disponível em: <http://www.cvm.gov.br/asp/cvmwww/registro/cic/apresint.asp#ATOS>. Acesso em: 20 maio 2011. Ver, também, VERÇOSA. A CVM e os contratos de investimento coletivo..., p. 91-93.

quanto o empreendedor contribuem para formar um fundo social), (c) para o exercício de uma atividade econômica (titularizada pelo empreendedor) e a (d) partilha dos resultados (vale dizer: união de esforços e recursos de duas ou mais pessoas com um fim comum, consubstanciado na partilha dos resultados decorrentes do exercício de uma atividade econômica).

Ora, existe, por meio de um contrato, a combinação de esforços e de recursos (ou seja, as partes contribuem com bens ou serviços — contribuições estas que não precisam ser quantitativamente iguais, mas o são qualitativamente), que cria uma organização reconhecida pelo ordenamento jurídico, destinada ao exercício de uma atividade econômica e à participação das partes nos resultados, positivos ou negativos. Ou seja: as partes obrigam-se mutuamente a atingir o fim social por meio das contribuições sociais (possuindo, então, deveres e direitos recíprocos), nos termos como disposto no contrato (que cria as bases da organização societária).

Nesse sentido, o Tribunal de Justiça de São Paulo já teve a oportunidade de reconhecer o caráter societário dos contratos de investimento coletivo — apesar de não afirmar que constituam sociedades em conta de participação, como defendemos e restará demonstrado mais adiante:

> Apelação — Embargos de terceiro — Sentença de extinção do processo sem resolução do mérito, por inadequação da via eleita — *Embargos relacionados a execução fundada em contrato de investimento coletivo de engorda de gado bovino, para posterior revenda e repartição dos lucros — Caráter societário da obrigação* — Competência recursal tocando a uma dentre as 1a a 10a Câmaras, às quais atribuída a competência da antiga Seção de Direito Privado, consoante o Provimento 63/2004, Anexo I c.c. art. 2º, III, "a", da Resolução nº 194/2004 — Conclusão prestigiada pelo Órgão Especial deste Egrégio Tribunal, diante do decidido na Dúvida de Competência de nº 147.020.4/4 — Regras de competência recursal de observância obrigatória, como pressuposto indispensável da distribuição especializada e eqüitativa da função jurisdicional. (TJSP, 25ª Câmara de Direito Privado, APC 1190031-0/0, Rel. Des. Ricardo Pessoa de Mello Belli, j. 21/10/2008).

> Incompetência — Execução por título extrajudicial - *Contrato de investimento coletivo em engorda de gado bovino, para posterior revenda e*

> *repartição dos lucros — Caráter societário da obrigação* - Atribuição para julgamento da matéria que é das Câmaras da Seção de Direito Privado numeradas de n. 1 a 10, deste Tribunal de Justiça, do estado de São Paulo — Incompetência desta 25ª Câmara da mesma Seção - Embargos de devedor - Extinção anômala do processo - Apelação - Não conhecimento, com ordem de remessa dos autos à redistribuicão. (TJSP, 25ª Câmara de Direito Privado, APC 1145631-0/9, Rel. Des. Sebastião Flávio, j. 19/08/2008).
>
> Coisa móvel — *Contrato de investimento — Aplicação de dinheiro em gado, para engorda e revenda futura — Caráter societário do negócio — Investidor que assume o risco do resultado econômico do empreendimento — Pretensão à caracterização da operação como singela compra e venda e de parceria rural — Inadmissibilidade — Ausência do direito de restituição da coisa em espécie — Sujeição da investidora aos efeitos da falência* — Procedência da ação de resilição — Provimento da apelação para reversão do resultado do julgamento. (TJSP, 25ª Câmara de Direito Privado, APC 1067833-0/6, Rel. Des. Sebastião Flávio, j. 19/02/2008).

Vislumbra-se, portanto, no contrato de investimento coletivo, uma verdadeira sociedade, restando descartado caracterizá-lo como qualquer outro instituto, como um contrato de compra e venda — o que resta claro na decisão abaixo citada do Tribunal de Justiça de São Paulo:

> Apelação — Reivindicatória — Descabimento — Contrato — *Natureza jurídica de investimento coletivo e não de compra e venda — Não obstante a denominação 'compra e venda' constasse como parte do que se descreveu no respectivo instrumento, demonstrado está contrato de investimento coletivo,* bem ainda estarem os autores sujeitos aos efeitos da falência — Recurso provido. (TJSP, 6ª Câmara de Direito Privado, APC 446.131-4/5-00, Rel. Des. Encinas Manfré, j. 25/09/2008).

Dentre as espécies societárias existentes no ordenamento jurídico pátrio (que são *numerus clausus*), fica evidente que o CIC se enquadra como uma SCP. Como se pode constatar, muitas são as semelhanças entre os institutos, tais como:

(*i*) existe, tanto na SCP quanto no CIC, a *reunião de pessoas* que, aportando recursos, *buscam a realização de um empreendimento conjunto com o objetivo de auferir um resultado positivo e dividi-lo* (fim comum) — comunhão de escopo entre as partes envolvidas[1091];

(*ii*) tanto na SCP quanto nos CIC, há nítida *divisão dos papéis entre os envolvidos*: na conta de participação, o sócio participante (ou oculto) somente aporta recursos (ou serviços), não podendo atuar perante terceiros, ficando a cargo do sócio ostensivo o exercício da atividade econômica; paralelamente, nos contratos de investimento coletivo, o investidor aporta recursos no empreendimento comum, que é explorado pelo empreendedor ou por terceiros[1092];

(*iii*) tanto a conta de participação quanto o contrato de investimento coletivo *não possuem personalidade jurídica*[1093];

(*iv*) ambos, SCP e CIC, possuem *eficácia meramente interna*[1094];

(*v*) na SCP ocorre a *formação de um patrimônio especial* (fundo social). No CIC, também todo o patrimônio fica com o empreendedor (o investidor transfere recursos ao empreendedor), não podendo, por exemplo, nos contratos de boi gordo, a propriedade dos animais ser reconhecida como vinculada a algum investidor em particular[1095];

(*vi*) tanto a SCP quanto o CIC podem ser utilizados para a exploração das mais diversas atividades;

(*vii*) a SCP, enquanto sociedade, pode representar uma permanente oferta de adesão a novas partes e uma constante possibili-

[1091] Igualmente, ver: PICCHI, Flávio Augusto. A sociedade em conta de participação e os contratos de investimento coletivo: paralelismo e assimetria. *Revista de Direito Mercantil, Industrial, Econômico e Financeiro*, v. 43, n. 134, p. 193-205, abr./jun. 2004, p. 201; AFFONSO. *A sociedade em conta de participação no Direito brasileiro...*, p. 190.

[1092] PICCHI. A sociedade em conta de participação e os contratos de investimento coletivo..., p. 201; AFFONSO. *A sociedade em conta de participação no Direito brasileiro...*, p. 190.

[1093] PICCHI. A sociedade em conta de participação e os contratos de investimento coletivo..., p. 201; AFFONSO. *A sociedade em conta de participação no Direito brasileiro...*, p. 190.

[1094] No mesmo sentido: AFFONSO. *A sociedade em conta de participação no Direito brasileiro...*, p. 190.

[1095] "No caso dos contratos de boi gordo, a propriedade dos animais não pode ser reconhecida com ou vinculada a algum investidor em particular. Quanto a um determinado investidor que tiver aplicado certa importância em bois para engorda, não existe condição de referi-la a animais específicos, em meio ao restante do rebanho, formado por bois pertencentes ao próprio criador e a muitos outros investidores: não há marcas identificadoras dos proprietários, nem poderão existir em função da natureza do negócio." (VERÇOSA. A CVM e os contratos de investimento coletivo..., p. 98).

dade de desistência dos que dela participam[1096]; ainda: é possível a livre circulação das partes (cessão da posição societária — sendo viável, inclusive, que o sócio ostensivo emita títulos ou certificados). Da mesma forma, os CIC também podem estar constantemente abertos ao ingresso de novos investidores, bem como podem estabelecer (e, de regra, estabelecem) a livre transmissibilidade da posição contratual de investidor — *bastando a este apresentar o cessionário de seus direitos e obrigações à sociedade investida, para regularização da cessão e transferência*[1097];

(*viii*) existe, na SCP, possibilidade de emissão de certificados, como também ocorre nos CIC (nos termos art. 1º, §7º, da Lei 10.198/01)[1098];

(*ix*) é possível que seja estipulada remuneração ao sócio ostensivo da SCP tendo em vista a administração do empreendimento, bem como pode ocorrer no CIC[1099];

(*x*) na SCP, é possível que o sócio participante tome parte de determinadas deliberações ou mesmo administre, no âmbito interno, a sociedade; tal situação também pode ser reproduzido no CIC: o resultado deve decorrer de esforços do empreendedor ou de terceiros, o que não inviabiliza que, como ocorre nos Estados Unidos, o investidor participe da gestão, desde que as funções ou obrigações essenciais para o sucesso do empreendimento não tenham sido desenvolvidas por ele;

(*xi*) na SCP existe liberdade na definição de participação nos resultados, assim como no CIC[1100];

[1096] O contrato plurilateral é, em sua essência, um contrato aberto, como leciona Tullio Ascarelli em seminal ensaio; como a conta de participação é uma sociedade constituída por um contrato plurilateral, é, por óbvio, aberta (apesar de o próprio Tullio Ascarelli não considerar a conta de participação uma sociedade, mas somente um contrato bilateral, opinião com a qual humildemente discordamos). Sobre o tema, ver ASCARELLI. O contrato plurilateral..., p. 255-312.

[1097] PICCHI. A sociedade em conta de participação e os contratos de investimento coletivo..., p. 201. Ver, também: VERÇOSA. A CVM e os contratos de investimento coletivo..., p. 92.

[1098] Assim também defendendo, ver: AFFONSO. *A sociedade em conta de participação no Direito brasileiro...*, p. 190.

[1099] Igualmente: AFFONSO. *A sociedade em conta de participação no Direito brasileiro...*, p. 190.

[1100] Cf. AFFONSO. *A sociedade em conta de participação no Direito brasileiro...*, p. 190.

(*xii*) não há garantia no resultado na SCP, bem como não há no CIC[1101];

(*xiii*) a SCP pode ter prazo determinado ou indeterminado, bem como, teoricamente, o CIC.

Resta claro, portanto, que o CIC é, de fato, uma SCP. Mas, como se todos os argumentos até aqui expostos não bastassem, a própria CVM, ao alertar o mercado referente às contas de participação oferecidas publicamente por clubes de futebol relacionados à participação em direitos federativos de jogadores de futebol (o que somente poderia ser feito se os emissores de tais contratos estivessem registrados na Autarquia), acaba por reconhecer na conta de participação um contrato de investimento coletivo:

> *CVM alerta investidores para os riscos de investimento em participação em direitos federativos de jogadores de futebol.*
>
> *A Comissão de Valores Mobiliários comunica ao público que verificou, através de inspeções realizadas, a ocorrência de situações que podem configurar captação irregular de poupança popular, por meio da oferta ao público de oportunidades de investimento em "direitos federativos" de atletas profissionais da Sociedade Esportiva Palmeiras e do Guarani Futebol Clube.*
>
> *Nas situações identificadas, os recursos entregues pelos investidores seriam utilizados em benefício dos clubes de futebol detentores dos "direitos federativos" dos atletas. Em contrapartida ao aporte, os investidores teriam o direito de participar dos futuros resultados econômicos advindos da valorização dos jogadores a que se referem os "direitos federativos". Os investimentos seriam oferecidos por meio de sociedades em conta de participação, sendo as condições gerais do investimento previstas em contrato que formalizaria as hipóteses de reembolso e rendimento, a depender da valorização dos "direitos federativos" dos atletas.*
>
> *O art. 19 da Lei nº 6.385/76 estabelece a necessidade do registro da CVM para qualquer oferta pública de valores mobiliários, inclusive quando se tratar de contratos de investimento coletivo, que gerem direito de participação, de parceria ou de remuneração, cujos rendimentos advêm do esforço do empreendedor ou de terceiros (art. 2º, inc. IX, da Lei 6.385/76), como seria o caso do investimento em sociedades em contas de participação relacionadas aos "direitos federativos" de*

[1101] Ver, também: AFFONSO. *A sociedade em conta de participação no Direito brasileiro...*, p. 190.

jogadores de futebol, caso ele venha a ser oferecido ao público. Tal atividade, nos termos da lei, somente pode ser realizada por empresas devidamente registradas perante a CVM, através de distribuição pública igualmente registrada.

A CVM alerta aos referidos clubes que se abstenham de realizar ofertas como as aqui descritas, sem que fique assegurada a fiel observância da legislação em vigor e obtidos os necessários e prévios registros na CVM.

Ademais, alertamos àqueles que eventualmente sejam procurados com tal tipo de proposta que ofertas com as características acima referidas exigem prévio registro na CVM e devem ser analisadas com cautela pelo público investidor, por constituírem uma possível relação de investimento, em que a racionalidade deve sempre prevalecer. Finalmente, recomendamos a tais investidores que comuniquem tal fato à CVM, de modo a contribuir para a pronta atuação da Autarquia na proteção e defesa dos investidores e do respeito à legislação em vigor[1102].

E, no mesmo caminho, tem-se a Deliberação CVM nº 495/2006[1103].

[1102] COMISSÃO DE VALORES MOBILIÁRIOS. *Riscos de investimento em direitos federativos de jogadores de futebol.* 2007. Disponível em: <http://www.portaldoinvestidor.gov.br/Investidor/Alertas/tabid/174/Default.aspx?controle=conteudo&AlertaID=203>. Acesso em: 20 maio 2011.

[1103] "O Presidente da Comissão de Valores Mobiliários – CVM torna público que o Colegiado, em reunião realizada nesta data, com fundamento nos arts. 9º, § 1º, inciso IV, e 20 da Lei nº 6.385, de 7 de dezembro de 1976, e considerando que: a. a CVM constatou que a Tropical Flora Reflorestadora Ltda., inscrita no C.N.P.J./M.F. sob o nº 05.975.518/0001-64, sediada na Estrada Vicinal Fernão a Rodovia SP 294, Km.5, s/nº, no Município de Fernão, São Paulo, e com escritório no município de Santo André, na Av. José Caballero, 261, Cj.71, que tem como sócios Pedro Aparecido Ciriello, inscrito no C.P.F. sob o nº 250.306.638-00, e Valéria Ciriello, inscrita no C.P.F./M.F. sob o nº 163.530.748-16, não registrada ou autorizada por esta Comissão a emitir publicamente valores mobiliários, vem oferecendo, em sua página na rede mundial de computadores (http://www.tropicalflora.com.br), e também em prospecto nas versões em português e inglês, oportunidade de investir em empreendimento cujo nome fantasia é "Projeto Luvre", relacionado com a exploração econômica da atividade de reflorestamento de uma árvore denominada "Guanandi", utilizando-se de apelo ao público para adesão a uma "Sociedade em Conta de Participação", mediante o preenchimento e a assinatura de "Proposta de Participação" disponível na mesma página na Internet, que tem como sócia ostensiva a Tropical Flora Reflorestadora Ltda. e cujo objeto é a parceria rural voltada para essa cultura, sendo o produto da venda das árvores rateado proporcionalmente entre os participantes; b. a oferta ao público de modalidade de investimento em dinheiro, com vistas ao fornecimento de capital de risco a um empreendimento em que o investidor não tem ingerência, mas do qual espera obter ganho (lucro), por meio de proposta de participação referida na letra "a" acima, associada (i) à divulgação de "rentabilidade certa e investimento sólido", "investimento de baixo risco", "excelente opção para contrabalançar o risco

Há elementos suficientes para concluir que a estrutura do CIC *é à imagem e semelhança da SCP*[1104], ainda que o instrumento contratual não designe se tratar de uma SCP. De qualquer forma, o *nomen iuris* atribuído, como se sabe, é irrelevante quando se trata de definir a natureza jurídica dos institutos[1105].

Pelo exposto, podemos dizer que todo CIC deve ser encarado como uma SCP, apesar de que o contrário nem sempre é verdadeiro, por óbvio. Como já examinado, para configurar um contrato de investimento coletivo, é indispensável que, além de serem cumpridos os demais elementos do suporte fático do art. 2º, IX, da Lei 6.385/76, ocorra a *oferta pública*, o que, é evidente, não ocorre necessariamente na SCP. Nesse sentido, importante lembrar que, na esmagadora maioria das vezes, um empreendedor interessado em atuar como sócio ostensivo capta recursos junto a potenciais sócios participantes *privadamente*; isto é, sem o recurso à oferta pública. Daí porque nem toda SCP será um CIC.

de uma carteira de investimentos", de afirmação de que o patrimônio do investidor poderá corresponder a 98,15 vezes o capital inicial investido em alguns casos; e (ii) à previsão de que a Tropical Flora Reflorestadora Ltda., sócia ostensiva, poderá admitir novos sócios sem o consentimento dos demais sócios; configura modalidade de contrato de investimento coletivo do agronegócio, nos termos do inciso IX do art. 2º da Lei nº 6.385/76, devendo, portanto, sujeitar-se ao regime dessa Lei; e c. em face da legislação em vigor, só podem emitir títulos ou contratos de investimento coletivo para distribuição pública as sociedades constituídas sob a forma de sociedade anônima, devidamente registradas nesta CVM, não estando a Tropical Flora Reflorestadora Ltda. habilitada a ofertar publicamente os contratos de investimento coletivo, DELIBEROU: I – alertar os participantes do mercado de valores mobiliários e o público em geral sobre o fato de que a Tropical Flora Reflorestadora Ltda. não se encontra habilitada a oferecer publicamente quaisquer títulos ou contratos de investimento coletivo, conforme definidos no inciso IX do art. 2º da Lei nº 6.385/76, tendo em vista não estar registrada como emissora de valores mobiliários nesta Comissão; II – determinar à sociedade referida no item I, bem como a seus sócios e prepostos, que se abstenham de ofertar ao público quaisquer títulos ou contratos de investimento coletivo, sem o devido registro nesta CVM, alertando que a não-observância da presente determinação sujeitá-los-á à imposição de multa cominatória diária, no valor de R$ 500,00 (quinhentos reais), sem prejuízo da responsabilidade pelas infrações já cometidas, com a imposição da penalidade cabível, nos termos do art. 11 da Lei nº 6.385/76; e III – esta Deliberação entra em vigor na data de sua publicação no Diário Oficial da União."

[1104] PICCHI. A sociedade em conta de participação e os contratos de investimento coletivo..., p. 204. Sustentando que nem sempre o CIC é uma SCP, ver: AFFONSO. *A sociedade em conta de participação no Direito brasileiro...*, p. 190-191.

[1105] Ainda mais que o Código Civil, no art. 992, dispõe que independe de qualquer formalidade a constituição de uma SCP.

As SCPs cuja captação de recursos ocorre privadamente e sem qualquer relação com o mercado de capitais não se submetem ao regime da Lei 6.385/76 e à regulação e fiscalização da CVM. Assim, resta a advertência: o sócio ostensivo, ao procurar sócios participantes para realizar determinado empreendimento, deve cuidar para que sua busca *não caracterize oferta pública irregular de valores mobiliários*, já que a oferta pública somente pode ser realizada após registro na CVM[1106].

3.5. Regras específicas para os CIC

De um lado, o CIC é uma SCP, regulada no Código Civil, do art. 991 ao art. 996; de outro, é, também, um valor mobiliário e, por isso, regrado

[1106] E, nesse sentido, a Comissão de Valores Mobiliários tem buscado coibir a realização de ofertas públicas por meio de contas de participação sem o devido registro. Nesse sentido: CVM, Processo Administrativo Sancionador RJ 2006/3364, Rel. Dir. Marcelo Fernandez Trindade, j. 16/08/2007. Tal prática também constitui crime; nesse sentido, exemplificativamente: TRF4, 7ª Turma, ACR 5055523-12.2014.4.04.7100, Rel. Des. Salise Monteiro Sanchotene, j. 31/08/2021 ("Penal. Crime contra o sistema financeiro. Emitir, oferecer ou negociar, de qualquer modo, valores mobiliários sem registro prévio de emissão junto à autoridade competente. Art. 7°, II, da Lei n° 7.492/86. Tipicidade. Caracterização de contrato de investimento coletivo. Art. 2°, IX, da Lei n° 6.385/76. Ausência de prévio registro na Comissão de Valores Mobiliários — CVM. Hipótese de investimento com garantia imobiliária. Materialidade, autoria e dolo comprovados. Dosimetria. Pena-base. Exasperação. Afastada. Ausência de distinção entre circunstâncias judiciais favoráveis e neutras. Prescrição pela pena em concreto. Extinção da punibilidade. 1. Embora o negócio formalmente simbolizasse a constituição de sociedade em conta de participação, em suposto investimento imobiliário, o substrato fático e o fundamento econômico do contrato corresponderam à oferta e negociação de valores mobiliários, na forma de contrato de investimento coletivo. Dissimulação. Comprovada a existência de investimento com garantia imobiliária. 2. O fato de a empresa investigada na operação financeira ser de capital fechado não torna o fato atípico pela impossibilidade de emissão de valores mobiliários. O entendimento doutrinário restringe-se tão somente à inviabilidade de as ações de companhia de capital fechado integrarem o rol de valores mobiliários. O caso concreto recaiu sobre a hipótese de emissão de contrato de investimento coletivo, não registrado junto à Comissão de Valores Mobiliários — CVM, em violação ao art. 21, da Lei nº 4.748/75, aos arts. 19, § 4º, e 21 da Lei nº 6.385/76 e ao art. 82 da Lei nº 6.404/76. 3. Comprovados a materialidade, a autoria e o dolo no agir. 4. Na dosimetria da pena, não há se distinguir entre circunstância neutra e favorável. Independentemente da nomenclatura adotada, em relação às vetoriais neutras ou favoráveis, no que tange à fixação da pena-base, o efeito será o mesmo, a saber, ausência de exasperação da reprimenda na primeira fase da dosimetria. 5. Redução da pena ao mínimo legal. Prescrição pela pena em concreto. Declaração de extinção da punibilidade.").

pela Lei 6.385/76, bem como sujeito à CVM, inclusive no que tange ao seu poder regulamentar.

Essa caracterização impõe às partes, especialmente ao empreendedor (parte emissora/sócio ostensivo), uma série de deveres específicos, típicos de quem atua no mercado de capitais, tais como:

(a) dever de elaborar prospecto e deixá-lo à disposição do público investidor durante o período de distribuição dos contratos de investimento coletivo;
(b) dever de manter departamento técnico habilitado para prestar serviços de análise e acompanhamento do empreendimento — ou contratar tais serviços externamente — a fim de atender e prestar esclarecimentos técnicos aos investidores; e
(c) dever de enviar à CVM relatório mensal sobre a venda de contratos e o respectivo saldo a integralizar em relação ao montante total autorizado no registro, entre outros.

Resta saber, no entanto, se existe alguma incompatibilidade diante de tal cenário. Parece que não, sobretudo porque todas as normas impostas pela Lei 6.385/76 e pela CVM não desnaturam a conta de participação. E mais: não se encontra norma que colida com aquelas referentes à SCP.

É claro que, sendo o CIC um valor mobiliário, ele possui características específicas, notadamente no que tange ao conteúdo mínimo e à publicidade, sempre com o objetivo de tutelar o público investido. Nesse sentido, a CVM pode, por exemplo, estabelecer o conteúdo dos contratos.

Essa intervenção regulatória não afronta a essência da SCP, pois o Código Civil autoriza, no art. 992, que a conta de participação seja constituída sem qualquer formalidade e seja provada por qualquer meio, sem prejuízo de ser formalizada por escrito. Ainda, é, sim, possível que uma SCP tenha seu conteúdo pré-determinado pela autoridade reguladora e seja devidamente registrada no Cartório de Títulos e Documentos. Quanto a isso, nenhum problema.

Desse modo, em se tratando de uma espécie de SCP, não existe qualquer problema que o CIC seja constituído formalmente, inclusive registrado em cartório, respeitando o contrato um conteúdo mínimo estabelecido pelo agente regulador do mercado. Não há qualquer inconveniente em ser o CIC formal e amplamente divulgado: a SCP possui como características, dentre outras, a *informalidade* e a *discrição*, mas estes não são elementos imprescindíveis — mesmo porque a sua formalidade e divulgação não desnaturam sua essência.

Ainda, por mais que se diga que a SCP possui como característica o baixo custo operacional, inclusive porque desnecessário é dar publicidade de seus atos — não sendo sequer possível o registro na Junta Comercial ou no Registro Civil de Pessoas Jurídicas, por exemplo —, importante destacar que esta é uma característica que nem sempre se fará presente. Nesse sentido, tendo em vista a atuação no mercado de capitais, os custos de constituição e manutenção de um CIC são obviamente altos. Quanto a isso, igualmente não há problema algum: é apenas mais um dado que será levado em consideração pelas partes ao entabularem o negócio.

Em resumo, resta evidente que o CIC acaba por configurar uma espécie de SCP, muito embora não possua aquelas características que, em regra, encontra-se nas SCPs clássicas. E da mesma forma como a SCP comporta ampla flexibilidade em sua estruturação, desde que respeitadas as regras cogentes que a tipificam, também o CIC, respeitadas as regras estipuladas pelo Código Civil, pela Lei 6.385/76 e pela regulamentação da CVM, poderá se constituir com grande plasticidade[1107].

3.6. Consequências do enquadramento

A grande questão aqui é: existe alguma consequência prática em se discutir a natureza jurídica dos CIC? Isto é, o esforço para enquadrá-lo como uma SCP se justifica? A resposta só pode ser afirmativa.

Ora, uma série de questões não reguladas na Lei 6.385/76 e na regulamentação da CVM acaba tendo a solução de acordo com o regramento da SCP no Código Civil, assim como uma série de pontos nebulosos são esclarecidos quando se percebe a natureza societária do CIC. Em razão disso, nosso estudo passa ao largo da mera retórica jurídica ou do fetichismo acadêmico.

É o caso de examinar, e a partir de agora, algumas das consequências do referido enquadramento.

[1107] Cf. Picchi. A sociedade em conta de participação e os contratos de investimento coletivo..., p. 204-205.

3.6.1. *Deveres*

Como em qualquer sociedade, os deveres incidentes sobre as partes de uma sociedade em conta de participação são mais fortes do que em qualquer outra relação contratual, especialmente se considerada a posição fiduciária do empreendedor, sócio ostensivo.

Com efeito, vale lembrar que o ostensivo ocupa uma posição de *fiduciário* em razão de que o sócio participante lhe transfere, fiduciariamente, bens e/ou direitos, os quais, ao passarem para o seu patrimônio, são por ele administrados com ampla discricionariedade.

Essa premissa inaugural é determinante para se aferir a atuação do sócio ostensivo na administração da conta de participação e para evitar situações de abuso, pois é possível enquadrá-lo em um *standard* (padrão) de comportamento equivalente ao de um sócio gestor, inclusive para equiparar os seus deveres aos deveres fiduciários (e responsabilidades) incidentes sobre os administradores (e controladores) de qualquer sociedade — os quais também incidem sobre o sócio participante, se este venha a desempenhar funções administrativas (ou exercer papel de controle).

3.6.2. *Participação nos resultados*

As partes contratantes de um contrato de investimento coletivo possuem ampla liberdade para definir a participação nos resultados tal qual acontece numa sociedade em conta de participação, de acordo com o disposto no Código Civil, arts. 991 e 996 c/c 1.007 e 1.008.

3.6.3. *Fiscalização*

Os investidores, sócios participantes, possuem direito de fiscalização, o qual é essencial, de acordo com o art. 993, parágrafo único, do Código Civil, podendo se valer dos meios processuais necessários para concretizá-lo, tais como ação de prestação de contas e a de exibição de documentos.

Com efeito, é inerente à condição de sócio em qualquer tipo de sociedade o direito à informação e, por meio deste, o de fiscalizar a gestão dos negócios sociais. E isso também ocorre na SCP. Assim, não há qualquer razão para que se subtraia esse direito de um investidor num CIC.

A fiscalização é um mecanismo de controle sobre a forma como é gerido o investimento. E o próprio parágrafo único do art. 993 traz essa *ratio* quando estatui que os sócios participantes, apesar de não poderem engajar-se nas relações do sócio ostensivo com terceiros, podem fiscalizar a gestão da sociedade.

Vale dizer que a outra face dessa moeda consiste no dever de prestar contas que o ostensivo tem em relação ao participante. Dessa forma, pela própria natureza do tipo societário, que, por regra, possui uma categoria de sócio que não participa da gestão do empreendimento, o sócio ostensivo possui a obrigação de manter um fluxo de informações no sentido de manter o sócio participante devidamente a par do andamento dos negócios em operação.

3.6.4. *Dissolução*

Aplicam-se ao contrato de investimento coletivo as hipóteses de dissolução parcial de qualquer sociedade (arts. 1.028 a 1.030). No que tange à dissolução total, o CIC se dissolve nas hipóteses de dissolução de qualquer sociedade (arts. 1033 a 1.035), sendo que a liquidação ocorre por meio da prestação de contas, de acordo com o art. 966 do Código Civil.

Tal matéria, especificamente no que tange à SCP, será mais bem analisada no Capítulo 10.

3.6.5. *Falência*

Sabe-se que, em caso de falência do empreendedor (sócio ostensivo), ocorre a dissolução da sociedade (do CIC), de acordo com o disposto no art. 994, §2º, do Código Civil, já tendo a jurisprudência enfrentado a questão[1108]. Em caso de falência do investidor (sócio participante), o contrato fica sujeito às normas que regulam os efeitos da falência nos contratos bilaterais do falido, de acordo com o art. 994, §3º do Código Civil.

[1108] *"Agravo de decisão que, investidores de empresa falida, devem ser tratados como credores quirografários — Pretensão do recorrente de, ante o contrato que firmara, escapar da habilitação ou da impugnação de seu crédito, para receber os animais — Impossibilidade — Empresa que aplicava recursos de terceiros, sob fiscalização da CVM* — Decisão mantida por ter aplicado a todos os investidores o princípio da igualdade de tratamento — Recurso improvido." (TJSP, 10ª Câmara de Direito Privado, AI 451.746.4/3-00, Rel. Des. Octavio Helene, j. 23/04/2007).

Tal matéria, especificamente no que tange à SCP, será mais bem analisada no Capítulo 9, mais abaixo.

3.7. Casuística pretérita

No Brasil, o enquadramento do CIC como valor mobiliário somente ocorreu a partir da Medida Provisória 1.637/1998. Anteriormente, o CIC não se sujeitava ao regramento típico dos valores mobiliários — o que é natural, mesmo porque a própria noção de valor mobiliário é puramente instrumental[1109]. Ou seja, ainda que existissem estruturas idênticas no passado às que hoje são enquadradas como valor mobiliário, tem-se que, antes da referida Medida Provisória, poderiam ser vistas como simples SCP[1110].

Nesse sentido, Haroldo Verçosa vislumbrava a possibilidade de o já clássico empreendimento de *flats*, o chamado *pool* hoteleiro, ser um verdadeiro CIC, posição com a qual tendemos a concordar[1111]. Esse en-

[1109] "De fato, a noção de valores mobiliários é basicamente instrumental, já que tem como finalidade demarcar a regulação estatal do mercado de capitais. Em outras palavras, o conceito de valor mobiliário é de grande importância no contexto do direito societário, pois delimita o âmbito de aplicação da Lei nº 6.485/1976 e da regulamentação administrativa editada pela CVM." (Eizirik-Gall-Parente-Henriques. *Mercado de capitais...*, p. 25); igualmente, ver Alvares. O atual conceito de valor mobiliário..., p. 203-204; Goldberg. A Lei 10.303, de 2001, e a inclusão dos derivativos no rol dos valores mobiliários..., p. 78; Dias. *Regulação e Auto-regulação no Mercado de Valores Mobiliários...*, p. 34-35; e Lobo. Os Valores Mobiliários..., p. 33-34. Sobre a instrumentalidade da definição de valor mobiliário no Direito norte-americano, vide Ratner. *Securities Regulation...*, p. 21.

[1110] O que talvez ainda influencie o pensamento jurídico, temeroso de enquadrar determinadas estruturas típicas assumidas por tal espécie societária também dentro da vestimenta dos valores mobiliários.

[1111] "O lançamento público de um edifício de flats, dos quais a grande maioria deles é destinada para locação centralizada em um pool de administração, poderá ser considerado [contrato de] investimento coletivo (...)? À primeira vista, dir-se-ia que não, pois cada investidor é proprietário exclusivo da unidade ou das unidades por ele adquiridas, podendo até mesmo não locá-la, mas utilizá-la pessoalmente. (...) No entanto, a aquisição para uso próprio é marginal nesse tipo de empreendimento, notando-se que a grande maioria desses flats é adquirida para fins de renda, entregando-se sua locação a terceiro, centralizador de um pool de flats nessas condições. Neste caso, o caráter de investimento coletivo é dado pela realidade da participação de inúmeros compradores na construção de um imóvel formado pelas áreas privativas (de propriedade de cada investidor) e pelas áreas comuns, correspondentes a todos os tipos de facilidades destinadas a atrair hóspedes, tais como piscina, sauna, academias de ginástica, salas para convenções, salas para reuniões, etc., algumas delas reservadas

quadramento acabou sendo reconhecido nos últimos anos diante da comercialização dos chamados "condo-hotéis", estando, atualmente, regulamentada a oferta pública pela Comissão de Valores Mobiliários[1112] —

para o empresário lançador, cuja totalidade, na sua exploração dinâmica, forma um aviamento determinado, ou seja, uma especial capacidade de geração de lucro por via da locação do bem. (...) Além disso, o novel legislador (...) parece não ter excluído os casos de propriedade individuada como os do exemplo aqui discutido, para os fins da definição do investimento coletivo, segundo se pode entender da leitura do dispositivo legal correspondente. (...) Dessa forma, julgo ser possível, daqui para a frente, entender-se que tais empreendimentos possam ser considerados como um dos valores mobiliários que vieram a ser objeto da presente reformulação legislativa." (Verçosa. A CVM e os contratos de investimento coletivo..., p. 100). No Direito norte-americano, Loss e Seligman esclarecem que "it is clear that an investment contract is involved in the public offering of fractional undivided interests in a building - whether in an office building or an apartment building in which equity ownership is not synonymous with occupancy — under some sort of arrangement by which the promoter or nominee assumes the responsibility of physical management of the property and the distribution of the property to co-owners" (Loss, Louis; Seligman, Joel. *Fundamentals of Securities Regulation*. 5 ed. Boston: Little Brown, 2004, p. 260).

1112 "No ano de 2013, após identificar situações em que incorporadores e corretores de imóveis estavam oferecendo publicamente oportunidades de investimento em empreendimentos imobiliários, os quais, por vezes, reventiam-se sob a forma de SCP, a Comissão de Valores Mobiliários ('CVM') emitiu um Alerta ao Mercado. No seu entendimento, as propostas em questão caracterizavam-se como contratos de investimento coletivo, nos termos do artigo 2º, IX, da Lei nº 6.385/1976 e, por este motivo, as sociedades ofertantes e as ofertas propriamente ditas deveriam ser registradas na Autarquia, sob pena de infração às regulamentações administrativas por ela editadas." (Eizirik. Notas sobre a sociedade em conta de participação..., p. 737-738, nota de rodapé). Em 2015 foi editada, pela CVM, a Deliberação 734, que previa a possibilidade de solicitação de dispensa do registro da oferta; tal Deliberação foi revogada pela Instrução CVM 602/2018, a qual foi, posteriormente, revogada pela Resolução 86/2022, que regulamenta as ofertas públicas de distribuição de contratos de investimento coletivo hoteleiro — existindo, de qualquer sorte, a possibilidade de dispensa automática de registro em determinadas hipóteses —, estabelecendo, ainda, que a ofertante é a sociedade incorporadora (ou qualquer outra pessoa que realize atos de distribuição pública de CIC hoteleiro) e que possui o dever de fiscalizar a atividade dos corretores de imóveis; e, dessa forma, a operadora hoteleira resta excluída do conceito de ofertante (como, a rigor, já havia decidido a CVM no PAS SEI nº 19957.004522/2017-66 (RJ2017/2225), Rel. Dir. Gustavo Gonzalez, j. 28/08/2018), em que pese deva atestar que reviu as informações a serem prestadas ao público e que as considera corretas. Observe-se, ainda, que a Resolução 86/2022, aplica-se às ofertas públicas "de distribuição de contratos de investimento coletivo - CIC hoteleiro" (art. 1º), sendo considerado "CIC hoteleiro" "o conjunto de instrumentos contratuais ofertados publicamente, que contenha promessa de remuneração vinculada à participação em resultado de empreendimento hoteleiro organizado por meio de condomínio edilício" (art. 2º, I); isso é importante porque tal Resolução "não se aplica às ofertas

muito embora se possa dizer que, nesse caso, não se estaria diante de um contrato de investimento coletivo tendo em vista que o imóvel adquirido pelo investidor (que representa a totalidade ou substancial parcela do investimento) possui um valor intrínseco independentemente da exploração por terceiro (sócio ostensivo), posição com a qual não concordamos, uma vez que a a análise a ser feita deve incidir sobre

públicas de distribuição de contratos de investimento coletivo envolvendo esforços de venda de partes ideais de condomínios voluntários, as quais continuam sujeitas à regulamentação específica da CVM sobre ofertas públicas de distribuição de valores mobiliários" (art. 3º). Assim, a CVM não aplica a distinção que fora anteriormente sugerida por Marcelo Trindade no sentido de que seria preciso diferenciar os casos em que é feita a oferta de frações imobiliárias hoteleiras (em que é realizada a a cessão de direitos aquisitivos sobre fração de terreno com futuras benfeitorias, atrelado a contrato de administração de condomínio e de locação, o que sequer encontra disciplina própria), em que se poderia estar diante de oferta pública de um contrato de investimento coletivo, da situação de alienação de unidades autônomas nos termos da legislação que regula a incorporação imobiliária, em que, diante da disciplina própria, estar-se-ia diante de oferta pública de unidades autônomas e não de valores mobiliários: "Diante do exposto, nosso entendimento é de que: (i) a oferta ao público de unidades autônomas do Empreendimento Hoteleiro objeto de Contrato de Locação é operação regulada pela Lei de Condomínios e Incorporações (e pela Lei do Inquilinato e pelo Código Civil), que estabelece regime jurídico próprio; (ii) a referida oferta não pode ser caracterizada como uma emissão ou oferta de valores mobiliários, não podendo a Lei nº 6.385/76 ser aplicada à oferta em análise, com a consequente ausência de competência da CVM para supervisionar a operação; e (iii) desde que cumpridos os requisitos legais da Lei de Condomínios e Incorporações, a Incorporadora estará autorizada a iniciar a oferta ao público das unidades autônomas do Empreendimento Hoteleiro." (Trindade, Marcelo Fernandez. Oferta ao público de unidades autônomas de empreendimento imobiliário. Não caracterização como emissão ou oferta pública de valores mobiliários. *Revista Brasileira de Direito Civil*, v. 11, p. 117-142, jan./mar. 2017). Analisando o tema, ver: Buschinelli. "Condo-hotéis" e o conceito de valor mobiliário...; Segala, Mariana. Intromissão adequada? *Capital Aberto*, n. 130, p. 23-25, jun. 2014; Nascimento, João Pedro Barroso do; Ghiarioni, Leonardo Wortman; Daló, Luiz Paulo Lago. A nova Instrução da CVM sobre condo-hotéis. In: ____. *Temas de Direito Empresarial*: Direito Societário, Mercado de Capitais e Direito da Insolvência. São Paulo: Quartier Latin, 2022. p. 391-402; Najjarian, Ilene Patrícia de Noronha. Contratos de investimento coletivo denominados de condo-hotéis. *Revista de Direito Bancário e do Mercado de Capitais*, v. 77, p. 69-84, jul./set. 2017 (demonstrando que o CIC pode ser composto por outros contratos além do contrato de SCP); Mussi, Luis Daniel Haj; Fuckner, Mariana Hofmann. Crítica ao sistema de oferta pública de distribuição de contratos de investimento coletivo hoteleiro sob o prisma da proteção ao investidor e da confiabilidade e da eficiência do mercado. *Revista de Direito Mercantil, Industrial, Econômico e Financeiro*, v. 174-175, p. 201-255, ago. 2017/jul. 2018 (criticando o sistema de oferta pública de contratos de investimento coletivo hoteleiro).

a presença ou não dos elementos fundamentais de qualquer contrato de investimento coletivo[1113-1114].

[1113] Ver: CVM, Processo Administrativo nº 19957.009524/2017-41, Rel. Dir. Gustavo Machado Gonzalez, j. 22/04/2019: "Neste processo, o Colegiado da CVM é chamado a responder a seguinte questão: contratos de venda de frações de tempo em empreendimento imobiliário estruturado sob o modelo de multipropriedade (ou *time sharing*), se aliados a um *pool* de locação voluntário e ofertados publicamente, são valores mobiliários, nos termos do inciso IX do artigo 2º da Lei nº 6.385/1976? (...) Em resumo: (i) O conceito de contrato de investimento coletivo impõe ao julgador o dever de analisar a realidade econômica da transação. A forma jurídica, portanto, desempenha um papel secundário nessa análise. (ii) Consequentemente, o fato de a propriedade ser dividida em frações de tempo – que é, justamente, o que se alcança com a multipropriedade – é a princípio indiferente para o exame em tela. (iii) A simples aquisição de uma unidade imobiliária, seja no regime geral, seja no regime de multipropriedade, com o objetivo de investimento não é suficiente para atrair o regime mobiliário. Essa surge quando, dentre outros elementos, a perspectiva de lucro está associada aos esforços do empreendedor ou de outro terceiro. (iv) De outro lado, o simples fato de o investidor ser demandado a tomar certas medidas não é necessariamente suficiente para afastar aquele regime. O contrato de investimento coletivo pode ser caracterizado mesmo quando os esforços de terceiros não são exclusivos, contanto que esses sejam, ao final, preponderantes e decisivos para a expectativa de rentabilidade. (v) O *pool* de locação é um dos típicos arranjos que atrai o regime dos valores mobiliários para negócios envolvendo investimentos em imóveis. No entanto, nem toda combinação entre a oferta de uma unidade imobiliária e de adesão a um *pool* hoteleiro caracterizará um contrato de investimento coletivo. (vi) Quando a aquisição do imóvel ou da fração temporal é condicionada à celebração de contrato por meio do qual aquela unidade ou fração é colocada em um *pool* obrigatório de locação, se está diante de uma oferta de contratos de investimento coletivo. (vii) Quando a venda de imóveis e a adesão ao *pool* de locação não são indissociáveis – e essa indissociabilidade precisa ser analisada não só sob o aspecto jurídico, mas também sob o econômico – outros elementos devem ser considerados para verificar se a oferta envolveu ou não um contrato de investimento coletivo. Deve-se, em especial, atentar para a motivação dos investidores em adquirir os imóveis e a ênfase dada pelo vendedor na promoção do investimento. (viii) Além do *pool* de locação, outros contratos ou circunstâncias podem caracterizar o produto, visto de forma integrada, como um contrato de investimento coletivo. (ix) Se os imóveis são vendidos com a finalidade primária de uso pessoal, não há que se falar em uma oferta de contrato de investimento coletivo."

[1114] Nos EUA, a Suprema Corte já abandonou a ideia de que a venda de propriedade tangível, que tenha valor intrínseco independentemente dos esforços de terceiros, descaracterizaria um instrumento como contrato de investimento coletivo (cf. LOSS-SELIGMAN. *Fundamentals of securities regulation...*, p. 249; e QUINN, Randal W.; GONSON, Paul. Development of the Securities Law in the Supreme Court: The Definition of Security and the Implication of Privates Rights of Action. 35 *Howard Law Journal* 319, 1992, p. 5). Na realidade, a análise que deve ser feita é se a expectativa de retorno vem dos esforços de terceiros e se o investidor será responsável ou não pela administração da propriedade. Cf. LOSS-SELIGMAN.

Isso faz perceber que muito daquilo que se discutiu e regulamentou no passado com a ideia de que se tratava de simples SCP, hoje muito provavelmente seria enquadrado também como CIC em razão da oferta de investimento ao público[1115].

4. Financiamento de litígios por terceiros

O financiamento de litígios por terceiros (*third-party funding*) é algo já consolidado em arbitragens internacionais e tem ganhado cada vez mais espaço em processos (especialmente arbitrais) no Brasil — sendo muitos os debates que tal operação suscita, como o seu caráter confidencial *versus* a necessidade de revelação, considerando a possível existência de conflito de interesses ou alguma situação que afete a independência e a imparcialidade do juiz ou do árbitro[1116].

Fundamentals of securities regulation. 5 ed. Boston: Little Brown, 2004, p. 249; e KERR, Edmund H. The Inadvertent Investment Company: Section 3(a)(3) of the Investment Company Act. Stanford Law Review, v. 12, n. 1, p. 29-70, dec. 1959, p. 42-43.

1115 Karsten Schmidt aponta, com serenidade, que a participação de uma SCP pode ser objeto de especulação e de oferta no mercado ("Überhaupt ist zu bedenken, daβ eine stille Beteiligung sogar Spekulationsobjekt und Angebot am Kapitalmarkt sein kann.", cf. SCHMIDT. *Gesellschaftsrecht*, B. II..., p. 1.839). Por sua vez, tratando da emissão pública de títulos (certificados) de conta de participação (que, certamente, seriam valores mobiliários) na Itália e sua regulação diante da necessidade de transparência ao mercado, ver: MIGNONE. *L'associazione in partecipazione...*, p. 253 ss.

1116 Sobre o tema, por todos, ver: CARDOSO, Marcel Carvalho Engholm. *Arbitragem e financiamento por terceiros.* São Paulo: Almedina, 2020. Recomendamos, também, a leitura de: TEMER, Sofia. Financiamento de litígios por 'terceiros' (ou *'third-party' funding*): o financiador é um sujeito processual? Notas sobre a participação não aparente. *Revista de Processo,* v. 309, p. 359-384, nov. 2020; TORRE, Riccardo Giuliano Figueira. Aspectos do *Third-Party Funding* e o Dever de Revelação do Árbitro. *Revista de Arbitragem e Mediação,* v. 64, p. 163-200, jan./mar. 2020; ROCHA, Derick de Mendonça. *Arbitragem e* Third-Party Funding: Aspectos relacionados à arbitragem societária. Rio de Janeiro: Lumen Juris, 2019; FARIA, Marcela Kohlbach de. *Participação de Terceiros na Arbitragem.* São Paulo: Quartier Latin, 2019; FICHTNER, José Antônio; MAINHEIMER, Sergio Nelson; MONTEIRO, André Luís. *Third-party funding*: constitucionalidade e legalidade na arbitragem brasileira. In: CASADO FILHO, Napoleão; QUINTÃO, Luísa; SIMÃO, Camila (orgs.). *Direito Internacional e Arbitragem*: estudos em homenagem ao Prof. Cláudio Finkelstein. São Paulo: Quartier Latin, 2019. p. 267-292; BERGER, Renato. Financiamento de Arbitragens em Litígios Societários. In: YARSHELL, Flávio Luiz; PEREIRA, Guilherme Setoguti J. (coord.). *Processo societário,* v. III. São Paulo: Quartier Latin, 2018. p. 647-671; CASADO FILHO, Napoleão. *Arbitragem e Acesso à Justiça*: o novo paradigma do *third party funding.* São Paulo: Saraiva, 2017; FERRO,

Em que pese existam diversas discussões sobre o tema, mesmo porque não há regulação legal nem um modelo de negócio padronizado[1117], trata-se, como bem leciona Marcel Engholm Cardoso, do "investimento feito por um terceiro em um ou mais litígios com os quais ele não possui qualquer outra ligação, por meio da qual parcela (ou a totalidade) dos custos da demanda (e, consequentemente, dos riscos) é repassada ao financiador, cuja remuneração está vinculada ao sucesso da demanda"[1118].

Dessa forma, o *third-party funding* é o auxílio financeiro ao litigante cujo retorno está vinculado ao resultado do processo, assemelhando-se "mais a um investimento — cujo retorno depende do sucesso da ação — do que a um simples empréstimo"[1119]. E, como se pode observar, nessa estrutura, idealmente o direito não é transferido ao financiador, ou seja, o financiado permanece sendo o titular do direito material (seguindo, logo, como parte legitimada para postular em juízo). Não sendo o financiador parte (processual ou substancial)[1120], não pode este ser respon-

Marcelo Roberto. O Financiamento de Arbitragens por Terceiro e a Independência do Árbitro. In: Azevedo, André Jobim de; Silva, Eduardo Silva da; Zouvi, Fabiano; Marques, Fabiana Lemos (coord.). *Dia gaúcho da arbitragem*. Porto Alegre: Magister, 2015. p. 100-117; Cremades, Bernardo M. Third Party Funding in International Arbitration. In: Celli Junior, Umberto; Basso, Maristela; Amaral Júnior, Alberto do (coord.). *Arbitragem e Comércio Internacional*: estudos em homenagem a Luiz Olavo Baptista. São Paulo: Quartier Latin, 2013. p. 761-768; Alves, Rafael Francisco; Veronese, Lígia Espolaor. Arbitragem e empresas em crise: o acesso à Justiça e o cumprimento da convenção de arbitragem em vista da incapacidade financeira de uma das partes. *Revista do advogado*, a. 36, n. 131, p. 176-187, 2016; Bucker, Fátima Cristina Bonassa. Demandas financiadas: *Third Party Funding*. *Revista do advogado*, a. 36, n. 131, p. 75-82, 2016; Wald, Arnoldo. Alguns aspectos positivos e negativos do financiamento da arbitragem. *Revista de Arbitragem e Mediação*, v. 49, p. 33-41, 2016.

1117 Cf. Rocha. *Arbitragem e* Third-Party Funding..., p. 28.

1118 Cardoso. *Arbitragem e financiamento por terceiros...*, p. 49.

1119 Cardoso. *Arbitragem e financiamento por terceiros...*, p. 49. E assim continua, às p. 49-50: "Com efeito, nada impede que a parte busque um empréstimo em uma instituição bancária para obter os fundos necessários para seu litígio. O grande diferencial, contudo, está no fato de que a parte deverá repagar tal empréstimo no futuro independentemente do resultado da demanda. Por outro lado, tendo a parte obtido fundos por meio de *third-party funding*, caso venha a sucumbir, o financiamento está livre de qualquer obrigação de ressarcir os valores pagos pelo financiador."

1120 Tratando-se de arbitragem, pode-se mencionar ainda as qualificações de "terceiro absoluto" e de "terceiro imperfeito", de Alexis Mourre, relativas a quem é parte ou não da cláusula compromissória (cf. Mourre, Alexis. L'Intervention des Tiers a L'Arbitrage. *Revista Brasileira de Arbitragem*, n. 16, p. 76-97, out/dez 2007). Desse modo, "terceiro absoluto" se refere ao sujeito que não é parte do procedimento arbitral e tampouco da cláusula com-

sabilizado por qualquer quantia além do que foi disponibilizado ao pagamento dos custos do processo[1121].

Assim, "o financiamento é um negócio jurídico pelo qual o financiado obtém recursos para o pagamento dos custos do processo, compartilhando o risco com um terceiro (financiador), que adquire o direito ao recebimento de uma parcela do que eventualmente for recebido em razão da condenação, ou um múltiplo de seu investimento, subordinado ao proferimento de decisão favorável ao financiado"[1122]. E mais: uma vez realizada a decisão de investimento, normalmente após auditoria conduzida pelo financiador[1123] (na qual são avaliadas as chances de êxito,

promissória; por sua vez, "terceiro imperfeito" se refere ao sujeito que não é parte do procedimento arbitral, mas é parte da cláusula compromissória. Sobre o tema, ver: Cardoso. *Arbitragem e financiamento por terceiros...*, p. 107; Faria. *Participação de Terceiros na Arbitragem...*, p. 51-52.

1121 Cardoso. *Arbitragem e financiamento por terceiros...*, p. 79.

1122 Cardoso. *Arbitragem e financiamento por terceiros...*, p. 79-80. No mesmo sentido: "Parece-nos que o financiamento de terceiros, em processos judiciais ou arbitrais, pode ser definido como um método de financiamento no qual uma entidade, que não faz parte de um conflito, suporta as despesas do processo no lugar de uma das partes, arcando com os honorários dos advogados, dos julgadores e com as demais despesas necessárias à produção de provas e administração do processo. Em retorno, a entidade financeira recebe uma porcentagem dos ganhos decorrentes da decisão final. Trata-se de contrato aleatório, pois o financiador pode não receber nada em caso de insucesso do processo." (Casado Filho. *Arbitragem e Acesso à Justiça...*, p. 120). Igualmente: "Em termos amplos, o financiamento de demandas por terceiro corresponde ao custeio das despesas processuais por alguém que não é parte no feito, a quem se deve reembolso e remuneração contingenciais de êxito final do processo, somente. Significa que, sendo perdedora a tese da parte financiada, o fundo nada recebe daquilo que houver vertido. Embora em alguns países o financiamento possa se dar a processos judiciais, o mais corrente é o financiamento de demandas arbitrais. Isso em razão da maior previsibilidade das decisões arbitrais quando em comparação com aquelas de certas jurisdições, e do controle da duração do feito, teoricamente mais abreviado em arbitragem quando comparado à jurisdição estatal. Essa prática, agora mais conhecida no Brasil, tem sido adotada internacionalmente e a experiência acumulada em outros países pode ser largamente utilizada aqui." (Bucker. Demandas financiadas..., p. 78-79). Ver, também: Rocha. *Arbitragem e* Third-Party Funding..., p. 28-30; Fichtner-Mainheimer-Monteiro. *Third-party funding...*, p. 269-270; Berger. Financiamento de Arbitragens em Litígios Societários..., p. 648-649; Ferro. O Financiamento de Arbitragens por Terceiro e a Independência do Árbitro..., p. 104.

1123 Embora o financiamento possa ocorrer em qualquer estágio do procedimento arbitral, a recomendação é que o pacto seja celebrado ainda em seu início, haja vista a possibilidade de impacto nos deveres de independência e imparcialidade do árbitro (cf. Casado Filho. *Arbitragem e Acesso à Justiça...*, p. 198-199).

eventual retorno e a solvabilidade da parte contrária, além do tipo de demanda, uma vez que o *third-party funding* é mais interessante em demandas em que exista caráter condenatório e pecuniário), as partes têm ampla liberdade para pactuar as condições do negócio: determinação dos advogados que atuarão no caso e tomada de decisões para a condução da demanda[1124], custos cobertos (honorários dos árbitros e advocatícios, custos periciais e de sucumbência, despesas da câmara arbitral, etc), limite dos recursos disponibilizados, forma de transferência dos valores (pagamento à parte litigante, depósito em conta vinculada, pagamento diretamente das despesas, etc) e remuneração do financiador (usualmente um percentual da condenação, podendo também ser um múltiplo do valor investido ou mesmo uma combinação de ambos)[1125].

[1124] É extremamente controvertida a possibilidade de o financiador poder determinar quem serão os advogados e tomar decisões relacionadas à condução do processo. Isso porque quando o financiador exerce controle exacerbado, é possível que surja a discussão sobre quem é a *real party in interest* (ou seja, o financiado estaria agindo quase que como um homem de palha, enquanto o financiador seria na prática, mas não formalmente, o detentor do direito, estando escondido para evitar riscos de sucumbência) — sendo que tal debate traz, em si, problemas relevantes, como a extensão da cláusula compromissória ao financiador. Sobre o tema: Goeler, Jonas von. *Third-Party Funding in International Arbitration and its Impact on Procedure.* Alphen aan den rijn: Kluwer Law International, 2016, p. 214-215 ("Even where a funder has no ties to the main contract, its involvement in the arbitral proceedings as well as the financial interest in the outcome of the dispute might evidence consent to arbitrate. As seen in Chapter 2, litigation funders may be able to exert significant control over a claim, notably via contractual rights to control strategic decisions, case budgeting, and termination rights. It is, however, very doubtful whether the sole fact that a funder exercises procedural control can be interpreted as consent to arbitrate. Even if a funding agreement enables a funder to exert significant control over how the funded party conducts the claim the funder would presumably not want to participate in the actual proceedings, but remain behind the scenes."). Ver, também: Lyon, Jason. Revolution in Progress: Third-Party Funding of Americal Litigation. *UCLA Law Review*, v. 58, 2011, p. 571-609, 2010-2011 (que, referindo interessante caso, assim assevera: "Florida's Third District Court of Appeal held in Abu-Ghazaleh v. Chaul that a litigation lender was a 'party' to the suit for purposes of the state's attorneys' fees statutes, and therefore liable for the victorious defendant's fees and costs. Noting that the lender had the right to approve counsel, the power to veto when, whether, and how the suit was filed, and sole authority to approve any settlement agreement, the court concluded that he 'had such control ... as to be entitled to direct the course of the proceedings' and was therefore a party to the suit. Extending lender liability beyond its initial investment when it exercises control over a suit may be the most powerful means of all to limit the third-party's involvement in decision making.").

[1125] Berger. Financiamento de Arbitragens em Litígios Societários..., p. 649; Cardoso. *Arbitragem e financiamento por terceiros...*, p. 50 ss.

Evidencia-se, portanto, a existência de um risco compartilhado na operação (se o financiado perder o litígio, não deverá restituir quaisquer valores pagos pelo financiador), sendo razoável concluir que financiado e financiador objetivam atingir um fim comum (qual seja, a obtenção de uma decisão favorável, a ser compartilhado nos termos como contratado)[1126] — além de também ser um instrumento que viabiliza o acesso à justiça[1127].

Por conta disso (e ressalvados os casos em que a motivação do financiamento é filantrópica ou mesmo política, em que, então, tem-se, na prática, uma doação — ou os casos em que o advogado financia o litígio com base em honorários de êxito, em que há evidente contrato de prestação de serviços), o financiamento de litígios pode se enquadrar como um contrato de sociedade[1128].

Ainda que se discuta a natureza jurídica do financiamento de litígios por terceiros, existindo quem sustente a possibilidade de enquadramento de tal negócio como sendo um contrato aleatório atípico[1129] ou como um instrumento de cessão de crédito[1130], mesmo porque não se consegue categorizar *third-party funding* em diversos institutos já existentes (*v.g.*, empréstimo, estipulação em favor de terceiros, cessão da posição contratual ou cessão fiduciária de crédito)[1131], entendemos que a conta de participação é uma das formas que, juridicamente, podem ser utilizadas para atender os objetivos buscados tanto pelo financiador quanto pelo financiado (mesmo que outras formas jurídicas venham a

[1126] Cardoso. *Arbitragem e financiamento por terceiros...*, p. 80.

[1127] Fichtner-Mainheimer-Monteiro. *Third-party funding...*, p. 276.

[1128] Cardoso. *Arbitragem e financiamento por terceiros...*, p. 80, 97.

[1129] Cardoso. *Arbitragem e financiamento por terceiros...*, p. 95-97; Rocha. *Arbitragem e* Third-Party Funding..., p. 41-43; Fichtner-Mainheimer-Monteiro. *Third-party funding...*, p. 278-280; Wald. Alguns aspectos positivos e negativos do financiamento da arbitragem..., p. 03; Ferro. O Financiamento de Arbitragens por Terceiro e a Independência do Árbitro..., p. 107-108.

[1130] Cardoso. *Arbitragem e financiamento por terceiros...*, p. 91 ss; Casado Filho. *Arbitragem e Acesso à Justiça...*, p. 213-215. Contra: Wald. Alguns aspectos positivos e negativos do financiamento da arbitragem..., p. 03.

[1131] Cf. Cardoso. *Arbitragem e financiamento por terceiros...*, p. 77 ss; Ferro. O Financiamento de Arbitragens por Terceiro e a Independência do Árbitro..., p. 105; Casado Filho. *Arbitragem e Acesso à Justiça...*, p. 215 ss (que, todavia, entende que o negócio fiduciário seria o modo mais adequado de enquadramento do financiamento de litígios por terceiros, com o que concorda Faria. *Participação de Terceiros na Arbitragem...*, p. 74).

ser utilizadas por questões comerciais, como um FIDC-NP). Essa é, inclusive, a forma adotada em outros países, como a Alemanha (*atypiche stille Gesellschaft bürgerlichen Rechts*)[1132]:

> (...) verifica-se que a sociedade em conta de participação conforma-se com precisão às necessidades do third-party funding. No caso, o financiado adotaria a posição de sócio ostensivo, mantendo-se titular do direito material e seguindo individualmente em sua relação perante a parte adversa. O financiador, por sua vez, sócio participante, forneceria os fundos à sociedade, não participando de qualquer forma da relação com a parte contrária, mas detendo o direito de receber um percentual da condenação, conforme o acerto interno da SCP.[1133]

Assim, a titularidade do direito material segue com o financiado (sócio ostensivo), não podendo o financiador (sócio participante) ser chamado a compor a lide nem ser diretamente responsabilizado por eventual sucumbência. Ainda, as partes possuem ampla liberdade para regular, internamente, as mais diversas questões relacionadas à operação (divisão dos resultados, eventual responsabilidade interna do participante frente aos ônus sucumbenciais, etc)[1134].

Finalmente, importa destacar que eventual determinação de revelar a existência do financiamento, bem como de expor o nome do financiador, não impacta na conclusão de que se trata de uma conta de participação: a SCP não é secreta por natureza — sendo que, de qualquer sorte, outras informações ou detalhes do contrato não precisam ser disponibilizados (como a ingerência que o financiador tenha nas decisões do caso, o âmbito de sua participação no resultado ou o limite do financiamento)[1135]. Nesse sentido, a revelação da conta de participação

1132 No mesmo sentido: Cardoso. *Arbitragem e financiamento por terceiros...*, p. 97-101.

1133 Cardoso. *Arbitragem e financiamento por terceiros...*, p. 100-101.

1134 Cardoso. *Arbitragem e financiamento por terceiros...*, p. 101.

1135 Cf. Rocha. *Arbitragem e* Third-Party Funding..., p. 107; Ferro. O Financiamento de Arbitragens por Terceiro e a Independência do Árbitro..., p. 114. Nesse sentido, observe-se que as novas regras de arbitragem da *International Chamber of Commerce — ICC*, com aplicação a partir de 01 de janeiro de 2021, exigem a revelação do financiamento, mas a opção foi pela revelação exclusivamente do nome do financiador, sem necessidade de revelação de outras informações do contrato: "Art. 11(7): In order to assist prospective arbitrators and arbitrators in complying with their duties under Articles 11(2) and 11(3), each party must

ao Tribunal não a desnatura, não podendo, por exemplo, o participante (*i.e.*, o financiador) ser chamado a responder de qualquer forma[1136].

5. Utilidade e disfuncionalidade

É bastante usual, sobretudo por parte de quem não possui maior proximidade com as sociedades em conta de participação, a indagação de quais seriam, afinal, as vantagens desse tipo societário em relação aos demais. Nesse sentido, é comum, principalmente nos bancos acadêmicos, a ideia de que a principal vantagem da conta de participação seria possibilitar ao sócio participante permanecer oculto aos olhos de terceiros[1137].

Tal benefício, outrora o principal da conta de participação na distante época em que não podia ser confundida com um contrato de empréstimo a juros (usura) ou mesmo porque nobres e membros do clero não podiam aparecer como comerciantes — portanto se tornavam sócios ocultos —, hoje em dia não é o mais relevante. Até porque, vale lembrar, o sócio participante não é verdadeiramente secreto, mas apenas discreto, especialmente pelo fato de que a própria escrituração contábil do ostensivo e as declarações de renda de ambos os sócios por si só revelam a existência da conta de participação[1138]. Apesar disso, reconhecemos que são muitos os que buscam a conta de participação em decorrência da sua discrição, o que, então, pode representar uma grande vantagem.

Mas quais seriam as outras vantagens de tal tipo societário? Por qual razão o legislador mantém a SCP entre os tipos societários à disposição dos empreendedores? Haveria o legislador esquecido de extirpar um tipo societário supostamente moribundo do Código Civil, à semelhança

promptly inform the Secretariat, the arbitral tribunal and the other parties, of the existence and identity of any non-party which has entered into an arrangement for the funding of claims or defences and under which it has an economic interest in the outcome of the arbitration."

[1136] CARDOSO. *Arbitragem e financiamento por terceiros...*, p. 101.

[1137] Nesse sentido, exemplificativamente, caminham ALMEIDA. A virtuosidade da sociedade em conta de participação..., p. 59; e ALMEIDA. *A sociedade em conta de participação...*, p. 195. Em outros países, também se aponta o anonimato como vantagem essencial para o sócio participante (cf. HÜFFER-KOCH. *Gesellchaftsrecht...*, p. 255).

[1138] Para reforçar: a sociedade em questão não deixa de ser sociedade em conta de participação se terceiros souberem da sua existência, como anteriormente já foi referido.

do que ocorreu com as raramente utilizadas sociedades em nome coletivo e em comandita simples? Não nos parece ser o caso.

Em primeiro lugar, a realidade aponta para uma massiva utilização da conta de participação como forma jurídica para viabilizar os mais diversos empreendimentos, em diferentes setores da economia. Os exemplos examinados neste Capítulo não apenas comprovam essa afirmação, mas também demonstram a atratividade desse tipo societário.

Em segundo lugar, constata-se que a grande vantagem do tipo encontra-se em outras características, as quais já foram apontadas quando da análise do Capítulo 1, item 2, deste ensaio: *informalidade*, *simplicidade* (de constituição, de operação e de dissolução), *baixo custo operacional* e *flexibilidade* — além, é claro, da possibilidade de o sócio participante não aparecer nas operações entabuladas pelo ostensivo (ou seja, a *discrição*).

Tem-se, aqui, um tipo societário versátil, simples de ser utilizado e econômico, razão pela qual é um dos mais utilizados no Brasil, pois proporciona uma rápida mobilização de recursos para a alocação em empreendimentos dos mais variados tipos, sem que isso onere demasiadamente os sócios ou os prendam a laços societários mais duradouros e difíceis de serem extintos. Nesse sentido, por exemplo, permite a *obtenção de fundos em condições mais vantajosas* do que as decorrentes de um contrato de mútuo ao substituir o pagamento de juros pela participação nos lucros do empreendimento comum[1139], além de não amarrar os sócios uns aos outros como ficariam caso tivessem optado por uma sociedade personificada, cujo procedimento legalmente previsto para a dissolução dos laços societários é mais complexo, dada a necessidade de tutelar o interesse daqueles (terceiros) que entraram em relação com essa pessoa jurídica.

Da parte do sócio investidor, existe a nítida vantagem de poder participar dos lucros de um empreendimento sem ser obrigado a intervir em sua gestão e nem aportar maiores recursos do que o inicialmente planejado[1140]. Pelo ângulo do ostensivo, ao pactuar-se a conta de participação no lugar de outro tipo societário, este obtém indubitavelmente a vantagem de excluir o investidor de qualquer outro aumento que se produza

[1139] Roitman-Aguirre-Chiavassa. *Manual de Sociedades Comerciales...*, p. 1024; Garrigues. *Tratado de Derecho Mercantil...*, p. 186.

[1140] Garrigues. *Tratado de Derecho Mercantil...*, p. 186.

no seu patrimônio, além de, regra geral, eliminar qualquer intervenção na gestão do empreendimento[1141].

De mais a mais, não se pode desconsiderar a *limitação dos riscos* — leia-se proteção patrimonial — para o sócio participante, que, em regra, não se vincula às obrigações assumidas em decorrência da atividade prevista no objeto social da conta de participação — funcionando a conta de participação, então, como um instrumento para angariar recursos junto a investidores que desejam obter rentabilidade sem maiores riscos[1142]. A *proteção do patrimônio do investidor* consiste, assim, em importante vantagem da conta de participação.

Por todo o exposto, resta patente a utilidade e a importância da sociedade em conta de participação para o tráfico negocial, razão pela qual justifica-se a sua manutenção como um dos tipos societários à disposição dos empreendedores[1143-1144].

Não se pode olvidar, porém, que a estrutura da conta de participação também pode ser utilizada para a prática de ilicitudes. Nesse sentido, por

[1141] GARRIGUES. *Tratado de Derecho Mercantil...*, p. 187. Ver, também: HÜFFER-KOCH. *Gesellchaftsrecht...*, p. 254.

[1142] GARRIGUES. *Tratado de Derecho Mercantil*, p. 187; HÜFFER-KOCH. *Gesellchaftsrecht...*, p. 255.

[1143] Carvalho de Mendonça, logo na primeira página em que trata do assunto, salienta, de modo direto, as vantagens da conta de participação: "O facto economico da participação é um dos mais conhecidos e valiosos no circulo do commercio. O interesse de amparar os riscos que offerecem certas empresas, o desejo ou a necessidade de occultar o proprio nome em transacções ou operações mercantis, a conveniencia de poupar despesas com a organização de uma das fórmas de sociedade dotada com personalidade, a urgencia da operação que não permitte o cumprimento de multiplas e demoradas formalidades, a natureza do negocio que exige absoluta reserva, etc., tudo isso justifica a combinação, denominada *sociedade* ou, segundo outros, *associação em conta de participação* (...)." (CARVALHO DE MENDONÇA. *Tratado de Direito Commercial brasileiro*, v. 4..., p. 223). Ver, também, ALMEIDA. *A sociedade em conta de participação...*, p. 195-196.

[1144] Há quem diga, como José Gabriel de Assis de Almeida, que a conta de participação teria também desvantagens, como a ausência de um patrimônio especial e a inexistência de uma pessoa jurídica, além do que a sua simplicidade poderia se transformar em um inconveniente. Também seriam desvantagens o fato de os credores 'sociais' não possuírem preferência sobre os credores pessoais do sócio ostensivo, bem como a inexistência de ação direta dos credores 'sociais' contra os sócios ocultos; e, por fim, assevera como outra grande desvantagem a grande liberdade de ação do sócio ostensivo (sendo que tal liberdade, se mal utilizada, pode ocasionar sérios danos aos sócios ocultos). Portanto, tais desvantagens, entre outros incômodos, poderiam restringir a utilização da conta de participação e/ou o acesso ao crédito. Cf. ALMEIDA. *A sociedade em conta de participação...*, p. 196.

exemplo, há o disfarce de contratos de trabalho sob as vestes de conta de participação para fugir das obrigações patronais[1145], a realização de compra e venda de imóveis para fugir da incidência das normas consumeristas[1146], a prática de fraudes na contratação com o Poder Público[1147-1148],

[1145] Vide Capítulo 3, item 4.

[1146] *V.g.*: "Rescisão contratual. Incorporação imobiliária operada através de contrato de sociedade em conta de participação. Incorporadora (sócia ostensiva) e adquirente (sócio participante) que se enquadram, respectivamente, nos conceitos de fornecedora e consumidor. Preponderância de atividade-fim. Aplicabilidade do CDC. Compromissos de compra e venda de bens imóveis. Resolução postulada pelo promitente-comprador. Inadimplemento absoluto da promitente-vendedora. Hipótese de caso fortuito ou força maior não configurada (Súmula 161 do TJ-SP). Restituição integral dos valores pagos pelo autor. Aplicabilidade da Súmula 543 do STJ. Sentença reformada. Multa contratual. Hipótese de cláusula penal compensatória. Pré-estimação das perdas e danos com caráter punitivo. Sentença mantida. Recurso da ré desprovido. Recurso do autor provido." (TJSP, 7ª Câmara de Direito Privado, Apelação 1002020-81.2018.8.26.0400, Rel. Des. Rômolo Russo, j. 18/08/2021). Em sentido semelhante: TJSP, 6ª Câmara de Direito Privdo, Apelação 1072594-88.2020.8.26.0100, Rel. Des. Ademir Modesto de Souza, j. 16/12/2021 ("Civil. Ação de rescisão contratual. Sociedade em conta de participação. Simulação com a finalidade de viabilizar a aquisição de terrenos em loteamento ainda não aprovado. Compradora que é empresa de investimento imobiliário e, portanto, não se socorre do cdc. Possibilidade de restituição das quantias vertidas, contudo, em face do descumprimento do objeto. Art. 167, CC. 1. Afasta-se a incidência da lei consumerista, pois a autora é pessoa jurídica cuja finalidade social é justamente atuar no ramo imobiliário. Logo, não pode ser havida como destinatária final, tampouco hipossuficiente para fins de subsunção à teoria finalista construída no e. STJ. 2. Se houve simulação de negócio válido (constituição de sociedade em conta de participação) como forma de se lograr a concretização de uma finalidade ilícita (compra de lote antes da aprovação do loteamento), não pode a autora alegar em seu benefício a existência de um vício do qual tomou parte, por seus sócios, de forma livre e consciente, sendo caso de se preservar os efeitos válidos do negócio dissimulado, modo de se prestigiar o princípio da conservação negocial e da autonomia da vontade. 3. A extinção da sociedade em conta de participação não segue as regras do direito societário em face de suas peculiaridades, sendo apontada a prestação de contas o meio de as partes lograrem o necessário acerto de contas. 4. Nada obstante, escolhido o procedimento comum, e sendo submetido a contraditório os fundamentos para caracterização do inadimplemento do sócio oculto, nada impede o reconhecimento da extinção da sociedade pelo descumprimento de sua finalidade, sendo caso de volver as partes ao "status quo ante", o que justifica a restituição das quantias vertidas de forma integral, à míngua da justificativa para o descumprimento da finalidade avençada, tampouco de despesas a serem partilhadas entre os investidores. 5. Recurso improvido.").

[1147] TRF3, Órgão Especial, INQ 8497 SP 2009.03.00.008497-0, Rel. Des. Cecilia Marcondes, j. 09/02/2011 ("Penal — Processual penal — Celebração de convênios e parcerias com órgãos públicos com dispensa/inexigibilidade de licitação — Crimes previstos na Lei 8.666/93. Advocacia administrativa — Inépcia da denúncia não verificada. Justa causa para a instauração da ação penal — Denúncia — Recebimento. Preliminares: I — A peça acusatória descreve minuciosamente a conduta atribuída a cada um dos indiciados, de forma clara e objetiva, com todas as suas nuances e circunstâncias. Não é genérica e sequer geral, pois aponta de modo individualizado a conduta de cada um dos acusados e, assim, é hábil a proporcionar a ampla defesa. Preenchimento dos requisitos previstos no artigo 41, do Código de Processo Penal. II — Prescrição antecipada quanto ao crime capitulado no artigo 321, do Código Penal, não reconhecida, diante do teor da Súmula nº 435, do E. STJ. III — Afastado o excesso da acusação, decorrente da imputação jurídica cumulativa dos artigos 321, do Código Penal, e artigo 91, da Lei nº 8.666/93, diante do princípio da especialidade contido no artigo 12, do Código Penal, porquanto, no sistema processual penal pátrio, o acusado se defende dos fatos e não importa a definição jurídica dada pelo órgão acusador. Eventual incompatibilidade entre os dispositivos nos quais o Ministério Público Federal se baseia para alcançar a condenação dos acusados será objeto de apreciação no julgamento da ação penal. Mérito IV — Indícios da divulgação e intermediação perante o Poder Público de ferramenta eletrônica — LEJ, com a omissão da existência de uma sociedade em conta de participação da qual o INQJ (OSCIP) era o sócio ostensivo, culminando com a formação de parcerias sem a realização do necessário certame, em benefício da sociedade empresária S4B Digital Desenvolvimento de Tecnologia Multimídia Ltda., a caracterizar a possível prática dos crimes previstos na Lei de Licitações (Lei nº 8.666/93), além da prática de advocacia administrativa atribuída aos representantes do INQJ. V- No ajuste realizado entre o INQJ e a empresa S4B Digital (atual denominação da Supermotor), nota-se que a sócia oculta (S4B Digital) era a proprietária efetiva da ferramenta eletrônica utilizada para realização dos leilões judiciais eletrônicos, e ao INQJ (sócio ostensivo), competia tão-somente a divulgação do projeto LEJ, oferecendo-o como uma eficaz ferramenta de gestão de atividade de leilão judicial, além da intermediação da implantação do LEJ junto aos órgãos públicos VI — A 'exclusividade' da ferramenta eletrônica, desenvolvida pela S4B Digital, circunstância que teria sido determinante para a contratação pelo INQJ, sequer está evidenciada, ao contrário, conforme manifestação do Diretor-Geral de Coordenação Administrativa do E. Tribunal Regional do Trabalho da 15ª Região havia outra empresa no mercado, no mesmo segmento, que ofereceu 'idêntico' produto àquela Corte. VII — Verossímil a acusação de que os indiciados Elizabeth Leão, Ronaldo de Queiroz Sodré Santoro e Rodrigo do Nascimento Santos promoveram atos destinados à introdução em órgãos do Poder Público de ferramenta eletrônica para realização de leilões eletrônicos, induzindo as autoridades responsáveis a erro para que dispensassem ou declarassem inexigível o procedimento licitatório regulado pela Lei nº 8.666/93, porquanto não poderiam impor aos demais leiloeiros o uso da tal ferramenta, de propriedade da S4B Digital, tampouco poderiam vendê-la aos órgãos públicos sem se submeter ao certame. VIII — Há indícios nos autos que revelam a possibilidade de configuração de condutas criminosas, razão pela qual a ação penal deverá ser instaurada, a fim de se apurar o cometimento, ou não, dos delitos descritos na exordial acusatória. IX — As condutas atribuídas à indiciada Elizabeth Leão teriam sido praticadas à frente do INQJ e por força do contrato de constituição de sociedade em conta de participação firmado com a S4B Digital, portanto, apartadas das funções judicantes. Assim, considerando que os projetos questionados foram extintos e não há notícias de que a indiciada tenha se mantido em qualquer deles, inaplicável, por ora, a determinação de seu afastamento do exercício do cargo de magistrada federal. X — Rejeitadas as preliminares. Denúncia recebida."). Ver, também: TRF1, 4ª Turma, ACR 0006705-37.2015.4.01.3811, Rel. Des. Néviton Guedes, j. 16/08/2021.

1148 Carlos Henrique de Mattos Sabino sustenta que, salvo vedação do edital de licitação, é lícita a constituição de sociedade em conta de participação para viabilizar a participação do sócio ostensivo em processo licitatório (Sabino, Carlos Henrique de Mattos. Sociedade em conta de participação e as licitações envolvendo concessões de transporte coletivo: riscos e possibilidades. *A & C: Revista de Direito Administrativo e Constitucional*, v. 10, n. 39, p. 183-196, jan./mar. 2010) — ou, de modo mais amplo: o contratante com o Poder Público pode funcionar como sócio ostensivo de uma conta de participação (e a doutrina afirma que tal prática não é incomum: Penteado. *Consórcio de empresas*..., p. 38). Nesse sentido, sustentando a licitude de uma sociedade em conta de participação, considerando que, no caso analisado, o edital vedava somente a constituição de consórcio de sociedades (ou seja, inexistente proibição para a constituição de uma SCP), além de entender não ser ilícito que uma sócia participante atue como mandatária da sócia ostensiva, inclusive perante o Poder Público, ver: Castro. Sociedade em conta de participação...; ainda, trabalhando o uso da SCP para viabilizar a exploração de serviço público, ver: Eizirik. Notas sobre a sociedade em conta de participação..., p. 738. Como regra, perante o Poder Público aparecerá única e exclusivamente o sócio ostensivo: é este que poderá contratar com o Poder Público, devendo somente ele, portanto, preencher os requisitos exigidos para a contratação. O sócio ostensivo é o único licitante e futuro contratante, o qual tem de atender todos os requisitos previstos no edital de licitação e na legislação respectiva; os requisitos de habilitação técnica, jurídica e econômico-financeira sempre serão atendidos somente pelo sócio ostensivo. E caso seja vencedor do certame, o Poder Público contratará tão-somente com o sócio ostensivo (não com o sócio participante e muito menos com a SCP, o que, como sabemos, é impossível) — sendo que, ainda que o Poder Público tenha conhecimento da SCP, não responderá, como regra, o sócio participante pelas obrigações assumidas pelo sócio ostensivo. E isso porque o fato de o licitante já participar de uma conta de participação ou, depois da contratação com o Poder Público, constituir tal espécie societária não seria proibido pela legislação; ademais, não se vislumbraria qualquer espécie de prejuízo ao Estado. Na realidade, muito antes de ferir o ordenamento jurídico pátrio, a SCP, quando utilizada regularmente, traria uma série de benefícios e auxiliar a atender o interesse público, pois é mecanismo que permite a captação de recursos de modo mais singelo e barato do que, por exemplo, um financiamento bancário, podendo, então, o sócio ostensivo oferecer melhor preço ou, com mais investimentos, prestar um serviço público melhor. Todavia, tal posicionamento deve ser visto com cautela. Isso porque, em primeiro lugar, a SCP não pode ser utilizada como forma de burlar as regras do regime jurídico de contratação com o Poder Público, como as vedações definidas pela lei, pelo edital de licitação ou pelo contrato, bem como não pode a SCP viabilizar a realização de operações quando existente restrição pela regulamentação específica (como no caso de acarretar a alteração do contrato social do ostensivo ou a transferência de controle do sócio ostensivo — concessionário — quando exista necessidade de autorização prévia, ou, ainda, a própria transferência da atividade sem prévia anuência do Poder Público); em segundo lugar, a SPC deve ser vista como uma associação do contratado com outrem. Assim,

a promoção de acertos anticoncorrenciais entre empresas[1149], o cometimento de estelionato e crime contra as relações de consumo[1150], a burla

v.g., a Lei de Improbidade Administrativa (Lei 8.429/92, em seu art. 12) proíbe o responsável pelo ato de improbidade de contratar com o Poder Público ou que dele se beneficie sob qualquer forma direta ou indireta; desse modo, tal hipótese abarca a conta de participação. Igualmente, o participante, salvo autorização pelo Poder Público, não pode compartilhar atividades fins do sócio ostensivo, realizando a transferência do objeto da contratação, sem a prévia anuência do Poder Público porque, além de poder acabar respondendo solidariamente, ter-se-ia aqui uma hipótese de associação para cumprimento do objeto (atividade fim), aplicando-se, então, o art. 78, VI e XI, da Lei 8.666/93, que determina a rescisão do contrato em tais casos. Em suma, "[a]s sociedades em conta de participação podem ser empregadas no âmbito das contratações públicas, atendidas as regras aplicáveis à associação com terceiros, cada uma no seu contexto, principalmente, aquelas referentes aos limites subjetivos e objetivos da participação, nos contratos públicos, de terceiros estranhos à relação entre a Administração Pública e o contratado (sócio ostensivo na sociedade em conta de participação)" (TRF1, 4ª Turma, ACR 0006705-37.2015.4.01.3811, Rel. Des. Néviton Guedes, j. 16/08/2021); nesse contexto, o Tribunal de Contas da União já entendeu que a realização de uma SCP não representaria uma subcontratação, o que seria vedado pelo contrato firmado com o Poder Público, mas que teria *caráter estritamente financeiro*, não se tendo verificado a realização dos serviços por pessoa estranha (inexistindo, então, infração aos arts. 72 e 78, VI, da Lei 8.666/93) (TCU, Plenário, Processo 014.980/2010-0, Acórdão 1808/2016, Rel. Min. Benjamin Zymler, j. 13/07/2016). Sobre o tema, caminhando no sentido aqui exposto ao analisar a possibilidade do uso da SCP na contratação com o Poder Público e trazendo diversos casos do uso da conta de participação em contratos administrativos, ver: Souza, Mariana Campos de. *Uso da sociedade em conta de participação para organizar interesses privados em contratações públicas*. 125 f. Dissertação de Mestrado (Escola de Direito de São Paulo da Fundação Getúlio Vargas). São Paulo, 2017, p. 17 ss, 66 ss.

1149 A conta de participação pode ser uma *tentação* quase irresistível para aqueles que buscam fugir aos rigores do Direito Concorrencial (cf. Merle. *Droit Commercial...* (1998), p. 657). Há notícia da utilização de sociedades ocultas formadas nas feiras medievais para que os participantes não fizessem concorrência uns com os outros relativamente aos preços praticados e para a repartição das mercadorias disponíveis (cf. Solá de Cañizares. *El contrato de participación...*, p. 08).

1150 TJRS, 8ª Câmara Criminal, Apelação Crime 70046614699, Rel. Des. José Luiz John dos Santos, j. 27/11/2013 ("Apelaçoes criminais. Crime contra o patrimônio. Estelionato. Pleito absolutório por falta de provas. Exclusão da pena de multa. Redimensionamento da pena-base. Alteração do regime de cumprimento da pena. Descabimento. Afastada a indenização à vítima. I. Réu que induziu a vítima em erro, apoderando-se de quantia destinada como entrada para a concessão de financiamento para aquisição bem imóvel, sem a comprovação da existência do negócio comercial. Configuração do crime previsto no art. 171, caput, do CP, e não mero ilícito civil. II. Apenamento corretamente fixado na origem. Regime inicial de cumprimento de pena inalterado. III. Descabida a indenização à vítima se o fato foi praticado antes da reforma processual penal de 2008 (Lei nº 11.719, de 20 de junho de 2008).

Caráter material da norma, vedada a retroatividade. IV. Inviável a isenção da pena de multa, no momento, o sob o argumento de impossibilidade econômica do pagamento, cabendo ao juízo da execução apreciar esta questão. Apelação do MP desprovida, por maioria. Apelação da defesa parcialmente provida."); TJRS, 6ª Câmara Criminal, Apelação Crime 70043104132, Rel. Des. João Batista Marques Tovo, j. 15/12/2011 ("Apelação criminal. Recursos defensivo e ministerial. Estelionatos em continuidade delitiva e formação de quadrilha. Necessária demonstração do elemento subjetivo do tipo. Condenação mantida em relação a alguns dos réus. Redução das penas aplicadas. Impossibilidade de isenção da pena de multa. Afastamento da indenização. Estelionato. Prova dos autos que evidencia a utilização de dissimulação idônea para levar as vítimas a uma falsa percepção da realidade. Atraídos por anúncios publicados na seção de classificados de jornais de grande circulação, os ofendidos — em geral pessoas de poucos recursos financeiros — dirigiam-se até o escritório da sociedade na qual o denunciado prestava serviços e, acreditando estar firmando contrato de financiamento de veículo para entrega em curto prazo — os prazos de entrega prometidos variavam de uma semana a quinze dias —, ingressavam em sociedade em conta de participação e entregavam quantias em dinheiro aos prepostos que prestavam atendimento, sem que viessem a obter o veículo. A vantagem deu-se em prejuízo alheio, preenchendo as elementares do art. 171 do Código Penal. 2. Comprovação do elemento subjetivo do tipo. O juízo condenatório de cada agente passa pela comprovação de que possuía conhecimento atual das circunstâncias de fato do tipo objetivo do estelionato e agiu com a vontade de realizar esse tipo objetivo. É dizer, conscientemente agia com o fim de ludibriar outrem, por meio fraudulento, com vistas à obtenção de proveito injusto. 3. Formação de quadrilha. Comprovada associação não eventual, por meio de sólido empreendimento, articulado com divisão de tarefas e estrutura empresarial, com a finalidade específica de praticar os delitos descritos. 4. Penas. Redução das penas impostas nos termos da fundamentação. 5. Indenização. Valor indenizatório, nos termos do artigo 387, IV, do Código de Processo Penal afastado conforme entendimento majoritário no âmbito da sexta câmara criminal. 6. Pena de multa. Mandamento legal que não pode ser afastado sob alegação de hipossuficiência econômica. Negaram provimento ao apelo ministerial, deram parcial provimento aos apelos defensivos de Alex Fabiano Bravo Delgau e Carlos Alberto Carvalho da Silva e deram provimento aos demais apelos defensivos."); TJRS, 4ª Câmara Criminal, Apelação Crime 70022316137, Rel. Des. Aristides Pedroso de Albuquerque Neto, j. 16/04/2009 ("Apelação-crime. Denúncia. Nulidade. Inocorrência. A denúncia preenche os requisitos do art. 41 do Código de Processo Penal, descrevendo os fatos delituosos com todas as suas circunstâncias. Preliminar rejeitada. Crime contra as relações de consumo. Vítimas induzidas em erro, em razão de anúncios veiculados nos jornais Zero Hora e Correio do Povo, de financiamento de veículos e imóveis ou empréstimos a juros baixos, sem burocracia. Cometimento do delito previsto no art. 7º, inciso VII, da Lei nº 8.137/90. Condenação mantida. QUADRILHA. Associação permanente para o fim de cometer crimes contra as relações de consumo. Apelos improvidos. Unânime."); TJRS, 8ª Câmara Criminal, Apelação Crime 70053177671, Rel. Des. Isabel de Borba Lucas, j. 27/11/2013; TJRS, 7ª Câmara Criminal, Apelação Crime 70041143611, Rel. Des. Naele Ochoa Piazzeta, j. 10/11/2011; TJRS, 5ª Câmara Criminal, Rel. Des. Luís Gonzaga da Silva Moura, j. 27/07/2011; TJRS, 8ª Câmara Criminal, Apelação Crime 70020355137,

à necessidade de autorização do Banco Central para a exploração de consórcio para aquisição de bens[1151] ou a dissimulação à gestão de carteira para fugir das regras impostas pela Comissão de Valores Mobiliários, entre outros ilícitos[1152], sem contar a realização de pirâmide financeira[1153-1154-1155].

Rel. Des. Fabianne Breton Baisch, j. 15/08/2007; TJSP, 5ª Câmara de Direito Criminal, Apelação Cível 0052740-50.2001.8.26.0405, Rel. Des. Pinheiro Franco, j. 12/04/2012; TJMG, 4ª Câmara Criminal, ACR 1.0024.05.730220-0/001, Rel. Des. Edison Feital Leite, j. 14/08/2013; TJMG, 6ª Câmara Criminal, ACR 1.0024.04.357997-8/001, Rel. Des. Catta Preta, j. 04/09/2012; TJMG, 4ª Câmara Criminal, ACR 1.0024.09.502367-7/001, Rel. Des. Júlio Cezar Guttierrez, j. 13/01/2010; TJDFT, 1ª Turma Criminal, APR 20040710184069 DF 0012102-28.2004.8.07.0007, Rel. Des. George Lopes Leite, j. 24/04/2014.

1151 Vide Capítulo 3, item 8.

1152 Lembramos, *v.g.*, que a CVM determinou, por meio da Deliberação CVM 704/13 (COMISSÃO DE VALORES MOBILIÁRIOS. *CVM determina suspensão de veiculação de oferta de serviços de administração de carteiras de valores mobiliários pela Inside Administradora e Participações Ltda. — ME, Inside Gestão de Recursos Ltda., por Edmar de Assis, Edmilson de Assis e Anderson de Almeida.* Disponível em: <http://www.cvm.gov.br/port/infos/deli704%20-%20Comunicado.asp>. Acesso em: 09 jul. 2014), a imediata suspensão da veiculação, no Brasil, de qualquer oferta de serviços de administração de carteiras de valores mobiliários por algumas pessoas (físicas e jurídicas) que vinham ofertando publicamente serviços de administração de carteiras de valores mobiliários por meio de sociedade em conta de participação, pese embora não se encontrassem registrados na CVM na qualidade de administradores de carteiras de valores mobiliários (assim, tratava-se de oferta irregular); ademais, foi estabelecido que as referidas pessoas não estavam autorizadas pela CVM a exercer atividades no mercado de valores mobiliários, não podendo oferecer ao público quaisquer serviços de administração de carteiras de valores mobiliários uma vez que não preencheriam os requisitos previstos na regulamentação da CVM. Condenando o uso de SCP como forma de burlar as regras sobre administração de carteira, ver: PAS CVM nº RJ2012/9490, Rel. Dir. Luciana Dias, j. 10/03/2015. Nessa toada, existem manifestações do Poder Judiciário sobre a questão (*v.g.*, TJSP, 2ª Câmara de Direito Privado, Agravo de Instrumento 2077992-18.2014.8.26.0000, Rel. Des. José Joaquim dos Santos, j. 24/06/2014: "Agravo de instrumento — Administração de carteiras de valores mobiliários - Irregularidade — Falta de autorização da CVM — Deliberação 704/13 deste órgão alertando o mercado quanto à oferta irregular de administração de carteiras — Agravante que, atraída pela boa perspectiva de retorno, investiu, como sócia oculta, na empresa, certo que os demais réus participam de um grupo econômico — Lesão à investidora bem identificada, quer pelo investimento, quer pelo retorno, não honrados no cronograma da ré — Tutela antecipada deferida, na forma do pedido (BacenJud, Renajud e Imóveis) — Decisão reformada — Agravo provido.").

1153 Há diversos casos julgados pelo Tribunal de Justiça do Distrito Federal (*v.g.*, TJDFT, 7ª Turma Cível, Apelação Cível, Rel. Des. Leila Arlanch, j. 28/09/2022; TJDFT, 2ª Turma Cível, Apelação Cível 0711064-87.2020.8.07.0003, Rel. Des. João Egmont, j. 21/07/2021). No Tribunal de Justiça de São Paulo, por exemplo: TJSP, 1ª Câmara Reservada de Direito Empresarial, Apelação 1009240-16.2020.8.26.0286, Rel. Des. Jane Franco Martins, j. 11/08/2022.

Igualmente, pode a conta de participação ser utilizada para contornar certas restrições societárias; dessa forma, por exemplo, um sócio, estando proibido de exercer concorrência por conta do dever de lealdade, pode tornar-se sócio participante de empresa no mesmo setor, hipótese em que pode ser difícil ser descoberto[1156].

1154 Ainda, a SCP é utilizada, muitas vezes, para a prática de outros ilícitos, *v.g.*: TRF3, 1ª Turma, ACR 34584 SP 2000.03.99.034584-0, Rel. Juiz Oliveira Lima, j. 27/03/2001 ("Apelação criminal — Crime contra o sistema financeiro nacional — Artigo 17, Lei 7.492/86 — Empréstimo ou adiantamento de empresa controladora à controlada — Ausência de dolo não verificada — Condenações — Prescrição. 1. O artigo 17 da Lei nº 7.492/86 responsabiliza criminalmente os diretores e gerentes de instituição financeira que toma ou recebe empréstimo ou adiantamento de sociedade coligada ou controlada pela mesma. 2. Restou comprovado que a constituição de uma sociedade em conta de participação entre o banco e a corretora foi firmada com o propósito de dar a determinadas operações enquadradas como ilícitas, aparência de licitude. 3. O crime em tela é de mera conduta; o simples fato de terem os apelados concedido, de forma livre e consciente, os empréstimos vedados à empresa corretora, já caracteriza o delito em tela. 4. Recurso provido para condenar os réus pela prática do crime do artigo 17 da referida lei. Extinção da punibilidade que se declara, tendo em vista a ocorrência da prescrição da pretensão punitiva.").

1155 Analisando o uso da conta de participação para a prática de fraudes, ver: Affonso. *A sociedade em conta de participação no Direito brasileiro...*, p. 169 ss. Analisando como a conta de participação pode ser utilizada, por exemplo, para burlar restrições ao exercício de determinadas atividades, e por isso mesmo sustentando que não seria possível conferir ao associado qualquer posição de significative participação da operação, ver: Mignone. *L'associazione in partecipazione...*, p. 540 ss.

1156 Klunziger. *Grundzüge des Gesellschaftsrechts...*, p. 142.

CAPÍTULO 9
FALÊNCIA E RECUPERAÇÃO DE EMPRESAS DOS SÓCIOS

1. Falência

Apesar de a falência ou a insolvência de um dos sócios da sociedade em conta de participação configurar apenas uma das causas de *dissolução total* ou *parcial* da sociedade, tantas são as suas peculiaridades e tamanha é a sua relevância prática que se optou por dar-lhe tratamento especial, apartado dos capítulos onde seria mais lógico trabalhar o seu conteúdo, para que se pudesse realizar um exame mais abrangente do tema, facilitando a didática ainda que em detrimento da mais correta colocação dos conteúdos.

Nesse desiderato, a primeira coisa que há de se ter em mente é que a SCP propriamente dita, por ser uma sociedade interna, *não pode falir* nem se *tornar insolvente*: na verdade, o que pode ocorrer é a falência ou a insolvência de seus sócios[1157]. Como essa sociedade não exerce atividade, ela não se vincula perante terceiros, não possuindo direitos ou

[1157] Sobre o tema, recomendamos a leitura de: Carvalho de Mendonça. *Tratado de Direito Commercial brasileiro,* v. 4..., p. 232-233; Almeida. *A sociedade em conta de participação...*, p. 176; Galizzi. *Sociedade em conta de participação...*, p. 175 ss. Ver, também: Baumbach-Hopt. *Handelsgesetzbuch...*, p. 877-878; Heidel-Schall. *Handelsgesetzbuch...*, p. 1.507; e Moreau. *Associations en participation et sociétés de fait...*, p. 147.

obrigações. Em decorrência disso, não está sujeita à falência nem à insolvência civil[1158-1159].

Os §§ 2º e 3º do art. 994 do Código Civil dispõem neste sentido. Contudo, aqui é necessário fazer uma ressalva: apesar desses dispositivos fazerem referência única e exclusivamente à *falência* dos sócios — ostensivo e participante —, eles também se aplicam no caso de sócios não empresários, hipótese em que se sujeitam à insolvência civil[1160].

1.1. Falência do sócio ostensivo

Quanto à falência do sócio ostensivo — que pode ter sido causada em decorrência da atividade prevista na conta de participação ou não —, ela acarreta a dissolução de pleno direito (ou seja, automática, na data

[1158] Portanto, não estamos de acordo com o posicionamento de Maria Eugênia Finkelstein, para quem, atualmente, é admitida a falência de sociedades em conta de participação. Deve-se atentar, porém, que, nos termos do art. 81 da Lei 11.101/05 — o que, para a referida autora, aplicar-se-ia integralmente às sociedades em conta de participação —, a decretação da falência de sociedades que possui sócios com responsabilidade ilimitada ocasiona a falência destes últimos. Cf. Finkelstein. Sociedade em conta de participação..., p. 136, 139.

[1159] Aqui, interessante é o caso referido por Bento de Faria, em que se desconsiderou a existência de uma SCP: "A sociedade em conta de participação não sendo pessoa juridica, sem representação judicial, não póde ser sujeita á fallencia na qual incidem unicamente os socios que agem pessoalmente e assim contractam, isto é, os socios ostensivos ou gerentes. (...) Entretanto, como ponderou a seção de Justiça, do Conselho de Estado, em 19 de setembro de 1873, se a sociedade, em se denominando em conta de participação, publica por meio de registro os nomes de todos os participantes, designando os que são gerentes, não póde impor aos terceiros como responsaveis pelos actos sociaes somente taes ou taes que foram indicados". "Tal sociedade, assim organizada não seria uma participação mas outra qualquer acarretando para os respectivos socios responsabilidade solidaria e illimitada ('O Direito', vol. 5º, pags. 353 a 366)." "Assim, em tal qualidade, podem os terceiros agir contra elles para garantia e defesa de seus direitos." (Bento de Faria. *Codigo Commercial Brasileiro anotado...*, p. 445).

[1160] Tratando-se de insolvência civil de algum dos sócios, acreditamos que se aplicam iguais soluções fornecidas pelo art. 994, §§2 e 3º, para as hipóteses de falência dos sócios. Cf. Gonçalves Neto. *Direito de Empresa...*, p. 197-198; Campinho. *O direito de empresa...*, p. 92; Affonso. *A sociedade em conta de participação no Direito brasileiro...*, p. 118; Yoshikawa. Reflexos processuais da sociedade em conta de participação..., p. 35, nota de rodapé (embora afirme que a insolvência do sócio participante acarretaria a incidência do art. 752 do Código de Processo Civil de 1973 — que permanece em vigor —, ou seja, não existiria a opção dada pelo art. 117 da Lei 11.101/2005, entendimento este extremamente razoável).

da decretação da quebra) da SCP[1161] — sem qualquer efeito retroativo, como ocorre com a dissolução de qualquer sociedade[1162].

A falência do sócio ostensivo ocasiona o afastamento deste de suas atividades e a sua inabilitação para exercer qualquer atividade empresária, perdendo o direito de administrar seus bens e deles dispor[1163], cabendo ao administrador da massa falida liquidar a respectiva conta (art. 994, §2º, 1ª parte)[1164].

A quebra e, por conseguinte, o afastamento do ostensivo das atividades da conta de participação não significam que eventuais negócios pendentes quando da decretação da falência e da consequente dissolução

1161 Como também ocorre na Alemanha (§728 do *Bürgerliches Gesetzbuch*) (cf. GRUNEWALD. *Gesellschaftsrecht*..., p. 173; SCHMIDT. *Gesellschaftsrecht*, B. II..., p. 1.862-1864; BAUMBACH-HOPT. *Handelsgesetzbuch*..., p. 874; HEIDEL-SCHALL. *Handelsgesetzbuch*..., p. 1.501-1.502, 1.507; HÜFFER-KOCH. *Gesellchaftsrecht*..., p. 257; KÜBLER. *Derecho de sociedades*..., p. 196). Assim também se fazia referência na França (MOREAU. *Associations en participation et sociétés de fait*..., p. 129-130). O art. 27º do Decreto-Lei 231(1981) português determina que a falência ou a insolvência do associante é causa de extinção da associação em participação. Igualmente, na Itália, país em que se entende que a conta de participação possui natureza contratual, o art. 77 da lei falimentar (alterado pelo art. 63 do decreto legislativo de 9 janeiro de 2006, n. 5) determina que a falência do ostensivo acarreta a dissolução da conta de participação, ou seja, como consequência automática da decretação da quebra (cf. CENDON. *Commentario al Codice Civile*..., p. 457-458; MIGNONE. *L'associazione in partecipazione*..., p. 574-579). Na Argentina, o art. 155 da revogada *Ley 19.551* assim dispunha: "ARTICULO 155. - La declaración de quiebra del socio gestor produce la disolución de la sociedad accidental o en participación. Los demás socios no tienen derecho sobre los bienes sujetos a desapoderamiento, sino después que se haya pagado totalmente a los acreedores y los gastos del concurso."

1162 Nesse sentido, ver: CENDON. *Commentario al Codice Civile*..., p. 459.

1163 Ver: CENDON. *Commentario al Codice Civile*..., p. 458.

1164 Nesse sentido: "Agravo. Falência de sociedade limitada, sócia ostensiva em contrato de sociedade em conta de participação. Decisão judicial que determina a arrecadação de todas as máquinas que integram o patrimônio social da sociedade falida. Pretensão do agravante, intitulando-se sócio participante (oculto) de liberar 50% das máquinas, sob o argumento de que são de sua propriedade. Sociedade em conta de participação que não tem patrimônio social autônomo, mas sim, patrimônio especial, ou seja, patrimônio de afetação. A falência da sociedade ostensiva acarreta a dissolução da sociedade em conta de participação e sua liquidação sob o rito da ação de prestação de contas. Sócio oculto que gerencia a sociedade em conta de participação responde solidaria e ilimitadamente pelas obrigações derivadas dos negócios em que interveio. Manutenção da decisão que ordenou a arrecadação dos bens e o depósito judicial do faturamento decorrente da atividade da sociedade em conta de participação. Agravo improvido." (TJSP, Câmara Reservada à Falência e Recuperação Judicial, Agravo de Instrumento 0287623-75.2010.8.26.0000, Rel. Des. Pereira Calças, j. 19/10/2010).

da SCP não devam ser ultimados pelo administrador judicial. A rigor, o resultado de tais negócios deve ser levado em consideração quando do acerto de contas a ser realizado entre os até então sócios (como será visto no próximo capítulo, quando da análise dos negócios pendentes na hipótese de dissolução da SCP)[1165]. Dessa forma, deve-se apurar o saldo da conta de participação, inclusive verificando se existem lucros que não foram distribuídos, por exemplo. Se, nos termos como estabelecido no contrato social, o resultado for *pró-participante*, este habilitará o seu crédito na falência do ostensivo[1166].

De acordo com o Código Civil, esse eventual crédito teria natureza quirografária (art. 994, §2º, 2ª parte). Todavia, a Lei 11.101/2005, por ser posterior, revogou tal regra, determinando que os créditos dos sócios sejam os últimos a serem pagos na falência[1167-1168-1169-1170]. Ainda, dado

[1165] Ver: BAUMBACH-HOPT. *Handelsgesetzbuch...*, p. 878.

[1166] "Fato é que, em caso de falência do sócio ostensivo, não haverá distinção entre credores individuais e sociais e a inexistência de privilégio dos últimos sobre os primeiros relativamente ao patrimônio da sociedade." "Assim, os credores particulares do sócio ostensivo têm o direito de pleitear os bens do sócio ostensivo, inclusive aqueles aportados ou que, de direito, deveriam ser atribuídos ao sócio participante. Por esta razão, o sócio participante também deverá habilitar o seu crédito no processo de falência e, por consequência, também tornar-se-á credor do sócio ostensivo." (AFFONSO. *A sociedade em conta de participação no Direito brasileiro...*, p. 118).

[1167] De acordo com o Código Civil, o sócio participante seria credor quirografário do sócio ostensivo (Lei 11.101/05, art. 83, VI), como, inclusive, sustentamos anteriormente. Assim, o sócio participante de uma SCP encontra-se-ia em uma situação melhor do que um sócio de qualquer outra sociedade, uma vez que o sócio de uma sociedade limitada, por exemplo, caso a sociedade seja extinta, somente receberá o saldo após o pagamento de todos os credores (Lei 11.101/05, art. 153). Todavia, revendo nosso posicionamento, entendemos que a Lei 11.101/05, por ser posterior, revogou a disposição do Código Civil que estabelece que os eventuais créditos dos sócios participantes sejam quirografários: por ser sociedade, resta evidente que os créditos dos sócios devem ser os últimos a serem pagos. Sustentando, por sua vez, que o Código Civil não foi revogado com a entrada em vigor da LREF, ver, *v.g.*: AFFONSO. *A sociedade em conta de participação no Direito brasileiro...*, p. 119. E, nesse sentido, o Tribunal de Justiça de São Paulo já se manifestou no sentido de que o crédito do participante é quirografário, nos termos do art. 994, §2º, do Código Civil: TJSP, 2ª Câmara Reservada de Direito Empresarial, Agravo de Instrumento 2250551-39.2018.8.26.0000, Rel. Des. Grava Brazil, j. 17/06/2019; TJSP, Câmara Reservada à Falência e Recuperação Judicial, Agravo de Instrumento 0287623-75.2010.8.26.0000, Rel. Des. Pereira Calças, j. 19/10/2010.

[1168] Ponto interessante se dá caso o sócio participante realize empréstimo ao sócio ostensivo e este venha a falir. Neste caso, entendemos aplicável o art. 83, VIII, 'b', da Lei 11.101/2005.

[1169] Na Alemanha (§236(1) do *Handelsgesetzbuch*) o participante tem direito a receber o seu crédito no caso de falência do ostensivo como um credor comum, sendo que terá prefe-

que o participante passa a integrar o processo falimentar, este encontrará também as limitações existentes a qualquer sócio, como restrição de voto na assembleia geral de credores, nos termos do art. 43 da Lei 11.101/2005)[1171].

Por outro lado, se o resultado for *pró-ostensivo*, a massa falida, por meio do administrador judicial, terá o direito de cobrar do sócio participante o saldo apurado[1172-1173-1174].

rência se o seu aporte foi feito com alguma garantia (cf. SCHMIDT. *Gesellschaftsrecht*, B. II..., p. 1.862-1.864; BAUMBACH-HOPT. *Handelsgesetzbuch*..., p. 877-878; HEIDEL-SCHALL. *Handelsgesetzbuch*..., p. 1.508-1.509; HÜFFER-KOCH. *Gesellchaftsrecht*..., p. 257; KLUNZIGER. *Grundzüge des Gesellschaftsrechts*..., p. 152-153; KÜBLER. *Derecho de sociedades*..., p. 196-197). Assim referindo que ocorreria na França, ver: MOREAU. *Associations en participation et sociétés de fait*..., p. 148. Igualmente, na Itália, o art. 77 da lei falimentar prevê que o associado é credor quirografário, sendo que, caso não tenha realizado a totalidade do seu aporte, resta obrigado a realizar-lo somente no limite das suas perdas (ver: MIGNONE. *L'associazione in partecipazione*..., p. 575-578).

1170 É importante ressaltar que o sócio participante não possui direito a habilitar o valor referente ao aporte realizado: existe a necessidade de realizar o acerto de contas para verificar qual o valor do seu crédito. Aqui, reside interessante questão, bem colocada pela doutrina italiana: "È stato osservato che l'associato, per conoscere l'esatta quantificazione della propria esposizione (ativa o passiva) nei confronti del falimento, debba necessariamente prima disporre del rendiconto a cui ha diritto ai sensi dell'art. 2552, 3º co., c.c. In realtà, l'associato – per insinuarsi tempestivamente nel falimento – dovrebbe ricevere il rendiconto ancora prima della formazione del passivo, ma il curatore verossimilmente avrà a disposizione tutti i dati necessari a tal fine solo al termine della formazione dello stato passivo. In forza di tali considerazioni, la dottrina ha quindi concluso riconoscendo l'opportunità che l'associato proceda all'insinuazione del proprio credito pur senza poter quantificare con precisione il proprio credito (dovendo quindi limitarsi a fare riferimento alle resultanze del rendiconto della gestione)." (CENDON. *Commentario al Codice Civile*..., p. 460-461).

1171 Diferentemente, ver: HEIDEL-SCHALL. *Handelsgesetzbuch*..., p. 1.511.

1172 "Falindo o sócio ostensivo, a responsabilidade do participante nos resultados do negócio se há de apurar na conformidade do que prescrever o contrato social. Se êle, *v.g.*, não cumpriu os seus compromissos, deixou de conferir os valores prometidos, o síndico [atualmente, administrador judicial] exigirá do participante o seu débito até a soma necessária à satisfação das obrigações oriundas da parceria. Se, ao contrário, fechada a conta, houver saldo a favor do participante, poderá êste habilitar-se na falência do sócio gerente como credor quirografário." (VALVERDE. *Comentários à Lei de Falências*..., p. 78). Ver, também: VERÇOSA. *Curso de Direito Comercial*..., p. 303; DORIA. *Curso de Direito Comercial*, v. 1..., p. 197. Em sentido semelhante também caminha a legislação alemã, respeitadas determinadas peculiaridades, dispondo o §236(2) do *Handelsgesetzbuch* que, se a contribuição estiver em aberto, o participante tem a obrigação de pagar os valores devidos até o limite das perdas de sua responsabilidade; sobre o tema, ver: BAUMBACH-HOPT. *Handelsgesetzbuch*..., p. 877-879;

Cumpre, ainda, salientar que o exame da natureza da contribuição do sócio participante é de suma importância no caso da falência do sócio ostensivo. Isso porque se a contribuição para a conta de participação foi feita a título de propriedade, o bem aportado participa da norma geral dos bens sujeitos aos efeitos da quebra, sendo inclusive, arrecadado pelo administrador judicial para formar a massa falida objetiva e, posteriormente, será realizado para pagamento dos credores[1175].

Não obstante, se o sócio participante conservou a propriedade do bem para si, conferindo-o apenas a título de uso ou gozo, ou sobre este estabeleceu uma comunhão, a situação é distinta. Caso o sócio oculto seja proprietário do bem, tendo sido arrecadado pelo administrador judicial, o bem poderá, respeitada a tutela da confiança gerada em terceiros de boa-fé, ser objeto de pedido de restituição (previsto na Lei 11.101/05, arts. 85 a 93)[1176]. Por outro lado, tratando-se de condomínio indivisível (copropriedade), o sócio participante submete-se ao regime previsto no art. 123, §2º, da Lei 11.101/05[1177].

Heidel-Schall. *Handelsgesetzbuch...*, p. 1.507 ss; Hüffer-Koch. *Gesellchaftsrecht...*, p. 257-258; Klunziger. *Grundzüge des Gesellschaftsrechts...*, p. 153.

1173 Sobre a quantificação do crédito/débito do participante, ver: Salgado. *Das sociedades em participação...*, p. 121-122.

1174 Logicamente, no acerto de contas entre participante e ostensivo, ocorrerá a compensação entre os créditos e débitos (que, de qualquer forma, está prevista no art. 122 da Lei 11.101/2005). Ver: Baumbach-Hopt. *Handelsgesetzbuch...*, p. 878; Heidel-Schall. *Handelsgesetzbuch...*, p. 1.511.

1175 "As relações entre o participante e o gerente ou sócio ostensivo regulam-se pelas cláusulas do contrato. Em princípio, por isso, o sócio participante só fica obrigado para com o sócio ostensivo pelos resultados das transações e obrigações, nos têrmos precisos do contrato. Os valores ou bens conferidos pelos sócios para a realização do negócio ou a exploração do comércio formam o 'fundo social', o qual, relativamente a terceiros, aparece como pertencente ao sócio ostensivo ou gerente. Os credores dêste, conseguintemente, no caso de falência, são protegidos pela aparência, vale dizer, têm como garantia todos os bens que figuram em nome do gerente. (...)." (Valverde. *Comentários à Lei de Falências...*, p. 78). Nesse sentido, ver: TJSP, Câmara Reservada à Falência e Recuperação Judicial, Agravo de Instrumento 0287623-75.2010.8.26.0000, Rel. Des. Pereira Calças, j. 19/10/2010.

1176 Sobre o tema, ver: Cendon. *Commentario al Codice Civile...*, p. 459; Mignone. *L'associazione in partecipazione...*, p. 576; Baumbach-Hopt. *Handelsgesetzbuch...*, p. 878; Heidel-Schall. *Handelsgesetzbuch...*, p. 1.508.

1177 Sobre o tema: Almeida. A virtuosidade da sociedade em conta de participação..., p. 57. Ver, também, Almeida. *A sociedade em conta de participação...*, p. 177-178.

Além disso, é de se destacar que a falência do sócio ostensivo não acarreta a quebra do sócio participante sob qualquer hipótese, ainda que o pacto havido entre eles estabeleça a responsabilidade ilimitada interna deste[1178]. Mais: a quebra do ostensivo em nada afeta a situação do participante perante terceiros: *i.e.*, não podem os credores exigir do participante qualquer obrigação fundada no contrato social[1179].

Já os credores do ostensivo concorrerão na falência em igualdade de condições, respeitadas as regras previstas na Lei 11.101/2005, ou seja: os credores decorrentes da atividade prevista no objeto da conta de participação não terão prioridade sobre o fundo destinado à sua exploração[1180].

Finalmente, é aplicável, conforme o caso, a declaração de ineficácia (art. 129 da Lei 11.101/2005) e a ação revocatória (art. 130 da Lei 11.101/2005) previstas na legislação falimentar[1181].

1.2. Falência do sócio participante

No que diz respeito à falência do sócio participante, quebra que também pode ter origem na atividade prevista na conta de participação

[1178] SALGADO. *Das sociedades em participação...*, p. 121. Ainda, o Tribunal de Justiça de São Paulo negou a extensão dos efeitos da falência sobre antiga sócia participante, não existindo comprovação de confusão patrimonial ou de utilização abusiva da pessoa jurídica (TJSP, 1ª Câmara Reservada de Direito Empresarial, Agravo de Instrumento 2241739-71.2019.8.26.0000, Rel. Des. Fortes Barbosa, j. 04/03/2020). Ainda, a responsabilidade prevista no parágrafo único do art. 993 do Código Civil, por óbvio, não abrange obrigações contraídas pelo ostensivo que teve sua falência decretada mas que decorram de atividades estranhas à conta de participação (TJSP, 1ª Câmara Reservada de Direito Empresarial, Apelação 0613079-47.2007.8.26.0100, Rel. Des. Hamid Bdine, j. 06/06/2018).

[1179] DORIA. *Curso de Direito Comercial*, v. 1..., p. 197.

[1180] Ver: MOREAU. *Associations en participation et sociétés de fait...*, p. 148.

[1181] Na Alemanha, o §136 do *Insolvenzordnung* regula especificamente a questão da anulação de determinados atos no bojo de sociedades em conta de participação. O §136(1) prevê que, caso ocorra, durante o último ano anterior ao pedido de abertura da insolvência do sócio ostentivo ou depois de tal pedido, a devolução total ou parcial do aporte do participante ou a sua exoneração total ou parcial da participação nas perdas, tal transação pode ser contestada; tal disposição também é aplicada na hipótese de tal acordo resultar na dissolução da conta de participação — e, assim, é irrelevante se o acordo ocorreu por conta da dissolução da conta de participçaõ ou não. Já o §136(2) dispõe que tal previsão não se aplica se a causa da abertura do processo de insolvência tornou-se existente após o acordo entre o ostensivo e o participante. Sobre os remédios existentes na legislação falimentar alemã e sua aplicação na SCP, ver: BAUMBACH-HOPT. *Handelsgesetzbuch...*, p. 879; HEIDEL-SCHALL. *Handelsgesetzbuch...*, p. 1.510; KLUNZIGER. *Grundzüge des Gesellschaftsrechts...*, p. 153.

ou não, caberá ao administrador da massa falida resolver se a conta de participação terá ou não continuidade, aplicando-se ao caso a regra dos contratos bilaterais do falido (art. 994, §3º, do Código Civil, combinado com a Lei 11.101/05, art. 117)[1182].

Nesses termos, o administrador judicial, com a autorização do Comitê de Credores, decidirá se é benéfico à massa manter a SCP (como pode ocorrer caso a atividade da SCP seja superavitária e inexista qualquer aporte a ser feito — essa é uma situação bastante favorável para a massa falida, já que tais lucros serão destinados para o pagamento dos credores no processo de falência) ou não (como no caso de a SCP acarretar maiores perdas, existindo, por exemplo, a necessidade de aporte de mais recursos ou quando a atividade é deficitária e existe cláusula contratual prevendo a cobertura de prejuízos).

E quanto à posição do sócio ostensivo diante da falência do sócio participante, pode aquele interpelar o administrador judicial (no prazo de até noventa dias, contado da assinatura do termo de sua nomeação) para que, em dez dias, declare se pretende cumprir ou não o contrato (LREF, art. 117, §1º). O contrato será extinto caso ocorra uma declaração negativa ou na hipótese de silêncio do administrador judicial (LREF, art. 117, §2º).

Extinguindo-se a conta de participação, o sócio ostensivo deve prestar contas de suas atividades, apurando-se o saldo (credor ou devedor). Caso o saldo seja positivo para o sócio participante, a massa falida cobrará aquilo que a ela cabe. Por outro lado, caso o sócio ostensivo seja credor, entende-se que, por ser sócio, deve receber nos termos do art. 153 da Lei 11.101/05, sem prejuízo do direito à indenização em caso de resolução, cujo valor, apurado em processo de rito ordinário, constitui crédito (art. 117, §2º, da LREF).

[1182] Na Itália, a falência do associado também não represente *per se* uma causa de dissolução da conta de participação, podendo o curador decidir entre a dissolução e a continuidade do contrato caso o aporte não tenha ainda sido realizado; por sua vez, caso o aporte já tenha sido feito pelo associado, a relação continua nos termos do contrato (cf. Mignone. *L'associazione in partecipazione*..., p. 578-579). Diferentemente ocorre em outros países, como na Alemanha, em que a falência do sócio participante enseja também a dissolução da sociedade (permitindo-se, eventualmente, cláusula em sentido diverso nas sociedades atípicas) (cf. Baumbach-Hopt. *Handelsgesetzbuch*..., p. 874; Heidel-Schall. *Handelsgesetzbuch*..., p. 1.502, 1.507; Hüffer-Koch. *Gesellchaftsrecht*..., p. 257).

Deve-se lembrar, ainda, que o contrato social pode prever a dissolução da sociedade (pacto expresso de resolução) em caso de falência ou de insolvência do sócio participante (ou de um dos sócios participantes, caso existam dois ou mais), o que, então, ocorrerá de pleno direito[1183]. Tratando-se do regime dos contratos bilaterais na falência, aqui se entende que as partes podem, no pleno exercício da sua autonomia privada (e como previsto no Código Civil, art. 1.035), sem ferir qualquer disposição ou princípio de ordem pública, inserir previsão no sentido de que o contrato se resolverá automaticamente na hipótese de decretação da falência de uma das partes ou, ainda, pela simples distribuição de pedido de falência[1184] —

[1183] CAMPINHO. *O direito de empresa...*, p. 91.

[1184] A prática do direito contratual evidencia que a inserção de cláusula dessa natureza em contratos de execução continuada é comum. Para Ricardo Tepedino, "(...) é raro que tal condição não seja estipulada" (TEPEDINO, Ricardo. Seção VIII: Dos efeitos da decretação da falência sobre as obrigações do devedor. In: TOLEDO, Paulo Fernando Campos Salles de; ABRÃO, Carlos Henrique (coord.). *Comentários à lei de recuperação de empresas e falência.* 4 ed. rev. e atual. São Paulo: Saraiva, 2010. p. 416-455, p. 422). Fábio Ulhoa Coelho destaca que em contratos bancários tem sido bastante comum a previsão de extinção automática do contrato no caso de mera distribuição de pedido de falência contra qualquer dos contratantes (e não somente no caso de decretação da quebra), sendo tal previsão válida e eficaz, devendo ser obedecida pelos órgãos da falência, comitê de credores e administrador judicial (cf. COELHO, Fabio Ulhoa. *Curso de Direito Comercial*, v. 3. 12 ed. São Paulo: Saraiva, 2011, p. 323). E sua licitude tem sido reconhecida por parte da doutrina falimentar (VALVERDE. *Comentários à Lei de Falências...*, p. 251; REQUIÃO, Rubens. *Curso de direito falimentar*, v. 1. 14 ed. São Paulo: Saraiva, 1991, p. 163; CARVALHO DE MENDONÇA, J. X. *Tratado de Direito Comercial brasileiro*, v. 7. 6 ed. posta em dia por Roberto Carvalho de Mendonça. Rio de Janeiro: Freitas Bastos, 1960, p. 460; MARTINS, Glauco Alves. Efeitos da decretação da falência sobre as obrigações do devedor. In: PAIVA, Luiz Fernando Valente (coord.). *Direito falimentar e a nova lei de falências e recuperação de empresas.* São Paulo: Quartier Latin, 2005. p. 443-482, p. 451; COELHO. *Curso de Direito Comercial*, v. 3..., p. 323; NETTO, Felipe Peixoto Braga. Arts. 115 a 118. In: CORRÊA-LIMA, Osmar Brina; CORRÊA LIMA, Sérgio Mourão (coord.). *Comentários à Nova Lei de Falência e Recuperação de Empresas.* Rio de Janeiro: Forense, 2009. p. 842-862, p. 855) e por parcela da jurisprudência (STJ, 3ª Turma, REsp, 846.462 - SP, Rel. Min. Humberto Gomes, j. 15/05/2007; TJSP, 1ª Câmara Reservada de Direito Empresarial, APC 0003654-06.2011.8.26.0100, Rel. Des. Manoel de Queiroz Pereira Calças, j. 06/05/2015; TJSP, 6ª Câmara de Direito Privado, AI 0072858-40.1997.8.26.0000, Rel. Des. Testa Marchi, j. 30/10/1997), devendo, nessa sistemática, a previsão ser observada pelo administrador judicial e pelo comitê de credores. Em nosso sentir, é plenamente válida e eficaz a previsão contratual, inserida no pacto anteriormente à decretação da quebra, em virtude da qual o evento da falência do devedor opera como verdadeira cláusula resolutiva expressa do contrato, fazendo cessar as relações jurídicas criadas (como já nos manifestamos, ressalvando eventuais situações excepcionais, em SCALZILLI, João Pedro; SPINELLI, Luis Felipe; TELLECHEA,

embora existam posições contrárias, tendo em vista que a cláusula resolutiva expressa contrariaria o art. 117 da LREF[1185-1186].

Em nosso sentir, é aplicável a declaração de ineficácia (art. 129 da Lei 11.101/2005) e a ação revocatória (art. 130 da Lei 11.101/2005) previstas na legislação falimentar. Sem contar que, logicamente, o sócio ostensivo, no processo falimentar do participante, exercerá todos os direitos (e terá

Rodrigo. *Recuperação de Empresas e Falência*. 3 ed. São Paulo: Almedina, 2018, p. 714-716). Não seria lícito, entretanto, que o cocontratante reclamasse preferências ou privilégios fundados em tal pactos, salvo seu direito de concorrer na falência (cf. Carvalho de Mendonça. *Tratado de Direito Comercial brasileiro*, v. 7..., p. 460); destaca-se, nesse particular, as lições de Carvalho de Mendonça ao distinguir a inserção de cláusula resolutiva expressa, como medida de resguardo dos contratantes quanto a certas consequências da falência, da criação de alguma espécie de privilégio não reconhecido por lei ou violação a *par conditio creditorum*: "Em princípio, a cláusula contratual prevendo a falência de uma das partes não é permitida. Assim, não produziria efeito a que permitisse ao credor um privilégio não reconhecido por lei, logo que a falência do devedor fosse declarada. A *par conditio creditorum* e necessidade de afastar ciladas ao crédito não consentiriam na criação de causas arbitrárias de preferência na previsão da falência. Não vemos, porém, razões que vedem os contratantes a premunirem contra certas consequências da falência, como a incerteza, a demora ou a dificuldade que esta produzirá relativamente à execução dos contratos (...)" (Carvalho de Mendonça. *Tratado de Direito Comercial brasileiro*, v. 7..., p. 460). Além disso, como bem salienta Miranda Valverde, deve ser tida como nula a cláusula que impede o síndico de rescindir determinado contrato no caso de falência de qualquer das partes ou, dito de outra forma, na linguagem da LREF, previsão que obrigue o administrador judicial a manter a vigência de determinado contrato após a decretação da quebra, sem dar margem para que o administrador avalie se a manutenção gerará ou não benefício à massa falida. Cf. Valverde. *Comentários à Lei de Falências*..., p. 251; Martins. Efeitos da decretação da falência sobre as obrigações do devedor..., p. 451.

[1185] Bezerra Filho, Manoel Justino. *Nova Lei de Recuperação e de Falências Comentada*. 6 ed. São Paulo: Revista dos Tribunais, 2009, p. 256-257; MANDEL, Júlio Kahan. *Nova lei de falências e recuperação de empresas anotada: Lei 11.101, de 9.2.2005*. São Paulo: Saraiva, 2005, p. 220; Na jurisprudência: TJSP, Câmara Reservada à Falência e Recuperação AC 9253619-24.2008.8.26.0000, Rel. Des, Lino Machado, j. 09/06/2009; 1ª TACivSP, 1ª Câmara Especial, MS 380.876, Rel. Juiz Costa de Oliveira, j. 24/02/1988.

[1186] Ricardo Tepedino firmou posição intermediária. Afirma, por um lado, a nulidade da cláusula, diante da natureza cogente da LREF, embora entenda que a mesma cláusula será válida quando "a contratação do falido se tiver dado *intuitu personae* – se realmente for esse o caso, e a massa tiver perdido as características personalíssimas visadas pelo contratante (o que necessariamente não ocorrerá na continuação do negócio), haverá impossibilidade do cumprimento. A prova disso caberá a quem sustenta a resolução do ajuste. De igual modo, penso que será válida e eficaz a condição resolutiva para a hipótese de falência se inserida no plano de recuperação extrajudicial, porque aí evitar a falência terá sido a razão determinante da sua aprovação." (Tepedino. Seção VIII: Dos efeitos da decretação da falência sobre as obrigações do devedor..., p. 422).

todas as obrigações) previstos na legislação vigente, respeitando-se as limitações existentes (como a restrição ao voto na assembleia geral de credores, de acordo com o art. 43 da Lei 11.101/2005).

1.3. Falência de um sócio na sociedade com apenas dois sócios

A falência de um dos sócios acarretará, como regra, a dissolução da sociedade quando a SCP for composta por apenas dois sócios, uma vez que a quebra do único sócio de uma categoria não ocasiona uma situação de unipessoalidade superveniente, mas sim de falta de preenchimento de uma das categorias de sócio[1187].

Em outras palavras, na hipótese de quebra do participante ou do ostensivo (este, diante de previsão legal expressa), dissolver-se-á a sociedade quando esta tiver apenas dois sócios em seu quadro, uma vez que não existe uma conta de participação sem, ao menos, um sócio ostensivo e um sócio participante. Tal afirmação, todavia, pode ser relativizada, sobretudo em face do art. 994, §3º, do Código Civil, segundo o qual permite-se a manutenção do contrato convenientemente lucrativo pelo administrador judicial no caso de falência do sócio participante.

De resto, permanecendo preenchidas as duas categorias de sócio, nada impede a continuação da sociedade, apurando-se os haveres do falido. Como será examinado no Capítulo 10, é possível, teoricamente, manter a SCP caso a sociedade possua dois ou mais sócios de uma mesma categoria e algum destes assuma a posição do falido (ou mesmo que ninguém assuma tal posição, quando assim permitir a estrutura do contrato) — sendo que, teoricamente, também seria possível o único sócio de uma categoria falir, mas ser substituído por um terceiro[1188].

Parece incompleta a regra do art. 994, §2º, que estabelece a dissolução da SCP em caso de falência do ostensivo — devendo eventual saldo apurado em favor do participante de crédito a ser inscrito no concurso de credores —, pois a SCP pode ter mais de um sócio ostensivo, situação na qual se liquidarão apenas as contas necessárias, permanecendo, se possível, as demais.

[1187] Lopes. *A sociedade em conta de participação...*, p. 110.

[1188] Sobre o tema, ver Almeida. *A sociedade em conta de participação...*, p. 177; Lopes. *A sociedade em conta de participação...*, p. 110; e Galizzi. *Sociedade em conta de participação...*, p. 176-177.

Esse mesmo entendimento aplica-se à falência do sócio participante, uma vez que a sua quebra e a dissolução de seu vínculo com o ostensivo, seja por determinação do administrador judicial, seja por disposição contratual, não acarretam necessariamente a dissolução total da sociedade caso existam outros sócios participantes.

1.4. Falência do ostensivo requerida pelo participante (e vice-versa)

O sócio participante pode requerer a falência ou a insolvência civil do sócio ostensivo na qualidade de credor deste[1189] — sendo que há o entendimento que não poderia requerer a falência na condição de sócio, nos termos do art. 97, III, da LREF[1190] —, como também o sócio ostensivo pode assim proceder em relação ao sócio oculto. Para tanto, basta preencher os requisitos exigidos pela Lei de Recuperação de Empresas e Falências (art. 97, IV c/c art. 94).

Lembre-se que a conta de participação por si só não pode falir nem se tornar insolvente; somente os seus sócios.

Tal peculiaridade serve de argumento para aqueles que negam a natureza societária à SCP, sustentando ser ela um mero contrato bilateral (com base, logicamente, também nos próprios efeitos estabelecidos pelo legislador em caso de falência de cada um dos sócios)[1191]. Não obstante isso, e colacionando a posição de José Alexandre Tavares Guerreiro, entendemos que tais especificidades não desnaturam o caráter *societário* da sociedade em conta de participação, pois, mais que o *modus procedimental*, importa a realidade da existência dos elementos que constituem uma sociedade[1192].

[1189] Vivante. *Trattato di Diritto Commerciale*..., p. 541; Salgado. *Das sociedades em participação*..., p. 123; Heidel-Schall. *Handelsgesetzbuch*..., p. 1.511.

[1190] Cf. Doria. *Curso de Direito Comercial*, v. 1..., p. 197. Tal entendimento derivaria do fato de que, no concurso de credores, a conta de participação seria tratada como um contrato bilateral. Ademais, em uma interpretação literal, tem-se que a legitimidade conferida pela Lei de Falências, no art. 97, III, seria para que os sócios postulem a falência da sociedade; todavia no caso da conta de participação, não existe sociedade para pedir a decretação da falência: quem fale não é a SCP, mas seus sócios.

[1191] Nesse sentido, *v.g.*: Eizirik. Notas sobre a sociedade em conta de participação..., p. 747 ss.

[1192] Guerreiro. Comentário de jurisprudência..., p. 128-129.

2. Recuperação judicial e recuperação extrajudicial

A SCP não pode se beneficiar dos institutos recuperatórios (recuperação judicial e recuperação extrajudicial). Apenas os seus sócios, caso sejam empresários individuais ou sociedades empresárias, podem.

Como regra, na hipótese de recuperação judicial ou extrajudicial de um dos sócios, nada muda na relação existente entre as partes, em que pese eventuais créditos possam estar sujeitos ao processo recuperacional.

Ainda, como regra, o sócio, caso seja credor, não tem direito de voto, na assembleia geral de credores do processo de recuperação judicial do outro contratante (art. 43 da Lei 11.101/2005)[1193].

Discussão que ganha relevância nesse contexto é a possibilidade de existência de cláusula resolutiva expressa no contrato de SCP, cuja licitude e eficácia é bastante discutida. Há quem entenda que tal cláusula deva ser declarada nula ou ineficaz, especialmente quando o contrato é essencial para o sucesso do esforço recuperatório, uma vez que atentaria contra a disciplina da recuperação judicial, afrontaria o *stay period*, repercutiria de modo negativo no patrimônio do devedor e afetaria os interesses dos demais credores[1194]. A solução do problema depende da análise das circunstâncias do caso concreto, especialmente porque, em muitas situações, simplesmente permitir que o contrato permaneça em vigor pode levar a novos inadimplementos e prejudicar a própria ativi-

[1193] TJSP, 1ª Câmara Reservada de Direito Empresarial, AI 2024026-77.2013.8.26.0000, Rel. Des. Teixeira Leite, j. 06/02/2014 ("Recuperação judicial. Assembleia geral de credores. Credora impedida de votar. Art. 43 LRF. Ausência de comprovação da alegada extinção da sociedade em conta de participação. Extinção que se opera com a liquidação, por procedimento de prestação de contas. Art. 996 CC. Credora que, portanto, pode participar, mas não votar em assembleia. Recurso desprovido.").

[1194] Cf. Sanseverino, Gustavo Stenzel. *Tratamento dos contratos bilaterais na recuperação judicial.* 169 f. Dissertação de Mestrado (Universidade de São Paulo). São Paulo, 2020, p. 94 ss. Ver, também: Kirschbaum, Deborah. Cláusula resolutiva expressa por insolvência nos contratos empresariais: uma análise econômico-jurídica. *Revista Direito GV*, v. 2, p. 37-54, jan./jun. 2006. Remetemos, também, ao clássico texto de Grau, Eros Roberto. Concordata: garantia por fiança e vencimento antecipado das obrigações. *Revista dos Tribunais*, São Paulo, v. 622, p. 16-22, ago. 1987. Na jurisprudência: TJSP, Câmara Especial de Falências e Recuperações Judiciais, AI 9038657-43.2009.8.26.0000, Rel. Des. Elliot Akel, j. 18/08/2009; TJSP, 5ª Câmara, Apelação com Revisão 0022394-75.1998.8.26.0000, Rel. Des. Laerte Sampaio, j. 04/11/1998; TJRS, 5ª Câmara Cível, AI 70064348923, Rel. Des. Jorge André Pereira Gailhard, j. 16/12/2015; TJRJ, 5ª Câmara Cível, AI 0002437-24.2014.8.19.0000, Rel. Des. Heleno Ribeiro P. Nunes, j. 25/02/2014.

dade da contraparte — além de afrontar os princípios da autonomia privada e da liberdade contratual[1195]. Por isso, em princípio, entende-se que essa disposição é válida e eficaz, devendo-se ponderar se a manutenção do contrato é essencial para o esforço recuperatório e se não enseja riscos desproporcionais à contraparte[1196].

[1195] TJSP, 1ª Câmara Reservada de Direito Empresarial, AI 0121739-23.2012.8.26.0000, Rel. Des. Teixeira Leite, j. 12/03/2013; TJSP, 22ª Câmara de Direito Privado, APC 4002604-92.2013.8.26.0038, Rel. Des. Hélio Nogueira, j. 19/05/2016.

[1196] SCALZILLI-SPINELLI-TELLECHEA. *Recuperação de Empresas e Falência...*, p. 430-432.

CAPÍTULO 10
DISSOLUÇÃO

Quando se fala em *dissolução em sentido lato*, quer-se designar todo o processo destinado a ultimar, regularmente, a existência de uma sociedade, sendo tal procedimento composto por três fases, a saber: (a) dissolução *em sentido estrito* (*stricto sensu*), (b) liquidação e (c) extinção.

Numa visão panorâmica, poder-se-ia conceituar cada uma das fases da seguinte forma[1197]:

(a) a *dissolução* (*stricto sensu*) é o gatilho que dispara o procedimento de encerramento de sociedade e que tem por origem uma das diversas causas que podem dar ensejo ao desfazimento total dos vínculos societários (*v.g.*, término do prazo de duração, consentimento unânime). Incidindo uma das hipóteses de dissolução, então, a sociedade muda de objetivo: ao invés de passar a desenvolver a atividade e buscar satisfazer o seu interesse social, passa a buscar o seu encerramento por meio da liquidação;

(b) a *liquidação* é a fase durante a qual a sociedade ultima os negócios sociais e liquida o seu patrimônio (*i.e.*, realiza o ativo, paga o passivo e partilha o acervo remanescente entre os sócios), objetivando o encerramento de sua atividade e a sua extinção; e

[1197] Sobre o tema, por todos, ver: PENTEADO, Mauro Rodrigues. *Dissolução e liquidação de sociedades*. 2 ed. São Paulo: Saraiva, 2000, p. 16-21.

(c) a *extinção* é o momento no qual, encerrado o procedimento de liquidação, a sociedade deixa de existir, deixando de se verificar, igualmente, qualquer relação jurídica entre os sócios.

Fato é que, mesmo aqui, a conta de participação continua sendo inoponível perante terceiros[1198].

A fim de proporcionar uma melhor compreensão de cada uma das fases do procedimento — que até podem ocorrer simultaneamente, como será examinado —, elas serão, a seguir, discriminadas. É importante desde já salientar que, na conta de participação, diferentemente das outras sociedades, há, única e exclusivamente, um acerto de contas entre os sócios, *i.e.*, a determinação do crédito devido a um dos sócios[1199].

1. Dissolução *stricto sensu*

Como observa Mauro Brandão Lopes, "como verdadeira sociedade, dissolve-se a conta de participação, pelos mesmos motivos que se dissolvem as demais sociedades, com as modificações exigidas por sua estrutura"[1200].

Justamente por isso é que não existem, dentro do capítulo que regula a conta de participação, regras específicas quanto à sua dissolução — ressalvado o disposto no art. 994, §§ 2º e 3º (analisado no Capítulo 9) —, sendo aplicáveis, de acordo com a disposição de regência supletiva prevista no art. 996 do Código Civil, as regras relativas à sociedade simples[1201].

[1198] "Embargos de terceiro – (...) Inoponibilidade a terceiros dos termos do instrumento de distrato firmando no âmbito da sociedade em conta de participação, o qual só tem eficácia entre os respectivos sócios – Interpretação do art. 993 do Código Civil – Sentença mantida – Recurso não provido." (TJSP, 1ª Câmara de Direito Privado, Apelação 1114666-03.2014.8.26.0100, Rel. Des. Rui Cascaldi, j. 04/05/2017).

[1199] Cf. Hüffer-Koch. *Gesellchaftsrecht...*, p. 257.

[1200] Lopes. *A sociedade em conta de participação...*, p. 109. Igualmente, ver: Cunha Gonçalves. *Da conta em participação...*, p. 111-112; Pontes de Miranda. *Tratado de Direito Privado*, t. 49..., p. 349; Carvalho de Mendonça. *Tratado de Direito Commercial brasileiro*, v. 4..., p. 237; Almeida. *A sociedade em conta de participação...*, p. 175; Galizzi. *Sociedade em conta de participação...*, p. 172; e Gonçalves Neto. *Direito de Empresa...*, p. 200-201.

[1201] Gonçalves Neto. *Direito de Empresa...*, p. 200.

São suportes fáticos da dissolução:

(a) exclusão de sócio (CC, arts. 1.004, 1.006 e 1.030)[1202];

(b) morte de sócio (CC, art. 1.028) — o que não abrange o falecimento de administrador do sócio ostensivo[1203];

(c) direito de retirada (CC, art. 1.029);

(d) hipóteses de dissolução total de sociedade (CC, arts. 1.033 e 1.034), podendo restar previsto no contrato outras causas de dissolução (art. 1.035)[1204-1205-1206].

[1202] No que tange à exclusão de sócio prevista no art. 1.030 do Código Civil, temos duas ressalvas. Em primeiro lugar, a falência de sócio, que, de acordo com o parágrafo único do art. 1.030 (e art. 123 da Lei 11.101/2005) é caso de exclusão de pleno direito, possui regras próprias na SCP, como já visto (CC, art. 994, §§1º e 2º); assim, tal previsão do art. 1.030, parágrafo único, do CC não se aplica à SCP. Em segundo lugar, temos sérias dúvidas sobre se o sócio que se torna incapaz pode ser excluído, nos termos do art. 1.030, *caput*, do CC (regra esta que somente se aplica aos sócios pessoas físicas logicamente), especialmente na situação do sócio participante. Isso porque: (a) o objetivo da regra é proteger o incapaz (e tanto isso é verdade que é tradicionalmente aceita, em nosso país, a participação de incapazes em sociedades que conferem a limitação da responsabilidade, cf., por todos, FRANÇA-ADAMEK. O sócio incapaz (CC, art. 974, §3º)...) e, nesse sentido, nada impediria que aquele que se torna incapaz permaneça como sócio participante, tendo em vista a limitação da responsabilidade (pese embora, reconheçamos, os termos do contrato social — e eventual previsão de responsabilidade por prejuízos da atividade perante o sócio ostensivo — podem ocasionar a necessidade, e não a faculdade, de desvinculação do sócio participante); (b) quanto ao sócio ostensivo, a incapacidade superveniente pode não acarretar a sua exclusão tendo em vista a previsão do art. 974 do CC.

[1203] TJSP, 1ª Câmara Reservada de Direito Empresarial, AI 2166519-62.2022.8.26.0000, Rel. Des. Azuma Nishi, j. 26/10/2022.

[1204] "Direito empresarial e civil. Recurso especial. Ação de dissolução de sociedade. Sociedade em conta de participação. Natureza societária. Possibilidade jurídica. Rompimento do vínculo societário. 1. Discute-se a possibilidade jurídica de dissolução de sociedade em conta de participação, ao fundamento de que ante a ausência de personalidade jurídica, não se configuraria o vínculo societário. 2. Apesar de despersonificadas, as sociedades em conta de participação decorrem da união de esforços, com compartilhamento de responsabilidades, comunhão de finalidade econômica e existência de um patrimônio especial garantidor das obrigações assumidas no exercício da empresa. 3. Não há diferença ontológica entre as sociedades em conta de participação e os demais tipos societários personificados, distinguindo-se quanto aos efeitos jurídicos unicamente em razão da dispensa de formalidades legais para sua constituição. 4. A dissolução de sociedade, prevista no art. 1.034 do CC/02, aplica-se subsidiariamente às sociedades em conta de participação, enquanto ato inicial que rompe o vínculo jurídico entre os sócios. 5. Recurso especial provido." (STJ, 3ª Turma, REsp 1.230.981/RJ, Rel. Min. Marco Aurélio Belizze, j. 16/12/2014).

1205 Na doutrina (exemplificativamente, ver: Galizzi. *Sociedade em conta de participação*..., p. 28, 174) e na prática judicial (TJSP, 6ª Câmara de Direito Privado, APC 71.485-4/1, Rel. Des. Munhoz Soares, j. 25/03/1999; TAPR, 6ª Câmara Cível, APC 0178867-0, Rel. Juiz Carvílio da Silveira Filho, j. 18/02/2002), é corriqueiro sustentar (e decidir!) que a quebra da *affectio societatis* é hipótese de dissolução (parcial ou total) da conta de participação porque a *affectio societatis* seria elemento indispensável das sociedades de pessoas (como também ocorre na França ao referir-se à *mésintelligence entre associés*, cf. Ripert-Roblot-Germain-Magnier. *Traité de droit des affaires*, t. 2..., p. 201; e Moreau. *Associations en participation et sociétés de fait*..., p. 83-84) — sendo, talvez, justamente nas questões de dissolução parcial de sociedade (entre as diversas aplicações completamente sem qualquer baliza ou sistematicidade) que se verifica, de modo mais concreto, como a idéia vaga e imprecisa de *affectio societatis* incide na prática —, posicionamento com o qual não concordamos; neste sentido, por todos, remetemos a França-Adamek. "Affectio societatis"..., p. 27-68.

1206 Aqui, é interessante observar o art. 27º do Decreto-Lei 231(1981) português, que, ao arrolar as hipóteses de extinção da associação em participação, vai, em certa medida, ao encontro do nosso ordenamento jurídico, prevendo diversas hipóteses de extinção que serão abordadas ao longo deste tópico: "ARTIGO 27º (Extinção da associação). A associação extingue-se pelos factos previstos no contrato e ainda pelos seguintes: a) Pela completa realização do objecto da associação; b) Pela impossibilidade de realização do objecto da associação; c) Pela vontade dos sucessores ou pelo decurso de certo tempo sobre a morte de um contraente, nos termos do artigo 28º; d) Pela extinção da pessoa colectiva contraente, nos termos do artigo 29º; e) Pela confusão das posições de associante e associado; f) Pela vontade unilateral de um contraente, nos termos do artigo 30º; g) Pela falência ou insolvência do associante". Em outros países, as hipóteses de dissolução tendem a se assemelhar; assim, por exemplo, diz-se que, na Alemanha, a SCP se dissolve nas seguintes hipóteses: (i) transcurso do tempo determinado ou preenchimento das condições estabelecidas no contrato; (ii) pela morte do sócio ostensivo e não pela morte do participante (hipótese na qual, como regra, de acordo com o §234 do *Handelsgesetzbuch*, ocorrerá a transferência da participação aos herdeiros do sócio oculto, salvo se o herdeiro universal for o sócio ostensivo, quando, então, existirá confusão e ocorrerá a dissolução da sociedade), apesar de o contrato poder prever de modo diverso (sendo que, caso o sócio participante exerça funções administrativas – SCP atípica –, há quem sustente que, tendo em vista a posição de confiança, ocorreria a dissolução da sociedade, aplicando-se o §727 do *Bürgerliches Gesetzbuch*); (iii) pelo preenchimento do fim social ou pela impossibilidade de sua realização; (iv) pela insolvência/falência de algum sócio (§728 do *Bürgerliches Gesetzbuch*), em que pese exista quem sustente que somente a quebra do ostensivo enseje a dissolução da SCP; (v) pela manifestação de vontade de um dos sócios (exercício do direito de retirada) na sociedade a prazo indeterminado (como previsto e nos termos do §234 do *Handelsgesetzbuch*), bem como o direito de retirada na sociedade a prazo determinado quando existente uma justa causa (§723 do *Bürgerliches Gesetzbuch*); (vi) pela execução de um credor particular do sócio participante (como também previsto no §234 do *Handelsgesetzbuch*); e (vi) por decisão conjunta dos sócios (distrato) (cf. Schmidt. *Gesellschaftsrecht*, B. II..., p. 1.860; Baumbach-Hopt. *Handelsgesetzbuch*..., p. 874-875; Heidel-Schall. *Handelsgesetzbuch*..., p. 1.497-1.503, 1.507; Hüffer-Koch.

Gesellchaftsrecht..., p. 256-257; Klunziger. *Grundzüge des Gesellschaftsrechts*..., p. 150-151; Rasner. *Die atypische stille Gesellschaft*..., p. 138-139; Kübler. *Derecho de sociedades*..., p. 196), não se esquecendo que a própria invalidade do contrato (e não de determinada cláusula, quanto, então, somente a referida cláusula será inválida — ou, a depender, ineficaz) pode ensejar a dissolução da sociedade (com efeitos *ex nunc*) (Baumbach-Hopt. *Handelsgesetzbuch*..., p. 865; Heidel-Schall. *Handelsgesetzbuch*..., p. 1.477). Na França, o art. 1872-2 (1e alinéa) do *Code Civil* determina que "Lorsque la société en participation est à durée indéterminée, sa dissolution peut résulter à tout moment d'une notification adressée par l'un d'eux à tous les associés, pourvu que cette notification soit de bonne foi, et non faite à contretemps."; assim, faz-se referência à dissolução, no Direito francês, pelo término do prazo de duração da sociedade a prazo determinado, pela dissolução antecipada pelos associados, pela realização do seu objeto e por justo motivo (notadamente a desinteligência entre os sócios), sendo que, se a sociedade é a prazo indeterminado e constituída para uma série de operações, pode-se dissolver a qualquer momento pela vontade unilateral de qualquer de seus membros (desde que a notificação seja de boa-fé e não a contratempo) — além de outras hipóteses de dissolução de sociedades, como a anulação do ato constitutivo, outras causas previstas no contrato, a morte de um dos sócios ou a abertura de um procedimento concursal contra um deles (cf. Ripert-Roblot-Germain-Magnier. *Traité de droit des affaires*, t. 2..., p. 201; Cozian-Viandier-Deboissy. *Droit des sociétés*..., p. 661; Mignone. *L'associazione in partecipazione*..., p. 608; ver, também, trabalhando inclusive casos de previsão de hipóteses de dissolução no contrato social: Moreau. *Associations en participation et sociétés de fait*..., p. 128 ss.). Na Espanha, faz-se referência às seguintes hipóteses de dissolução: (a) acordo entre as partes; (b) denúncia do contrato por qualquer das partes, quando for estipulado a prazo determinado e exista justa causa ou, quando não há justa causa, o contrato é a prazo indeterminado; (c) término no prazo previsto no contrato; (d) impossibilidade ou conclusão do objeto para cuja realização foi firmada a conta de participação; (e) pela morte ou a incapacidade superveniente do gestor — e não parecendo que a quebra do gestor seria causa de extinção automática da conta de participação, em que pese exista discussão a respeito (cf. Broseta Pont-Sanz. *Manual de Derecho Mercantil*, v. I..., p. 340; Mignone. *L'associazione in partecipazione*..., p. 655-656). Na Itália, o *Codice Civile* não regula as causas que podem ensejar a dissolução da conta de participação; quem entende que teria a natureza de contrato associativo defende aplicar as causas de dissolução das sociedades de pessoas (decurso do prazo, realização do objeto ou sua impossibilidade, retirada na sociedade com prazo indeterminado, retirada por justa causa a ser realizada judicialmente — juntamente com a hipótese de resolução por inadimplemento), enquanto a maioria da doutrina e jurisprudência, por entender que se trata de contrato bilateral, sustenta aplicar-se à conta de participação as causas de dissolução de tais contratos (término do prazo estabelecido, mútuo consenso, resolução por inadimplemento, impossibilidade superveniente e retirada mediante aviso prévio na conta de participação a prazo indeterminado e que não tenha por objeto um negócio único — uma vez que, aqui, há um prazo determinado implícito, salvo se a operação se protraia no tempo por um período muito superior ao que era objetivamente previsto), existindo debate sobre se as alterações nas pessoas dos contratantes é causa de dissolução (como a morte do associante, sua interdição ou inabilitação, devendo-se avaliar se a pessoa do associante é

A própria estrutura da conta de participação, muito diversa dos outros tipos societários, determina a existência de algumas peculiaridades no processo de dissolução. Basicamente, as particularidades estão relacionadas às hipóteses que poderiam acarretar a dissolução parcial[1207], mas acabam por ocasionar a dissolução total[1208]. Essas situações ocorrem quando o sócio que tem o seu vínculo social dissolvido, independentemente da causa, seja o único da sua categoria. Esse fato acarreta, em regra, a dissolução total da sociedade, tendo em vista a falta de preenchimento de uma das categorias de sócio. Nesse sentido, vale lembrar que é inviável a permanência da sociedade em situação de unipessoalidade, mesmo que de modo transitório, como autorizava o Código Civil no revogado inciso IV do art. 1.033 (e, assim, não se entende aplicável o disposto no art. 1.051, II e parágrafo único, do Código Civil, regra específica das sociedades em comandita simples)[1209-1210].

relevante ou não para o empreendimento — sendo que problema menor, nestes casos, ocorre na hipótese de falecimento do associado) (cf. MIGNONE. *L'associazione in partecipazione*..., p. 559 ss).

[1207] A rigor, existem as seguintes hipóteses de dissolução parcial: (*i*) direito de retirada (art. 1.029 do CC — o qual pode ser regulado contratualmente), (*ii*) morte do sócio (CC, art. 1.028), (*iii*) dissolução parcial *stricto sensu* (*i.e.*, quando um caso de dissolução total é convertido em dissolução parcial da sociedade) e (*iv*) exclusão de sócio (CC, arts. 1.004, 1.006 e 1.030), além de (*vi*) outras hipóteses expressamente previstas no contrato social.

[1208] Nesse sentido, Alfredo de Assis Gonçalves Neto confere interpretação restritiva à dissolução parcial na SCP, particularmente quando se trata do sócio ostensivo: "Já o rompimento dos vínculos sociais em relação a um sócio soluciona-se pela aplicação das normas do art. 1.028 e ss., com algumas adaptações. Assim é que, *v.g.*, se houver um único sócio ostensivo no exercício da atividade que constitui o objeto social, não lhe é permitido retirar-se da sociedade nem dela pode ser excluído, porquanto isso equivaleria à sua dissolução por inexequibilidade de seu fim (arts. 1.029, 1.030 e 1.034, II); a exclusão judicial do sócio participante só é cabível por motivo de mora no pagamento de sua contribuição, uma vez que ele nada faz e eventual incapacidade superveniente não afeta os contratos por ele celebrados, cabendo ao seu representante ou assistente prosseguir no cumprimento das prestações avençadas (art. 1.030) (...)." (GONÇALVES NETO. *Direito de Empresa*..., p. 200).

[1209] A unipessoalidade transitória não se coaduna com a conta de participação. Nesse sentido, ver: GALIZZI. *Sociedade em conta de participação*..., p. 66, 172-173; AFFONSO. *A sociedade em conta de participação no Direito brasileiro*..., p. 110-111, 132; e TAVARES-ZOCAL. Dissolução, liquidação e prestação de contas na sociedade em conta de participação..., p. 38. Em sentido contrário, admitindo a SCP que tenha somente um sócio, desde que seja o sócio ostensivo, ver: RAMIRES. *A sociedade em conta de participação no Direito brasileiro*..., p. 103-104. De qualquer forma, ao falarmos da necessidade da existência de dois ou de mais sócios (ou que a unipessoalidade não se coaduna com a conta de participação), também devemos interpretar a situação *cum granus salis*, uma vez que de nada adianta haver dois sócios participantes enquanto inexiste qualquer sócio ostensivo (ou o contrário); logo, ao salientarmos que há a necessidade de dois ou de mais sócios de uma conta de participação, essencial é que exista, no mínimo, um sócio de cada categoria (um sócio ostensivo e um sócio participante). Nestes termos, se, por alguma eventualidade, algum sócio sair da sociedade (por qualquer motivo que seja), a sua ausência não acarretará a dissolução da sociedade caso existam outros sócios da mesma categoria (e, claro, que continue viável o empreendimento sem a presença daquele, ou seja: de nada adianta existirem dois sócios ostensivos se, com a saída de um, o remanescente não possua a possibilidade de assumir a posição daquele e/ou o empreendimento reste inviável, cf. art. 1.034, II, do CC); opera-se a dissolução parcial da sociedade, devendo-se liquidar a sua participação. Por outro lado, caso a conta de participação reste com apenas uma categoria de sócios (mesmo que com dois ou mais sócios de outra categoria), é forçosa a dissolução total da sociedade. De qualquer forma, José Gabriel Assis de Almeida, de modo perspicaz, anota que, caso a sociedade perca o único sócio ostensivo, nada impede que, em existindo dois ou mais sócios ocultos, algum destes assuma a categoria de sócio ostensivo (ALMEIDA. *A sociedade em conta de participação...*, p. 153), sendo que, também, até poderia ser viável que a sociedade persista, no caso de perda de sócio da única categoria (seja oculto, seja participante), se algum terceiro o substituir. Cumpre, entretanto, nestas hipóteses questionar se efetivamente é a mesma sociedade em conta de participação que permanece ou teria surgido uma nova conta de participação. Ou seja, existe continuidade ou não?

[1210] No direito alemão, por exemplo, a morte do sócio ostensivo é causa de dissolução da conta de participação, enquanto o mesmo não ocorre com os sócios participantes (passando a participação para os herdeiros, salvo se o herdeiro universal for o sócio ostensivo, quando, então, existirá confusão e ocorrerá a dissolução da sociedade), apesar de o contrato poder prever em sentido diverso (§234 do *Handelsgesetzbuch*) (sendo que, caso o sócio participante exerça funções administrativas - SCP atípica -, há quem sustente que, tendo em vista a posição de confiança, ocorreria a dissolução da sociedade, aplicando-se o §727 do *Bürgerliches Gesetzbuch*); igualmente, não é permitida a livre circulação do sócio ostensivo. Sobre o tema, ver GRUNEWALD. *Gesellschaftsrecht...*, p. 170 ss; SCHMIDT. *Gesellschaftsrecht*, B. II..., p. 1.860; KÜBLER. *Derecho de sociedades...*, p. 196; HEIDEL-SCHALL. *Handelsgesetzbuch...*, p. 1.501-1.502; HÜFFER-KOCH. *Gesellchaftsrecht...*, p. 257; RASNER. *Die atypische stille Gesellschaft...*, p. 138-139. Na França, Ripert e Roblot sustentam que a concentração da participação em uma única mão enseja a dissolução da sociedade (RIPERT-ROBLOT-GERMAIN-MAGNIER. *Traité de droit des affaires*, t. 2..., p. 201), em que pese exista quem entenda ser aplicável o art. 1844-5 do *Code Civil*, o qual concede um ano para o reestabelecimento da plurilateralidade, como refere Gianni MIGNONE (MIGNONE. *L'associazione in partecipazione...*, p. 608-609). Em Portugal, o art. 28º do Decreto-Lei 231(1981) assim dispõe: "ARTIGO 28º (Morte do associante ou do associado). 1 — A morte do associante ou do associado produz as consequências previstas nos números seguintes, salvo estipulação contratual diferente ou acordo entre o associante e os sucessores do associado. 2 — A morte do associante ou do associado não extingue a associação, mas será lícito ao contraente sobrevivo ou aos herdeiros do falecido extingui-la, contanto que o façam por declaração dirigida ao outro contraente dentro dos noventa dias seguintes ao falecimento. 3 — Sendo a responsabilidade do associado ilimitada ou superior

Por outro lado, e especialmente no que se refere ao sócio ostensivo, mesmo que existente outro, caso a participação daquele que sai da SCP seja essencial à persecução do seu objeto, a conta de participação pode restar completamente dissolvida, tendo em vista a impossibilidade de continuar operando — dissolve-se, neste caso, pela inexequibilidade do seu fim, nos termos do art. 1.034, II, do Código Civil. Tal situação também pode acontecer com um sócio participante, ainda que existam outros participantes. Seria o caso, por exemplo, de sócio investidor que, por meio de contrato de locação, aporta bem essencial e indispensável para o empreendimento.

Além disso, entre as mais variadas possibilidades de dissolução da sociedade por impossibilidade de preenchimento de seu fim, outra peculiaridade que vale ser comentada é a de que, como o fundo social é o meio material que possibilita ao sócio ostensivo explorar o empreen-

à contribuição por ele efectuada ou prometida, a associação extingue-se passados noventa dias sobre o falecimento, salvo se dentro desse prazo os sucessores do associado tiverem declarado querer continuar associados. 4 — Os sucessores do associado, no caso de a associação vir a extinguir-se, não suportam as perdas ocorridas desde o falecimento até ao momento da extinção prevista nos números anteriores."; por sua vez, o art. 29º tem a seguinte redação: "ARTIGO 29º (Extinção do associado ou do associante). 1 — À extinção da pessoa colectiva associada aplica-se o disposto no artigo antecedente, considerando-se, para esse efeito, sucessores a pessoa ou pessoas a quem, na liquidação, vier a caber a posição da pessoa colectiva na associação. 2 — A associação termina pela dissolução da pessoa colectiva associante, salvo se o contrato dispuser diferentemente ou foi deliberado pelos sócios da sociedade dissolvida que esta continue o seu comércio; neste último caso, a associação termina quando a sociedade se extinguir. 3 — Terminada a associação pela dissolução da sociedade associante e revogada esta por deliberação dos sócios, a associação continuará sem interrupção se o associado o quiser, por declaração dirigida ao outro contraente dentro dos noventa dias seguintes ao conhecimento que tenha da revogação. 4 — Os sucessores da pessoa colectiva extinta respondem pela indemnização porventura devida à outra parte." Por fim, o art. 30º do Decreto-Lei 231(1981) português regula a denúncia à associação em participação também como uma hipótese de extinção: "ARTIGO 30º (Resolução do contrato). 1 — Os contratos celebrados por tempo determinado ou que tenham por objecto operações determinadas podem ser extintos antecipadamente, por vontade de uma parte, fundada em justa causa. 2 — Consistindo essa causa em facto doloso ou culposo de uma parte, deve esta indemnizar dos prejuízos causados pela extinção. 3 — Os contratos cuja duração não seja determinada e cujo objecto não consista em operações determinadas podem ser extintos por vontade de uma das partes, em qualquer momento, depois de decorridos dez anos sobre a sua celebração. 4 — A extinção do contrato nos termos do nº 3 deste artigo não exonera de responsabilidade quando o exercício do respectivo direito deva considerar-se ilegítimo, de acordo com o artigo 334º do Código Civil".

dimento, a perda do capital decorrente de prejuízos ou mesmo da destruição dos bens utilizados na exploração do negócio pode acarretar a dissolução da sociedade por impossibilidade de preenchimento do objeto (objeto inexequível), de acordo com o disposto no Código Civil, art. 1.034, II[1211]. Da mesma forma, quando o fundo se demonstra manifestamente insuficiente para o desenvolvimento da atividade e os sócios não estão dispostos a colocar mais recursos no empreendimento, ou mesmo quando estão eles impossibilitados de fazê-lo, a SCP pode ser dissolvida por impossibilidade de preenchimento do seu fim, também forte no art. 1.034, II, do Código Civil[1212]. Em sentido semelhante, a desinteligência insuperável entre os coparticipantes, desde que impossibilite o seguimento da sociedade e o preenchimento do seu fim, também pode ser reputada uma causa capaz de gerar a dissolução total da conta de participação[1213].

Ainda, Mauro Brandão Lopes observa que "o descumprimento do contrato social por parte de qualquer dos sócios capacita o outro a pedir a dissolução da sociedade"[1214]. E prossegue: "esse descumprimento do contrato pode tomar a forma de abuso, prevaricação, violação de obrigação social e fuga. São exemplos de tal descumprimento, segundo Pic, 'não-realização da quota, negligência manifesta, principalmente se se trata de gerente estatutário, não-revogável, na administração dos negócios

[1211] Na Itália, onde a natureza da conta de participação é contratual, Mossa também enxerga na impossibilidade de atingimento do seu fim uma causa dissolutória deste negócio jurídico (cf. Mossa. Diritto Commerciale..., p. 252); ainda, abordando a resolução do contrato por impossibilidade superveniente, particularmente o que chama de *gestão antieconômica* (*i.e.*, quando o objeto da conta de participação é possível de ser executado, mas exigirá uma contribuição exorbitante do associante ou mesmo que já se sabe que a operação não será lucrativa), ver: Mignone. *L'associazione in partecipazione*..., p. 566 ss. Na Espanha caminha-se no mesmo sentido (Broseta Pont-Sanz. *Manual de Derecho Mercantil*, v. I..., p. 340). Igualmente na Alemanha: Schmidt. *Gesellschaftsrecht*, B. II..., p. 1.860. No mesmo sentido dispõe o art. 27º do Decreto-Lei 231(1981) português; salienta Raul Ventura que ao sócio ostensivo é dado o direito de pedir a dissolução total da sociedade invocando perdas em certas circunstâncias que inviabilizem a continuação do negócio, sobretudo dada a sua responsabilidade ilimitada perante terceiros, impondo-se que se ponha termo ao fluxo ininterrupto de perdas (cf. Ventura. *Associação em participação* (BMJ 190)..., p. 91-92).

[1212] Lopes. *A sociedade em conta de participação*..., p. 110-111. Ver, também: Galizzi. *Sociedade em conta de participação*..., p. 173.

[1213] Sobre o tema, ver: Cunha Gonçalves. *Da conta em participação*..., p. 112-113.

[1214] Lopes. *A sociedade em conta de participação*..., p. 111.

sociais ou na sua fiscalização, oposição ao exercício normal do direito de fiscalização, reconhecido pela lei a todos os associados, recusa sistemática a concorrer às deliberações sociais, incapacidade técnica notória do associado, a qual opõe na impossibilidade de realizar a sua quota de indústria, apropriação indébita de soma do ativo, retirada para sua conta de somas superiores às convencionadas, mudança anti-estatutária da sede, ausência'. Todas essas razões específicas são pertinentes ao caso da conta de participação, sendo notável a relevância especial de muitas delas"[1215].

O descumprimento do contrato social (ou de deveres decorrentes da relação societária) pode, em primeiro lugar, ensejar a exclusão de sócio (ostensivo ou participante) por falta grave (CC, arts. 1.004 e 1.030 – além do art. 1.006)[1216-1217], em procedimento que necessariamente deve

[1215] Lopes. *A sociedade em conta de participação...*, p. 111; ver, também: Almeida. *A sociedade em conta de participação...*, p. 182.

[1216] Alfredo de Assis Gonçalves Neto, ao tratar especificamente a questão do descumprimento das obrigações por parte do sócio ostensivo, assim entende: "Se o sócio ostensivo age em desacordo com as normas que definem sua atuação no domínio da sociedade em conta de participação, também não há como excluí-lo da sociedade, eis que ele é o único incumbido de dar cumprimento ao objeto social, não sendo a ele aplicável, por isso, a norma do art. 1.030 do Código Civil, mas os sócios participantes terão as alternativas de deliberar a dissolução da sociedade, se formarem maioria (art. 1.033, III), ou judicialmente, mostrando que o descumprimento das obrigações sociais pelo sócio ostensivo importa a impossibilidade de atingir os fins sociais (art. 1.034, II)." (Gonçalves Neto. *Direito de Empresa...*, p. 196). A lição do jurista paranaense é interessante, mas acreditamos que acaba por complicar o que não é necessário: entendemos que incide, sim, o art. 1.030, *caput*, nesta hipótese e que pode o sócio ostensivo ser excluído. Em primeiro lugar porque, existindo dois ou mais sócios ostensivos, a conta de participação pode permanecer com um destes (bastando que o sócio excluído preste contas, liquidando a sua participação); em segundo lugar, porque a exclusão do único sócio ostensivo acarreta a dissolução da sociedade por inexistência de uma categoria de sócios — não sendo, portanto, necessário o recurso aos arts. 1.033 ou 1.034 para se alcançar a dissolução da sociedade. Sobre o tema, ver Galizzi. *Sociedade em conta de participação...*, p. 150-151. E as mesmas observações aplicam-se a quaisquer das hipóteses de extinção dos vínculos societários de sócio ostensivo, como os casos de falecimento e exercício de direito de retirada, por exemplo.

[1217] Para Garrigues, configuram justa causa: (a) quando o ostensivo utiliza os capitais comuns para negócios próprios e não para a exploração do objeto da conta de participação; (b) por imiscuir-se o participante nos aspectos administrativos do negócio de interesse comum que não lhe correspondam; (c) por cometer fraude o ostensivo na administração ou contabilidade das operações singulares ou da empresa objeto da conta de participação; (d) quando um sócio deixa de realizar o aporte prometido; (e) por violação do dever de não concorrência

ser judicial (com ressalva da exclusão do sócio remisso e da exclusão do sócio prestador de serviço)[1218], o que, eventualmente, pode ensejar a dissolução total da sociedade.

Da mesma forma, tal descumprimento de deveres sociais pode ser causa de exercício do direito de retirada na sociedade a prazo determinado (CC, art. 1.029), o que também tem o condão de ocasionar a dissolução total da SCP. Entretanto, em regra, o descumprimento de previsões contratuais (ou de outros deveres decorrentes da relação societária) somente ensejará, por si só, a dissolução total da sociedade caso venha a inviabilizar a sociedade de preencher o seu fim (CC, art. 1.034, II) ou caso assim conste expressamente no contrato social (CC, art. 1.035).

Ademais, logicamente, o descumprimento de deveres de sócio também pode, entre outras consequências, resultar em responsabilização civil do sócio inadimplente.

Por todo o exposto, pode-se constatar que, realizadas as devidas adaptações, a conta de participação dissolve-se nas mesmas hipóteses que os outros tipos societários (acrescidas as previsões do art. 994, §§ 2º e 3º, do Código Civil), sendo muito comum, na prática, que os contratos de SCP estabeleçam outras hipóteses de dissolução (CC, art. 1.035), observadas as peculiaridades de cada empreendimento.

Ainda, não existe previsão legal sobre a possibilidade de transformação de algum outro tipo societário em sociedade em conta de participação (e vice-versa). Inobstante isso, tendo em vista a própria estrutura da SCP (por ser uma sociedade meramente interna), o mais adequado talvez seja a sua dissolução (voluntária) e a constituição da nova sociedade — da mesma forma que não vislumbramos possibilidade de realização de outras operações societárias com a conta de participação[1219]. A despeito

por parte do gestor; (f) quando o ostensivo se ausenta injustificadamente, descumprindo obrigação de gerir pessoalmente os negócios de interesse comum; (g) por deixar de cumprir qualquer outra obrigação imposta decorrente da existência da conta de participação. Cf. Garrigues. *Tratado de Derecho Mercantil...*, p. 211.

[1218] Dando a entender que seria possível a exclusão extrajudicial, ver: Affonso. *A sociedade em conta de participação no Direito brasileiro...*, p. 113-115. Sobre a exclusão de sócio por falta grave, ver: Spinelli. *Exclusão de sócio por falta grave na sociedade limitada...*

[1219] Baumbach-Hopt. *Handelsgesetzbuch...*, p. 868; Heidel-Schall. *Handelsgesetzbuch...*, p. 1.474, 1.502 (sendo que, na Alemanha, afirma-se, como fundamento a tal impossibilidade, o fato de que não há previsão legal de tal transformação na *Umwandlungsesetz*, que estabeleceria um rol *numerus clausus*). Manifestando-se, corretamente, em nosso entender,

disso, é possível a transformação da participação detida pelo sócio oculto em um empréstimo ou, ainda, a transformação da participação detida pelo sócio participante em aporte de recursos no sócio ostensivo (caso se trate de sociedade) ensejando o seu ingresso nesta sociedade, o que causa a dissolução da SCP[1220].

Sobre o *modus operandi*, a dissolução da sociedade (que independe, assim como a constituição, de qualquer formalidade) pode envolver litígio ou não.

Quando ela é consensual, não existem maiores dificuldades, bastando a assinatura do respectivo distrato social[1221]. No cenário oposto, a dissolução pode ser litigiosa, dependendo de manifestação judicial.

Na hipótese de o término da conta de participação ser submetido ao Judiciário, o tipo de dissolução — se parcial, se total — determina o rito a ser seguido: à dissolução parcial da conta em participação aplicam-se os arts. 599-609 do Código de Processo Civil (procedimento especial da ação de dissolução parcial de sociedade), devendo-se seguir o procedimento de prestação de contas para a liquidação (Código Civil, art. 996)[1222]; à sua dissolução total aplicam-se os arts. 318-512 do Código de Processo Civil (procedimento comum), também se adotando o pro-

no sentido de que não pode a conta de participação ser objeto de operações societárias (cisão, incorporação ou fusão), uma vez que não possui patrimônio próprio, ver: FERNANDES. *A Sociedade em Conta de Participação no Direito Tributário...*, p. 143. Por sua vez, referindo a possibilidade de transformação da conta de participação em qualquer espécie societária, além de também entender possível a fusão entre sociedades em conta de participação, ver: MOREAU. *Associations en participation et sociétés de fait...*, p. 164-167, 182-183; MIGNONE. *L'associazione in partecipazione...*, p. 610.

1220 HEIDEL-SCHALL. *Handelsgesetzbuch...*, p. 1.502-1.503.

1221 "Sociedade em conta de participação — Pedido de dissolução c/c cobrança de haveres já acordados — Dissolução definitiva em audiência — Acordo entre os sócios — Cobrança — Valor estipulado em índice de correção — Sigla — Interpretação. Se os sócios, de comum acordo, em audiência, decidem dissolver em definitivo a sociedade em conta de participação, já tendo sido apurados os haveres, não há nenhum obstáculo legal para tanto. Em se tratando de empreendimento imobiliário, onde se prevê o pagamento de determinada quantia a sócio participante, muito mais coerente interpretar a sigla UPF como "unidade padrão de financiamento", que se refere a financiamento de imóvel, do que "unidade padrão fiscal", que se refere a tributos." (TAMG, 3ª Câmara Cível, APC 365.984-5, Rel. Juiz Mauro Soares de Freitas, j. 14/08/2002).

1222 Cf. FRANÇA-ADAMEK. *Direito processual societário...*, p. 27 (em que pese exista entendimento pretérito no sentido de que a conta de participação, por ser um *contrato de parceria*, teria a dissolução parcial operada por uma ação de rescisão contratual, cf. TJSP, 2ª Câmara

cedimento de prestação de contas para a liquidação (CC, art. 996)[1223]. Nesses casos, o magistrado deve "limitar-se a determinar a dissolução da sociedade, sem proceder à liquidação da mesma, posto que à conta de metade não se aplicam as regras referentes à liquidação das demais sociedades"[1224-1225].

A partir do momento da dissolução da SCP, caso o ostensivo continue a realizar operações, elas não mais serão imputadas ao resultado da

Reservada de Direito Empresarial, Apelação Cível 0179611-55.2010.8.26.0100, Rel. Des. Ricardo Negrão, j. 11/09/2012).

1223 Anteriormente à edição do novo Código de Processo Civil, eram aplicáveis as disposições contidas nos arts. 655-674 do Código de Processo Civil de 1939, que, por força do art. 1.218, VII, do Código de Processo Civil de 1973, ainda vigoravam. Afirmando que não se aplicaria o procedimento de dissolução judicial previsto nos arts. 655-674 daquele diploma, ver: Yoshikawa. Reflexos processuais da sociedade em conta de participação..., p. 41.

1224 Galizzi. *Sociedade em conta de participação...*, p. 171. Ver, também: Almeida *A sociedade em conta de participação...*, p. 183.

1225 Eduardo Yoshikawa sustenta que na hipótese de a SCP contar com mais de um sócio participante, caso a demanda (de dissolução - e liquidação/prestação de contas) não seja proposta por todos os sócios participantes (por exemplo, se se tratar de dissolução parcial de sociedade, para apuração e pagamento dos haveres de um único sócio), aqueles que não tomaram a iniciativa de recorrer ao Poder Judiciário deverão integrar o polo passivo do processo, tendo em vista o caráter plurilateral do contrato de sociedade (cf. Yoshikawa. Reflexos processuais da sociedade em conta de participação..., p. 42). O posicionamento do referido autor, na verdade, reflete o posicionamento jurisprudencial dominante no que tange à dissolução parcial de sociedades (especialmente de sociedades limitadas), bem como o adotado pelo Código de Processo Civil de 2015. Ainda, Eduardo Yoshikawa cita precedente judicial em que, corretamente, se firmou o entendimento de que terceiros (não sócios) não possuem legitimidade para participar do processo de dissolução de sociedade (TJSP, Câmara Reservada de Direito Empresarial, Apelação 0113190-83.2010.8.26.0100, Rel. Des. José Reynaldo, j. 11/10/2011: "Legitimidade ad causam — Pólo passivo — Ação de dissolução de sociedade em conta de participação — Impossibilidade de terceiros que contrataram com o sócio ostensivo figurarem no pólo passivo de demanda que visa a extinção da relação jurídica estabelecida entre os dois únicos sócios da sociedade empresária, o ostensivo e o participante. Dissolução — Sociedade em conta de participação — Demanda que visa a retirada do único sócio participante de sociedade empresária, com a condenação do sócio ostensivo à devolução do valor correspondente ao capital social por ele subscrito com atualização monetária nos termos expressamente previstos no instrumento contratual — Ação procedente em parte apenas em relação à incidência de juros moratórios — Sucumbência — Tendo o autor decaído de parte mínima do pedido, a requerida deve responder integralmente pelo pagamento das custas processuais e honorários de advogado — Aplicação do parágrafo único do artigo 21 do Código de Processo Civil. Apelação desprovida".).

conta de participação[1226]. É com a dissolução que resta rompido o vínculo societário entre os sócios, ressalvadas as obrigações pós-contratuais, inclusive as decorrentes da própria liquidação[1227].

2. Liquidação

Uma vez verificada uma das hipóteses de dissolução da SCP, parte-se, então, para a segunda fase do processo dissolutório, a *liquidação*. Trata-se de procedimento que se realiza pelas regras da *prestação de contas* e cuja condução cabe ao sócio ostensivo, dado que é ele quem exerce a atividade e quem possui acesso aos dados da conta de participação[1228-1229-1230]. Ainda, a apuração é, evidentemente, restrita, ao objeto da conta de participação[1231], de acordo com o art. 996 do Código Civil[1232], devendo ser prestada na *forma mercantil*[1233].

Veja-se como o Poder Judiciário trata a matéria:

> Sociedade em conta de participação — *Dissolução que não observa as formalidades previstas para outras sociedades reconhecidas pelo nosso ordenamento jurídico — seguida de liquidação e partilha. Basta para tanto apenas a*

1226 Moreau. *Associations en participation et sociétés de fait...*, p. 138.

1227 Há quem diga que a consequência última da liquidação é a liberação do ostensivo relativamente às obrigações contratuais, que ficaria completamente livre para a persecução de seus negócios (Garrigues. *Tratado de Derecho Mercantil...*, p. 214) — o que, por óbvio, também se aplicaria ao sócio participante.

1228 Cf. STJ, 3ª Turma, REsp 1.230.981/RJ, Rel. Min. Marco Aurélio Belizze, j. 16/12/2014.

1229 Sendo passível de convencionar a atuação do sócio participante, especificamente nas sociedades tidas por atípicas, *i.e.*, naquelas em que o participante tenha poder para administrar o negócio, cf. Rasner. *Die atypische stille Gesellschaft...*, p. 141.

1230 Na hipótese de falecimento do sócio ostensivo, as contas devem ser prestadas por seus herdeiros (cf. Salgado. *Das sociedades em participação...*, p. 145; Affonso. *A sociedade em conta de participação no Direito brasileiro...*, p. 133).

1231 TJDFT, 6ª Turma, AI 0710402-64.2022.8.07.0000, Rel. Des. Esdras Neves, j. 10/08/2022.

1232 Como também ocorre em outros países; exemplificativamente, na Espanha (*Código de Comercio*, art. 243), também assim se referindo na Itália (Mignone. *L'associazione in partecipazione...*, p. 586-587). Na Argentina, a *Ley 19.550*, no art. 366, caminhava nesse sentido; atualmente, o art. 1451 do *Código Civil y Comercial de la Nación* prevê a prestação de contas quando do término da operação.

1233 TJSP, 2ª Câmara Reservada de Direito Empresarial, Agravo de Instrumento 2221890-50.2018.8.26.0000, Rel. Des. Araldo Telles, j. 27/08/2019. Sobre a prestação de contas, inclusive com comentários sobre o significado da expressão "forma mercantil", cf. o Capítulo 4, n. 5.2.

prestação de contas a ser prestada de forma amigável ou judicialmente. (...). (TJSP, 7ª Câmara de Direito Privado, APC 425404600, Rel. Des. Júlio Vidal, j. 30/10/1998).

Dissolução e liquidação de sociedade. Ação de prestação de contas. Prestação de contas decorrente de contrato de sociedade em conta de participação. Dever de prestar contas, na forma mercantil, reconhecido. Apelo improvido. (TJRS, 5ª Câmara Cível, APC 70020320628, Rel. Des. Pedro Luiz Rodrigues Bossle, j. 22/08/2007).

Observa-se, portanto, que a liquidação da conta de participação é, grosso modo, um *acerto de contas entre os sócios*, mesmo porque, quando a SCP é dissolvida, a única relação afetada é aquela existente entre os sócios, pois, perante terceiros, todos os atos foram praticados em nome do sócio ostensivo[1234]: não há patrimônio a liquidar, créditos para cobrar e pagamentos a fazer[1235]. Nessa linha, o §235(2) do *Handelsgesetzbuch* determina expressamente que negócios pendentes após a dissolução da SCP serão executados pelo sócio ostensivo.

O rito dissolutório detalhado previsto para as sociedades personificadas tem razão de ser em atenção à necessidade de tutelar os terceiros que entraram em relação com a sociedade, notadamente os seus credores. Desse modo, a liquidação da conta de participação não segue o rito solene e específico dado para os demais tipos societários, o qual justamente existe em benefício dos interesses de terceiros envolvidos na liquidação da sociedade[1236-1237].

1234 GARRIGUES. *Tratado de Derecho Mercantil*..., p. 214. Ver, também: KÜBLER. *Derecho de sociedades*..., p. 195. E isso deixa claro que a SCP é uma sociedade interna, cf. SCHMIDT. *Gesellschaftsrecht*, B. II..., p. 1.861; HEIDEL-SCHALL. *Handelsgesetzbuch*..., p. 1.503.

1235 HEIDEL-SCHALL. *Handelsgesetzbuch*..., p. 1.497; HÜFFER-KOCH. *Gesellchaftsrecht*..., p. 257.

1236 RIPERT-ROBLOT-GERMAIN-MAGNIER. *Traité de droit des affaires*, t. 2..., p. 201; FERREIRA. *Tratado de Direito Comercial*, v. 3..., p. 549-550; CARVALHO DE MENDONÇA. *Tratado de Direito Commercial brasileiro*, v. 4..., p. 237; ALMEIDA. *A sociedade em conta de participação*..., p. 185.

1237 Nada obsta, no entanto, que as partes estabeleçam no contrato social da SCP "um regime mais ou menos aproximado da liquidação das sociedades" (VENTURA. *Associação em participação* (BMJ 190)..., p. 97). Ademais, é evidente que as partes podem estipular que a dissolução da SCP ensejará a própria extinção da atividade explorada pelo ostensivo, hipótese na qual tal procedimento, como é evidente, será conduzido pelo ostensivo (cf. RASNER. *Die atypische stille Gesellschaft*..., p. 140-141).

Trata-se da *prestação definitiva de contas*, da *prestação final e global* de contas[1238], sem prejuízo de que nos casos em que a conta de participação tiver longa duração, as contas prestadas e aprovadas periodicamente pelos sócios assumam, como regra, caráter definitivo[1239].

Não há a necessidade de seguir o procedimento de liquidação típico dos demais tipos societários, uma vez que não existem interesses externos (credores) a serem tutelados; a liquidação da conta de participação objetiva, principalmente (ou, talvez, unicamente), satisfazer os interesses dos sócios, uma vez que possui eficácia meramente interna[1240].

Nesse sentido, a dissolução da SCP não dá origem a uma *verdadeira liquidação*, mas, como dito anteriormente, a um *acerto de contas* entre os sócios[1241], uma vez que o sócio ostensivo, mesmo após a liquidação e consequente extinção da conta de participação, continua garantindo os credores pois sempre operou em nome próprio (e, nessa direção, as operações pendentes seguirão sendo executadas pelo ostensivo, como determina o §235 do *Handelsgesetzbuch* alemão). Desnecessária, portanto, qualquer proteção especial dos credores[1242]. E tanto isso é verdade que, mesmo quando da vigência do Código Comercial de 1850, o qual era omisso sobre a liquidação da sociedade, inexistiam dúvidas quanto à forma de liquidação da conta de participação: dever de o sócio ostensivo prestar contas ao participante[1243].

Logo, há a necessidade de, levantadas as contas, apurar o saldo de acordo com o estabelecido no contrato social (não se podendo falar, por

[1238] PIC. *Des Sociétés Commerciales*, t. III..., p. 650-651.

[1239] MOREAU. *Associations en participation et sociétés de fait*..., p. 140.

[1240] RIPERT-ROBLOT-GERMAIN-MAGNIER. *Traité de droit des affaires*, t. 2..., p. 201.

[1241] MOREAU. *Associations en participation et sociétés de fait*..., p. 143.

[1242] Cf. VENTURA. *Associação em participação* (BMJ 190)..., p. 95-97. Ver, também: PIC. *Des Sociétés Commerciales*, t. III..., p. 651.

[1243] Nesse sentido, Waldemar Ferreira destaca que não poderiam existir dúvidas de que, em caso de dissolução, apesar da omissão do Código Comercial de 1850, ocorreria a prestação de contas (amigável ou judicial) do sócio ostensivo ao oculto (FERREIRA. *Tratado de Direito Comercial*, v. 3..., p. 546-547); igualmente, ver CARVALHO DE MENDONÇA. *Tratado de Direito Commercial brasileiro*, v. 4..., p. 237; e ALMEIDA. *A sociedade em conta de participação*..., p. 184-186. Por fim, remetemos aos seguintes precedentes: TJSP, 4ª Câmara Civil, APC 71.625, Rel. Des. Dimas de Almeida, j. 28/04/1955; TJSP, 6ª Câmara Civil, APC 87.354, Rel. Des. Euler Bueno, j. 19/02/1960; TJGB, 8ª Câmara Cível, APC 17.179, Rel. Des. Sadi Cardoso de Gusmão, 05/09/1961; TJSP, 2ª Câmara Civil, APC 104.402, Rel. Des. G. Carmo Pinto, j. 28/07/1961; TJSP, 6ª Câmara Civil, APC 108.697, Rel. Des. Euler Bueno, j. 14/09/1961.

óbvio, na simples devolução do montante investido por qualquer dos sócios)[1244], sendo vedada a sociedade leonina inclusive na partilha[1245].

No curso desse procedimento — ajuste de contas entre os sócios —, é preciso respeitar a natureza da SCP. Por exemplo, o sócio oculto somente recebe os resultados da sociedade, sem participação no fundo de comércio do negócio explorado pelo ostensivo, salvo estipulação em contrário ou caso a própria estrutura *in concreto* da conta de participação assim determine. Outros valores podem ter a partilha convencionada, como na situação em que o participante é coproprietário[1246].

Realiza-se, assim, grosso modo, um *acerto de contas* entre os sócios, a fim de verificar o que deve ser pago a cada um para posterior pagamento (se houver saldo)[1247-1248].

[1244] TJSP, 1ª Câmara Reservada de Direito Empresarial, Apelação 1050777-70.2017.8.26.0100, Rel. Des. Cesar Ciampolini, j. 06/11/2019. Todavia, a situação é diversa quando, por exemplo, se está diante de um contrato nulo, uma vez que, então, as partes devem retornar ao *status quo ante,* cf. TJSP, 2ª Câmara Reservada de Direito Empresarial, Apelação 1077346-40.2019.8.26.0100, Rel. Des. Ricardo Negrão, j. 20/09/2021.

[1245] PIC. *Des Sociétés Commerciales,* t. III..., p. 653-654. Ver, também: MOREAU. *Associations en participation et sociétés de fait...*, p. 142.

[1246] Ver: RASNER. *Die atypische stille Gesellschaft...*, p. 60 ss, 140-141; HÜFFER-KOCH. *Gesellschaftsrecht...*, p. 258. Fazendo referência a que a mais-valia dos bens, diante da exploração da atividade, seria um benefício comum e, assim, deveria ser repartida entre os sócios — relatando caso em que a valorização do estabelecimento do ostensivo, por conta do trabalho realizado pelo participante, teve de ser repartida —, podendo, de qualquer sorte, as partes estipularem a respeito, ver: MOREAU. *Associations en participation et sociétés de fait...*, p. 48-49, 54-55, 145-146.

[1247] "As contas finais da liquidação devem conter todos os elementos que sirvam para determinar a situação recíproca dos sócios. Quanto ao ostensivo, as contas devem demonstrar, com exatidão, o crédito ou débito devido ao sócio participante, além de direitos referentes à reparação dos eventuais danos sofridos na gestão dos negócios comuns, remuneração devida (quando estipulada), despesas feitas com as operações sociais, enfim, tudo quanto lhe deve a sociedade." "Já os sócios participantes podem nas prestações de contas exigir que o sócio ostensivo os indenize dos capitais eventualmente utilizados para pagamento de seus credores particulares, servindo, ainda, para que apurem todas as responsabilidades do ostensivo durante a administração e liquidação dos negócios comuns, decorrentes, por exemplo, de condutas como a falta de fiscalização dos empregados, desvios de somas etc." (GALIZZI. *Sociedade em conta de participação...*, p. 179).

[1248] Sendo que, caso o aporte de algum dos sócios tenha sido feito em serviço, é extremamente importante analisar como tal contribuição foi avaliada e o que consta do contrato social.

Esse pagamento deve ocorrer à vista[1249] e em dinheiro[1250], pouco importando qual tenha sido o aporte realizado[1251-1252], salvo disposição ou ajuste em sentido contrário.

Ainda, nesse procedimento, deve-se atentar para o fato de que (a) o participante pode ter direito à devolução do bem que tenha transferido somente o uso[1253], bem como (b) pode existir uma relação de direito real entre os sócios, caso os bens aportados sejam detidos em condomínio, hipótese em que a comunidade de bens não necessariamente é afetada com a dissolução da conta de participação[1254-1255].

[1249] Todavia, é possível, com a finalidade de não impor ônus muito forte ao ostensivo (ou ao participante), que seja ajustado o parcelamento dos valores devidos (cf. Heidel-Schall. *Handelsgesetzbuch...*, p. 1.504).

[1250] Na Alemanha, o §235(1) do *Handelsgesetzbuch* determina que, ocorrendo a dissolução da sociedade, o sócio ostensivo e o sócio participante realizarão a partilha, sendo que eventual saldo será pago em dinheiro; assim, o participante tem pretensão de cobrar o crédito apurado correspondente à sua participação. Sobre o tema, ver: Baumbach-Hopt. *Handelsgesetzbuch...*, p. 876-877; Heidel-Schall. *Handelsgesetzbuch...*, p. 1.505; Hüffer-Koch. *Gesellchaftsrecht...*, p. 257; Klunziger. *Grundzüge des Gesellschaftsrechts...*, p. 151.

[1251] Cf., aplicando normas (de Direito material) previstas no procedimento de dissolução parcial regrado no Código de Processo Civil de 2015 (arts. 559-609) sobre a apuração de haveres na hipótese de dissolução parcial de SCP: TJRS, 5ª Câmara Cível, Apelação 70081037236, Rel. Des. Jorge André Pereira Gailhard, j. 26/06/2019; TJRS, 5ª Câmara Cível, Apelação 70077514602, Rel. Des. Isabel Dias Almeida, j. 26/06/2018. Em sentido diverso, no sistema francês, ver: Ripert-Roblot-Germain-Magnier. *Traité de droit des affaires*, t. 2..., p. 201-202.

[1252] Na Itália, faz-se referência à transferência da propriedade dos bens ao ostensivo, existindo a possibilidade de se prever a obrigação de restituição do bem; isso, todavia, não seria garantia ao participante: uma coisa seria a obrigação de, na liquidação, restituir o bem, o que existe somente se exista saldo a pagar (mas que, em não existindo perdas, o associado poderia saldar as perdas e recuperar o bem), sendo que, em caso de o bem ter-se perdido, a restituição seria *in pecuniae* (cf. Ghidini. *L'associazione in partecipazione...*, p. 72-73, 255; Mignone. *L'associazione in partecipazione...*, p. 588).

[1253] Ripert-Roblot-Germain-Magnier. *Traité de droit des affaires*, t. 2..., p. 201.

[1254] Mediavilla. Extinción de cuentas en participación con cláusulas atípicas..., p. 3.175-3.176.

[1255] Ainda, há quem sustente ser possível existir previsão no contrato no sentido de que, em existindo inadimplemento dos deveres por parte do ostensivo, deva ser a conta de participação extinta e restituídos os aportes realizados pelo participante (mas, caso nada esteja estabelecido no contrato, o descumprimento dos deveres por parte do ostensivo pode levar à dissolução da conta de participação com a consequente liquidação, apurando-se o resultado do empreendimento). Cf. Balmaseda. La atipicidad y las cuentas en participación..., p. 272 ss.

Recomenda-se, na medida do possível e para evitar litígio, que o contrato social já preveja o modo e a forma de se realizar a liquidação, *i.e.*, como serão prestadas as contas, calculado o acervo social e feito o pagamento[1256].

Quando são diversos os sócios ostensivos, o art. 996, parágrafo único, do Código Civil, estabelece que a prestação de contas será *una* e que deve ser realizada em conjunto[1257], em que pese cada ostensivo preste contas das operações sob sua responsabilidade[1258]. Assim, as contas devem ser prestadas de modo uniforme, de acordo com um mesmo critério e em conjunto, seja dissolução amigável, seja judicial[1259]. Fica implícito no dispositivo que os dois sócios ostensivos praticam igual atividade e cumprem o objeto social como se fossem dois administradores de um mesmo negócio. Aqui, é evidente que o preceito não é aplicável quando se trata de sociedade em conta de participação *plúrima*, na qual existem dois ou mais sócios ostensivos que atuam individualmente na prática de atividades econômicas diversas, uma vez que, em tal caso, cada atividade apresenta o seu sócio ostensivo próprio que, por sua vez, é sócio oculto na atividade desenvolvida por outro de seus consócios e vice-versa[1260].

1256 Nesse sentido, ver: HEIDEL-SCHALL. *Handelsgesetzbuch...*, p. 1.505.

1257 Tal dispositivo é por muitos criticado, uma vez que seria difícil admitir a possibilidade de uma SCP com dois ou mais sócios ostensivos. Sobre o tema, ver: YOSHIKAWA. Reflexos processuais da sociedade em conta de participação..., p. 42-43.

1258 Sobre o assunto, afirma, ainda, Mauro Brandão Lopes: "no caso de sociedade com vários sócios ostensivos, vários serão os liquidantes; mas não funcionarão eles conjuntamente, como é óbvio, cada um se encarregando da liquidação das operações a seu cargo" (LOPES. *A sociedade em conta de participação....*, p. 114). E Gustavo Oliva Galizzi assim considera: "No caso de sociedade com vários sócios ostensivos, vários serão os liquidantes, cada um se encarregando da liquidação das operações a seu cargo, com a conseqüente apresentação de várias prestações de contas. Cada uma delas constituirá parte de um quadro geral, que deverá ser formado pelo confronto das diversas prestações. De fato, havendo mais de um sócio ostensivo, as respectivas contas serão prestadas em um mesmo processo (art. 966, parágrafo único, do CC/2002). Nesse contexto, Mauro Brandão Lopes alude, oportunamente, à conveniência de nomeação de um verificador e sintetizador dentre os vários liquidantes, para que das diversas prestações se tire o resultado final." (GALIZZI. *Sociedade em conta de participação...*, p. 178-179). Ver, também: AFFONSO. *A sociedade em conta de participação no Direito brasileiro...*, p. 133.

1259 Hipótese de litisconsórcio passivo entre os sócios ostensivo, cf. YOSHIKAWA. Reflexos processuais da sociedade em conta de participação..., p. 42.

1260 Por todos, ver: GONÇALVES NETO. *Direito de Empresa...*, p. 202.

Finalmente, observe-se que a forma de liquidação serve como argumento para aqueles que negam à SCP a *natureza societária*, relegando a ela simples natureza contratual, posição com a qual não concordamos. Nesse particular, aderimos à posição de José Alexandre Tavares Guerreiro: "Estamos em que essa peculiaridade não desnatura o caráter *societário* da sociedade em conta de participação e não a reduz a mero contrato bilateral em que 'as relações entre os sócios se liquidam por ajuste de contas ou prejuízos de negócios empreendidos'. Mais que o *modus procedimental* da apuração de haveres, ou que sua designação formal, importa a realidade da existência de fundos sociais."[1261] Ora, não é o modo como se opera a liquidação da sociedade que retira o seu caráter societário; como já visto, a conta de participação apresenta todos os elementos de qualquer sociedade e, por isso, assim também o é.

2.1. Modalidades

A liquidação pode ser extrajudicial (amigável) ou judicial (litigiosa). Em uma ou em outra hipótese, o liquidante deve ser o sócio ostensivo, que será o responsável pela apuração do ativo e do passivo sob a sua responsabilidade[1262].

2.1.1. *Extrajudicial*

Porque é amigável, a liquidação dar-se-á extrajudicialmente, prestando o liquidante as contas na *forma mercantil* (isto é, com colunas de débito é crédito, especificados e fundamentados cada um dos lançamentos — descrição e número da nota fiscal, por exemplo —, e apurando-se um saldo ao fim). Assim, a apuração final das contas deve conter todos os elementos capazes de precisar a situação de crédito/débito havida entre os sócios (o que não significa que o sócio a quem as contas foram prestadas precisa, necessariamente, concordar com elas).

2.1.2. *Judicial*

Negando-se o sócio ostensivo a prestar contas, não o fazendo tempestivamente ou de forma satisfatória (existindo, por exemplo, divergências

1261 GUERREIRO. Comentário de jurisprudência..., p. 128-129.

1262 LOPES. *A sociedade em conta de participação...*, p. 114-115.

no todo ou em parte), outro caminho não há senão a prestação de contas judicial, a qual se dará na forma prevista nos arts. 550-553 do Código de Processo Civil[1263]. O Poder Judiciário já se manifestou nesse sentido[1264].

1263 A parte não possui interesse processual (por falta de adequação) em requerer a dissolução da SCP por qualquer outro procedimento que não seja a prestação de contas (cf. YOSHIKAWA. Reflexos processuais da sociedade em conta de participação..., p. 42). Nesse sentido, exemplificativamente (em precedentes extraídos da obra de Eduardo Yoshikawa e por nós consultados): TJSP, 25ª Câmara de Direito Privado, Apelação 9243012-49.2008.8.26.0000, Rel. Des. Antonio Benedito Ribeiro Pinto, j. 08/04/2010 ("Prestação de serviços (engenharia) — Ação de cobrança — Sociedade em conta de participação celebrada entre autora e ré, cuja liquidação rege-se pelas normas relativas prestação de contas (CC, art. 996) — Carência da ação mantida, à míngua de pedido anterior de prestação de contas — Recurso não provido."); TJSP, 2ª Câmara de Direito Privado, Apelação 9247674-61.2005.8.26.0000, Rel. Des. A. Santini Teodoro, j. 02/12/2008 ("Ação cautelar. Exibição de documentos. Comprovantes de pagamento relativos a obrigações decorrentes de dissolução de sociedade em conta de participação. Sentença extintiva do processo sem resolução do mérito por falta de interesse processual (CPC, art. 267, VI). Inadequação da via eleita. Hipótese de ajuizamento de ação de prestação de contas. Inteligência do art. 996 do Código Civil. Sentença mantida. Recurso desprovido."). Julgado anterior ao Código Civil de 2002 (TJSP, 7ª Câmara de Direito Privado, Apelação 0074250-49.1996.8.26.0000, Rel. Des. Júlio Vidal, j. 22/01/1998: "Sociedade em Conta de Participação — Dissolução que não observa as formalidades previstas para outras sociedades reconhecidas pelo nosso ordenamento jurídico — seguida de liquidação e partilha. Basta para tanto apenas a prestação de contas a ser prestada de forma amigável ou judicialmente. Afasta-se o decreto de carência da ação, dando-se parcial provimento ao recurso ofertado pelo autor com o aproveitamento da ação para essa finalidade.") converteu a ação de dissolução em prestação de contas; todavia, Eduardo Yoshikawa entende que, diante dos termos do art. 966 do CC/02, não seria possível reconhecer a existência de qualquer dúvida que legitime tal solução.

1264 "Liquidação de sentença — Ação de dissolução de sociedade — Iniciativa do autor, sócio oculto em sociedade em conta de participação; interessado na execução e vencedor no processo de conhecimento — Habilitação de seu Espólio — Realização de perícias de engenharia e contábil, com assistentes técnicos contábeis das partes — Sentença de julgamento da liquidação pelo valor apontado pelo perito judicial, com correção monetária - (...). Tratava-se de ação de dissolução de SCP, em fase de liquidação por meio de prestação de contas. O objeto da sociedade consistia na construção de edifícios em terreno de propriedade do autor (sócio oculto), falecido no curso do processo e substituído pelo espólio. Sobreveio divergência entre os sócios, sendo proposta a referida ação de dissolução, com a liquidação de sentença por prestação de contas e apuração de crédito para ação de execução. Foram apresentadas contas pelo ostensivo. Houve divergência no tocante às contas. Em liquidação de sentença foram realizadas perícias, uma de engenharia, para avaliação dos empreendimentos de responsabilidade da sociedade comercial (sócia ostensiva) e outra contábil, para a determinação do valor da participação do sócio oculto. Considerando o valor apontado pela

No caso de dissolução judicial da SCP, sempre se entendeu que o magistrado deveria limitar-se a determinar a dissolução da sociedade, sem proceder à sua liquidação. Isso porque à conta de participação não se aplicam as regras referentes à liquidação das demais sociedades, mas, sim, o *procedimento de prestação de contas* (CPC, arts. 550-553), uma vez que os procedimentos simplesmente não são compatíveis. Dessa forma, aos sócios caberia promover, como liquidação da sociedade, uma ação para exigir as contas, que, ao fim e ao cabo, resultaria em procedimento executivo[1265-1266].

Atualmente, todavia, parece evidente a possibilidade de ajuizamento de ação de dissolução e de ação para exigir contas, diante do disposto no art. 327, *caput* e §2º, do Código de Processo Civil de 2015[1267].

perícia de engenharia, aplicou-se a ele o percentual de 60% (participação do sócio oculto). A sentença, julgada a liquidação, declarou crédito de mais de R$ 3 milhões em favor do espólio. (Resumo dos principais pontos da sentença)." (TJSP, 2ª Câmara de Direito Privado, APC 138.215-4/8, Rel. Des. Osvaldo Caron, j. 29/01/2003); "Ação de dissolução de sociedade em conta de participação. (...). 1. O Código Comercial admite, segundo seu art. 122, a prova testemunhal para reconhecimento de existência de sociedade em conta de participação. Restando evidenciado, não só por esta, mas também pela documental, a ocorrência de alguns dos requisitos elencados no art. 305 do mesmo Codex, seu reconhecimento se impõe, e via de conseqüência o pedido de dissolução. 2. Em assim sendo, é devida prestação de contas pelo sócio que gerenciava ou administrava a sociedade, nos termos dos arts. 914 e seguintes do CPC." (TAPR, 6ª Câmara Cível, APC 0178867-0, Rel. Juiz Carvílio da Silveira Filho, j. 18/02/2002). Ver, também: TJSP, 2ª Câmara Reservada de Direito Empresarial, Apelação 1010166-24.2017.8.26.0602, Rel. Des. Sérgio Shimura, j. 31/01/2020; TJSP, 2ª Câmara Reservada de Direito Empresarial, Apelação 1034889-70.2018.8.26.0506, Rel. Des. Sérgio Shimura, j. 03/12/2019; TJSP, 2ª Câmara Reservada de Direito Empresarial, Agravo de Instrumento 2221890-50.2018.8.26.0000, Rel. Des. Araldo Telles, j. 27/08/2019; TJRS, 5ª Câmara Cível, Apelação 70080603079, Rel. Des. Isabel Dias Almeida, j. 24/04/2019.

[1265] Exatamente nesse sentido: ALMEIDA. *A sociedade em conta de participação...*, p. 183. Ver, também: GALIZZI. *Sociedade em conta de participação...*, p. 171.

[1266] Como a prestação de contas é um procedimento especial, a jurisprudência não aceitava a cumulação do pedido de prestação de contas com outros pedidos que possuam rito diverso: TJSP, 1ª Câmara de Direito Privado, Apelação 9148761-05.2009.8.26.0000, Rel. Des. Cláudio Godoy, j. 24/04/2012; TJRJ, 2ª Câmara Cível, Apelação 0000002-67.2010.8.19.0081, Rel. Des. Alexandre Câmara, j. 06/06/2012; YOSHIKAWA. Reflexos processuais da sociedade em conta de participação..., p. 42.

[1267] Cf. "Ação indenizatória visando à devolução de investimentos feitos em sociedade em conta de participação. Sentença de improcedência. Apelação da autora. [...] Possibilidade de acolhimento de pedido subsidiário de apuração do que é devido à autora, mediante a conversão da presente demanda em ação de exigir contas, para cuja procedência, em casos

3. Extinção

Examinados os aspectos mais relevantes atinentes à liquidação da sociedade em conta de participação, cumpre, agora, passar à análise da última fase do procedimento de dissolução *lato sensu*, a *extinção*.

Com a dissolução ocorre a extinção da conta de participação[1268], sem maiores formalidades, visto que não há a necessidade de se dar baixa no Registro Público de Empresas Mercantis (a cargo das Juntas Comerciais) ou no Registro Civil de Pessoas Jurídicas — ou, ainda, de se tomar qualquer outra medida de publicidade[1269]. Com efeito, não se extingue uma pessoa jurídica, porque nunca existiu (em que pese atualmente deva ser realizada a baixa da inscrição junto ao CNPJ). O que ocorre é o desaparecimento do vínculo e dos direitos e obrigações que ligavam os sócios[1270].

De qualquer forma, a extinção da sociedade em conta de participação em nada afeta eventuais terceiros que possuam créditos contra o sócio ostensivo, uma vez que tais créditos existem contra uma pessoa que continuará na cena jurídica mesmo depois do desaparecimento da SCP.

Ainda, por mais que se dissolva a conta de participação, caso ainda permaneçam negócios pendentes sob a administração do até então sócio ostensivo e que decorram da SCP dissolvida (negócios estes que o

como o presente, 'basta o reconhecimento da celebração do contrato de sociedade em conta de participação, o que é ínsito à primeira fase da ação de prestação de contas, admitindo-se, inclusive, dilação probatória se necessário (art. 915, § 1º, CPC); para então proceder à sua liquidação, na segunda fase da ação' (Ap. 0013641-17.2012.8.26.0008, Tasso Duarte De Melo). Provas dos autos que demonstram a intenção de contratar sociedade em conta de participação, podendo-se, assim, passar para a segunda fase da ação de prestação de contas. O processo civil moderno pauta-se pelos princípios da efetividade e da celeridade na resolução dos conflitos. [...] Cabimento, ademais, de cumulação de pedidos decorrentes de procedimentos diversos, se a parte autora empregar o procedimento comum. Inteligência do § 2º do art. 327 do CPC. Sentença parcialmente reformada. Apelação parcialmente provida." (TJSP, 1ª Câmara Reservada de Direito Empresarial, Apelação 1050777-70.2017.8.26.0100, Rel. Des. Cesar Ciampolini, j. 06/11/2019).

[1268] O Tribunal de Justiça de São Paulo já se manifestou no sentido de que a SCP não se extingue com o término do seu objeto social, mas sim com a sua liquidação por meio do procedimento de prestação de contas (TJSP, 1ª Câmara Reservada de Direito Empresarial, AI 2024026-77.2013.8.26.0000, Rel. Des. Teixeira Leite, j. 06/02/2014). Todavia, a conta de participação não precisa existir durante a liquidação (cf. Moreau. *Associations en participation et sociétés de fait*..., p. 137).

[1269] Moreau. *Associations en participation et sociétés de fait*..., p. 137.

[1270] Nesse sentido, ver: Almeida. *A sociedade em conta de participação*..., p. 186.

antigo ostensivo deve seguir administrando com diligência e lealdade), o sócio participante, salvo previsão contratual ou ajuste em contrário (ou caso tais valores já tenham sido considerados quando da liquidação), participa de seus resultados, como dispõe, por exemplo, o §235(2) do *Handelsgesetzbuch* (podendo-se realizar ajustes quanto a isso, já que se trata de direito disponível). Essa regra de continuidade adquire contornos significativos nos negócios sazonais, sendo que não é preciso aguardar o seu término para que se realize a dissolução da sociedade, buscando-se a correspondente prestação de contas ou mesmo a cobrança dos valores até então devidos. Por sua vez, o §235(3) do *Handelsgesetzbuch* determina que — salvo previsão contratual ou ajuste em sentido diverso — ao final de cada exercício social é dado ao sócio participante exigir a realização dos pagamentos dos valores devidos em relação aos negócios realizados no respectivo exercício, prestando-se informações quanto aos negócios ainda pendentes.

De qualquer sorte, apesar da dissolução da SCP, a relação obrigacional prolonga-se, continuando a ter o antigo sócio participante o direito, por exemplo, de fiscalizar os negócios pendentes sob os cuidados do até então ostensivo[1271-1272].

1271 Ver: Baumbach-Hopt. *Handelsgesetzbuch...*, p. 874, 877; Heidel-Schall. *Handelsgesetzbuch...*, p. 1.503-1.507; Hüffer-Koch. *Gesellchaftsrecht...*, p. 257; Klunziger. *Grundzüge des Gesellschaftsrechts...*, p. 152. Ver, também: Gierke. *Derecho Comercial y de la Navegación*, v. I..., p. 367.

1272 Questão que surge é como ficam os negócios pendentes na hipótese em que o sócio participante administrava a sociedade no âmbito interno. Discute-se se ele teria poderes, ainda, para gerir tais operações, uma vez que a SCP já teria sido extinta, sendo que, de qualquer forma, as partes podem ajustar a sua atuação (cf. Rasner. *Die atypische stille Gesellschaft...*, p. 141-142).

CAPÍTULO 11
CONTABILIDADE E TRIBUTAÇÃO

A análise dos aspectos contábeis e fiscais da sociedade em conta de participação não é só relevante por seu próprio conteúdo, mas também é verdadeiramente interessante, já que permite uma melhor compreensão do funcionamento interno deste tipo societário.

1. Aspectos contábeis

São aplicadas à conta de participação as normas brasileiras de contabilidade[1273]. De qualquer sorte, não há previsões contábeis específicas à

[1273] Existe controvérsia sobre se a SCP é, para fins contábeis, uma *entidade*. Em sentido favorável, sendo que, então, extrai-se a realização da abertura de escrituração própria da SCP, ver: DISIT/SRRF03, Receita Federal do Brasil (RFB), Solução de Consulta nº 08, j. 27/02/2012. Em sentido contrário, justamente porque a lógica da SCP (e, daí, a origem de seu próprio nome) está relacionada à abertura de conta na contabilidade do ostensivo relativa à conta de participação — em que pese exista a *escolha contábil* de realizar-se a abertura de escrituração própria, o que é, todavia, imposto pela legislação fiscal —, ver, por todos: FERNANDES. *A Sociedade em Conta de Participação no Direito Tributário...*, p. 253 ss. Nesse sentido, Mauro Brandão Lopes observava: "Constituída a sociedade, no caso de negócio especialmente projetado para ela, ou, no caso de estabelecimento preexistente, concedida a participação aos sócios pelo seu titular, abre-se uma 'conta' nos livros do sócio ostensivo, na qual são anotadas as entradas de cada sócio, inclusive a do próprio sócio ostensivo, se for o caso, e lançadas sucessivamente as diversas operações realizadas em proveito comum. Todavia, quando os fundos sociais se fragmentam, pela existência de mais de um sócio ostensivo, surge o problema da congruência das várias 'contas', com a conseqüente maior dificuldade

SCP: as normas sobre a escrituração a SCP estão previstas em diplomas fiscais, os quais, então, acabam por interferir nos aspectos contábeis.

Há disposições no Regulamento do Imposto de Renda (RIR, Decreto 9.580/2018), mais precisamente no art. 269, bem como nos itens 2 e 3 da Instrução Normativa da Secretaria da Receita Federal (IN SRF) 179/87 (ainda em vigor — embora parte de suas disposições tenha sido revogada, ainda que não expressamente —, de acordo com a IN SRF 85/2000, Anexo Único). Pelo referido dispositivo do RIR, vê-se que a responsabilidade pela escrituração das operações relativas à sociedade em conta de participação recai sobre o sócio ostensivo, algo natural uma vez que é o ostensivo que exerce a atividade em seu próprio nome[1274] (cabendo aos sócios participantes registrar o investimento realizado em suas respectivas contabilidades ou declarações de imposto de renda)[1275].

Sempre foi possível (ou, talvez, impositivo) realizar a escrituração das operações *nos seus próprios livros contábeis*, isto é, nos livros já mantidos pelo ostensivo para a escrituração ordinária de suas atividades — de onde decorreria a própria designação deste tipo societário, uma vez que o ostensivo abriria uma *conta* em sua contabilidade[1276]. Contudo, atualmente, nas hipóteses em que resta obrigatória a escrituração para fins fiscais, considerando o objetivo de aumentar o controle por parte do Fisco, existe a necessidade de a escrituração ser feita em *livros destinados especificamente para registrar as operações da SCP* (livros próprios da SCP), como determina o art. 269 do Regulamento do Imposto de Renda[1277-1278]

de prova sobre a realidade dos negócios sociais." (LOPES. *A sociedade em conta de participação...*, p. 74-75). Ver, também: FERREIRA. *Tratado de Direito Comercial*, v. 4..., p. 538; ALMEIDA. *A sociedade em conta de participação...*, p. 169-170; GALIZZI. *Sociedade em conta de participação...*, p. 93.

1274 Da mesma forma que, como regra, ocorre em outros países, como na Alemanha. Sobre o tema, ver: SCHMIDT. *Gesellschaftsrecht*, B. II..., p. 1.857-1.858; HEIDEL-SCHALL. *Handelsgesetzbuch...*, p. 1.481, 1.490-1.491.

1275 Nesse sentido, ver: EIZIRIK. Notas sobre a sociedade em conta de participação..., p. 747.

1276 Cf. FERREIRA. *Tratado de Direito Comercial*, v. 4..., p. 538; ALMEIDA. *A sociedade em conta de participação...*, p. 169.

1277 A Instrução Normativa SRF 49/1987 exigiu que fossem mantidos, pelo sócio ostensivo, livros próprios para a conta de participação. Tal Instrução foi em seguida revogada pela Instrução Normativa SRF 179/1987, sendo que, desde então (item 3 da Instrução Normativa SRF 179/1987, ao que se seguiu o art. 200 do RIR/1994 e o art. 254 do RIR/1999), até o Decreto 9.580/2018, a escrituração poderia ser feita nos livros do sócio ostensivo ou em livros próprios — sendo que, quando os lançamentos eram feitos nos livros do ostensivo, os registros contábeis deviam ser feitos de forma a evidenciar os lançamentos referentes à sociedade em conta de participação (e, sendo assim, no plano de contas do sócio ostensivo, era possível criar subgrupo específico para as operações — receitas e despesas — da SCP, tendo por objetivo facilitar a apuração do resultado desta última). Atualmente, o art. 269 do Regulamento do Imposto de Renda em vigor determina a adoção de livros próprios para a escrituração das operações da conta de participação (como, antigamente, por pouco tempo, exigiu a IN SRF 49/1987, tendo sido no mesmo ano revogada pela IN 179/87). Ainda, a IN RFB 1.252/2012, que dispõe sobre a Escrituração Fiscal Digital da Contribuição para o PIS/Pasep, da Contribuição para o Financiamento da Seguridade Social (Cofins) e da Contribuição Previdenciária sobre a Receita (EFD-Contribuições), e que foi alterada pela IN RFB 1.387, de 01 de agosto de 2013, passou a exigir que, em relação aos fatos geradores ocorridos a partir de 1º de janeiro de 2014, no caso de a pessoa jurídica ser sócia ostensiva de SCP, a EFD-Contribuições seja transmitida separadamente, para cada SCP, além da transmissão da EFD-Contribuições da sócia ostensiva. Por sua vez, a IN RFB 1.422/2013, que dispõe sobre a Escrituração Contábil Fiscal (ECF), exige que a partir do ano-calendário de 2014, todas as pessoas jurídicas, inclusive as equiparadas, apresentem a ECF de forma centralizada pela matriz, sendo que, no caso das pessoas jurídicas que forem sócias ostensivas de sociedades em conta de participação, a ECF deve ser transmitida separadamente, para cada SCP, além da transmissão da ECF da sócia ostensiva; tal instrução foi revogada pela IN 2.004/2021 que, no art. 1º, §3º, determina que a ECF deve ser transmitida separadamente, para cada SCP, além da transmissão da ECF da própria sócia ostensiva, no caso das pessoas jurídicas que sejam sócias ostensivas de contas de participação. Finalmente, é importante referir que a IN RFB 1.486, de 13 de agosto de 2014, alterou a IN RFB 1.420/2013; tais Instruções Normativas, ao instituírem a Escrituração Contábil Digital (ECD) para fins fiscais e previdenciários, determinaram que as sociedades em conta de participação ficavam obrigadas a adotar a ECD (nos termos do art. 2º do Decreto 6.022/2007, em relação aos fatos contábeis ocorridos a partir de 1º de janeiro de 2014), como livros auxiliares do sócio ostensivo. Atualmente está em vigor a IN RFB 2.003/2021, que determina, no art. 3º, §5º, que a ECD das sociedades em conta de participação, quando enquadradas na condição de obrigatoriedade de apresentação da ECD, deve ser apresentada em livro próprio; a IN RFB 2.003/2021 revogou a IN RFB 1.774/2017 (alterada pela IN RFB 1.894/2019) que, por sua vez, revogou a IN RFB 1.420/2013; já a IN RFB 1.486/2014 foi revogada pela IN RFB 1.958/2020, tendo esta cumprido o papel de revogar diversas outras Instruções Normativas, sem promulgar novos dispositivos, sendo que o ora revogado art. 2º da IN 1.486/2014 assim dispunha: "Art. 2º Incluir o inciso IV no art. 3º da Instrução Normativa RFB nº 1.420, de 19 de dezembro de 2013: "IV – as Sociedades em Conta de Participação (SCP), como livros auxiliares do sócio ostensivo." (NR)." Veja-se, ainda, que o Anexo ao Ato Declaratório Executivo Cofis nº 104/2021 (Manual de Orientação do Leiaute 9 da ECD) também refere, no item 1.24, que "[a]s Sociedades em Conta de Participação (SCP) enquadradas nas hipóteses de obrigatoriedade de apresentação da ECD devem apresentá-la como livro próprio". Dessa forma, há obrigatoriedade de entrega de ECDs para as SCPs que (a) sejam tributadas pelo lucro real, (b) que sejam tributadas pelo lucro presumido e (b.1) não tenham optado pelo livro caixa (parágrafo único do art. 45 da Lei nº 8.981/1995) ou (b.2) distribuem parcela de lucros ou dividendos sem incidência do Imposto sobre a Renda Retido na Fonte (IRRF) em montante superior ao valor da

— não sendo assim exigido pela legislação societária nem nas normas contábeis[1279], o que faz com que exista quem sustente que o ostensivo seja obrigado a ter uma dupla contabilidade para atender, de um lado, as normas contábeis e societárias e, de outro, as normas tributárias[1280].

base de cálculo do imposto sobre a renda apurado diminuída dos impostos e contribuições a que estiver sujeita, independentemente se optou ou não pelo livro caixa, ou, (c) a partir do ano-calendário de 2016, sejam imunes e isentas e que auferiram receitas, doações, incentivos, subvenções, contribuições, auxílios, convênios e ingressos assemelhados, cuja soma seja superior a R$ 4.800.000,00 no ano-calendário a que se refere a escrituração contábil, ou proporcional ao período; as demais estão dispensadas da entrega da ECD. Abordando o tema, ver: FERNANDES. *A Sociedade em Conta de Participação no Direito Tributário...*, p. 275 ss.

[1278] "A falta de escrituração do Lalur não autoriza a Autoridade Fiscal a tomar como lucro real o lucro contábil apurado pela SCP. Se não apresentado o Lalur da SCP após devidamente intimada a sócia ostensiva, deve ser arbitrado o lucro da SCP." (CARF – Conselho Administrativo de Recursos Fiscais, 2ª Turma Ordinária, 3ª Câmara, Acórdão 1302-002.062, j. 21/03/2017).

[1279] A regra que permite livros destinados especificamente para registrar as operações da SCP possui, nitidamente, *caráter fiscal*, facilitando a fiscalização das autoridades tributantes, podendo-se, respeitadas as normas contábeis, realizar a contabilidade não fiscal da conta de participação nos livros do sócio ostensivo. Neste sentido, assim lecionando quando da vigência da Instrução Normativa 149/87 da Receita Federal, ver: ALMEIDA. *A sociedade em conta de participação...*, p. 170. Ver, também: FERNANDES. *A Sociedade em Conta de Participação no Direito Tributário...*, p. 280 ss.

[1280] "É que (...) para a Contabilidade, as operações praticadas em SCP devem ser registradas nas demonstrações contábeis do próprio sócio ostensivo, na medida em que compõem seu patrimônio, não podendo, pois, ser omitidas ou excluídas de sua escrituração comercial, sob pena de o retrato patrimonial do sócio ostensivo não ser fidedigno. Por outro lado, em cumprimento à disposição contida no art. 268 do RIR/18 e às normas editadas pela RFB, o sócio ostensivo deve manter livros comerciais obrigatórios (Diário, Razão e seus auxiliares) que atestem, separadamente, as operações e os resultados decorrentes da SCP, nos termos da Instrução Normativa RFB n. 1.774/17." "A elaboração de livros próprios da SCP, referida no art. 269 do RIR/18, deve ser cumprida paralelamente e sem prejuízo das normas contábeis a que se sujeita o sócio ostensivo. Em razão disso, para atender às normas contábeis, societárias e tributárias, é possível que o sócio ostensivo tenha que duplicar alguns de seus registros contábeis, retratando as operações da SCP em seus livros comerciais e também em livros comerciais da SCP. Essa duplicação, embora ocorra em benefício da administração tributária, possivelmente aumenta os custos operacionais e de conformidade a que muitas empresas se sujeitam. Cuida-se se consequência da interferência reversa promovida pelo Direito Tributário sobre o Direito Privado e a Contabilidade." (FERNANDES. *A Sociedade em Conta de Participação no Direito Tributário...*, p. 282).

Assim realizam-se os lançamentos contábeis, como o aporte realizado pelos sócios, as operações ativas ou passivas realizadas com tais recursos, despesas, etc.

Quando o sócio da conta de participação for pessoa jurídica, seja o ostensivo ou participante, o item 6 da Instrução Normativa da Secretaria da Receita Federal 179/87 determina que os valores aportados na SCP deverão ser classificados em sua conta do ativo permanente (atualmente, ativo não circulante)[1281] — participações societárias permanentes —, estando sujeitos (inclusive, quando for o caso, à equivalência patrimonial em coligada ou controlada) aos critérios de avaliação previstos na Lei 6.404/76 e no RIR, sendo que os valores entregues pelos sócios constituirão o capital da SCP, que será registrado em conta que represente o patrimônio líquido desta[1282-1283]. Tal disposição, todavia, é objeto de críticas uma vez que não encontraria fundamento legal, já que o art. 179, III, da Lei 6.404/76 determina que sejam classificadas como investimentos *as participações permanentes em outras sociedades*[1284].

[1281] IN SRF 179/87, item 6: "6. Os valores entregues ou aplicados na SCP, pelos sócios pessoas jurídicas, deverão ser por eles classificados em conta do ativo permanente, de conformidade com o disposto no artigo 179, item III, da Lei nº 6.404, de 15 de dezembro de 1976, estando sujeitos aos critérios de avaliação previstos na referida Lei nº 6.404/76 e no Regulamento do Imposto de Renda aprovado pelo Decreto nº 85.450, de 4 de dezembro de 1980 (RIR/80)".

[1282] Referindo que a SCP deve ser contabilizada como qualquer outra pessoa jurídica, devendo o participante e o ostensivo registrarem o investimento, de acordo com a legislação societária e as normas contábeis, nos livros do ostensivo ou em livros próprios, ver: Ramires. *A sociedade em conta de participação no Direito brasileiro...*, p. 157-158. Por sua vez, referindo que apenas o sócio participante é que deve contabilizar o investimento pelo método de custo ou pelo método da equivalência patrimonial (ou, ainda, se for o caso, como uma operação em conjunto), o que não se aplica ao sócio ostensivo uma vez que ele explora a atividade objeto da SCP em nome próprio (em que pese reconheça que, na prática, por vezes sejam encontrados sócios ostensivos realizando a contabilização por tais métodos de avaliação de investimento), ver: Fernandes. *A Sociedade em Conta de Participação no Direito Tributário...*, p. 285 ss.

[1283] IN SRF 179/87, item 6.1: "6.1 — Os valores entregues pelos sócios, pessoas jurídicas, somados aos valores entregues pelos sócios, pessoas físicas, constituirão o capital da SCP, que será registrado em conta que represente o patrimônio líquido desta".

[1284] "Portanto, a referida instrução normativa [SRF 179/1987] pretende, por ficção, criar a presunção de que os recursos remetidos para uma sociedade em conta de participação devam ser tratados como investimentos, sujeitos à avaliação contábil com base no 'método

2. Aspectos fiscais

Como sociedade não personificada, a SCP não se relaciona com os entes tributantes. Tal relacionamento é feito pelo sócio ostensivo, por óbvio.

De qualquer forma, o Decreto-Lei 2.303/1986 (art. 7º), o Regulamento do Imposto de Renda (Decreto 9.580/2018, arts. 160 e 161) e as Instruções Normativas da Receita Federal (IN RFB 1.700/2017, art. 6º) equiparam a SCP às pessoas jurídicas para fins de apuração de resultados e para a tributação dos lucros apurados e dos distribuídos, sendo, então, a conta de participação tratada como uma pessoa distinta da de seus sócios[1285-1286].

da equivalência patrimonial', se for o caso. Essa determinação não tem base legal. Uma simples instrução normativa, ato subalterno à lei, não pode criar ficções e presunções não previstas em lei. Essa é uma exigência do princípio da legalidade estrita que preside todo o direito tributário brasileiro. Ora, de acordo com item III do art. 179 da Lei nº 6.404/76, deverão ser classificados como investimentos 'as participações permanentes em outras sociedades'. (...) Assim, não é pelo simples fato de haver investimento em determinada sociedade que os valores correspondentes devam ser tratados como investimentos. É necessário que sejam verificadas as situações de cada caso tendo em vista os propósitos das SCP." (Andrade Filho, Edmar Oliveira. *Imposto de Renda das Empresas*. 10. ed. São Paulo: Atlas, 2013, p. 627). Também criticando a burocracia imposta, ver: Higuchi, Hiromi. *Imposto de renda das empresas*. 38. ed. São Paulo: IR Publicações, 2013, p. 213 ("Os valores entregues ou aplicados na SCP, pelos sócios pessoas jurídicas, deverão ser por estas escriturados em conta do Ativo Permanente – Investimentos, estando sujeitos aos critérios de avaliação previstos nas legislações comercial e fiscal (IN nº 179/87). Aquilo significa que os recursos entregues serão considerados como integralizações de capital e se estiverem sujeitos à avaliação pela equivalência patrimonial, cada entrega de recursos deverá ser desdobrada em Valor de Patrimônio Líquido e Ágio ou Deságio. Na SCP, os recursos recebidos serão registrados como Patrimônio Líquido. Aonde a burocracia vai levar o Brasil?"). Há quem entenda, ainda, que tal previsão não mais se aplicaria diante do disposto no Regulamento do Imposto de Renda (cf. Affonso. *A sociedade em conta de participação no Direito brasileiro...*, p. 63).

1285 Cf. Fernandes. *A Sociedade em Conta de Participação no Direito Tributário...*, p. 221. Ver, também: Andrade Filho. *Imposto de Renda das Empresas...*, p. 626 ("O Decreto-lei nº 2.303, de 21 de novembro de 1986, dispôs que as sociedades em conta de participação, a despeito de não terem personalidade jurídica, passariam a ser contribuintes do Imposto de Renda devido pelas Pessoas Jurídicas (IRPJ). Em decorrência, as sociedades em conta de participação passaram a ser tratadas como uma 'pessoa jurídica distinta' do sócio ostensivo, o que implica dizer que os resultados de uma e de outra não se confundem, isto é, não se misturam. Por essa razão, o prejuízo fiscal apurado por uma sociedade em conta de participação não pode ser compensado senão por lucros gerados por ela mesma."). Nesse sentido, assim já se

Nesse sentido: "[n]a apuração dos resultados da SCP e na tributação dos lucros apurados e dos distribuídos serão observadas as normas aplicáveis às pessoas jurídicas em geral" (§1º do art. 6º da IN RFB 1.700/2017). A equiparação abrange, além do Imposto de Renda, (i) a CSLL, nos termos do art. 4º da Lei 7.689/1988, (ii) o PIS/Cofins, de acordo com o art. 2º, I, da Lei 9.715/1998, os arts. 1º e 2º da Lei 9.718/1998, o art. 1º, §2º, da Lei Complementar 07/1970 e o art. 1º da Lei Complementar 70/1991. Ademais, como regra, não há equiparação da conta de par-

fez referência na Solução de Consulta nº 28: "No âmbito da legislação tributária, a principal inovação deu-se com o advento do Decreto-Lei (DL) nº 2.303, de 21 de novembro de 1986, cujo art. 7º equiparou as SCPs, para os efeitos da legislação do imposto de renda, às pessoas jurídicas. Em que pese a legislação empresarial ter definido a SCP retirando-lhe a personalidade jurídica, a lei tributária modificou o instituto estabelecido pelo direito privado, com vistas à definição dos efeitos tributários gerados a partir do exercício das atividades da SCP. A legislação do imposto de renda determina que a renda produzida seja tributada na figura da SCP e não nas figuras dos seus sócios (ou de seu sócio ostensivo)." (COSIT - Coordenação-Geral de Tributação, Receita Federal do Brasil (RFB), Solução de Consulta nº 28, j. 03/03/2018). De qualquer sorte, "[o] Decreto-Lei nª 2.303, de 1986, equiparou, para os efeitos da legislação do IR, as Sociedades em Conta de Participação — SCP, entes despersonalizados definidos na lei civil, às pessoas jurídicas, embora o conceito específico de SCP deva ser extraído da lei civil, uma vez que a lei fiscal não lhe emprestou roupagem própria." (COSIT - Coordenação-Geral de Tributação, Receita Federal do Brasil (RFB), Solução de Consulta nº 59, j. 27/02/2019).

[1286] Tal equiparação da SCP à pessoa jurídica, para Rubens Requião, teria levado praticamente à extinção da conta de participação (o que, como se sabe, não procede), cf. REQUIÃO. *Curso de Direito Comercial*, v. 1..., p. 442.

ticipação para outros tributos de competência da União, bem como dos Estados, Municípios e do Distrito Federal[1287-1288-1289].

[1287] "Até 31 de dezembro de 1986, em conformidade com o Parecer Normativo CST n. 345/1971, competia ao sócio ostensivo contabilizar as operações relativas ao empreendimento comum na SCP, em lançamentos destacados dos de sua atividade normal, bem como realizar a divisão do resultado entre os sócios. Cada sócio, inclusive o ostensivo, estava obrigado a reconhecer a parcela do lucro líquido na SCP que lhe competia como receita operacional e tributá-la em sua declaração de rendimentos. Os resultados da SCP, dessa forma, eram tributados nas declarações do importo de renda dos sócios da SCP, respeitado o quinhão de cada um." "A partir de 1º de janeiro de 1987, o regime de tributação da SCP foi alterado, uma vez que esta passou a ser equiparada, para fins de imposto de renda, à pessoa jurídica com fulcro nas disposições constantes do art. 7º do Decreto-lei n. 2.303, de 21 de novembro de 1986, fazendo com que os resultados da SCP deixassem de ser tributados separadamente, nas declarações de imposto de renda dos respectivos sócios, e passassem a ser onerados respectivamente, como uma unidade econômica autônoma." "No mesmo sentido são as disposições constantes dos arts. 148 e 149 do Regulamento do Imposto de Renda – RIR/1999, baixado pelo Decreto-lei n. 3.000, de 26 de março de 1999 [atuais arts. 160 e 161 do RIR/2018]". "Além do imposto de renda, a equiparação também vem sendo aplicada para outros tributos, a exemplo da CSLL (art. 4º da Lei n. 7.689, de 15 de dezembro de 1988), da contribuição ao PIS e da Cofins (art. 3º do Decreto n. 4.524, de 17 de dezembro de 2002)." (Tessari. Análise de caso real de autuação fiscal..., p. 24-25). Igualmente: BOZZA, Fábio Piovesan. Sociedade em conta de participação: natureza, regime jurídico e tributação pelo imposto de renda. *Revista Dialética de Direito Tributário*, n. 145, p. 36-46, out. 2007, p. 40. Para uma análise da evolução do regime tributário da SCP no Brasil, ver: Fernandes. *A Sociedade em Conta de Participação no Direito Tributário*..., p. 187 ss.

[1288] Na jurisprudência, reconhecendo a equiparação da conta de participação às pessoas jurídicas no que diz respeito aos aspectos fiscais, ver, exemplificativamente: TRF5, 2ª Turma, Apelação 200482000088952, Rel. Des. Paulo Gadelha, j. 04/05/2010; TRF4, 2ª Turma, Apelação 5020484-02.2010.4.04.7000, Rel. Des. Otávio Roberto Pamplona, j. 05/06/2012; TRF3, 4ª Turma, Apelação 0003337-86.2012.4.03.6133, Rel. Des. Marli Marques Ferreira, j. 01/06/2020 ("Tributário e processual civil. Ação ordinária declaratória. Cerceamento de defesa. Prescrição e decadência. Inocorrência. Compensação considerada não declarada. Sociedade em conta de participação. Sócio ostensivo. Escrituração fiscal individualizada. [...] Para fins tributários a sociedade em conta de participação equipara-se às demais pessoas jurídicas, razão pela qual é contribuinte do IRPJ, da CSLL, do PIS e da COFINS, os quais são de responsabilidade do sócio ostensivo e recolhidos em nome deste, ex vi do artigo 148 do RIR/1999 (Decreto nº 3.000, de 26/03/99)."). Ver, ainda: CARF – Conselho Administrativo de Recursos Fiscais, 2ª Turma Ordinária, 4ª Câmara, Acórdão 1402-002.208, j. 08/06/2016 ("Sociedades em conta de participação. Sujeição tributária. Na apuração dos resultados da sociedade em conta de participação serão observadas as normas aplicáveis às demais pessoas jurídicas. Tendo em vista que a sociedade em conta de participação não se confunde com o sócio ostensivo, os resultados daquela não podem ser tributados diretamente neste mas apenas distribuídos na proporção da participação.").

Em que pese a conta de participação nunca tenha sido, no âmbito fiscal, oculta, não resta dúvida de que a equiparação com uma pessoa jurídica se justificou no interesse de viabilizar um melhor controle do Fisco, facilitando o controle do recolhimento de tributos[1290].

De mais a mais, com o objetivo de ainda maior controle e fiscalização, a Receita Federal passou a exigir, com a IN RFB 1.470/2014, a inscrição da conta de participação no Cadastro Nacional de Pessoas Jurídicas — CNPJ (exigência atualmente realizada pela IN RFB 2.119/2022)[1291-1292-1293],

[1289] Sobre a legalidade da equiparação da SCP à pessoa jurídica para fins fiscais, ver: BOZZA. Sociedade em conta de participação: natureza, regime jurídico e tributação pelo imposto de renda..., p. 42-44. Sustentando que a equiparação da conta de participação à pessoa jurídica seria ilegal, ver: COSTA. *A sociedade em conta de participação no direito de empresa do Código Civil de 2002...*, p. 257 ss. Oferecendo uma visão panorâmica sobre o debate e sustentando a legalidade da equiparação, ver: FERNANDES. *A Sociedade em Conta de Participação no Direito Tributário...*, p. 201 ss.

[1290] Cf. FERNANDES. *A Sociedade em Conta de Participação no Direito Tributário...*, p. 199 ss.

[1291] A IN SRF 49, de 15 de abril de 1987 exigia, no item 3, a inscrição da SCP no Cadastro Geral de Contribuintes do Ministério da Fazenda (CGC/MF); todavia, tal normativo foi em seguida revogado pela IN SRF 179, de 30 de dezembro de 1987, que assim passou a dispor no item 4: "4. Não será exigida a inscrição da SCP no Cadastro Geral de Contribuintes do Ministério da Fazenda — CGC/MF." Em 2014, a IN RFB 1.470 revogou expressamente o item 4 da IN SRF 179/87, passando-se a exigir a inscrição das sociedades em conta de participação no Cadastro Nacional de Pessoas Jurídicas; esta exigência permanece até hoje (IN RFB 2.119/2022, Anexo I, XVIII - sendo que, no §4º do art. 53, é estabelecido que se consideram beneficiários finais, independentemente da participação no patrimônio especial, os sócios ostensivos e participantes ou as pessoas naturais que tenham tal condição perante esses sócios). Observe-se a Solução de Consulta nº 121 da Coordenação-Geral de Tributação (Cosit) da Receita Federal do Brasil, de 27 de maio de 2014: "Cadastro nacional da pessoa jurídica (CNPJ). Obrigação acessória. Instituição por ato da receita federal. Sociedade em conta de participação (SCP). Possibilidade. Existência de norma específica que isenta a obrigação. Não obrigatoriedade. Compete à Secretaria da Receita Federal do Brasil (RFB) dispor sobre obrigações acessórias, cuja instituição deve constar em ato normativo próprio. A possibilidade de instituição de obrigação acessória por ato infralegal não flexibiliza a necessidade de que a obrigação esteja expressa em ato normativo da RFB. Como obrigação acessória, a Receita Federal pode exigir a inscrição no Cadastro Nacional de Pessoa Jurídica (CNPJ) da Sociedade em Conta de Participação (SCP). A atual Instrução Normativa que trata do assunto determina a inscrição no CNPJ de todas as pessoas jurídicas domiciliados no Brasil, inclusive as equiparadas, mas não trata especificamente das SCP. A existência de ato normativo da RFB que desobriga expressamente a inscrição no antigo CGC da SCP continua vigente, e somente poderia ser considerado tacitamente revogado se a atual IN determinasse especificamente a obrigatoriedade de as SCP estarem inscritas no CNPJ. Enquanto não houver a revogação expressa do ato normativo de isenção de obrigação de fazer e/ou a

obrigando (inclusive para as sociedades constituídas anteriormente à sua publicação)[1294] que seja apresentado documento comprobatório da existência da SCP para que seja levada a cabo a inscrição[1295] — sem necessidade de registro em qualquer órgão. Na prática, essa exigência acaba com a liberdade da forma de constituição da SCP, sem falar de outras críticas que podem ser endereçadas a tal imposição[1296]. De qualquer

inclusão em ato normativo da obrigatoriedade de SCP se inscrever em CNPJ, a SCP não está obrigada a se inscrever no CNPJ". No mesmo sentido: DISIT/SRRF09, Receita Federal do Brasil (RFB), Solução de Consulta nº 9022, j. 15/10/2015.

[1292] Não devendo a SCP ser inscrita como filial do sócio ostensivo, cf. COSIT – Coordenação-Geral de Tributação, Receita Federal do Brasil (RFB), Solução de Consulta nº 28, j. 03/03/2018. Ver, ainda: DISIT/SRRF02, Receita Federal do Brasil (RFB), Solução de Consulta nº 2006, j. 18/04/2019 ("Assunto: Obrigações Acessórias. Cadastro Nacional da Pessoa Jurídica. Sociedade em conta de participação. Inscrição. Obrigatoriedade. Tendo em vista a equiparação, para fins tributários, das Sociedades em Conta de Participação (SCP) às pessoas jurídicas, a legislação que disciplina sobre o Cadastro Nacional da Pessoa Jurídica não autoriza a inscrição de SCP como filial de seu sócio ostensivo. Solução de Consulta vinculada à Solução de Consulta COSIT nº 28, de 23 de março. Dispositivos legais: Lei nº 10.406, de 2002, arts. 991 a 993; Decreto nº 3.000, de 1999, art. 148; Decreto nº 9.580, de 2018, art. 160; IN RFB nº 1.634, de 2016, art. 4º, XVII; IN RFB nº 1.863, de 2018; 72. Assunto: Processo Administrativo Fiscal. Consulta. Ineficácia. É ineficaz a consulta, não produzindo efeitos, quando não versar sobre interpretação da legislação tributária. Dispositivos legais: IN RFB nº 1.396, de 2013, art. 18, II e XIII."). E é evidente que o endereço de inscrição da SCP pode coincidir com o endereço do sócio ostensivo (TJRS, 2ª Câmara Cível, Apelação 50081646920218210001, Rel. Des. Lúcia de Fátima Cerveira, j. 29/09/2021), não sendo o caso de ser cobrada taxa de alvará (localização e funcionamento) da própria SCP: a taxa deve ser cobrada somente do ostensivo (e, se o ostensivo já tiver alvará, não há que se cobrar nova taxa) (TJPR, 3ª Câmara Cível, Apelação 0000060-07.2017.8.16.0179, Rel. Des. Osvaldo Nallim Duarte, j. 04/06/2020).

[1293] A inscrição para fins fiscais é realidade também existente em outros países, como na Itália e na França (Mignone. *L'associazione in partecipazione...*, p. 75-76, 610-611; Merle. *Droit Commercial...* (1998), p. 657).

[1294] Cf. Fernandes. *A Sociedade em Conta de Participação no Direito Tributário...*, p. 228-229. Em sentido contrário, ver: Faria, Renato Vilela; Santos, Ricardo Augusto Alves dos. Regime tributário da SCP e análise de casos: (i) regime *pool* e (ii) dação em pagamento. In: Faria, Renato Vilela; Castro, Leonardo Freitas de Moraes (coord.). *Operações imobiliárias*: estruturação e tributação. São Paulo: Saraiva, 2016. p. 545-567, p. 556.

[1295] E, para a baixa da inscrição, tal Instrução Normativa exige a apresentação de distrato da SCP (sem necessidade de registro em qualquer órgão) ou, caso a SCP tenha sido constituída por prazo determinado, de documento comprobatório da existência da SCP (sem necessidade de registro em qualquer órgão) entre os sócios ostensivo e participante.

[1296] Criticando a exigência de inscrição da conta de participação no CNPJ/ME (a rigor, criticando a própria equiparação da SCP às pessoas jurídicas), ver: Nascimento, João Pedro

forma, como já mencionado, a inscrição não atribui personalidade jurídica à conta de participação, como também ocorre com outros entes que, ao serem inscritos no CNPJ, não se tornam pessoas jurídicas, como se dá com o empresário individual e o condomínio edilício; o regramento estabelecido pelo Fisco não faz com que a conta de participação adquira personalidade jurídica nem tenha capacidade tributária passiva[1297].

O sócio ostensivo assume, em decorrência do disposto no art. 991 do Código Civil, portanto, a responsabilidade pelos tributos e pelas obrigações acessórias devidos pela SCP[1298]; e em havendo mais de um sócio

Barroso do. Sociedade em conta de participação. *Jota*. 2019. Disponível em: <https://www.jota.info/opiniao-e-analise/artigos/sociedade-em-conta-de-participacao-06112019>. Acesso em: 11 set. 2020; Nascimento, João Pedro Barroso do; Germano, Lucas. Sociedade em conta de participação: problemas da interferência tributária no Direito Societário. Crítica à obrigatoriedade de CNPJ para as SCPs. *Revista de Direito das Sociedades e dos Valores Mobiliários*, São Paulo, n. 11, p. 21-36, 2020. Também criticando a exigência de inscrição no CNPJ, ver: Costa. *A sociedade em conta de participação no direito de empresa do Código Civil de 2002...*, p. 258. Por sua vez, analisando a legalidade e a adequação da exigência de CNPJ, bem como os diversos aspectos de tal inscrição (indicação de designação, de endereço, de capital, de responsável perante a Receita Federal e da indicação do beneficiário final, bem como que o participante não é indicado no QSA – Quadro de Sócios e Administradores), ver: Fernandes. *A Sociedade em Conta de Participação no Direito Tributário...*, p. 226-250. Vale, aqui, rememorar as palavras de Pontes de Miranda sobre a forma da conta de participação e a questão fiscal: "Se, conforme permite a lei (Código Comercial, art. 325, *in fine*), foi oral o contrato de sociedade em conta de participação, há dificuldades para que as repartições de impostos apurem o que se sonegou. Dá-se quase o mesmo se o contrato foi por meio de cartas e os contraentes, não obrigados ao registo, os guardam com sigilo. Quanto ao impôsto de renda, o sócio participante ativo, se encobre os outros, expõe-se a que se lhe cobre o impôsto sôbre o todo dos lucros. Os problemas são muitos (...). A lei fiscal pode exigir que, se foi feito escrito, que se registe. *De iure contendo*, o registo nas repartições fiscais é recomendável, para que se evite pensar-se em outro tipo de sociedade." (Pontes de Miranda. *Tratado de Direito Privado*, t. 49..., p. 337-338).

[1297] Cf. Fernandes. *A Sociedade em Conta de Participação no Direito Tributário...*, p. 210-211, 221 ss; TRF4, 1ª Turma, Apelação Cível 91.04.04191-7, Rel. Des. Gilson Dipp, j. 17/06/1997. Esta também é a regra em outros países, cf., *v.g.*, Klunziger. *Grundzüge des Gesellschaftsrechts...*, p. 154. Assim, entendemos indevido o entendimento de Gustavo Galizzi de que a SCP teria capacidade tributária passiva (cf. Galizzi. *Sociedade em conta de participação...*, p. 113); no mesmo sentido, julgamos incorreto o precedente do Superior Tribunal de Justiça ao fazer referência que a conta de participação teria capacidade tributária ao passar a ser equiparada à pessoa jurídica (cf. STJ, 2ª Turma, REsp 193.690/PR, Rel. Min. Franciulli Netto, j. 04/06/2002).

[1298] "Todos os tributos são calculados e recolhidos pelo sócio ostensivo, sendo que também a responsabilidade tributária se estende apenas a este. Entretanto, a apuração de tais tri-

ostensivo, tais obrigações ficariam, em princípio, restritas a um deles[1299]

butos devidos pela pessoa jurídica equiparada – Sociedade em Conta de Participação – é feita independentemente da pessoa jurídica sócia ostensiva." "Assim, pode inclusive ser apurado prejuízo fiscal na pessoa jurídica sócia ostensiva, e lucro na Sociedade em Conta de Participação. Em tal hipótese, os dividendos do sócio ostensivo, oriundos da Sociedade em Conta de Participação serão considerados como receita – não sujeita à tributação – na sociedade ostensiva." (PORTUGAL. A sociedade em conta de participação no novo código civil e seus aspectos tributários..., p. 163). Nesse sentido, ver: TRF3, 4ª Turma, AgInst 0029292-83.2015.4.03.0000, Rel. Des. Marcelo Saraiva, j. 07/12/2017 ("Agravo de Instrumento. Suspensão da exigibilidade da emissão da CNPJ. Sociedade em conta de participação. Sócia ostensiva. Obrigatoriedade para com terceiros e que também é responsável pela declaração de rendimentos e pelo recolhimento dos tributos e contribuições devidos pela SCP (art. 52 da Instrução Normativa RFB nº 1.470/2014). Afigura-se demasiada qualquer exigência fiscal em face do sócio oculto. 1- Na Sociedade em Conta de Participação, o sócio ostensivo é o único que se obriga para com terceiros e que os resultados das SCP devem ser apurados pelo sócio ostensivo, que também é responsável pela declaração de rendimentos e pelo recolhimento dos tributos e contribuições devidos pela SCP, afigura-se demasiada qualquer exigência fiscal em face do sócio oculto. A Instrução Normativa RFB nº 1.470/2014, que entrou em vigor em 03.06.2014, em seu artigo 52, expressamente revogou a IN 179/1987 no item 4, e, assim, superou a fundamentação expendida na solução de consulta n. 121. As SCPs passaram a ser obrigadas a efetuarem a sua inscrição junto a Receita Federal através do Cadastro Nacional Pessoa Jurídica (CNPJ) a partir desta data de 03.06.2014. 2- É certo que os atos administrativos normativos fiscais integram a legislação tributária (artigo 96, do CTN); no entanto, são normas complementares das leis (artigo 100, caput, do CTN), e delas decorrem, tendo por objeto as prestações positivas ou negativas, nelas previstas, no interesse da arrecadação ou da fiscalização dos tributos. E, não é menos verdadeiro que a lei tributária não poderá alterar a definição, o conteúdo e o alcance de institutos, conceitos e formas de direito privado, utilizados, ainda que implicitamente, pela Magna Carta (art. 110, do CTN) e muito menos um simples ato administrativo normativo, pois, somente a Constituição pode alterar os institutos de direito para fins tributários, sendo defeso ao legislador ordinário e muito mais às autoridades fiscais. 3 – E nem se pense que o afastamento da inscrição no CNPJ do sócio ostensivo importaria em prejuízo ao Fisco, uma vez que a escrituração das operações da SCP se faz, à opção do sócio ostensivo, em livros próprios. Portanto, ressalte-se que, partir de 01/01/2014, as SCP estão obrigadas à entrega da ECD — Escrituração Contábil Fiscal, como livros auxiliares do sócio ostensivo, conforme previsto na IN RFB 1.420/2013. 4- Agravo de instrumento provido, para determinar a suspensão da exigibilidade da emissão de CNPJ para a Sociedade em Conta de Participação, onde a agravante é sócia ostensiva."). Ver, também: CARF – Conselho Administrativo de Recursos Fiscais, 2ª Turma Ordinária, 3ª Câmara, Acórdão 14302-000.124, j. 07/12/2009; CARF – Conselho Administrativo de Recursos Fiscais, 1ª Turma Ordinária, 3ª Câmara, Acórdão 1301-001.789, j. 04/03/2015.

1299 Cf. DISIT/SRRF05, Receita Federal do Brasil (RFB), Solução de Consulta nº 43, j. 14/09/2011 ("Na apuração dos resultados da Sociedade em Conta de Participação (SCP), assim como na tributação dos lucros apurados e dos distribuídos, serão observadas as nor-

— existindo quem sustente, de qualquer sorte, a responsabilidade solidária em relação ao IRPJ e à CSLL diante do disposto no art. 124, I, do Código Tributário Nacional[1300].

Nesse sentido, como estabelecem a IN SRF 179/87 (itens 2, 5, 5.3 e 5.4), IN RFB 1.700/2017 (arts. 6º, §§ 1º e 2º, e 246, §2º) e a IN RFB 1.911/2019 (arts. 6º, §1º, III, e 117), o sócio ostensivo deve apurar os resultados, apresentar a declaração de rendimentos e recolher os tributos devidos pela SCP mediante a utilização de DARF — "Documento de Arrecadação de Receita Federal" específico, em nome próprio[1301].

É do sócio ostensivo, também, a responsabilidade pela apresentação da Declaração de Débitos e Créditos Tributários Federais (DCTF) e a Declaração de Débitos e Créditos Tributários Federais Previdenciários e de Outras Entidades e Fundos (DCTFWeb). A apresentação deve ser feita na DCTF ou DCTFWeb a que estiver obrigado o sócio ostensivo em razão da atividade que desenvolve[1302].

mas aplicáveis às pessoas jurídicas em geral. Havendo mais de um sócio ostensivo, compete a apenas um sócio ostensivo a responsabilidade pela apuração dos resultados, apresentação da declaração de rendimentos e recolhimento do imposto devido pela SCP, sem prejuízo da responsabilidade legal dos demais. Dispositivos legais: Decreto nº 3.000, de 1999, RIR/99, arts. 254; IN SRF nº 179, de 1987; IN SRF nº 31, de 2001, art. 1º; LC nº 123, de 2006, art. 3º, VII; Resolução CGSN nº 4, de 2007, art. 12, VIII."); ou seja, diante da omissão da legislação tributária a respeito da conta de participação com mais de um sócio ostensivo, o adequado é que somente um deles fosse indicado para o cumprimento das obrigações tributárias (cf. Higuchi. *Imposto de renda das empresas*..., p. 212-213). De qualquer sorte, pode-se sustentar a responsabilidade solidária pelos débitos tributários na hipótese de atuação conjunta dos sócios ostensivos: "Se houver mais de um sócio ostensivo em uma mesma SCP, buscando, todos eles, cumprir o mesmo objeto, atuando como se fossem dois administradores do mesmo negócio, por força da equiparação, e somente por força dela, eles serão solidários pelo adimplemento da obrigação tributária resultante dos negócios empreendidos mediante SCP, porque existirá, nessa situação, interesse comum na situação que constitui o fato gerador da obrigação tributária, nos termos e para os efeitos do art. 124, I, do CTN. Com efeito, existirá, na hipótese, renda adquirida em comum, componente da mesma unidade econômica autônoma cujos resultados e operações são suscetíveis de tributação pelo imposto de renda." (Fernandes. *A Sociedade em Conta de Participação no Direito Tributário*..., p. 226).

1300 Fernandes. *A Sociedade em Conta de Participação no Direito Tributário*..., p. 300, nota de rodapé.

1301 Ver: COSIT – Coordenação-Geral de Tributação, Receita Federal do Brasil (RFB), Solução de Consulta nº 655, j. 27/12/2017.

1302 IN RFB 2.005/2021, art. 2º, §2º: "§ 2º As informações relativas às sociedades em conta de participação (SCP) devem ser apresentadas pelo sócio ostensivo, na DCTF ou DCTFWeb a que estiver obrigado em razão da atividade que desenvolve." Ainda, o art. 3º, V, impõe a

Dessa forma, o sócio ostensivo apura o *quantum* devido a título de Imposto de Renda (IRPJ), Contribuição Social sobre o Lucro Líquido (CSLL), Contribuição para o PIS/Pasep e Contribuição para o Financiamento da Seguridade Social (Cofins) pela SCP, procedendo às devidas compensações dos créditos, no regime cumulativo de PIS e Cofins, e do saldo negativo apurado em períodos anteriores, para fins de apuração do IRPJ e da CSLL, que deve ser controlado na escrituração comercial — e isso deve ser segregado em relação ao sócio ostensivo. Na mesma linha caminha o item 5.5 da IN SRF 179/87[1303].

Para exemplificar o até aqui exposto, transcreve-se o Ato Declaratório Interpretativo SRF 14/2004, que, ao reconhecer o empreendimento normalmente designado como *pool* hoteleiro como uma verdadeira SCP, especifica o tratamento fiscal dado ao negócio:

> Artigo Único. No sistema de locação conjunta de unidades imobiliárias denominado de pool hoteleiro, constitui-se, independente de qualquer formalidade, Sociedade em Conta de Participação (SCP) com o objetivo de lucro comum, onde a administradora (empresa hoteleira) é a sócia ostensiva e os proprietários das unidades imobiliárias integrantes do pool são os sócios ocultos.
>
> § 1º As SCP são equiparadas às pessoas jurídicas pela legislação do Imposto de Renda, e, como tais, são contribuintes do Imposto de Renda das Pessoas Jurídicas (IRPJ), da Contribuição Social sobre o Lucro Líquido (CSLL), da Contribuição para o PIS/Pasep e da Contribuição para o Financiamento da Seguridade Social (Cofins).
>
> § 2º Na apuração das bases de cálculo do imposto e das contribuições referidas no §1º, devidas pela aludida sociedade, bem como na distribuição dos lucros, serão observadas as normas aplicáveis às pessoas jurídicas em geral.
>
> § 3º São receitas ou resultados próprios da SCP, exemplificativamente, sujeitando-se às normas de tributação específicas do IRPJ, da

obrigatoriedade de apresentação mensal da DCTF, sendo que o art. 4º, IV, exige das SCPs a apresentação da DCTFWeb.

1303 Vide, também, o art. 106, da IN SRF 267/2002, que dispõe sobre os incentivos fiscais decorrentes do imposto sobre a renda das pessoas jurídicas (ao trabalhar a questão da pessoa jurídica que tiver projetos aprovados e em implantação nos termos do art. 9º da Lei 8.167/91, as quais gozarão do direito de aplicar parcelas do imposto nos Fundos de Investimentos Regionais).

CSLL, da Contribuição para o PIS/Pasep e da Cofins: as diárias, semanadas ou aluguéis, relativos às unidades integrantes do pool hoteleiro, inclusive de áreas de restaurantes, salão de convenções, lojas, etc., também integrantes do sistema de locação conjunta; os preços dos serviços prestados, os impostos e taxas incidentes sobre os imóveis, e os demais encargos locatícios, se cobrados, pela administradora, destacadamente das diárias, semanadas ou aluguéis; as indenizações recebidas por extravios e danos causados às unidades; as multas e juros de mora; o resultado das aplicações dos saldos financeiros da sociedade.

§ 4º É a administradora (empresa hoteleira), na qualidade de sócia ostensiva, a responsável pelo recolhimento do imposto e das contribuições devidas pela SCP, sem prejuízo do recolhimento do imposto e das contribuições incidentes sobre suas próprias receitas ou resultados.

§ 5º Deverão ser observadas as demais normas específicas da legislação do imposto de renda e das contribuições sociais, aplicáveis às SCP[1304-1305].

[1304] Veja-se que a Solução de Consulta nº 554 DISIT/SRRF08, de 06/12/2007, assim prevê: "No sistema de locação conjunta, denominado de pool hoteleiro, deve-se constituir, independente de qualquer formalidade, uma Sociedade em Conta de Participação (SCP) com objetivo de lucro comum, em que a administradora (empresa hoteleira) é a sócia ostensiva e os proprietários das unidades imobiliárias, que aderirem ao sistema, são os sócios ocultos.". Ainda, de acordo com a Solução de Consulta COSIT nº 189, de 27 de junho de 2014, o Ato Declaratório Interpretativo SRF 14/2004 "aplica-se inclusive na hipótese em que as unidades imobiliárias tenham um único proprietário, pessoa física ou jurídica". Já a Solução de Consulta DISIT/SRRF08 nº 27, de 24/02/2006, prevê que "[n]o sistema de locação conjunta denominada de pool hoteleiro, constitui-se uma sociedade em conta de participação, em que a administradora (empresa hoteleira) é a sócia ostensiva, sendo responsável pelo recolhimento dos tributos segundo as normas aplicáveis às pessoas jurídicas em geral"; quanto à contribuição para o PIS/Pasep, determina que a "base de cálculo da contribuição é o faturamento, aqui entendido como a totalidade das receitas auferidas pela pessoa jurídica, no caso uma Sociedade em Conta de Participação (SCP), sendo irrelevantes o tipo de atividade por ela exercida e a classificação contábil adotada para as receitas (arts. 2º e 3º, § 1º, da Lei nº 9.718, de 1998). A responsável pelo recolhimento da contribuição para o PIS/Pasep é a empresa hoteleira, sócia ostensiva da Sociedade em Conta de Participação, constituída no sistema de locação conjunta denominado de poolhoteleiro" — e, no que diz respeito à Cofins, prevê que a "base de cálculo da contribuição é o faturamento, aqui entendido como a totalidade das receitas auferidas pela pessoa jurídica, no caso uma Sociedade em Conta de Participação (SCP), sendo irrelevantes o tipo de atividade por ela exercida e a classificação contábil adotada para as receitas (arts. 2º e 3º, § 1º, da Lei nº 9.718, de 1998). A responsável pelo recolhimento da contribuição para a Cofins é a empresa hoteleira, como sócia osten-

Importante frisar que as apurações dos tributos das operações que são próprias do sócio ostensivo são feitas de forma apartada daquelas relacionadas à conta de participação, ainda que os documentos fiscais sejam todos emitidos pelo sócio ostensivo[1306].

Nos termos da Instrução Normativa da Secretaria da Receita Federal 1.700/2017, art. 246, observadas as hipóteses de obrigatoriedade de tributação pelo lucro real, a SCP pode optar por pelo regime de tributação com base no lucro presumido[1307] — sendo que a opção pelo regime com base no lucro presumido não enseja a opção simultânea do sócio ostensivo por tal regime, da mesma forma que a opção deste não implica a opção da SCP[1308].

siva da Sociedade em Conta de Participação, constituída no sistema de locação conjunta denominado de pool hoteleiro". Finalmente, para que seja caracterizado um empreendimento de *pool* hoteleiro (que não é uma simples relação de mandato ou de intermediação), não se pode ter a garantia de uma remuneração fixa, cf. DISIT/SRRF08, Receita Federal do Braisl (RFB), Solução de Consulta nº 30, j. 09/02/2012 ("No sistema de locação conjunta, denominado de pool hoteleiro, deve-se constituir, independente de qualquer formalidade, uma Sociedade em Conta de Participação (SCP) com objetivo de lucro comum, em que a administradora (empresa hoteleira) é a sócia ostensiva e os proprietários das unidades imobiliárias, que aderirem ao sistema, são os sócios ocultos. Não configura uma SCP a pessoa jurídica que realizar a contratação de unidades imobiliárias pelas quais pagará aos seus proprietários uma remuneração fixa mensal e mais uma remuneração variável, calculada sobre o resultado positivo mensal da exploração de todas as unidades que compõem o empreendimento."); no mesmo sentido caminha a Solução de Consulta DISIT/SRRF08 nº 384, de 12/09/2006.

1305 Aplicando o Ato Declaratório Interpretativo SRF 14/2004, entre outros precedentes, ver: TRF5, 2ª Turma, Apelação 200482000088952, Rel. Des. Paulo Gadelha, j. 04/05/2010.

1306 Cf. CARF – Conselho Administrativo de Recursos Fiscais, 2ª Turma Ordinária, 4ª Câmara, Acórdão 1402-003.987, j. 18/07/2019.

1307 Como refere, *v.g.*, o CARF – Conselho Administrativo de Recursos Fiscais, 2ª Turma Ordinária, 2ª Câmara, Acórdão 1202-001.011, j. 07/08/2013. Ainda que questionável, a Receita Federal passou a permitir a opção da tributação da conta de participação pelo lucro presumido a partir da Instrução Normativa da Secretaria da Receita Federal 31/01, cf. FERNANDES. *A Sociedade em Conta de Participação no Direito Tributário...*, p. 306-308.

1308 Da mesma forma, nada impede que a SCP seja tributada pelo lucro real anual e o sócio ostensivo pelo lucro real trimestral, ou vice-versa (cf. FERNANDES. *A Sociedade em Conta de Participação no Direito Tributário...*, p. 305). Veja-se, ainda, que a Solução de Consulta COSIT nº 83/2021 assim prevê: "Para fins de obrigatoriedade da adoção do regime de tributação do IRPJ com base no lucro real, nos termos do art. 14, inciso I, da Lei nº 9.718, de 1998, a empresa que figurar como sócia ostensiva em sociedade em conta de participação (SCP) não deve somar as receitas da SCP de que faça parte às suas receitas. Dispositivos legais: Lei nº 10.406, de 2002, arts. 991 e 993; Lei nº 9.718, de 1998, art, 14, inciso I; Decreto nº 9.580,

Diante disso, os resultados do sócio ostensivo são completamente segregados dos resultados da conta de participação, inclusive para a verificação do limite de receita bruta que enseja a adoção dos regimes de tributação[1309].

Ainda, em caso de empreendimentos imobiliários, é possível a adoção do RET, que é um regime fiscal favorecido quando há a constituição de patrimônio de afetação[1310].

Por sua vez, em sendo o sócio ostensivo uma pessoa física e não havendo equiparação a uma pessoa jurídica, incidirá sobre a SCP o regime aplicável às pessoas jurídicas; já o ostensivo oferecerá "seus próprios rendimentos à tributação em obediência às normas de incidência do imposto de renda da pessoa física, se não estiver sujeito a normas de equiparação à pessoa jurídica, sujeitando-se o resultado da SCP, por outro lado, ao IRPJ e à CSL apurados de acordo com um dos regimes de tributação da renda e dos proventos de qualquer natureza aplicáveis à pessoa jurídica"[1311].

E tudo isso porque, lembre-se, para fins fiscais, a conta de participação é equiparada a uma pessoa jurídica.

Nesse mesmo sentido, incentivos fiscais relacionados à atividade prevista na conta de participação não podem ser estendidos ao sócio ostensivo, e vice-versa[1312].

de 2018 (RIR/2018), arts. 160, 161, 269 e 586; Instrução Normativa RFB nº 1.700, de 2017, arts. 6º, 59, 246." (COSIT - Coordenação-Geral de Tributação, Receita Federal do Brasil (RFB), Solução de Consulta nº 83, j. 28/06/2021).

1309 Cf. FERNANDES. *A Sociedade em Conta de Participação no Direito Tributário...*, p. 305-306; COSIT - Coordenação-Geral de Tributação, Receita Federal do Brasil (RFB), Solução de Consulta nº 655, j. 27/12/2017 ("Sociedade em conta de participação. Apuração e recolhimento de IRPJ. O lucro resultante das atividades da sociedade em conta de participação deverá ser apurado e demonstrado destacadamente dos resultados do sócio ostensivo"). No mesmo sentido: DISIT/SRRF02, Receita Federal do Brasil (RFB), Solução de Consulta nº 2003, j. 25/08/2020.

1310 COSIT - Coordenação-Geral de Tributação, Receita Federal do Brasil (RFB), Solução de Consulta nº 56, j. 25/02/2019; FERNANDES. *A Sociedade em Conta de Participação no Direito Tributário...*, p. 308-309.

1311 FERNANDES. *A Sociedade em Conta de Participação no Direito Tributário...*, p. 305.

1312 Cf. DISIT/SRRF03, Receita Federal do Brasil (RFB), Solução de Consulta nº 08, j. 27/02/2012; CARF - Conselho Administrativo de Recursos Fiscais, 2ª Turma Ordinária, 4ª Câmara, Acórdão 1402-002.182, j. 03/05/2016; CARF - Conselho Administrativo de Recursos Fiscais, 1ª Turma Ordinária, 2ª Câmara, Acórdão 1201-001.676, j. 16/05/2017. Nesse sen-

De acordo com a IN RFB 1.700/2017, art. 211, o prejuízo fiscal apurado por uma SCP pode apenas ser compensado com o lucro real decorrente da mesma SCP, sendo proibida a compensação de prejuízos fiscais e lucros entre duas ou mais SCP ou entre a SCP e o sócio ostensivo[1313]. Ainda, a base de cálculo negativa da Contribuição Social sobre o Lucro Líquido — CSLL apurada pela SCP somente poderá ser compensada com o resultado ajustado positivo decorrente da mesma SCP, sendo vedada a realização e compensação de bases de cálculo negativas da CSLL com resultados ajustados positivos entre duas ou mais SCP ou entre a conta de participação e o sócio ostensivo. No mesmo caminho está o art. 586 do Regulamento do Imposto de Renda (Decreto 9.580/2018) ao determinar que "[o] prejuízo fiscal apurado por sociedade em conta de participação somente poderá ser compensado com o lucro real decorrente da mesma sociedade", sendo "vedada a compensação de prejuízos fiscais e lucros entre duas ou mais sociedades em conta de participação ou entre estas e o sócio ostensivo" — diante também do disposto no item 5.2 da IN SRF 179/87. Da mesma forma, o indébito tributário e as retenções do PIS e da Cofins somente podem ser deduzidos ou compensados relativamente a tributos da própria SCP, sendo que se os indébitos e retenções dizem respeito à atividade do ostensivo, a dedução e compensação somente podem ser realizadas pelo sócio ostensivo em relação aos tributos devidos em decorrência de suas próprias atividades[1314-1315-1316-1317].

tido, entende-se que a participação de pessoa jurídica em SCP como sócia participante não impede que usufrua dos incentivos fiscais relacionados ao PADIS – Programa de Apoio ao Desenvolvimento Tecnológico da Indústria de Semicondutores (cf. DISIT/SRRF10, Receita Federal do Brasil (RFB), Solução de Consulta nº 12, j. 12/02/2013). Ainda, por ser a conta de participação equiparada a uma pessoa jurídica, é importante lembrar que se aplica a restrição a incentivos fiscais a doações, patrocínios e investimentos realizados pelos sócios a uma SCP (incidindo, então, o art. 9º da Lei 7.505/1986). Por tudo, ver: Fernandes. *A Sociedade em Conta de Participação no Direito Tributário...*, p. 303-304, 330-331.

1313 "O prejuízo fiscal apurado por uma SCP somente poderá ser compensado com o lucro real apurado pela mesma SCP. O prejuízo fiscal de uma SCP não poderá ser compensado com o lucro real de outra SCP e nem com o do sócio ostensivo." (Higuchi. *Imposto de renda das empresas...*, p. 212).

1314 Indébitos de IRPJ e CSLL somente podem ser objeto de compensação com tributos administrados pela Receita Federal da mesma SCP, ou seja, não podem ser objeto de compensação com tributos devidos pelo ostensivo ou outra SCP, cf., *v.g.*, DISIT/SRRF08, Receita Federal do Brasil (RFB), Solução de Consulta nº 199, j. 05/09/2000; CARF – Conselho

Administrativo de Recursos Fiscais, 2ª Turma Ordinária, 4ª Câmara, Acórdão 1402-005.195, j. 12/11/2020; CARF – Conselho Administrativo de Recursos Fiscais, 2ª Turma Ordinária, 4ª Câmara, Acórdão 1402-005.166, j. 11/11/2020; TRF3, 4ª Turma, Apelação 0003337-86.2012.4.03.6133, Rel. Des. Marli Marques Ferreira, j. 01/06/2020 ("Para fins tributários a sociedade em conta de participação equipara-se às demais pessoas jurídicas, razão pela qual é contribuinte do IRPJ, da CSLL, do PIS e da COFINS, os quais são de responsabilidade do sócio ostensivo e recolhidos em nome deste, ex vi do artigo 148 do RIR/1999 (Decreto nº 3.000, de 26/03/99). Nos termos da IN SRF 179/87, c/c artigo 515 do RIR/99 (vigente à época) a pessoa jurídica que participe de SCP como sócia ostensiva fica obrigada a segregar e escriturar as suas operações em separado, das operações referentes às SCP, sobretudo porque a figura da sociedade em conta de participação não se confunde com a pessoa jurídica da sócia ostensiva. A sócia ostensiva é a responsável pela informação e tributação dos resultados da sociedade em conta de participação, mas não é a titular de seus créditos, apenas sua representante. Tratando-se de empresas distintas e não discriminando a autora, sócia ostensiva, os seus créditos e débitos daqueles das sociedades em conta de participação, agiu acertadamente o Fisco ao considerar tratar-se de compensação de débitos com créditos de terceiros, hipótese vedada pelo artigo 74 da Lei nº 9.430/96, razão pela qual considerou a compensação como não declarada."). Nesse sentido, retenções de tributos da SCP somente podem ser deduzidas relativamente a tributos devidos pela própria SCP, cf. Cosit – Coordenação-Geral de Tributação, Receita Federal do Brasil (RFB), Solução de Consulta nº 202, j. 18/06/2019 ("Sociedade em conta de participação. Dedução ou compensação de tributos. Os tributos incidentes nas operações próprias do sócio ostensivo devem ser apurados separadamente dos tributos devidos pela sociedade em conta de participação (SCP). Os valores dos tributos retidos nas operações próprias do sócio ostensivo só podem ser objeto de dedução ou compensação relativamente aos tributos devidos pelo sócio ostensivo. De igual forma, os valores dos tributos retidos nas operações referentes à SCP só podem ser objeto de dedução ou compensação relativamente aos tributos devidos pela SCP. No caso de o sócio ostensivo ter saldos a compensar de valores retidos a título de Contribuição para o PIS/Pasep e da Cofins nas suas operações próprias, eles podem ser objeto de restituição ou compensação na forma estabelecida no art. 24 da Instrução Normativa RFB nº 1.717, de 2017. Dispositivos legais: Lei Complementar nº 7, de 1970, art. 1º, § 1º; Lei Complementar nº 70, de 1991, art. 1º; Lei nº 7.689, de 1988, art. 4º; Lei nº 9.430, de 1996, art. 74, § 12; Lei nº 10.406, de 2002, arts. 991 e 993; Decreto nº 9.580, de 2018 (RIR/2018), arts. 160 e 161; Decreto nº 4.524, de 2002, arts. 3º e 81; Instrução Normativa RFB nº 1.700, de 2017, art. 6º; Instrução Normativa RFB nº 1.717, art. 24."); no mesmo sentido: DISIT/SRRF03, Receita Federal do Brasil (RFB), Solução de Consulta nº 3003, j. 09/04/2020. Sobre o tema: Fernandes. *A Sociedade em Conta de Participação no Direito Tributário...*, p. 299 ss.

1315 "Se uma mesma SCP for integrada por mais de um sócio ostensivo, o prejuízo fiscal e a base de cálculo negativa da CSL apurados na atividade desempenhada conjuntamente pelos sócios ostensivos poderão ser compensados, respectivamente, com o lucro real e o resultado ajustado da CSL da SCP, não devendo haver separação, para esses fins, entre os resultados (positivos e negativos) apurados por cada um dos sócios ostensivos. Isso deve ser assim porque, como dito anteriormente, a SCP constitui uma unidade econômica autônoma para

Quanto ao PIS e à Cofins, o legislador equiparou a SCP à pessoa jurídica para o PIS e a Cofins no regime cumulativo (art. 2º, I, da Lei 9.715/1998, arts. 1º e 2º da Lei 9.718/1998, art. 1º, §2º, da Lei Complementar 07/1970 e art. 1º da Lei Complementar 70/1991), sem qualquer referência ao regime não cumulativo[1318]. Todavia, a Receita Federal tem

efeito de apuração do IRPJ e da CSL, somando-se os resultados (positivos e negativos) a ela afetos para tributação conjunta, qualquer que seja a quantidade de sócios que componha a mesma sociedade, e qualquer que seja a contribuição ou o resultado aportado ou trazido por cada um deles em prol da consecução do fim comum. Em qualquer caso, não pode haver qualquer confusão patrimonial que comprometa a segregação de regimes tributários imposta pelo art. 7º do Decreto-lei n. 2.303/86." (Fernandes. *A Sociedade em Conta de Participação no Direito Tributário...*, p. 299-300).

[1316] O CARF, de qualquer sorte, já entendeu que é possível a compensação de crédito de IRPJ e CSLL da SCP com débito apurado pelo sócio ostensivo, especificamente em decorrência da incorporação do sócio participante pelo sócio ostensivo, cf. CARF – Conselho Administrativo de Recursos Fiscais, 1ª Turma Ordinária, 4ª Câmara, Acórdão 1401-003.276, j. 20/03/2019 ("Sociedades em Conta de Participação. Sócio Ostensivo. Relação Jurídica com Terceiros. As sociedades em conta de participação não têm existência jurídica para terceiros, portanto as relações de natureza obrigacional se estabelecem diretamente com o sócio ostensivo, que assume a posição de credor ou devedor. Sociedade em Conta de Participação. Incorporação do Sócio Participante pelo Sócio Ostensivo. Direito Creditório. Compensação. O saldo negativo de IRPJ de sociedade em conta de participação passa a ser do sócio ostensivo, quando este, tendo incorporado o sócio participante, o sucede em direitos e obrigações."). Sobre o tema: Fernandes. *A Sociedade em Conta de Participação no Direito Tributário...*, p. 302-303.

[1317] Tal orientação é objeto de crítica de José Maria da Costa, pois a conta de participação seria ineficaz perante terceiros (cf. Costa. *A sociedade em conta de participação no direito de empresa do Código Civil de 2002...*, p. 253).

[1318] Nesse sentido, no regime não cumulativo, não haveria qualquer segregação de receita em relação ao sócio ostensivo: "Registre-se que, para nós, não havendo equiparação da SCP à pessoa jurídica no regime não cumulativo de incidência da contribuição ao PIS e da COFINS, o correto é considerar que as receitas auferidas em decorrência da consecução do objeto social da referida sociedade devem ser tributadas pelo sócio ostensivo – se pessoa jurídica – sem necessidade de sua segregação em relação às demais receitas auferidas fora da SCP, obedecendo-se, assim, ao regime de incidência dessas contribuições aplicável ao sócio ostensivo. Se o sócio ostensivo estiver submetido ao regime não cumulativo, os créditos apurados na forma do art. 3º das Leis n. 10.637 e 10.833 poderão ser por ele aproveitados também sem qualquer segregação em relação aos demais créditos apurados fora da SCP. Já se o sócio ostensivo não estiver sujeito à incidência da contribuição ao PIS e da COFINS, por exemplo, por ser pessoa física, não deverá haver qualquer recolhimento das refetidas contribuições sociais." (Fernandes. *A Sociedade em Conta de Participação no Direito Tributário...*, p. 337-338).

entendido como aplicável a equiparação também ao regime não cumulativo[1319]. Ainda, o Decreto 4.524/2002, que regulamenta a Contribuição para o PIS/Pasep e a Cofins devidas pelas pessoas jurídicas em geral, determina, no art. 81, que "[o] sócio ostensivo da sociedade em conta de participação (SCP) deve efetuar o pagamento das contribuições incidentes sobre a receita bruta do empreendimento, não sendo permitida a exclusão de valores devidos a sócios ocultos" (sendo que o pagamento deve ser realizado com a própria contribuição do sócio ostensivo). Disposição idêntica é encontrada no art. 117 da IN RFB 1.911/2019, que dispõe sobre a Contribuição para o PIS/Pasep e a Cofins, devidas pelas pessoas jurídicas de direito privado em geral[1320-1321].

Lembra-se, também, que, conforme a Receita Federal, o sócio ostensivo de SCP não pode ser optante pelo Simples (IN SRF 608/2006, art. 20, XIII)[1322]. A rigor, por ser equiparada a pessoa jurídica, há restrição

1319 Cf. CARF – Conselho Administrativo de Recursos Fiscais, 1ª Turma Ordinária, 2ª Câmara, Acórdão 1201-001.676, j. 16/05/2017.

1320 No que diz respeito à contribuição previdenciária, parece haver orientação diferente, especificamente no que diz respeito à Lei 12.546/2011: "Contribuição previdenciária incidente sobre a receita bruta. Lei nº 12.546, de 2011. Sociedade em conta de participação. Não sujeição. As receitas decorrentes da atividade constitutiva do objeto social da Sociedade em Conta de Participação devem compor a base de cálculo da contribuição previdenciária devida pelo sócio ostensivo sujeito à contribuição previdenciária incidente sobre a receita bruta de que trata a Lei nº 12.546, de 2011. Solução de Consulta vinculada à Solução de Consulta nº 9 — COSIT, de 13 de janeiro de 2017. Dispositivos legais: Lei Complementar nº 7, de 1970, artº. 1º, § 1º; Lei Complementar nº 70, de 1991, art. 1º; Lei nº 5.172, de 1966 (CTN), arts. 97, 111 e 121; Lei nº 7.689, de 1988, art. 4º; Lei nº 10.406, de 2002, arts. 991 e 993; Lei nº 12.546, de 2011, arts. 7º e 9º; Lei nº 8.212, de 1991, art. 15, I; Decreto nº 3.000, de 1999 (RIR/1999), art. 148; Decreto nº 4.524, de 2002, arts. 3º e 81; Instrução Normativa SRF nº 179, de 1987; Instrução Normativa SRF nº 390, de 2004, art. 8º; Instrução Normativa RFB nº 1.252, de 2012, arts. 1º e 4º, § 4º; Instrução Normativa RFB nº 1.422, de 2013, art. 1º, § 1º; Instrução Normativa RFB nº 1.470, de 2014, art. 52." (COSIT – Coordenação-Geral de Tributação, Receita Federal do Brasil (RFB), Solução de Consulta nº 99049, j. 21/03/2017).

1321 Por tudo, ver: Fernandes. *A Sociedade em Conta de Participação no Direito Tributário*..., p. 331.

1322 MINISTÉRIO DA FAZENDA – SECRETARIA DA RECEITA FEDERAL. *Perguntas e Respostas Pessoa Jurídica / PIR – 2007*. Brasília/DF. Disponível em: <http://www.receita.fazenda.gov.br/publico/perguntao/dipj2007/pergrespdipj2007.pdf>. Acesso em: 17 ago. 2014. Nesse sentido: "Sociedade de propósito específico (spe). Vedação à participação no capital de outra pessoa jurídica. Sociedade em conta de participação (SCP). Equiparação à pessoa jurídica. Para fins tributários, as SCP equiparam-se a pessoas jurídicas. Sendo assim, as microempresas ou empresas de pequeno porte integrantes de SPE, que seja sócia ostensiva de SCP não poderão beneficiar-se do tratamento jurídico diferenciado previsto na

para que os sócios da conta de participação, da mesma forma que a própria SCP, possam se valer do regime diferenciado disposto na Lei Complementar 123/2006 caso incidentes as restrições previstas no seu art. 3º, §4º[1323].

O art. 161 do RIR (Decreto 9.580/2018) dispõe que "[n]a apuração dos resultados das sociedades em conta de participação, assim como na tributação dos lucros apurados e dos distribuídos, serão observadas as normas aplicáveis às pessoas jurídicas em geral e o disposto no art. 269 (Decreto-Lei nº 2.303, de 1986, art. 7º, parágrafo único)". E de acordo com a IN SRF 179/87, item 8, os lucros da SCP, quando distribuídos, sujeitam-se às mesmas regras estabelecidas para a tributação na distribuição de lucros das demais sociedades. Assim, os lucros distribuídos pela sociedade em conta de participação, como em qualquer sociedade, são isentos de Imposto de Renda, bem como, no caso de contribuinte, da CSLL, do PIS e da Cofins[1324] — sendo que, de acordo com o item 7 da

LC nº 123, de 2006, o que implica a exclusão do Simples Nacional." (COSIT - Coordenação-Geral de Tributação, Receita Federal do Brasil (RFB), Solução de Consulta nº 139, j. 03/06/2015); no mesmo sentido: DISIT/SRRF10, Receita Federal do Brasil (RFB), Solução de Consulta nº 1024, j. 03/07/2015. Ver, também: "O lucro real ou o lucro presumido da Sociedade em Conta de Participação (SCP) deve ser informado na declaração do sócio ostensivo. O sócio ostensivo de Sociedade em Conta de Participação (SCP) não pode ser optante pelo Simples Nacional." (DISIT/SRRF05, Receita Federal do Brasil (RFB), Solução de Consulta nº 43, j. 14/09/2011).

1323 Fernandes. *A Sociedade em Conta de Participação no Direito Tributário*..., p. 309-313.

1324 Ver: DISIT/SRRF08, Receita Federal do Brasil (RFB), Solução de Consulta nº 11, j. 15/01/2009 ("Assunto: Imposto sobre a Renda de Pessoa Jurídica - IRPJ. Lucros distribuídos — Sociedade em Conta de Participação. Não estão sujeitos à incidência do Imposto de Renda na Fonte os lucros apurados a partir de 1º de janeiro de 1996, pagos ou creditados por sócio ostensivo de Sociedade em Conta de Participação (SCP) à pessoa física (sócio oculto), desde que apurados e demonstrados destacadamente dos resultados apurados pelo sócio ostensivo, ainda que a escrituração seja feita nos mesmos livros. Dispositivos legais: Art. 10 da Lei nº 9.249, de 26.12.1995; arts. 148, 149, 254, II, e 654 do Decreto nº 3.000, de 26.03.1999 (republicado em 17.06.1999); item 8 da Instrução Normativa SRF nº 179, de 30.12.1987; e art. 48 da Instrução Normativa SRF nº 93, de 24.12.1997."). Veja-se, ainda, a Solução de Consulta DISIT/SRRF06 nº 175, j. 15/10/2008: "Rendimentos pagos por SCP. Pool hoteleiro. A pessoa física, proprietária de unidade imobiliária integrante de pool hoteleiro, que recebe lucros de sociedade em conta de participação (SCP), administradora desse sistema de locação conjunta, não está obrigada a incluí-los na base de cálculo do IRPF da declaração anual de ajuste. Dispositivos legais: Art. 148, 149 do RIR/99; art. 10 da Lei nº 9.249/95; ADI SRF nº 14/2004.". Deve-se, ainda, atentar que não há a incidência de IOF pois não se trata de

IN SRF 179/87, "Os lucros recebidos de investimento em SCP, avaliado pelo custo de aquisição, ou a contrapartida do ajuste de investimento avaliado por esse método, não serão computados na determinação do lucro real dos sócios, pessoas jurídicas, das referidas sociedades". Da mesma maneira, não incide sobre o lucro distribuído a CSLL, pois este já foi recolhido pelo sócio ostensivo em nome da SCP — não ocorrendo igualmente incidência de PIS e Cofins sobre tal rendimento. E é importante ressaltar que a Receita Federal também reconhece a possibilidade de distribuição desproporcional de lucros na SCP, desde que o contrato social assim autorize[1325]. Por sua vez, a distribuição de lucros superiores aos existentes enseja a incidência dos respectivos tributos[1326].

Também é possível o pagamento de Juros Sobre o Capital Próprio na conta de participação, com a incidência do regime tributário competente[1327].

Cumpre, também, observar que o ganho ou a perda de capital na alienação de participação em sociedade em conta de participação devem ser apurados segundo os mesmos critérios aplicáveis à alienação de participação societária em outras pessoas jurídicas (IN SRF 179/87, item 9).

No aporte de recursos não há, como regra, a incidência de tributos[1328].

mútuo, cf. CARF - Conselho Administrativo de Recursos Fiscais, 1ª Turma Ordinária, 2ª Câmara, Acórdão 3201-004.189, j. 29/08/2018.

1325 COSIT - Coordenação-Geral de Tributação, Receita Federal do Brasil (RFB), Solução de Consulta nº 56, j. 25/02/2019 ("Distribuição desproporcional de lucros — possibilidades. O pagamento ou crédito de lucros e dividendos pela SCP aos sócios é isenta de imposto de renda, contanto que seja observada a legislação tributária e civil. Estão abrangidos pela isenção os lucros distribuídos aos sócios de forma desproporcional à contribuição para o patrimônio especial da SCP, desde que tal distribuição esteja devidamente estipulada no contrato e em conformidade com o Código Civil de 2002 e desde que não seja utilizado para fins de dissimulação da ocorrência de fato gerador de tributo.").

1326 CARF - Conselho Administrativo de Recursos Fiscais, 1ª Turma Ordinária, 4ª Câmara, Acórdão 1401-003.276, j. 20/03/2019.

1327 Por tudo, ver: Bozza. Sociedade em conta de participação: natureza, regime jurídico e tributação pelo imposto de renda..., p. 42 ss; Fernandes. *A Sociedade em Conta de Participação no Direito Tributário...*, p. 321 ss, 338 ss.

1328 Nesse sentido, no que diz respeito ao IRPJ, ver: CARF - Conselho Administrativo de Recursos Fiscais, 2ª Turma Ordinária, 4ª Câmara, Acórdão 1402-001625, j. 13/03/2014 ("Imposto sobre a Renda de Pessoa Jurídica — IRPJ Ano-calendário: 2008, 2009 Sociedade em conta de participação (SCP). Aporte da sócia ostensiva. Omissão de receita. Inexistência. Demonstrado nos autos que a transferência de material e equipamentos da sócia ostensiva para a SCP deu-se a título de integralização de capital, não há que se falar em relação comer-

E, em caso de devolução de bens ou direitos aportados, inclusive na hipótese de dissolução da conta de participação, aplicam-se as mesmas normas de qualquer pessoa jurídica[1329].

No que diz respeito aos demais tributos federais, estaduais e municipais (IPI, CIDE, IOF, CPRB, ICMS e ISS), como regra não há previsão específica nem equiparação à pessoa jurídica — sendo que, usualmente, Estados e Municípios também não determinam que a conta de participação seja inscrita nas respectivas secretarias da fazenda[1330]. Dessa forma, as operações da conta de participação devem ser tributadas em conjunto com as operações do ostensivo, sendo viável a comunicação de créditos e débitos, existindo manifestações de órgãos no sentido de que a SCP não afeta os tributos de competência estadual, sendo o ostensivo o sujeito responsável inclusive pelos deveres instrumentais (ou seja, a conta de participação não é contribuinte)[1331-1332].

cial passível de gerar receita."). Ainda, manifestando-se pela não incidência de ICMS, IPI e ISS sobre o aporte de bens e serviços, uma vez que não há fato gerador na contribuição com bens, recursos ou serviços, ver: Fernandes. *A Sociedade em Conta de Participação no Direito Tributário...*, p. 366-367.

[1329] Cf. Cosit - Coordenação-Geral de Tributação, Receita Federal do Brasil (RFB), Solução de Consulta nº 56, j. 25/02/2019 ("Capital social — devolução da participação no capital social mediante entrega de ativos. Aplicam-se às SCPs as mesmas regras estabelecidas para as demais pessoas jurídicas para devolução da participação na sociedade. A devolução de capital aos sócios, quando da dissolução ou extinção da sociedade pode ser feita mediante entrega de ativos, ao seu valor contábil, ou valor de mercado, conforme previsto no art. 22 da Lei nº 9.249, de 1995."). Ver: Fernandes. *A Sociedade em Conta de Participação no Direito Tributário...*, p. 320-321.

[1330] Nesse sentido: SEFAZ/SP, Resposta à Consulta Tributária nº 19005/2019, j. 14/11/2019 ("ICMS - Obrigações Acessórias - Inscrição Estadual — Sociedade em conta de participação. I. A sociedade em conta de participação não é contribuinte do ICMS por ser sociedade despersonalizada. II. Mesmo estando obrigada a ter CNPJ, não está obrigada a se inscrever no âmbito estadual, nem a cumprir obrigações acessórias em nome próprio. III. Caso a inscrição estadual tenha sido automaticamente gerada, enquanto permanecer ativa, as obrigações acessórias decorrentes (artigo 498 do RICMS/SP) deverão ser cumpridas em nome do sócio ostensivo."). Igualmente, por exemplo: SEFAZ/SP, Resposta à Consulta Tributária nº 21239/2020, j. 18/02/2020; SEFAZ/SP, Resposta à Consulta Tributária nº 18681/2018, j. 27/12/2018. Ver: Rocha Junior, Arlindo Luiz; Araujo, Elaine Cristina de. *Sociedade em conta de participação*: visão societária, contábil e tributária. Rio de Janeiro: Freitas Bastos, 2019, p. 28-32.

[1331] Cf. SEFAZ/MG, Consulta de Contribuinte nº 38, j. 24/03/2004; COSIT - Coordenação-Geral de Tributação, Receita Federal do Brasil (RFB), Solução de Consulta nº 09, j. 13/01/2017 ("Contribuição previdenciária incidente sobre a receita bruta. Lei nº 12.546,

Finalmente, independentemente da equiparação à uma pessoa jurídica ou não, o sócio ostensivo é quem responde pelas obrigações tributárias. Vale dizer, o sócio participante não responde pelos débitos fiscais que incidam sobre os resultados do empreendimento explorado

de 2011. Sociedade em conta de participação. Não sujeição. As receitas decorrentes da atividade constitutiva do objeto social da Sociedade em Conta de Participação devem compor a base de cálculo da contribuição previdenciária devida pelo sócio ostensivo, empresa de construção de obras de infraestrutura, enquadrada nos grupos 421, 422, 429 e 431 da Classificação Nacional de Atividades Econômicas (CNAE 2.0), conforme inciso VII do art. 7º e §§ 9º e 10 do art. 9º da Lei nº 12.546, de 2011. Dispositivos legais: Lei Complementar nº 7, de 1970, artº. 1º, § 1º; Lei Complementar nº 70, de 1991, art. 1º; Lei nº 5.172, de 1966 (CTN), arts. 97, 111 e 121; Lei nº 7.689, de 1988, art. 4º; Lei nº 10.406, de 2002, arts. 991 e 993; Lei nº 12.546, de 2011, arts. 7º e 9º; Lei nº 8.212, de 1991, art. 15, I; Decreto nº 3.000, de 1999 (RIR/1999), art. 148; Decreto nº 4.524, de 2002, arts. 3º e 81; Instrução Normativa SRF nº 179, de 1987; Instrução Normativa SRF nº 390, de 2004, art. 8º; Instrução Normativa RFB nº 1.252, de 2012, arts. 1º e 4º, § 4º; Instrução Normativa RFB nº 1.422, de 2013, art. 1º, § 1º; Instrução Normativa RFB nº 1.470, de 2014, art. 52."); COSIT - Coordenação-Geral de Tributação, Receita Federal do Brasil (RFB), Solução de Consulta nº 233, j. 07/12/2018 ("Sistema de escrituração digital das obrigações fiscais, previdenciárias e trabalhistas - Esocial. Sociedade em conta de participação - SCP - Transmissão de informações. Sócio ostensivo. No que toca às obrigações acessórias instituídas pela RFB que digam respeito às contribuições previdenciárias abrangidas pela IN RFB nº 1.787, 07/02/2018, as informações relativas às sociedades em conta de participação (SCP) devem ser apresentadas pelo sócio ostensivo, em sua própria DCTFWeb e, consequentemente, no eSocial. Dispositivos legais: Decreto nº 8.373, de 11 de dezembro de 2014, arts. 2º e 8º; Instrução normativa - IN RFB nº 1.787, de 07 de fevereiro de 2018."). Veja-se, também: "(...) Sociedade anônima sócia ostensiva de sociedade em conta de participação. (...) 2. Mérito 2.1 - Sociedade anônima que constitui sociedade em conta de participação, na qual figura como sócia ostensiva. Entendimento do Fisco Estadual de que a sócia ostensiva se apropriou indevidamente de créditos presumidos de ICMS e lavrou auto de lançamento; e, por isso, não expede Certidão Negativa de Débito à sociedade anônima na condição de sócia ostensiva da sociedade em conta de participação. 2.2 — Liminar que não merece deferida porque a situação não se equipara ao que acontece com os débitos entre matriz e filial. Ainda, o que se pretende é fazer uma espécie de cisão da personalidade jurídica da sociedade anônima, passando a receber um tratamento como sociedade anônima e outro como sócia ostensiva, quer dizer, entidade autônoma perante terceiro, no caso, o Estado, o que não é defensável, pois, se sócia ostensiva é a pessoa jurídica, não há distinção das dívidas de uma e outra. Não há duas pessoas, mas apenas uma; não há duas devedoras, mas uma só. 3. Dispositivo. Recurso desprovido, preliminar de inépcia da inicial prejudicada." (TJRS, 1ª Câmara Cível, AI 70067125443, Rel. Des. Irineu Mariani, j. 29/06/2016).

[1332] Sobre o tema, ver: FERNANDES. *A Sociedade em Conta de Participação no Direito Tributário...*, p. 362 ss. Ver, também: ver: RAMIRES. *A sociedade em conta de participação no Direito brasileiro...*, p. 167 ss.

pela conta de participação. A apuração e o recolhimento dos respectivos tributos são de responsabilidade do sócio ostensivo, sendo exclusivamente sua a sujeição tributária — não existindo solidariedade entre o ostensivo e o participante (salvo no caso das obrigações em que o participante tomar parte nas relações com terceiros como sócio ostensivo, nos termos do art. 993, parágrafo único, do Código Civil)[1333-1334-1335]. Não por outra razão, é o sócio ostensivo o legitimado ativo (e, logicamente, passivo) a tomar qualquer medida judicial[1336].

Dito tudo isso, assim conclui Bozza: "Em virtude da equiparação a pessoa jurídica, os resultados das operações da SCP passam a ser tributados em conjunto, como uma unidade econômica de negócios, separadamente das demais atividades exercidas pelos sócios. Compete, no entanto, ao sócio ostensivo o dever de registrar, de forma destacada, as operações da SCP, bem como elaborar as declarações fiscais pertinentes e recolher os tributos devidos. Os sócios, por seu turno, recebem da SCP o resultado líquido, já tributado e deduzido dos custos e despesas relativas ao empreendimento comum, que para fins fiscais é tratado como dividendo"[1337].

[1333] FERNANDES. *A Sociedade em Conta de Participação no Direito Tributário*..., p. 212, 220-225, 363-364; GALIZZI. *Sociedade em conta de participação*..., p. 113-114.

[1334] De qualquer sorte, "[o] sócio participante também é contribuinte, mas contribuinte do imposto de renda incidente sobre os rendimentos que lhe competem em função de sua participação na SCP, os quais lhe são distribuídos na forma de lucro (...). Quer dizer, a capacidade contributiva do sócio participante manifesta-se nos limites dos lucros que lhe são distribuídos, não alcançando os resultados apurados diretamente pelo sócio ostensivo no desempenho da atividade da SCP. Quem aufere esses resultados é o sócio ostensivo, sendo sua a capacidade contributiva. Daí dizer que ele é o contribuinte do imposto de renda que incide sobre os resultados apurados no desenvolvimento do objeto social da SCP." (FERNANDES. *A Sociedade em Conta de Participação no Direito Tributário*..., p. 211-212).

[1335] Em sentido diverso: "Sociedade em conta de participação. Socio oculto entendido como co-responsavel pelo fisco. Uma vez constatada a existência de socio oculto, pode ele ser co-responsabilizado pela dívida tributária de sociedade em conta de participacao. Todavia, essa constatacao de outro socio, imposta se lhe de direito de defesa no processo administrativo, a semelhanca do socio ostensivo. De tal falta de oportunidade decorre a invalidade contra ele de lançamento fiscal." (TJRS, 3ª Câmara Cível, APC 40008, Rel. Des. Marco Aurélio Costa Moreira de Oliveira, j. 25/03/1982).

[1336] Cf., *v.g.*, TRF3, 4ª Turma, AI 5002210-79.2021.4.03.0000, Rel. Des. Marili Marques Ferreira, j. 21/09/2021; TRF4, 1ª Turma, Apelação 5011602-33.2019.4.04.7001, Rel. Des. Francisco Donizete Gomes, j. 08/06/2020.

[1337] BOZZA. Sociedade em conta de participação: natureza, regime jurídico e tributação pelo imposto de renda..., p. 42. Ainda, à p. 44-46, o referido autor trabalha a possibilidade de

Por oportuno, é importante destacar, que a equiparação a uma pessoa jurídica para fins tributários torna a conta de participação bastante atraente para a realização de diversos empreendimentos. Infelizmente, não raro a SCP, equiparada à pessoa jurídica para fins fiscais, é utilizada com o intuito de simular certas relações e, com isso, obter ganhos fiscais de modo ilícito. Nessa linha, há casos nos quais a SCP foi desqualificada quando se considerou ter sido empregada como instrumento para pagamento de remuneração como distribuição de lucros[1338], para simular a

a SCP realizar a dedução e o pagamento de juros sobre o capital próprio em favor de seus sócios. Ver, também: FERNANDES. *A Sociedade em Conta de Participação no Direito Tributário...*, p. 213-214, 220-221, 297 ss.

1338 "Tributário. Embargos à execução fiscal. Cerceamento de defesa. Julgamento antecipado da lide. Não configurada. Decadência. Inocorrência. Simulação de negócio jurídico. Pagamento de serviços médicos como distribuição de lucros. [...] 3. Reconhecida como simulada a constituição da AMEMD SAÚDE HDM — Sociedade em conta de participações, em virtude da apuração de que os pagamentos à guisa de lucro pela AMEMD SAÚDE SOCIEDADE SIMPLES LTDA. constituíam propriamente pagamento de serviços médicos prestados por pessoas físicas e jurídicas, sujeitos ao imposto de renda retido na fonte e à declaração como renda pelos efetivos beneficiários." (TRF4, 2ª Turma, Apelação 5045185-13.2013.4.04.7100, Rel. Des. Carla Evelise Justino Hendges, j. 05/05/2015); da mesma forma, conforme decisão monocrática do STJ: "[...] Assim, a AMEMD recebia a remuneração paga pelos tomadores de serviços, apurava e recolhia os tributos incidentes diretamente sobre suas receitas, efetuava a retenção de uma taxa administrativa e então, pagava diretamente aos sócios participantes da Sociedade em Conta de Participação, de acordo com o volume e modalidade do serviço prestado. Só que esse pagamento não era realizado a título de remuneração por serviços prestados para a própria AMEMD, mas sim como distribuição de lucros decorrentes da conta de participação. Desse modo, o pagamento realizado não era realizado a título de remuneração por serviços prestados para a AMEMD, mas tão somente como distribuição de lucros decorrentes da conta de participação, valor este que não era tributado. [...]" (STJ, Decisão Monocrática, REsp 1485029, Rel. Min. Regina Helena Costa, j. 06/03/2017). Ver, também: TRF4, 1ª Turma, AI 5022319-24.2020.4.04.0000, Rel.Ver, também: TRF4, 1ª Turma, AI 5022319-24.2020.4.04.0000, Rel. Des. Alexandre Gonçalves Lippel, j. 25/11/2020; TRF4, 2ª Turma, AC 5000793-44.2016.404.7112, Rel. Des. Rômulo Pizzolatti, j. 18/10/2016 ("IRPF. Valores recebidos de sociedade em conta de participação. Remuneração por serviços médicos. Rendimento tributável. É legítima a lavratura de auto de infração para fins de cobrança de imposto de renda suplementar no caso em que os valores declarados pelo contribuinte como lucros recebidos de sociedade em conta de participação (supostamente isentos de tributação), constituem, em verdade, remuneração por serviços médicos prestados pelos sócios participantes da sociedade a terceiros, caracterizando, portanto, rendimentos tributáveis."). Na esfera administrativa, ver: CARF – Conselho Administrativo de Recursos Fiscais, 2ª Turma Ordinária, 2ª Câmara, Acórdão 2202-009.310, j. 06/10/2022; CARF – Conselho Administrativo de Recursos Fiscais, 1ª Turma Ordinária,

compra e venda de imóveis[1339] e para desmembramento de receitas que deveriam ser tributadas pelo lucro real[1340]. Também restou desconsiderada a SCP quando foi utilizada para mascarar compra e venda; na hipótese, o sócio participante seria o único cliente a adquirir produtos do ostensivo (supostamente com valor superior ao de mercado, majorando seu custo e, com isso, obtendo vantagens fiscais), recebendo, posteriormente, distribuição de lucros[1341-1342].

4ª Câmara, Acórdão 2401-009.810, j. 01/09/2021; CARF – Conselho Administrativo de Recursos Fiscais, 2ª Turma Ordinária, 2ª Câmara, Acórdão 2202-003.134, j. 29/01/2016; CARF – Conselho Administrativo de Recursos Fiscais, 2ª Turma Especial, 2ª Seção, Acórdão 2802-003.065, j. 13/08/2014; CARF – Conselho Administrativo de Recursos Fiscais, 2ª Turma Ordinária, 3ª Câmara, Acórdão 2302-003091, j. 19/03/2014; CARF – Conselho Administrativo de Recursos Fiscais, 2ª Turma Ordinária, 1ª Câmara, Acórdão 2102-002.135, j. 20/06/2012. Sobre o tema, ver: TESSARI. Análise de caso real de autuação fiscal...

1339 Cf. CARF – Conselho Administrativo de Recursos Fiscais, 2ª Turma Ordinária, 4ª Câmara, Acórdão 1402-0026.685, j. 26/07/2017. Analisando o caso, ver: FERNANDES. *A Sociedade em Conta de Participação no Direito Tributário...*, p. 313-318.

1340 CARF – Conselho Administrativo de Recursos Fiscais, 1ª Turma Ordinária, 2ª Câmara, Acórdão 1201-002.686, j. 11/12/2018 (e, no mesmo sentido: CARF – Conselho Administrativo de Recursos Fiscais, 2ª Turma Ordinária, 3ª Câmara, Acórdão 1302-003.712, j. 16/07/2019; CARF – Conselho Administrativo de Recursos Fiscais, 1ª Turma Ordinária, 4ª Câmara, Acórdão 1401-002.085, j. 20/09/2017; CARF – Conselho Administrativo de Recursos Fiscais, 1ª Turma Ordinária, 4ª Câmara, Acórdão 1401-001.846, j. 10/04/2017). Comentando o caso, ver: FERNANDES. *A Sociedade em Conta de Participação no Direito Tributário...*, p. 318-319.

1341 CARF – Conselho Administrativo de Recursos Fiscais, 3ª Turma Ordinária, 1ª Câmara, Acórdão 1103-001.206, j. 25/03/2015; CARF – Conselho Administrativo de Recursos Fiscais, 3ª Turma Ordinária, 1ª Câmara, Acórdão 1103-001.004, j. 11/03/2014; TRF4, 2ª Turma, Apelação 5001919-77.2017.4.04.7118/RS, Rel. Des. Andrei Pitten Velloso, j. 27/11/2018.

1342 Encontrou-se, também, situação em sentido contrário, em que se sustentou que a conta de participação teria sido travestida de um contrato de prestação de serviços, cf. CARF – Conselho Administrativo de Recursos Fiscais, 2ª Turma Ordinária, 2ª Câmara, Acórdão 1202-001.011, j. 07/08/2013. No caso, o empreendimento de *pool* hoteleiro teria sido constituído por meio de um contrato de prestação de serviços. Assim, os proprietários dos imóveis receberiam a locação e o resultado de outros serviços prestados, tudo descontado dos custos e despesas relacionadas à atividade; por sua vez, a administradora, que era a prestadora dos serviços, seria a responsável pela gestão de todo o empreendimento, apurando os resultados. Todavia, entendeu-se que se estava diante de uma SCP e não se um contrato de prestação de serviços, aplicando-se, inclusive, o Ato Declaratório Interpretativo SRF 14/2004 mesmo que para fatos anteriores à sua publicação, uma vez que não se trataria de de nenhuma inovação. Analisando o caso, manifestando-se contrariamente à posição do Fisco uma vez que nada impediria que as partes escolhessem a forma de uma prestação de serviços (ou mesmo uma

O potencial desvirtuamento da conta de participação deve ser examinado sempre em conjunto com as circunstâncias fáticas do caso concreto. Não se pode presumir que uma operação envolvendo a conta de participação seja fraudulenta, muito antes pelo contrário[1343]. Nesse sentido, por exemplo, não se pode desqualificar, pura e simplesmente, uma conta de participação pelo simples fato de o participante atuar ativamente na exploração da atividade[1344] — lembrando que a atuação habitual do participante como se ostensivo fosse pode levar à sua descaracterização[1345].

locação) para explorar tal atividade, ver: Fernandes. *A Sociedade em Conta de Participação no Direito Tributário...*, p. 357-362.

1343 TRF4, 1ª Turma, AC 2002.71.14.001225-5, Rel. Des. Álvaro Eduardo Junqueira, j. 04/02/2009 ("Tributário. Agravo retido não conhecido. Remessa oficial considerada interposta. Ilegitimidade passiva do sócio-gerente. Sociedade em conta de participação. Sócios. Vínculo empregatício não configurado. Honorários. Majoração. (...) 3. O mero inadimplemento do tributo não caracteriza infração legal. Apenas a atuação das pessoas elencadas nos incisos do art. 135 do CTN com dolo, excesso de poderes ou infração à lei, contrato social ou estatutos possibilitaria o redirecionamento do feito executivo à pessoa do sócio. 4. Estando presentes os elementos essenciais à configuração da sociedade em conta de participação, bem como não comprovado o caráter fraudulento da alteração societária, não prospera a pretensão do fisco de reconhecer vínculo empregatício entre o sócio ostensivo e os demais sócios. 5. A transferência dos antigos funcionários da empresa para a Firma criada pelos antigos gerentes não gerou prejuízo contributivo à Previdência Social. (...)").

1344 O Conselho Administrativo de Recursos Fiscais (em decisão da 1ª Turma Ordinária, 4ª Câmara, Acórdão 1401-002.823, j. 14/08/2018) já entendeu que o simples fato de o sócio participante ter contato com o cliente não desnaturaria a conta de participação. Isso porque o Código Civil, de acordo com o art. 993, parágrafo único, não proíbe que o participante tenha atuação na exploração da atividade que seja objeto da SCP; o que a legislação prevê, como consequência à sua atuação, enquanto sócio, perante terceiros é a responsabilização solidária do participante nas obrigações em que assim agir. No caso julgado pelo CARF, tratava-se de sociedade constituída para a venda de cursos pela internet, sendo que os sócios participantes seriam os professores que ministravam as lições. Assim, os participantes forneceram material e conhecimento, além de capital.

1345 A Receita Federal já se manifestou no sentido de que não estaria configurada uma conta de participação, para fins tributários, na hipótese de o participante exercer atividade do objeto social, recebendo remuneração como forma de distribuição de lucros — e, então, o montante recebido a título de participação nos negócios deveria ser tributado como receita da atividade principal (não existindo isenção de IRPJ, CSLL, PIS e Cofins). Este foi o posicionamento em Solução de Consulta envolvendo três sociedades contas de participação firmadas entre dois escritórios de advocacia, um para cada processo administrativo, em que atuariam em conjunto e, então, os honorários seriam divididos; compreendeu-se que o sócio participante atuaria de modo habitual junto aos clientes, tendo ambos os sócios comprometido-se com a prestação do serviços, sendo que os clientes, inclusive, teriam assinado como intervenientes o contrato social (cf. COSIT – Coordenação-Geral de Tributação, Receita Federal do Brasil (RFB), Solução de Consulta nº 142, j. 19/09/2018). Na mesma linha, trantando-se de caso em que o sócio participante prestava serviços diretamente a uma Prefeitura Municipal, enquanto o sócio ostensivo (um consórcio de sociedades) funcionaria como um intermediário, simplesmente repassando recursos pagos a título de distribuição de lucros, ver: CARF – Conselho Administrativo de Recursos Fiscais, 3ª Turma Ordinária, 1ª Câmara, Acórdão 1103-001.052, j. 07/05/2014. Também se manifestando no sentido de que o participante "não pode participar da atividade objeto do negócio de sociedade em conta de participação, devendo apenas contribuir com a entrega de recursos à sociedade", ver: CARF – Conselho Administrativo de Recursos Fiscais, 3ª Turma Ordinária, 1ª Câmara, Acórdão 1103-001.206, j. 25/03/2015; e CARF – Conselho Administrativo de Recursos Fiscais, 3ª Turma Ordinária, 1ª Câmara, Acórdão 1103-001.004, j. 11/03/2014 (bem como TRF4, 2ª Turma, Apelação 5001919-77.2017.4.04.7118/RS, Rel. Des. Andrei Pitten Velloso, j. 27/11/2018). Analisando os dois primeiros casos referidos, considerando correta a atuação do Fisco, ver: Fernandes. A Sociedade em Conta de Participação no Direito Tributário..., p. 346-355.

CONSIDERAÇÕES FINAIS

A SCP é instituto jurídico ainda pouco estudado no Brasil, para não dizer quase ignorado. Por simples desconhecimento, é muitas vezes vista como instrumento ilícito e imoral, utilizado por pessoas que querem manter seus negócios longe dos olhos de terceiros. É justamente uma de suas características, a *discrição*, traço mais marcante do tipo — mas não o seu atributo mais relevante —, que muitas vezes faz recair sobre ela olhares de desconfiança.

Seus detratores dizem que é instrumento muito propício para encobrir negócios escusos ou empreendedores que, por um motivo ou por outro, não poderiam aparecer aos olhos do público. Afinal de contas, dizem eles, por qual motivo alguém precisaria permanecer oculto? E, de fato, algumas ilicitudes que têm sido perpetradas com o uso dessa figura não contribuem para melhorar a sua imagem.

Mas o preconceito não pode manchar a imagem da SCP. A utilização disfuncional de qualquer instrumento jurídico passa não pela sua estrutura, mas, sim, pelo ser humano que lança mão daquele para a prática de ilicitudes. O problema, portanto, não está no objeto em si, mas no sujeito que o manipula.

Por isso é preciso analisar a SCP sem discriminação. É preciso encará-la como um importante e plenamente lícito mecanismo jurídico de associação para a exploração dos mais diversos empreendimentos, digno de ser estudado e debatido com seriedade pela doutrina e como tal ser encarado pelo Judiciário e pelos atores do tráfico mercantil.

A conta de participação, originada da *commenda* medieval, apresenta, ainda hoje, grande importância para o desenvolvimento das mais diversas atividades econômicas. É, com toda certeza, instituto singular, o qual, por meio de suas características, permanece como um instrumento útil para o desenvolvimento de uma série de atividades econômicas, de todos os ramos e portes, do comércio à indústria, passando, sem constrangimento, pela prestação de serviços.

A indiscutível relevância do tipo decorre das suas peculiares características, justamente aquelas que parecem tão estranhas aos olhos alheios. Versátil, elástica, flexível, dinâmica, discreta, econômica... Esses atributos a tornam um veículo extremamente útil para a exploração de uma séria de empreendimentos para os quais os demais tipos societários apenas precariamente poderiam ser utilizados — ou, no mínimo, com grandes desvantagens em relação à SCP.

Como leciona José Gabriel Assis de Almeida, *"a conta de participação guarda ainda inúmeras surpresas"*[1346]. Virtuosa, como já apontou Carlos Guimarães de Almeida[1347], o tráfico mercantil revela o quão utilizado é esse tipo societário, o que se explica pelas inúmeras qualidades que em muito sobressaem aos seus eventuais defeitos.

Não por acaso, o legislador do Código Civil de 2002 manteve a conta de participação entre os veículos à disposição dos empreendedores, constituindo-se um dos tipos societários mais utilizados no País — e, em que pese o sempre possível aprimoramento do texto legal, deve-se tomar cuidado com as propostas legislativas existentes[1348].

[1346] ALMEIDA. *A sociedade em conta de participação...*, p. 202.

[1347] ALMEIDA. A virtuosidade da sociedade em conta de participação..., p. 45-63.

[1348] Apesar de algumas lacunas e imperfeições, consideramos adequado o regramento dado pelo Código Civil à SCP. Nesse sentido, desnecessária é realizar qualquer alteração legislativa. Desse modo, andou bem a Presidência da República ao vetar o art. 43 da Lei 14.195/2021, que trazia, de maneira irrefletida, mudanças profundas no regime societário previsto no Código Civil, propondo a eliminação da sociedade simples e submetendo todas as sociedades ao regime das sociedades empresárias; nesse sentido, o art. 996 passaria a fazer remissão às novas normas gerais das sociedades. Da mesma forma, consideramos inoportuno e impreciso o Projeto de Lei 1.572/2011 (de autoria do Deputado Federal Vicente Candido), que, ao propor a instituição de um novo Código Comercial, propõe que a conta de participação, prevista do art. 434 ao art. 444, seja regrada como um contrato (e não como uma sociedade); Fábio Ulhoa Coelho, mentor do referido Projeto de Lei, entende que o conceito de sociedade está atrelado ao de pessoa jurídica e, assim, seria um contrassenso a existência de "sociedade despersonificada", uma "incongruência conceitual, lógica e jurídica" (COELHO, Fábio Ulhoa. *O futuro do Direito Comercial*. São Paulo: Saraiva, 2011, p. 13). Em razão da relevância do tema, é importante realizar algumas considerações. Parece haver confusão entre o conceito de pessoa jurídica e a noção de sociedade, da mesma forma que parece um tanto quanto contraditória a posição do projeto de Código Comercial quando enquadra a SCP como um contrato de investimento conjunto e, ao mesmo tempo: (a) continua a fazer referência à figura dos *sócios* ostensivo e participante; (b) determina que se apliquem às relações entre os contratantes da conta de participação, no que couberem, as *normas da sociedade limitada*; (c) defende o referido autor que as sociedades empresárias são sempre personificadas (sendo que o Código Civil de 2002, de modo incongruente, regularia as sociedades sem personalidade jurídica), apesar de os arts. 132-137 do Projeto de Lei regularem a sociedade irregular, justamente uma sociedade sem personalidade jurídica: assim, parece contraditório querer excluir a conta de participação da noção de sociedade porque não possui personalidade jurídica mas, ao mesmo tempo, manter a sociedade irregular, mesmo sem personalidade jurídica, como sociedade (há, portanto, para nós, forte contradição na linha argumentativa adotada); (d) e, se formos mais longe, há de se questionar o fato de se enquadrar a SCP como um contrato de investimento conjunto e não como uma sociedade, pois uma sociedade não seria também um contrato de investimento conjunto? Ademais, o enquadramento da SCP como um contrato, e não como uma sociedade, pode trazer sérias consequências (inclusive na esfera tributária). Indo mais adiante na análise do referido Projeto de Lei, o exame da proposta legislativa revela poucas alterações relevantes em relação ao regime atual (ou seja, não apresenta nenhuma evolução naquilo em que seria possível melhorar o regime atual); entretanto, além de omitir-se em questões relevantes (como não trazer qualquer regra sobre a constituição ou a dissolução da conta de participação), quando altera o regime jurídico, altera para pior. Nesse sentido, por exemplo, o art. 441 do PL propõe que "Responderá como se ostensivo fosse o sócio oculto ou participante que tomar parte na administração do investimento conjunto.", ou seja, desconsidera a possibilidade de o sócio participante administrar o empreendimento comum, alterando o regime do Código Civil que, no art. 993, parágrafo único, impõe a responsabilidade solidária ao sócio participante somente quando este tomar parte nas relações do sócio ostensivo com terceiros. Além disso, por exemplo, o art. 443 do PL, com o objetivo de inovar, atrapalha o regime da conta de participação. Em primeiro lugar, não regula os efeitos da falência ou insolvência civil do sócio oculto ou participante, remetendo, então, para a Lei de Falências — o que, por si só, pode gerar imensas dificuldades e controvérsias. Em segundo lugar, trata apenas da falência do sócio ostensivo, e não de sua insolvência civil. E, em terceiro lugar, apesar de aparentar interessante e extremamente atraente a hipótese de se criar um patrimônio separado em caso de falência do sócio ostensivo, tem-se que, aqui, resta completamente desnaturada a essência da SCP, ainda que seja ela considerada um contrato, uma vez que o sócio participante é um investidor, um parceiro, um verdadeiro sócio do ostensivo, ou seja: não é credor: ele não empresta recursos para o sócio ostensivo; neste sentido, ele também aplica recursos a risco e, então, também deve suportar os ônus da atividade negocial, inexistindo razão para um tratamento diferenciado, em prejuízo dos credores do sócio ostensivo — sejam eles originários da atividade explorada em decorrência da SCP ou não. Posteriormente foi apresentado, no

Senado Federal, o PL 487/2013 (de autoria do Senador Renan Calheiros), que também objetiva instituir um novo Código Comercial. Este Projeto de Lei corrige o equívoco do outro e trata a conta de participação como sociedade (arts. 184, IV, e 314-321); ademais, as suas previsões praticamente reproduzem as regras da SCP existentes no Código Civil, apresentando, basicamente, duas inovações: (a) dispõe (no art. 320, §3º) expressamente que se rege a liquidação da SCP pelas normas atinentes à prestação de contas, que pode ser extrajudicial ou mediante processo judicial ou arbitral (ou seja, não seria necessário lei para assim prever), e (b) determina (art. 321) que se aplicam à SCP, subsidiariamente e no que com ela for compatível, as disposições relativas às sociedades por quotas.

REFERÊNCIAS

- A -

ACETI JÚNIOR, Luiz Carlos; REIS, Maria Flávia Curtolo. Sociedade em conta de participação. *Revista dos Tribunais*, v. 794, p. 727-745, dez. 2001.

ADAMEK, Marcelo Vieira von. *Responsabilidade civil dos administradores de S/A*. Dissertação (Mestrado em Direito). Faculdade de Direito da Universidade de São Paulo, São Paulo, 2006.

____. *Abuso de minoria em direito societário (abuso das posições subjetivas minoritárias)*. 436 f. Tese (Doutorado em Direito). São Paulo, Faculdade de Direito da Universidade de São Paulo, 2010.

____. Anotações sobre a exclusão de sócios por falta grave no regime do Código Civil. In: ____ (coord.). *Temas de Direito Societário e Empresarial Contemporâneos – Liber Amicorum Prof. Dr. Erasmo Valladão Azevedo e Novaes França*. São Paulo: Malheiros, 2011. p. 185-215.

____; FRANÇA, Erasmo Valladão Azevedo e Novaes. Vinculação da sociedade: análise crítica do Art. 1.015 do Código Civil. *Revista de Direito Mercantil, Industrial, Econômico e Financeiro*, São Paulo, a. 46, n. 146, p. 30-45, abr./jun. 2007.

ADAMY, Pedro Augustin. *Renúncia a Direito Fundamental*. São Paulo: Malheiros, 2011.

ADOLPH, Lucien. *De l'association em participation*. Paris: Pierre Roger et Cie Editeurs, 1913.

AFFONSO, Ana Carolina Barbuio. *A sociedade em conta de participação no Direito brasileiro*. 210 f. Dissertação (Mestrado em Direito). Faculdade de Direito da Universidade de São Paulo, São Paulo, 2014.

ALMEIDA, Amador Paes de. *Manual das Sociedades Comerciais*. 16 ed. São Paulo: Saraiva, 2007.

ALMEIDA, Carlos Guimarães de. A virtuosidade da sociedade em conta de participação. *Revista de Direito Mercantil, Industrial, Econômico e Financeiro*, São Paulo, ano 11, n. 8, p. 45-63, 1972.

ALMEIDA, José Gabriel Assis de. *A sociedade em conta de participação*. Rio de Janeiro: Forense, 1989.

ALMEIDA, Marcelo Manhães de. A resolução extrajudicial da sociedade em relação a sócio minoritário nas sociedades limitadas. In: ALMEIDA, Marcus Elidius Michelli de (coord.). *Aspectos jurídicos da sociedade limitada*. São Paulo: Quartier Latin, 2004. p. 55-64.

ALVARES, Jefferson Siqueira de Brito. O atual conceito de valor mobiliário. *Revista de direito mercantil, industrial, econômico e financeiro*, v. 45, n. 142, p. 203-247, abr./jun. 2006.

ALVES, José Carlos Moreira. *Da alienação fiduciária em garantia*. 3. ed. rev. atual. e aum. Rio de Janeiro: Forense, 1987.

____. *Direito romano*. 14 ed. Rio de Janeiro: Forense, 2007.

ALVES, Rafael Francisco; VERONESE, Lígia Espolaor. Arbitragem e empresas em crise: o acesso à Justiça e o cumprimento da convenção de arbitragem em vista da incapacidade financeira de uma das partes. *Revista do advogado*, a. 36, n. 131, p. 176-187, 2016.

ANAYA, Jaime L. *Sociedades accidentales o en participación*. Buenos Aires: Editorial Cangallo, 1970.

ANDRADE, Fábio Martins de. Da sociedade em conta de participação. *Revista de Direito Privado*, v. 9, n. 33, p. 39-56, jan./mar. 2008.

ANDRADE, Gilberto Morelli. Considerações sobre o art. 1.003 do Código Civil. In: ADAMEK, Marcelo Vieira von (coord.). *Temas de Direito Societário e Empresarial Contemporâneo* – Liber Amicorum *Prof. Dr. Erasmo Valladão Azevedo e Novaes França*. São Paulo: Malheiros, 2011. p. 133-142.

ANDRADE FILHO, Edmar Oliveira. *Imposto de Renda das Empresas*. 10. ed. São Paulo: Atlas, 2013.

ANTUNES, José Engrácia. *Direito dos contratos comerciais*. Coimbra: Almedina, 2011 (reimpressão da edição de 2009).

ANZORENA, Arturo Acuña. Sociedad accidental o en participación y obligaciones de los socios respecto a los aportes. In: ETCHEVERRY, Raúl A.; RICHARD, Efraín Hugo (dir.). *Summa Societaria*, t. III. Buenos Aires: Abeledo Perrot, 2012. p. 4.015-4.022.

ARANGIO-RUIZ, Vicenzo. *La società in diritto romano*. Napoli: Casa Editrice Dott. Eugenio Jovene, 1950.

____. *Instituzioni di diritto romano*. 14 ed. Napoli: Dott. Eugenio Jovene, 2006.

ARAÚJO, Jéronimo da S. de. *O perfeito advogado* (*Perfectus advocatus*). Sem editora. Trad. de Miguel Pinto de Meneses sobre um dos raros exemplares da edição única de 1743 da obra "*Perfectus advocatus*", existente na Faculdade de Direito de Coimbra.

ASCARELLI, Tullio. O contrato plurilateral. In: ____. *Problemas das Sociedades Anônimas e Direito Comparado*. São Paulo: Saraiva, 1969. p. 255-312.

____. Sociedade em conta de participação e impôsto do sêlo. In: ____. *Ensáios e pareceres*. São Paulo: Edição Saraiva, 1952. p. 360-364.

____. *Saggi di Diritto Commerciale*. Milano: Giuffrè, 1955.

____. *Appunti di Diritto Commerciale, Società e Associazioni*. 3. ed. Roma: Foro Italiano, 1936.

Ashton, Peter Walter. *Companhias de investimentos*. Rio de Janeiro: Edições Financeiras, 1963.

Assis, Araken de. *Manual da execução*. 20 ed. São Paulo: Revista dos Tribunais, 2018.

____. *Resolução do contrato por inadimplemento*. 6 ed. rev., atual. e ampl. São Paulo: Revista dos Tribunais, 2019.

Aubry, Charles; Rau, Greta. *Cours de droit civil français*. 5 ed. Paris, 1917.

Avelãs Nunes, António José. *O Direito de Exclusão de Sócios nas Sociedades Comerciais*. Coimbra: Almedina, 2002 (reimpressão da edição de 1968).

Ávila, Humberto. A distinção entre princípios e regras e a redefinição do dever de proporcionalidade. *Revista de Direito Administrativo*, v. 215, p. 151-179, jan./mar. 1999.

____. *Teoria dos Princípios*: da definição à aplicação dos princípios jurídicos. 14 ed. São Paulo: Malheiros, 2013.

Azevedo, Antônio Junqueira de. *Negócio jurídico*: existência, validade e eficácia. 4. ed. atual. São Paulo: Saraiva, 2002.

Azevedo, Luís André N. Moura. A oferta pública para a aquisição de controle sob a perspectiva da companhia aberta ofertante. In: Castro, Rodrigo R. Monteiro; Aragão, Leandro Santos de. (coord.). *Direito Societário*: desafios atuais. São Paulo: Quartier Latin, 2009.

– B –

Bahar, Rashid; Thévenoz, Luc. Conflicts of Interest: Disclosure, Incentives, and the Market. In: Thévenoz, Luc; Bahar, Rashid (eds.). *Conflicts of Interest*: Corporate Governance & Financial Markets. Alphen aan den Rijn: Kluwer, 2007. p. 1-29.

Balmaseda, Arantza Martínez. El derecho de gestión del partícipe en las cuentas en participación (A propósito de la STS de 30 de septiembre de 2009). *Revista de Derecho Mercantil*, n. 275, p. 231-247, 2010.

____. El socio del socio: características y régimen jurídico de la subparticipación. *Revista de Derecho de Sociedades*, n. 37, p. 75-86, jul./dic. 2011.

____. La atipicidad y las cuentas en participación. *Revista de Derecho de Sociedades*, n. 44, p. 261-278, eje./jun. 2015.

Baltazar, Dayse Mara Silveira. O recesso e a exclusão de sócio nas sociedades limitadas. *Revista de Direito Empresarial*, n. 3, p. 115-141, 2005.

Barbaresco, Marcelo. *Compropriedade e sociedade*: estrutura, segurança e limites da autonomia privada. São Paulo: Almedina, 2017.

BARBI FILHO, Celso. *Dissolução parcial de sociedades limitadas.* Belo Horizonte: Mandamentos, 2004.

BARRETO FILHO, Oscar. *Regime jurídico das sociedades de investimentos.* São Paulo: Max Limonad, 1956.

BAUMBACH, Adolf; HOPT, Klaus J. *Handelsgesetzbuch.* 35 Aufl. München: Beck, 2012.

____; HUECK, Alfred. *GmbHG.* 20 Aufl. München: C. H. Beck, 2013.

BECKER, Bruno Bastos. *Fundos de Investimento no Brasil: anatomia funcional e análise crítica regulatória.* 315 f. Tese (Doutorado) – Programa de Pós-Graduação em Direito, Faculdade de Direito, Universidade de São Paulo, São Paulo, 2019.

BENEDUZI, Renato Resende. *De concurrentibus actionibus e o concurso de demandas.* Dissertação (Mestrado em Direito) – Universidade de São Paulo, São Paulo, 2011.

BENTO DE FARIA, Antonio. *Codigo Commercial Brasileiro annotado,* v. 1. 4 ed. Rio de Janeiro: Jacintho Ribeiro dos Santos, 1929.

BERGER, Renato. Financiamento de Arbitragens em Litígios Societários. In: YARSHELL, Flávio Luiz; PEREIRA, Guilherme Setoguti J. (coord.). *Processo societário,* v. III. São Paulo: Quartier Latin, 2018. p. 647-671.

BERLE, Adolf A.; MEANS, Gardiner C. *A moderna sociedade anônima e a propriedade privada.* Tradução de Dinah de Abreu Azevedo. 3 ed. São Paulo: Nova Cultura, 1988.

BERTOLDI, Marcelo M.; RIBEIRO, Marcia Carla Pereira. *Curso avançado de Direito Comercial.* 5 ed. rev. e atual. São Paulo: Revista dos Tribunais, 2009.

BETTI, Emilio. *Teoria generale delle obbligazioni,* v. I. Milano: Giuffrè, 1953.

BEVILÁQUA, Clóvis. *Código Civil dos Estados Unidos do Brasil comentado,* v. II. Edição histórica. Rio de Janeiro: Ed. Rio, [?].

____. *Direito das Obrigações.* 7 ed. Rio de Janeiro: Paulo de Azevedo, 1950.

BEZERRA FILHO, Manoel Justino. *Nova Lei de Recuperação e de Falências Comentada.* 6 ed. São Paulo: Revista dos Tribunais, 2009.

BLAUROCK, Uwe. *Handbuch Stille Gesellschaft.* 7 Aufl. Köln: Dr. Otto Schmidt, 2010.

BORBA, José Edwaldo Tavares. *Direito Societário.* 14. ed. Rio de Janeiro: Renovar, 2015.

BORGES, Florinda Figueiredo. Os Fundos de investimento: reflexões sobre sua natureza jurídica. In: FRANÇA, Erasmo Valladão Azevedo e Novaes (coord.). *Direito societário contemporâneo I.* São Paulo: Quartier Latin, 2009. p. 41-65.

BORGES, João Eunápio. *Curso de Direito Comercial terrestre.* 5. ed. Rio de Janeiro: Forense, 1971.

BORSDORFF, Roland. *Interessenkonflikte bei Organsmitgliedern*: Eine Untersuchung zum deutschen und US-amerikanischen Aktienrecht. Frankfurt am Main: Peter Lang, 2010.

BÖTTCHER, Conrad; ZARTMANN, Hugo. *Stille Gesellschaft und Unterbeteiligung.* Stuttgart: Forkel-Verlag, 1968.

Bozza, Fábio Piovesan. Sociedade em conta de participação: natureza, regime jurídico e tributação pelo imposto de renda. *Revista Dialética de Direito Tributário*, n. 145, p. 36-46, out. 2007.

Bromberg, Alan R.; Ribstein, Larry E. *Bromberg and Ribstein on Partnership*, v. II. New York: Aspen Law & Business, 2002.

Broseta Pont, Manuel. *Manual de Derecho Mercantil*. Madrid: Editorial Tecnos, 1971.

____; Sanz, Fernando Martínez. *Manual de Derecho Mercantil*, v. I. 24 ed. Madrid: Editorial Tecnos, 2017.

Brunetti, Antonio. *Lezioni sulle società commerciali*. Padova: Cedam, 1936.

Brunetti, Giovanni M. Associazione in partecipazione e rapporto di lavoro subordinato. *Rivista delle Società*, v. 3, a. III, p. 573-586, 1958.

Bucker, Fátima Cristina Bonassa. Demandas financiadas: *Third Party Funding*. *Revista do advogado*, a. 36, n. 131, p. 75-82, 2016.

Bulgarelli, Waldirio. In: França, Rubens Limongi (coord.). *Enciclopédia Saraiva do Direito*, v. 16. São Paulo: Saraiva, 1978.

____. *Sociedades Comerciais*: Sociedades Civis e Cooperativas; Empresas e Estabelecimento Comercial. 10 ed. São Paulo: Atlas, 2001.

Buranello, Renato. *Cédula de produto rural*: mercados agrícolas e financiamento da produção. Londrina: Thoth, 2021.

Buschinelli, Gabriel Saad Kik. "Condo-hotéis" e o conceito de valor mobiliário. *Revista Comercialista*, v. 10, p. 26-28, 4º trim. 2013.

- C -

Caldeira, Jorge. *História do Brasil com empreendedores*. São Paulo: Mameluco, 2009.

Calero, Fernando Sánchez; Guilarte, Juan Sánchez Calero. *Instituciones de derecho mercantil*. 36 ed. Aranzadi, Thomson Reuters, 2013.

Calvo, Adriana Carrera. *A natureza jurídica do vínculo do diretor estatutário na Sociedade Anônima*. 188 f. Dissertação (Mestrado em Direito das Relações Sociais: Direito do Trabalho) — Pontifícia Universidade Católica de São Paulo, São Paulo, 2005.

Camino, Carmen. *Direito Individual do Trabalho*. 4 ed. Porto Alegre: Síntese, 2004.

Campinho, Sérgio. *O direito de empresa à luz do novo Código Civil*. 12 ed. rev. e atual. Rio de Janeiro: Renovar, 2011.

Campobasso, Gian Franco. *Diritto Commerciale*, v. 2. 8 ed. Torino: UTET, 2012.

Capitant, Henry. *Droit Civil*: Notions Générales. Paris: A. Pedone, 1927.

Cardoso, Marcel Carvalho Engholm. *Arbitragem e financiamento por terceiros*. São Paulo: Almedina, 2020.

Carneiro da Frada, Manuel António de Castro Portugal. *Teoria da confiança e responsabilidade civil*. Coimbra: Almedina, 2004.

____. A business judgment rule no quadro dos deveres gerais dos administradores. *Revista da Ordem dos Advogados On-Line*, v. 67, 2007. Disponível em: <http://www.oa.pt/Conteudos/Artigos/detalhe_artigo.aspx?idc=1&idsc=59032&ida=59045>. Acesso em: 06 ago. 2017 (= CARNEIRO DA FRADA, Manuel A. A business judgment rule no quadro dos deveres gerais dos administradores. In: CORDEIRO, António Menezes; CÂMARA, Paulo (coord.). *A reforma do Código das Comerciais – jornadas em homenagem ao Professor Doutor Raúl Ventura*. Coimbra: Almedina, 2007. p. 61-102).

CAROSELLI, Oscar. *L'associazione in partecipazione*. Padova: CEDAM, 1930.

CARVALHO DE MENDONÇA, J. X. *Tratado de Direito Commercial brasileiro*, v. 3. Rio de Janeiro: Freitas Bastos, 1945.

____. *Tratado de Direito Commercial brasileiro*, v. 4, livro 2. 2. ed. posta em dia por Achilles Bevilaqua e Roberto Carvalho de Mendonça. Rio de Janeiro: Freitas Bastos, 1934.

____. *Tratado de Direito Comercial brasileiro*, v. 7. 6 ed. posta em dia por Roberto Carvalho de Mendonça. Rio de Janeiro: Freitas Bastos, 1960.

____. Sociedade em conta de participação e commissão mercantil. In: ____. *Pareceres*, v. I. Rio de Janeiro: Freitas Bastos, 1933. p. 197-200.

____. Sociedade em conta de participação e locação de serviços. In: ____. *Pareceres*, v. II. Rio de Janeiro: Freitas Bastos, 1934. p. 347-354.

CARVALHOSA, Modesto. *Comentários ao Código Civil (arts. 1.052 a 1.195)*, v. 13. São Paulo: Saraiva, 2003.

CASADO FILHO, Napoleão. *Arbitragem e Acesso à Justiça*: o novo paradigma do *third party funding*. São Paulo: Saraiva, 2017.

CASTRO, Rodrigo R. Monteiro de. Sociedade em conta de participação. Conceito, características, regime jurídico. evolução histórica. Natureza jurídica. Legalidade e utilidade. Distinção de consórcio. In: PITTA, André Grunspung; PEREIRA, Guilherme Setoguri J. (coord.). *Direito Societário e outros temas de Direito Empresarial aplicado*. São Paulo: Quartier Latin, 2021. p. 789-833.

CAVALLI, Cássio. *Sociedades limitadas*: regime de circulação das quotas. São Paulo: Revista dos Tribunais, 2011.

CENDON, Paolo. *Commentario al Codice Civile*, artt. 2511-2554. Milano: Giuffrè, 2010.

CERISOLA, Andrés. *Curso de Derecho de la Empresa*. Montevideo: Editorial Amalio M. Fernández, 2008.

CHALHUB, Melhim Namen. *Trust*: perspectivas do Direito contemporâneo na transmissão da propriedade para a Administração de investimentos e garantia. Rio de Janeiro: Renovar, 2001.

CHAMPAUD, Claude. *Le pouvoir de concentracion de société par action*. Paris: Sirey, 1962.

CHAVES, Bruno de Almeida; GOTLIB, Juliano Battella. Problema para os bancos. *Revista Capital Aberto*, São Paulo, n. 57, maio 2008.

CHODOS, Rafael. *The law of fiduciary duties*. Los Angeles: Modernage Photo Service, Inc., 2000.

CLARK, Robert. *Corporate law*. Boston: Little Brown and Company, 1986.

CODINA, Joaquim Castañer; COSTA, Vivianna Colomà; PARRAMON, Cristina Roset. *Todo Sociedades de Responsabilidad Limitada*. Valencia: Kluwer, 2012.

COELHO, Fábio Ulhoa. *Curso de Direito Comercial*, v. 2. 14 ed. São Paulo: Saraiva, 2010.

____. *Curso de Direito Comercial*, v. 3. 12 ed. São Paulo: Saraiva, 2011.

____. *O futuro do Direito Comercial*. São Paulo: Saraiva, 2011.

____. A falência de empresário titular de patrimônio separado. *Direito Processual Empresarial*: estudos em homenagem a Manuel de Queiroz Pereira Calças. São Paulo: Campus, 2012. p. 302-315

COLLINGWOOD, R. G. *A idéia de História*. Trad. de Alberto Freire. Lisboa: Editorial Presença, 1972.

COMISSÃO DE VALORES MOBILIÁRIOS. *Contrato de Investimento Coletivo – Situação das Empresas em 23/06/2011*. Disponível em: <http://www.cvm.gov.br/asp/cvmwww/registro/cic/apresint.asp#SITUACAO>. Acesso em: 23 jun. 2011.

____. *Contrato de Investimento Coletivo – Perguntas e Respostas mais Frequentes*. Disponível em: <http://www.cvm.gov.br/asp/cvmwww/registro/cic/apresint.asp#PERGUNTAS>. Acesso em: 20 maio 2011.

____. *Contrato de Investimento Coletivo – Análise do Setor e Estudo de Viabilidade Econômico-Financeira*. Disponível em: <http://www.cvm.gov.br/asp/cvmwww/registro/cic/apresint.asp#ATOS>. Acesso em: 20 maio 2011.

____. *Riscos de investimento em direitos federativos de jogadores de futebol*. 2007. Disponível em: <http://www.portaldoinvestidor.gov.br/Investidor/Alertas/tabid/174/Default.aspx?controle=conteudo&AlertaID=203>. Acesso em: 20 maio 2011.

____. *CVM determina suspensão de veiculação de oferta de serviços de administração de carteiras de valores mobiliários pela Inside Administradora e Participações Ltda. — ME, Inside Gestão de Recursos Ltda., por Edmar de Assis, Edmilson de Assis e Anderson de Almeida*. Disponível em: <http://www.cvm.gov.br/port/infos/deli704%20-%20Comunicado.asp>. Acesso em: 09 jul. 2014.

COMPARATO, Fábio Konder. *Essai d' Analyse Dualiste de l' Obligation en Droit Privé*: Paris: Dalloz, 1964.

____. Restrições à circulação de ações em companhia fechada: "nova et vera". *Revista de Direito Mercantil, Industrial, Econômico e Financeiro*, São Paulo, ano 28, n. 36, p. 65-76, out./dez. 1979.

____. Exclusão de sócio, independentemente de específica previsão legal ou contratual. In: ____. *Ensaios e pareceres de direito empresarial*. Rio de Janeiro: Forense, 1978. p. 131-149.

____. O direito ao lucro nos contratos sociais. In: ____. *Direito Empresarial*: estudos e pareceres. São Paulo: Saraiva, 1990. p. 150-157.

____; Salomão Filho, Calixto. *O poder de controle na sociedade anônima*. 4. ed. Rio de Janeiro: Forense, 2005.

CONSELHO DA JUSTIÇA FEDERAL. *Jornada de Direito Civil*: I, III e IV Jornadas de Direito Civil. Brasília: CJF, 2007.

____. *V Jornada de Direito Civil*. Brasília: CJF. Disponível em: <http://www.jf.jus.br/cjf/CEJ-Coedi/jornadas-cej/enunciados-aprovados-da-i-iii-iv-e-v-jornada-de--direito-civil/jornadas-cej/v-jornada-direito-civil/VJornadadireitocivil2012.pdf>. Acesso em: 03 jan. 2013.

_____. *1ª Jornada de Direito Comercial*: enunciados aprovados. Brasília. Disponível em: <http://www.jf.jus.br/cjf/CEJ-Coedi/Enunciados%20aprovados%20na%20Jornada%20de%20Direito%20Comercial.pdf>. Acesso em: 01 nov. 2012.

Cooter, Robert D.; Freedman, Bradley J.. An economic model of the fiduciary's duty of loyalty. *Tel Aviv University Studies in Law*, v. 10, p. 297-314, 1990.

Corapi, Diego. *Gli statuti delle società per azioni*. Milano: Giuffrè, 1971.

Costa, José Maria da. *A sociedade em conta de participação no direito de empresa do Código Civil de 2002*. 310 f. Dissertação (Mestrado em Direito) – Faculdade de Direito da Pontifícia Universidade Católica de São Paulo, São Paulo, 2006.

Costa, Luiz Felipe Duarte Martins. *Contribuição ao estudo da responsabilidade civil dos administradores de companhias abertas*. 250 f. Dissertação (Mestrado em Direito) – Faculdade de Direito da Universidade de São Paulo, São Paulo, 2006.

Coutinho de Abreu, Jorge Manuel. *Curso de Direito Comercial*, v. II. Coimbra: Almedina, 2005.

Couto e Silva, Clóvis Veríssimo do. *A obrigação como Processo*. São Paulo: José Bushatsky, 1976.

Cox, James D.; Hazen, Thomas Lee. *Cox & Hazen on corporations*, v. 1. 2. ed. New York: Aspen Publishers, 2003.

Cozian, Maurice; Viandier, Alain; Deboissy, Florence. *Droit des sociétés*. 24e éd. Paris: LexisNexis, 2011.

Cremades, Bernardo M. Third Party Funding in International Arbitration. In: Celli Junior, Umberto; Basso, Maristela; Amaral Júnior, Alberto do (coord.). *Arbitragem e Comércio Internacional*: estudos em homenagem a Luiz Olavo Baptista. São Paulo: Quartier Latin, 2013. p. 761-768.

Cristiano, Romano. *Sociedades limitadas de acordo com o Código Civil*. São Paulo: Malheiros, 2008.

Cuevas, Guillermo Cabanellas De Las. *Derecho societário*: Parte General – Los Socios. Buenos Aires: Editorial Heliasta, 1998.

Cunha, Paulo. *Do patrimônio*. Lisboa: Minerva, 1934.

Cunha, Paulo Olavo. *Direito das sociedades comerciais*. 2 ed. Coimbra: Almedina, 2006.

Cunha, Rodrigo Ferraz Pimenta da. *Estrutura de interesses nas Sociedades Anônimas*: hierarquia e conflitos. São Paulo: Quartier Latin, 2007.

CUNHA GONÇALVES, Luís da. *Da conta em participação*. 2 ed. Coimbra: Coimbra Editora, 1923.

____. *Tratado de Direito Civil*, v. VII, Tomo I. São Paulo: Max Limonad, 1955.

CUNHA PEIXOTO, Carlos Fulgêncio da. *Sociedade por ações*, v. 2. São Paulo: Saraiva, 1972.

– D –

DALMARTELLO, Arturo. Società tipiche e clausole atipiche (il problema dell'autonomia contratuale nel diritto delle società). Rivista dei Dottori Commercialisti, v. XI, n. 2, p. 216-230, mar./apr., 1960.

DANIEL-ROPS, Henri. *A Igreja das Catedrais e das Cruzadas*. Trad. E. Gama. São Paulo: Quadrante, 2014.

D'ATTORRE, Giacomo. *Il principio di eguaglianza tra soci nelle società per azioni*. Milano: Giuffrè, 2007.

DE GREGORIO, Alfredo. De Las Sociedades y Las Associaciones Comerciales, v. II. In: BOLAFFIO; ROCCO; VIVANTE. *Derecho Comercial*, t. 7. Trad. Rodolfo O. Fontanarrosa. Buenos Aires: Ediar, 1951.

DELGADO, Maurício Godinho. *Curso de direito do trabalho*. 3 ed. São Paulo: LTr, 2004.

DEMOTT, Deborah A.. Beyond metaphor: an analysis of fiduciary obligations. *Duke Law Journal*, p. 879-924, 1988.

DE NOVA, Giorgio. *Il tipo contrattuale*. Padova: Cedam, 1974.

D'EUFEMIA, Giuseppe. *L'autonomia privata e suoi limiti nel diritto corporativo*. Milano: Giuffrè, 1942.

DIAS, Luciana Pires. *Regulação e Auto-regulação no Mercado de Valores Mobiliários*. Dissertação (Mestrado) – Faculdade de Direito da Universidade de São Paulo, 2005.

DIDIER, Paul. *Droit Commercial*. Paris: Presses Universitaires de France, 1997.

DINIZ, Gustavo Saad. *Subcapitalização societária* – financiamento e responsabilidade. Belo Horizonte: Fórum, 2012.

DI SABATO, Franco. *Diritto delle società*. 2 ed. Milano: Giuffrè, 2005.

DOMINGUES, Paulo de Tarso. *Do capital social*: noção, princípios e funções. 2 ed. Coimbra: Coimbra Editora, 2004.

____. *Variações sobre o capital social*. Coimbra: Almedina, 2009.

DONOSO, Denis; RAMOS, Glauco Gumerato. Sociedade em conta de participação em juízo: análise da sociedade em conta de participação à luz dos pressupostos processuais. In: BRUSCHI, Gilberto Gomes; COUTO, Mônica Bonetti; SILVA, Ruth Maria Junqueira de A. Pereira e; PEREIRA, Thomaz Henrique Junqueira de A. (org.). *Direito processual empresarial*: estudos em homenagem a Manoel de Queiroz Pereira Calças. Rio de Janeiro: Elsevier, 2012. p. 185-197.

DORIA, Dylson. *Curso de Direito Comercial*, v. 1. 13 ed. rev. e atual. São Paulo: Saraiva, 1998.

- E -

EISENBERG, Melvin. *Corporations and other business organizations.* New York: Foundation Press, 2000.

ESCARRA, Jean. Traité *Théorique et Pratique de Droit Commercial* – Les Societés Commerciales, t. 1. Paris: Recueil Sirey, 1950.

ESTRELLA, Hernani. *Apuração dos haveres de sócio.* 5 ed. atual. por Roberto Papini. Rio de Janeiro: Forense, 2010.

____. *Curso de Direito Comercial.* Rio de Janeiro: José Konfino Editor, 1973.

____. *Notas de sala de aula editadas pela turma de 1958* (Sebenta das aulas do Professor Hernani Estrella – Direito Comercial I). Universidade Federal do Rio Grande do Sul — UFRGS. Cedidas pelo Professor Peter Walter Ashton.

EIZIRIK, Nelson. Notas sobre a sociedade em conta de participação. In: ___. *Estudos e pareceres.* São Paulo: Quartier Latin, 2015. p. 735-758.

____; GALL, Ariádna B.; PARENTE, Flávia; HENRIQUES, Marcus de Freitas. *Mercado de capitais – regime jurídico.* 2 ed. rev. e atual. Rio de Janeiro: Renovar, 2008.

ESPINA, Daniel. *La autonomia privada em las sociedades de capital: princípios configuradores y teoria general.* Barcelona: Marcial Pons, 2003.

- F -

FABIAN, Christoph. *Fidúcia – uma análise dos negócios fiduciários a partir de suas relações externas.* 391 f. Tese (Doutorado em Direito) – Universidade Federal do Rio Grande do Sul, Porto Alegre, 2005.

FABRICIO, Adroaldo Furtado. *Comentário ao Código de Processo Civil,* v. VIII, t. III, arts. 890-945. Rio de Janeiro: Forense, 1980.

FANTO, James A. *Directors' and officers' liability.* 2. ed. New York: Practising Law Institute, 2005.

FARIA, Anacleto de Oliveira. *Enciclopédia Saraiva do Direito.* Coordenação de Rubens Limonge França. São Paulo: Saraiva, 1977.

FARIA, Marcela Kohlbach de. *Participação de Terceiros na Arbitragem.* São Paulo: Quartier Latin, 2019; FICHTNER, José Antônio; MAINHEIMER, Sergio Nelson; MONTEIRO, André Luís. *Third-party funding*: constitucionalidade e legalidade na arbitragem brasileira. In: CASADO FILHO, Napoleão; QUINTÃO, Luísa; SIMÃO, Camila (orgs.). *Direito Internacional e Arbitragem*: estudos em homenagem ao Prof. Cláudio Finkelstein. São Paulo: Quartier Latin, 2019. p. 267-292.

FARIA, Renato Vilela; SANTOS, Ricardo Augusto Alves dos. Regime tributário da SCP e análise de casos: (i) regime *pool* e (ii) dação em pagamento. In: FARIA, Renato Vilela; CASTRO, Leonardo Freitas de Moraes (coord.). *Operações imobiliárias*: estruturação e tributação. São Paulo: Saraiva, 2016. p. 545-567.

FARIA, Sebastião Soares de. *Da exclusão de sócios nas sociedades de responsabilidade ilimitada.* São Paulo: Saraiva, 1926.

FASTRICH, Lorenz. Raciocínio jurídico funcional a exemplo do direito societário. Trad. de Nilson Lautenschleger Jr. *Revista de Direito Mercantil, Industrial, Econômico e Financeiro*, v. 44, n. 140, p. 52-85, out./dez. 2005.

FERBER, Kenneth S. *Corporation law*. New Jersey: Prentice Hall, 2002.

FÉRES, Marcelo Andrade. *Sociedade em comum*: disciplina jurídica e institutos afins. São Paulo: Saraiva, 2011.

FERGUSON, Niall. *The ascent of money*: a financial history of the world. 2nd ed. USA: Penguin Books, 2018.

FERNANDES, Fabiana Carsoni. *A Sociedade em Conta de Participação no Direito Tributário*. São Paulo: Instituto Brasileiro de Direito Tributário, 2021.

FERREIRA, Waldemar. *Tratado de Direito Comercial*, v. 1. São Paulo: Saraiva, 1960.

____. *Tratado de Direito Comercial*, v. 3. São Paulo: Saraiva, 1961.

____. *Tratado de sociedades mercantis*, v. 1. 5 ed. Rio de Janeiro: Editora Nacional de Direito, 1958.

____. *Tratado das sociedades mercantis*, v. 1. 4. ed. Rio de Janeiro: Freitas Bastos, 1952.

____. *Sociedades Commerciaes Irregulares*. São Paulo: Editora Limitada, 1927.

FERRER, Vicenç Ribas. *El deber de lealtad del administrador de sociedades*. Madrid: La Lay, 2010.

FERRI, Giuseppe. *Manuale di Diritto Commerciale*. Torino: UTET, 1955.

____. *Delle società*. 2 ed. Roma: Nicla Zanichelli, 1968.

____. *Le società*, 2 ed. Torino: UTET, 1985.

FERRO-LUZZI, Paolo. *I contratti associativi*. Milano: Giuffrè, 1976.

FERRO, Marcelo Roberto. O Financiamento de Arbitragens por Terceiro e a Independência do Árbitro. In: AZEVEDO, André Jobim de; SILVA, Eduardo Silva da; ZOUVI, Fabiano; MARQUES, Fabiana Lemos (coord.). *Dia gaúcho da arbitragem*. Porto Alegre: Magister, 2015. p. 100-117.

FINKELSTEIN, Maria Eugênia Reis. Sociedade em conta de participação. In: ____; PROENÇA, José Marcelo Martins (coords.). *Tipos societários*. São Paulo: Saraiva, 2009. p. 123-144.

____. Jurisprudência comentada e anotada. Exclusão de sócio por justa causa: necessidade de assembleia específica. *Revista dos Tribunais*, a. 101, v. 920, p. 531-545, jun. 2012.

FLEISCHER, Holger. Zur organschaftlichen Treupflicht der Geschäftsleiter im Aktien- und GmbH-Recht. *Zeitschrift für Wirtschafts- und Bankrecht*, Heft 22, 57 Jahrgang, p. 1045-1058, 2003.

FONSECA, Priscila M. P. Corrêa da. *Dissolução parcial, retirada e exclusão de sócio*. 4 ed. São Paulo: Atlas, 2007.

FONTANARROSA, Rodolfo O. La sociedad accidental o en participación. In: ETCHEVERRY, Raúl A.; RICHARD, Efraín Hugo (dir.). *Summa Societaria*, t. III. Buenos Aires: Abeledo Perrot, 2012. p. 4.023-4.035.

França, Erasmo Valladão Azevedo e Novaes. *A sociedade em comum*. São Paulo: Malheiros, 2013.

____. *Conflito de interesses nas assembléias de S.A.*. São Paulo: Malheiros, 1993.

____. *Invalidade das deliberações de assembleia das S/A*. São Paulo: Malheiros, 1999.

____. Contrato de mútuo disfarçado de contrato de sociedade em conta de participação para o fim de cobrança de juros usurários. In: Moreira, Ana Luiza B. M. Pinto; Berger, Renato (coord.). *Arbitragem e outros temas de Direito Privado*: estudos em homenagem a José Emilio Nunes Pinto. São Paulo: Quartier Latin, 2021. p. 607-623.

____; Adamek, Marcelo Vieira von. "Affectio societatis": um conceito jurídico superado no moderno direito societário pelo conceito de "fim social". In: França, Erasmo Valladão Azevedo e Novaes. *Temas de direito societário, falimentar e teoria da empresa*. São Paulo: Malheiros, 2009. p. 27-68.

____; ____. Sociedade perpétua. *Revista de Direito Mercantil, Industrial, Econômico e Financeiro*, v. 157, p. 112-114, 2011.

____; ____. O sócio incapaz (CC, art. 974, §3º). *Revista de Direito Mercantil, Industrial, Econômico e Financeiro*, São Paulo, ano 50, n. 159/160, p. 112-126, jul./dez. 2011

____; ____. *Direito processual societário*: comentários breves ao CPC/2015. 2ª ed. ref. e ampl. São Paulo: Malheiros, 2021.

França, Rubens Limongi (coord.). *Enciclopédia Saraiva do Direito*, v. 62. São Paulo: Saraiva, 1981.

Franco, Vera Helena de Mello. *Manual de direito comercial*, v. 1. São Paulo: Revista dos Tribunais, 2001.

Frankel, Tamar. *Fiduciary Law*. New York: Oxfor University Press, 2011.

____. *Legal Duties of Fiduciaris*. Anchorage: Fathom, 2012.

Freitas, Ricardo de Santos. *Natureza jurídica dos fundos de investimento*. São Paulo: Quartier Latin, 2005.

Freoa, Ricardo Peres. *Do contrato de participação em grupo de consórcio para aquisição de bens ou serviços*. 168 f. Dissertação de Mestrado (Universidade de São Paulo). São Paulo, 2014.

– G –

Gagliardo, Mariano. *El Directorio en la Sociedad Anónima*. 2 ed. Buenos Aires: Abeledo-Perrot, 2007.

Galgano, Francesco. *Diritto Civile e Diritto Commerciale*, v. 3: L'Impresa e Le Societá, t. 1. 4 ed. Padova: CEDAM, 2004.

____. *Lex Mercatoria*. Bologna: Il Mulino, 2001.

____. *La forza del numero e la legge della ragione. Storia del principio di maggioranza*. Bologna: Muldino, 2007.

GALIZZI, Gustavo Oliva. *Sociedade em conta de participação*. Belo Horizonte: Mandamentos, 2008.

____. A sociedade em conta de participação como subespécie do gênero *joint venture*. *Revista de Direito Mercantil, Industrial, Econômico e Financeiro*, v. 43, n. 135, p. 206-218, jul./set. 2004.

GALVÃO TELLES, Inocêncio. *Das universalidades*. Lisboa: Minerva, 1940.

GANDARA, Luis Fernandes de la. Escritura de constitución de una sociedad en cuenta de participación: modelo *standard* y fórmulas atípicas. *Revista de Derecho de Sociedades*, n. 10, p. 243-256, 1998.

____. *Atipicidad en derecho de sociedades*. Madrid: Pórtico, 1977.

GARRIGUES, Joaquín. *Negocios fiduciarios en el derecho mercantil*. 2 ed. Madrid: Editorial Civitas, 1991.

____. *Tratado de Derecho Mercantil*, t. III, v. 1. Madrid: Revista de Derecho Mercantil, 1964.

GHEZZI, Federico. I "doveri fiduciari" degli amministratori nei "Principles of Corporate Governance". *Rivista delle società*, Milano, n. 2-3, p. 465-549, 1996.

GHIDINI, Mario. *L'associazione in partecipazione*. Milano: Giuffrè, 1959.

GIERKE, Julius von. *Derecho Comercial y de la Navegación*, v. I. Trad. Juan M. Semon. 7 ed. Buenos Aires: Argentina S.A., 1957.

GIERKE, Otto von. Sulla storia del principio di maggioranza (Über die Geschichte des Majoriätsprinzips). *Rivista delle Società*, ano VI, fase 6, nov/dic, 1961.

GIORDANO, Domenico. *Le limitazioni all'autonomia privata nelle società di capitali*. Milano: Giuffrè, 2006.

GOELER, Jonas von. *Third-Party Funding in International Arbitration and its Impact on Procedure*. Alphen aan den rijn: Kluwer Law International, 2016.

GOLDBERG, Daniel Krepel. A Lei 10.303, de 2001, e a inclusão dos derivativos no rol dos valores mobiliários. *Revista de Direito Mercantil, Industrial, Econômico e Financeiro*, v. 129, p. 73-82, jan./mar. 2003.

GOLDSCHMIDT, Levin. *Storia Universale del Diritto Commerciale*. Torino: Unione Tipografico-Editrice Torinese, 1913.

GOMES, Orlando. *Alienação fiduciária em garantia*. 4. ed. rev. e ampl. São Paulo: Revista dos Tribunais, 1975.

____. *Contratos*. 26 ed. Atual. por Antônio Junqueira de Azevedo e Francisco Paulo de Crescenzo Marino. Rio de Janeiro: Forense, 2007.

GONÇALVES NETO, Alfredo de Assis. *Direito de Empresa*: comentários aos artigos 966 a 1.195 do Código Civil. 9. ed. rev., atual. e ampl. São Paulo: Revista dos Tribunais, 2019.

GRANDI, Salvatore. *L'associazione in partecipazione*. Milano: Casa Editrice Dottor Francesco Vallardi, 1939.

GRAU, Eros Roberto. Concordata: garantia por fiança e vencimento antecipado das obrigações. *Revista dos Tribunais*, São Paulo, v. 622, p. 16-22, ago. 1987.

GRUNEWALD, Barbara. *Gesellschaftsrecht*. 7. Aufl. Tübingen: Mohr Siebeck, 2008.

GUARINO, Antonio. *La società in diritto romano*. Napoli: Jovene, 1988.

GUERREIRO, José Alexandre Tavares. Comentário de jurisprudência. *Revista de Direito Mercantil, Industrial, Econômico e Financeiro*, São Paulo, ano 23, n. 54, p. 126-130, abr./jun. 1984.

GUIMARÃES, Leonardo. Exclusão de sócio em sociedades limitadas no novo Código Civil. *Revista de Direito Mercantil, Industrial, Econômico e Financeiro*, São Paulo, n. 129, p. 108-120, jan./mar. 2003.

GUSMÃO, João Manoel Carlos de. As operações em conta de participação assumem o caracter de verdadeira sociedade? Quaes os elementos caracteristicos das operações em conta de participação? *O Direito: revista mensal de legislação, doutrina e jurisprudência*, n. 29, p. 333-340, set./dez. 1882.

- H -

HALPERIN, Isaac. *Curso de Derecho Comercial*, v. 1. 3 ed. Buenos Aires: Depalma, 1978.

HAMEL, Joseph; LAGARDE, Gaston. *Traité de Droit Commercial*, t. 1. Paris: Dalloz, 1954.

HAMILTON, Robert W. *The law of corporations*. 5. ed. Saint Paul: West Group, 2000.

HANSMANN, Henry; KRAAKMANN, Reinier. The end of history for corporate law. *Georgetown Law Journal*, Washington, n. 89, p. 439-468, jan. 2001.

HEIDEL, Thomas; SCHALL, Alexander. *Handelsgesetzbuch*. 2 Aufl. Baden-Baden: Nomos, 2015.

HÉMARD, Jean; TERRÉ, François; MABILAT, Pierre. *Sociétés Commerciales*, t. 1. Paris: Dalloz, 1972.

HENN, Harry G.; ALEXANDER, John R.. *Laws of corporations and other business enterprises*. 3. ed. St. Paul, Minn.: West Group, 1983.

HESSE, Konrad. *Grundzüge des Verfassungsrechts der Bundesrepublik Deutschland*. 20 Aufl. C.F. Müller: Heidelberg, 1999.

HIGUCHI, Hiromi. *Imposto de renda das empresas*. 38. ed. São Paulo: IR Publicações, 2013.

HILDEBRAND, Lucas Fajardo Nunes. Patrimônio, patrimônio separado ou especial, patrimônio autônomo. In: FRANÇA, Erasmo Valladão Azevedo e Novaes (coord.). *Direito societário contemporâneo I*. São Paulo: Quartier Latin, 2009. p. 263-279.

HOLZ, Eva; POZIOMEK, Rosa. *Curso de Derecho Comercial*. 3 ed. Montevideo: Editorial Amalio M. Fernandez, 2016.

HÜFFER, Uwe; KOCH, Jens. *Gesellchaftsrecht*. 8 Aufl. München: Beck, 2011.

- I -

Iglesias, Juan. *Derecho romano*. 15 ed. Barcelona: Ariel, 2007.

Inglez de Souza, Herculano. *Direito Commercial*: Preleções na Faculdade Livre de Sciencias Juridicas e Sociais do Rio de Janeiro compiladas por Alberto Biolchi. São Paulo: Estudos Profissionaes Salesianos, 1906.

- J -

Jaeger, Pier Giusto. *L'interesse sociale*. Milano: Giuffrè, 1972.

____. L'interesse sociale rivisitato (quarant'anni dopo). *Giurisprudenza Commerciale*, a. 27, p. 795-812, 2000.

____; Denozza, Francesco. *Appunti di diritto commerciale*, v. 1. Milano: Giuffrè, 1994.

Jarillo, María José Morillas. *Las normas de conducta de los administradores de las sociedades de capital*. Madrid: La Ley, 2002.

Jauffret, Alfred. *Manuel de Droit Commercial*. 23 ed. Paris: LGDJ, 1997.

Jung, Peter (Herausgeber). *Der Gleichbehandlungsgrundsatz im Gesellschaftsrecht*. Tübingen: Mohr Siebeck, 2021.

Jula, Rocco. *Der GmbH-Gesellschafter*. 3 Aufl. Berlin: Springer, 2009.

Justo, A. Santos. *Direito privado romano – II (direito das obrigações)*. 2ª ed. Coimbra: Coimbra, 2006.

- K -

Kalansky, Daniel. A sociedade em comum: um novo tipo societário? In: França, Erasmo Valladão Azevedo e Novaes (coord.). *Direito Societário contemporâneo I*. São Paulo: Quartier Latin, 2009. p. 511-524

Kerr, Charles. The Origin and Development of the Law Merchant. *Virginia Law Review*, v. 15, n. 4, p. 350-367, feb. 1929.

Kerr, Edmund H. The Inadvertent Investment Company: Section 3(a)(3) of the Investment Company Act. Stanford Law Review, v. 12, n. 1, p. 29-70, dec. 1959.

Kirschbaum, Deborah. Cláusula resolutiva expressa por insolvência nos contratos empresariais: uma análise econômico-jurídica. *Revista Direito GV*, v. 2, p. 37-54, jan./jun. 2006.

Klunziger, Eugen. *Grundzüge des Gesellschaftsrechts*. 15 Aufl. München: Franz Vahlen, 2009.

Kübler, Friedrich. *Derecho de sociedades*. Trad. Michèle Klein. 5 ed. rev. y ampl. Madrid: Fundación Cultural del Notariado, 2001.

- L -

Lacerda, Galeno. Sociedade em conta de participação. Parecer. In: ____. *Direito Comercial – Sociedades Mercantis – Casos Selecionados*, v. IX. Rio de Janeiro: Forense, 2004. p. 133-163.

La Lumia, Isidoro. La atipicità delle società commerciali. *Rivista del Diritto Commerciale*, v. XXXVI (1), p. 217-235, Milano, 1938.

Lamy Filho, Alfredo. Responsabilidade dos administradores — Atas aprovadas por Assembléia Geral — Prescrição — Ação proposta contra administrador. In: ____. *Temas de S.A.*: exposições e pareceres. Rio de Janeiro: Renovar, 2007. p. 285-292.

____; Pedreira, José Luiz Bulhões. *A lei das S.A.*: pressupostos, elaboração, aplicação. Rio de Janeiro: Renovar, 1992.

____; ____. Capítulo I: Conceito e natureza. In: ____; ____ (coord.). *Direito das Companhias*, v. 1. Rio de Janeiro: Forense, 2009. p. 25-99.

Larenz, Karl, *Metodologia da ciência do direito*. Trad. De José Lamego. 5 ed. Fundação Calouste Gulbenkian. 2009.

Larguinho, Marisa. O dever de lealdade: concretizações e situações de conflito resultantes da cumulação de funções de administração. *Direito das Sociedades em Revista*, Coimbra, a. 5, v. 9, p. 187-213, mar. 2013.

Lattes, Alessandro. *Il diritto commerciale nella legislazione statutaria delle città italianne*. Milano: Ulrico Hoepli, 1884.

Le Cannu, Paul; Dondero, Bruno. *Droit de sociétés*. 4 ed. Paris: LGDJ, 2012.

Le Goff, Jacques. *Mercadores e banqueiros da Idade Média*. São Paulo: Martins Fontes, 1991.

Leães, Luis Gastão Paes de Barros. O conceito de "security" no direito norte-americano e o conceito análogo no direito brasileiro. *Revista de Direito Mercantil, Industrial, Econômico e Financeiro*, v. 13, n. 14, p. 41-60, 1974.

Leite Junior, Carlos Antonio Goulart. *Affectio societatis*: na sociedade civil e na sociedade simples. São Paulo: Forense, 2006.

Lisboa. José da Silva (Visconde de Cairú). *Princípios de Direito Mercantil e leis de Marinha*, v. 2. Rio de Janeiro: Typographia Academica, 1874.

Lispector, Clarice. As três experiências. *Jornal do Brasil*, 11 maio 1968.

Lobo, Carlos Augusto da Silveira. Os Valores Mobiliários. *Revista de Direito Bancário e do Mercado de Capitais*, v.10. n. 36. p.27-42. abr./jun. 2007.

Lopes, Christian Sahb Batista. Sociedade em comum e sociedade em conta de participação como técnicas de implementação de parcerias empresariais. In: Botrel, Sérgio (coord.). *Direito societário*: análise crítica. São Paulo: Saraiva, 2012. p. 308-332.

Lopes, Idevan César Rauen. *Empresa e exclusão do sócio*. 2 ed. rev. e atual. Curitiba: Juruá, 2008.

Lopes, Mauro Brandão. *A sociedade em conta de participação*. São Paulo: Saraiva, 1990.

Lopez, Robert. *A revolução comercial da Idade Média*: 950-1350. Lisboa: Presença, 1976.

Loss, Louis; Seligman, Joel. *Fundamentals of Securities Regulation*. 5 ed. Boston: Little Brown, 2004.

LUCENA, José Waldecy. *Das sociedades limitadas*. 6 ed. Rio de Janeiro: Renovar, 2005.

LYON, Jason. Revolution in Progress: Third-Party Funding of Americal Litigation. *UCLA Law Review*, v. 58, 2011, p. 571-609, 2010-2011.

– M –

MACHADO, Brasilio. *Direito Commercial*: preleções feitas pelo Lente Catedrático da Faculdade de Direito de São Paulo – Taquigrafadas por Augusto Moreira Soares. São Paulo: Estabelecimento Graphico "Mignon", 1909.

MACHADO, Sylvio Marcondes. *Limitação da responsabilidade de comerciante individual*. São Paulo: USP, 1956.

MALAGARRIGA, Carlos C. *Tratado Elemental de Derecho Comercial*, v. I. Buenos Aires: Tipografica Editora Argentina, 1951.

MANDEL, Júlio Kahan. *Nova lei de falências e recuperação de empresas anotada: Lei 11.101, de 9.2.2005*. São Paulo: Saraiva, 2005.

MARQUES, Evy Cynthia. *O direito de retirada de sócios de sociedade simples e sociedade limitada*. 140 f. Dissertação (Mestrado em Direito) – Faculdade de Direito da Universidade de São Paulo, São Paulo, São Paulo, 2010.

MARRONE, Matteo. *Instituzioni di diritto romano*. 3 ed. Palermo: Palumbo, 2006.

MARSILI, María Celia. *Sociedades comerciales. El problema del la tipicidad*. Buenos Aires: Rubinzal-Culzoni, 2003.

MARTINS, Fran. *Curso de Direito Comercial*. 5. ed. Rio de Janeiro: Forense, 1976.

MARTINS, Glauco Alves. Efeitos da decretação da falência sobre as obrigações do devedor. In: PAIVA, Luiz Fernando Valente (coord.). *Direito falimentar e a nova lei de falências e recuperação de empresas*. São Paulo: Quartier Latin, 2005. p. 443-482.

MARTINS-COSTA, Judith. Os negócios fiduciários: considerações sobre a possibilidade de acolhimento do "trust" no direito brasileiro. *Revista dos Tribunais*, a. 79, v. 657, p. 37-50, jul. 1990.

____. Os campos normativos da boa-fé objetiva: as três perspectivas do direito privado brasileiro. In: AZEVEDO, Antonio Junqueira de; TÔRRES, Heleno Taveira; CARBONE, Paolo (coord.). *Princípios do novo Código Civil brasileiro e outros temas:* homenagens a Tullio Ascarelli. São Paulo: Quartier Latin, 2008. p. 387-421.

____. *A Boa-Fé no Direito Privado*: critérios para a sua aplicação. São Paulo: Marcial Pons, 2015.

MATTOS FILHO, Ary Oswaldo. CCB é valor mobiliário. *Revista Capital Aberto*, São Paulo, n. 56, abr. 2008.

____. O conceito de valor mobiliário. *Revista de direito mercantil, industrial, econômico e financeiro*, v. 24, n. 59, p. 30-55, jul./set. 1985.

MEDIAVILLA, José Luis Colino. Extinción de cuentas en participación con cláusulas atípicas. In: ARTIGAS, Fernando Rodríguez (dir.). *Derecho de Sociedades I*: comentarios a la jurisprudencia, v. II. Pamplona: Thomson Reuters, 2010. p. 3.143-3.178.

MELLO, Marcos Bernardes de. *Teoria do fato jurídico*: plano da eficácia – 1 parte. 8 ed. São Paulo: Saraiva: 2013.

MENDES, Gilmar Ferreira; BRANCO, Paulo Gustavo Gonet. *Curso de Direito Constitucional*. 8 ed. São Paulo: Saraiva, 2013.

MENDES, Octávio. *Direito Comercial Terrestre*. São Paulo: Saraiva, 1930.

MENEZES CORDEIRO, António. *Direito Comercial*. 4 ed. Coimbra: Almedina, 2019.

____. *Direito das Sociedades*, v. I. 4 ed. Coimbra: Almedina, 2020.

MERLE, Philippe. *Droit commercial*: société commercialies. 15 ed. Paris: Dalloz, 2011.

____. *Droit Commercial*: Sociétés Commerciales. 6 ed. Paris: Dalloz, 1998.

MERLINSKI, Ricardo. *Manual de sociedades comerciales*. 2 ed. actual. Montevideo: Carlos Alvares Editor, 2008.

MIGNONE, Gianni. *Um contrato per i mercanti del Mediterraneo*: l'evoluzione del rapporto partecipativo. Napoli: Jovene, 2005.

____. *L'associazione in partecipazione*. Milano: Giuffrè, 2008.

MINISTÉRIO DA FAZENDA – SECRETARIA DA RECEITA FEDERAL. *Perguntas e Respostas Pessoa Jurídica / PIR – 2007*. Brasília/DF. Disponível em: <http://www.receita.fazenda.gov.br/publico/perguntao/dipj2007/pergrespdipj2007.pdf>. Acesso em: 17 ago. 2014.

Ministerio de Justicia y Derechos Humanos de la Nación. *Proyecto de Código civil y comercial de la Nación*. Buenos Aires: Infojus, 2012.

MONTEIRO, João Pereira. Da sociedade em conta de participação. *O Direito: revista mensal de legislação, doutrina e jurisprudência*, n. 30, p. 481-523, jan./abr. 1883.

MORAES, Alexandre de. *Direitos humanos fundamentais*: teoria geral. 11 ed. São Paulo: Atlas, 2017.

MORAES, Walter. *Sociedade civil estrita*. São Paulo: Revista dos Tribunais, 1987.

MORAIS, Antão de. Sociedade em conta de participação – 'Investment trusts' – Sociedades de crédito, financiamento ou investimentos. *Revista Forense*, v. 165, p. 70-73, maio/jun. 1956.

MOREAU, André. *Associations en participation et sociétés de fait*. Paris: Journal des Notaires et des Avocats, 1958.

MOREIRA, Ricardo Guimarães. Parecer: Sociedade em conta de participação – Sócio ostensivo e administrador – Violação dos deveres de lealdade, diligência e confidencialidade – Prática de concorência desleal – Conseqüências. *Revista de Direito Empresarial*, n. 7, p. 153-164, jan./jun. 2007.

MORELLO, Aurelio. *Le società atipiche*. Milano: Giuffrè, 1983.

MOSSA, Lorenzo. *Diritto Commerciale*, p. 1. Milano: Societá Editrice Libraria, 1937.

MOURRE, Alexis. L'Intervention des Tiers a L'Arbitrage. *Revista Brasileira de Arbitragem*, n. 16, p. 76-97, out/dez 2007.

MUNHOZ, Eduardo Secchi. *Empresa contemporânea e direito societário*. São Paulo: Juarez de Oliveira, 2002.

MUSSI, Luis Daniel Haj; FUCKNER, Mariana Hofmann. Crítica ao sistema de oferta pública de distribuição de contratos de investimento coletivo hoteleiro sob o prisma da proteção ao investidor e da confiabilidade e da eficiência do mercado. *Revista de Direito Mercantil, Industrial, Econômico e Financeiro*, v. 174-175, p. 201-255, ago. 2017/jul. 2018.

– N –

NAJJARIAN, Ilene Patrícia de Noronha. Contratos de investimento coletivo denominados de condo-hotéis. *Revista de Direito Bancário e do Mercado de Capitais*, v. 77, p. 69-84, jul./set. 2017.

NASCIMENTO, Amauri Mascaro. *Curso de Direito do Trabalho*. 19 ed. São Paulo: Saraiva, 2004.

NASCIMENTO, João Pedro Barroso do. Sociedade em conta de participação. *Jota*. 2019. Disponível em: <https://www.jota.info/opiniao-e-analise/artigos/sociedade-em-conta-de-participacao-06112019>. Acesso em: 11 set. 2020.

____; GERMANO, Lucas. Sociedade em conta de participação: problemas da interferência tributária no Direito Societário. Crítica à obrigatoriedade de CNPJ para as SCPs. *Revista de Direito das Sociedades e dos Valores Mobiliários*, São Paulo, n. 11, p. 21-36, 2020 (= ____; ____. In: ____. *Temas de Direito Empresarial*: Direito Societário, Mercado de Capitais e Direito da Insolvência. São Paulo: Quartier Latin, 2022. p. 295-309).

____; GHIARIONI, Leonardo Wortman; DALÓ, Luiz Paulo Lago. A nova Instrução da CVM sobre condo-hotéis. In: ____. *Temas de Direito Empresarial*: Direito Societário, Mercado de Capitais e Direito da Insolvência. São Paulo: Quartier Latin, 2022. p. 391-402 (= ____; ____; ____. A nova Instrução da CVM sobre condo-hotéis. *Jota*. Disponível em: <https://www.jota.info/opiniao-e-analise/artigos/nova-instrucao-da-cvm-sobre-condo-hoteis-12102018>. Acesso em: 08 ago. 2022).

____; PALIS, Pedro Maruo. Novos contratos de investimento coletivo: evolução conceitual, ofertas irregulares e a atuação da CVM. In: ____. *Temas de Direito Empresarial*: Direito Societário, Mercado de Capitais e Direito da Insolvência. São Paulo: Quartier Latin, 2022. p. 403-407 (= ____; ____. Novos contratos de investimento coletivo: evolução conceitual, ofertas irregulares e a atuação da CVM. *Jota*. Disponível em: <https://www.jota.info/opiniao-e-analise/artigos/novos-contratos-de-investimento-coletivo-17102019>. Acesso em: 08 ago. 2022).

NETTO, Felipe Peixoto Braga. Arts. 115 a 118. In: CORRÊA-LIMA, Osmar Brina; CORRÊA LIMA, Sérgio Mourão (coord.). *Comentários à Nova Lei de Falência e Recuperação de Empresas*. Rio de Janeiro: Forense, 2009. p. 842-862.

NIEMEYER, Luiz Carlos de. As causas sociológicas e econômicas das bandeiras: a bandeira como empresa mercantil. *Revista de Direito Mercantil, Industrial, Econômico e Financeiro*, São Paulo, n. 5, p. 505-526, 1955.

– O –

OLIVEIRA, Carlos Gomes de. *Sociedades Irregulares*. São Paulo: Livraria Acadêmica Saraiva & Cia, 1924.

OLIVEIRA, José Lamartine Corrêa de. *A Dupla Crise da Personalidade Jurídica*. São Paulo: Saraiva, 1979.

ORTEGA Y GASSET, José. *Meditaciones del Quijote*. Alianza Editorial: Madrid.

– P –

PARENTE, Flávia. *O dever de diligência dos administradores de sociedades anônimas*. Rio de Janeiro: Renovar, 2005.

PATTI, Domenico Bonnacorsi. Note minime sull'associazione in partecipazione e sulle cointeressenze. *Rivista di Diritto Commerciale e del Diritto Generale delle Obbligazioni*, v. CXV, Parte II. Milano: Dottor Francesco Vallardi, p. 287-305, 2017.

PEDÃO, Ana Cláudia; PINTER, João Carlos Mettlach; VALLE, Mateus Telles; CATALANO, Victoria Guidette. Embate entre duas lógicas diversas: o uso fraudulento da sociedade em conta de participação. *Revista de Direito Mercantil, Industrial, Econômico e Financeiro*, v. 161/162, p. 204-219, jan./ago. 2012.

PENTEADO, Mauro Rodrigues. *Consórcio de Empresas*. São Paulo: Livraria Pioneira Editora, 1979.

____. *Dissolução e liquidação de sociedades*. 2 ed. São Paulo: Saraiva, 2000.

PERIS, Juan Ignacio Ruiz. *Igualdad de trato en el derecho de sociedades*. Valencia: Tirant lo Blanch, 2007.

PIC, Paul. *Des Sociétés Commerciales*, t. III. 2e éd. Paris: Arthur Rousseau, 1926.

PICCHI, Flávio Augusto. A Sociedade em Conta de participação e os contratos de investimento coletivo: paralelismo e assimetria. *Revista de Direito Mercantil, Industrial, Econômico e Financeiro*, v. 43, n. 134, p. 193-205, abr./jun. 2004.

PIMENTA, Eduardo Goulart. *Exclusão e retirada de sócios*. Belo Horizonte: Mandamentos, 2004.

PINHAL, Alfredo Jorge. *Da conta em participação*. Lisboa: Petrony, 1981.

PINTO FURTADO, Jorge Henrique. *Curso de Direito das Sociedades*. 5 ed. Coimbra: Almedina, 2004.

____. *Tratado de Direito Privado*, t. 1. São Paulo: Revista dos Tribunais, 2012.

PONTES DE MIRANDA, Francisco Cavalcanti. *Tratado de Direito Privado*, t. 43. 3. ed. Rio de Janeiro: Revista dos Tribunais, 1984.

____. *Tratado de Direito Privado*, t. 49. 3. ed. Rio de Janeiro: Revista dos Tribunais, 1984.

PORTUGAL, Bernardo Lopes. A sociedade em conta de participação no novo código civil e seus aspectos tributários. In: RODRIGUES, Frederico Viana (coord.). *Direito de empresa no novo código civil.* Rio de Janeiro: Forense, 2004.

PROENÇA, José Marcelo Martins. A ação judicial de exclusão de sócio nas sociedades limitadas – legitimidade processual. In: ADAMEK, Marcelo Vieira von (coord.). *Temas de Direito Societário e Empresarial Contemporâneos* – Liber Amicorum *Prof. Dr. Erasmo Valladão Azevedo e Novaes França.* São Paulo: Malheiros, 2011.

– Q –

QUINN, Randal W.; GONSON, Paul. Development of the Securities Law in the Supreme Court: The Definition of Security and the Implication of Privates Rights of Action. 35 *Howard Law Journal* 319, 1992.

– R –

RAMIRES, Rogério. *A sociedade em conta de participação no Direito brasileiro.* 3 ed. São Paulo: Almedina, 2014.

RAISER, Thomas; VEIL, Rüdiger. *Recht der Kapitalgesellschaften.* 5 Aufl. München: Franz Vahlen, 2010.

RASNER, Henning. *Die atypische stille Gesellschaft*: ein Institut des Gesellschaftsrechts. Bielefeld: Ernst und Werner Gieseking, 1961.

RATNER, David L. *Securities Regulation in a Nutshell.* 6 ed. St. Paul, Minn: West Group, 1998.

RAVÀ, Tito. *Associazione in partecipazione e società irregolare.* Milano: Giuffrè, 1938.

REALMONTE, Francesco. Associazione in partecipazione e obbligo di collazione. *Rivista delle Società*, v. 6, a. VI, p. 514-521, 1961.

REHME, Paul. *História Universal del Derecho Mercantil.* Trad. de E. Gómez Orbaneja. Madrid: Editorial Revista de Derecho Privado, 1941.

REQUIÃO, Rubens. *Curso de Direito Comercial*, v. 1. 27. ed. rev. e atual. por Rubens Edmundo Requião. São Paulo: Saraiva, 2008.

____. *A preservação da sociedade comercial pela exclusão do sócio.* Tese apresentada para o concurso à Cátedra de Direito Comercial da Faculdade de Direito da Universidade do Paraná. Curitiba, 1959.

____. *Curso de direito falimentar*, v. 1. 14 ed. São Paulo: Saraiva, 1991.

RETTO, Marcel Gomes Bragança. *Sociedades limitadas.* Barueri/SP: Manole, 2007.

RIBEIRO, Renato Ventura. *Direito de voto nas sociedades anônimas.* São Paulo: Quartier Latin, 2009.

____. *Exclusão de sócios nas sociedades anônimas.* São Paulo: Quartier Latin, 2005.

RICHARD, Efraín Hugo. Sociedad de hecho o accidental, en torno al concepto de sociedad en relación a tres fallos. In: ETCHEVERRY, Raúl A.; RICHARD, Efraín Hugo (dir.). *Summa Societaria*, t. III. Buenos Aires: Abeledo Perrot, 2012. p. 4.037-4.058.

____. El Código Civil y Comercial y contratos asociativos (negocio em participacipon y agrupamiento de colaboración, arts. 1442 a 1462). In: STIGLITZ, Rubén S. (dir). *Nuevo Código Civil y Comercial de la Nación*: contratos en particular (suplemento especial). Buenos Aires: La Ley, 2015. p. 307-328.

RIPERT, Georges. *Aspectos jurídicos do capitalismo moderno.* Rio de Janeiro: Freitas Bastos, 1947.

____. *Traité Élémentaire de Droit Commercial.* Paris: R. Pichon et de R. Durand-Auzias, 1972.

____; ROBLOT, R.; GERMAIN, Michel; MAGNIER, Véronique. *Traité de droit des affaires,* t. 2. 20 éd. Paris: L.G.D.J., 2011.

RIPPE, Siegbert. *Sociedades comerciales.* 10 ed. actual. Montevideo: Fundación de Cultura Universitaria, 2005.

RIVOLTA, Gian Carlo. *Diritto delle Società. Profili Generali.* Torino: G. Giappichelli Editore, 2015.

ROCHA, Derick de Mendonça. *Arbitragem e* Third-Party Funding: Aspectos relacionados à arbitragem societária. Rio de Janeiro: Lumen Juris, 2019.

ROCHA, João Luiz Coelho da. Conta de participação, consórcio e parceria — Formas associativas não personalizadas. *Revista de Direito Mercantil, Industrial, Econômico e Financeiro,* v. 105, p. 37-42, jan./mar. 1997.

ROCHA JUNIOR, Arlindo Luiz; ARAUJO, Elaine Cristina de. *Sociedade em conta de participação*: visão societária, contábil e tributária. Rio de Janeiro: Freitas Bastos, 2019.

ROITMAN, Horacio. *Ley de Sociedades Comerciales comentada y anotada,* t. I. Buenos Aires: La Ley, 2006.

____; AGUIRRE, Hugo; CHIAVASSA, Eduardo. *Manual de Sociedades Comerciales.* Buenos Aires: La Ley, 2009.

RUSSOMANO, Mozart Victor. *Curso de Direito do Trabalho.* 9 ed. Curitiba: Juruá, 2002.

– S –

SABATO, Franco di. *Diritto delle società.* 2. ed. Milano: Giuffrè, 2005.

SABINO, Carlos Henrique de Mattos. Sociedade em conta de participação e as licitações envolvendo concessões de transporte coletivo: riscos e possibilidades. *A & C: Revista de Direito Administrativo e Constitucional,* v. 10, n. 39, p. 183-196, jan./mar. 2010.

SACRAMONE, Marcelo Barbosa. *Manual de Direito Empresarial.* São Paulo: Saraiva, 2020.

SALGADO, Paulo Cavalcanti. *Das sociedades em participação no direito commercial brazileiro.* Recife: Imprensa Industrial, 1913.

SALOMÃO NETO, Eduardo. *O trust e o direito brasileiro.* São Paulo: LTr, 1996.

SALOMÃO FILHO, Calixto. *A sociedade unipessoal.* São Paulo: Malheiros, 1995.

____. Interesse social: a nova concepção. In: ___. *O novo Direito Societário.* 3. ed. rev. e ampl. São Paulo: Malheiros, 2006. p. 25-50.

____. Direito societário e novo mercado. In: ____. *O novo direito societário*. 3 ed. rev. e ampl. São Paulo: Malheiros, 2006. p. 51-59.

____. Diluição de controle. In: ____. *O novo Direito Societário*. 3. ed. rev. e ampl. São Paulo: Malheiros, 2006. p. 63-74.

____. Deveres fiduciários do controlador. In: ____. *O novo Direito Societário*. 3. ed. rev. e ampl. São Paulo: Malheiros, 2006. p. 167-177.

Sanseverino, Gustavo Stenzel. *Tratamento dos contratos bilaterais na recuperação judicial*. 169 f. Dissertação de Mestrado (Universidade de São Paulo). São Paulo, 2020.

Santos, Theóphilo de Azeredo. *Manual de direito comercial*. 2 ed. Rio de Janeiro: Forense, 1965.

Sapori, Armando. *Marchand italien au Moyen Age*. Paris: A. Colin, 1952.

Scalzilli, João Pedro. *Contribuições premilinares para a uma análise da conduta de administradores e de controladores de S.A. em contesto de oferta hostil*. Dissertação (Mestrado em Direito) — Universidade Federal do Rio Grande do Sul, Porto Alegre, 2009.

____. *Confusão patrimonial nas sociedades isoladas e nos grupos societários*: caracterização, constatação e tutela dos credores. Tese (Doutorado em Direito). Universidade de São Paulo, São Paulo, 2014.

____; Spinelli, Luis Felipe; Tellechea, Rodrigo. *Recuperação de Empresas e Falência*. 3 ed. São Paulo: Almedina, 2018.

Schmidt, Karsten. *Gesellschaftsrecht*, B. I. 4 Aufl. Köln: Carl Heymanns, 2002.

____. *Gesellschaftsrecht*, B. II. 4 Aufl. Köln: Carl Haymanns, 2002.

Schulz, Fritz. *Derecho romano clássico*. Trad. de José Santa Cruz Teigeiro. Barcelona: Bosch, 1960.

Segala, Mariana. Intromissão adequada? *Capital Aberto*, n. 130, p. 23-25, jun. 2014.

Silva, Alexandre Couto. *Responsabilidade dos administradores de S/A*: business judgment rule. Rio de Janeiro: Elsevier, 2007.

Silva, De Plácido e. *Vocabulário Jurídico*. 26 ed. Rio de Janeiro: Forense, 2005.

Silva, Fabiana Carsoni Alves Fernandes da. *Consórcios de Empresas*: aspectos jurídicos relevantes. São Paulo: Quartier Latin, 2015.

Silva, João Calvão da. Associação em participação. In: ____. *Estudos de Direito Comercial* – pareceres. Coimbra: Almedina, 1996.

Silva, Jorge Cesa Ferreira da; Spinelli, Luis Felipe. Notas sobre a igualdade no Direito Privado: o exemplo do Direito Societário. In: Benetti, Giovana; Corrêa, André Rodrigues; Fernandes, Márcia Santana; Nitschke, Guilherme Cordeiro Monteiro; Pargendler, Mariana; Varela, Laura Beck (org.). *Direito, Cultura, Método*: leituras da obra de Judith Martins-Costa. Rio de Janeiro: GZ, 2019. p. 877-896.

Silva, Luís Renato Ferreira da. *Revisão dos contratos*: do Código Civil ao Código do Consumidor. Rio de Janeiro: Forense, 2001.

SILVA, Luís Virgílio Afonso da. O proporcional e o razoável. *Revista dos Tribunais*, a. 91, v. 798, p. 23-50, abr. 2002.

____. *Direitos Fundamentais*: conteúdo essencial, restrições e eficácia. 2 ed. São Paulo: Malheiros, 2011.

SIMONETTO, Ernesto. Concetto e composizione del capitale sociale: concetti di capitale e di patrimonio. *Rivista del Diritto Commerciale*, ano 53, Parte I, p. 48-72, 1956.

SMITH, Lionel D. Can we be obliged to be selfless? In: GOLD, Andre S.; MILLER, Paul B. (coord.). *Philosophical Foundations of Fiduciary Law*. Oxford: Oxford University Press. p. 141-158.

SOLÁ DE CAÑIZARES, Felipe. *El contrato de participación en el derecho español y en el derecho comparado*. Madrid: Editorial Revista de Derecho Privado, 1954.

SOPRANO, Enrico *Tratatto teorico-pratico delle società commerciali*, v. I. Torino: UTET, 1934.

SOUZA, Mariana Campos de. *Uso da sociedade em conta de participação para organizar interesses privados em contratações públicas*. 125 f. Dissertação de Mestrado (Escola de Direito de São Paulo da Fundação Getúlio Vargas). São Paulo, 2017.

SPADA, Paolo. *La tipicità delle società*. Padova: Cedam, 1974.

SPINELLI, Luis Felipe. *Conflito de interesses na administração da sociedade anônima*. São Paulo: Malheiros, 2012.

____. *Exclusão de sócio por falta grave na sociedade limitada*. São Paulo: Quartier Latin, 2015.

____. *Administração das Sociedades Anônimas*: lealdade e conflito de interesses. São Paulo: Almedina, 2020.

____. A teoria da firma e a sociedade como organização: fundamentos econômico-jurídicos para um novo conceito. *Revista de Direito Mercantil Industrial, Econômico e Financeiro*, v. 146, p. 165-188, 2007.

____; SCALZILLI, João Pedro; CORRADINI, Luiz Eduardo Malta; TELLECHEA, Rodrigo. Contrato de investimento coletivo como modalidade de sociedade em conta de participação. *Revista de Direito Bancário e do Mercado de Capitais*, v. 61, p. 243-296, jul./set. 2013.

SZTAJN, Rachel. *Contrato de sociedade e formas societárias*. São Paulo: Saraiva, 1989.

____; FONSECA, Priscila Maria Pereira Correda da. *Código Civil comentado*, v. 11. São Paulo: Atlas, 2008.

– T –

TANTINI, Giovanni. *Capitale e patrimonio nella società per azione*. Padova: CEDAM, 1980.

TAVARES, Adriano Erdei Braga; ZOCAL, Raul Longo. Dissolução, liquidação e prestação de contas na sociedade em conta de participação. In: YARSHELL, Flávio Luiz; PEREIRA, Guilherme Setoguti J. (coord.). *Processo Societário*, v. IV. São Paulo: Quartier Latin, 2021. p. 29-52.

TEIXEIRA, Egberto Lacerda. *Das sociedades por quotas de responsabilidade limitada*. São Paulo: Max Limonad, 1956.

TEIXEIRA, Guilherme Puchalski. Do consório entre sociedades: arts. 278 e 279 da Lei 6.404/76. *Revista de Direito Mercantil, Industrial, Econômico e Financeiro*, v. 49, n. 153/154, p. 67-97, jan./jul. 2009.

TEIXEIRA DE FREITAS, Augusto. *Esboço do Código Civil*, v. 2. Brasília: Ministério da Justiça, Fundação Universidade de Brasília, 1983.

TELLECHEA, Rodrigo. *Autonomia Privada no Direito Societário*. São Paulo: Quartier Latin, 2016.

TELLES, José Araldo da Costa. Alternativas processuais para os conflitos de interesses em sociedades limitadas familiares. In: YARSHELL, Flávio Luiz; PEREIRA, Guilherme Setoguti J. (coord.). *Processo Societário*. São Paulo: Quartier Latin, 2012. p. 383-401.

TEMER, Sofia. Financiamento de litígios por 'terceiros' (ou *'third-party' funding*): o financiador é um sujeito processual? Notas sobre a participação não aparente. *Revista de Processo*, v. 309, p. 359-384, nov. 2020.

TEPEDINO, Ricardo. Seção VIII: Dos efeitos da decretação da falência sobre as obrigações do devedor. In: TOLEDO, Paulo Fernando Campos Salles de; ABRÃO, Carlos Henrique (coord.). *Comentários à lei de recuperação de empresas e falência*. 4 ed. rev. e atual. São Paulo: Saraiva, 2010. p. 416-455.

TESSARI, Cláudio. Análise de caso real de autuação fiscal – sociedade em conta de participação (SCP) constituída com a finalidade de reduzir a carga tributária. *Revista Dialética de Direito Tributário*, n. 210, p. 19-31, mar. 2013.

TÉVEZ, Alejandra. Capítulo 16. Contratos asociativos. In: HERRERA, Marisa, CARAMELO, Gustavo; PICASSO, Sebastián (dir.). *Código Civil y Comercial de la Nación comentado*, t. IV. 2 ed. Buenos Aires: Infojus, 2016. p. 157-184.

TOKARS, Fábio. *Sociedades limitadas*. São Paulo: LTr, 2007.

TOLEDO, Paulo Fernando Campos Salles de. *O Conselho de Administração na Sociedade Anônima*: estrutura, funções e poderes, responsabilidade dos administradores. 2. ed. São Paulo: Atlas, 1999.

TOMASETTI JR., Alcides. A parte contratual. In: ADAMEK, Marcelo Vieira von (coord.). *Temas de Direito Societário e Empresarial Contemporâneo* – Liber Amicorum *Prof. Dr. Erasmo Valladão Azevedo e Novaes França*. São Paulo: Malheiros, 2011. p. 755-764.

TOMAZETTE, Marlon. *Curso de Direito Empresarial*, v. 1. São Paulo: Atlas, 2008.

TORRE, Riccardo Giuliano Figueira. Aspectos do *Third-Party Funding* e o Dever de Revelação do Árbitro. *Revista de Arbitragem e Mediação*, v. 64, p. 163-200, jan./mar. 2020.

TRINDADE, Marcelo Fernandez. Oferta ao público de unidades autônomas de empreendimento imobiliário. Não caracterização como emissão ou oferta pública de valores mobiliários. *Revista Brasileira de Direito Civil*, v. 11, p. 117-142, jan./mar. 2017.

- U -

Uría, Rodrigo. *Derecho Mercantil*. 28 ed. Madrid, Barcelona: Macial Pons, 2002.

- V -

Vampré, Spencer. *Tratado Elementar de Direito Comercial*, v. II. São Paulo: F. Briguiet & Cia., 1922.

Valverde, Trajano de Miranda. *Comentários à Lei de Falências (Decreto-lei n. 7.661, de 21 de junho de 1945)*, v. I (Arts. 1 a 79). Rio de Janeiro: Forense, 1948.

Vaz, Ernesto Luís Silva. *Consórcio de Empresas*: regime jurídico. Dissertação (Mestrado em Direito). Universidade de São Paulo, São Paulo, 2010.

Ventura, Raul. *Associação em participação*: anteprojeto e notas justificativas. BMJ 189, 1969.

____. *Associação em participação*: anteprojeto e notas justificativas. BMJ 190, 1969.

____. *Associação à quota*. Lisboa: Centro de Estudos Fiscais da Direcção-Geral das Contribuições e Impostos (Ministério das Finanças), 1968.

Verçosa, Haroldo Malheiros Duclerc. A CVM e os contratos de investimento coletivo ('boi gordo' e outros). *Revista de Direito Mercantil, Industrial, Econômico e Financeiro*, v. 108, p. 91-100, out./dez. 1997.

____. *Curso de Direito Comercial*, v. 2. São Paulo: Malheiros, 2006.

Verón, Alberto Víctor. *Sociedades comerciales:* Ley 19.550 y modificatorias comentada, anotada y concordada, t. 4. 2 reimpr. Buenos Aires: Astrea, 1999.

Verse, Dirk A. *Der Gleichbehandlungsgrundsatz im Recht der Kapitalgesellschaften*. Tübingen: Mohr Siebeck, 2006.

Vio, Daniel de Ávila. *A exclusão de sócios na sociedade limitada de acordo com o Código Civil de 2002*. Dissertação (Mestrado em Direito Comercial). São Paulo, Faculdade de Direito da Universidade de São Paulo, 2008.

Vivante, Cesare. *Trattato di Diritto Commerciale*, v. II – Le Societá Commerciale. 5 ed. Milano: Casa Editrice Dottor Francesco Vallardi, 1935.

- W -

Wald, Arnoldo. *Comentários ao novo Código Civil*, v. 14: livro 2, do Direito de Empresa; Sálvio de Figueiredo Teixeira (coord.). Rio de Janeiro: Forense, 2005.

____. Alguns aspectos positivos e negativos do financiamento da arbitragem. *Revista de Arbitragem e Mediação*, v. 49, p. 33-41, 2016.

Warde Júnior, Walfrido Jorge. *Responsabilidade dos sócios*: a crise da limitação e a teoria da desconsideração da personalidade jurídica. Belo Horizonte: Del Rey, 2007.

WEBER, Max. *The History of Commercial Partnerships in the Middle Ages*. Trad. de Lutz Kaelber. Lanham, Boulder, New York; Oxford: Rowman & Littlefield Publishers, Inc., 2003.

WIEDEMANN, Herbert. *Gesellschaftsrecht*, B. I. München: Beck, 1980

____. *Gesellschaftsrecht*, B. II. München: Beck, 2004.

____. Excerto do Direito Societário I – Fundamentos. Trad. de Erasmo Valladão Azevedo e Novaes França. *Revista de Direito Mercantil, Industrial, Econômico e Financeiro*, a. 45, v. 143, p. 66-75, jul./set. 2006.

____. Vínculos de lealdade e regra de substancialidade: uma comparação de sistemas. Trad. de Otto Carlos Vieira Ritter von Adamek. In: ADAMEK, Marcelo Vieira von (coord.). *Temas de Direito Societário e Empresarial Contemporâneos – Lieber Amicorum Prof. Dr. Erasmo Valladão Azevedo e Novaes França*. São Paulo: Malheiros, 2011. p. 143-168.

WINDBICHLER, Christine. *Gesellschaftsrecht*. 22 Aufl. München: Beck, 2009.

- X -

XAVIER, Alberto. Consórcio: natureza jurídica e regime tributário. *Revista Dialética de Direito Tributário*, n. 64, p. 7-26, jan. 2001.

- Y -

YOSHIKAWA, Eduardo Henrique de Oliveira. Reflexos processuais da sociedade em conta de participação. *Revista Dialética de Direito Processual*, n. 116, p. 30-43, nov. 2012.

- Z -

ZANETI JR, Hermes. *Comentários ao Código de Processo Civil*, v. XIV. São Paulo: Revista dos Tribunais, 2016.

ZANETTI, Robson. *Manual da sociedade limitada*. Curitiba: Juruá, 2007.

ZANINI, Carlos Klein. *A boa-fé objetiva e os deveres fiduciários de administradores de S.A.* Palestra proferida no dia 07 de maio de 2008. Universidade Federal do Rio Grande do Sul – UFRGS.

____. A doutrina dos "fiduciary duties" no Direito norte-americano e a tutela das sociedades e acionistas minoritários frente aos administradores das Sociedades Anônimas. *Revista de Direito Mercantil, Industrial, Econômico e Financeiro*, São Paulo, ano 36, n. 109, p. 137-149, jan./mar. 1998.

ZORTÊA, Alberto João. Sociedade comercial em conta de participação. *Revista Forense*, Rio de Janeiro, v. 272, p. 380-387, out./dez. 1980.

JURISPRUDÊNCIA CITADA

CARF – Conselho Administrativo de Recursos Fiscais, 2ª Turma Ordinária, 2ª Câmara, Acórdão 2202-009.310, j. 06/10/2022.

CARF – Conselho Administrativo de Recursos Fiscais, 1ª Turma Ordinária, 4ª Câmara, Acórdão 2401-009.810, j. 01/09/2021.

CARF – Conselho Administrativo de Recursos Fiscais, 2ª Turma Ordinária, 4ª Câmara, Acórdão 1402-005.195, j. 12/11/2020.

CARF – Conselho Administrativo de Recursos Fiscais, 2ª Turma Ordinária, 4ª Câmara, Acórdão 1402-005.166, j. 11/11/2020.

CARF – Conselho Administrativo de Recursos Fiscais, 2ª Turma Ordinária, 4ª Câmara, Acórdão 1402-003.987, j. 18/07/2019.

CARF – Conselho Administrativo de Recursos Fiscais, 2ª Turma Ordinária, 3ª Câmara, Acórdão 1302-003.712, j. 16/07/2019.

CARF – Conselho Administrativo de Recursos Fiscais, 1ª Turma Ordinária, 4ª Câmara, Acórdão 1401-003.276, j. 20/03/2019.

CARF – Conselho Administrativo de Recursos Fiscais, 1ª Turma Ordinária, 2ª Câmara, Acórdão 1201-002.686, j. 11/12/2018.

CARF – Conselho Administrativo de Recursos Fiscais, 1ª Turma Ordinária, 2ª Câmara, Acórdão 3201-004.189, j. 29/08/2018.

CARF – Conselho Administrativo de Recursos Fiscais, 1ª Turma Ordinária, 4ª Câmara, Acórdão 1401-002.823, j. 14/08/2018.

CARF – Conselho Administrativo de Recursos Fiscais, 1ª Turma Ordinária, 4ª Câmara, Acórdão 1401-002.085, j. 20/09/2017.

CARF – Conselho Administrativo de Recursos Fiscais, 2ª Turma Ordinária, 4ª Câmara, Acórdão 1402-0026.685, j. 26/07/2017.

CARF – Conselho Administrativo de Recursos Fiscais, 1ª Turma Ordinária, 2ª Câmara, Acórdão 1201-001.676, j. 16/05/2017.

CARF – Conselho Administrativo de Recursos Fiscais, 1ª Turma Ordinária, 4ª Câmara, Acórdão 1401-001.846, j. 10/04/2017.

CARF – Conselho Administrativo de Recursos Fiscais, 2ª Turma Ordinária, 3ª Câmara, Acórdão 1302-002.062, j. 21/03/2017.

CARF – Conselho Administrativo de Recursos Fiscais, 2ª Turma Ordinária, 4ª Câmara, Acórdão 1402-002.208, j. 08/06/2016.

CARF – Conselho Administrativo de Recursos Fiscais, 2ª Turma Ordinária, 4ª Câmara, Acórdão 1402-002.182, j. 03/05/2016.

CARF – Conselho Administrativo de Recursos Fiscais, 2ª Turma Ordinária, 2ª Câmara, Acórdão 2202-003.134, j. 29/01/2016.

CARF – Conselho Administrativo de Recursos Fiscais, 3ª Turma Ordinária, 1ª Câmara, Acórdão 1103-001.206, j. 25/03/2015.

CARF – Conselho Administrativo de Recursos Fiscais, 1ª Turma Ordinária, 3ª Câmara, Acórdão 1301-001.789, j. 04/03/2015.

CARF – Conselho Administrativo de Recursos Fiscais, 2ª Turma Especial, 2ª Seção, Acórdão 2802-003.065, j. 13/08/2014.

CARF – Conselho Administrativo de Recursos Fiscais, 3ª Turma Ordinária, 1ª Câmara, Acórdão 1103-001.052, j. 07/05/2014.

CARF – Conselho Administrativo de Recursos Fiscais, 2ª Turma Ordinária, 3ª Câmara, Acórdão 2302-003091, j. 19/03/2014.

CARF – Conselho Administrativo de Recursos Fiscais, 2ª Turma Ordinária, 4ª Câmara, Acórdão 1402-001625, j. 13/03/2014.

CARF – Conselho Administrativo de Recursos Fiscais, 3ª Turma Ordinária, 1ª Câmara, Acórdão 1103-001.004, j. 11/03/2014.

CARF – Conselho Administrativo de Recursos Fiscais, 2ª Turma Ordinária, 2ª Câmara, Acórdão 1202-001.011, j. 07/08/2013.

CARF – Conselho Administrativo de Recursos Fiscais, 2ª Turma Ordinária, 1ª Câmara, Acórdão 2102-002.135, j. 20/06/2012.

CARF – Conselho Administrativo de Recursos Fiscais, 2ª Turma Ordinária, 3ª Câmara, Acórdão 14302-000.124, j. 07/12/2009.

COSIT – Coordenação-Geral de Tributação, Receita Federal do Brasil (RFB), Solução de Consulta nº 83, j. 28/06/2021.

COSIT – Coordenação-Geral de Tributação, Receita Federal do Brasil (RFB), Solução de Consulta nº 202, j. 18/06/2019.

COSIT – Coordenação-Geral de Tributação, Receita Federal do Brasil (RFB), Solução de Consulta nº 59, j. 27/02/2019.

COSIT – Coordenação-Geral de Tributação, Receita Federal do Brasil (RFB), Solução de Consulta nº 56, j. 25/02/2019.

COSIT – Coordenação-Geral de Tributação, Receita Federal do Brasil (RFB), Solução de Consulta nº 233, j. 07/12/2018.

COSIT – Coordenação-Geral de Tributação, Receita Federal do Brasil (RFB), Solução de Consulta nº 142, j. 19/09/2018.

COSIT – Coordenação-Geral de Tributação, Receita Federal do Brasil (RFB), Solução de Consulta nº 28, j. 03/03/2018.

COSIT – Coordenação-Geral de Tributação, Receita Federal do Brasil (RFB), Solução de Consulta nº 655, j. 27/12/2017.

COSIT – Coordenação-Geral de Tributação, Receita Federal do Brasil (RFB), Solução de Consulta nº 99049, j. 21/03/2017.

COSIT – Coordenação-Geral de Tributação, Receita Federal do Brasil (RFB), Solução de Consulta nº 09, j. 13/01/2017.

COSIT – Coordenação-Geral de Tributação, Receita Federal do Brasil (RFB), Solução de Consulta nº 139, j. 03/06/2015.

COSIT – Coordenação-Geral de Tributação, Receita Federal do Brasil (RFB), Solução de Consulta nº 121, j. 27/05/2014.

COSIT – Coordenação-Geral de Tributação, Receita Federal do Brasil (RFB), Solução de Consulta nº 189, j. 27/06/2014.

CVM, Ofício-Circular nº 2/2021-CVM/SSE, j. 25/11/2021.

CVM, Deliberação nº 704, j. 28/02/2013.

CVM, Deliberação nº 495, j. 03/01/2006.

CVM, Deliberação nº 473, j. 01/12/2004.

CVM, Processo Administrativo Sancionador RJ 2016/8381, Rel. Dir. Flávia Sant'Anna Perlingeiro, j. 18/02/2020.

CVM, Processo Administrativo Sancionador RJ 2017/3090, Rel. Dir. Carlos Alberto Rebello Sobrinho, j. 07/05/2019.

CVM, Processo Administrativo nº 19957.009524/2017-41, Rel. Dir. Gustavo Machado Gonzalez, j. 22/04/2019.

CVM, Processo Administrativo Sancionador nº 19957.004522/2017-66 (RJ2017/2225), Rel. Dir. Gustavo Gonzalez, j. 28/08/2018.

CVM, Processo Administrativo Sancionador RJ 2014/5099, Rel. Dir. Gustavo Tavares Borba, j. 12/04/2016.

CVM, Processo Administrativo Sancionador RJ 2012/9490, Rel. Dir. Luciana Dias, j. 10/03/2015.

CVM, Processo Administrativo Sancionador RJ 2006/3364, Rel. Dir. Marcelo Fernandez Trindade, j. 16/08/2007.

CVM, Processo RJ 2007/11593, Rel. Dir. Marcos Barbosa Pinto, j. 15/01/2008.

CVM, Processo RJ 2005/2893, Rel. Dir. Wladimir Castelo Branco, j. 07/06/2005.

CVM, Processo RJ 2003/0499, Rel. Dir. Luiz Antonio de Sampaio Campos, j. 28/08/2003.

DISIT/SRRF02, Receita Federal do Brasil (RFB), Solução de Consulta nº 2003, j. 25/08/2020.

DISIT/SRRF03, Receita Federal do Brasil (RFB), Solução de Consulta nº 3003, j. 09/04/2020.

DISIT/SRRF09, Receita Federal do Brasil (RFB), Solução de Consulta nº 9022, j. 15/10/2015.

DISIT/SRRF02, Receita Federal do Brasil (RFB), Solução de Consulta nº 2006, j. 18/04/2019.

DISIT/SRRF10, Receita Federal do Brasil (RFB), Solução de Consulta nº 1024, j. 03/07/2015.

DISIT/SRRF10, Receita Federal do Brasil (RFB), Solução de Consulta nº 12, j. 12/02/2013.

DISIT/SRRF03, Receita Federal do Brasil (RFB), Solução de Consulta nº 08, j. 27/02/2012.

DISIT/SRRF08, Receita Federal do Braisl (RFB), Solução de Consulta nº 30, j. 09/02/2012.

DISIT/SRRF05, Receita Federal do Brasil (RFB), Solução de Consulta nº 43, j. 14/09/2011.

DISIT/SRRF08, Receita Federal do Brasil (RFB), Solução de Consulta nº 11, j. 15/01/2009.

DISIT/SRRF06, Receita Federal do Brasil (RFB), Solução de Consulta nº 175, j. 15/10/2008.

DISIT/SRRF08, Receita Federal do Brasil (RFB), Solução de Consulta nº 554, j. 06/12/2007.

DISIT/SRRF08, Receita Federal do Brasil (RFB), Solução de Consulta nº 384, j. 12/09/2006.

DISIT/SRRF08, Receita Federal do Brasil (RFB), Solução de Consulta nº 27, j. 24/02/2006.

DISIT/SRRF08, Receita Federal do Brasil (RFB), Solução de Consulta nº 199, j. 05/09/2000.

SEFAZ/MG, Consulta de Contribuinte nº 38, j. 24/03/2004.

SEFAZ/SP, Resposta à Consulta Tributária nº 21239/2020, j. 18/02/2020.

SEFAZ/SP, Resposta à Consulta Tributária nº 19005/2019, j. 14/11/2019.

SEFAZ/SP, Resposta à Consulta Tributária nº 18681/2018, j. 27/12/2018.

STF, 1ª Turma, RMS 24901/DF, Rel. Min. Carlos Britto, j. 26/10/2004.

STF, 1ª Turma, RE 18.832, Rel. Min. Nelson Hungria, j. 06/05/1951.

STF, 2ª Turma, A 13.298, Rel. Min. Hahneman Guimarães, j. 17/06/1947.

STJ, 3ª Turma, REsp 1.785.802, Rel. Min. Ricardo Villas Bôas Cueva, j. 19/02/2019.

STJ, 3ª Seção, CC 160.077, Rel. Min. Joel Ilan Paciornik, j. 10/10/2018.

STJ, 5ª Turma, Resp 1536393/PR, Rel. Min. Felix Fischer, j. 07/11/2017.

STJ, Decisão Monocrática, REsp 1485029, Rel. Min. Regina Helena Costa, j. 06/03/2017.

STJ, 3ª Turma, REsp 1.230.981/RJ, Rel. Min. Marco Aurélio Belizze, j. 16/12/2014.

STJ, 3ª Turma, REsp, 846.462 – SP, Rel. Min. Humberto Gomes, j. 15/05/2007.

STJ, 3ª Seção, CC 41.915/SP, Rel. Min. Arnaldo Esteves Lima, j. 13/12/2004.
STJ, 4ª Turma, REsp 192.603/SP, Rel. Min. Barros Monteiro, j. 15/04/2004.
STJ, 3ª Turma, REsp 474.704/PR, Rel. Min. Carlos Alberto Menezes Direito, j. 17/12/2002.
STJ, 2ª Turma, REsp 193.690/PR, Rel. Min. Franciulli Netto, j. 04/06/2002.
STJ, 4ª Turma, REsp 168.028/SP, Rel. Min. César Asfor Rocha, j. 07/08/2001.
STJ, 3ª Turma, Resp 114.708/MG, Rel. Min. Waldemar Zveiter, j. 19/02/2001.
STJ, 3ª Turma, REsp 110.933/MG, Rel. Min. Eduardo Ribeiro, j. 23/11/1999.
STJ, 3ª Turma, REsp 85.240/RJ, Rel. Min. Ari Pargendler, j. 19/11/1999.
STJ, 3ª Turma, REsp 23.502/SP, Rel. Min. Eduardo Ribeiro, j. 13/09/1993.
STJ, 3ª Turma, Resp 29.897/RJ, Rel. Min. Dias Trindade, j. 14/12/1992.
TAMG, 3ª Câmara Cível, APC 365.984-5, Rel. Juiz Mauro Soares de Freitas, j. 14/08/2002.
TAPR, 6ª Câmara Cível, APC 0178867-0, Rel. Juiz Carvílio da Silveira Filho, j. 18/02/2002.
1ª TACivSP, 1ª Câmara Especial, MS 380.876, Rel. Juiz Costa de Oliveira, j. 24/02/1988.
TCU, Plenário, Processo 014.980/2010-0, Acórdão 1808/2016, Rel. Min. Benjamin Zymler, j. 13/07/2016.
TJBA, 1ª Câmara Cível, Apelação 0550781-29.2015.8.05.0001, Rel. Desa. Pilar Celia Tobio de Claro, p. 05/12/2017.
TJCE, 1ª Câmara de Direito Privado, AgInt em AgInst 0626728-31.2016.8.06.0000, Rel. Des. Emanuel Leite Albuquerque, j. 13/05/2020.
TJDFT, 7ª Turma Cível, Apelação Cível, Rel. Des. Leila Arlanch, j. 28/09/2022.
TJDFT, 6ª Turma, AI 0710402-64.2022.8.07.0000, Rel. Des. Esdras Neves, j. 10/08/2022.
TJDFT, 2ª Turma Cível, Apelação Cível 0711064-87.2020.8.07.0003, Rel. Des. João Egmont, j. 21/07/2021.
TJDFT, 4ª Turma, AI 0728504-08.2020.8.07.0000, Rel. Des. Sérgio Rocha, j. 14/04/2021.
TJDFT, 6ª Turma Cível, Apelação 0727001-80.2019.8.07.0001, Rel. Des. Esdras Neves, j. 09/09/2020.
TJDFT, 3ª Turma, Cível, Apelação 0018162-15.2016.8.07.0001, Rel. Des. Gilberto de Oliveira, j. 05/08/2020.
TJDFT, 6ª Turma Cível, Apelação 0726506-70.2018.8.07.0001, Rel. Des. Alfeu Machado, j. 22/01/2020.
TJDFT, 2ª Turma Cível, Agravo de Instrumento 0708094-60.2019.8.07.0000, Rel. Des. Sandoval Oliveira, j. 24/07/2019.
TJDFT, 1ª Turma Cível, Apelação 0704126-53.2018.8.07.0001, Rel. Des. Roberto Freitas, j. 26/06/2019.

TJDFT, 1ª Câmara Cível, Conflito de Competência 07151675420178070000, Rel. Des. Leila Arlanch, j. 19/03/2018.

TJDFT, 7ª Turma Cível, APC 00120901220168070001, Rel. Des. Leila Arlanch, j. 31/01/2018.

TJDFT, 3ª Turma Cível, APC 20150111074610, Rel. Des. Flavio Rostirola, j. 22/03/2017.

TJDFT, 2ª Turma Cível, APC 20140110833178APC, Rel. Des. Gislene Pinheiro, j. 08/04/2015.

TJDFT, 1ª Turma Criminal, APR 20040710184069 DF 0012102-28.2004.8.07.0007, Rel. Des. George Lopes Leite, j. 24/04/2014.

TJDFT, 1ª Turma Cível, APC 20000110720863, Rel. Des. Valter Xavier, j. 04/11/2004.

TJDFT, 2ª Turma, APC 20010110382337, Rel. Des. Waldir Leôncio Lopes Júnior, j. 28/10/2002.

TJDFT, 2ª Turma, APC 20010110382394, Rel. Des. Silvânio Barbosa dos Santos, j. 26/08/2002.

TJES, 2ª Câmara Cível, Agravo de Instrumento 0034296-50.2018.8.08.0024, Rel. Des. Carlos Simões Fonseca, j. 07/05/2019.

TJGB, 2ª Câmara Cível, AP 24.630, Rel. Des. Olavo Tostes Filho, j. 28/12/1971.

TJGB, 2ª Câmara Cível, AP 22.92, Rel. Des. Manoel Antônio de Castro Cerqueira, j. 01/09/1970.

TJGB, 8ª Câmara Cível, APC 17.179, Rel. Des. Sadi Cardoso de Gusmão, 05/09/1961.

TJGO, 1ª Câmara Cível, Apelação Cível 112230-1/188 (200702264347), Rel. Des. Abrão Rodrigues Faria, j. 17/06/2008.

TJMG, 16ª Câmera Cível, Apelação 1.0525.10.013209-7/001, Rel. Des. Wagner Wilson, j. 23/03/2017.

TJMG, 4ª Câmara Criminal, ACR 1.0024.09.502367-7/001, Rel. Des. Júlio Cezar Guttierrez, j. 13/01/2010.

TJMG, 4ª Câmara Criminal, ACR 1.0024.05.730220-0/001, Rel. Des. Edison Feital Leite, j. 14/08/2013.

TJMG, 6ª Câmara Criminal, ACR 1.0024.04.357997-8/001, Rel. Des. Catta Preta, j. 04/09/2012.

TJMG, 17ª Câmara Cível, AI 1.0540.08.015001-9/001, Rel. Des. Eduardo Mariné da Cunha, j. 11/09/2008.

TJMG, 12ª Câmara Cível, Apelação Cível 1.0024.07.598019-3/001, Rel. Des. Nilo Lacerda, j. 13/02/2008.

TJMG, 11ª Câmara Cível, APC 2.0000.00.351251-2/000, Rel. Des. Caetano Levi Lopes, j. 08/05/2002.

TJMS, 3ª Turma, APC 2005.015579-5/0000-00, Rel. Des. Paulo Alfeu Puccinelli, j. 15/03/2006.

TJPR, 18ª Câmara Cível, Apelação 0087931-17.2019.8.16.0014, Rel. Des. Marcelo Gobbo Dalla Dea, j. 09/11/2022.

TJPR, 18ª Câmara Cível, AI 0074371-79.2021.8.16.0000, Rel. Des. Luiz Henrique Miranda, j. 13/06/2022.

TJPR, 9ª Câmara Cível, AI 0003710-75.2021.8.16.0000, Rel. Des. Gil Francisco de Paula Xavier Fernandes Guerra, j. 14/03/2022.

TJPR, 3ª Turma Recursal, Recurso Inominado 0016750-62.2020.8.16.0129, Rel. Juiz Juan Daniel Pereira Sobreiro, j. 27/09/2021.

TJPR, 8ª Câmara Cível, AI 0012812-24.2021.8.16.0000, Rel. Des. Marco Antonio Antoniassi, j. 24/05/2021.

TJPR, 10ª Câmara Cível, AI 0000946-19.2021.8.16.0000, Rel. Des. Angela Khury, j. 24/05/2021.

TJPR, 17ª Câmara Cível, AI 0059276-43.2020.8.16.0000 , Rel. Des. Mario Luiz Ramidoff, j. 29/03/2021.

TJPR, 10ª Câmara Cível, AI 0035086-16.2020.8.16.0000 , Rel. Des. Ruy Alves Henriques Filho, j. 01/03/2021.

TJPR, 8ª Câmara Cível, AI 0055726-40.2020.8.16.0000 , Rel. Des. Ademir Ribeiro Richter, j. 08/02/2021.

TJPR, 18ª Câmara Cível, Apelação 0011260-94.2016.8.16.0001, Rel. Des. Vitor Roberto Silva, j. 21/12/2020.

TJPR, 8ª Câmara Cível, AI 0028969-09.2020.8.16.0000, Rel. Des. Helio Henrique Lopes Fernandes Lima, j. 30/11/2020.

TJPR, 5ª Câmara Cível, AI 0034588-17.2020.8.16.0000 , Rel. Des. Rogério Ribas, j. 23/11/2020.

TJPR, 18ª Câmara Cível, Apelação 0017423-47.2009.8.16.0030, Rel. Des. Carlos Henrique Licheski Klein, j. 16/11/2020.

TJPR, 5ª Câmara Cível, AI 0029323-34.2020.8.16.0000, Rel. Des. Rogério Ribas, j. 31/08/2020.

TJPR, 3ª Câmara Cível, Apelação 0000060-07.2017.8.16.0179, Rel. Des. Osvaldo Nallim Duarte, j. 04/06/2020.

TJPR, 12ª Câmara Cível, Apelação 0004005-22.2015.8.16.0001, Rel. Des. Priscilla Placha Sá, j. 03/06/2020.

TJPR, 17ª Câmara Cível, Apelação 0004220-71.2018.8.16.0072, Rel. Des. Sandra Bauermann, j. 15/08/2019.

TJPR, 18ª Câmara Cível, Apelação 1739099-7, Rel. Des. Rel. Espedito Reis do Amaral, j. 22/08/2018.

TJPR, 11ª Câmara Cível, Apelação 0056069-48.2011.8.16.0001, Rel. Des. Fabio Haick Dalla Vecchia, j. 05/04/2018.

TJPR, 9ª Câmara Cível, Apelação Cível 1.129.873-8, Rel. Des. Domingos José Perfetto, j. 13/03/2014.

TJPR, 18ª Câmara Cível, Apelação 618.548-2, Rel. Des. Carlos Mansur Arida, j. 25/05/2011.

TJPR, 6ª Câmara Cível, APC 0178867-0, Rel. Juiz Carvílio da Silveira Filho, j. 18/02/2002.

TJRJ, 5ª Câmara Cível, Apelação 0340376-83.2019.8.19.0001, Rel. Des. Denise Nicoll Simões, j. 27/09/2022.

TJRJ, 20ª Câmara Cível, Apelação 041753-57.2018.8.19.0209, Rel. Des. Ricardo Alberto Pereira, j. 21/09/2022.

TJRJ, 23ª Câmara Cível, Apelação 0168360-26.2019.8.19.0001, Rel. Des. Celso Silva Filho, j. 31/08/2022.

TJRJ, 20ª Câmara Cível, Agravo de Instrumento 0069134-51.2019.8.19.0000, Rel. Des. Ricardo Alberto Pereira, j. 19/02/2020.

TJRJ, 22ª Câmara Cível, APC 0250173-80.2016.8.19.0001, Rel Des. Marcelo Lima Buhatem, j. 18/02/2020.

TJRJ, 12ª Câmara Cível, APC 0000200-94.2016.8.19.0081, Rel. Des. José Acir Lessa Giordani, j. 15/05/2018.

TJRJ, 18ª Câmara Cível, APC 0193765-40.2014.8.19.0001, Rel. Des. Eduardo de Azevedo Paiva, j. 17/02/2016.

TJRJ, 7ª Câmara Cível, AgInst 0054978-97.2015.8.19.0000, Rel. Des. Luciano de Carvalho, j. 27/01/2016.

TJRJ, 13ª Câmara Cível, APC 0193772-32.2014.8.19.0001, Rel. Des. Agostinho Teixeira de Almeida Filho, j. 17/06/2015.

TJRJ, 19ª Câmara Cível, APC 0034372-29.2009.8.19.0042, Rel. Des. Guaraci de Campos Vianna, j. 10/03/2015.

TJRJ, 5ª Câmara Cível, AI 0002437-24.2014.8.19.0000, Rel. Des. Heleno Ribeiro P. Nunes, j. 25/02/2014.

TJRJ, 20ª Câmara Cível, Apelação 0028697-11.2009.8.19.0002, Des. Marília de Castro Neves Vieira, j. 21/02/2014.

TJRJ, 2ª Câmara Cível, Apelação 0000002-67.2010.8.19.0081, Rel. Des. Alexandre Câmara, j. 06/06/2012.

TJRJ, 1ª Câmara Cível, Agravo de Instrumento 0062829-32.2011.8.19.0000, Rel. Des. Maria Augusta Vaz, j. 13/03/2012.

TJRS, 2ª Câmara Cível, Apelação 50081646920218210001, Rel. Des. Lúcia de Fátima Cerveira, j. 29/09/2021.

TJRS, 5ª Câmara Cível, Apelação 50407595820208210001, Rel. Des. Isabel Dias Almeida, j. 28/04/2021.

TJRS, 5ª Câmara Cível, Apelação 70083129593, Rel. Des. Jorge André Pereira Gailhard, j. 27/11/2019.

TJRS, 5ª Câmara Cível, APC 70083173096, Rel. Des. Isabel Dias Almeida, j. 27/11/2019.

TJRS, 5ª Câmera Cível, APC 70081037236, Rel. Des. Jorge André Pereira Gailhard, j. 26/06/2019.

TJRS, 5ª Câmara Cível, Apelação 70080603079, Rel. Des. Isabel Dias Almeida, j. 24/04/2019.

TJRS, 5ª Câmera Cível, APC 70077514602, Rel. Des. Isabel Dias Almeida, j. 26/06/2018.

TJRS, 6ª Câmara Cível, Apelação 70077302537, Rel. Des. Niwton Carpes da Silva, j. 24/05/2018.

TJRS, 6ª Câmara Cível, APC 70067172957, Rel. Des. Rinez da Trindade, j. 27/10/2016.

TJRS, 1ª Câmara Cível, AI 70067125443, Rel. Des. Irineu Mariani, j. 29/06/2016.

TJRS, 5ª Câmara Cível, AI 70064348923, Rel. Des. Jorge André Pereira Gailhard, j. 16/12/2015.

TJRS, 8ª Câmara Criminal, Apelação Crime 70053177671, Rel. Des. Isabel de Borba Lucas, j. 27/11/2013.

TJRS, 8ª Câmara Criminal, Apelação Crime 70046614699, Rel. Des. José Luiz John dos Santos, j. 27/11/2013.

TJRS, 6ª Câmara Criminal, Apelação Crime 70043104132, Rel. Des. João Batista Marques Tovo, j. 15/12/2011.

TJRS, 7ª Câmara Criminal, Apelação Crime 70041143611, Rel. Des. Naele Ochoa Piazzeta, j. 10/11/2011.

TJRS, 5ª Câmara Criminal, Rel. Des. Luís Gonzaga da Silva Moura, j. 27/07/2011.

TJRS, 4ª Câmara Criminal, Apelação Crime 70022316137, Rel. Des. Aristides Pedroso de Albuquerque Neto, j. 16/04/2009.

TJRS, 5ª Câmara Cível, APC 70025256934, Rel. Des. Jorge Luiz Lopes do Canto, j. 15/04/2009.

TJRS, 5ª Câmara Cível, APC 70021043989, Rel. Des. Leo Lima, j. 07/11/2007.

TJRS, 5ª Câmara Cível, APC 70020320628, Rel. Des. Pedro Luiz Rodrigues Bossle, j. 22/08/2007.

TJRS, 8ª Câmara Criminal, Apelação Crime 70020355137, Rel. Des. Fabianne Breton Baisch, j. 15/08/2007.

TJRS, 12ª Câmara Cível, APC 70015914823, Rel. Des. Orlando Heemann Júnior, j. 12/04/2007.

TJRS, 5ª Câmara Cível, APC 70011201779, Rel. Des. Pedro Luiz Rodrigues Bossle, j. 28/04/2005.

TJRS, 5ª Câmara Cível, APC 70002552503, Rel. Des. Sérgio Pilla da Silva, j. 24/05/2001.

TJRS, 6ª Câmara Cível, AI 597131119, Rel. Des. Osvaldo Stefanello, j. 17/09/1997.

TJRS, 6ª Câmara Cível, APC 596144824, Rel. Des. Antônio Janyr Dall'Agnol Júnior, j. 01/04/1997.

TJRS, 5ª Câmara Civil, APC 591103338, Rel. Des. Leonello Pedro Paludo, j. 12/03/1992.

TJRS, 4ª Câmara Cível, APC 583012158, Rel. Des. Nelson Oscar de Souza, j. 14/09/1983.

TJRS, 3ª Câmara Cível, APC 40008, Rel. Des. Marco Aurélio Costa Moreira de Oliveira, j. 25/03/1982.

TJRS, 3ª Câmara Cível, APC 36606, Rel. Des. Paulo Boeckel Velloso, j. 11/06/1981.

TJSC, 2ª Câmara de Direito Comercial, Apelação Cível 0002858-83.2006.8.24.0055, Rel. Des. Newton Varella Júnior, j. 29/10/2018.

TJSC, 2ª Câmara de Direito Comercial, Apelação Cível 0001700-22.2008.8.24.0055, Rel. Des. Rejane Andersen, j. 26/07/2016.

TJSC, 6ª Câmara de Direito Civil, AC 2008.050769-4, Rel. Des. Jaime Luiz Vicari, j. 01/02/2012.

TJSC, 2ª Câmara de Direito Comercial, APC 2004.016347-9, Rel. Des. Sérgio Izidoro Heil, j. 11/12/2008.

TJSC, 3ª Câmara de Direito Privado, APC 1998.013498-6, Rel. Des. Dionizio Jenczak, j. 27/10/2003.

TJSC, 2ª Câmara de Direito Civil, AI 1997.014595-0, Rel. Des. Anselmo Cerello, j. 17/06/1999.

TJSC, 1ª Câmara de Direito Comercial, APC 1988.065721-5, Rel. Des. Amaral e Silva, j. 13/10/1993.

TJSC, 2ª Câmara de Direito Comercial, APC 1988.026642-1, Rel. Des. Nestor Silveira, j. 29/08/1991.

TJSC, 1ª Câmara de Direito Comercial, APC 1988.038233-5, Rel. Des. Cid Pedroso, j. 19/03/1991.

TJSC, 2ª Câmara de Direito Comercial, APC 1988.033330-9, Rel. Des. Alcides Aguiar, j. 13/06/1991.

TJSP, 1ª Câmara Reservada de Direito Empresarial, AI 2166519-62.2022.8.26.0000, Rel. Des. Azuma Nishi, j. 26/10/2022.

TJSP, 1ª Câmara Reservada de Direito Empresarial, Apelação 1056582-96.2020.8.26.0100, Rel. Des. Azuma Nishi, j. 17/08/2022.

TJSP, 1ª Câmara Reservada de Direito Empresarial, Apelação 1009240-16.2020.8.26.0286, Rel. Des. Jane Franco Martins, j. 11/08/2022.

TJSP, 31ª Câmara de Direito Privado, AI 2141141-07.2022.8.26.0000, Rel. Des. Rosangela Telles, j. 09/08/2022.

TJSP, 10ª Câmara de Direito Privado, AI 2082401-90.2021.8.26.0000, Rel. Des. Wilson Lisboa Ribeiro, j. 22/06/2022.

TJSP, 1ª Câmara Reservada de Direito Empresarial, AI 2182461-08.2020.8.26.0000, Rel. Des. César Ciampolini, j. 02/05/2022.

TJSP, 6ª Câmara de Direito Privdo, Apelação 1072594-88.2020.8.26.0100, Rel. Des. Ademir Modesto de Souza, j. 16/12/2021.

TJSP, 2ª Câmara Reservada de Direito Empresarial, Apelação 1077346-40.2019.8.26.0100, Rel. Des. Ricardo Negrão, j. 20/09/2021.

TJSP, 7ª Câmara de Direito Privado, Apelação 1002020-81.2018.8.26.0400, Rel. Des. Rômolo Russo, j. 18/08/2021.

TJSP, 1ª Câmara Reservada de Direito Empresarial, Agravo de Instrumento 2241739-71.2019.8.26.0000, Rel. Des. Fortes Barbosa, j. 04/03/2020.

TJSP, 2ª Câmara Reservada de Direito Empresarial, Apelação 1010166-24.2017.8.26.0602, Rel. Des. Sérgio Shimura, j. 31/01/2020.

TJSP, 2ª Câmara de Direito Empresarial, Apelação 1001328-89.2017.8.26.0506, Rel. Des. Grava Brazil, j. 19/12/2019.

TJSP, 2ª Câmara Reservada de Direito Empresarial, AI 2104402-40.2019.8.26.0000, Rel. Des. Sérgio Shimura, j. 03/12/2019.

TJSP, 2ª Câmara Reservada de Direito Empresarial, Apelação 1034889-70.2018.8.26.0506, Rel. Des. Sérgio Shimura, j. 03/12/2019.

TJSP, 1ª Câmara Reservada de Direito Empresarial, Apelação 1050777-70.2017.8.26.0100, Rel. Des. Cesar Ciampolini, j. 06/11/2019.

TJSP, 1ª Câmara Reservada de Direito Empresarial, Apelação 1006710-39.2016.8.26.0008, Rel. Des. Cesar Ciampolini, j. 23/10/2019.

TJSP, 2ª Câmara Reservada de Direito Empresarial, Agravo de Instrumento 2221890-50.2018.8.26.0000, Rel. Des. Araldo Telles, j. 27/08/2019.

TJSP, 1ª Câmara de Direito Empresarial, Apelação 1049937-60.2017.8.26.0100, Rel. Des. Alexandre Lazzarini, j. 23/08/2019.

TJSP, 2ª Câmara Reservada de Direito Empresarial, Agravo de Instrumento 2250551-39.2018.8.26.0000, Rel. Des. Grava Brazil, j. 17/06/2019.

TJSP, 1ª Câmara Reservada de Direito Empresarial, Apelação 0012998-35.2016.8.26.0100, Rel. Des. Alexandre Lazzarini, j. 12/12/2018.

TJSP, 1ª Câmara Reservada de Direito Empresarial, Apelação 0613079-47.2007.8.26.0100, Rel. Des. Hamid Bdine, j. 06/06/2018.

TJSP, 2ª Câmara de Direito Empresarial, Apelação 1012172-16.2015.8.26.0071, Rel. Des. Maurício Pessoa, j. 23/04/2018.

TJSP, 1ª Câmara Reservada de Direito Empresarial, APC 1033236-92.2015.8.26.0100, Rel. Des. Cesar Ciampolini, j. 19/01/2018.

TJSP, 1ª Câmara Reservada de Direito Empresarial, Apelação 1012649-25.2015.8.26.0011, Rel. Des. Enio Zuliani, j. 13/09/2017.

TJSP, 1ª Câmara de Direito Privado, Apelação 1114666-03.2014.8.26.0100, Rel. Des. Rui Cascaldi, j. 04/05/2017.

TJSP, 14ª Câmara de Direito Privado, APC 1038841-82.2016.8.26.0100, Rel. Des. Melo Colombi, j. 22/02/2017.

TJSP, 22ª Câmara de Direito Privado, APC 4002604-92.2013.8.26.0038, Rel. Des. Hélio Nogueira, j. 19/05/2016.

TJSP, 1ª Câmara Reservada de Direito Empresarial, APC 0003654-06.2011.8.26.0100, Rel. Des. Manoel de Queiroz Pereira Calças, j. 06/05/2015.

TJSP, 1ª Câmara Reservada de Direito Empresarial, Apelação 4008545-86.2013.8.26.0114, Rel. Des. Maia da Cunha, j. 11/09/2014.

TJSP, 14ª Câmara de Direito Privado, Apelação 0004967-26.2004.8.26.0236, Rel. Des. Marcia Dalla Déa Barone, j. 07/07/2014.

TJSP, 2ª Câmara de Direito Privado, Agravo de Instrumento 2077992-18.2014.8.26.0000, Rel. Des. José Joaquim dos Santos, j. 24/06/2014.

TJSP, Apelação 0119368-22.2008.8.26.0002, 1ª Câmara de Direito Privado, Rel. Des. Alcides Leopoldo e Silva Júnior, j. 27/05/2014.

TJSP, 6ª Câmara de Direito Privado, Apelação Cível 0137861-44.2008.8.26.0100, Rel. Des. Francisco Loureiro, j. 13/02/2014.

TJSP, 1ª Câmara Reservada de Direito Empresarial, AI 2024026-77.2013.8.26.0000, Rel. Des. Teixeira Leite, j. 06/02/2014.

TJSP, 1ª Câmara Reservada de Direito Empresarial, AI 0121739-23.2012.8.26.0000, Rel. Des. Teixeira Leite, j. 12/03/2013.

TJSP, 2ª Câmara Reservada de Direito Empresarial, Apelação Cível 0179611-55.2010.8.26.0100, Rel. Des. Ricardo Negrão, j. 11/09/2012.

TJSP, 3ª Câmara de Direito Criminal, ACR 0055437-80.2010.8.26.0000, Rel. Des. Ruy Alberto Leme Cavalheiro, j. 08/05/2012.

TJSP, 1ª Câmara de Direito Privado, Apelação 9148761-05.2009.8.26.0000, Rel. Des. Cláudio Godoy, j. 24/04/2012.

TJSP, 5ª Câmara de Direito Criminal, Apelação Cível 0052740-50.2001.8.26.0405, Rel. Des. Pinheiro Franco, j. 12/04/2012.

TJSP, Câmara Reservada de Direito Empresarial, Apelação 0199352-23.2006.8.26.0100, Rel. Des. Enio Zuliani, j. 10/04/2012.

TJSP, 1ª Câmara de Direito Privado, Apelação 9158081-21.2005.8.26.0000, Rel. Des. Luiz Antônio de Godoy, j. 22/11/2011.

TJSP, 23ª Câmara de Direito Privado, Apelação 9096601-71.2007.8.26.0000, Rel. Des. Sérgio Shimura, j. 09/11/2011.

TJSP, Câmara Reservada de Direito Empresarial, Agravo de Instrumento 0187945-53.2011.8.26.0000, Rel. Des. Romeu Ricupero, j. 11/10/2011.

TJSP, Câmara Reservada de Direito Empresarial, Apelação 0113190-83.2010.8.26.0100, Rel. Des. José Reynaldo, j. 11/10/2011.

TJSP, Câmara Reservada de Direito Empresarial, Apelação 0141335-37.2005.8.26.0000, Rel. Des. Enio Zuliani, j. 27/09/2011.

TJSP, 1ª Câmara de Direito Privado, Agravo de Instrumento 0361039-76.2010.8.26.0000, Rel. Des. Rui Cascaldi, j. 30/11/2010.

TJSP, Câmara Reservada à Falência e Recuperação Judicial, Agravo de Instrumento 0287623-75.2010.8.26.0000, Rel. Des. Pereira Calças, j. 19/10/2010.

TJSP, 25ª Câmara de Direito Privado, Apelação 9243012-49.2008.8.26.0000, Rel. Des. Antonio Benedito Ribeiro Pinto, j. 08/04/2010.

TJSP, Câmara Especial de Falências e Recuperações Judiciais, AI 9038657-43.2009.8.26.0000, Rel. Des. Elliot Akel, j. 18/08/2009.

TJSP, Câmara Reservada à Falência e Recuperação AC 9253619-24.2008.8.26.0000, Rel. Des, Lino Machado, j. 09/06/2009.

TJSP, 2ª Câmara de Direito Privado, Apelação 9247674-61.2005.8.26.0000, Rel. Des. A. Santini Teodoro, j. 02/12/2008.

TJSP, 25ª Câmara de Direito Privado, APC 1190031-0/0, Rel. Des. Ricardo Pessoa de Mello Belli, j. 21/10/2008.

TJSP, 6ª Câmara de Direito Privado, APC 446.131-4/5-00, Rel. Des. Encinas Manfré, j. 25/09/2008.

TJSP, 25ª Câmara de Direito Privado, APC 1145631-0/9, Rel. Des. Sebastião Flávio, j. 19/08/2008.

TJSP, 25ª Câmara de Direito Privado, APC 1067833-0/6, Rel. Des. Sebastião Flávio, j. 19/02/2008.

TJSP, Câmara Especial de Falências e Recuperações Judiciais de Direito Privado, AI 0109501-45.2007.8.26.0000, Rel. Des. Pereira Calças, j. 19/12/2007.

TJSP, 10ª Câmara de Direito Privado, AI 451.746.4/3-00, Rel. Des. Octavio Helene, j. 23/04/2007.

TJSP, 2ª Câmara de Direito Privado, APC 138.215-4/8, Rel. Des. Osvaldo Caron, j. 29/01/2003.

TJSP, 10ª Câmara, AgIn 117.970-4/9, Rel. Des. Hélio Quaglia Barbosa, j. 29/06/1999.

TJSP, 6ª Câmara de Direito Privado, APC 71.485-4/1, Rel. Des. Munhoz Soares, j. 25/03/1999.

TJSP, 5ª Câmara, Apelação com Revisão 0022394-75.1998.8.26.0000, Rel. Des. Laerte Sampaio, j. 04/11/1998.

TJSP, 7ª Câmara de Direito Privado, APC 425404600, Rel. Des. Júlio Vidal, j. 30/10/1998.

TJSP, 7ª Câmara de Direito Privado, APC Revisão 9110761-53.1997.8.26.0000, Rel. Des. Júlio Vidal, j. 03/09/1998.

TJSP, 2ª Câmara de Direito Privado, APC 40.141-4, Rel. Des. J. Roberto Bedran, j. 02/06/1998.

TJSP, 7ª Câmara de Direito Privado, Apelação 0074250-49.1996.8.26.0000, Rel. Des. Júlio Vidal, j. 22/01/1998.

TJSP, 6ª Câmara de Direito Privado, AI 0072858-40.1997.8.26.0000, Rel. Des. Testa Marchi, j. 30/10/1997.

TJSP, 6ª Câmara Cível, APC 102.537, Rel. Des. Euler Bueno, j. 22/09/1961.

TJSP, 6ª Câmara Civil, APC 108.697, Rel. Des. Euler Bueno, j. 14/09/1961.

TJSP, 2ª Câmara Civil, APC 104.402, Rel. Des. G. Carmo Pinto, j. 28/07/1961.
TJSP, 6ª Câmara Civil, APC 87.354, Rel. Des. Euler Bueno, j. 19/02/1960.
TJSP, 4ª Câmara Civil, APC 86.946, Rel. Des. Sousa Queirós, j. 21/05/1959.
TJSP, 3ª Câmara Civil, APC 77.093, Rel. Des. Vieira Netto, j. 29/11/1956.
TJSP, 5ª Câmara Civil, AI 74.279, Rel. Des. Vieira Neto, j. 02/12/1955.
TJSP, 4ª Câmara Civil, APC 71.625, Rel. Des. Dimas de Almeida, j. 28/04/1955.
TJSP, 5ª Câmara Cível, APC 55.914, Rel. Des. Camargo Aranha, j. 14/09/1951.
TJSP, 3ª Câmara Civil, APC 24.543, Rel. Des. Pedro Chaves, j. 11/04/1945.
TJSP, 4ª Câmara, APC 20.983, Rel. Des. Teodomiro Dias, j. 13/01/1944.
TJSP, 3ª Câmara, APC 4.004, Rel. Des. J. Marcelino Gonzaga, j. 12 /09/1939.
TJSP, APC 13.277, Philadelpho Castro, P. Eliseu Guilherme, Polycarpo de Azevedo, Godoy Sobrinho, j. 13/02/1925.
TREDF, Recurso Eleitoral 398-60, Rel. Des. Leila Arlanch, j. 25/07/2012.
TRESP, Recurso 4297, Rel. Des. Claudia Lúcia Fonseca Fanucchi, j. 24/05/2016.
TRESP, Recurso 3304, Rel. Des. Silmar Fernandes, j. 23/11/2016.
TRF1, 4ª Turma, ACR 0006705-37.2015.4.01.3811, Rel. Des. Néviton Guedes, j. 16/08/2021.
TRF1, 3ª Turma, ACR 0015651-41.2009.4.01.3800, Rel. Des. Ney Bello, j. 19/11/2019.
TRF1, 3ª Turma, ACR 0017457-75.2008.4.01.3500, Rel. Des. Ney Bello, j. 12/03/2019.
TRF3, 5ª Turma, ACR 0008151-94.2012.4.03.6181, Rel. Des. André Custório Nekatschalow, j. 14/12/2021.
TRF3, 4ª Turma, AI 5002210-79.2021.4.03.0000, Rel. Des. Marili Marques Ferreira, j. 21/09/2021.
TRF3, 4ª Turma, Apelação 0003337-86.2012.4.03.6133, Rel. Des. Marli Marques Ferreira, j. 01/06/2020.
TRF3, 11ª Turma, ACR 0007624-26.2004.4.03.6181, Rel. Des. José Lunardelli, j. 10/10/2019.
TRF3, 1ª Turma, ACR 0005353-44.2004.4.03.6181, Rel. Des. Hélio Nogueira, j. 06/02/2018.
TRF3, 4ª Turma, AgInst 0029292-83.2015.4.03.0000, Rel. Des. Marcelo Saraiva, j. 07/12/2017.
TRF3, 1ª Turma, ACR 0007342-85.2004.4.03.6181, Rel. Des. Hélio Nogueira, j. 29/09/2015.
TRF3, 5ª Turma, ACR 2664 SP 1999.61.81.002664-5, Rel. Des. Luiz Stefanini, j. 12/09/2011.
TRF3, 1ª Turma, ACR 33701 SP 2004.03.99.033701-0, Rel. Juiza Convocada Silvia Rocha, j. 30/08/2011.
TRF3, Órgão Especial, INQ 8497 SP 2009.03.00.008497-0, Rel. Des. Cecilia Marcondes, j. 09/02/2011.

TRF3, 1ª Turma, ACR 39441 SP 2002.03.99.039441-0, Rel. Juiz Convocado Luciano de Souza Godoy, j. 31/01/2006.

TRF3, 1ª Turma, ACR 34584 SP 2000.03.99.034584-0, Rel. Juiz Oliveira Lima, j. 27/03/2001.

TRF4, 7ª Turma, ACR 5055523-12.2014.4.04.7100, Rel. Des. Salise Monteiro Sanchotene, j. 31/08/2021.

TRF4, 1ª Turma, AI 5022319-24.2020.4.04.0000, Rel. Des. Alexandre Gonçalves Lippel, j. 25/11/2020.

TRF4, 1ª Turma, Apelação 5011602-33.2019.4.04.7001, Rel. Des. Francisco Donizete Gomes, j. 08/06/2020.

TRF4, 2ª Turma, Apelação 5001919-77.2017.4.04.7118/RS, Rel. Des. Andrei Pitten Velloso, j. 27/11/2018.

TRF4, 2ª Turma, AC 5000793-44.2016.404.7112, Rel. Des. Rômulo Pizzolatti, j. 18/10/2016.

TRF4, 2ª Turma, Apelação 5045185-13.2013.4.04.7100, Rel. Des. Carla Evelise Justino Hendges, j. 05/05/2015.

TRF4, 8ª Turma, ACR 90763620094047000 PR 0009076-36.2009.404.7000, Rel. Des. Simone Barbisan Fortes, j. 19/02/2014.

TRF4, 2ª Turma, Apelação 5020484-02.2010.4.04.7000, Rel. Des. Otávio Roberto Pamplona, j. 05/06/2012.

TRF4, 1ª Turma, AC 2002.71.14.001225-5, Rel. Des. Álvaro Eduardo Junqueira, j. 04/02/2009.

TRF4, 1ª Turma, Apelação Cível 91.04.04191-7, Rel. Des. Gilson Dipp, j. 17/06/1997.

TRF5, 2ª Turma, Apelação 200482000088952, Rel. Des. Paulo Gadelha, j. 04/05/2010.

TRF5, 4ª Turma, ACR 2005.82.00.001384-1, Rel. Des. Lázaro Guimarães, j. 07/11/2006.

TRT2, 2ª Turma, RO 1000052-84.2015.5.02.0385, Rel. Des. Rosa Maria Villa, j. 02/03/2016.

TRT2, 8ª Turma, RO 0034000-22.2006.5.02.0006, Rel. Des. Rovirso A. Boldo, j. 28/10/2013.

TRT4, 3ª Turma, RO 0001092-75.2012.5.04.0383, Rel. Des. Marcos Fagundes Salomão, j. 20/05/2014.

TRT4, 9ª Turma, AIRR 0000171-54.2011.5.04.0512, Rel. Des. Fernando Luiz de Moura Cassal, j. 22/11/2012.

TRT4, 1ª Turma, RO 0100600-91.2008.5.04.0008, Rel. Des. José Felipe Ledur, j. 13/04/2011.

TRT4, 7ª Turma, RO 0072800-06.2004.5.04.0016, Rel. Des. Maria da Graça Ribeiro Centeno, j. 19/01/2011.

TRT4, 2ª Turma, AP 0017400-89.2003.5.04.0291, Rel. Des. Alexandre Corrêa da Cruz, j. 16/09/2010.

TRT4, 4ª Turma, RO 0059400-50.2009.5.04.0241, Rel. Des. João Pedro Silvestrin, j. 05/08/2010.

TRT4, 5ª Turma, RO 0002600-63.2007.5.04.0017, Rel. Des. João Batista de Matos Danda, j. 27/04/2010.

TRT4, 1ª Turma, RO 00138-2007-002-04-00-4. Rel. Des. José Felipe Ledur, j. 04/06/2009.

TRT4, 1ª Turma, RO 00661-2005-281-04-00-7. Rel. Des. Maria da Graça Ribeiro Centeno, j. 06/11/2008.

TRT4, 7ª Turma, Ac. 0146000-31.2003.5.04.0291, Rel. Des. Vanda Krindges Marques, j. 05/12/2007.

TRT10, 16ª Vara do Trabalho de Brasília, Processo nº 000708-13.2014.5.10.0016, Rel. Juíza Martha Franco de Azevedo, j. 08/04/2016.

TRT10, 3ª Turma, RO 0001853-44.2013.5.10.0015, Rel. Des. Denilson Bandeira Coelho, j. 22/04/2015.

TRT12, 2ª Turma, RO 01238-2008-004-12-00-8, Rel. Des. Edson Mendes de Oliveira, j. 02/07/2010.

TRT15, 1ª Turma, RO 15.604/2.000-ROS-0, Rel. Des. Luiz Roberto Nunes, j. 24/10/2001.

TST, 3ª Turma, RR-11770-05.2013.5.11.0001, Rel. Min. Alexandre de Souza Agra Belmonte, j. 20/02/2019.

TST, 7ª Turma, RR-244100-72.2001.5.02.0056, Rel. Min. Douglas Alencar Rodrigues, j. 10/08/2016.

TST, 3ª Turma, RR-287700-46.2000.5.02.0035, Rel. Min. Alexandre de Souza Agra Belmonte, j. 13/08/2014.

TST, 2ª Turma, AIRR-1850-50.2010.5.09.0653, Rel. Min. Valdir Florindo, j. 19/02/2014.

TST, 4ª Turma, AIRR-1139-64.2011.5.10.0012, Rel. Min. Vieira de Mello Filho, j. 27/02/2013.

TST, 4ª Turma, AIRR-100600-91.2008.5.04.0008, Rel. Min. Maria de Assis Calsing, j. 15/08/2012.

TST, 8ª Turma, AIRR-288-74.2010.5.04.0352, Rel. Min. Dora Maria da Costa, j. 16/11/2011.

TST, 1ª Turma, E-RR — 165800-88.2005.5.15.0058, Rel. Min. Luiz Philippe Vieira de Mello Filho, j. 01/04/2009.

Cassazione Civile, sez. lavoro, sentenza 18/04/2007 nº 9264.

Rivista di Diritto Commerciale, Industriale e Maritimo, v. I, Parte II. Milano: Dottor Francesco Vallardi, p. 296-297, 1903.

Rivista di Diritto Commerciale e del Diritto Generale delle Obbligazioni, v. XI, Parte II. Milano: Dottor Francesco Vallardi, p. 23-25, 1913.

Rivista di Diritto Commerciale e del Diritto Generale delle Obbligazioni, v. XXII, Parte II. Milano: Dottor Francesco Vallardi, p. 134-138, 1924.

Rivista di Diritto Commerciale e del Diritto Generale delle Obbligazioni, v. XXVIII, Parte II. Milano: Dottor Francesco Vallardi, p. 212-214, 1930.

Rivista di Diritto Commerciale e del Diritto Generale delle Obbligazioni, v. XXXI, Parte II, Milano: Dottor Francesco Vallardi, p. 54-57, 1933.

Rivista di Diritto Commerciale e del Diritto Generale delle Obbligazioni, v. XXXI, Parte II, Milano: Dottor Francesco Vallardi, p. 393-399, 1933.

Rivista di Diritto Commerciale e del Diritto Generale delle Obbligazioni, v. XXXII, Parte II, p. 27-28, 1934.

Rivista di Diritto Commerciale e del Diritto Generale delle Obbligazioni, v. LVI, Parte II, 1958, p. 67-80.

Rivista di Diritto Commerciale e del Diritto Generale delle Obbligazioni, v. LX, Parte II. Milano: Dottor Francesco Vallardi, p. 326-341, 1962.

Rivista di Diritto Commerciale e del Diritto Generale delle Obbligazioni, v. LXII, Parte II. Milano: Dottor Francesco Vallardi, p. 110-116, 1964.

Summa Societaria, t. IV. Etcheverry, Raúl A.; Richard, Efraín Hugo (dir.). Buenos Aires: Abeledo Perrot, 2012. p. 7.371-7.375.

LEGISLAÇÃO UTILIZADA

Para comodidade do leitor, trazemos a legislação estrangeira, devidamente atualizada, que foi utilizada na pesquisa da sociedade em conta de participação.

FRANÇA

Code Civil (1807)
Livre III (Des différentes manières dont on acquiert la propriété)
Titre IX (De la société)
Chapitre III (De la société en participation)

Article 1871

Les associés peuvent convenir que la société ne sera point immatriculée. La société est dite alors "société en participation". Elle n'est pas une personne morale et n'est pas soumise à publicité. Elle peut être prouvée par tous moyens.

Les associés conviennent librement de l'objet, du fonctionnement et des conditions de la société en participation, sous réserve de ne pas déroger aux dispositions impératives des articles 1832, 1832-1, 1833, 1836 (2 ème alinéa), 1841, 1844 (1er alinéa) et 1844-1 (2ème alinéa).

Article 1871-1

A moins qu'une organisation différente n'ait été prévue, les rapports entre associés sont régis, en tant que de raison, soit par les dispositions applicables aux sociétés civiles, si la société a un caractère civil, soit, si elle a un caractère commercial, par celles applicables aux sociétés en nom collectif.

Article 1872

A l'égard des tiers, chaque associé reste propriétaire des biens qu'il met à la disposition de la société.

Sont réputés indivis entre les associés les biens acquis par emploi ou remploi de deniers indivis pendant la durée de la société et ceux qui se trouvaient indivis avant d'être mis à la disposition de la société.

Il en est de même de ceux que les associés auraient convenu de mettre en indivision.

Il peut en outre être convenu que l'un des associés est, à l'égard des tiers, propriétaire de tout ou partie des biens qu'il acquiert en vue de la réalisation de l'objet social.

Article 1872-1

Chaque associé contracte en son nom personnel et est seul engagé à l'égard des tiers.

Toutefois, si les participants agissent en qualité d'associés au vu et au su des tiers, chacun d'eux est tenu à l'égard de ceux-ci des obligations nées des actes accomplis en cette qualité par l'un des autres, avec solidarité, si la société est commerciale, sans solidarité dans les autres cas.

Il en est de même de l'associé qui, par son immixtion, a laissé croire au cocontractant qu'il entendait s'engager à son égard, ou dont il est prouvé que l'engagement a tourné à son profit.

Article 1872-2

Lorsque la société en participation est à durée indéterminée, sa dissolution peut résulter à tout moment d'une notification adressée par l'un d'eux à tous les associés, pourvu que cette notification soit de bonne foi, et non faite à contretemps.

A moins qu'il n'en soit autrement convenu, aucun associé ne peut demander le partage des biens indivis en application de l'article 1872 tant que la société n'est pas dissoute.

Article 1873

Les dispositions du présent chapitre sont applicables aux sociétés créées de fait.

ESPANHA

Código de Comercio (1885)
Libro II (De los contratos especiales de comercio)
Titulo II (De las cuentas en participación)

Artículo 239

Podrá los comerciantes interesarse los unos en las operaciones de los otros, contribuyendo para ellas con la parte del capital que convinieren, y haciéndose partícipes de sus resultados prósperos o adversos en la proporció que determinen.

Artículo 240

Las cuentas en participació no estará sujetas en su formació a ninguna solemnidad, pudiendo contraerse privadamente de palabra o por escrito, y probándose su existencia por cualquiera de los medios reconocidos en Derecho conforme a lo dispuesto en el artículo 51.

Artículo 241

En las negociaciones de que tratan los dos artículos anteriores no se podrá adoptar una razó comercial comú a todos los partícipes, ni usar de más crédito directo que el del comercian-teque las hace y dirige en su nombre y bajo su responsabilidad individual.

Artículo 242

Los que contraten con el comerciante que lleve el nombre de la negociació sólo tendrá acció contra él, y no contra los demás interesados, quienes tampoco la tendrá contra el terceiro que contrató con el gestor, a no ser que éste les haga cesió formal de sus derechos.

Artículo 243

La liquidació se hará por el gestor, el cual, terminadas que sean las operaciones, rendirá cuenta justificada de sus resultados.

ALEMANHA

Handelsgesetzbuch (1897)
Buch II (Handelsgesellschaften und stille Gesellschaft)
Abschnitt V (Stille Gesellschaft)

§ 230

(1) Wer sich als stiller Gesellschafter an dem Handelsgewerbe, das ein anderer betreibt, mit einer Vermögenseinlage beteiligt, hat die Einlage so zu leisten, daß sie in das Vermögen des Inhabers des Handelsgeschäfts übergeht.

(2) Der Inhaber wird aus den in dem Betrieb geschlossenen Geschäften allein berechtigt und verpflichtet.

§ 231

(1) Ist der Anteil des stillen Gesellschafters am Gewinn und Verlust nicht bestimmt, so gilt ein den Umständen nach angemessener Anteil als bedungen.

(2) Im Gesellschaftsvertrag kann bestimmt werden, daß der stille Gesellschafter nicht am Verlust beteiligt sein soll; seine Beteiligung am Gewinn kann nicht ausgeschlossen werden.

§ 232

(1) Am Schluß jedes Geschäftsjahrs wird der Gewinn und Verlust berechnet und der auf den stillen Gesellschafter fallende Gewinn ihm ausbezahlt.

(2) Der stille Gesellschafter nimmt an dem Verlust nur bis zum Betrag seiner eingezahlten oder rückständigen Einlage teil. Er ist nicht verpflichtet, den bezogenen Gewinn wegen späterer Verluste zurückzuzahlen; jedoch wird, solange seine Einlage durch Verlust vermindert ist, der jährliche Gewinn zur Deckung des Verlustes verwendet.

(3) Der Gewinn, welcher von dem stillen Gesellschafter nicht erhoben wird, vermehrt dessen Einlage nicht, sofern nicht ein anderes vereinbart ist.

§ 233

(1) Der stille Gesellschafter ist berechtigt, die abschriftliche Mitteilung des Jahresabschlusses zu verlangen und dessen Richtigkeit unter Einsicht der Bücher und Papiere zu prüfen.

(2) Die in § 716 des Bürgerlichen Gesetzbuchs dem von der Geschäftsführung ausgeschlossenen Gesellschafter eingeräumten weiteren Rechte stehen dem stillen Gesellschafter nicht zu.

(3) Auf Antrag des stillen Gesellschafters kann das Gericht, wenn wichtige Gründe vorliegen, die Mitteilung einer Bilanz und eines Jahresabschlusses oder sonstiger Aufklärungen sowie die Vorlegung der Bücher und Papiere jederzeit anordnen.

§ 234

(1) Auf die Kündigung der Gesellschaft durch einen der Gesellschafter oder durch einen Gläubiger des stillen Gesellschafters finden die Vorschriften der §§ 132, 134 und 135 entsprechende Anwendung. Die Vorschriften des § 723 des Bürgerlichen Gesetzbuchs über das Recht, die Gesellschaft aus wichtigen Gründen ohne Einhaltung einer Frist zu kündigen, bleiben unberührt.

(2) Durch den Tod des stillen Gesellschafters wird die Gesellschaft nicht aufgelöst.

§ 235

(1) Nach der Auflösung der Gesellschaft hat sich der Inhaber des Handelsgeschäfts mit dem stillen Gesellschafter auseinanderzusetzen und dessen Guthaben in Geld zu berichtigen.

(2) Die zur Zeit der Auflösung schwebenden Geschäfte werden von dem Inhaber des Handelsgeschäfts abgewickelt. Der stille Gesellschafter nimmt teil an dem Gewinn und Verlust, der sich aus diesen Geschäften ergibt.

(3) Er kann am Schluß jedes Geschäftsjahrs Rechenschaft über die inzwischen beendigten Geschäfte, Auszahlung des ihm gebührenden Betrags und Auskunft über den Stand der noch schwebenden Geschäfte verlangen.

§ 236

(1) Wird über das Vermögen des Inhabers des Handelsgeschäfts das Insolvenzverfahren eröffnet, so kann der stille Gesellschafter wegen der Einlage, soweit sie den Betrag des auf ihn fallenden Anteils am Verlust übersteigt, seine Forderung als Insolvenzgläubiger geltend machen.

(2) Ist die Einlage rückständig, so hat sie der stille Gesellschafter bis zu dem Betrag, welcher zur Deckung seines Anteils am Verlust erforderlich ist, zur Insolvenzmasse einzuzahlen.

§ 237

(weggefallen)

—

ITÁLIA

Codice Civile (1942)
Libro V (Del Lavoro)
Titolo VII (Dell'associazione in partecipazione)

Art. 2549 Nozione

Con il contratto di associazione in partecipazione (att. 219) l'associante attribuisce all'associato una partecipazione agli utili della sua impresa o di uno o più affari verso il corrispettivo di un determinato apporto.

Nel caso in cui l'associato sia una persona fisica l'apporto di cui al primo comma non può consistere, nemmeno in parte, in una prestazione di lavoro.[1]

[1] Comma così sostituito dall'art. 53, comma 1, lett. a), D.Lgs. 15 giugno 2015, n. 81, a decorrere dal 25 giugno 2015, ai sensi di quanto disposto dall'art. 57, comma 1 del medesimo D.Lgs. 81/2015.

Art. 2550 Pluralità di associazioni

Salvo patto contrario, l'associante non può attribuire partecipazioni per la stessa impresa o per lo stesso affare ad altre persone senza il consenso dei precedenti associati.

Art. 2551 Diritti ed obbligazioni dei terzi

I terzi acquistano diritti e assumono obbligazioni soltanto verso l'associante.

Art. 2552 Diritti dell'associante e dell'associato

La gestione dell'impresa o dell'affare spetta all'associante.

Il contratto può determinare quale controllo possa esercitare l'associato sull'impresa o sullo svolgimento dell'affare per cui l'associazione è stata contratta.

In ogni caso l'associato ha diritto al rendiconto dell'affare compiuto, o a quello annuale della gestione se questa si protrae per più di un anno.

Art. 2553 Divisione degli utili e delle perdite

Salvo patto contrario, l'associato partecipa alle perdite nella stessa misura in cui partecipa agli utili, ma le perdite che colpiscono l'associato non possono superare il valore del suo apporto (2265).

Art. 2554 Partecipazione agli utili e alle perdite

Le disposizioni degli artt. 2551 e 2552 si applicano anche al contratto di cointeressenza agli utili di una impresa senza partecipazione alle perdite, e al contratto con il quale un contraente attribuisce la partecipazione agli utili e alle perdite della sua impresa, senza il corrispettivo di un determinato apporto.

Per le partecipazioni agli utili attribuite ai prestatori di lavoro resta salva la disposizione dell'art. 2102.

PORTUGAL

Decreto-Lei 231(1981)
Capítulo I (Do contrato de associação em participação)

ARTIGO 21º
(Noção e regulamentação)

1 — A associação de uma pessoa a uma actividade económica exercida por outra, ficando a primeira a participar nos lucros ou nos lucros e perdas que desse exercício resultarem para a segunda, regular-se-á pelo disposto nos artigos seguintes.

2 — È elemento essencial do contrato a participação nos lucros; a participação nas perdas pode ser dispensada.

3 — As matérias não reguladas nos artigos seguintes serão disciplinadas pelas convenções das partes e pelas disposições reguladoras de outros contratos, conforme a analogia das situações.

ARTIGO 22º
(Pluralidade de associados)

1 — Sendo várias as pessoas que se ligam, numa só associação, ao mesmo associante, não se presume a solidariedade dos débitos e créditos daquelas para com este.

2 — O exercício dos direitos de informação, de fiscalização e de intervenção na gerência pelos vários associados será regulado no contrato; na falta dessa regulamentação, os direitos de informação e de fiscalização podem ser exercidos individual e independentemente por cada um deles, devendo os consentimentos exigidos pelo artigo 26º, nº 1, alíneas b) e c), e nº 2, ser prestados pela maioria dos associados.

ARTIGO 23º
(Forma do contrato)

1 — O contrato de associação em participação não está sujeito a forma especial, à excepção da que for exigida pela natureza dos bens com que o associado contribuir.

2 — Só podem, contudo, ser provadas por escrito a cláusula que exclua a participação do associado nas perdas do negócio e aquela que, quanto a essas perdas estabeleça a responsabilidade ilimitada do associado.

3 — A inobservância da forma exigida pela natureza dos bens com que o associado contribuir só anula todo o negócio se este não puder converter-se, segundo o disposto no artigo 293º do Código Civil, de modo que a contribuição consista no simples uso e fruição dos bens cuja transferência determina a forma especial.

ARTIGO 24º
(Contribuição do associado)

1 — O associado deve prestar ou obrigar-se a prestar uma contribuição de natureza patrimonial que, quando consista na constituição de um direito ou na sua transmissão, deve ingressar no património do associante.

2 — A contribuição do associado pode ser dispensada no contrato, se aquele participar nas perdas.

3 — No contrato pode estipular-se que a contribuição prevista no nº 1 deste artigo seja substituída pela participação recíproca em associação entre as mesmas pessoas, simultaneamente contratada.

4 — À contribuição do associado deve ser contratualmente atribuído um valor em dinheiro: a avaliação pode, porém, ser feita judicialmente, a requerimento do interessado, quando se torne necessária para efeitos do contrato.

5 — Salvo convenção em contrário, a mora do associado suspende o exercício dos seus direitos legais ou contratuais, mas não prejudica a exigibilidade das suas obrigações.

ARTIGO 25º
(Participação nos lucros e nas perdas)

1 — O montante e a exigibilidade da participação do associado nos lucros ou nas perdas são determinados pelas regras constantes dos números seguintes, salvo se regime diferente resultar de convenção expressa ou das circunstâncias do contrato.

2 — Estando convencionado apenas o critério de determinação da participação do associado nos lucros ou nas perdas, aplicar-se-á o mesmo critério à determinação da participação do associado nas perdas ou nos lucros.

3 — Não podendo a participação ser determinada conforme o disposto no número anterior, mas estando contratualmente avaliadas as contribuições do associante e do associado, a participação do associado nos lucros e nas perdas será proporcional ao valor da sua contribuição; faltando aquela avaliação, a participação do associado será de metade dos lucros ou metade das perdas, mas o interessado poderá requerer judicialmente uma redução que se considere equitativa, atendendo às circunstâncias do caso.

4 — A participação do associado nas perdas das operações é limitada à sua contribuição.

5 — O associado participa nos lucros ou nas perdas das operações pendentes à data do início ou do termo do contrato.

6 — A participação do associado reporta-se aos resultados de exercício, apurados segundo os critérios estabelecidos por lei ou resultantes dos usos comerciais, tendo em atenção as circunstâncias da empresa.

7 — Dos lucros que, nos termos contratuais ou legais, couberem ao associado relativamente a um exercício serão deduzidas as perdas sofridas em exercícios anteriores, até ao limite da responsabilidade do associado.

ARTIGO 26º
(Deveres do associante)

1 — São deveres do associante, além de outros resultantes da lei ou do contrato:

a) Proceder, na gerência, com a diligência de um gestor criterioso e ordenado;

b) Conservar as bases essenciais da associação, tal como o associado pudesse esperar que elas se conservassem, atendendo às circunstâncias do contrato e ao funcionamento de empresas semelhantes; designadamente, não pode, sem consentimento do associado, fazer cessar ou suspender o funcionamento da empresa, substituir o objecto desta ou alterar a forma jurídica da sua exploração;

c) Não concorrer com a empresa na qual foi contratada a associação, a não ser nos termos em que essa concorrência lhe for expressamente consentida;

d) Prestar ao associado as informações justificadas pela natureza e pelo objecto do contrato.

2 — O contrato pode estipular que determinados actos de gestão não devam ser praticados pelo associante sem prévia audiência ou consentimento do associado.

3 — O associante responderá para com o associado pelos danos que este venha a sofrer por actos de gestão praticados sem a observância das estipulações contratuais admitidas pelo número anterior, sem prejuízo de outras sanções previstas no contrato.

4 — As alterações dos sócios ou da administração da sociedade associante são irrelevantes, salvo quando outra coisa resultar da lei ou do contrato.

ARTIGO 27º
(Extinção da associação)

A associação extingue-se pelos factos previstos no contrato e ainda pelos seguintes:

a) Pela completa realização do objecto da associação;

b) Pela impossibilidade de realização do objecto da associação;

c) Pela vontade dos sucessores ou pelo decurso de certo tempo sobre a morte de um contraente, nos termos do artigo 28º;

d) Pela extinção da pessoa colectiva contraente, nos termos do artigo 29º;

e) Pela confusão das posições de associante e associado;

f) Pela vontade unilateral de um contraente, nos termos do artigo 30º;

g) Pela falência ou insolvência do associante.

ARTIGO 28º
(Morte do associante ou do associado)

1 — A morte do associante ou do associado produz as consequências previstas nos números seguintes, salvo estipulação contratual diferente ou acordo entre o associante e os sucessores do associado.

2 — A morte do associante ou do associado não extingue a associação, mas será lícito ao contraente sobrevivo ou aos herdeiros do falecido extingui-la, contanto que o façam por declaração dirigida ao outro contraente dentro dos noventa dias seguintes ao falecimento

3 — Sendo a responsabilidade do associado ilimitada ou superior à contribuição por ele efectuada ou prometida, a associação extingue-se passados noventa dias sobre o falecimento, salvo se dentro desse prazo os sucessores do associado tiverem declarado querer continuar associados.

4 — Os sucessores do associado, no caso de a associação vir a extinguir-se, não suportam as perdas ocorridas desde o falecimento até ao momento da extinção prevista nos números anteriores.

ARTIGO 29º
(Extinção do associado ou do associante)

1 — À extinção da pessoa colectiva associada aplica-se o disposto no artigo antecedente, considerando-se, para esse efeito, sucessores a pessoa ou pessoas a quem, na liquidação, vier a caber a posição da pessoa colectiva na associação.

2 — A associação termina pela dissolução da pessoa colectiva associante, salvo se o contrato dispuser diferentemente ou foi deliberado pelos sócios da sociedade dissolvida que esta continue o seu comércio; neste último caso, a associação termina quando a sociedade se extinguir.

3 — Terminada a associação pela dissolução da sociedade associante e revogada esta por deliberação dos sócios, a associação continuará sem interrupção se o associado o quiser, por declaração dirigida ao outro contraente dentro dos noventa dias seguintes ao conhecimento que tenha da revogação.

4 — Os sucessores da pessoa colectiva extinta respondem pela indemnização porventura devida à outra parte.

ARTIGO 30º
(Resolução do contrato)

1 — Os contratos celebrados por tempo determinado ou que tenham por objecto operações determinadas podem ser extintos antecipadamente, por vontade de uma parte, fundada em justa causa.

2 — Consistindo essa causa em facto doloso ou culposo de uma parte, deve esta indemnizar dos prejuízos causados pela extinção.

3 — Os contratos cuja duração não seja determinada e cujo objecto não consista em operações determinadas podem ser extintos por vontade de uma das partes, em qualquer momento, depois de decorridos dez anos sobre a sua celebração.

4 — A extinção do contrato nos termos do nº 3 deste artigo não exonera de responsabilidade quando o exercício do respectivo direito deva considerar-se ilegítimo, de acordo com o artigo 334º do Código Civil.

ARTIGO 31º
(Prestação de contas)

1 — O associante deve prestar contas nas épocas legal ou contratualmente fixadas para a exigibilidade da participação do associado nos lucros e nas perdas e ainda relativamente a cada ano civil de duração da associação.

2 — As contas devem ser prestadas dentro de prazo razoável depois de findo o período a que respeitam; sendo associante uma sociedade comercial, vigorará para este efeito o prazo de apresentação das contas à assembleia geral.

3 — As contas devem fornecer indicação clara e precisa de todas as operações em que o associado seja interessado e justificar o montante da participação do associado nos lucros e perdas, se a ela houver lugar nessa altura.

4 — Na falta de apresentação de contas pelo associante, ou não se conformando o associado com as contas apresentadas, será utilizado o processo especial de prestação de contas regulado pelos artigos 1014º e seguintes do Código de Processo Civil.

5 — A participação do associado nos lucros ou nas perdas é imediatamente exigível, caso as contas tenham sido prestadas judicialmente; no caso contrário, a participação nas perdas, na medida em que exceda a contribuição, deve ser satisfeita em prazo não inferior a quinze dias, a contar da interpelação pelo associante.

ARTIGO 32º
(Revogação de legislação)

São revogados os artigos 224º a 227º do Código Comercial.

ARGENTINA

Ley 26.994 (2014) — Código Civil y Comercial de la Nación
Titulo IV (Contratos en particular)
Capitulo16 (Contratos asociativos)
Seccion 2ª (Negocio en participación)

ARTICULO 1448. – Definición. El negocio en participación tiene por objeto la realización de una o más operaciones determinadas a cumplirse mediante aportaciones comunes y a nombre personal del gestor. No tiene denominación, no está sometido a requisitos de forma, ni se inscribe en el Registro Público.

ARTICULO 1449. – Gestor. Actuación y responsabilidad. Los terceros adquieren derechos y asumen obligaciones sólo respecto del gestor. La responsabilidad de éste es ilimitada. Si actúa más de un gestor son solidariamente responsables.

ARTICULO 1450. – Partícipe. Partícipe es la parte del negocio que no actúa frente a los terceros. No tiene acción contra éstos ni éstos contra aquél, en tanto no se exteriorice la apariencia de una actuación común.

ARTICULO 1451. – Derechos de información y rendición de cuentas. El partícipe tiene derecho a que el gestor le brinde información y acceso a la documentación relativa al negocio. También tiene derecho a la rendición de cuentas de la gestión en la forma y en el tiempo pactados; y en defecto de pacto, anualmente y al concluir la negociación.

ARTICULO 1452. – Limitación de las pérdidas. Las pérdidas que afecten al partícipe no pueden superar el valor de su aporte.

URUGUAI

Ley 16.060 (1989) — Ley de Sociedades Comerciales
Capitulo II (De las sociedades en particular)
Seccion VII (De las sociedades accidentales o en participación)

Artículo 483.
(Caracterización)

Los contratos entre dos o más personas cuyo objeto sea la realización de negocios determinados y transitorios a cumplirse a nombre de uno o más gestores, serán considerados como sociedades accidentales o en participación. No tendrán personería jurídica y carecerán de denominación. No estarán sujetas a requisitos de forma ni a inscripción (artículos 6º y 7º). La celebración y el contenido del contrato se probará por los medios de prueba del derecho comercial.

Artículo 484.
(Terceros. Derechos y obligaciones)

Los terceros adquirirán derechos y asumirán obligaciones sólo respecto del gestor. La responsabilidad de éste será ilimitada. Si actuara más de un gestor, ellos serán solidariamente responsables.

Artículo 485.
(Socios no gestores)

El socio que no actúe con los terceros no tendrá acción contra éstos.

Artículo 486.
(Conocimiento de la existencia de los socios)

Cuando el gestor haga conocer los nombres de los socios con su consentimiento, éstos quedarán obligados solidariamente hacia los terceros.

Artículo 487.
(Control de la administración)

Si el contrato no determina el control de la administración por los socios, se aplicarán las disposiciones establecidas para los socios comanditarios.

En cualquier caso, el socio tiene derecho a la rendición de cuentas de la gestión.

Artículo 488.
(Disposiciones supletorias)

Estas sociedades funcionarán, se disolverán y se liquidarán a falta de disposiciones especiales, de conformidad a las normas de las sociedades colectivas en cuanto no contraríen lo dispuesto en esta Sección.

BRASIL

Código Civil (2002)
Livro II da Parte Especial (Do direito de empresa)
Título II (Da sociedade)
Subtítulo I (Da sociedade não personificada)
Capítulo II (Da sociedade em conta de participação)

Art. 991. Na sociedade em conta de participação, a atividade constitutiva do objeto social é exercida unicamente pelo sócio ostensivo, em seu nome individual e sob sua própria e exclusiva responsabilidade, participando os demais dos resultados correspondentes.

Parágrafo único. Obriga-se perante terceiro tão-somente o sócio ostensivo; e, exclusivamente perante este, o sócio participante, nos termos do contrato social.

Art. 992. A constituição da sociedade em conta de participação independe de qualquer formalidade e pode provar-se por todos os meios de direito.

Art. 993. O contrato social produz efeito somente entre os sócios, e a eventual inscrição de seu instrumento em qualquer registro não confere personalidade jurídica à sociedade.

Parágrafo único. Sem prejuízo do direito de fiscalizar a gestão dos negócios sociais, o sócio participante não pode tomar parte nas relações do sócio ostensivo com terceiros, sob pena de responder solidariamente com este pelas obrigações em que intervier.

Art. 994. A contribuição do sócio participante constitui, com a do sócio ostensivo, patrimônio especial, objeto da conta de participação relativa aos negócios sociais.

§ 1º A especialização patrimonial somente produz efeitos em relação aos sócios.

§ 2º A falência do sócio ostensivo acarreta a dissolução da sociedade e a liquidação da respectiva conta, cujo saldo constituirá crédito quirografário.

§ 3º Falindo o sócio participante, o contrato social fica sujeito às normas que regulam os efeitos da falência nos contratos bilaterais do falido.

Art. 995. Salvo estipulação em contrário, o sócio ostensivo não pode admitir novo sócio sem o consentimento expresso dos demais.

Art. 996. Aplica-se à sociedade em conta de participação, subsidiariamente e no que com ela for compatível, o disposto para a sociedade simples, e a sua liquidação rege-se pelas normas relativas à prestação de contas, na forma da lei processual.

Parágrafo único. Havendo mais de um sócio ostensivo, as respectivas contas serão prestadas e julgadas no mesmo processo.